Axel Helbig
Der eigene Ton 3

Über dieses Buch

Die von Axel Helbig geführten Gespräche mit Autorinnen und Autoren ermöglichen einen vertieften Zugang zur Literatur. Die Gespräche ergründen Geheimnisse und Privates, das unsichtbar hinter den Werken steht, mitunter geradezu verdeckt werden soll. Axel Helbig gelingt es, das Spannungsverhältnis, den Fluss und die Freude, in die sich Autor und Werk begeben, für den Leser einzufangen.

„Die vorgelegten Interviews bezeugen einen Erkenntnisgang und zugleich den Versuch des Lesenden, das Schreiben als ein Handwerk zu begreifen, das mit der Kenntnis von Formen und Rhythmen im Kontext von Leben und Sprache zu tun hat. Hugo von Hofmannsthals Diktum, dass nur der als Dichter ernst genommen werden könne, der die Freiheit des eigenen Tons hält, war die Ausgangsüberlegung für die in diesem Band versammelten Gespräche mit Dichtern." (Axel Helbig)

Über den Herausgeber

Axel Helbig, Jg. 1955, lebt als Autor und Herausgeber in Dresden. Er ist Redakteur und Mitherausgeber der Zeitschrift für Literatur und Kunst OSTRAGEHEGE.

Axel Helbig ist Mitherausgeber der internationalen Anthologien „Das Land Ulro nach Schließung der Zimtläden", Literarische Arena, Dresden 2000 (mit Peter Gehrisch); „Heimkehr in die Fremde", Literarische Arena, Dresden 2002 (mit Peter Gehrisch und Jayne-Ann Igel) und „Orpheus versammelt die Geister", Literarische Arena, Dresden 2006 (mit Peter Gehrisch). 2011 hat er im Leipziger Poetenladen Verlag gemeinsam mit Andreas Altmann die sächsische Lyrikanthologie „Es gibt eine andere Welt. Neue Gedichte" herausgegeben. Im gleichen Verlag folgte 2020 „Weltbetrachter. Neue Lyrik. Eine Anthologie aus Sachsen", gemeinsam herausgegeben mit Róža Domašcyna.

Im Märkischen Verlag Wilhelmshorst hat Axel Helbig mehrfach an Herausgaben der Lyrikreihe „Poesiealbum" mitgewirkt (u.a. Dorothea Grünzweig, Ulrike Almut Sandig, Andreas Reimann, Andreas Altmann, Róža Domašcyna, Thomas Böhme, Carl-Christian Elze und Volker Sielaff).

Im Leipziger Literaturverlag sind von Axel Helbig erschienen: „Annäherung an das Unsagbare. 33 Verführungen zur Literatur der Moderne" (Essays, 2006), „Der eigene Ton. Gespräche mit Dichtern" (2007), „Skeptische Zärtlichkeit. Junge deutschsprachige Lyrik" (Anthologie, Hrsg. mit Ulf Großmann, 2009) und „Der eigene Ton 2. Gespräche mit Dichtern" (2015).

Axel Helbig

Der eigene Ton 3

Gespräche mit Autoren

Für Tilman Helbig

Was ist eigentlich der eigene Ton?

Ohne Zweifel ist Schreiben auch ein Weiterschreiben, entsteht Literatur aus Literatur. Dennoch wird gerade an der Benutzung des Formenkanons (etwa der Sonettform) deutlich, wie sich der »eigene Ton« bildet. Die Sonette von Rainer Maria Rilke und Andreas Reimann zeugen jeweils von höchster Meisterschaft, unterscheiden sich jedoch deutlich in ihrem Ton. Dieser »eigene Ton« zieht sich durch Lyrik, Prosa, Essayistik, Briefe bis in überlieferte Interviews. Er ist wie ein Fingerabdruck, den ein Autor hinterlässt. Ich verstehe diesen »eigenen Ton« als einen Untersuchungsgegenstand, dem ich mich in Autoreninterviews annähere, die Interviews selbst als eine Momentaufnahme, die das Singulare eines Autors zu erfassen suchen. Wenn Hugo von Hofmannsthal davon spricht, die »Freiheit des eigenen Tons zu halten«, dann meint er wohl, dass dieser Fingerabdruck bewahrt werden solle, nicht eine wiedererkennbare Form. Die Mehrzahl der von mir interviewten Autorinnen und Autoren suchte für ihre neuen Bücher nach neuen Formen des Erzählens, nach einer Sprache, die sich vom Vorherveröffentlichten unterscheidet und dennoch den »eigenen Ton« hält.

Axel Helbig, 08. März 2023

Sagen, was weh tut

Sprechen und Schweigen

Gespräch mit Ulrike Draesner

Thema unseres Gesprächs war der vielschichtige Roman »Sieben Sprünge vom Rand der Welt« – eine Familiengeschichte, die über nahezu 120 Jahre reicht, zugleich die Kreuzung von zwei parallelen Migrationsschicksalen, der Vertreibung einer schlesischen Familie, die in Bayern eine neue Bleibe findet, und der Zwangsumsiedlung (Repatriierung) einer polnischen Familie aus Ostpolen nach Neu-Polen. Der Roman strukturiert sich in zwei Erzählstränge, die neun Ich-Erzählern zugeordnet sind. Für jeden Erzähler ist eine eigene Sprache gefunden worden, jeder Erzähler bringt weitere Themen in den Roman ein, der so auch als Entwicklungs-, Kriegs- und Wissenschaftsroman gelesen werden kann. Die zentrale Gestalt des Romans ist Eustachius Grolmann, der als Kind in der Zeit des Dritten Reichs aufwächst und als Fünfzehnjähriger die Vertreibung der Familie aus Schlesien erlebt, später Medizin und Biologie studiert und ein berühmter Affenforscher wird. Die Alterseinsichten dieser Figur spannen einen weiten Rahmen, in dem Ulrike Draesner eine auf verhaltenspsychologischen und zeitgeschichtlichen Thesen fußende anthropologische Diskussion entfacht, die sich durch den gesamten Roman zieht. Den Kern des Romans bilden die Erzählströme der Elterngeneration der Hauptgestalt. Die Berichte von Hannes und Lilly Grolmann reichen über 80 Jahre, von der Wilhelminischen Zeit bis in die prosperierende Bundesrepublik, und behandeln all jene Fragen, die seinerzeit als unbeantwortete und verdrängte Fragen die Revolte der 68er Generation ausgelöst hatten – Euthanasie- und Kriegsverbrechen im Dritten Reich, dazu die grausamen Erfahrungen von Flucht und Vertreibung und sowjetischer Kriegsgefangenschaft. Der Bericht der Halka Nienaltowska, einer jungen Repatriantin, behandelt die tragischen Umstände und Wirren der Zwangsumsiedlung von Lemberg-Lwiw nach Breslau-Wrocław – in ein »deutsches Polen, von Russen bewacht«, ein zerschossenes »Vakuum voller Leichen, Dreck, Schande und Gefahr«. Da der Spannungsbogen des Romans bis in die Jetztzeit reicht, kommen auch die Folgegenerationen bis hin zu heutigen Jugendlichen zu Wort. Auf diese Weise werden aktuelle Weltpolitik und Zeitgeschehen in den Erzählstrom eingebracht, wodurch die historischen Vertreibungsszenarien von 1945 und die heutigen globalen Migrationsbewegungen in einen gemeinsamen Kontext gerückt werden.
Ich traf Ulrike Draesner am 2. Oktober 2014 in ihrer Berliner Wohnung.

Liebe Ulrike Draesner, der Roman »Sieben Sprünge vom Rand der Welt« ist ein Roman, dessen Erzählbogen von der Wilhelminischen Zeit über die Erfahrung von zwei Weltkriegen bis in unsere Tage reicht. Warum dieser Titel: »Sieben Sprünge vom Rand der Welt«?
Der Titel bezieht sich auf Menschen, die gezwungen werden, ihre Heimat zu verlassen, also vom Rand der einen, ihnen bekannten wirklichen Welt und oft genug dabei auch vom Rand der eigenen Vorstellungswelt zu springen. In vollkommene Ungewissheit. Alles steht in Frage. Nicht nur der Weg, die Gesundheit, das »Ziel«, sondern auch die eigene Identität. Das Leben der Kinder. Das Bild dieses unwahrscheinlichen, nahezu wahnsinnigen Sprunges hatte sich während des Schreibens bei mir eingestellt. Die Vertriebenen von 1945, Deutsche und Polen, waren stärker als dies heute der Fall ist auf ihre Umgebung, auf ihr Herkunftsdorf geprägt. Viele hatten diese Heimatregion bis zum Winter 1944/45 so gut wie nie verlassen. Man zwang sie in ein doppeltes Nichts: es gab kein benennbares Ziel. Oder man erreichte es nicht. Jeder Weg war ungewiss. Lebensgefährlich. Und wenn man irgendwo ankam: was empfing einen? Die »kalte Heimat« im besetzten, zerstörten Westen?

Das noch immer brennende Wrocław, in dem man in eine deutsche Wohnung schlüpfen musste, zwischen Soldaten, Räubern, anderen verstörten und entwurzelten Menschen? Mir wurde auch in Erinnerung an meine schlesischen Großeltern deutlich: dieser Sprung endete eigentlich nie. Er war nicht »verarbeitbar«. Meine Großeltern hatten 30 Jahre in Bayern gelebt – und waren fremd. Ich als Kind konnte ihnen das anfühlen.

Im Roman sprechen sechs Vertriebene. Sechs Sprünge vom Rand der Welt. Den siebten Sprung macht der Roman selbst auf der Website www.der-siebte-Sprung.de. Die Website *ist* dieser Sprung. Ich zwinge in diesem Roman alles über seine Grenze; zwinge die Sprache immer wieder an die Grenze des Verstummens; die Figuren an den Rand ihrer Kräfte; und den Roman über sich selbst hinaus. Er muss das Medium wechseln, zeigen, wie er gemacht ist, wie er aus einem Raum kollektiven Sprechens kommt und wieder in ihn mündet.

Die Süddeutsche Zeitung hat Ihren Roman als Entwicklungs-, Familien-, Primaten-, Kriegs- und Wissenschaftsroman bezeichnet
… oder ostmitteleuropäischer Identitätsroman …

… *Dabei ist noch nicht einmal auf die Vertreibungsproblematik, auf den weiten historischen Bogen und den anthropologischen Ansatz des Romans reflektiert worden …*

Die zentrale Gestalt des Romans – Eustachius Grolmann – erlebt als Fünfzehnjähriger die Vertreibung aus Schlesien. Die Familie Grolmann stammt aus Oels, einer Kleinstadt nahe Breslau, in der auch die Familie Draesner ihre Wurzeln hat. An einer Stelle des Romans begegnet der Leser der schilfgrünen Originalflasche der Draesner-Brauerei Oels. In Ihren Bamberger Poetikvorlesungen »Zauber im Zoo« sagen Sie: »Herkunft handelt von der Spaltung, die Erzählen überhaupt erst notwendig macht.« Behandelt der Roman so gesehen auch als »notwendiges Erzählen« Ihre eigene Herkunftsgeschichte?

Der Roman hat autobiografische Hintergründe. Das Vertriebenenleben ist mir vertraut, was Verletzungen und Gefühle, Kämpfe und die Verzogenheit der inneren Gestalt angeht. Dieses Wissen war für meine älteren Romanfiguren wichtig, aber auch für die Figuren meiner Generation, Boris und Simone. Mein Vater, meine Großeltern standen mir vor Augen. Um sie, als Vertriebene, hatte sich eine ganz eigene Welt gebildet, mit Gesprächen, die im Anekdotischen erstarrten oder schon davor scheiterten – abbrachen, in fühlbares Schweigen mündeten. Ein Schweigen, das nicht unbedingt willkürlich war, eher ein Nicht-weiter-Können, ein Verschlagen der Sprache. Ohne diese Kindheitserfahrungen hätte ich diesen Roman nicht schreiben können. Zugleich sind die Romanfiguren meiner Familiengeschichte fremd, sie haben andere Berufe, andere Lebensinteressen, auch andere Traumatisierungen. Sie sind erfunden. Jede, sei sie polnischer oder deutscher Herkunft, wurde aus vielen verschiedenen Figuren, aus Zeitzeugeninterviews, eigenen Beobachtungen etc. zusammengesetzt. Der Roman ist Fiktion, in die an manchen Stellen Splitter von Realität eingebaut sind. Sie stammen zum einen aus Quellen, auf die ich während der Recherchen stieß, zum anderen aus meiner eigenen Familie.

In ihrer ganzen Anlage stellen die *Sieben Sprünge* die Frage nach »historischer Wahrheit«. Schon die Wahrnehmung einer Situation ist bei jedem anders, allemal dann der Erinnerungsprozess. Was fassen wir überhaupt als Wirklichkeit auf und welche Rolle spielt Sprache dabei? Der Roman verfährt multilogisch im zweifachen Sinn: es sprechen viele Stimmen. Und jede folgt ihrer eigenen Logik. Polen und Deutsche, Frauen und Männer, Eltern, Kinder, Großeltern erzählen. Dieses Erzählen macht im Leseprozess erfahrbar, dass es die eine Wahrheit nicht gibt.

In diese fließenden Wahrheiten der einzelnen Stimmen habe ich Realitätssplitter eingebaut. Rudimente von Daten oder »Fakten« – die bearbeitet sind, um- und umgedreht. Ein Stück Vertriebenen-Lebensgefühl: das Starren auf das Wenige, was sicher scheint oder noch da ist. Ein alter Löffel zum Beispiel, ein umhäkeltes Taschentuch. Dass es sonst nichts mehr gibt, erzeugt ein Gefühl tiefer Unsicherheit: Die Vergangenheit hat keine Tiefe. Das war der Raum, in dem ich aufwuchs. Keine Erbstücke, keine greifbare Tradition, nichts, das einen mit den Vorfahren verbindet und die eigene Existenz als berechtigt erscheinen lässt. So wirken die Erfahrungen der Vorgenerationen weiter. Kalter Wind weht einen im Rücken an.

In Ihrer Bamberger Poetikvorlesung von 2006 zitieren Sie Paul Valéry: »Der Anfang des Gedächtnisses liegt in der Gegenwart. Er verwirklicht sich erst dadurch, dass die Gegenwart in die Vergangenheit zurückgreift, in sie hinein interveniert: ihr eine neue Sicht / Ordnung aufzwingt, die sie den Handlungszwecken der Gegenwart gemäß macht.«

Im Hinblick auf die *Sieben Sprünge* würde ich das anders fassen. Valéry geht von einem »normal« arbeitenden Gedächtnis aus. Die Erinnerung befindet sich »hinter einem«, wird aber durch das Heute geformt. Die Gehirnforschung der letzten Jahrzehnte bestätigt, dass Erinnertes nicht als »Ding« in einer Gedächtnisschublade bereit liegt, hervorgeholt und dann wieder verstaut wird. Jede Aktivierung einer Erinnerung bedeutet vielmehr deren vollkommene Auflösung auf Zellebene und die erneute Speicherung. Schleichend verändert so der Erinnerungsprozess selbst über die Zeit hin den Erinnerungsinhalt.

Die Figuren meines Romans erinnern sich vollkommen unterschiedlich an zum Teil »identische« Geschehnisse. Das liegt zum einen daran, dass sie die Fakten unterschiedlich erlebt haben. Im Roman kommt aber noch etwas anderes hinzu, eine Gegenkraft des Gedächtnisses, von der Valéry nicht spricht. Traumatisierte oder stark verletzte Menschen sind unwillkürlichen, fragmentarischen Erinnerungen ausgesetzt, erleben seltsame Löschungen ihres Gedächtnisses. Lilly, die Mutter von Eustachius Grolmann, versucht, sich an den letzten Tag zuhause zu erinnern, den Tag vor der Flucht. Es gelingt ihr bei der Ankunft in Bayern nicht mehr, diesen Tag zu rekonstruieren, bestenfalls Fetzen schießen ein, dann wieder ragen schwarze Balken durch jedes Bild. Diese Verzerrungen sind Echos der Gewalt des Erlebten. Man könnte den gesamten Roman als Roman der Echos charakterisieren. In ihnen hören die Figuren sie wieder sprechen, die geliebten, verlorenen Menschen.

Mit welchem organisatorischen Aufwand geht man an ein so komplexes Vorhaben wie eine Familiengeschichte heran? Der Roman thematisiert ja all das, was der ersten Generation nach 1945 von ihren Eltern und Großeltern verschwiegen worden ist – das Funktionieren des Dritten Reichs, die Erlebnisse im Krieg und in der Kriegsgefangenschaft – und was später die Revolte der 68er ausgelöst hat, weil diese Generation dieses Verschweigen nicht hinnehmen wollte. Die Recherche zu all diesen Themen muss ausufernd gewesen sein. Wie hat sich der Roman entwickelt? Wann wussten Sie, dass Sie diesen Roman so komplex gestalten müssen?

Schreiben wollte ich über diese Themen nie. Ich bin in einer gespalten bayrisch-schlesischen Familie aufgewachsen. Dass ich im Umkreis der Vaterfamilie fortwährend auf Menschen traf, die durch Flucht und Vertreibung geprägt waren, faszinierte mich als Jugendliche, erzeugte aber auch eine gewisse Abwehr gegen das Thema. Es nervte, zum hundertsten Mal die gleiche, fühlbar zu harmlose Geschichte erzählt zu bekommen. Irgendwann wusste ich aus dem Geschichtsunterricht mehr, sah Komplexität, hatte Fragen.

Zudem: Was gingen mich die alten Sachen an? Die 17 Jahre zwischen dem Kriegsende und meiner Geburt schienen mir eine Ewigkeit. Bis ich mit 21 als Studentin nach England kam und dort zuallererst als Deutsche wahrgenommen wurde.

Und dann, 2005, ich saß an völlig anderen Arbeiten, war plötzlich die Figur der Lilly da, die etwas von meiner schlesischen Großmutter hat, sich aber auch deutlich von ihr unterscheidet. Damals sind etwa siebzehn Seiten Text in einer Art Flow entstanden, atemlos aufgeschrieben. Davon träumt man manchmal, und zugleich ist es ein Alptraum. Rauschhaft, ohne Idee, was einmal daraus werden könnte. Ich speicherte das Stück, versuchte, es zu vergessen, schrieb einen anderen Roman (»Vorliebe«) und einen Essay-Band.

Aber das Thema war aufgetaucht und ließ mich nicht mehr los. Ich hatte allerdings zwei große Probleme damit: Wie sollte ich mit meinem Vater umgehen, dessen Geschichte ich ja verarbeiten würde? Und wie sollte ich den Kontext der deutschen Flucht und Vertreibung, die keineswegs aus heiterem Himmel auf ein Volk Unschuldiger gekommen war, in den Roman integrieren? Wie angesichts der Gräuel des nationalsozialistischen Regimes über »deutsches Leid« sprechen, ohne in die Falle des Revanchismus, des Eskapismus oder des Nationalismus zu tappen? Und das bei der thematischen Ausrichtung meines Romans, dessen Kern von Anfang an in der Gegenwart lag. Also nicht auf den Geschehnissen von 1944/45, sondern auf der Frage, wie die Erlebnisse der Menschen damals bis heute weiterwirken, in die dritte oder vierte Generation hinein.

Die Lösung kam schließlich aus dem Stoff selbst, aus der Recherche. Die historischen Monographien, die ich las, machten mir etwas bewusst, was ich aus dem Geschichtsunterricht nur vage in Erinnerung hatte: Die Vertreibung der Reichsdeutschen nach Westen kannte eine Parallelvertreibung, nämlich die nahezu zeitgleich stattfindende Zwangsumsiedlung von Polen aus dem ehemaligen Ostpolen (heute Ukraine) in die neuen polnischen Gebiete im Westen. Als ich diese Parallelität sah – mit dem Knotenpunkt Breslau –, wusste ich, wie ich mit der historischen Problematik meines Stoffes umgehen konnte. Ich würde nicht einfach eine deutsche, sondern eine deutsche und polnische Geschichte erzählen.

Die Frage, ob ich meinem Vater erzählerisch so nahe auf den Leib rücken wollte, war damit allerdings nicht gelöst. 2010 versuchte ich ein letztes Mal, vor dem Thema wegzulaufen. Ich unterschrieb einen Vertrag für einen anderen Romanstoff, saß zuhause und konnte den Text nicht schreiben. Das Vertreibungsthema ließ sich nicht mehr verdrängen, am Ende zwang es mich in eine Flucht nach vorn. In vielfacher Hinsicht: Heraus aus dem mir vertrauten personalen Erzählen in neun Ich-Figuren. Hinüber nach Polen. In aufwändige Recherchen. Meinen Vater weihte ich ein, er half mir, was die Familiengeschichte anging.

Zum Glück waren die »Sieben Sprünge« nicht der erste Roman, für den ich recherchieren musste. Im Sommer 2011 hatte ich eine Praktikantin, die einige zeitaufwändige Internet-Recherchen übernahm. Mein Vater hatte seit seiner Pensionierung Familiendokumente eingesammelt, ein dicker Aktenordner. Ich lernte Sütterlin, damit ich die Briefe meines Großvaters lesen konnte. Bei den Recherchen zur polnischen Geschichte half mir ein »Grenzgänger«-Stipendium der Robert Bosch Stiftung. Ich konnte mir eine Dolmetscherin für die Vorbereitung und Durchführung in Wrocław, Oels und Kreisau leisten. Später kam die Primatenforschung als weiteres Feld dazu. Die Themen wuchsen aneinander. Hätte ich das alles von vornherein gewusst und geahnt, dass die Arbeit sich insgesamt über neun Jahre erstrecken würde, hätte ich vermutlich noch eifriger versucht, davor wegzulaufen.

In der Regel arbeitete ich themenweise. Schrieb mich zu einem bestimmten Punkt hin, nahm den nächsten Faden wieder auf, schrieb ihn in dem neuen Licht weiter. Undsofort. Insgesamt sind es 52 Schichten geworden, 52 Manuskripte verschiedener Ausdehnung, von dem einen zum anderen vorangearbeitet. Johnny, der Mann von Eustachius' Tochter, hatte lange Zeit ein eigenes Kapitel. Das ist dann herausgefallen. Es gab auch einmal einen Sohn in dieser Familie, der eine andere Traumatisierungsfolge in den Roman eingebracht hätte.

Der Roman ist in Kapitel gegliedert, die den neun Hauptfiguren zugeordnet sind. Jede Hauptfigur tritt als Ich-Erzähler auf. Man könnte auch von Parallelromanen sprechen, für die jeweils eine eigene Sprache gefunden werden musste. Für Eustachius Grolmann ist eine euphorische Wissenschaftlersprache gewählt worden. Er selber spricht an einer Stelle von der »Wort-Dreh-Altenmacke« und differenziert: »Mein Hirn, das bin nicht ich.« Für Simone Grolmann – wie ihr Vater Primatenforscherin – ist eine eher rationale, von Skepsis durchsetzte Wissenschaftlersprache gefunden worden. Deren Tochter Esther spricht und denkt wie Jugendliche unsrer Zeit. Wie sind Sie bezüglich dieser Sprachfindung vorgegangen?
Es gäbe einen einfachen Weg: man versieht jede Figur mit einem sprachlichen Tick – der eine stottert, der nächste spricht eher dialektal, der dritte nur in kurzen Sätzen. Aber so etwas führt, befürchte ich, am Ende zu Kunsthandwerk. Mein Weg war anders: Nachdenken über jede Figur, in sie hineinschlüpfen und mit ihr erleben. Sie von innen hören. Der Lilly-Ton kam als eine Art Geschenk. Bei den anderen Figuren musste ich manchmal lange warten. Ab und an half zuhören, zum Beispiel, um das Denken und Wahrnehmen von Jugendlichen oder von alten Menschen zu verstehen. Die Figur des Hannes – Eustachius' Vater, also die Spiegelfigur meines Großvaters – hat mich lange beschäftigt. Sein Kapitel ist das längste im Roman, eigentlich ein eigenständiger Kurzroman, der durch das gesamte 20. Jahrhundert führt. Ich mochte meinen Großvater sehr, habe seinen Tonfall und die Atmosphäre um ihn als Kind mit dem Körper aufgenommen. Aus meiner Erinnerung daran, aus seinen Briefen, aus fremdem Material entstand allmählich seine Stimme.

In einem Bild gesprochen: ich lehne mich hinein in die Figur, mein Ohr geht weit auf, ich suche den Kern zu fassen, die Essenz. Charakterisierungsnotwendigkeiten über Dialekte und Ticks fallen dann weg. Die Eigenheit entsteht tiefer im Inneren der Figur, in ihrer Art, in der Welt zu sein.

Eine Figur wollte sich lange Zeit gar nicht einstellen: Emil, der behinderte Bruder von Eustachius. Das hat mit seiner Rolle im Roman zu tun. Emil ist körperlich und leicht geistig behindert, er wird in der Nazizeit versteckt, verstummt zusehends. Ich fand ihn erst, als die Fahnen schon korrigiert wurden. Sieben Seiten Stimme. Sie beenden den Roman jetzt.

Man muss an den Punkt kommen, wo sich die Figur mit einem unterhält, in ihrer Sprache?
Als ich Emils Ton hatte, kam der Rest wie von selbst. Im Übrigen beschäftigte mich auch die Frage, ob die Affen im Roman zu Wort kommen sollten. Das ist am Ende unterblieben …

… Es gibt eine Stelle im Roman, wo ein Affe mit Hilfe des Yerkish-Computers von Simone ein Glas Limonade erbittet …
Menschenaffen lernen, sich mit Hilfe von Zeichen zu äußern, doch sie können nicht sprechen. Ich hatte überlegt, einen der beiden Bonobos ein Kapitel sprechen zu lassen. Mehrfach versuchte ich, dieses Kapitel zu schreiben, auf der Website zum Roman kann man

einen der Versuche nachlesen. Doch es gelang nicht, und ich glaube, ich weiß erst heute, warum. Das zentrale Thema des Romans ist Sprechen und Schweigen. Jede Seite schwingt um diesen Punkt. Wo stoßen Sprechen und Schweigen aneinander, wie durchdringen sie sich? Der Roman ist der kontinuierliche Versuch, durch alle Stimmen hindurch, Dinge, die sich in einen Raum der Vorsprache zurückgezogen haben, weil die Figuren sich vor der Erinnerung an gewisse Ereignisse schützen müssen, in Sprache zu übersetzen. Das war der innere Prozess, die eigentliche Romanarbeit: dieses Übersetzen von Schweigen in Formen von Sprache. Und gerade deswegen bewegen sich die beiden Affen durch das Buch. Sie sind, wie die Entwicklung der Affensprache Yerkish mit bis dato über 400 Piktogrammen zeigt, dazu in der Lage, Zeichen sowohl akustisch als auch als Bild zu erlernen und zu benutzen. Sie meistern sogar einfache Grammatik, bilden Sätze, lernen Fragen zu stellen, verwenden Personen- und Zeitkonzepte. Allerdings können sie unsere Sprachworte nicht aussprechen. Deshalb brauchen sie eine Tastatur, eine Maschinenstimme produziert dann das Wort. So sind trainierte Primaten Lebewesen, die in gewisser Weise Menschensprache beherrschen, sie aber nicht sprechen. Der letzte Schritt, die Artikulation, bleibt ihnen verwehrt. Eben um sie, Artikulation, Artikulationsfähigkeit, aber geht es auch für die Figuren des Romans. Um all die Verzweiflung – und auch Komik – zwischen Sprechenkönnen, Sprechenwollen, Nichtsprechendürfen, zwischen willentlichem Schweigen, unwillkürlichem Verstummen und einem Stummbleiben, das nicht einmal als solches wahrgenommen wird.

Die Rede der Figuren ist als innerer Monolog strukturiert und erlaubt so einen ständigen Wechsel zwischen Erinnerungen und Gegenwart. Das bedeutet aber zugleich, dass über die Möglichkeiten des realistischen Erzählens hinausgegangen wird. Im Kapitel der Lilly gibt es mitunter Zeilenbrüche, die einige Rezensenten verführten, von lyrikähnlichen Passagen zu sprechen.

Es handelt sich um Prosa, gebrochene Prosa, die das Stocken des Erinnerns, sein Gleiten und Abrutschen ebenso abbildet wie die Simultanität verschiedener Gedächtnisprozesse in einem Kopf und die daraus resultierende Sprunghaftigkeit mancher Erinnerungsvorgänge. Das Bild eines Störfeuers: Wenn jemand versucht, sich an etwas zu erinnern, an das er sich nicht erinnern kann. Manchmal ist da nur noch ein Wort, wie etwa dieses »unwiedergutbar«, das wie eine Flamme in Lillys Erinnerung aufflackert. Beim Schreiben nehme ich mir so etwas nicht vor. In bin in meiner Figur und merke, wie ihr Gedächtnis durch meines hindurch dieses Wort erzeugt.

In anderen Passagen beruhigt die Prosa sich, etwa im zweiten Abschnitt des Lilly-Kapitels, gefolgt von einem erneuten Rücksturz der Figur in Ereignisse des Jahres 1945, in Ver-Rückungen, eine tiefgreifende Verwandlung der eigenen Identität durch Heimatverlust, den Verlust eines Kindes, durch Hunger und Angst. Aber auch durch die Erfahrung, durchgekommen zu sein. Der ungewöhnliche Satzspiegel zeigt Zustände, in denen jemand sich selbst fremd wird oder sich entgleitet. Lilly weiß manchmal nicht, wie sie jene Person, die sie noch im Januar 1945 war, mit der in Bayern angekommenen Vertriebenen in einem »Ich« unterbringen soll.

Bei der Figur des Hannes – Lillys Mann, Vater des Eustachius – gibt es ähnliche Sprachbesonderheiten. Er spricht sowohl in der Ich-Form als auch in der Er-Form von sich. Der Leser erlebt ihn als gespaltene Person. Trotz der Sprachbesonderheiten der neun Parallelromane ergeben sich für den Leser kaum Schwierigkeiten, dem Ganzen zu folgen. Interessant finde ich, dass es bei all den Themen, die der Roman aufgreift, eine zeitliche Entwicklung der Hauptfiguren über einen Zeitraum von fünf Jahren gibt.

Es gibt einen Handlungsbogen in der Jetztzeit. Darunter eingebaut, wie eine Arkadenfolge in neun Kapiteln, findet sich der jeweilige Zeitablauf im Erzählstrom der einzelnen Figur. Der Bericht der Halka, der aus Ostpolen nach Neu-Polen zwangsumgesiedelten jungen Frau, beschreibt vor allem den Zeitraum von Mai bis Ende 1945. Bei Hannes, Eustachius' Vater, Jahrgang 1892, umfasst das Erzählte ein ganzes Leben. Es beginnt tief im Wilhelminischen Kaiserreich und reicht bis zu Hannes' Tod mit achtzig Jahren. Alle Figuren entwickeln sich in ihren Berichten. Eustachius Grolmann kann als Protagonist gesehen werden, sein Leben wird komplett, wenn auch nicht chronologisch, erzählt. Es ist aus den Einzelberichten der anderen Figuren zusammengesetzt, ein in Stücke zerschnittener roter Faden.

Eigentlich sollte man gerade diese Erzählform als realistisch bezeichnen, denn im wirklichen Leben erfolgt das Zusammensetzen eines Sachverhaltes auch sprunghaft, wird der Alltagsbericht durch Rückblenden in Erfahrungshorizonte und Zukunftsfantasien gebrochen.

Das Kapitel des Hannes mit seinem weiten Zeitbogen ist ein Buch im Buch. Hannes ist auch der einzige Erzähler, der sich seines Erzählens bewusst ist. Er spricht »uns« an: Stimmen, die von ihm verlangen, dass er erzähle. Der Anfang und das Ende seines Kapitels handeln von der Möglichkeit zu sprechen, zu schreiben oder auch zu schweigen. Alle anderen Figuren sprechen als Figuren eines Chors von Stimmen, zu sehr unterschiedlichen Zeiten, an verschiedensten Orten. Die »Sieben Sprünge« sind ein Gesang der toten und der lebenden Stimmen.

Ich schlage vor, dass wir uns im weiteren Gespräch an den Figuren des Romans orientieren und anhand dieser über die Themen des Romans sprechen. Eustachius Grolmann ist in der Jetztzeit ein berühmter Affenforscher. Wir lernen ihn als Jugendlichen im Flüchtlingstross und später als Studenten und jungen Wissenschaftler kennen, für den sich die Eltern aufopfern. Diese zentrale Figur ist zugleich ein Spiegel der Zeitgeschichte. Das vom System des Dritten Reichs geformte Kind befürwortet Zwangssterilisationen. Der gealterte Verhaltens- und Primatenforscher will im Affen den besseren Menschen erkennen. An dieser Figur wird der anthropologische Ansatz des Romans durchgespielt. Als Fazit seiner wissenschaftlichen Forschung bescheinigt Grolmann dem Menschen einen wenig effizienten Empathieüberschuss. Seine Tochter beklagt an ihm einen Mangel an Vaterliebe. Empathie und Liebe sind für ihn Fehlentwicklungen. Wann war für Sie klar, dass der Roman diesen anthropologischen Ansatz haben soll? Wie hat dieser Ansatz die Struktur des Romans beeinflusst?

Interessant, dass Sie das begrifflich so fassen. Für mich ist der Ansatz des Romans figurenbezogen. Er kommt aus den Fragen, die Eustachius seit der Flucht umtreiben: Warum bringen Menschen einander um? Während meiner Recherchen fiel mir auf, dass Fluchtkinder häufig Berufe wählten, die mit ihren Verlusterfahrungen zu tun hatten. Mein Vater etwa war Architekt geworden: hatte sein Zuhause verloren und baute für den Rest seiner Zeit Häuser. Andere stellten Möbel her, ergriffen Heilberufe. Dieses Prinzip wollte ich für meine Hauptfigur übernehmen. Eustachius studiert Medizin, muss jedoch entdecken, dass er die Nähe zu Menschen nicht erträgt. Aus dem Winter '45 hat er eine starke Angst vor ihnen mitgenommen, er hat gesehen, wozu sie fähig sind, es vielleicht auch an sich selbst erlebt. Er sattelt um, wird Biologe und Verhaltensforscher. Und sucht nur nach einem, nach der Antwort auf die Frage danach, wie es sein mag, dass der Mensch als einziges Säugetier seinesgleichen tötet. Daher stammt der anthropologische Ansatz des Romans, die alte Frage: Was unterscheidet uns eigentlich vom Affen? Warum haben wir die Tötungshemmung verloren? Zu Beginn des Romans sieht Eustachius eine Filmaufnahme von Menschenaffen im Kongo, die belegt, dass auch Schimpansen ohne erkennbaren Anlass Artgenossen umbringen. Er beginnt daraufhin im hohen Alter von 83 Jahren mit spektakulären Selbstversuchen zur Verhaltensforschung, um seiner Lebensfrage auf den Grund zu kommen.

Eustachius Grolmann wird im Roman auch zum Forschungsgegenstand einer anderen Figur – Boris Nienalt, ein polnischer Psychologe, der zur Entwicklung von Kriegskindern forscht. Dazu gehört auch die Frage, inwieweit die Indoktrination von Kindern und Jugendlichen im Dritten Reich bei diesen Spätfolgen verursacht hat.

Nienalt denkt über die Generation der sogenannten Kriegskinder nach, also der Jahrgänge 1927 bis 1942. Diese Kinder befanden sich 1945 in einer spezifischen Lebenssituation. Für sie war – so die These von Boris – der Zusammenbruch des Dritten Reichs katastrophaler als für die Älteren. Zweierlei kam für sie zusammen: Zum einen ist man als Kind jeder Art von traumatisierenden Ereignissen noch schutzloser ausgesetzt als ein Erwachsener. Man verfügt kaum über Abwehrmechanismen, die Schädigungen reichen in den Kern. Zum anderen verloren diese Kinder, allemal wenn sie wie etwa Eustachius bereits älter waren, 1945 ihre ganze, ihnen bis dahin bekannte soziale und gesellschaftliche Welt. Während die Erwachsenen politische Erfahrungen auch außerhalb des nationalsozialistischen Regimes gesammelt hatten und noch ein Deutschland kannten, das mit Nachbarn anders als durch Waffen kommunizierte, hatte man den Kindern in der Schule und den Jugendorganisationen eine Schwarz-Weiß-Welt aus Guten (wir) und Bösen (fast alle anderen) vorgegaukelt. Während Erwachsene aus eigener Erfahrung wissen konnten, dass Reiche untergehen, das Leben aber weitergeht, war den Kindern das Gegenteil eingebläut worden. Auch anderen Aspekten der Naziindoktrination waren sie ausgesetzt – Rasse, Vernichtung, Selbstopferung. Das ging nicht spurlos an ihnen vorbei. Zwischen der Generation der Kriegskinder und ihren eigenen Kindern, so Boris, herrscht auch deswegen eine besonders große Kluft: kaum etwas die Kindheit Betreffendes lasse sich teilen.

Das stimmt mit meinen Erfahrungen überein: Was für Lieder haben meine Eltern, beide Kriegskinder, gesungen? Was für Filme gesehen? In was für eine Welt wuchsen sie hinein, was für Vorstellungen von der Zukunft machten sie sich? Die Kriegstraumatisierungen führten später zusätzlich dazu, dass diese Generation über das Erlebte nicht sprechen wollte. Der Terminus ›Kriegskinder‹ tauchte vor gut zehn Jahren in der Forschung und im öffentlichen Diskurs auf. Es gibt eine ganze Reihe von Erinnerungsschwierigkeiten und Verhaltensauffälligkeiten, die diese Gruppe aufweist. Mir hat die Beschäftigung mit diesen Fragen auch geholfen, meinen Vater und seine Kindheit besser zu verstehen.

Dazu kommt, dass diese Kinder ihren eigenen Eltern entfremdet wurden. Im Roman gibt es diese Szene, wo der elfjährige Eustachius seinen Eltern am Abendbrottisch darstellt, warum Zwangssterilisationen nützlich und richtig sind. Das macht den Eltern Angst.

Ein entscheidender Punkt. Eigentlich die Frage: Was noch treibt den anthropologischen Ansatz des Romans voran? Welche weitere Kraft steckt dahinter? Sie äußert sich gleich zu Beginn in dem zunächst rätselhaften Prolog.

Zwei Kinder, der fünfjährige Eustachius und der fünfzehnjährige Emil, sitzen an einen Baum gebunden auf einem Podest.

Dieses Arrangement hat mit der Frage zu tun, was Kinder damals wussten. Die Nationalsozialisten entzogen sie möglichst weitgehend den Elternhäusern. Die Formung des Jungvolkes wurde im Dritten Reich systematisch institutionalisiert. Eustachius war als Pimpf und in der Hitlerjugend ständig für das Reich eingespannt. Reichsernteeinsätze, Sammlungen für das Winterhilfswerk usw. usw. Während der Recherche stieß ich auf die Problematik der Eugenik- und Euthanasieprogramme der Nazis. Das gehört zu meiner Familiengeschichte. Aber erst während des Schreibprozesses wurde mir deutlich, in welchem Maß mein eigener Onkel – mit seinem Klumpfuß und seiner geistigen Behinderung – durch die Euthanasiegesetze der Nazis betroffen gewesen sein muss. Ich fragte meinen Vater, wie seine Eltern es geschafft hatten, das behinderte Kind durch die Nazizeit zu retten. Man war, so die Familiengeschichte, zu dritt aus Oels geflohen, erst auf der Flucht, in Sondershausen / Thüringen, starb der Bruder an einer Lungenentzündung. Mein Vater schaute mich an und sagte, eben das frage er sich seit langem auch selbst. Leider habe er es versäumt, mit seinen Eltern darüber zu sprechen. Ich war wie vom Donner gerührt. Niemals hatte er auch nur erwähnt, dass er sich diese Frage stellte. Ich las Untersuchungen zu den Auswirkungen von Sprechverboten in Familien. Das Verhalten meines Vaters scheint bis heute aufs Exakteste die Konstellation zu spiegeln, unter der er aufgewachsen ist. Dass sein behinderter Bruder das Haus nicht mehr verlassen sollte, wusste er. Alles andere wurde gezielt vor ihm verborgen. Er, das Kind, war eine Gefahrenquelle. Kinder verplappern sich. Das heißt, vor meinem Vater musste möglichst geheim gehalten werden, dass sein Bruder versteckt wurde. Je weniger er wusste, umso besser. Dieses Gebot – du weißt nichts, den gibt es für dich nicht! – galt für meinen Vater über den Tod seiner eigenen Eltern hinaus. Ich stieß mit meiner Frage auf ein auferlegtes Schweigen, das schon in der Nazizeit – als ein Teil seiner Verantwortung für diesen Bruder – auf meinem Vater ruhte. Eine Kernfrage: Was macht so etwas mit einem Kind? Wie viel Fremdheit und Misstrauen ziehen in eine Familie ein? Wie einsam wird man dabei?

Die Figur des Emil hat im Roman zwar nur ein Sieben-Seiten-Kapitel, ist jedoch auch in anderen Kapiteln, insbesondere in jenen der Lilly und des Hannes, seiner Eltern, fortwährend präsent.
Emil ist das geheime Zentrum des Buches.

Hannes ist eine für die Söhne prägende Figur. Sein Kapitel bildet das auserzählte Zentrum des Romans. Nicht nur, weil es durch einen Zeitraum von achtzig Jahren führt, sondern auch, weil es die Söhne verständlich macht. Sicher war es schwierig, eine Sprache zu finden, die diese Figur über den weiten Erzählbogen trägt. Hannes hatte als Kind eine intensive Beziehung zur Natur, durchstreifte an der Seite des Försters die heimischen Wälder. Deshalb seine Grundüberzeugung: »Alles, was man sieht, hat ein Gegengewicht in der Erde.« Später war er Soldat – im Ersten und im Zweiten Weltkrieg –, wurde in den Volkssturm eingezogen, musste in russische Kriegsgefangenschaft. Diese Erfahrungen bestimmen die Sprache des inneren Monologs dieser Figur. Hannes hat seine Söhne vermutlich nach Prinzipien erzogen, die eine viel weiter gefasste Weltsicht spiegelten als das Dritte Reich sie mit seiner Indoktrination vermittelte.
Hannes wäre gern Förster geworden. Er gibt diese Naturliebe, sein Naturverständnis später an Eustachius weiter. Hannes' Vorstellungen von Männlichkeit, von Treue und Redlichkeit sind vom Ehrenkodex des 19. Jahrhunderts geprägt. Der Kämpfende ist durch sein christliches Gewissen an Ehre und Treue gebunden. Das bringt Hannes im Dritten Reich in eine schwierige Situation, da er – schon wegen seines behinderten Kindes – gegen die Sprüche und Ziele der Nazis immun ist. Aber er ist auch Nationalist und leidet an der Niederlage des Vaterlandes im Ersten Weltkrieg. Er hat Pflichten, an die er glaubt, lässt

durch einen Juristen prüfen, ob er an den Eid auf Führer und Vaterland gebunden ist. Peter Sloterdijks Buch »Zorn und Zeit« half mir dabei, den Begriff der Ehre und die damit verbundenen Gefühle zu verstehen. ›Ehre‹ ist uns heute fremd, auch suspekt, im Wertekanon abhandengekommen. Wir kennen das Wort, aber wissen es nicht mehr zu füllen. Für Hannes indes ist ›Ehre‹ der Leitbegriff seines Lebens. Über die Frage nach ihr entschlüsselt sich ein großer Paradigmenwechsel. Die Ehr- und Tugendgesellschaft des 19. Jahrhunderts, die Hannes verkörpert, macht ihn in den 70er Jahren zum Fossil. Er sagt dies auch.

Dieses Fossil aber bewegt sich mit seiner gesamten fossilen Kraft durch den Roman. Hannes wurde im Ersten Weltkrieg verletzt, trägt Eisenteile im Schädel, ist immer noch stolz auf sein Soldatentum – mit schweren Brechungen. Sein atemberaubendes Erfahrungs- und Lebensspektrum erzeugt immense Spannungen in ihm. Erst am Ende des Schreibprozesses hatte ich das Gefühl, Hannes wirklich zu fassen: Kurz vor seinem Tod erinnert er sich an die Faszination des Krieges. Er glorifiziert nicht, er weiß, wozu alles führte, was es kostete. Die Erfahrung der Verbrechen des Krieges hatte ihn zu einem Selbstmordversuch geführt. Da war kein ehrenvolles Handeln mehr möglich. Und doch vermisst er das Soldatentum, die Kameraden, die Lebensintensität der Kriegsjahre, ihre »irre Schönheit«.

Das Kapitel des Hannes liest sich wie ein Geschichtsbuch. Schon das Kind wächst mit Ehrbegriffen auf. Äpfel, die auf den fürstlichen Obststreuwiesen geerntet wurden, mussten zum Fürsten gebracht werden, dieser konnte sie dann dem Pflücker schenken.
Dieser Ehrenkodex gilt für beide Seiten. Das Eigentum des Kronprinzen – der in Oels sein Schloss hatte – ist diesem zu überbringen. Der Prinz hat das Obst dann zu verschenken. Auch ihn bindet der Ehrenkodex.

Mit diesem Ehrenkodex geht Hannes als junger Soldat in den Ersten Weltkrieg. Dort lernt er den Kameradschaftsgeist kennen, einen weiteren und zugleich überlebenswichtigen Ehrbegriff. Er wird – nur durch den selbstlosen Einsatzes eines Anderen – schwer verletzt aus vorderster Linie gerettet. Daraus entwickelt sich eine Lebensfreundschaft, die erst im Tode dieses Freundes – dann im Zweiten Weltkrieg – ihr Ende findet …
Das ist der Moment, in dem Hannes sein Ich verliert …

… begleitet von dem Bewusstsein, dass man es in diesem zweiten Krieg mit einem anderen, zweifelhaften Ehrgefühl zu tun hat, »etwas Neues, Schreckliches, ziellos, chaotisch, gefährlich.« Diese Erfahrung zieht sich bis in die Kriegsgefangenschaft hinein, deren Disziplinarmaßnahmen – mit Billigung der Sowjetarmee – von ehemaligen Nazis umgesetzt werden.
Dieser Riss wird für Hannes im Verlauf des Romangeschehens größer und unerträglicher. Schon im Polenfeldzug entsetzt ihn, dass ein Jude, gefesselt an eine Brunnendeichsel, unter Absingen von Lobliedern auf die Nazis die Arbeit des Brunnenpferdes verrichten muss. Für Hannes ist ein derartiger Umgang mit einem Kriegsgefangenen unehrenhaftes Handeln. Später, im Frankreichfeldzug, scheinen die alten Regeln des Krieges zunächst eingehalten zu werden. Paris und die Zivilbevölkerung werden verschont. Doch dann sieht Hannes, wie Angehörige einer SS-Einheit mit Schädeln aus französischen Gräbern Fußball spielen. Dieses Rollen der Totenköpfe über den Rasen, das Johlen und Treten der Nazis wird für Hannes zum Bild für einen zivilisatorischen Bruch. Danach kommt eine Kata-

strophe zur anderen, bis Hannes selbst Teil der Vernichtungsmaschinerie wird. Auch er, nach eigenem Empfinden, ein Mörder.

An einer Stelle sagt er, »ich fand mich nicht mehr zu Hause«. Dieses Zuhause war für Hannes das durch den Ehrenkodex bestimmte Soldatenleben.

Es war sein durch den Ehrenkodex bestimmtes Leben mit seiner Familie, in seinem Beruf, in seiner Gesellschaft, in seinem schlesischen Wald. Er glaubt daran, das verteidigen zu müssen. Nur deswegen zieht er in den Krieg.

Es gibt eine zweite, tief sitzende Erfahrung von Hannes: »Emil weckte eine weiche Seite meiner Männlichkeit, einen nachgiebigen Stolz«, sagt er, »Männer liebten nicht, bis sie ein besonders zu schützendes Kind bekamen.« Diese Liebe wird sein zweiter Verhaltenskodex. Auch Lilly definiert sich wie Hannes aus der Wilhelminischen Zeit, eine Tochter aus gutem Hause, sprachbegabt und musisch gebildet. Auch ihr Leben wird durch die Liebe zu ihrem behinderten Sohn bestimmt. Sie unternimmt alles, um dieses Kind, das durch die Eugenik-Programme und Euthanasie-Gesetze im Dritten Reich bedroht ist, zu retten. Sie geht auf den für diese Fragen zuständigen Arzt zu, der ihre Lage ausnutzt. All das, was Hannes und Lilly im Roman berichten, ist aber genau das, worüber sich diese Generation im realen Leben ausgeschwiegen hat. Diese Themen – Krieg, Vertreibung, Euthanasie, Kriegsgefangenschaft – waren tabuisiert im Gespräch mit den Kindern und Enkeln. Wie haben Sie sich dieser Themen versichert?

Mit dem Arzt und Lilly hat es noch eine andere Bewandtnis. Es geht hier nicht nur um einen Nazi-Euthanasiearzt, der seine Vorteile aus der Sache zieht. Der unsympathische Dr. Winsch wird in diesen Szenen zu einer ambivalenten Figur. Er nähert sich Lilly allein, um mit ihr zu reden – über Musik, über Kultur. Nichts weiter. Auch dieser Mann braucht – Wärme. Lilly gerät durch diese Begegnungen in einen Gefühlskonflikt, über den sie mit niemandem sprechen kann.

Die Szene ist erfunden, so wie fast das gesamte Geschehen um Emil. Denn Sie haben Recht: Über diese Fragen wurde so gut wie nicht gesprochen. Die Frage an meinen Vater, was die Großeltern unternommen hatten, um ihren behinderten Sohn über die Nazizeit zu retten, blieb unbeantwortet. Ich habe aus der Not eine Tugend gemacht: Im Roman erfindet jede Figur eine eigene Geschichte zu Emil. Hannes hegt den Verdacht, dass sein Ältester auf die Flucht gar nicht erst mitgenommen wurde. Dass die Nazis ihn doch noch abholten. Lilly spricht 30 Jahre lang von einer Lungenentzündung, an der Emil gestorben sein soll. Eustachius erinnert sich daran, dass Emil nach der Bombennacht in Thüringen Richtung Osten umkehrte, um seinen Vater zu suchen. Gegen Ende des Romans behauptet er allerdings, seinen Bruder bei dieser Gelegenheit erschossen zu haben. Es gibt keine Möglichkeit mehr, diese Erinnerung an der »Wirklichkeit« zu überprüfen. Sie mag ein Gespinst sein, eine Halluzination – oder etwas lange Verdrängtes.

Die Szene zwischen Lilly und Dr. Winsch entstand aus dem Gefühl, dass der zwischen dem Euthanasiearzt und der Grolmannschen Familienbäckerei geschlossene erpresserische Vertrag aus dem Jahr 1935 nicht ausreichte, um Emil zu schützen. Emil arbeitete in der Bäckerei als »ein nützliches Glied des deutschen Volkskörpers«. Die Euthanasiegesetzgebung des Dritten Reichs wurde in den Vierzigerjahren aufs Schlimmste verschärft. Wie handelt ein Vater, wie eine Mutter in einer derartigen Situation? Was sind Männer-, was Frauenwege? Hannes mit seinem traditionellen Ehrbegriff und Tugendraster erweist sich als viel hilfloser als Lilly.

Auch die Vertreibung, dieser lange Weg der Flüchtlinge, ist eher mit den Frauen verbunden. Die Männer waren im Krieg oder in der Kriegsgefangenschaft. Frauen, Kinder und alte Männer stapften durch Schnee, hungerten, wurden bombardiert. Lilly sagt im Roman: »Wir waren alle verändert, kannten uns nicht mehr, glichen einander nur stärker als zuvor, hatten ein Stück unserer Geschichte aus den Gesichtern verloren, als machten die Gesichter sich leer, schlauer als wir, leer für die Geschichte, die nun begann, die große Flächen brauchte, viel vom Menschen, von uns, verbrauchte – für sich.«

Die Geschichte macht die Gesichter leer und löscht Individualität aus, weil sie die Menschen verbraucht, um sich zu entfalten. Migration ist eine der Fragen, die uns bis heute, und in letzter Zeit immer stärker beschäftigen. Für mich war beim Schreiben die Einsicht entscheidend, dass wir Deutsche mit den Polen ein großes Stück innerer Erfahrung und Geschichte teilen, wenn es um Zwangsmigration geht. Das kann etwas Verbindendes sein. Zudem sollte uns die Erinnerung an diesen Aspekt unserer Familienvergangenheiten offener machen für den Umgang mit Vertriebenen heute, Menschen zum Beispiel aus Syrien oder Afrika, die bei uns ankommen. Erinnern wir uns nicht: an die Schwierigkeiten, ja die Unmöglichkeit dieses Ankommens? An die erlittenen Verluste? An die Nachwirkungen? Und haben wir nicht auch Erfahrung mit der anderen Erlebensseite, die wir nun nutzen könnten: wissen etwas von den Schwierigkeiten des Aufnehmens? Davon, was notwendig ist, damit Integration gelingt? Das Kapitel der Esther, der Enkelin von Eustachius, beschäftigt sich mit diesen Fragen: Verwurzelung und Nomadenhaftigkeit heute, Leben unter den Ansprüchen einer globalisierten, zu vielfachen Migrationsbewegungen verpflichtenden Arbeitswelt, in Zeiten neu aufflackernder ethnischer und religiöser Konflikte.

Nach 1945 war es auch verbreitet, die Vertriebenen als Sündenböcke zu benutzen. Viele Verbrechen des Krieges waren in den ehemaligen Ostgebieten durchgeführt worden. Lilly sagt an einer Stelle: »Auch die Pfarrer fanden richtig, dass wir büßten: Menschenvernichtung, Judenmord, alles bei uns.« Das hat dazu geführt, dass die Vertriebenen sich in ihre eigenen Zirkel zurückzogen und unter sich blieben. Sie sagten einmal, dass Ihnen diese Situation den Begriff »Heimat« – und insbesondere die von Vertriebenenverbänden heraufbeschworene Heimatsehnsucht – suspekt werden ließ.

Für mich war ein nostalgischer Heimatbegriff *immer* äußerst dubios. Allemal ein revanchistischer. Mein Großvater hatte ein Vertriebenenblatt abonniert, fuhr allerdings in der Zeit, in der ich ihn erlebte, nicht mehr zu Vertriebenentreffen. Gesprochen wurde über diese Fragen im Wohnzimmer meiner Großeltern, mit Freunden. Die allesamt ebenfalls Vertriebene waren. Die Russen galten ihnen als »die Bösen«, Polen als die »anderen Armen«.

Heimat nahm in meiner Familie eine Doppelbedeutung an. Zum einen als reales Gebiet, eine Landschaft und ein soziales, kulturelles und sprachliches Gefüge, in dem man gelebt hatte. Zurückkehren wollten weder meine Großeltern noch mein Vater; der Verlust der alten Existenz war zu deutlich. Zum anderen: Heimat als etwas Verklärtes, die gute alte Zeit. Hannes sagt das im Roman so: »An guten Tagen ging die Geschichte so: Wir hatten ein Kind gerettet, unser Leben gerettet, bekamen Rente. Wir lebten in einer Landschaft, die wir von klein auf aus Urlauben kannten, nicht in irgendeinem Exil, dessen Klima uns zersetzte. … Bei Föhn ging die Geschichte so: Wir hatten ein Kind verloren, das Erbe verloren, alle Gräber, ein Stück unserer selbst, die Verbindung zu unserer Vergangenheit, die Verankerung in Besitz und Beständigkeit, das Vertrauen, da sein zu dürfen. Die Landschaft, in der wir lebten, taugte für Urlaub, blieb Kulisse. Die Menschen um uns sprachen die falsche Sprache, hatten die falsche Religion. Wir waren allein, jeder für sich, die Geschichte ließ sich nicht teilen. Ich musste nicht mehr in den Krieg ziehen, aber der Krieg hörte nicht auf.«

Für mich als Kind machte das Heraufbeschwören der immer gleichen Anekdoten die »verklärte Heimat« eher unglaubwürdig. Ein kitschiger, süßlicher, nicht gefüllter Begriff. Allemal da ich spürte, dass sich hinter den Harmlosigkeiten andere Dinge verbargen. So war Heimat auch unheimlich. Darin lauerte etwas: Ängste bis Panik. Schmerzen – im Erzählen latent spürbar. Wenn Oma verstummte, ihre Lippen für Sekundenbruchteile zitterten. Auf ganz spezielle Weise hielt sie dann den Mund, ich sehe das bis heute.

Darüber hinaus gab es für mich noch einen dritten, nicht minder komplizierten Heimatbegriff. Das war der Bezug zu Bayern, verbunden mit meiner Mutter und meinem Aufwachsen in einem Vorort von München. Heimat als Streifen durch Wälder, Baden in Weihern. Bäuerliches. Dazu der starke Katholizismus meiner Mutterfamilie, der meine protestantisch erzogene Schwester und mich aktiv ausschloss. Unsere katholische Großmutter stellte uns gegenüber den anderen Enkelkindern zurück, wir waren die »Preußen«. So verkörperte für mich als Kind und Jugendliche Heimat etwas Schönes und etwas Feindliches, etwas Verlorenes und Zweifelhaftes. Sie war eine Art lebendiges Gespenst. Keiner der drei Heimatbegriffe stimmte. Dazu kam dann noch der Missbrauch des Begriffes in der Zeit des Nationalsozialismus, seine halbrevanchistische Füllung in den Nachkriegsjahren.

Inzwischen haben die Rahmenbedingungen sich verändert. In der Welt nach 1989 lässt der Begriff sich neu definieren, in einem europäischen Sinn wiederbeleben. Ich glaube, dass wir ihn brauchen: Menschen brauchen Zuhause-Gefühl, Beschütztseins-Gefühl, Verwurzelung. Allemal in einer Umgebung, die ihnen immense Flexibilität abverlangt. Die Aufgabe heute: Wie kann dieses Zugehören regional, doch nicht ausschließend, nicht vergangenheits-, sondern zukunftsorientiert gedacht und vermittelt werden?

Ich will noch eine andere Sicht auf die Figur der Lilly öffnen. Lilly verliert durch Flucht und Vertreibung, doch sie gewinnt auch: gelangt zu einem Beruf, baut ein neues, freieres Verhältnis zu ihrem Sohn auf, emanzipiert sich von ihrem Mann. Sie findet sich, auch und gerade in der Spiegelung mit dem Nazi-Arzt. Oder in jenem Moment, in dem sie dem bayrischen Polizisten, der sie vergewaltigen will, einen Finger abbeißt.

Eine weitere Hauptfigur des Romans ist Simone Grolmann – wie ihr Vater Affenforscherin. Die Sprache ihres inneren Monologs folgt dem rationalen Kalkül der Wissenschaftlerin. Mit dieser Figur wird das Nachdenken über den Wissenschaftsbetrieb, über das Ethos des Wissenschaftlers u.a.m. als neue Facette in den Roman gebracht. Die beiden Kapitel der Simone sind neben jenem des Eustachius auch der Ort, wo die anthropologischen Fragen durchgespielt werden. Inwieweit haben sich Ihre eigenen Erfahrungen im Wissenschaftsbetrieb für diese Kapitel als nützlich erwiesen?

Meine akademischen Erfahrungen beziehen sich im Wesentlichen auf Literatur- und Kulturwissenschaften, aber dank einiger Kommilitonen blieb mir im Studium die Welt der Naturwissenschaften und ihrer Experimente nicht fremd. Konkretes Wissen aus Simones und Eustachius' Arbeitsfeld im Roman verdanke ich zu weiten Teilen Wolf Singer, der sich in seinem Max-Planck-Institut für Hirnforschung in Frankfurt am Main mehrfach mit mir traf.

In Simones Denken entwickelt sich etwas weiter, was auch Eustachius als Wissenschaftler umtreibt. In Reaktion auf die Nazi-Zeit bewegt ihn – als Aspekt seiner Aggressionsforschung – die Frage, wie frei wir in unserem Verhalten sind. Was ist genetisch festgeschrieben? Was erlernt? Wie sehr determinieren bereits gemachte Erfahrungen zukünftige Taten? Neurologen sprechen hier von Gehirnarchitektur: Unser konkretes Leben bestimmt, welche Nerven wie und wie vielfältig miteinander verknüpft werden. Unser Verhalten findet im Netz dieser Verschaltungen, auf und aus ihrem Grund statt. Das bedeutet, dass schon allein physiologisch-gehirnlich Vergangenheit ständig zu Gegenwart wird. Für einen historischen Roman wie den meinen ist das hochspannend: Er ist aufgebaut wie eine Echokammer, weil er ständig nach eben diesem Ineinanderspielen der Zeiten fragt.

Wie frei also sind wir? Auch Simone forscht mit Affen, weil sie sich Aufschluss über den Menschen erhofft. Und weil sich über das Interesse an Primaten ein Zugang zu ihrem verschlossenen Vater öffnet, der den beiden erlaubt, sich – dank der Spiegelung in einem dritten, stummen Wesen – einander zuzuwenden. Und auch weil Simone hofft, in der Wissenschaft ihren Vater, diesen schwierigen, sturen, einsamen Mann, übertreffen zu können.

Eustachius Grolmanns Erkenntnis ist: »Unser Gehirn verfährt chaotisch und rekursiv. Es antwortet sich selbst, entscheidet dem Bewusstsein voraus. Es ist das eigentliche Tier. Das Tier, das unser waches Ich umfasst.« Simone Grolmann folgt u.a. der These: »Tiere waren verankert, eingebettet in ein sicheres Wissen davon, was man tat und was nicht. Im Homo sapiens hingegen saß an der Stelle des Instinktes etwas Weich-Zähes. Es ließ sich verformen.«

Auf Menschenaffen trifft der erste Teil von Simones Zitat jedoch nur bedingt zu. Sie haben Entscheidungsoptionen, kennen komplexe soziale Interaktionsregeln. Sie können täuschen, sie können tricksen. Sie entwickeln Konzepte ihres Selbst und denken in die Zukunft. Sie sind unsere nächsten Verwandten. Und Brückenfiguren. Die Unterschiede Mensch-Tier finden sich eben nicht exakt definiert. Simone fasziniert das: Wir brauchen Tiere, um unser Selbstbild zu entwickeln. Denn auch wir sind – Tiere. In einer großen Rede stellt Simone Grolmann im Roman die Perspektiven der Affenforschung dar. Im Grunde geht es ihr um die Frage, wie viel Empathie, wie viel Mitfühlen und Verstehen eines anderen Wesens uns möglich ist. Und wozu wir das dann verwenden.

Beide Wissenschaftler verändern im Lauf des Romans ihr Wissensverständnis. Eustachius radikalisiert das Tierexperiment, indem er es auf sich selbst anwendet. Hatte Hannes, sein Vater, Granatensplitter im Schädel? Eustachius setzt sich eine Platine ein. Simone, getrimmt auf Vernunft und überprüfbare Phänomene, erlebt gleich zu Beginn des Romans etwas, das sich allen rationalen Erklärungen entzieht: Sie fürchtet sich vor Schnee. Vor Laserstrahlen am Himmel. Träumt fremde Alpträume. Ihre Ängste hängen mit den Erlebnissen der Großeltern und des Vaters während der Flucht aus Schlesien zusammen. Doch sie gehen über Erzähltes hinaus. Eigenes und Fremdes vermischen sich, der rationale Weltenbau gerät ins Schwanken. Sollte es also doch so etwas wie »Seele« geben? Die blinden Flecken der Wissenschaften, all das, was sich der Messbarkeit entzieht, beginnen Simone zu interessieren: Wie hängen der Einzelne und das Kollektiv zusammen, der Einzelne und die Familie?

Bei Lesungen reagiert das Publikum häufig ganz besonders auf diesen Punkt. Die postgenerationelle Übertragung von Verletzungsmustern ist verbreiteter, als wir gemeinhin annehmen. Doch man spricht nicht darüber, das kenne ich auch von mir selbst, weil man sich schämt.

Womit das zweite große Thema des Romans, die Liebe zwischen Eltern und Kindern, ins Spiel kommt. Jede Figur erzählt in ihrem Kapitel von mal unterkühlten, mal überschießend innigen Eltern-Kind-Verhältnissen, von Abhängigkeit, Rettung und Verrat. Simone etwa berührt sich hier mit Jennifer, der Tochter von Boris: Beide lieben einen Vater, der sich ihnen entzieht. Eine besondere innige Beziehung hingegen verbindet Eustachius und seine Enkeltochter Esther. Der Roman besteht auch hier aus zahlreichen, schräg zueinander gestellten Spiegeln.

Eine große Spiegelung des Romans ist die Gegenüberstellung der zwei Vertreibungshistorien. Die Zwangsumsiedlung der Polen aus Ostpolen, der späteren Westukraine, in die ehemals schlesischen Gebiete wird im Roman an der Figurenlinie Halka, Boris und Jennifer behandelt. Halka hatte in den Nachkriegswirren in Breslau-Wrocław einen Deutschen kennengelernt. Aus dieser Beziehung geht später Boris hervor. Dessen Tochter Jennifer sagt im Roman: »Als Vater so alt war wie ich, hatte es für ihn nur die Polen- und die Deutschwelt gegeben, eine Feindeswelt, die ihn eben deswegen angezogen hatte, mit Fernsehprogrammen und bunten Farben, alles einfach in ihr, auch wenn es nicht einfach sein mochte, in sie zu gelangen.« Die »Repatriierung« in ehemalige deutsche Gebiete führt für Boris zu einer lebenslangen Auseinandersetzung mit diesen deutschen Themen. Um diese Figurenlinie zu zeichnen, mussten Sie in Polen recherchieren. Wie ist das erfolgt?

Boris ist eine Hybridfigur. Er wächst in Wrocław auf, seine Mutter stammt aus Ostpolen, sein Vater aus Zentralpolen, sein leiblicher Vater soll ein Deutscher sein, ein Breslauer, der im Sommer 1945 vertrieben wurde und zwanzig Jahre später noch einmal auf Besuch gekommen war. Mitte der 80er Jahre schafft Boris es, ein Psychologiestudium in Westdeutschland aufzunehmen, heiratet eine Deutsche, hat mit ihr ein Kind, in dem die Herkunftsgeschichten sich noch einmal überkreuzen und das sich seinerseits mit den Fragen nach inneren Grenzgängen beschäftigt. Für diesen Boris gibt es kein recherchiertes Vorbild, die ganze ihn umgebende Welt ist fiktional.

Boris forscht zu Spätfolgen bei Kriegskindern. Zu diesem Arbeitsbereich gab es viel nachzulesen, vor allem auf Englisch. Der Psychologe hält seine Seminare in Kreisau ab, auch dies, der ehemalige Familiensitz der Familie von Moltke, ein hybrider deutsch-polnischer Ort, verbunden mit dem gescheiterten Widerstand gegen Hitler. Dort begegnen sich auch Simone und Boris.

Nach Wrocław fuhr ich 2012, bewusst im Mai, da ein Stück des Hannes-Kapitels und ein großer Teil der Halka-Erzählung im Mai 1945 in der Stadt spielen. Ich hatte mir im Vorfeld vier Breslauer Stadtpläne aus verschiedenen Zeiten besorgt, zwischen den Kriegen, zur Nazizeit, den ersten, rudimentären Plan mit polnischen Straßennamen, eine Karte von heute. Mit flatternden Blättern stand ich in Wrocławs Straßen und buchstabierte mir Wege von 1945 zurecht. Ein weiterer, wesentlicher Aspekt der polnischen Recherche waren die Begegnungen mit Zeitzeugen. Ein »Grenzgänger«-Stipendium der Robert Bosch Stiftung ermöglichte mir, eine Simultandolmetscherin einzusetzen und jemanden für Vorabrecherchen in Archive zu schicken. Ich suchte Menschen, die um 1935 oder noch früher in Ostpolen geboren waren und als Zwangsvertriebene nach Schlesien »repatriiert« wurden. Ich hatte Fragen zu Ostpolen, zum Transport, zur Ankunft und zur ersten Zeit in Breslau-Wrocław, zu den Schwierigkeiten des Lebens in der zerstörten, von Flüchtlingsströmen und Soldaten, von displaced persons und Plünderern durchkreuzten Stadt. Die Zeitzeugen erzählten von den Unwägbarkeiten der Ankunft, von ihrem Befremden, ihren Ängsten und dem Gefühl, als Polen erneut zwischen Russen und Deutschen eingequetscht zu werden.

Bei der Recherche für einen Roman ist es oft so, dass man das, was man sucht, findet, weil andere Menschen es aufbringen. Insgesamt gab es fünf solcher Zeitzeugengespräche, beim intensivsten saßen wir acht Stunden zusammen. Man muss sich annähern, bevor ein Austausch stattfinden kann; auch ich musste erzählen. Der dritte Rechercheschritt betraf Oels: Topographie und Begegnungen auch hier. In Wrocław half man mir im Willy-Brandt-Zentrum für Deutschland- und Europastudien mit Material zum historischen Kontext; in Antiquariaten suchte ich nach alten Stadtbeschreibungen und Postkarten. Anschauung, Bilder, Wege, möglichst konkret. Inspiration aus der Topographie, aus den noch sichtbaren Spuren der Vergangenheiten. Dass Breslau-Wrocław im Mai 1945 an vielen Stellen brannte oder zumindest nachschwelte, hatte ich mehrfach gelesen. Mir die Luft heiß und rauchig vorgestellt. Asche am Boden, auf den Pflanzen, in den Häusern. Dann sagte mir einer der Zeitzeugen: »Wir waren von oben bis unten rot.« Rötlicher Staub sei durch die Straßen geweht. Von den zermahlenen Ziegeln! Da man sich kaum habe waschen können, habe er sich tief in die Haut gefressen. So habe man am Rinnstein gesessen: rot bestaubt.

Im Kapitel der Halka wird das Chaos nach dem Krieg ausführlich beschrieben. Eine sehr einprägsame Figur wird ein elternloses Kind, welches von Halkas Familie aufgenommen wird. Mit diesem »Wolfskind Adam« unternimmt sie gemeinsam Plünderungszüge, um die Familie zu ernähren. Wie haben Sie die Fakten für die Geschichte der Halka und dieses Nachkriegschaos in Wrocław erfahren?
Es war schwierig, Frauen zu finden, die über diese Zeit sprechen wollten. Vieles habe ich Dokumenten in Archiven entnommen. Die einzige Zeitzeugin, die ich ausführlicher interviewen konnte, lebt als Bäuerin in einem Dorf südlich von Wrocław, in ihrem, wie sie es noch immer nennt, »deutschen Haus«. Sie ist »auf dem Sprung«: Jederzeit bereit zu gehen, falls die Deutschen wieder zurückkehren. Die ehemaligen Eigentümer hatten bereits in den Siebzigerjahren den Ort besucht und beteuert, keinesfalls zurück zu wollen. Dennoch nutzt diese Frau nur einen einzigen Raum im Haus und schont die Möbel von 1940 für die Deutschen. Ab und an benutzt sie die alte Mohnmühle aus dem 19. Jahrhundert, weil sie keine eigene hat, allerdings mit schlechtem Gewissen. Diesem Gefühl, in einer fremden Haut zu leben, leben zu müssen, bin ich in Polen mehrfach begegnet. Die aus Ostpolen Vertriebenen kamen anders als die deutschen Vertriebenen in intakte, fremde Häuser. Die Wohnungen waren gefüllt mit Lebensmittelreserven, mit der mit Monogrammen bestickten Bettwäsche der Vorgänger. In den Schränken lagen die Fotoalben der Vertriebenen, man sah ihre Gesichter, blickte in ihre Geschichten. Den neu Angekommenen blieb nichts anderes, als in den deutschen Kokon zu schlüpfen. Über ihre Gefühle konnte nicht gesprochen werden. Offiziell waren sie Menschen, die, vorgeschrieben glücklich, in alte polnische Heimat zurückkehrten, eben repatriiert wurden. Die deutsche Geschichte der Region, offiziell getilgt, kam den Menschen in der Wirklichkeit ihrer Städte, Dörfer oder Häuser aber allenthalben entgegen, auf Gullideckeln, in Straßen- und Hausnamen, aus Schränken und Kommoden. Welch spaltende Lebenssituation!

Während den westdeutschen Flüchtlingen ein nicht unproblematischer, doch staatlich anerkannter Vertriebenenstatus zugesprochen wurde, saßen die aus Ostpolen Zwangsumgesiedelten mit gepackten Fluchtkoffern in den deutschen Haushüllen. Der Dritte Weltkrieg begann in ihren Angstszenarien mit einem Angriff der Deutschen auf Polen, um die alten Territorien zurückzuerobern. Eines aber teilte man: Da saß man in Wrocław oder München, schaute nach Osten und sprach untereinander, verborgen vor der Mehrheit, von der verlorenen östlichen Heimat. Die polnische Geschichtsschreibung konnte erst nach 1989 damit beginnen, sich dieser Geschichte der Zwangsumsiedlungen anzunehmen.

Es gibt einige Kapitel, die – wie Sie sagen – wieder hinausgewandert sind aus dem Roman. Dies betrifft auch das sogenannte »Lexikon der reisenden Wörter«. Auf www.der-siebte-Sprung.de kann man sich jetzt in diese interessante Sammlung von Begriffen und Dokumenten vertiefen.
Anfangs sollte Esther diejenige sein, die den Roman erzählt. Ich verwarf diese Idee im Lauf des Schreibens, damit wurde auch das Lexikon, das Esther als pubertierendes Mädchen angelegt hatte, funktionslos. Doch es ist nützlich: es lebt online weiter und enthält inzwischen über 90 Begriffe, die jeweils eine Tür in den Roman hinein aufstoßen. Esther beschäftigt sich mit Fragen der Migration heute. Sie kennt über ihre Familie und die Fami-

lie ihrer besten Freundin – ein pakistanisch-indisches Mädchen – verschiedene Migrationshintergründe. Auch in der Schule wird das Thema behandelt. Alles, was reisen muss, interessiert sie: Vögel, Menschen, Wörter. Als ich die Website konzipierte, nahm ich das Lexikon dort auf, weil man mit seiner Hilfe noch einmal auf ganz andere Weise durch den Roman reisen kann. Zudem beginnt hier der interaktive Teil der Seite: Jeder, der möchte, kann sich von mir ein neues reisendes Wort wünschen, am besten eines aus dem Roman. Das siebte Kapitel der Website stellt ein Formular bereit, in das man den Wunsch eintragen kann. So wächst die Seite. Ein Teil ist zudem bereits auf Polnisch verfügbar, eine englische Version soll folgen.

Im »Lexikon der reisenden Wörter« wird zum Beispiel der Wehrpass zum Wehpass.
Man findet auch Dinge, die ansonsten nur schwer zu finden sind – schlesische Wörter mit Erklärungen oder Erläuterungen von Konzepten wie »postmemory« oder »transgenerationelle Traumatisierung«. Mitunter sind auch Literaturquellen angegeben für all jene, die mehr erfahren wollen. Zudem enthält die Website ein Kapitel »Romanwege«, in dem ich darstelle, wie ich zu diesem Roman kam und wie der Schreibprozess aussah. Andere Kapitel machen mein Recherchematerial zugänglich, insbesondere die zweisprachigen Tondokumente aus Polen. Ich hätte es schade gefunden, wenn diese einmaligen Zeugenberichte leblos bei mir in der Festplatte ruhten, allemal da es in diesem Feld zweisprachig bislang nur sehr wenig Material gibt.

Der Roman ruht auf einem Raum kollektiven Sprechens: Ich nenne diesen Raum heute das »geheime Wohnzimmer« – das Wohnzimmer meiner schlesischen Großeltern, Hochparterre in München-Schwabing, halb dämmrig, braungrau, in dem Vertriebene zusammenkamen und über Vergangenheit und Zukunft (sollen wir nach Polen fahren?) sprachen. Meine bayrische Mutter ging derweil shoppen. Als Kind hörte ich zu, vielleicht ohne recht zu verstehen, wovon gesprochen wurde, doch ich spürte die unausgesprochenen Dinge im Raum: Gefahr. Schmerzen. Verlust. Schuld. Verzweiflung und Wut, Nichtverstehen. Hier hat der Roman seine Wurzel: Ein Raum kollektiven Sprechens über etwas, das man eigentlich mit Sprache nicht fassen kann. Im siebten Kapitel der Website wollte ich deshalb einen kollektiven Sprechraum in heutiger Gestalt eröffnen, zu eben dem Thema »Flucht und Vertreibung«. Das Buch ist abgeschlossen, das Projekt schreibt sich fort.

Der Roman hat ein Motto von Friedrich Nietzsche: »Ich fürchte, die Thiere betrachten den Menschen / als ein Wesen Ihresgleichen, das in höchst gefährlicher Weise / den gesunden Thierverstand verloren hat, – / als das wahnwitzige Thier, als das lachende Thier, / als das weinende Thier, als das unglückselige Thier.« Dieses anthropologisch grundierte Motto könnte auch ein Spruch von Eustachius Grolmann sein.

Schön gesehen. Der alte Eustachius kehrt ohne Rücksicht auf Verluste an der eigenen Person die Perspektive radikal um und versucht, mit den Augen des Tieres auf den Menschen zu blicken. Manche Leser haben mir gesagt, dass sie überflüssig finden, dass der alte Mann sich den Schädel aufbohrt. Ich finde es wesentlich. Ein Akt der Buße, wenn man so möchte. Wie anders als auch körperlich könnte Buße aussehen? Auf den ersten Blick wirkt das grotesk, ja sogar lächerlich – Eustachius' Publikum lacht, um sich den Schrecken vom Leib zu halten. Als Leser hat man die Möglichkeit, anders zu reagieren: man darf ihn empfinden. Und einem Kleistschen Gedanken folgen. Eustachius meint, der eigentliche Sündenfall des Menschen sei seine Empathiefähigkeit und Empathieabhängigkeit. Da versucht er, ganz zum Affen zu werden – um sozusagen, wie Kleist im »Marionettentheater«, einmal ganz ums Paradies zu laufen. Nur so könnte man es wieder erreichen. Sprich: Erst wenn ich einmal durch die Empathie hindurchgelaufen bin, nämlich durch das Tier hindurch, komme ich dort an, wo ich wieder etwas erkennen könnte. Deswegen das Nietzsche-Motto. Seine vier Adjektive bilden die großen Spiegelzusammenhänge des Romans ab, alle gleichzeitig nebeneinander: das Wahnwitzige, das Weinende, das Unglückselige – und das Lachende.

Liebe Ulrike Draesner, ich bedanke mich für dieses Gespräch.

Die Unvereinbarkeit von totalitärer Macht und freiem Geist

Gespräch mit Hans Joachim Schädlich

Am 11. Mai 2015 traf ich Hans Joachim Schädlich in dessen Wohnung in Berlin-Wilmersdorf. Zum zweiten Mal war ich in seinem Zuhause, das vor allem eine riesige Bibliothek ist. Der Raum, in dem wir unser Gespräch führten, war der lexikalische Teil dieser umfassenden Büchersammlung. Wortsinn und Worthintersinn sind Schädlich wichtig, die akribische Recherche ist ihm die Voraussetzung des Schreibens. Im Spiel von Fakten und Fiktion übernehmen überprüfbare Fakten eine Stützfunktion. Die Sprache muss knapp und geschmeidig daherkommen und zugleich Authentizität vermitteln. Schädlich will eine historische Erzählung, die das 18. Jahrhundert thematisiert, nicht in der Sprache des 21. Jahrhunderts erzählen. Seit unserem ersten Gespräch waren acht Jahre vergangen, in denen drei neue Bücher erschienen sind. Dies gab genügend Gesprächsstoff. Zunächst war mir jedoch wichtig, nach seinen frühesten Begegnungen mit dem Buch, mit Literatur, und nach prägenden Ereignissen in seiner Kindheit und Jugend zu fragen, die die biographische Grundierung für die frühen Texte aus dem Band »Versuchte Nähe« bildeten.

Lieber Hans Joachim Schädlich, dies ist ein fortgesetztes Gespräch, welches an das am 9. Juni 2007 geführte Gespräch anschließt. Inzwischen sind drei neue Bücher erschienen sowie die sehr informative Biographie von Theo Buck. Bevor wir zu diesen Büchern kommen, möchte ich fragen, welche Rolle hat das Buch, hat die Literatur in Ihrer Kindheit und Jugend gespielt?
Meine Geschwister und ich hatten natürlich Kinderbücher, zum Beispiel »Struwwelpeter«, »Max und Moritz«. Ich besitze aus dieser Zeit noch zwei Bücher: »Robinson der Jüngere. Für die Jugend bearbeitet nach Johann Heinrich Campe. Mit Farbdruckbildern«, ein Exemplar, das mein Vater als Schüler der 5. Klasse besessen hatte, und »Alpenreise zu Viert« von Joachim Rohde und Walter Schmidkunz, mit Bildern von Fritz Lattke. Meine Mutter vermittelte uns vogtländische und erzgebirgische Mundartdichtung von Louis Riedel, Max Schmerler, Anton Günther und Albert Schädlich (einem Onkel meines Vaters). Es gab zu Hause auch die Sammlung »Rundas und Reimsprüche aus dem Vogtlande« von Hermann Dunger. Im Konfirmationsunterricht wurde ich mit der Bibel vertraut gemacht. Später las ich Tiergeschichten von Hermann Löns und Waldemar Bonsels, utopische Geschichten von Hans Dominik und Stanislaus Bialkowski, Reise und Forschungsberichte von Sven Hedin, Georg Schönauer, Hans Schomburgk. Viel von Karl May. Nach dem Krieg habe ich Bücher von Maxim Gorki kennengelernt, »Meine Kindheit« und »Meine Universitäten«.

Ich hatte zunächst in Reichenbach die Grundschule abgeschlossen. Das neunte Schuljahr habe ich an der Maxim-Gorki-Schule in Bad Saarow absolviert. Diese Schule hatte nur neun Klassen. Ich hatte die Wahl, die Schule aufzugeben oder jeden Tag mit dem Bus zur Oberschule nach Fürstenwalde zu fahren. Meine Mutter war recht hilflos und wußte nicht, was mit mir werden sollte. Der Direktor der Schule hatte zu meiner Mutter gesagt: Der Junge muß weiter zur Schule gehen, wenn nicht in Fürstenwalde, dann auf ein Internat. Ich wollte das auch selbst, ich wollte nicht in eine Lehre gehen. Der Direktor gab mir ein Schreiben in die Hand und sagte zu mir: Du fährst nach Potsdam, zum Ministerium für Volksbildung des Landes Brandenburg, und sagst: Hier ist mein Empfehlungsbrief, ich möchte auf ein Internat. Ich war damals fünfzehn. So bekam ich für das Schuljahr

1951/52 eine Einweisung in die sogenannte Landesschule in Templin, die Nachfolgeschule des Joachimsthalschen Gymnasiums. Dort blieb ich bis zum Abitur. Mein Verhältnis zu dieser Schule ist nicht sehr positiv. Über die Geschichte des Joachimsthalschen Gymnasiums hat Heinz Wegener ein sehr interessantes Buch geschrieben [»Das Joachimsthalsche Gymnasium – die Landesschule Templin. Ein Berlin-Brandenburgisches Gymnasium im Mahlstrom der deutschen Geschichte 1607 bis 2007«]. Er hat meine Geschichte an diesem Internat in seinem Buch beschrieben. In meinem Falle spielte einer der Lehrer, unser Biologielehrer, eine üble Rolle. Später habe ich bei einer Akteneinsicht erfahren, daß er ein »Gesellschaftlicher Informator« (GI) des Staatssicherheitsdienstes war. Nach dem Tode Stalins war dieser Lehrer an Schüler, die das siebzehnte Jahr erreicht hatten, herangetreten, um sie zum Eintritt in die SED zu bewegen. Ich habe aber gesagt, nein, das kann ich nicht, das will ich nicht. Da hat er, das habe ich später in den Stasiakten gelesen, berichtet: »Der Schüler Schädlich weigert sich beharrlich, in unsere Partei einzutreten, um die Lücke schließen zu helfen, die der Tod des Genossen Stalin gerissen hat.«

Ich finde das ungeheuerlich, daß bereits über Jugendliche derartige geheimdienstliche Akten angelegt worden sind.
Ich war besonders durch die Veröffentlichung meines ersten Buches »Versuchte Nähe« in den Fokus der Staatssicherheit geraten. Die Untersuchungsabteilung des MfS bereitete einen Strafprozess gegen mich vor. In diesem Zusammenhang hat die Stasiverwaltung Berlin meine ganze Biographie durchforscht. Dabei wurde festgestellt, daß es in der Kreisfiliale der Stasi in Templin Unterlagen über mich gibt. Als ich später Akteneinsicht nehmen konnte, standen mir diese Unterlagen zur Verfügung.

Wie war das in Templin, konnten Sie dort auf die historisch gewachsene Bibliothek dieses traditionsreichen Gymnasiums zurückgreifen?
Die Bibliothek der Landesschule hat mir keine geistige Grundlage vermitteln können. Es hat in der Tat im Joachimsthalschen Gymnasium einmal eine berühmte Bibliothek gegeben. Als die sowjetischen Truppen 1945 in Templin eintrafen, zog die Rote Armee in dieses weitläufige Gelände ein und benutzte die Schule als Kaserne. Die Bücher der Bibliothek sind damals auf den Hof des Gymnasiums geworfen worden und sind dort verdorben. So wird es von Augenzeugen beschrieben. Das Ministerium für Volksbildung Potsdam hat dann die leeren Regale mit DDR-Literatur und pädagogischer Fachliteratur der DDR-Zeit aufgefüllt. Ich hatte einen großartigen, über siebzigjährigen Lateinlehrer, Dr. Hildebrandt, der beauftragt worden war, sich um diese Bibliothek zu kümmern. Der hat mich eines Tages gefragt, ob ich ihm helfen würde, in der Bibliothek Ordnung zu machen. Er hatte den Ehrgeiz, einen Katalog zu erstellen – für die verbliebenen Bücher der alten Bibliothek und für die neuen. Daraus ist zwar nichts geworden, mir hat es jedoch die Gelegenheit geboten, mich in der Bibliothek umzusehen. Ich weiß noch, daß mich Bücher von Ernst Bloch interessierten, die in dieser Bibliothek vorhanden waren. Aber dies hatte für meine Entwicklung keine besonderen Folgen.

Welche Vorstellungen hatten Sie als Gymnasiast in Hinsicht auf ein zukünftiges Studium entwickelt? War das immer schon die Germanistik oder hätte das auch etwas anderes sein können?
Es hätte auch Medizin sein können. Meine Schwester, die ebenfalls diese Landesschule absolviert hat, ist Ärztin geworden. Ich habe mir dies letztlich nicht zugetraut. Ich habe mich dann für Germanistik entschieden, weil ich den Eindruck hatte, daß mir das liegt.

An der Landesschule Templin hatte ich auch Lehrer, die mich mochten und die mich gefördert haben. Das war vor allem der Deutschlehrer. Mein Manko war, ich war kein Arbeiter-und-Bauern-Kind, ich war, wie es hieß, ein Kind bürgerlicher Eltern. In der elften Klasse wurde uns gesagt – und das hatte ich wie einen Schlag empfunden –: Also Kinder, wenn ihr studieren wollt, Arbeiter-und-Bauern-Kinder können einen Studienplatz bekommen, wenn sie das Abitur mit Zwei oder Drei abschließen, Kinder bürgerlicher Eltern können einen Studienplatz bekommen, wenn sie das Abitur mit Eins abschließen. Das war eine ganz klare Trennung nach Herkunft. Ich habe mir dann gesagt, wenn ich studieren will, muss ich jetzt »pauken wie ein Idiot«. Da gab es noch andere Kinder, die das mußten, wir haben uns zusammengetan zu sogenannten Lernaktiven. Von der elften Klasse an habe ich nur noch gebüffelt. Besonders schwer fiel mir das Abitur in Sport. Der Sport- und Geschichtslehrer wollte, daß ich auch im Sport eine Eins ablege. Der hat mich für die Erreichung der 1000-Meter-Norm getriezt bis zum Erbrechen. Der Sportplatz der Landesschule war von Wald umgeben, in den ich lief, um mich zu übergeben. Das gleiche Szenario des Antreibens beim Geräteturnen, am Reck und am Barren. Das war unglaublich, daß dies funktionierte. Am Ende bekam ich wirklich eine Eins im Sport. Ich habe das Abitur insgesamt mit Eins abgeschlossen. Es war mir schwergefallen und es war mir schwergemacht worden. Denn der Schulleiter und der Biologielehrer, die führenden Genossen an der Landesschule, wollten nicht, daß ich Erfolg habe. Ich mußte, ganz im Gegensatz zu anderen Schülern, sieben Mal in die mündliche Abiturprüfung.

Sie hatten das bereits erwähnt, daß man Sie in die Partei drängen wollte. Aufgrund welcher Erfahrungen kam dies für Sie nicht in Frage?

Zu Hause wurde ich nicht gegen die Partei beeinflußt. Das hatte sich aus den Erfahrungen des Internats selbst ergeben, und der Schulungen, die man hatte im Rahmen der FDJ (Freie Deutsche Jugend) und der vormilitärischen Ausbildung im Rahmen der GST (Gesellschaft für Sport und Technik). Das alles hat mich abgestoßen, das paßte nicht zu mir, ich war aus mir heraus nicht geeignet für solche Dinge.

Am 17. Juni 1953 wurden wir durch die Geräusche der Panzer der Sowjetarmee geweckt, die auf einer an der Schule vorbeiführenden Straße Richtung Berlin fuhren. Im Aufenthaltsraum des Internats gab es ein Radio. Ich habe versucht, nachts über RIAS Informationen zu bekommen. So hatte ich erfahren, was im Gange war. Was ich nachts gehört hatte, stand im absoluten Widerspruch zu dem, was später an der Schule, in der sogenannten Zeitungsschau, die immer am Morgen, beim Frühstück veranstaltet wurde, gesagt worden war. Da war die Rede von einem faschistischen Putsch, der von Westberlin ausgegangen sei. Die Sowjetarmee habe die DDR und den Sozialismus gerettet. Diese Widersprüche führten dazu, daß man sich schon als Schüler sagte: Das ist doch ein Lügenregime.

Während Ihres Studiums in Berlin und Leipzig orientierten Sie sich in erster Linie auf sprachwissenschaftliche Vorlesungen – mittelhochdeutsche Grammatik und Lektüre, germanische Philologie, Gotisch, Althochdeutsch, hochdeutsche Phonetik, deutsche Syntax. Dort hatten Sie Wolfgang Steinitz kennengelernt, der ein alter Kommunist war, Ihnen aber zugleich vermittelte, sich von dieser Partei fernzuhalten.

Ich fand das Studium an der Humboldt-Universität äußerst schulmäßig und vom Stoff her uninteressant. Wir mußten da in den ersten Semestern vor allen Dingen die Schriftsteller der proletarisch-revolutionären deutschen Literatur kennenlernen: Marschwitza, Bredel,

Grünberg. Das war eigentlich nur eine ideologische Schulung. Ich hatte mich in Berlin mit Renate Steinitz befreundet, der es genauso ging wie mir. Durch die Hilfe ihres Vaters, Wolfgang Steinitz, ist uns erlaubt worden, was damals eigentlich unmöglich war, die Universität zu wechseln. Wolfgang Steinitz war damals Vizepräsident der Akademie der Wissenschaften der DDR, ein ausgewiesener Wissenschaftler, von Hause aus Finno-Ugrist. Er leitete das Institut für Finno-Ugristik an der Humboldt-Universität. An der Akademie der Wissenschaften war er der Leiter des Instituts für Volkskunde sowie in der Leitung des Instituts für Deutsche Sprache und Literatur. Dieses Institut stand unter der Leitung von Theodor Frings, dem Ordinarius des Instituts für Deutsche und Germanische Philologie an der Universität Leipzig. Diese Bekanntschaft war für unseren Wechsel zur Karl-Marx-Universität nach Leipzig wichtig. Wolfgang Steinitz war schon als junger Wissenschaftler Kommunist und mußte 1933 Deutschland über Estland in Richtung Sowjetunion verlassen. Er war dort als Finno-Ugrist tätig am Institut der Nordvölker in Leningrad. 1937 ging er aus der Sowjetunion nach Schweden. Die Umstände dieses Wechsels sind ungeklärt. In der Familie heißt es, er mußte die Sowjetunion verlassen. In der Steinitz-Biographie von Annette Leo wird gesagt, er sei nach Schweden entsandt worden, als Resident des KGB. Wirklich aufgeklärt ist das nicht. Er war in Stockholm an der Universität Lehrbeauftragter für Finnisch-Ugrische Sprachen. Er schrieb dort an einem Lehrbuch der russischen Sprache. Nach diesem Buch fand in den ersten Jahren der DDR der Russisch-Unterricht statt. Dieses Lehrbuch hieß »der Steinitz«.

In Leipzig wurde ich erneut mehrmals eindringlich gebeten, in die SED einzutreten. Ich habe darüber mit dem Vater meiner damaligen Freundin, also mit Wolfgang Steinitz, gesprochen. Ich habe ihm gesagt, die wollen mich unbedingt in diese Partei haben, das gefällt mir nicht. Und er hat zu mir gesagt: »Tritt nie in diese Partei ein.« Obwohl er ein alter Kommunist war, in den 50er Jahren sogar Mitglied des ZK der SED. Er hatte sich noch in den 50er Jahren gegen die Wissenschaftspolitik von Ulbricht gewandt. Der Anlass war die Flucht vieler Professoren aus der DDR in den Westen. Das hat ihm Ulbricht sehr übelgenommen, weswegen er nicht wieder in das ZK gewählt wurde. Er hat sich jedoch »partei-diszipliniert« verhalten und blieb angesehen. Es gibt noch eine andere Geschichte. In Leipzig lebte Gertrud Braun, eine Jugendfreundin von Steinitz, aber rein politisch, in Breslau. Beide waren früh in den kommunistischen Jugendverband und die KPD eingetreten. Sie hatte in der Weimarer Republik einen sowjetischen Agenten kennengelernt. Der sollte auf Wunsch der Partei legitimiert werden in der Weimarer Republik, weshalb man Trude Braun bewogen hatte, ihn zu heiraten. Sie hat mir erzählt, daß das erst eine formale Geschichte gewesen sei, mit der Zeit hätten sie sich aber auch lieben gelernt. Trude Braun ist dann mit ihrem Mann, einem lettischen Kommunisten, in die Sowjetunion emigriert. Er gehörte als junger Mann zur Leibwache von Lenin. Das waren lettische Schützen. Das hat ihn in der Zeit der großen Säuberungen 1938, während der Moskauer Prozesse, für die Stalinisten verdächtig gemacht. Alles, was mit Lenin zu tun hatte, wurde ausgetilgt. Der Mann wurde verhaftet und erschossen. Trude Braun hatte dies nicht erfahren. Auch sie war verhaftet worden, ihre beiden Kinder waren ihr weggenommen worden. Als die Ehefrau eines Staatsfeindes kam sie in den GULAG, wo sie sechzehn Jahre zubrachte. Ich habe sie 1956 in Berlin im Haus von Wolfgang Steinitz kennengelernt. Sie war aus dem GULAG entlassen und dann noch weitere Jahre nach Kasachstan verbannt worden. Erst nach dem Tode Stalins hat sie erfahren, daß ihr Mann schon 1938 erschossen worden war. Sie hatte damals gesagt, daß sie nach Deutschland wolle. Man hat ihr gesagt: Nach Deutschland kannst du nicht, aber in die DDR. Bei der Suche nach ihren Kindern hat sie erfahren, daß die Tochter inzwischen verheiratet war. Diese wollte mit ihr nichts zu tun haben. Ihr Sohn ist mit ihr in die DDR gekommen. Sie war dann in Leipzig als Russisch-Lehrerin an einem Lehrerbildungsinstitut tätig. In Leipzig haben wir uns eng an sie angeschlossen. Sie hat uns die Augen geöffnet über den Stalinismus. Obwohl sie dies nicht durfte. Sie hat z.B. nach außen hin kundgetan, sie sei nach wie vor eine Verehrerin von Stalin. Aber das war sie nicht. Sie hatte Angst vor der Stasi. Sie hat ein Doppelleben geführt. Was ich von ihr gelernt habe, war sehr wichtig für mich. Ich habe das beschrieben in einem kleinen Text, der heißt »Unterricht«.

Wir haben in unserem ersten Gespräch bereits über das sprachwissenschaftliche Studium und über Ihre spätere Tätigkeit an der Akademie der Wissenschaften gesprochen. Beides hatte keinen Impuls für das spätere literarische Schreiben gegeben. Wann setzte dieses Schreiben ein?
Das war vielleicht 1963. Das war noch nicht unbedingt eine Auseinandersetzung mit Sprache. Das war eine Auseinandersetzung mit den Dingen, die mich umgeben haben. Diese frühen Texte haben mich sämtlich nicht zufriedengestellt. Der erste Text, den ich akzeptierte, war »Lebenszeichen« – das war die Beschreibung einer Postkarte.

Über diesen Text hatten wir gesprochen. Die sprachliche Übereinanderlegung des auf der Postkarte abgebildeten Kaiserlichen Wachaufzuges mit dem Wachaufzug des Stasi-Wachregiments Feliks Dzierzynski in der DDR. Sie hatten einmal über diese ersten Texte, die zum Teil in den Band »Versuchte Nähe« eingegangen sind, gesagt, daß die Aufgabe bestanden habe: »Dinge, die uns gewissermaßen vertraut erscheinen, durch die Suche von Worten oder Konstruktionen fremder zu machen als sie uns erscheinen, nämlich so fremd, wie sie in Wirklichkeit sind, obgleich sie vertraut erscheinen.« Es handelt sich also um eine Rekonstruktion von Fremdheit, um den Versuch, diese Fremdheit über Sprache wieder herzustellen.
Das haben Sie jetzt gut formuliert. Ich muß das nicht wiederholen.

Wann war Ihnen klar, daß dieses literarische Schreiben wichtiger werden würde als die akademische Karriere?
Ende der 60er Jahre hatte ich begonnen, mich von der wissenschaftlichen Arbeit zurückzuziehen, ohne sie aufzugeben. Das war ja mein Brotberuf. Alle vor dem Text »Lebenszeichen« geschriebenen Texte waren nur Schreibübungen. Diese Texte existieren nicht mehr.

Im August 1968 hatte ich mit Krista, meiner zweiten Frau, die Sommerferien in Mähren verbracht. Gemeinsam mit Alexander Isačenko und seiner Frau, der zu jener Zeit an der Ostberliner Akademie der Wissenschaften als Professor tätig war. Während des Urlaubs hatte ich ihm gesagt: Ich sei es leid, als Germanist über Sprache zu schreiben, ich möchte mich jetzt lieber der Sprache selbst bedienen, um über Dinge zu schreiben. Da Isačenko ein leidenschaftlicher Linguist gewesen ist, mit dem ich im Übrigen auch thematisch zusammenarbeiten durfte, war er eigentlich entsetzt. Isačenko spielt in meinem Leben eine wichtige Rolle. Ich habe versucht, ihm irgendwie ein Denkmal zu setzen. Das konnte ich, weil Isačenko (1911 in St. Petersburg geboren, als Sohn eines Rechtsanwalts, der nach der Oktoberrevolution nach Österreich emigrierte) für mich zum Teil eine Vorlage für die Figur des Kokoschkin in meinem Roman »Kokoschkins Reise« war. Ich hatte ihn 1963 in Berlin kennengelernt. Er wurde an die Akademie der Wissenschaften berufen, als Leiter der Arbeitsstelle für Strukturelle Grammatik. Ich gehörte nicht zu dieser Arbeitsstelle. Aber er hat sich für die Untersuchung der deutschen Satzintonation interessiert und hat mich in diese Arbeit einbezogen. Ich war ja an der Akademie ziemlich frei. Ich konnte da mitmachen und konnte dort mitmachen. Wir haben zusammen zur deutschen Satzintonation geforscht und dazu eine Arbeit veröffentlicht, gemeinsam mit Heinrich Erras.

Diese Arbeit wurde auch ins Englische übersetzt. Isačenko war ein großartiger Linguist. Von Hause aus Slawist und allgemeiner Sprachwissenschaftler. Er hat sich auch in der Germanistik umgetan. Nach seiner Tätigkeit an der Akademie der Wissenschaften ging er zurück nach Prag, wurde dort Direktor am Institut für Sprachwissenschaft an der Tschechischen Akademie. Während unseres Urlaubs in Mähren sagte er zu mir: Hör mal, ich glaube, ich muß weg. Ich bin gelernter Emigrant, hat er gesagt, und ich hab es im Urin: die Russen kommen. In der Nacht vor dem Einmarsch der Warschauer Pakt-Truppen hat er mit seiner Frau die Tschechoslowakei Richtung Österreich verlassen. Er besaß einen gültigen Paß, den hatte er während des Prager Frühlings bekommen. Er unterbrach unseren gemeinsamen Urlaub, um in Prag wichtige Papiere zusammenzusuchen. Ich habe erst nach seiner Ankunft in Klagenfurt wieder von ihm gehört. Diese Fakten habe ich der Geschichte von Kokoschkin unterlegt.

In Ihrem Roman »Kokoschkins Reise« findet erneut ein fiktionalisierender (literarisierender) Gebrauch von Dokumenten und Fakten statt. Einmal mehr wird Wirklichkeit erfunden, um historische Abläufe deutlich zu machen. Kokoschkins Vater hat wirklich existiert und ist eines der ersten prominenten Opfer der Bolschewiki gewesen. Wie kamen Sie auf dieses russische Thema?
Ich habe hier eine Kopie der Berliner Illustrierten Zeitung vom 3. Februar 1918. [Liest vor:] »Zwei Opfer des Petersburger Schreckensregiments. Der Minister im Kabinett Kerenskis, Schingarjow, der jetzt im Krankenhaus von Soldaten ermordet wurde, und Minister Professor Kokoschkin, der gleich Schingarjow von Soldaten auf dem Krankenbett in Petersburg ermordet wurde.« Das ist die historische Figur Fjodor Kokoschkin, für den ich einen Sohn erfunden habe, den ich auch Fjodor genannt habe. Ich habe hier noch eine Kopie. Hier sieht man das Krankenzimmer mit dem blutigen Bett, in dem der historische Kokoschkin im Januar 1918 ermordet wurde. Das ist die Aufnahme eines russischen Fotographen, welche ich vom Museum des Russischen Staatlichen Archivs für Film- und Fotodokumente in Krasnogorsk erhalten habe.

Ihr Kokoschkin bewegt sich in russischen Literatenkreisen in Odessa, Berlin und Paris. Welche Quellen konnten Sie diesbezüglich nutzen?
Mich hat immer gestört, daß in der östlichen Geschichtsschreibung von der »Großen Sozialistischen Oktoberrevolution« die Rede ist, nachdem ich gelesen hatte, daß das eigentlich ein Militärputsch der unter Lenin agierenden Sowjets in Petersburg war. Mich hat gestört, daß man nicht einmal zur Kenntnis nehmen wollte, was es wirklich war. Besonders die Tatsache, daß die Kerenski-Regierung eigentlich den Versuch darstellte, ein bürgerlich-demokratisches Russland aufzubauen. Es war eine bürgerlich-demokratische Regierung, die von den Sowjets gestürzt wurde. Daraufhin wurde in Russland das Sowjetsystem errichtet. Mir kam der Gedanke, daß die Anfänge einer bürgerlich-demokratischen Gesellschaft von den Sowjets zweimal zerstört wurden, einmal 1918 in Petersburg und ein zweites Mal 1968 in Prag. Auch der »Prager Frühling« war der Versuch, das stalinistische System durch eine bürgerlich-demokratische Ordnung zu ersetzen. Dieser Gedankengang war für mich der Ausgangspunkt für den Roman. Durch den fiktiven Sohn des ermordeten historischen Kokoschkin ließen sich diese beiden Ereignisse verbinden. Dieser Sohn Fjodor Kokoschkin flieht mit seiner Mutter in die noch nicht besetzte Ukraine nach Odessa und trifft dort auf den russischen Dichter Iwan Bunin. Ich habe Bunin als literarische Figur in dieses Tableau eingeführt, weil auch er ein Gegner der Sowjets war. Er hat ein berühmtes Tagebuch geschrieben, »Verfluchte Tage«, in dem er die Ereignisse im Ok-

tober 1918 beschrieben und seine Ablehnung der Sowjets ziemlich drastisch dargestellt hat. Ich habe noch zwei weitere russische Schriftsteller, die damals bereits in Berlin lebten, in den Roman eingeführt – Wladislaw Chodassewitsch und Nina Berberova. Ich habe das Haus am Bayerischen Platz, in welchem die beiden in einer Pension lebten, aufgesucht und die Bewohner befragt. Eine ältere Dame erinnerte sich noch. Über Chodassewitsch und Berberova konnte mein Kokoschkin auch nach Bad Saarow gelangen, wo sich Maxim Gorki aufhielt. So schloß sich der Kreis. Aber Kokoschkin mußte in Deutschland irgendwie Fuß fassen. Dazu gehörte nach meinen Vorstellungen eine Schule. Es lag für mich nahe, ihn in die Schule gehen zu lassen, die ich gut kannte. Allerdings in der Form, wie diese Schule früher existiert hatte, auf das alte Joachimsthalsche Gymnasium. Lothar Müller hat »Kokoschkins Schule« besucht [Artikel in der Süddeutschen Zeitung vom 10.10.2012]. Die Schule steht seit 1996 leer und verkommt allmählich.

Kokoschkin ist wie Tallhover eine erfundene Figur, die es aufgrund ihres biologischen Alters ermöglicht, einen längeren Zeitraum europäischer Geschichte kritisch zu betrachten. Andererseits ist er mit 95 Jahren auch noch rüstig genug, eine Schiffsreise von Southampton nach New York zu unternehmen. Der Roman erzählt mehrere Reisen – Kokoschkins Reise als Flüchtling, Kokoschkins Reise in die Vergangenheit, an die Stationen seiner Flucht, und seine Schiffsreise. Es ist eine Art Collagen-Roman, der auch einen kritischen Blick auf unsere Zeit beinhaltet. Kokoschkin reist mit seinem Freund Hlaváček in die Vergangenheit. Aus dieser Gesprächskonstellation ergibt sich – wie in Ihrem Roman »Anders« – die Möglichkeit, Geschichte zu hinterfragen. Es finden Geraderückungen von historischen Fakten statt, die uns falsch vermittelt worden sind. Beginnend mit dem Mord an Kokoschkins Vater.

In unserem ersten Gespräch hatten wir über den Roman »Anders« und dort speziell über den Mythos des Buchenwaldkindes gesprochen. Kürzlich lief in der ARD die Neuverfilmung des Romans »Nackt unter Wölfen« von Bruno Apitz. Im Film wird wieder die von Apitz erfundene Geschichte erzählt, daß das Kind in einem Koffer im Lager Buchenwald angekommen und nicht registriert gewesen sei. Der Film konnte die Fürsorge der kommunistischen Funktionshäftlinge für dieses Kind umso gefährlicher erscheinen lassen, als eine besondere Aktion der Antifaschisten zur Rettung dieses jüdischen Kindes. Damit wurde der von der SED begründete antifaschistische Mythos der DDR belegt. In Wirklichkeit war dieses Kind an der Hand seines Vaters ins Lager gekommen und hatte eine eigene Häftlingsnummer erhalten. Das Kind Stefan Jerzy Zweig konnte gerettet werden, weil die kommunistischen Funktionshäftlinge, in Zusammenarbeit mit der SS und einem bestochenen SS-Lagerarzt, das Kind von der Deportationsliste für Auschwitz streichen und dafür den Namen des Zigeunerjungen Willy Blum einsetzen konnten. Die Tatsache des Opfertauschs wird in der Neuverfilmung unterschlagen. Das ist bedauerlich. Es gibt inzwischen eine umfassende wissenschaftliche Arbeit über dieses Thema von dem Historiker Lutz Niethammer – »Der gesäuberte Antifaschismus. Die roten Kapos von Buchenwald« –, aus der die Geschichte des Opfertauschs hätte recherchiert werden können. So hat die ARD fatalerweise SED-Propaganda produziert.

Für mich vertritt Kokoschkin auch eine Haltung, die meine eigene Lebenshaltung zum Ausdruck bringt, nämlich die Ablehnung der totalitären Gesellschaften im 20. Jahrhundert. Er lehnt die totalitäre Sowjetordnung ab und er lehnt die heraufziehende totalitäre Ordnung der Nazis ab. Ganz im Sinne des englischen baptistischen Predigers Charles Haddon Spurgeon: »Wenn du die Wahl hast zwischen zwei Übeln, dann wähle keines von beiden.« Ich habe aus »Kokoschkins Reise« u.a. auf Einladung im Ernst-Bloch-Zentrum in Ludwigshafen gelesen. In einer sich anschließenden Diskussion hat jemand etwas für meine Begriffe Aberwitziges gesagt. Er hat gesagt: »Ich vermisse in Ihrem Buch den Wärmestrom des Sozialismus.« Ich habe ihm geantwortet: »Wenn Sie das Buch wirklich gelesen haben, dann müssen Sie auch erkannt haben, daß es einen Wärmestrom des Sozialismus gerade angesichts der Lebensgeschichte von Kokoschkin und seines Vaters nicht geben kann, höchstens einen Kälteschock.« »Wärmestrom des Sozialismus« ist, wie ich recherchiert habe, eine Formulierung von Ernst Bloch. Auf diese Bemerkung hatte es noch die Replik eines anderen Zuhörers gegeben, der sagte: »Na ja, das kennen wir, das ist ein alter Zahn, der nicht ausfallen will, und ziehen lassen will er ihn sich auch nicht.«

Ein alter Sozialdemokrat öffnet Ihrem Kokoschkin in Berlin die Augen: »Die Kommunisten und die Nazis machen die Republik kaputt«, sagt er in Bewertung eines von beiden Seiten gemeinsam organisierten Streiks der Berliner Verkehrsbetriebe im November 1932. Auch ein Faktum, das in der DDR-Geschichtsschreibung ausgeblendet worden war. Wenn man »Kokoschkins Reise« liest, wird deutlich, daß die Machtübernahme der Bolschewiki 1918 und der Nationalsozialisten 1933 in weiten Teilen ähnlichen Inszenierungen folgten. In beiden Fällen wurden die Vertreter der anderen Parteien als »Volksfeinde« bezeichnet und entweder umgebracht oder in Lager deportiert.
Parallele historische Umstände haben dazu geführt, daß man sich gleichartig verhalten hat. Ähnliche Verhältnisse bringen ähnliche Strategien hervor.

Kokoschkin hatte die Wahl zwischen zwei Übeln und wählte keines von beiden, sondern ging nach Amerika, um dort in einer parlamentarischen Demokratie zu leben. Wenn man die Geschichte betrachtet, so gab es unter den Deutschen Leute, die der einen totalitären Richtung gefolgt sind, und Leute, die der anderen totalitären Richtung gefolgt sind. Und es gab welche, die keines der Übel gewählt haben: Dazu gehören Thomas Mann und die vielen Emigranten in den Westen. Es gab allerdings auch eine Gruppe von Emigranten in Mexiko, Anna Seghers gehörte dazu, die am Ende doch das eine Übel gewählt hat, die DDR.

Ich möchte jetzt gern zu Ihrer Novelle »Sire, ich eile. Voltaire bei Friedrich II.« übergehen. Sie sagten einmal, was Sie besonders interessiere, sei »das Verhältnis der Mächtigen zu den Einzelnen«. Sie sind selbst in Konfrontation mit den Mächtigen geraten und zum Sympathisanten der Unmächtigen geworden. Voltaire und Friedrich hatten sich zunächst in Freundschaft einander genähert, am Ende mündete diese Beziehung in die Konstellation Mächtiger/Unmächtiger. War es diese Endkonstellation, weshalb das Thema für Sie wichtig wurde? War das Buch als Kontrapunkt zur 300-Jahr-Feier um »Friedrich den Großen« gedacht?
Daß das Buch gerade 2012 fertig wurde, ist reiner Zufall. Es war nicht als ein Gegenentwurf zu den unzähligen rühmenden Beiträgen über Friedrich II. gedacht. Ich hatte sogar gemeint, es sollte aus dieser Geschichte herausgehalten werden, und hatte dem Verlag vorgeschlagen, das Buch erst im Herbst erscheinen zu lassen. Der Verlag fand es jedoch interessant, das Buch zu Beginn des Jahres 2012 herauszubringen, um es sozusagen in einen Zusammenhang mit der positiven Bewertung Friedrichs zu stellen. Es ist dann auf der »Woge der Friedrich-Heroisierung« emporgetragen worden. Es erwies sich am Ende als eine Art Gegenentwurf zu den rühmenden Texten. Sigrid Löffler hat das Buch als »ein spöttisches Bravourstück« bezeichnet, »das allen denkbaren Heldenverehrungsbüchern zum Friedrich-Jubiläum den Schneid abkauft«.

Die eigentliche Motivation, dieses Thema aufzugreifen, liegt längere Zeit zurück. Ich habe mich schon früh für Voltaire interessiert. Bei meinen Beschäftigungen mit Voltaire hat mich immer auch seine Lebensgefährtin Émilie du Châtelet gefesselt. Sie war klug und schön. Voltaire hat mich nicht nur als führender Kopf der Aufklärung und überragender

Schriftsteller, Historiker und Philosoph beschäftigt, sondern auch deshalb, weil er im 18. Jahrhundert, im Zeitalter des Absolutismus, ein freier Schriftsteller war. Er war ein mutiger Mann, der seine Überzeugungen ohne Rücksicht auf eigene Gefährdungen oder Nachteile öffentlich vertreten hat und damit seine Freiheit und sein Leben riskierte. So definiert man heute Zivilcourage. Es lag auf der Hand, ihn im Verhältnis zu Friedrich zu betrachten, der ein absolutistischer Herrscher war, sich aber selbst als einen Repräsentanten des aufgeklärten Absolutismus ansah. Voltaire hatte Friedrich am Anfang sogar den »Philosophen auf dem Thron« genannt. Die einzige Gegenfigur war seine Lebensgefährtin Émilie du Châtelet, die bereits sehr früh erkannte, daß Friedrich nicht der Mann war, den Voltaire in ihm sah. Sie hatte gesagt: »Er braucht Dich als Schmuckstück, um seinen eigenen Ruhm zu mehren.« Sie machte keinen Hehl aus ihrer Meinung, und dies kam Friedrich zu Ohren, weshalb er sie ablehnte. Voltaire ist erst 1750 nach Potsdam gereist, als Émilie du Châtelet schon gestorben war.

So knapp das Buch im Umfang gehalten ist, es gestattet neben dem Blick auf Voltaire und Friedrich auch einen guten Einblick in die gesellschaftlichen Verhältnisse in Frankreich und Deutschland im 18. Jahrhundert – das intellektuelle Paris und die Abläufe am Hof des Prinzen und späteren Königs Friedrich. Interessant war für mich, daß der Geheimdienstchef des französischen Königs, Kardinal Fleury, Voltaire als Spion für Frankreich in Stellung zu bringen wünschte. Er sollte während eines Treffens mit Friedrich in Aachen dessen politische Absichten herausfinden. Voltaire reiste dann zu spät an, was vielleicht auch kein Zufall war.
Voltaire wäre unabhängig genug gewesen, dies abzulehnen. Er hat sich oft gegen die Herrschenden geäußert und fürchtete, in die Bastille gesperrt zu werden. Er hat sich aus diesem Grunde längere Zeit im Schloß von Émilie du Châtelet versteckt gehalten. Ein Schloß an der Straße nach Holland, wo er schnell hätte fliehen können.

Es gibt eine Konstellation in diesem Buch, die Sie aus Ihrem eigenen Leben kennen. Voltaire wird von Friedrich entrechtet.
Ich habe Voltaires Geschichte nie mit meinem eigenen Leben in Verbindung gebracht. Ich habe Voltaire immer nur unter dem historischen Aspekt betrachtet. Aus früheren Beschäftigungen mit Friedrich empfand ich nie eine Sympathie für den Preußen. Das setzt sich fort in dem Buch »Narrenleben«, in dem beschrieben wird, daß Friedrich 1756 am Beginn des Siebenjährigen Krieges mit einer vierfach überlegenen Armee das Kurfürstentum Sachsen überfallen hat. Die Frau von Joseph Fröhlich nennt ihn einen »Einbrecher und Dieb«. Ich habe auch nie Friedrich als »Friedrich den Großen« bezeichnet, sondern immer nur als Friedrich II. oder als »kleinen Fritz«. Mein Favorit ist Voltaire. Das drückt sich insbesondere in dem Streit Voltaires mit Maupertuis, dem Präsidenten der Preußischen Akademie, aus, in dem Voltaire die Partei des Gegners von Maupertuis, Samuel König, ergreift. Nachdem der Preußische König zu erkennen gegebenen hatte, daß er Voltaire nicht mehr braucht, war der Konflikt, der im Grunde von Anfang an bestanden hatte, eskaliert. Friedrich wurde vorgehalten, daß er Voltaire am Hofe bevorzuge. Daraufhin hat Friedrich gesagt: »Beruhigen Sie sich, ich brauche ihn höchstens noch ein Jahr. Man preßt eine Orange aus und wirft die Schale fort.« Das wurde Voltaire hinterbracht. Ich wurde nach Lesungen oft gefragt, welche »Botschaft« ich mit diesem Buch vermitteln will. Ich dachte immer, das muß ich nicht sagen, das kann ich nicht sagen, das Buch vermittelt verschiedene Botschaften, darauf muß man kommen, wenn man es liest. Zum Beispiel die Unvereinbarkeit von absolutistischer Macht und freiem Geist.

Auch ein so freier Geist wie Voltaire konnte sich der Selbsttäuschung hingeben, daß dies vereinbar sei. War Voltaire in diesem Streit um Maupertuis wirklich auf der sicheren Seite oder war das Temperament mit ihm durchgegangen?
Pierre Louis Moreau de Maupertuis, ein als Mathematiker und Geograph bedeutender und sehr ehrgeiziger Mann, hatte sich verstiegen, ein Gesetz entdeckt zu haben, wonach sich die Natur immer mit dem geringsten Energieaufwand begnüge. Daraufhin hatte Leibniz gesagt, daß dies nicht so sei. Es gebe Fälle, in denen die Natur mit einem Minimum an Energie arbeite, und es gebe Fälle, in denen die Natur mit einem Maximum an Energie arbeite. Samuel König hatte sich lediglich auf diese Äußerung von Leibniz berufen. Er zitierte Leibniz mit einem Satz, der Maupertuis widerlegte. Maupertuis war so kühn zu behaupten, daß der diese Aussage treffende Brief von Leibniz gar nicht existiere und es sich um eine Fälschung von Samuel König handele. Er verlangte, das Original des Briefes zu sehen. Dies hat den akademischen Streit verursacht. Friedrich stellte sich auf die Seite seines Akademiepräsidenten. Da platzte Voltaire der Kragen. Er hat Samuel König gegen Friedrich verteidigt. Das war das Ende von Voltaire am Preußischen Hof.

Voltaire durfte Preußen verlassen, hatte allerdings Probleme, die mit dieser Erlaubnis verbundenen Auflagen zu erfüllen.
In Frankfurt am Main, einer freien Reichsstadt, wurde er festgehalten. Die Oberen der Stadt fürchteten den langen Arm von Friedrich. So haben sie zugelassen, daß Friedrichs Residenten in Frankfurt Voltaire festhielten. Friedrich begehrte etwas von Voltaire, wovon dieser meinte, es gehöre ihm. Friedrich beanspruchte einen Band mit eigenen Gedichten. Dieser befand sich in einem Gepäckstück, das über Leipzig unterwegs war. Voltaire wurde unter unwürdigsten Umständen in Frankfurt unter Hausarrest gestellt, bis dieses Gepäckstück eintraf. Er hat die Behandlung durch Friedrichs Residenten später als »Vandalen-Geschichte« bezeichnet.

Der Einfluß des Preußenkönigs reichte sogar bis zur Ausbürgerung Voltaires aus Frankreich.
Er konnte nicht nach Frankreich zurück, er konnte auch nicht nach Lothringen. Diese beiden Könige hatten sich dem Wunsch Friedrich II. gebeugt, sodaß Voltaire eigentlich heimatlos war und in die Schweiz gehen mußte.

In Ihrem zuletzt erschienenen Buch »Narrenleben« begegnen wir Friedrich zweimal, und zwar zu Zeiten, die im Buch um Voltaire nicht vorkommen – einmal in der frühen Jugend und einmal als Kriegsherr im Siebenjährigen Krieg. Gibt es einen Zusammenhang zwischen dem schnöden Zurückstoßen des »kleinen Fritz« durch August den Starken, der eine Verbindung zwischen Friedrich und seiner Tochter Anna Cathérina verhinderte, und dem brutalen Überfall auf Sachsen im Jahr 1756?
Das wäre zu kurz gegriffen. Es handelte sich um einen Konflikt zwischen Preußen und Österreich. Friedrich hatte bald nach seiner Thronbesteigung 1742 Schlesien annektiert.

Das hätte Voltaire die Augen öffnen können.
Ja. Voltaire hat sich diesbezüglich sehr ambivalent verhalten. Einerseits hat er Friedrich diese Aggression vorgeworfen, andererseits hat er ihm geschrieben, er »liebe ihn dennoch«.

Der Überfall auf Sachsen hatte die Auseinandersetzung mit Österreich zum Hintergrund. Friedrich hat behauptet, dies sei eine Präventivmaßnahme gegen eine erwartete Reaktion Österreichs, das mit Frankreich gegen Preußen verbunden war. Der Überfall auf Sachsen fand drei Jahre nach Voltaires Ausreise aus Preußen statt. Friedrich hat Sachsen in diesem Krieg lediglich als Versorgungsbasis betrachtet. Mit den sächsischen Steuereinnahmen hat er seine Kriegskasse aufgefüllt. Es bestand nicht die Absicht, Sachsen zu erobern. Aber er hat üble Dinge angerichtet. Beim Beschuss von Dresden ist z.B. die Kreuzkirche zerstört worden.

Friedrich ist in diesem Roman nur eine Nebenfigur. »Narrenleben« widmet sich den höfischen Narren, insbesondere Joseph Fröhlich, dem Lustigen Rat Augusts des Starken. Reflektiert werden auch die Lebensumstände von Peter Prosch, der sich als freier Hofnarr verdingte, kurz beleuchtet werden die Vita von Claus von Ranstädt, der vier sächsischen Kurfürsten als Hofnarr diente, und die tragikomischen Umstände des Wirkens von Jacob Paul von Gundling – Akademiker und Narr in Preußischen Diensten. Woher rührt Ihr Interesse für gerade diesen Berufsstand?
»Narrenleben« hat sich aus den Recherchen zur Voltaire-Novelle entwickelt. Als ich für »Sire, ich eile« recherchierte, stellte ich fest, daß August der Starke im Mai 1728 einen Staatsbesuch in Preußen absolviert hat, beim »Soldatenkönig«, dem Vater Friedrichs II. Es sollte ein Heiratsvertrag abgeschlossen werden über die Heirat zwischen August und Wilhelmine, der Schwester von Fritz. Zum Gefolge Augusts des Starken gehörte ein gewisser Joseph Fröhlich, Taschenspieler und kurzweiliger Rat am Hofe zu Dresden. Bei dieser Gelegenheit hat Fröhlich Jacob von Gundling getroffen. Das hat mein Interesse für Joseph Fröhlich geweckt. Und zwar interessiert er mich, weil er – modern gesprochen – ein fest angestellter Spaßmacher und zugleich Ratgeber von August dem Starken war.

Welche Quelle verbürgt, daß es wirklich Fröhlich war, der August den Starken gewarnt hat, die Verbindung mit der vierzig Jahre jüngeren Wilhelmine einzugehen?
Meine wichtigste Quelle für den Roman war die große Untersuchung von Rainer Rückert »Der Hofnarr Joseph Fröhlich«. Ich nehme an, daß ich es dort gefunden habe. Es gibt noch andere Quellen. Einen Roman von Carl Willnau, »Ein Schelm, der 's gut meint«, und die Autobiographie von Peter Prosch. Das sind meine Hauptquellen. Die Warnung Fröhlichs an August den Starken ist nicht erfunden. Die Dialoge sind natürlich fiktiv. Wenn Fröhlich sagt, »Du bist dreimal so alt wie die Prinzessin Wilhelmine. Aus Erfahrung wissen wir: Junge Frauen machen viel Arbeit.« Das ist natürlich fiktiv. Und auch wenn er sagt: »Wie willst du mit dem kaputten Fuß ins Brautbett steigen?« Das ist fiktiv. Aber die Tatsache, daß Fröhlich August geraten hat, nicht zu heiraten, das ist Fakt. Und August der Starke hört auch auf den Rat von Fröhlich. Er sagt zu einem Vertrauten: »Er hat ja recht. Ich verwünsche diesen Heiratsplan.« Er weist die Angebote des Preußenkönigs ab: »Ich komme ohne preußische Taler und Soldaten aus.« Und über die Lausitz, die er an Preußen verpfänden sollte, sagt er: »Und meine Lausitz behalte ich. Sie bleibt sächsisch.«

Ein wesentlicher Impuls des Buches ist es, den Berufsstand des Narren an deutschen Höfen des 18. Jahrhunderts vorzustellen. Sehr einprägsam sind in diesem Zusammenhang die auf der Lebensgeschichte von Peter Prosch fußenden Fakten.
Peter Prosch war das, was man heute einen Freiberufler nennt, während Fröhlich ein mit einem Gehalt Festangestellter war. Prosch besuchte weltliche oder geistliche Fürstenhöfe, er bot seine Späße oder sich selbst als Spielball an, um Geld zu verdienen. Er hat nicht schlecht verdient, aber er hat sich auch oft beklagt. Er sagte (mit meinen Worten): »Je mehr ich ertrage, desto größer ist mein Ertrag.« Oder bei anderer Gelegenheit, er verstehe nicht, warum die Herren einerseits freundlich zu ihm seien und andererseits üble Späße

mit ihm trieben. Ich habe seine Autobiographie als Quelle benutzt und habe einige seiner Erlebnisse mit meinen Worten wiedergegeben.

Die Art und Weise, wie dieses Buch aufgebaut ist, bestätigt einmal mehr, was die Literaturwissenschaft an Ihren Büchern hervorhebt: den lakonischen Ton und die Konzentration der Aussage. Ein Kritiker sagt gar: »Schädlich versteht es, aus dem Wenigen so viel zu machen, daß nichts fehlt.« Warum sind diese literarischen Mittel für Sie so wichtig: die Lakonie und die Konzentration?
Es wird in Bezug auf meine Texte immer von einem Lakonismus und Minimalismus gesprochen. Ich verstehe darunter eine Ausdrucksweise, bei der darauf verzichtet wird, Dinge zu sagen, die sich aus dem Sinn- und Textzusammenhang und aus dem Allgemeinwissen des Lesers von selbst verstehen. Informationstheoretisch gesprochen handelt es sich um die Reduktion von Redundanz. Und unter Redundanz verstehe ich das, was ohne Informationsverlust weggelassen werden kann. Warum? Weil Reduktion einen Freiraum schafft für das Denken des Lesers.

Sie hatten einmal zum Kontext »Literatur und Widerstand« gesagt: Widerstand, das »kann das Beharren auf einem Stoff, einem Gegenstand sein, der der leichten Sagbarkeit widersteht«. Aber der Widerstand selbst ist kein Thema Ihrer Literatur.
Ja. Das meinte ich mit dem Verweis auf das Zitat von Spurgeon, daß ich nicht zwischen zwei Übeln wählen möchte, sondern keines von beiden. Ich suche nach einer dritten Form, die mich nicht veranlaßt, mich für die eine oder andere Diktatur zu entscheiden.

Mich hat jemand gefragt, wieso hatten diese absolutistischen Herrscher so eine Freude daran, die Narren oder die sie als Narren ansahen zu beleidigen, zu kränken und zu verletzen. Die Herrscher hatten das ja zum Prinzip ihres Amüsements erhoben. Ich habe mir überlegt – aber ich weiß nicht, ob es stimmt, das müßte ein Anthropologe oder Philosoph erklären, beides bin ich nicht –, es scheint dem Menschen die Neigung innezuwohnen, schwächere Menschen zu demütigen und zu quälen. Diese Neigung wird offenbar befördert durch Macht über andere. Wieso? Ich dachte mir, die totale Macht über andere Menschen bewirkt manchmal eine Enthemmung der so genannten Mächtigen. Die Enthemmung führt dazu, Vergnügen an der Demütigung anderer zu empfinden. Der Stalinismus und auch der Nationalsozialismus, wenn man es genau nimmt, besaßen Führer, die Spaß daran hatten, andere zu quälen. Es ging sogar soweit, bei den Nazis sogenannte Rassen und bei den Stalinisten sogenannte Klassen bis zur Auslöschung zu demütigen.

Lieber Hans Joachim Schädlich, ich danke Ihnen für dieses Gespräch.

Sagen, was weh tut

Gespräch mit Anne Dorn

Rebecca Link (WDR) sagt anlässlich der Neuauflage des Romans »hüben und drüben« im Jahr 2013: »Anne Dorn erzählt die Teilung Deutschlands als Teilung einer Familie, eine Geschichte, die sie selbst erlebt hat. […] Sie ist aber nie nur Chronistin ihrer Zeit, alle ihre Arbeiten, ob Filme, Radiofeatures und Hörspiele, ihre Bücher und Gedichte tragen eine künstlerische Handschrift. Geprägt ist ihre Arbeit von einer extremen sprachlichen Genauigkeit, auch im Gespräch bestimmt diese Präzision den Austausch – ebenso wie ihre große Neugier für das Leben.« Elke Biesel (Deutschlandfunk) sieht in Anne Dorns Roman »Siehdichum« eine »behutsame Erkundung eines schwierigen Kapitels binationaler Geschichte, die weiterwirkt bis in die Gegenwart«. Zu ihrer höchsten Verdichtung und poetischen Kraft finde Dorns Sprache in den Naturdarstellungen, die die innere Verbindung der Autorin mit dem Beschriebenen anklingen lassen. Andreas Lawaty sieht in »Siehdichum« einen »faszinierenden Roman über das Phänomen der Erinnerung […] es ist ein Buch, das von poetischen Bildern lebt, jenseits von dem, was man gemeinhin unter Poesie versteht, weil die Aussage letztlich doch stärker ist als die Form.«

Ich traf Anne Dorn am 21. Februar 2015 in ihrer geräumigen Kölner Altstadtwohnung, die für sie Lebensraum, Bibliothek und Archiv zugleich ist. Nach drei Stunden intensiven Austauschs unterbrachen wir, weil Erholung nötig war. Am Abend, gegen 22 Uhr, setzten wir das Gespräch bis nach Mitternacht fort. Bei alledem war Anne Dorn nie die Neunzigjährige anzumerken. Mit einer unglaublichen Energie verfolgt sie ihre Themen. Noch im selben Jahr erschien ihr neuer Gedichtband. Weitere Bücher sollten folgen. 2017 ist sie gestorben.

Liebe Anne Dorn, vielleicht beginnen wir mit Ihrem Buch »Geschichten aus tausendundzwei Jahren«, welches Sie auch als »Entwicklungsroman einer Jugend« bezeichnen. Erzählt wird über die Jahre 1925 bis 1945, die ersten zwanzig Jahre Ihres Lebens. Insofern befrage ich Sie auch als eine wichtige Zeitzeugin. Zunächst aber die Frage: Wie hat die Literatur unter den gegebenen Bedingungen dieser Jahre Ihre Kindheit und Jugend beeinflusst?
In meinem Elternhaus hat es nur wenige Bücher gegeben. Was es aber gegeben hat, ist etwas, das heute zunehmend verloren geht, ein unermessliches Liedgut. Bei uns wurde gesungen. Mein Vater, der als junger Mann ein »fahrender Geselle« (eine Unterordnung der akademisch fundierten »Wandervögel«) war, hatte mit den Liedern des »Zupfgeigenhansel« diese Lebenslust in die Familie gebracht. Wir sangen mit meiner Mutter, dreistimmig.

Meine Großeltern mütterlicherseits stammten aus der Oberlausitz und konnten auch noch Sorbisch sprechen, zumindest verstehen. Von ihrem Namen – Dornig – habe ich im Übrigen meinen Künstlernamen Anne Dorn abgeleitet. Mein Großvater vermochte ausgesprochen bildhaft zu erzählen, was meine sich ausbildende Fantasie vermutlich beflügelt hat. Zu Weihnachten 1932, nachdem ich in die Schule gekommen war, hatte ich meinen Großeltern eine erste selbstverfasste Erzählung geschenkt, die Geschichte eines Ahornblattes, und erntete unverhältnismäßig großes Lob. Man hat damals mehr als heute zusammengesessen, abends, wenn die Dämmerung hereinbrach, und sich berichtet, was den Tag über geschehen und einem durch den Kopf gegangen war. Im Halbdunkel sagt man ja ganz andere Dinge als bei heller Beleuchtung. So gesehen bin ich in einem sprachlich sehr lebendigen Haus groß geworden.

Ihr Erstlesealter fiel mit jener Zeit zusammen, in der in Deutschland Bücher verbrannt und aus Bibliotheken ausgesondert worden sind. Eine Zeit, in der Propaganda-Literatur kursierte.

Ja, es gab so ab 1935 bestimmte Pflichtliteratur, vermittelt von Lehrern in Uniform, um die man nicht herum kam. Es gab aber auch andere Bücher. Mein Vater hatte meine Leselust entdeckt und mir zu Weihnachten und anderen Gelegenheiten wunderbare Kostbarkeiten geschenkt – zum Beispiel »Die Erzählungen aus tausendundeiner Nacht«, mit den Illustrationen von Edmund Dulac. Das immunisierte mich gegen die Nazi-Literatur. Beraten hatte ihn einer meiner Lehrer *ohne* Uniform, der mit uns Kindern noch Bach-Choräle einstudiert hatte. Eine meiner Tanten besaß eine kleine Bibliothek. Sie hatte mir zum Beispiel »Im Westen nichts Neues« von Erich Maria Remarque zu lesen gegeben, ein Buch, das damals natürlich verboten war. Später, als Lehrling bei einer Dresdner Tageszeitung, kaufte ich mir in einem Dresdner Antiquariat mein erstes, eigenes Buch – »Krieg und Frieden« von Leo Tolstoi, in der von ihm autorisierten Reclam-Ausgabe. Regelmäßig aber vor allem den »Münchner Lesebogen«, kleine Hefte in Briefumschlags-Format, die man ›ins Feld‹, also den Soldaten schicken sollte. Natürlich waren da auch die Nazi-Dichter vertreten, aber eben auch deutsche Klassiker wie Hölderlin, Wieland, Klopstock, Schiller u.s.w. Ein Bogen kostete 20 Pfennig, ich habe sie mir meist statt Mittagessen geleistet.

Ihre Bücher zeugen von Geschichtskenntnis, aber auch von Naturkenntnis. Der Wald wird vielfach als vertrautes Terrain beschrieben.

Ich wurde in Wachau geboren, einem Dorf nahe Radeberg, unweit von Dresden, welches im Übrigen ein sehr schönes Wappen hat – einen Kranich, der auf einem Bein steht und mit dem anderen einen Stein hält. Das ist ein Symbol der Wachsamkeit, welches der Natur entnommen wurde. Wir wohnten damals in dem etwas abgelegenen Ortsteil Klein-Wachau. Mein Weg zur Schule war deshalb eine dreiviertel Stunde lang. Für uns Kinder war das ein wunderbarer Zustand, da wir unterwegs viel erleben und aufnehmen konnten – Tiere, Pflanzen, aber auch Gewitter- und Schneestürme und trockenheiße Tage, es war ein anhaltendes Abenteuer, diesen Weg zu gehen. Mit dem Wald hat es noch eine andere Bewandtnis. Meine Mutter litt unter starken Depressionen. Wenn sie ihre manisch-depressive Phase hatte, war es für uns Kinder – meine vier Jahre ältere Schwester, meinen zwei Jahre jüngeren Bruder und mich – sehr schlimm. Da funktionierte in der Familie nichts mehr, eigentlich zog der Tod ein. Ein Kind denkt dann: Oh Gott, die Mutter schaut mich nicht an, sie hört mich nicht, was habe ich getan? Ich bin dann mit meinem kleinen Bruder in den Wald gerannt, dort fanden wir wieder zu uns, der Wald war etwas Konstantes, Verlässliches für uns. Einer meiner ersten Berufswünsche war, Naturforscherin zu werden. Amalie Dietrich war mein Vorbild. Meine Mutter war bereits mehrmals in Nervenheilanstalten behandelt worden. Viel später erst habe ich begriffen, warum mein Vater immer gezögert hat, sie dahin zu geben: Jeder, der mehrmals in eine derartige Klinik eingewiesen wurde, fiel automatisch unter die Euthanasie-Gesetzgebung.

Die Kulturstadt Dresden war immer nah. »Die Geschichten aus tausendundzwei Jahren« beschreiben dies. Wie hat diese Stadt Sie geprägt?

Dresden hat mich von Kind an in seinen Bann gezogen. Beide Großeltern – mütterlicherseits und väterlicherseits – wohnten in Dresden, sodass wir sehr häufig in Dresden waren. Mein aus der Oberlausitz stammender Großvater war Beamter bei der Reichsbahn. Das konnte man im 19. Jahrhundert werden, wenn man zwei Jahre im Heer des Sächsischen Königs diente, in seinem Falle bei den Pirnaer Jägern. Dieser Großvater war unwahrscheinlich wissensdurstig. In den Ferien oder an Wochenenden nahm er mich an die

Hand und ging mit mir in die Museen – in den Mathematisch-Physikalischen Salon, in die Porzellansammlung, in die Gemäldegalerie, ins Grüne Gewölbe natürlich, die Schatzkammer der sächsischen Könige, und in die Naturkundlichen Sammlungen. Besonders liebte er die Gemälde der italienischen Renaissance. Diese Neugier und sein Staunen, das sind kostbare Güter, die sich auf mich übertragen haben. So habe ich mich nie gescheut, offenkundig Schönes zu bestaunen.

Eigener Antrieb führte Sie später zur Lehre an einer Dresdner Tageszeitung und zur Abendschule an der Dresdner Kunstgewerbeakademie.
Mit dem Antrieb, selbst zu schreiben, war ich als Lehrling bei einer Zeitung natürlich an der falschen Stelle. Meine Aufgaben dort waren andere – Vertrieb, Buchhaltung, Satz, Anzeigengestaltung und anderes mehr. Deshalb schrieb ich mich für einen Abendkurs an der ›Meisterschule für Deutsches Handwerk‹ in Schriftgrafik ein. Das war die Begegnung mit einer ganz anderen Mitteilungsart von Literatur – vom Bildlichen und den Schriftformen her. Meine Lehrzeit im Zeitungsverlag lief von April 1942 bis März 1944. Ich meldete mich oft zur Luftschutzwache. Man blieb zu zweit die Nacht über im Verlagsgebäude, wissend, dass da einige Eimer Sand und Wasser auf dem Dachboden standen. Eine ziemlich sinnlose Sache, wenn man an die tatsächlichen Folgen des Bombardements am 13. Februar 1945 denkt. Ich fand diesen Wachdienst jedoch spannend, weil man praktisch eine Nacht lang Zugang zu allen Räumen des Zeitungsverlags hatte. Mit einem Lehrling aus dem technischen Bereich durchstöberte ich bei dieser Gelegenheit das Archiv der Zeitung. Immer interessant war, dass das Morseband des Fernschreibers die ganze Nacht durch Informationen ausspuckte – neue Verordnungen, Berichte von der Front etc. Was wir nachts am Fernschreiber lasen, stand aber am nächsten Tag nie so in der Zeitung. In der Chemographie sahen wir die Fotos, die von der Front gekommen waren. Auch diese Fotos wurden nur als Ausschnitt in den Zeitungen veröffentlicht.

In Klein-Wachau wohnten Sie in unmittelbarer Nachbarschaft zu einer Heilanstalt für Epilepsiekranke, die später im Zuge der Euthanasiegesetzgebung vollständig geräumt wurde. Was haben Sie als Kind, was haben die dort Wohnenden von der Vernichtung der Insassen dieser Heilstätte mitbekommen?
Ja, diese Heilanstalt gehörte für uns zum Alltag. Die Kranken arbeiteten dort auf den Feldern, die kranken Kinder wurden von Schwestern begleitet eher spielerisch zu leichten Tätigkeiten wie Unkrautjäten oder Kräutersammeln angehalten. Im Spätsommer 1938 besuchte ich einmal wöchentlich den Konfirmandenunterricht der evangelischen Gemeinde in Wachau. Das wurde damals nicht gerade befürwortet, weil Hitler ja seinen eigenen Weg der Vorsehung ging. Einmal hieß es: Der Konfirmandenunterricht fällt heute aus, der Pastor ist in der Anstalt. Da mein Heimweg durch die Anstalt hindurch führte, sah ich dort den Pastor mit den Schwestern und den Kindern der Anstalt neben einem Bus stehen und singen: ›Auf Gottes, nicht auf meinen Rat will ich mein Glücke bauen‹. Ich wunderte mich, dass die Kinder an diesem Sommertag alle einen Mantel trugen. Der Pastor und die Schwestern beteten mit ihnen, dann stiegen die Kinder in den Bus. Ich rannte nach Hause, um meine Mutter zu fragen, wo die Kinder denn hinfahren. Meine Mutter sagte mir: ›Das geht schon die ganze Woche so, ich weiß es auch nicht.‹ Vielleicht hat es der Pastor gewusst, das wäre möglich. Viel später habe ich erfahren, dass die Kinder umgehend auf den Sonnenstein im Elbsandsteingebirge gebracht und dort in einem speziell für die Tötung umkonstruierten Lastwagen vergast worden sind. Ihre Eltern bekamen dann die Nachricht, ihr Kind sei an einer Lungenentzündung verstorben.

Wie haben Sie als Kind und Jugendliche die Judengesetzgebung aufgenommen?
Ab und zu, wenn die Mutter in der Nervenheilanstalt war, lebte ich vier Dörfer weiter bei Onkel und Tante. In der dortigen Schule stellte uns ein uniformierter Lehrer das Buch »Der Giftpilz« vor. Ein Fliegenpilz stand auf dem Titelblatt giftig zwischen all den essbaren Pilzen. Ich, als Waldkind, dachte mir, das stimmt nicht, so nah stehen verschiedenartige Pilze nicht beieinander. Der Lehrer sagte uns: »So wie ein Giftpilz die ganze Mahlzeit verdirbt, so verdirbt ein Jude das ganze Dorf!« Und dann fragte er mich laut vor all den anderen Kindern: »Wie viele Juden wohnen denn in Deinem Dorf?« Ich konnte seine Frage nicht beantworten, weil ich darüber nie nachgedacht und davon auch nie etwas gehört hatte. Das hat mich aber wach gemacht, ich habe begonnen, darüber nachzudenken. Von Bücherverbrennungen, von der Ächtung jüdischer Autoren und der Plünderung jüdischer Geschäfte wie dem Niederbrennen von Synagogen habe ich als Kind nichts mitbekommen.

Eine weitere Tante, Schwester meiner Mutter, hatte ein Wochenendhaus in einem der naheliegenden Dörfer und ich besuchte sie dort gern. Sie war liiert mit einem Mann aus Westfalen, den ich und der mich in eben diesem Wochenendhaus kennenlernte. Er war der erste Erwachsene, der mich, als damals wohl Achtjährige, vollkommen ernst genommen hat. Im Sommer 1936, als ganz Deutschland im Olympiafieber war, lud er mich und weitere vier Kinder aus unterschiedlichen Familien in sein Elternhaus nach Herford ein, das er mit einer seiner Schwestern bewohnte. Es war für mich ein märchenhafter Aufenthalt mit Hausmusik in Zimmern, deren Wände ganz mit Büchern bedeckt waren und einem parkähnlichen Garten. Ich schlief mit einem Mädchen aus Dresden in einem Zimmer. Nachdem an einem Nachmittag Hitlerjungen von der Straße her Steine in den schönen Garten geworfen hatten, sagte mir dieses Mädchen abends im Bett, dass der Onkel und seine Schwestern Halbjuden wären. Später, als Lehrling der »Dresdner Nachrichten«, begegnete mir auf der Brühlschen Terrasse ein stattlicher Mann mit Judenstern auf dem dunklen Mantel. Er entsprach – genau wie der Onkel in Herford – absolut nicht der physiognomischen Propaganda der Nazis, eher dem Gegenteil, also dem, was man ›reinrassig‹ nannte.

In Dresden haben Sie auch die Gleichschaltung der Presse durch die Nazis erlebt.
Mein Vater hatte mich bei der sogenannten »Alten Tante«, den »Dresdner Nachrichten«, in die Lehre gegeben. Daneben hatte es in Dresden noch den »Dresdner Anzeiger« und die »Dresdner Neuesten Nachrichten« gegeben. 1943 wurden all diese Zeitungen verboten, es gab nur noch den »Freiheitskampf«, eine Zeitung der NSDAP. Der Chef des »Freiheitskampf«, ein Herr Hornauer, Träger des Blutordens, ließ alle Lehrlinge der einverleibten Zeitungen in sein Büro rufen, um sie persönlich zu begrüßen. Auf Grund der Lehrverträge mussten wir ja weiter ausgebildet werden. Bei den »Dresdner Nachrichten« war ich zuletzt einem sehr angenehm munteren Angestellten im Bereich der Zustellung von Reiseabonnements zugeordnet worden. Eines Morgens kam er nicht zur Arbeit. Ich wartete und fragte schließlich, wo er denn sei. In unserem Büroraum arbeiteten sieben Menschen. Meine Frage nach dem Verbleib meines Ausbilders blieb unbeantwortet. Die eine, ältere Dame, die wohl schon lange Angestellte der »Dresdner Nachrichten« war, kam schließlich an den verwaisten Schreibtisch, gab mir die Zettel mit den zu ändernden Adressen und drückte mir den Federhalter in die Hand. Niemand, auch sie nicht, sprach vom Verbleib des Verschwundenen. Er war und blieb einfach weg. Das hat mich verunsichert, hat sich mir tief eingeprägt und mich regelrecht verstört, dass Menschen einfach so verschwinden

konnten – und alle schweigen. Ab da habe ich zugleich auch den Glauben an die eigene Wahrnehmung in Zweifel gezogen. Man verlor nicht nur das Vertrauen zu anderen, sondern auch zu sich selbst. Man fragte sich: Denke ich denn richtig? Mir war dann auch bewusst, warum ich von der Lektüre Erich Maria Remarques »Im Westen nichts Neues« niemandem etwas sagen sollte. Das war gefährlich, nicht nur für mich, sondern auch für meine Tante. Lebensgefährlich. Es ist schwer, heute Parallelen zu finden, um Jugendlichen klarzumachen, wie es damals für einen Jugendlichen war, sich zu orientieren. Es war ja auch nicht so, dass die Redakteure nur Befehle ausgesprochen oder vollzogen hätten. Während meines Volontariats im technischen Bereich, später, im »Freiheitskampf«, habe ich abends mitbekommen, wie kurz vor Schluss um Inhalte und Überschriften gerungen wurde. In sehr unterschiedlichen Tonlagen! »Das kannst Du nicht machen, das bringt nichts. Lass meins stehn – « und dann letztlich doch der Befehlston, was zu machen sei: Das eine raus, das andere rein. Und jetzt die Matrizen für die Rotation geprägt! Ich sah, wer die Entscheidungen traf und unter Berufung auf den Chef etwas aus der Zeitung herausnahm oder hineinbrachte. Nicht immer nur die mit dem Parteiabzeichen.

An Ihrem Entwicklungsroman »Geschichten aus tausendundzwei Jahren« beeindruckt mich, dass Sie stets nur von dem erzählen, was der Hauptgestalt – Ihrem Alter Ego – damals bekannt sein konnte. Es findet keine rückwärtige Interpretation der Geschichte des Dritten Reichs statt. Das Buch ist so kein Belehrungsbuch und damit auch keine »Propaganda mit anderem Vorzeichen« geworden. Sehr einprägsam sind insbesondere die Schlusskapitel, in denen die Zeit als Pflichtjahrmädchen beschrieben wird. Was war das, ein Pflichtjahrmädchen?

Ja, ich habe mich bewusst an die mir bekannten Fakten gehalten, die ich auch persönlich bezeugen kann. Niemand sollte mir jemals vorwerfen können, dass an irgendeiner Stelle »die Fantasie mit mir durchgegangen sei«. Dafür ist diese Zeit zu schrecklich gewesen. Der Roman war 1986 fertig, ich fand jedoch – wie für »hüben und drüben« im Westdeutschland der 80er Jahre keinen Verlag. Allein schon deshalb, weil er vorwiegend in Dresden spielt. Dresden lag damals für westdeutsche Leser weiter weg als New York.

Aber zum Pflichtjahrmädchen: Wer seine Lehre oder Schulausbildung abgeschlossen hatte, musste für ein Jahr »dem Führer und dem Volke dienen«. Ich hatte die Wahl, entweder werde ich Blitzmädel – das waren uniformierte Nachrichtenhelferinnen beim Deutschen Heer, meist in der Etappe – oder Pflichtjahrmädchen – das waren Haushaltshilfen in Familien, deren Männer an der Front waren.

Waren das besondere Familien, die ein Pflichtjahrmädchen beantragen konnten?

Theoretisch konnte jede Familie beim Gemeindeamt einen solchen Antrag stellen. In der Praxis waren es aber Familien von höheren Parteimitgliedern, die ein Pflichtjahrmädchen bekamen. Man konnte sich diese Stelle selbst aussuchen. Ich hätte im Nachbardorf eine Stelle gefunden, bin aber nach Salzburg gefahren und habe mir auf dem dortigen Arbeitsamt eine Stelle in einem Hotel in Sankt Gilgen ausgesucht. Tochter wie Schwiegertochter liefen dort, als ich die Stelle dann antrat, mit dicken Bäuchen. Ich hatte die kurz nacheinander auf die Welt gekommenen Babys und ein vierjähriges Mädchen zu betreuen. Erst im April 1945, als die 6. Amerikanische Panzerarmee den Ort eingenommen hatte, verhielten sich die zwei Frauen und die Oma, die eigentliche Noch-Besitzerin des Hotels, merkwürdig zurückhaltend mir gegenüber. Erst dann begriff ich, dass, wer ein Pflichtjahrmädchen hatte, etwas Besonderes war. In diesem Fall war der im Felde stehende und für das Vaterland kämpfende Sohn des Hauses, Ortsgruppenleiter der NSDAP. Deshalb hatten die Frauen als Hilfskräfte in Stall und Küche auch »Ostarbeiterinnen««, Mädchen aus der Ukraine, zur Verfügung.

Bei Sankt Gilgen haben Sie auch Luftangriffe kennengelernt.
Ja, die beiden schwangeren Frauen hatten mich regelmäßig nach Salzburg geschickt, um die Lebensmittelbezugsscheine für den Hotelbetrieb abzuholen. Für die Salzburger selbst hatte man zum Schutz vor Luftangriffen Stollen in die Felsen gesprengt. Einmal war der Weg vom Kleinbahnhof zum Ernährungsamt verschüttet, am Nachmittag sollte er wieder frei sein. So nutzte ich die Gelegenheit, einmal auf den Untersberg zu steigen. Als ich ungefähr so hoch gekommen war, dass ich die Stadt von oben hätte sehen können, kam ein neuer Angriff. Ich verbarg mich unter einer überhängenden Felsplatte und hörte ganz dicht über mir die Maschinen zum Ausklinken der Bomben niedergehen. Sie waren mir so nah, dass ich die amerikanischen Piloten im Cockpit sitzen sah.

Zwischen Weihnachten und Neujahr 1944 durfte ich endlich nach Dresden in Urlaub fahren. Die gewöhnliche Route lief über Linz-Budweis-Prag nach Dresden. Spätabends stand der Zug zwischen Budweis und Prag lange still. Bewaffnete Soldaten liefen durch die Waggons, es war absolut verboten, irgendwelches Licht anzumachen oder zu sprechen. Das Abteil, in dem ich saß, war dicht besetzt mit den unterschiedlichsten Menschen. Irgendwie flüsterten wir uns zu, es war ein merkwürdiges Gefühl von Gemeinsamkeit. Partisanen hatten das Schienennetz zerstört. Gegen Morgen erst fuhren wir weiter. Zuhause habe ich meinen Bruder ein letztes Mal gesehen.

Kaum zurück in Sankt Gilgen erfuhr ich aus der Zeitung von der Zerstörung Dresdens. Ich versuchte sofort erneut, über Linz zurück nach Dresden zu kommen. Kam aber nicht weit. Kurz vor Hörsching gab es Fliegeralarm, man musste den Zug verlassen und den Bahndamm runter in eine Art Graben. Tiefflieger bombardierten den Zug, ein kleiner Junge, der sich aus der Deckung gewagt hatte, wurde von einer Druckwelle hoch in einen Baum geschleudert. Er hing dann aufgespießt hoch oben in den Ästen und schrie bis er verblutet war.

Zurück in Sankt Gilgen kam auch mir die Rede von einer deutschen Wunderwaffe zu Ohren. Sie wurde angeblich auch in einem Felstunnel am unzugänglichen Ufer des Hallstädter Sees fabriziert. Die zumeist jüdischen Zwangsarbeiter kamen, wie man sagte, nur als Tote aus dieser geheimen Waffenfabrik wieder heraus. Als später die Amerikaner das Salzkammergut befreit hatten, saßen eines Tages zwei grauenhaft abgemagerte Menschen am Küchentisch des Hotels. Ein leibhaftiges Abbild des Todes. Wie mochte es zu Hause aussehen? Sollte ich nach Dresden zurückkehren? Wie konnte ich erfahren, ob meine Eltern noch lebten? Meine Dienstherrschaft, deren Kinder ich doch ein Jahr lang betreut hatte, war mir plötzlich sehr fremd. Ich brauchte einfach Zeit zum Nachdenken, um irgendetwas zu wollen oder zu wünschen. Und brauchte jemanden, mit dem ich sprechen konnte. So machte ich mich auf den Weg nach Herford, zu jenem halbjüdischen, ehemaligen Lebensgefährten meiner Tante. Und fuhr aufs Geratewohl wie tausende andere Menschen auf mit Kriegsschrott beladenen Güterwaggons nach Norden. Der Herforder Onkel lebte. Im Januar 1946 besuchte ich zum ersten Mal meine Eltern in Wachau. Von meinen Dresdner Großeltern hatte nur eine Großmutter kurzzeitig überlebt. Meine Eltern warteten weiter in Wachau auf meinen Bruder, der nie zurückkehren sollte.

Für Ihren Roman »hüben und drüben« war es eine wichtige Voraussetzung, dass Sie keinerlei Einreisebeschränkungen in die DDR hatten. Da Sie direkt aus dem Salzkammergut nach Herford gegangen waren,

galten Sie nach DDR-Recht nicht als Republikflüchtling. Insofern sind Sie über vierzig Jahre zu einer »Kronzeugin der deutschen Teilung« geworden.
Ich konnte reisen, soweit mein Geld dafür reichte, und habe das auch wirklich getan. Die Hindernisse nahmen im Lauf der Jahre vor allem im Osten zu. Mein Vater wurde noch als Achtzigjähriger, wenn er den Antrag auf Reisegenehmigung gestellt hatte, um seine Töchter im Westen zu besuchen, nur um zu bestätigen, dass er diesen Antrag persönlich gestellt hatte, mehrmals nach Dresden zum Rat des Kreises bestellt.

Direkt nach dem Krieg fand ich, dass meine damaligen Schulkameraden es im Osten einfacher hatten als ich. Sie hatten sofort wieder ein Modell, das ihnen vorgab, was man sollte und durfte und zu wollen hatte. Im Westen hing man vergleichsweise in der Luft, ohne jede offizielle Orientierung. Es gab viele Anregungen, aber keine Leitlinien. Demokratie ist nicht zu verordnen, sie muss sich bilden oder es gibt sie nicht. Der Osten hat dem Westen immer vorgeworfen, dass es hier keine wirkliche Entnazifizierung gegeben hätte. Tatsächlich hatte es diese im Osten auch nicht gegeben. Jeder wusste das, man musste nur schauen, was aus den SS-Leuten aus der eigenen Umgebung werden konnte. Der vollkommen unbescholtene Walter Janka zum Beispiel hatte in Ostberlin den Aufbau-Verlag der DDR gegründet. Als er sich dann in den fünfziger Jahren für Georg Lukács eingesetzt hatte, wurde ihm der Prozess gemacht. Und den führte der ehemalige Assistent von Roland Freissler, dem Präsidenten des Obersten Volksgerichtshofes im Dritten Reich.

Hans Joachim Schädlich, der in der eigenen Familie ein Euthanasieopfer zu beklagen hatte, hat bei Recherchen aufgedeckt, dass viele Euthanasieärzte in der DDR später »Verdiente Ärzte des Volkes« waren und es auch deshalb kein Interesse gab, diese Vergangenheit aufzuarbeiten.
Das war im Westen ganz ähnlich. Allerdings konnte man hier offen über diese Gegebenheit reden. Viele Richter und Rechtsanwälte waren in den Fünfzigern und Anfang der sechziger Jahre alte Nazis. Wo sollte man auch auf die Schnelle so viele Juristen hernehmen? Sie sollten ja zumindest ein Jurastudium absolviert haben.

Der Roman »hüben und drüben« handelt von dem Besuch des westdeutschen Teils einer Familie in der DDR anlässlich eines Todesfalls. Die Töchter kommen aus dem Westen in den Osten, um ihren Vater zu beerdigen. Beschrieben wird ein Zeitraum von wenigen Tagen. Gegenstand ist das weitreichende Unverständnis des einen Teils der Familie für die Situation des jeweils anderen. Wie haben Sie persönlich diese über die Jahre sich vollziehende Auseinanderentwicklung erlebt? Auffällig für mich ist Ihre Gabe, Familienszenen und -verstrickungen darzustellen, ihnen etwas Atmosphärisches zu verleihen.
Diese Auseinanderentwicklung war von Beginn an zu spüren. Ganz am Anfang hat man sich natürlich gefreut, dass man am Leben geblieben war und sich wieder treffen konnte. Bei späteren Besuchen habe ich mir schon während der Fahrt im Westen überlegt: Davon sagst du nichts, danach fragst du nicht und darauf reagierst du nicht. In Wachau hat mein Vater auf mich gewartet und sich ebenso gedacht: Davon sagst du nichts, danach fragst du nicht und darauf reagierst du nicht. Warum?: Weil man sich in den wenigen Tagen, die man gemeinsam hatte, nicht in die Haare kriegen wollte, sondern zeigen, dass man zusammengehörte und sich gegenseitig lieben durfte und auch wirklich liebte. Davon handelt der Roman, von dieser schwierigen Balance. Als ich nach vielen Jahren Brotarbeit für Rundfunk und Fernsehen endlich Prosa schreiben konnte, war es absolut mein Thema, diesem Zerrissensein einen Ausdruck zu geben. Der Roman spiegelt nicht eins zu eins meine Familiengeschichte, er ist eine zusammengesetzte Geschichte, in die viele Erfahrungen und Recherchen hineinreichen. Meine Ausgangsüberlegung war: Wann können

die Leute in Ost und West miteinander reden, ohne die Hälfte wegzulassen? Dann, wenn der Tod ins Haus kommt. Wenn die Erkenntnis der Endlichkeit im Raum steht, macht es keinen Sinn mehr, etwas zurückzuhalten. Diese Situation beschreibt der Roman.

1977, in finsterster Breschnew-Zeit, hatte ich dank Heinrich Böll die Gelegenheit, Lew Kopelew und seine Frau in Moskau aufzusuchen und so Hintergrundinformationen über die Lebensbedingungen kritisch denkender Menschen in der Sowjetunion, dem ›großen Bruder‹ der östlichen Hälfte Deutschlands, zu erhalten. Meine Verwandten im Osten hatten diese Möglichkeit nicht, für sie war der ›große Bruder‹ eher ein Unbekannter. Dies spielte für meine Themenwahl eine bedeutsame Rolle. Was den westlichen ›großen Bruder‹ des geteilten Deutschlands, die USA, betraf, überließ mir Dorothee Sölle, die ich in Köln beim Politischen Nachtgebet in der Antoniterkirche kennengelernt hatte, 1978 für mehrere Wochen ihr New Yorker Appartement. Es war die Zeit der ersten Friedens-Demonstrationen gegen den Bau der Neutronenbombe, Jimmy Carter war Präsident der USA. Von beiden Schutzmächten des geteilten Deutschlands hatte ich also keinen komplexen, aber doch einen durch bedeutsame Menschen mir aufgeschlüsselten, persönlichen Eindruck, was die Lebensbedingungen betraf. »hüben und drüben« hatte ich 1979 begonnen und das Manuskript war 1982 abgeschlossen. Schlimmerweise war im Westen kein Verlag dafür zu finden. Das hatte mit unseren Super-Linken zu tun, die den Sozialismus immer auch als Alternative für den Westen sahen, obwohl sie nie im Bereich des ›real existierenden‹ gelebt hatten. Ich war damals sehr verzweifelt, es war ja mein erster Roman und mein erster umfangreicher Versuch in den Printmedien. Lew Kopelew, der, schon ausgebürgert, seit 1981 in Köln lebte, stand mir als einer der Wenigen ermutigend bei mit seiner Behauptung: »Anne, Du musst Deinen Kopf oben tragen.« Acht Jahre später, 1990 nach dem Fall der Mauer erschien »hüben und drüben« als erster Fortsetzungsroman aus westlicher Feder in der Dresdner Tageszeitung »Die Union«, und 1991 im aus dem Leipziger Bürgerforum hervorgegangenen Forum-Verlag. 2013 ist er im Dittrich Verlag neu aufgelegt worden.

Ihr Roman »Siehdichum« behandelt Themen, die weitgehend unbekannt, weil möglicherweise auch tabuisiert sind, u.a. die Frage deutscher Kriegsgefangener in Polen. Im Kern dieses erschütternden Romans steht die Suche einer deutschen Mittsiebzigerin nach ihrem Bruder, der seit 1945 als in Polen verschollen gilt. Der etwa im Jahr 2000 spielende Roman ist aber viel mehr. Er behandelt sehr eindringlich das Verhältnis von Polen und Deutschen heute. Die den Roman grundierenden Themen sind Freundschaft, Anerkennung und Liebe. Es ist ein Collagen-Roman, der mit Rückblenden und Originalzitaten aus Archivmaterial arbeitet. Den Hintergrund bildet einmal mehr Ihre eigene Familiengeschichte. Auch Sie selbst hatten sich nach Polen auf die Suche nach Ihrem Bruder begeben. Warum erst nach so vielen Jahren?

Während eines Aufenthaltes im Europäischen Übersetzerzentrum Strahlen war ich dem polnischen Philosophen Jan Garewicz benachbart, dem einzigen Überlebenden einer polnisch-jüdischen Familie. Er hat viel für die deutsch-polnische Aussöhnung getan. Ein weiterer Nachbar war Adam Kovacic, ein junger Übersetzer aus dem Spanischen, aber ungarischer Herkunft. Zweimal in der Woche kochte ich für uns drei. Ich konnte nicht mit ansehen, was die zwei sich in der Gemeinschaftsküche jeder für sich zurechtbrutzelten. Auf diese Art entstand zwischen uns eine situationsbedingte Freundschaft, die jedem gestattete, über Dinge zu sprechen, die man nicht jedem erzählt. Jan Garewicz hatte begonnen, von der Suche nach seiner deutschen Kinderfrau zu erzählen. Und das Wort »Suche« war plötzlich für mich so etwas wie ein Katalysator. Ich dachte darüber nach, was man eigentlich im Leben sucht: Man sucht nach dem, was man verloren hat, aber viel mehr noch sucht man nach dem, was man sich wünscht. Das sind zwei Perspektiven. Der Ausgangspunkt für meine Recherche, die dann in diesen Roman »Siehdichum« mündete, war die Suche nach meinem kurz vor Kriegsende im sogenannten Warthegau verschwundenen kleinen Bruder. Es war auch eine Suche nach Nähe und Vertrautheit. Nach einem beständigen Gefühl des Zusammengehörens, wie es unter Geschwistern besteht. Dieses Gefühl des Sich-nicht-trennen-Könnens, egal, was passiert. Ich war im Besitz der Unterlagen, die meine Eltern zusammengetragen hatten – Suchanfragen beim Deutschen Roten Kreuz und andere Papiere. Mein Vater hatte mir früh gesagt: »Vielleicht sagen sie uns hier nicht die Wahrheit, suche auch Du im Westen.« So hatte ich in den fünfziger Jahren schon Anfragen an das Schweizer Rote Kreuz gerichtet. Keine Behörde hat bis heute etwas herausgefunden. Nach der Bekanntschaft mit Jan Garewicz war ich jedoch ganz anders auf Suche gegangen, hatte erstmals auch Archive genutzt, z.B. das Bundesarchiv in Koblenz. Dort hatte mich ein Archivar gefragt, ob ich die »Dirke-Liste« hätte. Ich sagte: »Nein, was ist das denn?« Bruno Dirke hatte, als älterer Bruder eines Vermissten, bereits 1949, nachdem er aus der russischen Kriegsgefangenschaft heimgekehrt war, begonnen zu suchen. Hatte Zeitzeugen befragt, und zwar genau zu jenen Ereignissen, die auch mit den letzten Lebenszeichen meines Bruders zu tun hatten. 300 Seiten Material, aus denen die Geschehnisse im Januar des Jahres 1945 rund um den Ort Militsch deutlicher wurden. Als die 16-Jährigen, zum Arbeitsdienst Einberufenen ohne Ausbildung und Ausrüstung in die Schlacht geworfen wurden, waren die Offiziere dieser Einheit bereits auf dem Weg in die vorausberechnete amerikanische Gefangenschaft nach Bayern. Die Forschungsunterlagen Bruno Dirkes sind Anfang der 50er Jahre auf dem Weg in die Gerichtsbarkeit angeblich verloren gegangen. Bruno Dirke hatte aber zu diesem Zeitpunkt bereits einen Durchschlag des brisanten Materials an einen Überlebenden in Süddeutschland gegeben. Von diesem erhielt ich eine Kopie des gesamten Materials und war so plötzlich mit einer Fülle von Möglichkeiten konfrontiert, die ich nicht einfach beiseiteschieben und vergessen konnte. Bereits zu Beginn der neunziger Jahre hatte ich bei einer deutsch-polnischen Lesung in Dresden auch einen weiteren meiner Helfer, den bedeutenden Lyriker Ryszard Krynicki kennengelernt. Insgesamt habe ich vier Reisen nach Polen unternommen, um für den Roman zu recherchieren. Er hat verschiedene Sprachebenen, die in eine Balance gebracht werden mussten. Es gibt eine Gegenwarts-Ebene. Es gibt eine erinnerte Bruder-Geschichte. Und eine erdachte Zwiegesprächs-Ebene für die suchende Schwester mit dem Bruder. Es gibt die poetische Metapher des Grimmschen Märchens von »Brüderchen und Schwesterchen«. Und es gibt die Zeitzeugenberichte. Es gibt einen Briefwechsel mit einem polnischen Historiker. Dieser gründet sich im Übrigen auf einen realen Briefwechsel mit Jan Garewicz, den ich später in Warschau besuchte und der mich stets warnte, mir zu viel zu erhoffen. Er hatte aber auch nie gesagt: »Hören Sie damit auf.« Leider ist er vor Erscheinen des Romans verstorben.

Im Kölner Lew-Kopelew-Zentrum hatte ich Katarzyna Czerwinska, eine junge Polin, kennengelernt, die mir polnische Texte übersetzte und mich auf einer Reise direkt in jene Dörfer und Wälder begleitete, in denen sich die Spuren meines Bruders verlieren. Im Roman spielt dies alles eine Rolle, fügt sich jedoch fiktional ganz anders zusammen. Katarzyna Czerwinska hat auch in polnischen Archiven recherchiert und mir Texte des polnischen Historikers Jerzy Kochanowski, der sich mit der Frage deutscher Kriegsgefangener in Polen beschäftigte, zugänglich gemacht. Polen hatte schon kurz nach Beginn des Zweiten Weltkrieges kein Heer mehr, insofern auch kein Recht, Kriegsgefangene zu machen. Er stellte sich die Frage, wie es überhaupt zu diesen ca. 52.000 Kriegsgefangenen in polnischer Hand gekommen ist. Die russischen Soldaten hatten von Stalin den Befehl, sobald deutscher Boden erreicht war, zu plündern, zu vergewaltigen und zu zerstören. Alles irgendwie Wertvolle wurde nach Russland abtransportiert oder vernichtet. Als die zwangsumgesiedelten Polen in den ehemaligen deutschen Gebieten ankamen, fanden sie oft vollkommen verwüstete Hinterlassenschaften vor. Als Wiedergutmachung übergaben die Russen den Polen deutsche Kriegsgefangene. Diese wurden in leerstehenden Räumen wie zum Beispiel Kellern untergebracht, hatten keine Möglichkeit zu korrespondieren, hatten keinen Ansprechpartner im Internationalen Roten Kreuz, hatten überhaupt keinen nach der Genfer Konvention geregelten Kriegsgefangenenstatus. Dies hatte Jerzy Kochanowski als Professor für die Geschichte des 20. Jahrhunderts an der Universität Warschau herausgefunden. Natürlich hatte das in Polen keine Begeisterung ausgelöst, aber immerhin war es meiner jungen polnischen Helferin möglich, seine wichtige Arbeit ausfindig zu machen.

Was meine gesamte Arbeit für die Printmedien betrifft, möchte ich noch Folgendes sagen: Sehr dankbar bin ich meinem Lektor Christian Döring, der mich seit der Entstehung von »Siehdichum« begleitet. Er hat die Gabe, genau die Stelle eines Textes zu finden, wo die Autorin beginnt, viel zu erzählen, damit sie nur ja nicht das sagen muss, was weh tut. Dabei schlägt er nicht irgendwelche Veränderung vor oder gibt Ratschläge. Seine Frage bewirkt, dass ich mich ›für mich‹ frage, was ich sagen will oder sogar muss, um diesem Drang zu schreiben angemessen entsprechen zu können. Diese Art von Begleitung ist unersetzbar.

Die Schnittsequenzen des Romans könnte man sich gut als Vorlage für ein Filmdrehbuch vorstellen.
Ich selbst habe, obwohl ich reichhaltig Filmerfahrung besitze, während des Schreibens nie in diese Richtung gedacht. Möglicherweise hat die Erfahrung mit hineingespielt, dann aber unbewusst.

Liebe Anne Dorn, ich danke Ihnen für dieses Gespräch.
Ich bedanke mich für Ihr Interesse.

Zwei Reisende, traumatisiert von der großen und kleinen Geschichte

Gespräch mit Jaroslav Rudiš

Bereits Jaroslav Rudiš' erster Roman »Der Himmel unter Berlin« wurde im deutschsprachigen Raum sehr positiv rezensiert. Andreas Rosenfelder (FAZ) lobte das Romandebüt von Rudiš, der seinen Helden Petr Bem als Straßenmusiker durch das wiedervereinigte Berlin schickt. An Berlin interessiere Bem nicht das Westliche, sondern mehr der Osten im Osten oder auch das Urberlinerische. Der Rezensent lobte den alltagsnahen Stil und den erfrischend neugierigen und unverbrauchten Blick auf Berlin. Ulrich M. Schmid (NZZ) erinnerte die unmittelbare, gesprochene Sprache sogar an Alfred Döblin, auch Jaroslav Rudiš schlage jenen »Slang« an, der zum Erkennungszeichen der Berliner Stadtprosa geworden sei.

Karl-Markus Gauss (NZZ) staunt, wie es Jaroslav Rudiš gelingt, den unsympathischen Antihelden seines Romans »Nationalstraße«, einen pathologischen Schläger und Säufer und Motzer vor dem Herrn, doch noch als Mitgefühl fordernden Menschen darzustellen, der gerne gut wäre, nur nicht weiß, wie er es anstellen soll. Die mäandernde Suada gegen Gott und die Welt, die der Protagonist über seinem desinteressierten Sohn auskippt, zeigt Gauss, dass hier einer im dauernden Krieg ist mit sich und seiner Umgebung.

Hans Peter Kunisch (DIE ZEIT) mochte trotz der erheblichen Länge des Romans »Winterbergs letzte Reise« keine Seite der Lektüre missen. Der Geschichte um einen 99-jährigen Deutschen namens Winterberg und seinen tschechischen Pfleger und Sterbebegleiter Kraus, die auf einer langen »komisch-unheimlichen« Zugfahrt in die deutsch-tschechische Vergangenheit eintauchen, merkt er die Leidenschaft des tschechischen Germanisten und Autors an. Wie Rudiš seinen Alten mit »makabrem Unterton« von k.u.k-Erinnerungen, Feuerhallen und Verbrennungsöfen erzählen lässt, findet Kunisch eindringlich und doppelbödig. Holger Heimann (Deutschlandfunk) fühlte sich beim Lesen des Romans an Thomas Bernhards Satzkaskaden erinnert. Sie korrespondieren für ihn mit dem Rhythmus der Zugreise.
Ich sprach mit Jaroslav Rudiš am 25. November 2019 in Berlin-Kreuzberg (Café Molinari und Heidelberger Krug) über seinen Roman »Winterbergs letzte Reise«.

Lieber Jaroslav Rudiš, für Ihren 2019 im Luchterhand Verlag erschienenen Roman »Winterbergs letzte Reise« erhalten Sie den Chamisso-Preis/Hellerau 2019. Dazu gratuliere ich Ihnen ganz herzlich. Ehe wir über diesen Roman ausführlich sprechen, möchte ich Sie gern fragen, wie das Buch, wie die Literatur in Ihr Leben gekommen ist.
Ziemlich sicher durch die Bibliothek meiner Eltern. Vor allem mein Vater, von Beruf Elektromonteur, war ein leidenschaftlicher Leser. Auch meine Mutter, Kindergärtnerin von Beruf, hat viel gelesen. Beide haben inzwischen eine ziemlich große Bibliothek. Natürlich habe ich Kinder- und Jugendbücher gelesen. Die erste tiefgreifende Lektüre fand aber in einer Zeit statt, in der ich wegen einer Lungenentzündung längere Zeit im Bett zubringen musste. Damals war ich 13 Jahre alt. Mein Vater hat mir »Die Geschicke des braven Soldaten Schwejk während des Weltkrieges« in die Hand gedrückt, mit der knappen Formel: »Vielleicht magst Du das«. Und ich mochte es sehr. Mir war natürlich damals nicht bewusst, dass ich eines der wichtigsten Bücher der europäischen modernen Literatur in der Hand hielt, ein Buch, das ich bis heute liebe und immer wieder lese. Nach dieser Lektüre habe ich die Bücherschränke meiner Eltern durchforstet und immer weiter gelesen. Der »Schwejk« wird ja oft als ein humoristischer Roman betrachtet. Ich denke heute

anders über dieses Buch. Vor einigen Jahren war ich eingeladen, das Nachwort für die deutsche Neuübersetzung zu schreiben. In diesem Zusammenhang habe ich alles von Hašek noch einmal gelesen, auch die vielen kleinen Texte, die er für Zeitungen verfasst hat. Ich habe mich auf eine Reise zu Hašek begeben, u.a. nach Lipnice, in das Gasthaus »Zur böhmischen Krone«, wo er ungefähr zwei Drittel des »Schwejk« geschrieben hat. Ich konnte sogar in dem Zimmer übernachten, in dem auch Hašek während dieser Zeit gewohnt hatte. Dort habe ich diesen Roman wieder gelesen und habe vor allem das Traurige und Melancholische empfunden, das auch in diesem Buch enthalten ist. Es gibt grausame Bilder in diesem Roman. Die Soldaten fahren in einer Art Party-Stimmung an die Front, sehen aber dann die Gegenzüge mit den Verwundeten. Hašeks Roman ist nicht zu Ende geschrieben, aber das ist die Geschichte auch nicht, die ist nie vollendet. Ich finde es eigentlich großartig, dass der Roman nicht zu Ende geschrieben ist. Es ist ein Buch, zu dem ich immer wieder zurückkehre. Es ist das Buch, das bei meinem Vater auf dem Nachttischchen liegt, statt der Bibel. Ein Freund hat mir von seinem Vater Ähnliches berichtet. Mein Vater schlägt das Buch an den unterschiedlichsten Stellen auf, ich denke, er kennt den »Schwejk« inzwischen auswendig. Es ist für mich ein unglaublich aktuelles Buch über die nationalistischen Konflikte in Mitteleuropa.

Sehr früh hat mich auch Hemingway interessiert, der in der Bibliothek meiner Eltern stand, vor allem »In einem anderen Land«, sein Buch über den Ersten Weltkrieg, das ich mit 15 Jahren las. Bei Hemingway faszinieren mich bis heute diese melancholischen Dialoge, die eine große Leichtigkeit auszeichnet. Das habe ich dann bei einem tschechischen Autor wiedergefunden – bei Josef Škvorecký, in dessen Roman »Feiglinge«. Škvorecký ist leider in Deutschland zu wenig bekannt. Ich habe dieses Buch mehrfach an Freunde in Deutschland verschenkt. Die deutschsprachige Literatur kam erst während des Germanistikstudiums an der Universität in Liberec dazu. Genau in die Umbruchstimmung von 1989 hinein hatte ich von meinem Lehrer auf dem Gymnasium auch erste Hinweise auf Milan Kundera erhalten. Der gleiche Lehrer gab uns »Die Verwandlung« von Franz Kafka zu lesen, damals noch als tschechische Ausgabe. Die ganze deutschsprachige Literatur der Tschechoslowakei war in den dreißiger und vierziger Jahren mit vertrieben worden und kam erst später wieder in das Bewusstsein zurück. Auch Kafka ist in Tschechien erst nach 1989 von einer breiten Leserschaft entdeckt worden. Bei uns zu Hause hatte es vor 1989 wie in vielen tschechischen Familien neben der vorderen Bibliothek noch eine versteckte hintere Bibliothek gegeben, wo bei meinen Eltern die Bücher von Škvorecký und Kundera standen. Diese Bücher gab es nicht in den Buchhandlungen. Diese Schätze der nicht existierenden und doch existierenden Literatur hat man auch an gute Freunde ausgeliehen.

Ihr Roman »Winterbergs letzte Reise« holt weit aus. Die Hauptgestalt Wenzel Winterberg ist 99 Jahre alt, so alt wie die Tschechoslowakische Republik, ein mit Geschichte und Lebenserfahrung gesättigter Mensch, der alte Rechnungen zu begleichen hat und aus diesem Grund – ausgerüstet mit dem Baedeker Österreich-Ungarn von 1913 – eine Reise durch halb Europa unternimmt. Winterberg ist Deutscher, er stammt aus dem böhmischen Reichenberg (heute Liberec), einem Ort, der nahe Ihrem Geburtsort Lomnice nad Popelkou liegt. In dieser Gegend sind Sie aufgewachsen. In Liberec haben Sie später Germanistik und Geschichte studiert. Diese Gegend war in der Zeit der Hussitenerhebungen, im Dreißigjährigen Krieg, in der Zeit der Preußisch-Österreichischen und Napoleonischen Kriege bis zum Zweiten Weltkrieg und dem Abzug der Sowjetarmee Durchzugsort von Truppen unterschiedlichster Mächte. Ist man, wenn man in solch einer Gegend aufwächst, per se ein an Geschichte interessierter Beobachter des Weltgeschehens? Folgt Ihr Roman auch dem Impuls, versunkenes Wissen über die Geschichte Europas heraufzuholen?

Liberec ist historisch betrachtet ein sehr spannender Ort. Hier spielt sich nicht nur böhmische, sondern auch österreichische, sächsische, deutsche und europäische Geschichte ab. Im Roman wird das auch deutlich. In einem Talkessel zwischen Bergen gelegen, kann Liberec dabei auch für Böhmen als Ganzes stehen, es ist das ganze Land im Kleinen. Mir war schon als Jugendlicher diese Vielzahl an Kriegsgräbern in unserer Gegend aufgefallen. Gräber der gefallenen Sowjetsoldaten und der Opfer des Nationalsozialismus, aber auch ältere Gräber aus Zeiten bis tief in das 19. Jahrhundert zurück. Sieben Meter vom Grab meiner Großeltern entfernt stehen zwei Denkmale für die Gefallenen des Krieges von 1866. Nicht nur bei Königgrätz, auch in den umliegenden Orten wurde 1866 gekämpft. Auf dem Friedhof meines Geburtsortes gibt es Kriegsgräber für die damals gefallenen preußischen, österreichischen und sächsischen Soldaten. Ziemlich sicher haben auch meine eigenen Vorfahren an diesen Kämpfen teilgenommen. Meine beiden Urgroßväter waren ja noch Österreicher, einer lebte in Wien. Meine Mutter hat mir einmal erzählt, wie ihr Urgroßvater ihr von der Schlacht bei Königgrätz erzählt hat. Die Dorfbewohner sind damals auf die Hügel hinaufgestiegen, um sich das Gemetzel der 500.000 an der Schlacht beteiligten Soldaten anzuschauen. In ganz Mitteleuropa trifft man auf diese *beautiful landscapes of battlefields, cemeteries and ruins*, wie es im Roman an mehreren Stellen heißt. Diese Gegenden sind zumeist malerisch schön, aber durchsetzt von Schlachtfeldern und Kriegsgräbern. Diese Toten unter der Erde hört Winterberg, sie sprechen zu ihm. Er versucht, diese ganze verrückte Geschichte zu verstehen. All das, was Winterberg aufruft, ist eine einzige große mitteleuropäische Erzählung, *ein* großer Zusammenhang. Diese europäische Geschichte reicht in die private Geschichte der Familien hinein. Winterberg ist davon besessen, diesen großen Kontext noch einmal zu durchlaufen. Er will, dass auch andere diesen großen Zusammenhang verstehen lernen. In dieser Hinsicht scheitert er allerdings, das führt im Roman zu sehr vielen komischen und zugleich melancholischen Situationen. Der Humor war mir wichtig. Wenn man als Böhme keinen Humor hat, ist man verloren auf dieser Welt.

Der Roman beginnt mit dem Satz von Winterberg: »Die Schlacht bei Königgrätz geht durch mein Herz.« Später sagt er: »Die Schlacht bei Königgrätz war der Anfang von allen meinen Katastrophen, der Anfang von allen unseren Katastrophen«. Warum haben Sie gerade dieses Schlachtfeld als einen zentralen Handlungsort für Ihren Roman ausgewählt?
Der erste Satz stammt von einem Leipziger Freund, Egbert Pietsch, dem der Roman auch gewidmet ist, dem Verleger des Leipziger Stadtmagazins »Kreuzer«. Er reist tatsächlich mit einem alten Baedeker von Österreich-Ungarn durch die magischen Landschaften Mitteleuropas. Egbert sagt, neun von zehn Menschen haben keine Ahnung, wovon ich rede, wenn ich diesen Satz sage. Ich fand das schräg. Aber es stimmt. Diese Schlacht war der Ausgangspunkt von vielen unsäglichen Entwicklungen in Mitteleuropa, damals wurden die Weichen gestellt. Die Weichen sage ich, weil »Winterbergs letzte Reise« auch ein Eisenbahnroman ist. Weichen sage ich aber auch, weil die Schlacht bei Königgrätz die erste Schlacht war, bei der es Truppenverlegungen mit der Eisenbahn gegeben hat. Nach der Schlacht wurde Preußen mächtig, Österreich verlor an Bedeutung. Fünf Jahre später entsteht das Deutsche Reich.

Schon unmittelbar nach der Schlacht hat es in Frankreich eine Bewegung »Rache für Sadová« gegeben, die später in den Deutsch-Französischen Krieg 1870/71 mündete.

Ja, man hatte Angst vor dieser neuen Macht Preußen. Die Machtverhältnisse in Europa hatten sich verschoben. Es gibt Historiker, die behaupten, dass diese Schlacht auch die Weichen in Richtung der beiden Weltkriege gestellt hat. Preußen hat diese große Schlacht gewonnen, was zur deutschen Reichsgründung beitrug. Im Ergebnis der beiden Weltkriege war Deutschland jedoch der große Verlierer. Ich war mit Egbert mehrmals auf den Schlachtfeldern bei Königgrätz. Man staunt, wie sehr die Landschaft heute noch, fast 160 Jahre später, von diesem Ereignis geprägt ist. Wenn man dort in ein Gasthaus einkehrt, hört man, dass die Einheimischen immer noch von dieser Schlacht sprechen, als hätte sie erst gestern stattgefunden. Theodor Fontane ist im Übrigen kurz nach der Schlacht aufgebrochen, um das Schlachtfeld zu besichtigen. In seiner literarischen Reportage kann man dies nachlesen. Er hat auf dieser Reise sogar Lomnice nad Popelkou besucht. Hier bin ich aufgewachsen. Nahe dem Marktplatz hat es zu dieser Zeit drei Spitale für Kriegsverletzte gegeben. Eines für die preußischen Soldaten. Er hatte diese besucht und mit ihnen gesprochen. Einer der Soldaten, von denen Fontane berichtet, ist unweit meiner Großeltern begraben. Allein wie Fontane die Landschaft beschreibt, ist lesenswert. Dieses Buch gibt es allerdings nur auf Deutsch.

Zum Zeitpunkt von Winterbergs Geburt im Jahr 1918 war die Bevölkerung von Reichenberg sehr gemischt, neben Deutschen und Tschechen hatten auch Juden und andere in eine über Jahrhunderte gefügte Ordnung gefunden, die im Wesentlichen durch die Politik und Verwaltung in der Österreichischen k.u.k.-Monarchie bestimmt gewesen ist. Böhmen war wie Österreich eine funktionierende Völkergemeinschaft. Winterberg bezeichnet sich im Sinne dieser Gemeinschaft als »stolzer Böhme«. In Ihrem Roman wird das Zerbrechen dieser Gemeinschaft thematisiert. Beginnend mit der Gründung der Tschechoslowakischen Republik und einem damit verbundenen gesteigerten Nationalbewusstsein, fortgesetzt mit dem Einmarsch der deutschen Truppen 1938 und der zeitgleich beginnenden Judenverfolgung, dann mit der Befreiung der Tschechoslowakischen Republik am Ende des Zweiten Weltkriegs und der Vertreibung der Deutschen aus dem Sudetenland. Wie ist Ihre Familie, wie sind Ihre Eltern, Großeltern und Urgroßeltern von diesen Ereignissen betroffen gewesen?

Das spiegelt sich in den Familienbiografien wider. Ich habe viele Leser meiner Bücher in Deutschland, die diesen Migrationshintergrund haben, deren Vorfahren 1945 nach Sachsen oder Bayern gekommen sind. Inzwischen gibt es sehr viele Leser aus meiner Generation, die sich auf eine Spurenlese in der Geschichte begeben, die nach Schlesien, Böhmen und Mähren fahren, um etwas über ihre eigenen Wurzeln zu erfahren. Es gibt Leser von »Winterbergs letzte Reise« aus Leipzig und Regensburg, die mit dem Roman in der Hand die Heimat ihrer Vorfahren besucht haben. Meine Vorfahren waren natürlich auch betroffen von diesen Ereignissen. Einer meiner österreichischen Urgroßväter kam nach dem Ersten Weltkrieg in ein neues Land. Aus Böhmen, als Teil der k.u.k.-Monarchie, war die Tschechoslowakische Republik geworden, deren Bürger er nun war. Einer meiner Großväter war Zwangsarbeiter in Bremerhaven und hat dort Schiffe entladen. Im Winter 1945 ist er während eines Bombardements geflohen und auf abenteuerliche Weise in seine Heimat zurückgekehrt. Später hat er noch drei geflohene Sowjetsoldaten versteckt. Diese Jahre – 1866, 1918, 1938 und 1968 – haben die Menschen in meiner Heimat stark geprägt. Ich habe immer versucht, dies auch literarisch zu verarbeiten. Auch ich bin wie Winterberg ein Mensch, durch den Geschichte hindurchgeht, der an Geschichte leidet, der von Geschichte besessen ist. Meine Freunde können davon ein Lied singen.

Was macht das mit einer Region, wenn diese historisch immer mehr ausgedünnt wird? Erst waren die Juden, später die Deutschen vertrieben worden, 1989 haben sich auch Tschechen und Slowaken getrennt.
Es ist eine Reise in die Einsamkeit. Vielen in meiner Heimat ist gar nicht klar, dass mit diesen Verlusten auch Teile der böhmischen Seele abhanden gekommen sind. Wenn man durch Liberec, Prag oder Brno geht, sieht man, wie viel von diesen Städten jüdisch oder deutsch geprägt ist, wie alles dies zusammen erst ein Ganzes bildet. Dieses Miteinander hat die böhmische Kultur geprägt. Natürlich hat es auch nationalistisch forcierte Auseinandersetzungen gegeben, die diese Gemeinschaft letztlich gesprengt haben. Ich versuche mit meinen Büchern, diese Geschichte zurückzuholen. Ich bin kein Nostalgiker. Aber mir ist klar – und das versuche ich zu vermitteln – dass man Böhmen als Ganzes nur verstehen kann, wenn man die deutsche und jüdische Vergangenheit mitdenkt. Die historischen Zusammenhänge, die die Region Böhmen prägen, sind sehr komplex und nur als mitteleuropäische Geschichte fassbar und verstehbar. Ein weiterer Verlust betrifft die Zweisprachigkeit der Region. Das war ein wichtiger Grund für mich, die deutsche Sprache zu erlernen. Wenn man in Liberec Geschichte studiert, muss man die deutsche Sprache kennen.

Aus deutscher Sicht stellt sich das mitunter so dar, als wäre ein großer Teil der Prager Literatur von deutschen Autoren geschrieben worden.
Aus tschechischer Sicht ist es genau umgekehrt. Das ist eine sehr interessante Frage. Die deutschsprachige Literatur aus Böhmen, Mähren und Schlesien ist noch heute total unterbeleuchtet in Tschechien. Die »Prager deutsche Literatur« ist ein Label. Es gibt natürlich viel mehr wiederzuentdecken. Dies betrifft im Übrigen auch die ganze deutsche Künstlerszene Böhmens. In Liberec hat es gerade eine außerordentlich erfolgreiche Ausstellung gegeben mit Bildern der deutschsprachigen Maler aus der Tschechoslowakischen Republik von 1918 bis 1938. Die Sammlung dieser Bilder war erst kürzlich im hintersten Teil des Liberecer Museumsdepots entdeckt worden. Diese Bilder hatten dort seit 1945 gestanden, etwas verstaubt, aber gut erhalten. Das war die erstaunliche Entdeckung eines inzwischen unbekannten Teils der tschechischen Moderne. Diese Künstlerszene war doppelt vernetzt, einerseits sehr intensiv mit ihren tschechischsprachigen Kollegen in der Tschechoslowakei, andererseits mit der sehr lebendigen Künstlerszene im Deutschland der Weimarer Republik. Das betrifft auch die Architektur. Rudolf Bitzan, der Erbauer der Reichenberger Feuerhalle – im Roman ist Winterbergs Vater deren erster Betreiber – ist zugleich einer der maßgeblichen Architekten des Leipziger Hauptbahnhofs. Das Liberecer Krematorium taucht bereits in meinem Roman »Grandhotel« auf. Es war das erste Krematorium Österreichs, eingeweiht ein Jahr vor dem Ende der k.u.k.-Monarchie. In der katholischen Doppelmonarchie war die Feuerbestattung nicht erlaubt, im protestantisch geprägten Reichenberg hatte man das anders gesehen. Reichenberg war das deutschsprachige Zentrum Böhmens mit vielen Verlagen. Bis 1938 hat es die sehr liberale »Reichenberger Zeitung« gegeben. Reichenberg hatte zu dieser Zeit einen deutsch-liberalen Bürgermeister, Carl Kostka, der ein Verteidiger der Demokratie und der Republik war, ein Held, der von den Nazis gehasst wurde. Kostka und seine Verdienste werden in Tschechien gerade wiederentdeckt, was mich sehr freut.

Liberec ist für mich auch Familiengeschichte. Mein Großvater Alois – Vorbild für die Graphik-Novel-Figur Alois Nebel – ist im Liberecer Krematorium eingeäschert worden. Mein Onkel war Fahrdienstleiter auf dem Liberecer Bahnhof. Meine Liberecer Tante ist eine geborene Kafka, ohne mit Franz Kafka verwandt zu sein.

Im Roman gibt es eine zweite Hauptfigur, Jan Kraus, den Ich-Erzähler, einen in Deutschland lebenden Tschechen, der sein eigenes Päckchen Geschichts- und Alltagserfahrung trägt und in diesen Roman einbringt. Er, von Beruf Altenpfleger, begleitet Winterberg auf seiner Reise durch Europa. Durch diese Figur wird im Roman die Behandlung der Geschichte der sozialistischen Tschechoslowakei möglich. Ein zentraler Begriff des Romans ist »Überfahrt« – ein Synonym für die letzte Reise eines Menschen. Die griechische Sagenwelt kennt den Fährmann Charon, der die Toten über den Acheron in die Unterwelt bringt. Jan Kraus arbeitet als Sterbebegleiter – Soldat in der »Armee der letzten Hoffnung«, wie er es nennt. Er bekocht, füttert, wäscht, kämmt und wickelt die »Matrosen«, wie er die Sterbenden nennt, bis diese am Ende der Überfahrt »ihrem Anfang begegnen«. Winterbergs Tochter bestellt Kraus als Sterbebegleiter. Doch es kommt anders. Winterberg wurde Kraus' erster »Matrose«, der die Überfahrt überlebt. Aus dem Sterbebegleiter Kraus wird so ein von Winterberg bezahlter Reisebegleiter. Wie kamen Sie auf diese Konstellation der Sterbebegleitung? Wie haben Sie recherchiert, um diesen schwierigen und die Seele auffressenden Beruf glaubwürdig in den Roman einbringen zu können?

Es ist ein großes Thema dieser Zeit. Wir werden immer älter. Auf einer Busfahrt nach Nürnberg habe ich zwei Tschechen getroffen, die in Deutschland als Sterbebegleiter arbeiten. Es hat mich fasziniert, was sie von dieser Arbeit erzählt haben. Viele Tschechen machen das in Deutschland oder in Österreich. In Tschechien sind es oft Ukrainer, die diesen Beruf ausüben. Der Anteil der Pflegebedürftigen an der Bevölkerung nimmt zu. Parallel nimmt offenbar die Vorstellung zu, sich bei guter Ernährung und vorbildlichem Lebenswandel der Unsterblichkeit immer weiter annähern zu können. Jan Kraus weiß aber, dass alle sterben müssen. Der Name Kraus ist im Übrigen in meiner Heimatgegend sehr verbreitet. Von Lomnice sind es nur zwölf Kilometer bis Jičín, der Stadt von Wallenstein und Karl Kraus, dessen Geburtshaus am Marktplatz steht. Mein Bruder lebt heute dort. Von seiner Wohnung aus hat er das Schloss von Wallenstein und das Geburtshaus von Karl Kraus im Blick. Auch Kraus wird in Tschechien gerade wiederentdeckt. Inzwischen gibt es sogar ein kleines literarisches Museum in Jičín, in welchem die jüdische tschechischsprachige und deutschsprachige Literatur in Böhmen thematisiert wird. Insoweit ist es eine kleine Hommage an Karl Kraus, dass ich meine Figur Kraus genannt habe.

Auch Karl Kraus' Hauptwerk »Die letzten Tage der Menschheit« ist – mit dem Vokabular Ihres Romans gesprochen – ein »historischer Anfall«.

Ganz genau. Wenn man den Anfang von »Winterbergs letzte Reise« liest, trifft man auf Bilder – etwa dass »die Erde die vielen Toten nicht verdauen kann« – bei denen ich auch an Karl Kraus gedacht habe, neben Jaroslav Hašek und Thomas Bernhard. »Die letzten Tage der Menschheit« könnte man auf eine Art auch mit dem »Schwejk« vergleichen.

»Überfahrt« ist ein großes Thema für mich – der Tod, das Sterben, das Ableben. Bei einer Besichtigung des Liberecer Krematoriums sagte mir der Feuerbestatter, dass die Einäscherung inzwischen die bevorzugte Bestattungsform sei. Die alten Riten der Erdbestattung und des sich Verabschiedens von dem Toten treten in den Hintergrund. Die Gesellschaft verändert sich. Der Tod wird ausgelagert, die meisten sterben allein in einem Krankenhaus. Zuletzt sei es sogar häufig vorgekommen, dass die Asche des Toten nicht im Krematorium abgeholt wird.

Ich hatte zunächst an zwei Bücher gedacht – eines über Winterberg und eines über Kraus. Später kam ich auf die Idee, diese beiden Männer auf eine gemeinsame verrückte Reise durch Mitteleuropa zu schicken.

Ständiger Begleiter von Winterberg und Kraus ist der Baedeker Österreich-Ungarn von 1913, aus dem Winterberg Teile seines Geschichtswissens zieht, und dessen Inhalt als Kontrapunkt zur Jetztzeit – die zumeist schlechter abschneidet – die Reise und damit die Handlung des Romans vorantreibt. Winterberg doziert über den ganzen Roman hin aus dem Baedeker, den er auswendig kennt. Wie kamen Sie auf den Baedeker von 1913 und warum sollte gerade dieses Buch die Reise strukturieren und zugleich konterkarieren?

Kürzlich hat sich die Familie Baedeker bei mir gemeldet. Die Frau des letzten Verlegers, der den Namen Baedeker trug, hat mir in einem sehr rührenden Brief gedankt, dass ich mit meinem Roman dem Verlag und der Familie quasi ein Denkmal geschrieben habe. Sie schrieb mir, dass sie ihrem Mann an dessen Grab aus meinem Buch vorlesen wolle. Baedeker ist ein Stück Leipziger Verlagsgeschichte.

Der Baedeker von 1913 ist der letzte Baedeker, der vor dem Ersten Weltkrieg erschienen ist, der noch eine heile k.u.k.-Monarchie beschreibt. Danach hat sich alles verändert. Schon 1914 war wegen des Kriegsgeschehens eine Reise in die östlichsten Teile der Monarchie nicht mehr möglich. Vier Jahre später bricht alles zusammen, nach hunderten von Jahren. Man darf sich diese Zeit nicht idealisieren. Österreich-Ungarn war ein Land mit vielen Problemen und Konflikten. Trotzdem hat diese multiethnische Gemeinschaft funktioniert. Trotz der vielen Sprachen war die Doppelmonarchie ein sehr tolerantes Land, auch in Bezug auf die Religionsausübung. Wenn man heute mit dem Baedeker von 1913 durch Mitteleuropa reist, stellt man fest, dass doch sehr Vieles geblieben ist. Die Hotels, die Museen, die Gasthäuser, die Bahnhöfe und Bahnstrecken, samt Tunnels und Viadukten. Die meisten der 1913 befahrenen Bahnstrecken sind heute noch erhalten und werden befahren. Ich bin erst kürzlich wieder mit der Semmeringbahn, der ersten Gebirgsbahn der Welt, gefahren. Egal wo man ist – in Lemberg, in Graz, in Lubljana, in Sarajevo oder in Zagreb. Man spürt als Böhme eine Nähe, eine gewisse Verbundenheit, die sich aus der jahrhundertelangen gemeinsamen Geschichte ergibt. Die erste Brauerei in Sarajevo haben Böhmen gebaut, 1881.

Der Baedeker war für mich ein weiterer Grund, dieses Buch auf Deutsch zu schreiben. Österreich-Ungarn war ein Vielvölker-, ein Vielsprachenstaat. All diese Staatsangehörigen reisten aber mit diesem auf Deutsch verfassten Baedeker durch das Land, Deutsch war die Sprache, mit der man unterwegs war. Mit dem Baedeker von 1913 lernte man auch ein bisschen die anderen Sprachen – ein bisschen Tschechisch oder ein bisschen Ungarisch. Der Baedeker lädt dazu ein.

Winterberg wollte schon als Jugendlicher Eisenbahner werden, er ist ein Eisenbahn-Freak, der alle Bahnhöfe, Loks, Fahrpläne Böhmens und auch die Geschichte des Eisenbahnbaus in Österreich-Ungarn (inklusive Schmalspurbahnen) auswendig herbeten kann. Für Winterberg sind die alten Bahnhöfe Kulturdenkmale – die Bahnhöfe sind »als Kathedralen entworfen, kleine Bahnhöfe als kleine Kirchen, Haltepunkte als Dorfkapellen«, später schwärmt er, wie »die Eisenbahn die schönste Musik der Welt komponierte, und wie, wenn sich die Eisenbahnmusik mit der Musik der Straßenbahnmusik vermischte … eine noch viel größere und schönere Musik entsteht … eine Schienenoper.« Wie viel Jaroslav Rudiš ist in diesem Eisenbahn-Freak enthalten? Schon im Berlin-Roman »Der Himmel unter Berlin« und erst recht in den »Alois-Nebel«-Büchern spielt das Eisenbahnwesen ja eine große Rolle.

Ich komme aus einer Eisenbahnerfamilie. Da spielt viel Autobiografisches mit hinein. Ich fahre sehr oft von Berlin über Cottbus, Görlitz, Zittau nach Liberec. Wenn ich hinausschaue, trauere ich ein bisschen der alten Zeit nach, wenn ich die heute zumeist verfallenen Bahnhöfe in der Oberlausitz sehe. Andererseits freue ich mich, dass die Züge diese

Strecke überhaupt noch befahren. Viele Strecken in Sachsen sind ja stillgelegt, in der alten Bundesrepublik schon viel früher. Das ist in Böhmen und Österreich anders, wo nahezu alle Strecken noch befahren werden. Diese Stilllegungen waren kurzsichtig. Heute – zu Zeiten der Klimaschutzdebatte – sieht man in der Eisenbahn wieder Zukunft. Ich mag diese Bahnhofskathedralen, es sind geschichtsträchtige Orte.

Ich habe »Winterbergs letzte Reise« auch als eine Art Geschichtsbuch gelesen. Zum Beispiel hatte ich nie vorher von der »Sächsischen Lokomotivenflucht nach Eger im Jahr 1866« gehört, diesem Partisanenstreich der sächsischen Eisenbahner.
Die Preußen waren vor der Schlacht bei Königgrätz sehr daran interessiert, die sächsischen Eisenbahnen für Truppenverlegungen zu benutzen. Da Sachsen auf Seiten der Österreicher stand, hatten die sächsischen Eisenbahner entschieden, alle Lokomotiven in Eger zu verstecken. Der Bahnhof von Eger (heute Cheb) war damals zugestellt mit über 500 sächsischen Lokomotiven.

Die doppelte Eisenbahnreise – des unaufhörlich erzählenden und vorlesenden Winterberg und des eher still reflektierenden und grübelnden Kraus – ermöglicht, als hervorstechendes stilistisches Mittel des Romans, eine Collagen-Technik, die ständig modifiziert und neu erfunden wird. Wie bereits in Ihrem Roman »Nationalstraße« spielt zudem auch in diesem Roman die Suada, der lange Erzählstrom, als stilistisches Mittel eine große Rolle. Der Leser wird geradezu hineingezogen in einen Fluss von mit Geschichte gesättigten Erzählungen und Behauptungen. Wie sind Sie an den Roman stilistisch herangegangen? Wie hat sich der Roman entwickelt?
Ich liebe Musik. Das nimmt natürlich Einfluss auf das Schreiben, auf den Rhythmus. Ich mache auch selbst Musik – mit der Kafka Band. Wir haben zwei Romane von Franz Kafka – »Das Schloss« und »Amerika« – musikalisch umgesetzt. Dazu bin ich ein Bewunderer von Thomas Bernhard, der das musikalisch-rhythmische Schreiben zu einer gewissen Perfektion geführt hat. Dann ist man in diesem Roman ja ständig mit der Eisenbahn unterwegs. Ich habe versucht, dies mit stilistischen Mitteln zu untersetzen. Es gibt ständige Wiederholungen von bestimmten Formeln – »traurig, traurig« etc. – die wie Noten gesetzt sind. Ganze Sätze werden wiederholt – das sind Zuggeräusche, Weichengeräusche, Zugrütteln. Das sollte man beim Lesen mithören. Dieser ständige Reflex auf das »Überschienen« – »Dummheit kann man nicht überschienen« usw. Winterberg leidet unter sogenannten historischen Anfällen, die nahe den hysterischen Anfällen sind. Diese Anfälle setzen das ganze Buch in Bewegung. Im Roman gibt es ruhige Passagen, Dialog- und Monolog-Passagen. Am Anfang dachte ich, dass das Winterberg-Buch ein Monolog wird. Die erste Skizze – das waren 50 Seiten ohne Punkt und Komma, eine rhythmische Prosa, die mit Wiederholungen arbeitete. Ich merkte aber sehr schnell, dass dieses Stilmittel allein nicht trägt, wenn man sich mit der ganzen mitteleuropäischen Geschichte anlegen will. Ich bin selbst ein passionierter Kneipen-Erzähler. Ich weiß, wie einer leidet, wenn er etwas mitteilen will und keiner zuhört. Ich weiß aber auch, wie einer leidet, der nicht zuhören will und doch muss. Diese Spannungsbögen habe ich in den Roman hineingenommen. Ich wollte, dass der Leser physisch spürt, wie anstrengend es sein kann, Winterberg in der Phase seiner historischen Anfälle aushalten zu müssen. Einige Leser haben mir berichtet, dass sie mit diesem Prinzip zunächst ihre Schwierigkeiten hatten und erst nach und nach in einen Lesefluss gekommen sind. Das ist aber bewusst so konstruiert. Auch Kraus hat ja diese Schwierigkeiten mit Winterberg. Bis er merkt, dass Winterberg wie ein musikalischer Interpret das Buch auswendig intus hat, ja, dass er dieses Buch – seine Bibel – verkörpert.

Aber vor allem anderen habe ich beim Schreiben an die Eisenbahn gedacht. Die richtigen Eisenbahn-Freaks können eine Strecke mit geschlossenen Augen fahren und wissen doch, wo sie gerade sind. Sie wissen, wie der Verlauf der Weichen ist, welche Geräusche es in den Kurven und auf bestimmten Streckenabschnitten gibt, und dass es nach dieser bestimmten Kurve noch genau fünf Minuten bis Dresden-Neustadt sind. Das alles hört man natürlich nicht, wenn man mit dem ICE fährt. Das hört man nur, wenn man z.B. mit einer Kleinbahn durchs Böhmische Paradies fährt.

Dieses musikalische Prinzip arbeitet viel mit Wiederholungen. Ich lese diese Texte beim Schreiben auch laut vor, mehrmals. Ich liebe es, damit zu experimentieren. Das Buch ist natürlich jetzt ein festgelegter Text. Ich schreibe aber auch für das Theater. Dort ist es möglich, mit dem Text weiterzuarbeiten und zu spielen.

Winterberg und Kraus haben auf dieser Reise jeweils stille Begleiterinnen, die diese Reise zu einer Reise zu viert werden lassen. Winterberg spricht von der nachgeholten »Hochzeitsreise mit Lenka«, Kraus denkt unaufhörlich an seine große Liebe Carla. Beide Frauen – die Jüdin Lenka Morgenstern und die Italienerin Carla de Luca – sind bereits tot. Für beide Männer ist die Begegnung mit diesen Frauen lebens- und schicksalsbestimmend gewesen, ein Schatten, über den man nicht springen kann. Auch die Geschichte der beiden Frauen strukturiert den Roman. Würden Sie mir zustimmen, wenn ich behaupte, dass »Winterbergs letzte Reise« auch ein Buch über die gestaltende Kraft der Liebe ist?

Ja, es ist auch ein Liebesroman, ein doppelter Liebesroman. Und noch eine Liebe gibt es in dem Roman. Auch Winterbergs Liebe zur Geschichte Mitteleuropas wirkt auf ihn anziehend und zerstörend. Im Vordergrund des Buches stehen natürlich die beiden Männer, traumatisiert von der großen und kleinen Geschichte. Der Impuls, diese Reise durch ganz Mitteleuropa in Angriff zu nehmen, ist eine alte Liebe, eine gescheiterte Liebe. Die Reise ist der Versuch, etwas wiedergutzumachen, das man nicht wiedergutmachen kann.

Es war für mich wichtig, einen deutschen Böhmen mit einem tschechischen Böhmen reisen zu lassen. Mit Lenka Morgenstern als stiller Begleiterin nimmt auch der jüdische Teil Böhmens an dieser Reise teil.

In Reichenberg hat es unglaublich viele Nazis gegeben. Die Strömung der Henlein-Faschisten ist eine breite Strömung gewesen. Das Gleiche in Karlsbad oder in Eger. In der Reichskristallnacht wurde auch in Reichenberg die Synagoge niedergebrannt. Die Liberecer Synagoge ist jetzt wiedererrichtet worden. Ein Teil ist Bibliothek, ein Teil wird wieder als Synagoge genutzt.

Lenka Morgenstern floh in dieser Zeit über mehrere Stationen in Mitteleuropa, Wien, Budapest, Zagreb, aus denen sie jeweils Karten an Winterberg schrieb. Diese Karten der Richtung Palästina fliehenden Jüdin definieren die Reiseroute. Sarajevo ist der Zielpunkt von Winterbergs Reise, von dort erhielt er die letzte Karte. Warum ist der Ort, an dem der österreichische Thronfolger Franz Ferdinand Opfer der Schüsse von Gavrilo Princip wurde, für den Roman so wichtig?

Die Schüsse auf den österreichischen Thronfolger haben den Ersten Weltkrieg ausgelöst. Diese Schüsse haben das Ende der Monarchie eingeleitet. Danach war es auch mit dem Baedeker Österreich-Ungarn zu Ende. Ich wollte in Sarajevo die große Geschichte und die kleine Geschichte der Protagonisten zusammenführen.

Sarajevo ist ein Wendepunkt in der großen Geschichte. Im Roman wird Sarajevo zum Wendepunkt von Winterbergs Geschichte. In dem Moment, wo beide in Zagreb festsitzen und die Reise nur noch über den von Winterberg verteufelten »Schienenersatzverkehr« fortsetzen können, kippt der Roman.

Der Leser lernt aus diesem Roman, der auch hier wieder zum Geschichtsbuch für mich geworden ist, dass erst eine Aneinanderreihung von Zufällen das Attentat auf den Thronfolger ermöglicht und herbeigeführt hat.

Es ist nicht das erste Mal in der Geschichte so gewesen, dass ein Zufall zu einem großen Unfall der Geschichte geführt hat. Man kann sogar fragen, ob das nicht immer so ein bisschen der Fall ist. Der Erste Weltkrieg hätte auch stattgefunden, wenn der Fahrer des Thronfolgers sich nicht verfahren hätte. Die gesamte europäische Geschichte seit der Schlacht bei Königgrätz war auf diesen Krieg zugelaufen. Dass ich diese kleinen Geschichtsmomente in die Erinnerung rufe, hat offenbar mit dem gescheiterten Geschichtslehrer in mir zu tun.

Ich habe diesen Roman vergleichsweise schnell geschrieben. Ich wollte, dass der Roman etwas von einer irren Zugfahrt durch die Geschichte von Mitteleuropa bekommt. Ich wusste, ich muss schreiben, schreiben, schreiben. Die Recherche, das Zusammentragen der vielen Fakten und Einzelheiten, hat natürlich sehr lange gedauert. Vieles geschieht aber auch unbewusst. Einer erzählt einem etwas, und das mischt sich dann in den Roman.

Es gibt in der Mitte des Buches noch einen weiteren Kipp-Punkt. Zu Beginn ist es Winterberg, der erzählt und doziert. Kraus ist eher ein schlecht gelaunter Zuhörer. Im Verlauf des Romans entwickelt er jedoch mehr und mehr Verständnis für Winterberg. Umgekehrt auch Winterberg für Kraus. Ist es anfangs Winterberg, der sagt: Du hast mich zum Leben erweckt, jetzt trägst du Verantwortung für mich, so kippt dies in der Mitte des Romans. Kraus erleidet einen Herzinfarkt, Winterberg fühlt sich ab diesem Punkt *für ihn* verantwortlich. Das war wichtig für mich, es mussten ein paar Überraschungen, ein paar Kontrapunkte in den Roman eingebracht werden.

Eine wichtige Nebenfigur im Roman ist für mich Winterbergs Tochter Silke, die in einem Lebensumfeld lebt, wo Geschichte nicht interessiert, wo auch der eigene Vater nicht mehr von Interesse ist; eine Gesellschaft, wo man ohne Empathie aneinander vorbeiredet und vom Gegenüber nichts mehr weiß. Kraus weiß nach einigen Wochen der gemeinsamen Reise mehr von Winterberg, als dessen Tochter.

Ich werde bei Lesungen oft gefragt, wie ein 99-Jähriger so viel Energie aufbringen kann. Ein Freund von mir, der tatsächlich als Sterbebegleiter arbeitet, hat dies bestätigt. Es gibt bei Menschen, die kurz vor ihrem Tod stehen, sehr oft dieses Aufleben und den Impuls, noch etwas wiedergutzumachen, bevor man stirbt. Auch den Impuls, eine letzte Reise in die alte Heimat zu unternehmen. Eine Freundin von mir arbeitet im Böhmischen Paradies als mobile Krankenschwester. Auch sie hat mir sehr viel über dieses Ende der Reise eines Lebens erzählt. Kraus ist eine Figur voller Melancholie und Trauer. Mit Winterberg bildet er jedoch ein tragikomisches Paar.

Sie sind in einem Punkt sehr verschieden. Winterberg lebt aus der Erinnerung, er berichtet fortwährend aus 500 Jahren Geschichte und aus einem erfüllten Leben, aber er sieht die Gegenwart nur unscharf. Wenn er Rehe sieht, hält er sie für Wildschweine. Die Orte, durch die die beiden fahren, existieren für ihn aus dem Baedeker heraus, nicht als reale Orte. Kraus behält bis zum schon erwähnten Kipp-Punkt des Romans seine Lebensgeschichte für sich, dafür ist er ein scharfer Beobachter des Reiseumfelds. Diese beiden Vorwärtsbewegungen werden im Buch in Form einer Collage kunstvoll verwoben.

Ja, das ist ein Kompositionsprinzip des Romans. Ein Prinzip der Rhythmisierung auch. Eine interessante Erfahrung bei Lesungen ist, dass meinen Lesern am Buch etwas auffällt, das dem Autor gar nicht so gegenwärtig ist. Der Leser hat einen großen Abstand zu den Figuren, der Autor steckt oft zu sehr in den Figuren drin.

Am Kipp-Punkt des Romans verändert sich insofern – auch für den Leser – alles, da die beiden Reisenden beginnen, sich die Wahrheit zu erzählen. Winterberg gesteht, dass er froh war, als die Jüdin Lenka Morgenstern ihn 1938 verlassen hat, weil die Beziehung mit einer Jüdin im faschistischen Sudetenland für ihn immer weniger möglich war. Kraus berichtet über seine Liebe zu einer Sterbenden und über seine Gefängnishaft nach einer Flugzeugentführung.

1938 ging die kurze Ära der ersten Tschechoslowakischen Republik zu Ende. Schon die Zeit der Republik war nicht ohne Spannungen zwischen Deutschen, Tschechen und Juden abgelaufen. Die Weltwirtschaftskrise hatte auch in Böhmen folgenreich gewirkt. Die Entwicklungen im Nachbarland Deutschland wurden genau beobachtet. Parallel zur NSDAP in Deutschland entwickelte sich im Sudetenland die Henlein-Bewegung. Henlein war ein Populist, den man mit den heutigen Populisten gut vergleichen kann. Er hat den Leuten mit Verweis auf das Dritte Reich erklärt, dass es ihnen besser gehen werde. Er hatte im Übrigen eine deutsch-tschechische Mutter. Er ist eine der unrühmlichsten Figuren der mitteleuropäischen Geschichte. Heute predigen zuweilen wieder solche Populisten – »raus aus der EU«, »zurück zum Nationalstaat«, »Ausländer raus«. Damals hieß es »Juden raus« und »Tschechen raus«. 1938 haben auch Tschechen die Stadt Reichenberg verlassen müssen. Auch das war eine Art Vertreibung.

Die Entwicklung um die Henlein-Bewegung hat die Familie Winterberg damals zerrissen.

Der Vater wird von diesen Extremisten ermordet, die Mutter schließt sich ihnen an. Winterberg selbst bewegt sich orientierungslos zwischen diesen Polen, wird selbst Henlein-Anhänger, bis er merkt, wo das alles hinführt. Diese Risse sind damals durch die Familien gegangen, und sie gehen heute durch die Familien. Winterbergs Vater verkörpert für mich die wahren Helden dieser Zeit, die sich gegen den Populismus gestellt haben und die die böhmische Identität mit Tschechen, Deutschen und Juden als Wert verteidigt haben. Er wird in seiner Stammkneipe mit einem Bierkrug erschlagen. Auch der letzte Bürgermeister von Reichenberg vor dem Einmarsch der Deutschen, Carl Kostka, war solch eine heldenhafte Figur. Er war ein überzeugter Antifaschist. Diese Helden werden aber vergessen. Dass es unter den Deutschen im Sudetenland viele Gegner des Naziregimes gegeben hat, war in Vergessenheit geraten. Mit der Vertreibung nach 1945 hatte man sich in Tschechien von allem verabschiedet, was mit den Deutschen zusammenhing. Erst heute beginnt man sich für den Bürgermeister Kostka und andere Helden dieser Zeit zu interessieren.

Der Leser erfährt erst spät im Roman von all diesen Verstrickungen und von Lenkas Selbstmord in Sarajevo.

Winterbergs »Hochzeitsreise« wird zu einer ultimativen Versöhnungsreise. Er beabsichtigt, Lenka in den Tod zu folgen. Es wird eine Abrechnungsreise mit sich selbst.

Ich habe im Übrigen beim Schreiben des Romans an Lenka Reinerová gedacht. Sie war eine wunderbare Frau. Ihre Bücher erscheinen in Tschechien im gleichen Verlag wie meine Bücher. Sie hat mir eine Geschichte erzählt, die im Roman enthalten ist. Sie hat mir erzählt, wie sie erfahren hat, dass sie keine Deutsche ist. Im Gymnasium sind zwei deutsch-nationale Jungs zu ihr gekommen und haben zu ihr gesagt: »Lenka, weißt Du, dass Du keine Deutsche bist? Du bist eine Jüdin.« Wegen ihr heißt meine Romanfigur Lenka.

Der Leser erfährt bei der Lektüre des Romans viele Details über den Dreißigjährigen Krieg, über den Feldherren Wallenstein, über die Schlacht bei Königgrätz, über die Geschichte der Feuerbestattung und

den Ausbau der Schmalspurbahnen in Europa. Wie schwer ist es, sich als Autor zu beschränken, wenn 500 Jahre europäische Geschichte in den Roman hineindrängen?
Ich wusste am Anfang nicht, was sich alles hineindrängen wird. Ich dachte, dass ich vor allem über Königgrätz, über diese vergessene Schlacht aus dem Jahr 1866 schreiben muss. Wenn man in Sachsen oder in Österreich von diesen historischen Details erzählt, dann ist das Geschichtswissen in der Regel präsent. In Köln oder Hamburg muss man sehr weit ausholen, weil dort kaum jemand von diesen Dingen weiß. Wenn man sich am Baedeker von 1913 orientiert, kommen die Details plötzlich von allen Seiten. Plötzlich ufert es aus und Winterberg bekommt seine historischen Anfälle. Er treibt diesen Exzess immer bis zur Erschöpfung.

Kraus kommentiert dies im Roman mit der wiederkehrenden Formel: »Stöpsel raus. Luft raus. Augen zu. Gute Nacht.« Ein Refrain oder Kontrapunkt.
Es ist Winterbergs letzter großer Versuch, dies alles noch einmal aufzurufen. Das macht den Roman aber auch spannend, weil es immer wieder etwas zu entdecken gibt. Ich werde vermutlich auch im nächsten Buch diesem Thema – mitteleuropäische Geschichte – treu bleiben. Ich bin erfreut, aber zugleich auch verwundert, wie gut sich das Buch verkauft. Vor allem in Österreich ist das Interesse groß.

Das muss nicht verwundern, da ja gerade, wenn die Reisenden in Wien Station machen, österreichische Geschichte weit aufgeblättert wird. Winterberg und Kraus besuchen das Militärhistorische Museum, die Kaisergruft und den Zentralfriedhof. All dies wird im Roman mit viel Humor und fast schon Wiener Schmäh gewürzt. Auch der mitunter aufflammende Schwejksche Ton des Romans wird dazu beitragen, etwa wenn Winterberg auf dem verregneten Schlachtfeld bei Königgrätz sagt: »Herr Kraus, wir haben großes Glück mit dem schlechten Novemberwetter«. Welche Methoden der Recherche haben sich bewährt? Über welche Etappen hat sich der Roman entwickelt?
Wenn ich über einen Ort schreibe, muss ich diesen sehen und viel darüber lesen. Deshalb sind große Teile dieses Romans in der Eisenbahn oder in diesen Orten geschrieben worden. Viele Reisen in Böhmen – auch zu den Schlachtfeldern von Königgrätz und Austerlitz – hatte ich schon vor dem Roman absolviert. Die Eisenbahnfahrt nach Zagreb habe ich erst für diesen Roman unternommen, mit Winterberg im Hinterkopf.

Ich habe auch überall Bier getrunken. Im Roman spielt Bier eine wesentliche Rolle. Über das Bier kann man einen Teil unserer mitteleuropäischen Kulturgeschichte erzählen. Auch der deutsch-sächsisch-tschechischen Geschichte. Das erste Pilsner Bier in der Brauerei in Pilsen hat ein Bayer gebraut. Die erste Brauerei, die außerhalb Böhmens Pilsner Bier braute, war die im sächsischen Radeberg. Winterberg spricht im Roman auch von »Knödel, Sauerkraut und Gulasch« als verbindendem Kulturelement.

Wurde bei der Arbeit am Roman eine zunächst ausufernde Textmasse zurückgekürzt? Wurde der Roman mehrfach umgeschrieben?
Nein, der Roman wurde nicht zurückgekürzt. Einige Stellen habe ich in der Tat umgeschrieben. Bis zum Schluss sind auch immer wieder neue Ideen in den Roman eingeflossen. Der Roman hatte zunächst auch ein anderes Ende, in dem Kraus verhaftet wird. Jetzt hat der Roman ein offenes Ende, man weiß nicht, was aus Winterberg geworden ist. Am Ende tauchen die Rehe wieder auf. Sie tauchen immer wieder im Roman auf. Sie gehören zu Winterberg.

Der Roman endet in Peenemünde, wo an Hitlers »Wunderwaffe« geforscht wurde. War dieses Ende geplant, wo Lenka die »erste Frau im Mond« wird?
Es gibt diesen großartigen Film – »Die erste Frau im Mond« – im Roman der Lieblingsfilm von Lenka Morgenstern. Mir war es von Anfang an wichtig, dass der Roman nach dieser Reise durch Mitteleuropa ein überraschendes Ende hat. Ich war einmal in Peenemünde und habe dort diese Frauen-Zeichnung auf der V2 gesehen. Mittlerweile wissen die Historiker, dass ein Mitarbeiter die Zeichnung angefertigt hat. Größer kann der Kontrast nicht sein – die Zeichnung einer schönen Frau, aufgeklebt auf eine fürchterliche Vernichtungswaffe.

Herr Rudiš, Sie leben seit vielen Jahren auch in Berlin. Wie viel Berlin ist in Ihrem Roman enthalten?
Wir sind hier mitten in Berlin-Kreuzberg. Wenige Meter entfernt ist der »Heidelberger Krug«, der im Roman vorkommt, dort treffen sich Winterberg und der Engländer, eine weitere wichtige Nebenfigur des Romans. Und der »Heidelberger Krug« befindet sich am unteren Teil des Chamisso-Platzes. Das war mein erster Gedanke, als ich erfuhr, dass ich den Chamisso-Preis erhalten werde. Ein schöner Zufall.

Der Engländer ist quasi der fünfte Mitreisende in diesem Roman. Er war der einzige, der – wie Winterberg sagt – die historischen Zusammenhänge der mitteleuropäischen Geschichte verstanden hatte.

Wenn wir von hier 15 Minuten laufen, kommen wir zu einem Militärfriedhof, auf dem ein Denkmal für die Toten der Schlacht von Königgrätz steht. Unweit von hier gibt es die Jitschiner Straße und die ehemalige Königgrätzer Straße, die heute Stresemannstraße heißt, etwas weiter die Skalitzer Straße. Alle drei Orte haben etwas mit der Schlacht bei Königgrätz zu tun.

Dann die Straßenbahnen in Berlin – im Roman ist Wenzel Winterberg der letzte Straßenbahnfahrer von Westberlin. Berlin kommt immer wieder im Roman vor und hat viele Anregungen gegeben.

Ein Fußballstadion in Berlin hieß früher Sadova-Stadion, nach der Schlacht bei Sadová, wie die Schlacht bei Königgrätz auch genannt wurde, oft auch in Tschechien und vor allem in Frankreich. Sadová ist ein kleines Dorf, das ziemlich genau in der Mitte des Schlachtfeldes liegt. In Erinnerung an den glorreichen Preußischen Sieg bei Sadová hat sich damals eine Berliner Fußballmannschaft den Namen Sadová zugelegt.

Aber, vielleicht gehen wir rüber in den »Heidelberger Krug« und setzen das Interview dort fort? *(Wir verlassen das »Café Molinari« und gehen zum »Heidelberger Krug«.)*

»Winterbergs letzte Reise« ist Ihr erster auf Deutsch geschriebener Roman, nachdem Ihre fünf vorherigen Romane auf Tschechisch verfasst worden waren. Wie schwierig oder einfach war es für Sie, den Denkraum einer anderen Sprache zu benutzen? Brachte der Wechsel zur deutschen Sprache auch Vorteile?
Es war viel leichter als ich dachte. Das hat mich überrascht. Ich hatte zunächst 50 Seiten am Stück geschrieben, die ich meiner Lektorin geschickt habe. Ich muss immer erst schauen, ob der Sound passt, ob die Musikalität passt. Die Musik wird immer wichtiger. Ich habe auch früher schon kleinere Geschichten auf Deutsch geschrieben. In der Edition Thanhäuser ist kürzlich ein Buch mit auf Deutsch verfassten Erzählungen erschienen. Ich habe auch schon zwei Hörspiele und als Mitautor ein Drehbuch für die ARD auf Deutsch verfasst. Ich habe seit längerer Zeit keinen Text auf Tschechisch geschrieben. Das hängt damit zusammen, dass ich die längste Zeit in Berlin lebe. Tschechisch ist meine Muttersprache, aber ich bin inzwischen fern davon, Deutsch als eine Fremdsprache anzusehen. Dafür hält die Liaison mit der deutschen Sprache schon zu lange an. Deutsch war für

mich von Kindheit an präsent. Als Jugendlicher war ich dauernd in der DDR. Manchmal drei Wochen am Stück bei einer befreundeten Familie in Ebersbach in der Oberlausitz. Als Jugendlicher lernt man unter diesen Bedingungen eine andere Sprache sehr schnell. Ich hatte auch sehr gute Deutschlehrer. Unter den älteren tschechischen Autoren – Pavel Kohout, Ivan Klíma und Milan Kundera – hat es viele gegeben, die ein sehr gutes Deutsch gesprochen haben. Für diese Generation gehörte das offenbar noch dazu. Bei mir war die erste Fremdsprache Russisch, nicht Deutsch. Auch das Russische habe ich als Bereicherung empfunden.

Die Übersetzung von »Winterbergs letzte Reise« ins Tschechische wird ein interessanter aber schwieriger Vorgang. Ich selbst kann das nicht machen, weil bei mir daraus ein anderes Buch entstünde. Jetzt habe ich genügend Abstand und würde da und dort etwas weglassen. Ich werde natürlich mit der Übersetzerin im Kontakt bleiben. Wir werden das dann zusammen durchgehen. Es wird schwierig sein, die Musikalität, die das Buch im Deutschen hat, in das Tschechische hinüberzubringen. Allein der erste Satz des Romans – »Die Schlacht bei Königgrätz geht durch mein Herz.« – hat Musik und enthält alles, was ich an der Literatur mag. Ich brauche immer einen solchen ersten Satz, bevor ich mit dem Schreiben beginnen kann. Ich muss wissen, wie es anfängt, und ich muss wissen, wie es endet. Aber ich schreibe schon vorher eine Art Synopsis. Man braucht eine gewisse Dramaturgie. Winterberg hat solche Sprachmuster, die variieren: »Bierleichen sind keine schönen Leichen, würde mein Vater sagen.« Darin steckt Musik. Das lässt sich zum Beispiel im Tschechischen nur schwer nachvollziehen. Diese Wortschöpfungen – Bierleichen, Schnapsleichen – sind im Deutschen möglich, im Tschechischen nicht. Diese Komposita hat man im Tschechischen nicht. Dennoch staune ich immer wieder, wie nahe die Syntax der beiden Sprachen ist. Ein halbes Jahr vor Winterberg habe ich mein letztes tschechisches Buch veröffentlicht – »Böhmisches Paradies«. Mein nächstes Buch – eine »Gebrauchsanweisung für die Eisenbahn« (Piper Verlag) – werde ich ebenfalls auf Deutsch schreiben. Mein Theaterstück »Anschluss«, das 2021 in Dresden Premiere haben wird, habe ich ebenfalls auf Deutsch verfasst. Auch der nächste Roman wird sicher auf Deutsch geschrieben werden. Keine Ahnung, warum. Mir macht es aber auch Spaß. Bei Winterberg war es auch so, dass ein deutscher Freund viel Winterberg-Sprache in Deutsch vorgelebt hatte, u.a. den ersten Satz. Auch der Baedeker als Reisebegleiter hat immer wieder auf die deutsche Sprache hingelenkt. Ich wollte auch Klarheit in der Sprache haben. Das ist in einer Fremdsprache oft besser möglich als in der Muttersprache.

Lieber Jaroslav Rudiš, ich bedanke mich für das Gespräch!

Exil heißt, in eine Selbstübersetzung gezwungen zu werden

Gespräch mit Ulrike Draesner

Bereits von Ulrike Draesners erstem Gedichtband »gedächtnisschleifen« (1995), dessen bilderreiche, sprachschöpferische Poeme in Form einer Schleife um ein poetologisches Zentrum kreisen, zeigte sich die deutsche Literaturkritik fasziniert. Ebenso vom ersten Roman »Lichtpause«, der die Geschichte der unglücklichen Kindheit eines sensiblen Mädchens in den 60er Jahren erzählt. In den von Draesner selbst als »Radikal-Übersetzungen« bezeichneten freien Übertragungen von Shakespeare-Sonetten (2000) werden diese unter dem Aspekt des Klonens neu gelesen. Ihr zweiter Roman »Mitgift« (2002) erzählt, lange bevor das Thema im weiteren gesellschaftlichen Diskurs ankam, die Geschichte einer Familie, in die ein Kind mit nichtbinären Geschlechtsmerkmalen geboren wurde. Draesners dritter Roman »Spiele« (2005) behandelt das Urdrama des Terrorismus, die Geiselnahme bei den Olympischen Spielen 1972 in München, wobei die Auswirkungen des Politischen auf das private Schicksal im Fokus stehen.

In ihrem 2007 erschienen Essay-Band »Schöne Frauen lesen«, an dem die Kritik die »intellektuelle Freiheit ... und die in jeder Zeile spürbare persönliche Lesart der Essayistin« hervorhebt, nähert sich Ulrike Draesner auf eine sehr erhellende Weise dem Werk von Annette von Droste-Hülshoff, Virginia Woolf, Ingeborg Bachmann u.a. und untersucht deren Relevanz für ein heutiges Schreiben. Sie zeigt, wie sehr die »schreibende Frau« auch immer ein Skandal war, schön und schräg, beängstigend und verwirrend zugleich. 2013 folgte der Essayband »Heimliche Helden« (über das Nibelungenlied, Heinrich von Kleist, Jean-Henri Fabre, Thomas Mann u. a.). Ulrike Draesner spürt darin den Ursprüngen der Idee vom Helden nach, sie zeigt Schriftsteller in ihren heldischen und hinreißend unheldischen Posen und erzählt mit stupendem Wissen und großer Originalität von ihren Leseabenteuern.

In ihren Frankfurter Poetikvorlesungen im Wintersemester 2016/17 fragt sie danach, »was wir durch Literatur erfahren oder wissen können«.

Am 16. April 2021 sprach ich mit Ulrike Draesner über ihren Roman »»Schwitters« – coronabedingt eine Zoom-Konferenz. In ihrem Roman folgt Ulrike Draesner dem Schriftsteller und bildenden Künstler ins Exil, lässt ihn, seine Frau, seinen Sohn und seine Geliebte sprechen. In einer virtuosen Mischung aus Fakten und Fiktion entsteht das Panorama einer Zeit, in der angesichts einer brennenden Welt neu um Freiheit und Kultur gerungen wird. Ein tiefgründiger, dabei humorvoller Roman über die Kraft der Kunst, darüber, wie sie entsteht und was sie vermag.

Liebe Ulrike Draesner, bevor wir über Ihren Roman »Schwitters« sprechen, möchte ich Sie fragen, wann Sie dem Werk von Kurt Schwitters – als Dichter und Künstler, als MERZ-Gesamtkunstwerk – erstmals begegnet sind und wie sich Ihre Sicht auf diesen wichtigen Künstler des 20. Jahrhunderts entwickelt hat. Was war für Sie der Anstoß, einen Schwitters-Roman zu beginnen?
Ich weiß nicht mehr, wann ich Kurt Schwitters zum ersten Mal begegnet bin. Wahrscheinlich noch in der Schule in einer Literaturgeschichte – dem Gedicht »Anna Blume«. Sicher während des Studiums und später, als eine Gesamtausgabe erschien. Bei keiner dieser Begegnungen allerdings sprang ein Funke über. Schwitters war historisch für mich, DADA. Ernsthaft begegnet bin ich ihm im Oktober 2015. Ich saß im Zimmer einer Oxforder Tutorin für Mittelalterliche Literatur, die mich zum Tee eingeladen hatte. Ich war gerade frisch angekommen und freute mich über den Kontakt. Über ihrem Sofa hing ein merkwürdiges Objekt. Sie sagte mir, es handele sich um eine Collage, die ihr ihre Studie-

renden aus Newcastle zum Abschied geschenkt hätten. Sie solle an Schwitters erinnern. Ich hatte mich nie bewusst mit Schwitters' Biografie beschäftigt und hörte nun – zu englischem Tee und riesigen Hafercookies –, wie er im englischen Exil gelebt und dort seine künstlerische Arbeit weitergetrieben hatte. Mich interessierte das, weil ich mich für meinen Roman »Sieben Sprünge vom Rand der Welt« bereits mit diesem Thema beschäftigt hatte: Was bedeutet Vertreibung, Zwangsvertreibung, sowohl für die Menschen, die sie erleben, als auch für die nachfolgenden Generationen? Zwangsmigration und intergenerationelle Traumatisierung sind sozial und gesellschaftlich für uns heute hochrelevante Themenfelder. Darin, was mir über Schwitters erzählt wurde, erkannte ich Traumatisierungs- und Verletzungsmuster wieder, die mir bei der Recherche zu »Sieben Sprünge vom Rand der Welt« begegnet waren. Schwitters war wie ein Geschenk: eine Figur, an der sich das Thema weiter entfalten und darüber hinaus mit Fragen nach der Freiheit der Kunst verbinden lässt. Entstehen wird insgesamt eine Trilogie, Schwitters mit einer Flucht aus Deutschland nach Norden und Westen ist der zweite Band. Es flieht ein Künstler, der seine Sprache – und als Autor sein Publikum – verliert. Interessiert hat mich Schwitters in diesem Kontext vor allem aber als bildender Künstler. Diese Arbeit kann er im Exil, anders als das literarische Werk, weiterentwickeln. Er beeindruckte mich als jemand, der sich seine Kunst, seinen Mut und seinen inneren Schneid trotz der elenden Umstände, in die er gerät, nicht abkaufen lässt. Flucht und Exil ziehen sich über elf Jahre hin. Immer wieder neu vertrieben, von einem Ort zum nächsten. Ständig begleitet von Geldsorgen, Armut, Hunger und mangelnder medizinischer Versorgung. Schwitters stirbt 1948 in England im Alter von 60 Jahren an einem nicht behandelten Bluthochdruck und den sich daraus ergebenden Herzschäden. Ständig begleitet auch von Verlusten – seine in Deutschland zurückgebliebene Frau stirbt im Oktober 1944 an Krebs, was er erst Monate später erfährt, sein künstlerisches Hauptwerk, der MERZbau, eine riesige begehbare Skulptur in Hannover, an der Schwitters fast zwanzig Jahre gearbeitet hatte, wird während eines Bombenangriffs zerstört. Und trotzdem arbeitet dieser Mann in England unter widrigsten Umständen weiter. Dieser Glaube an die Bedeutung, die geistige und seelische Relevanz der Kunst, ist erhellend, berührend und auch weitertragend. Hier stellt sich auch eine Frage für heute: Welchen Wert wollen wir etwas so »Nutzlosem« wie der Kunst in unserer Gesellschaft beimessen, und was sind wir bereit, dafür auszugeben und aufzubringen? Auch wenn wir vielleicht das Werk im Moment seiner Entstehung nicht richtig einschätzen können, und es seltsam oder fremd wirkt.

Kurt Schwitters ist nahezu jedem, der sich mit Kunst und Literatur der Moderne auseinandersetzt, ein Begriff: als Dadaist, als MERZ-Baumeister, als Erfinder der legendären ›Anna Blume‹, als MERZ-Collagen-Künstler, als Laut-Dichter der »Ursonate«, als Truk aus Revonnah, als Skandalfigur ersten Ranges. All diese Schwitters-Synonyme spielen aber in Ihrem Roman eine eher untergeordnete Rolle. Der Roman handelt von den letzten elf Jahren in Schwitters' Leben, als seine persönliche Karriere für ihn bereits Vergangenheit, als alles ungewiss war. Warum gerade diese Sicht? Um mehr Raum für die Fiktion zu gewinnen?

Nein, dieser Aspekt hat keine Rolle gespielt. Ich fand es interessant, den Roman dort einsetzen zu lassen, wo die feste Identität, die Schwitters sich aufgebaut hatte, zu bröckeln beginnt. Er war in Hannover finanziell abgesichert, es gab ein funktionierendes Netzwerk von Arbeits- und Freundschaftsbeziehungen. Ab 1933 wird diese Identität schrittweise unterhöhlt. Ende 1936 wird die Situation für ihn unhaltbar. Von nun an ist Schwitters vor die Herausforderung gestellt, sich immer wieder bei Null beginnend neu zu erfinden. Eben davon handelt der Roman.

Welchen konkreten Bedrohungen war Kurt Schwitters Ende 1936 in seiner Heimat Deutschland ausgesetzt? Warum musste er, der sehr sesshaft veranlagt war, alles aufgeben?
Sesshaft kann man wohl sagen. Es gibt Berichte, die beschreiben, dass Schwitters, wenn er von Hannover aus seine Lesereisen durch ganz Europa antrat, stets einen Koffer mit Hannoveraner Kartoffeln dabei hatte. Ab 1933 galt er als ›entarteter‹ Künstler. Adolf Hitler fand ihn besonders abstoßend und ließ sich eigens vor einer Schwitters-Collage fotografieren, die man noch schräg hängte, um sich besser darüber lustig machen zu können. Schwitters verlor seine Aufträge als Grafiker und Gestalter bei der Stadt Hannover ebenso wie den Werbeauftrag für die Pelikan-Werke. Sein 1918 geborener Sohn Ernst war im sozialistischen Widerstand gegen die Nationalsozialisten engagiert. Die in Hannover von Schwitters' Freund Christof Spengemann geleitete Widerstandsgruppe flog 1936 auf, Spengemann und Frau wurden verhaftet. Ernst Schwitters, der sich zu diesem Zeitpunkt gerade als Kurier in Norwegen aufgehalten hatte, blieb zunächst dort und kam im frühen Herbst nur noch einmal kurz nach Deutschland zurück, um dann für immer ins Exil zu gehen. Da er noch nicht volljährig war – das war man damals mit 21 Jahren –, mussten Kurt und Helma Schwitters entscheiden, wer den Sohn begleiten sollte. Mit dieser Szene setzt der Roman ein. Es gab allerdings noch einen weiteren Grund für Schwitters, Deutschland zu verlassen. Er litt an epileptischen Anfällen. Diese Krankheit galt im nationalsozialistischen Deutschland zunehmend als eine auszumerzende Behinderung. Bereits 1934 war das »Gesetz zur Verhütung erbkranken Nachwuchses« erlassen worden. In der Folge kam es zur planmäßigen »Vernichtung lebensunwerten Lebens« (Euthanasieverbrechen). Dieses zusätzliche Risiko mag den Ausschlag dafür gegeben haben, dass schließlich Kurt den Sohn nach Norwegen begleiten und Helma Schwitters in Deutschland bleiben sollte, um beider Mütter zu versorgen und den Immobilienbesitz der Familie zu verwalten. Schwitters, wie die ganze Familie, hatte bis dahin von den Mieteinnahmen gelebt. Was er von einem sogenannten »inneren Exil in Deutschland« hielt, wird im Roman mit Bezug auf Gottfried Benn diskutiert. Schwitters lehnte dies ab.

Ihr Roman beeindruckt mich vor allem in zwei Aspekten. Erstens, wie Sie Schwitters' Verlust des Deutschen – Deutschland als Heimat, Deutsch als Arbeits- und Umgangssprache – beschreiben. Wie bei ihm das Englische Raum greift im Sprechen, Denken und spielerischen Umgang mit Sprache. Zweitens, wie Sie in den Kopf eines Künstlers schlüpfen, der seine Umgebung als Farbpalette denkt und als Reservoir für seine Farbcollagen und seine MERZbarn sieht. Sie haben nicht nur das Deutsche und das Englische an spielerische Grenzen gedacht, sondern auch das Schwitterssche weiter und neu gedacht. Das ist grandios gelungen. Wie sind Sie vorgegangen? Welche Klippen, sprich Irrtümer, mussten Sie umschiffen, um zu dem glaubwürdigen Schwitters zu kommen, der aus dem Buch heraus spricht?
Es kam mir vielleicht zugute, dass ich anfangs wenig über ihn wusste. Mir war immer klar, dass ich einen Roman schreibe und keine Biografie. Ich benutzte das biografische Material als Matrix. Es ist gründlich recherchiert, aber ich muss mich in keiner Weise »daran halten«. Historisches Material gibt es nicht in »Reinform«. Es ist immer gefiltert, immer mit Auswahl und Interpretation vermengt. Für mich waren am Ende die Dinge am aufschlussreichsten, die man in den historischen Quellen naturgemäß nicht findet: Innenleben, Gedanken. In Schwitters' Leben wird das Material mit dem Fortschreiten des Krieges immer spärlicher. Zensurfragen kommen hinzu. Somit eröffnen sich, geradezu zwangsweise,

Räume zum Erfinden und Erzählen. Für mich stehen sie unter der Überschrift »Übersetzung«. Der Leitgedanke dieses Romans ist Übersetzung. Exil heißt, in eine Selbstübersetzung gezwungen zu werden. Bei Schwitters ist das sehr deutlich, weil eben auch eine sprachliche Übersetzung damit einhergeht. Er muss das Deutsche aufgeben, muss zunächst lernen, auf Norwegisch zu leben, später auf Englisch. Zugleich übersetzt sich auch das, was er lebt, auf nicht kontrollierbare Weise in die Hände, in den Kopf, in die Kunst, in das eigene Denken, in das Fühlen. Als er am Ende im Lake District arbeitet, beginnt er sehr gezielt, das, was er dort vorfindet, nämlich sowohl die Natur als auch die Materialien, zu übersetzen in seine Kunst. Er arbeitet an seinem dritten MERZbau, auch MERZbarn genannt. Das Werk, das in einer Scheune auf Cylinders Farm zwischen Elterwater und Longdale entsteht, ist heiterer, farbiger, organischer als der MERZbau in Hannover. Man kann darin etwas von der Atmosphäre und der Linienführung der den Ort umgebenden Landschaft erkennen. Damit sind wir am Kernpunkt. Die größte Herausforderung beim Schreiben dieses Romans war, mir in Schwitters' Kunstwerken dieser Zeit, den Skulpturen, den Collagen anzusehen, wie er seine Erfahrungen des Exils und seiner Umgebung in seine Kunst hinein übersetzt hat und eben dies dann meinerseits in Sprache zu übersetzen. Gefüttert natürlich auch von meinen Natur- und Lebenseindrücken im Lake District. Wir haben es also mit mehrfachen Übersetzungsprozessen zu tun. Dazu gehört für mich, dass ich diesen Roman zunächst auf Englisch schrieb und ihn dann ins Deutsche übersetzte.

In einem Interview sagten Sie, dass es ein Hin- und Herübersetzen war, dass die deutsche und die englische Version sich wechselseitig bereichert haben. Ist auch ein Druck der englischen Version vorgesehen?
Gern, ich habe aber noch keinen Verlag gefunden. Eigentlich müsste es erscheinen. Das ist Teil des Konzepts.

Sie haben in einem anderen Interview gesagt, dass Sie einen Zeichenkurs in England absolviert haben. War es Ihre Absicht, Schwitters' Denken als Künstler in dieser Landschaft des Lake District näherzukommen?
Der bildende Künstler Kurt Schwitters hat etwas in mir Angelegtes, eine frühe Geschichte sozusagen, aufgerufen. Ich war etwa vier, als ich mir das Lesen beibringen wollte. Ich malte ›Buchstaben‹, mit der linken Hand, da ich Linkshänderin bin. Meine Mutter entdeckte mich und sagte, dass ich in Spiegelschrift schreibe. Mit Hilfe eines Spiegels begriff ich, was sie meinte. Ich erinnere mich daran, weil es so erstaunlich war, wie die Formen sich ineinander verwandelten. Meine Mutter verbot mir daraufhin, Schreiben zu lernen. Das sollte ich erst in der Schule tun, damit ich mich dort nicht langweilte. Dabei unterschätzte sie, wie sehr ich mich bei ihr zu Hause langweilte. Da ich also nicht schreiben durfte, malte und zeichnete ich. Ich saß schon als Kind gern, ich war nicht im Kindergarten, man kann sich vorstellen, wie viel Gemale das wurde. Farbe, Muster, Raumtiefe, Figuren – und all das ohne Sprache – sind meine Haupterinnerung an meine Kindheit. Mit einem Malkurs durfte ich ein paar Jahre später ins Lenbach-Haus. Ich war wie vom Donner gerührt von den Bildern dort. Davor hatte ich immer nur Reproduktionen gesehen. Ich nehme Farben intensiv wahr, ich fotografiere, ich habe Proportionsgefühl. Farben sind immer mit Emotionen verbunden. Und mit Wörtern. Schwitters über seine Kunst aufzunehmen, stellte für mich eine besondere Nähe her, unmittelbarer als etwa über seine Texte. Den Zeichenkurs in England habe ich gemacht, um mein eigenes Körpergedächtnis zu aktivieren. Fühlen, wie das Wissen der Hand in ein Kunstwerk eingeht. Es ging für mich nie darum zu beschreiben, was Schwitters in England künstlerisch produziert hat. Ich wollte versuchen,

mit seiner Hilfe darüber nachzudenken, wie ein schöpferischer Prozess aussieht. Welches Körperwissen, welche Arten der Erfahrung, welche Konzepte spielen eine Rolle. Was sind die Umstände, die dazu führen – und die Schwitters verzweifelt immer wieder zu schaffen versucht –, dass man überhaupt arbeiten kann?

Haben Sie sich auch in der Collage geübt, haben Sie sich im Lake District und in London zielgerichtet nach für Collagen geeigneten Fundstücken, sprich Müll, umgeschaut?
Nein. Aber ich bin sehr viel in London herumgelaufen, allerdings für einen Londonreiseführer mit Texten und Fotografien. Im Lake District war ich dreimal, um zu recherchieren. Die MERZbarn in Elterwater kann besucht werden, das Original der von Schwitters vermerzten Wand befindet sich aber in der Hatton Galery in Newcastle. In Ambleside, wo Schwitters und Wantee seit dem Sommer 1945 lebten, gibt es ein kleines Museum und Archiv. Mir kam es vor allem darauf an, die Landschaft des Lake Districts mit meinen eigenen Augen, meinem Körper wahrzunehmen. Die Hügel hinauf und hinab, den Wind, die Pflanzen, die Schafe, die Gerüche, den Nebel, das feuchte Klima – feucht von oben, feucht von unten. Diese sinnliche Erfahrung ist für mich beim Schreiben wichtig.

Der Roman ist wie bereits »Sieben Sprünge vom Rand der Welt« ein Collageroman. Der Leser muss mitarbeiten, muss den Wechsel der erzählenden Personen, muss Zeitsprünge nach vorn, nach hinten mitgehen. Welchen Mehrwert erhoffen Sie sich von einer solchen Bauweise des Romans?
Collageroman würde ich keinen meiner Romane nennen. Und Zeitsprünge machen wir dauernd im eigenen Erzählen und Denken. Sie gehören zu uns. Menschen leben in Hypothesen, Projektionen und Wünschen. Es macht ein Stück der Wahrhaftigkeit von Fiktion aus, eben dies aufzugreifen und zu zeigen. Den Umschlag des Romans »Schwitters« kann man aufklappen. Tut man es, entdeckt man zwei Lebensläufe von Kurt Schwitters: »Kurt pfeift das gute Leben« und »Kurt pfeift die andere Seite des Lebens«. Beide Lebensläufe beruhen ausschließlich auf Fakten. Der eine erzählt, was glückte, der andere zählt auf, was schieflief. Ich habe mich gefragt: Was ist ein biografisch orientierter Roman? Was bedeutet die tatsächliche Lebensgeschichte, auf die ich zurückgreife? Das Interessante sind die Sprünge, die Lücken, die Auswahl. In jeder Art und Weise, wie man ein Leben erzählt, wird geschnitten. Dort lässt man aus, da baut man an. Jedes Wiedererzählen ist Interpretation. Der Roman macht daraus keinen Hehl. In einem Kapitel erzählt Helma Schwitters, wie die Nazi-Schergen zu ihr ins Haus kommen, um nach »»entarteter« Kunst zu suchen. Die Szene ist ausgedacht – doch nach dem Eindruck, den ich von Helma Schwitters hatte aus ihren Briefen. In der biografischen Forschung zu Schwitters klafft an dieser Stelle eine große Lücke. Niemand weiß, wie es seiner Frau gelungen ist, den MERZbau zu verstecken. Dass Helma Schwitters spricht, zeigt zum einen, dass Kurt hier fehlt. Er ist nicht mehr da. Zugleich gibt es seiner Frau eine eigene Stimme. Sie ist kein »Anhängsel«. Und sie widerspricht seiner Interpretation der Lage.

Etwas Zweites kommt hinzu. Schwitters ist elf Jahre auf der Flucht, oft äußerlich, fast durchgehend innerlich. Die eigene Identität zu verlieren, die eigene Sprache zu verlieren, die Familie zu verlieren, in Sorgen zu leben – das ist nicht einfach ›sagbar‹. Auch hier helfen Stimmen von anderen, Kurts Sohn Ernst, seine englische Freundin Wantee, beim Erzählen. Das Gelände, das wir betreten, ist voller Narben, Erhebungen und Einbuchtungen, die durch Gewalt entstanden sind. Mitunter, wie etwa im Gefangenenlager auf der Isle of Man, spricht Schwitters nicht. Quellen berichten, dass er in dieser Lagerzeit jede Nacht das Fenster des Zimmers, in dem er schlief, aufriss, um hinauszuheulen wie ein

Wolf. Sein Sohn Ernst leidet im Roman darunter. Schwitters selbst ist in einen Zustand des Nichtsprechens geraten. Die Mitgefangenen scheinen das Heulen hingenommen zu haben. Sie verstanden die Not, die sich in diesem Verhalten ausdrückte. Mir war wichtig, diese Sprachlosigkeit nicht zu überschreiben.

Es ist überliefert, dass Schwitters im Internierungslager arbeiten durfte, dass er Porträts gemalt hat – von Lagerinsassen und auch von Offizieren der Wachmannschaften –, dass er auf diese Art Geld verdienen konnte, dass er am Ende sogar einen eigenen Arbeits- und Schlafraum beziehen konnte. Welche Quellen gibt es über dieses Lager auf der Isle of Man?
Diese Lager sind eine spezielle Angelegenheit. In England wird darüber wenig gesprochen, die Internierung aller Deutschen, die 1940 beschlossen wurde, wird heute zu Recht als peinlich betrachtet. Man sperrte Kriegsgefangene, nicht wenige von ihnen überzeugte Nationalsozialisten, mit Menschen zusammen ein, die vor Hitler geflohen waren und nun Asyl suchten. All dies geschah ohne Gerichtsbeschlüsse, ohne zeitliche Begrenzungen. Die Lager wurden unter unglaublichen Umständen aus dem Boden gestampft, und es kam mehrfach zu gewaltsamen Übergriffen zwischen den Internierten. Kurt und Ernst Schwitters waren insgesamt in drei Lagern. Im letzten – auf der Isle of Man – wurden sie dauerhaft interniert. Es war für Schwitters ein Glücksfall, dass eben dort in Camp Hutchinson viele Intellektuelle zusammenkamen. Einige kannten ihn als Künstler. Man organisierte Vorlesungen und Theateraufführungen. Auch an Kunst war man interessiert. Schwitters formte Skulpturen aus den Porridgeresten seiner Mitbewohner. Man kann sich vorstellen, wie diese Kunstwerke nach einer Woche rochen und aussahen. Schwitters musste in eine Dachkammer ziehen, und man versuchte, ihm klarzumachen, dass niemand mehr DADA-Kunst haben wollte. Also begann er, die verlangten realistischen Porträts anzubieten. Vom Erlös kaufte er sich Süßigkeiten, so dass er bald nicht mehr unter sein Bett passte. Er schlief nur unter dem Bett, nicht auf ihm. All diese Details beleuchten die Lebenssituation. Man war eingesperrt, ohne dass man sich etwas zuschulden hatte kommen lassen. Man wusste nicht, ob man je wieder entlassen würde. Informationen über das Kriegsgeschehen gab es nur mit großen Verzögerungen. Man sah, wie die Deutsche Luftwaffe Liverpool bombardierte. Den Lagerinsassen war klar, dass sie, wenn Hitler England besiegte, nur mehr von der Insel ins Meer springen konnten. Bücher von ehemaligen Internierten erzählen davon. Teilweise wird in ihnen auch von Schwitters berichtet. In Oxford konnte ich den Sohn eines ehemaligen Mitinternierten interviewen. Unmittelbare Zeitzeugen, die Schwitters kannten, leben nicht mehr. Meine Hauptquellen waren Fotos und Briefe, Lebenserinnerungen aus dem Freundeskreis, aufgezeichnete Zeitzeugengespräche.

Ihr Roman ist in drei Teile gegliedert: »Das deutsche Leben«, »Das englische Leben«, »Das Nachleben«. Warum gibt es nicht »Das norwegische Leben«? Ein beachtlicher Teil der Schwittersschen Exilgeschichte (1937–1940) ereignet sich ja in Norwegen. Ist dieser Teil weniger bedeutsam? Haben Sie auch in Norwegen recherchiert und dort möglicherweise den Enkelsohn Bengt Schwitters getroffen?
Mir wurde schon im Kurt-und-Ernst-Schwitters-Archiv in Hannover gesagt, dass Bengt Schwitters – der Erbe – keinen Kontakt wünsche. Ich schrieb ihm einen Brief, der leider unbeantwortet blieb. Für die Zeit in Norwegen waren vor allem Fotos und die Korrespondenz mit Helma ausschlaggebend. Man kann zwar nach Oslo reisen, aber eben nicht in das Jahr 1940. Norwegen wird im Roman noch dem »deutschen Leben« zugeschlagen, weil es in dieser Zeit einen so regen Austausch mit Hannover gab. Helma Schwitters kam ständig auf Besuch, man fuhr gemeinsam in Urlaub, selbst Schwitters' Mutter lebte mehrere Monate in Lysaker. Das änderte sich erst mit der Flucht nach England. Im Übrigen erzählt

der Roman über die Fluchtgeschichten hinaus drei Liebesgeschichten – in jedem Teil eine. Zunächst die Ehegeschichte von Kurt und Helma, in England die Beziehung zu Edith Thomas, von Schwitters Wantee genannt. »Nachleben« spinnt den Faden in den 60er Jahren fort.

Auch die Personen an Schwitters' Seite – Helma, Ernst, Wantee – kommen im Roman zu Wort, erzählen aus ihrer Sicht. Eine große Leistung des Romans ist es, dass er der englischen Frau an Schwitters' Seite – Edith Thomas, Wantee – ein Gesicht gibt. Erst über diese Beziehung ist Schwitters' englisches Werk zu verstehen und zu entschlüsseln und wohl auch möglich geworden. Welche Quellen gibt es über diese Frau? Wie ist es Ihnen gelungen, Wantee als Person zu begreifen und zum Sprechen zu bringen? Ein weiteres Verdienst sehe ich darin, dass Sie Helma Schwitters aus dem Schatten hervorgeholt haben. In der deutschen Schwittersforschung hat sie zu unrecht eine Hausfrauenrolle zugewiesen bekommen. Für Schwitters war sie der wichtigste Bezugspunkt. Das wird insbesondere aus seinen Briefen deutlich. Die Rolle der Frau war aber vor 100 Jahren eine andere. Wie hat sich Ihre Sicht auf Helma Schwitters während des Quellenstudiums verändert?

Helma Schwitters habe ich vor allem durch die im Kurt-und-Ernst-Schwitters-Archiv in Hannover lagernden Briefe näher kennengelernt. Aus diesen Briefen kam mir eine witzige, lebendige, warmherzige, temperamentvolle Frau entgegen. Plötzlich verstand ich diese Verbindung, verstand auch die Beschreibung von Zeitzeugen, die betonten, dass beide – Kurt und Helma – die Schwitters-Arena gemeinsam betrieben und im Verbund die MERZ-Abende organisierten. Sie begriff, was er künstlerisch wollte. Bei Edith Thomas war mein Vorgehen ähnlich. In der Londoner Tate Galery gibt es nicht nur sehr viele Schwitters-Kunstwerke (die meisten im Archiv), sondern auch Briefe von Edith Thomas, teilweise mit Schwitters zusammen geschrieben, teilweise auch aus der Zeit nach seinem Tod. Hier halfen mir auch die Aufzeichnungen einer Zeitzeugin, die Edith Thomas im Rahmen einer Dissertation über Schwitters in den 90er Jahren noch kennengelernt hatte. Helma und Edith sind sehr unterschiedlich. Erst durch die Briefe bekamen sie für mich Individualität und Identität. Es zeigte sich, wie viel in der historischen Kunstgeschichtsschreibung einfach auch weggelassen wurde. Schwitters hatte in seiner deutschen Zeit zahlreiche Affären. Helma wusste davon. Dass sie damit nicht glücklich war, wird im Roman thematisiert. Ich orientiere mich an den historischen Hinweisen, aber zeige strukturell in der Anlage des Romans, dass ich nicht meine, dass Kunst aus einem »Genie« kommt und der Rest gleichgültig ist. Schwitters hat das übrigens selbst immer wieder betont. Er war berühmt für sein Adressbuch, für das überquellende Netzwerk, das er mit künstlerischen Männern wie Frauen in ganz Europa und darüber hinaus geknüpft hatte. Im Kontext dieses Kraftfeldes aus Kunst und Innovation müssen auch seine Familienbeziehungen gesehen werden.

Im Roman finde ich jene Szenen sehr schön, in denen Schwitters über Wantee das Englische erlernt und von Beginn auch mit dieser Sprache spielt. Schon die Entstehung des Namens Wantee ist dafür ein schönes Beispiel. Bemerkenswert ist auch sein Entschluss, Briefe zukünftig nur noch auf Englisch zu schreiben. Mit Ernst Schwitters und Raoul Hausmann schrieb er sich auf Englisch, und auch seine Freunde in Deutschland bat er nach 1945, soweit es ihnen möglich ist, auf Englisch zu schreiben, damit Wantee mitlesen könne.

Er wollte sich von Deutschland entfernen. Kein Wunder, wenn man sich ansieht, was sich dort vollzog. Und er musste in einem anderen Leben ankommen. Ich habe selbst in nichtdeutschsprachigen Ländern gelebt und kenne den »pull«, den eine fremde Sprache ausübt.

Allemal, wenn man dann wie Kurt Schwitters noch eine Liebesbeziehung in ihr führt. Ich freute mich, als ich beim Recherchieren sah, dass er sogar Briefe an seinen Sohn nach 1945 auf Englisch schrieb. Das bestätigte meine Wahrnehmung seiner Person und seiner Lebensumstände. Mitunter beginnt er mit einem deutschen Wort, streicht es aus, denkt weiter in der Sprache, die sein Alltag geworden ist. Die alte Lust am Sprachspiel, das poetische Denken, helfen ihm dabei. Wantee heißt Wantee, weil sie, ganz englisch höflich, zu Anfang der Beziehung immer wieder im Türrahmen lehnte – zu den unmöglichsten Zeiten, also auch um zehn Uhr abends – und fragte »want some tea?« Wantee führte »Körrt« nicht nur in die englische Sprache ein, sondern auch in die englische Lebensweise. Sie hat ihn am Leben gehalten, wie er immer wieder betonte.

Es gab ja auch Zeiten, wo Briefverkehr unmöglich war. Vor allem während des Krieges, wo der Kontakt zwischen Kurt und Helma Schwitters unterbrochen war. Auch nach dem Krieg war Briefverkehr ins Ausland wohl nur über eine Zensurbehörde möglich?

Im Gefangenenlager auf der Isle of Man gab es klare Beschränkungen: 24 Zeilen pro Monat pro Person. Selbstverständlich wurden diese Zeilen gelesen. In Großbritannien vermutlich ebenso wie in Deutschland. Später in London durfte Schwitters im Prinzip längere Briefe schreiben, nur war die Postverbindung mit Deutschland unterbrochen. Auch hier wurde zensiert. Wantee arbeitete eine Zeitlang in London im Ministerium für Zensur. Helma Schwitters verstarb im Oktober 1944 in Hannover an Krebs. Schwitters erfuhr davon erst im Dezember dank einer komplizierten Kommunikationskette über die Schweiz. Nach dem Krieg bestand weniger das Problem der Zensur, als die Schwierigkeit, die inzwischen über die Welt verstreuten Freunde und deren Adressen ausfindig zu machen. Nahezu jeder Brief von Schwitters aus der Nachkriegszeit enthält am Ende die Frage, ob der Adressat wisse, wo X und Y und Z jetzt zu finden seien.

Auf Ihrer Website trennen Sie in Life Writing (»Eine Frau wird älter«, »Schöne Frauen lesen«, »Heimliche Helden«, »Sieben Sprünge vom Rand der Welt«) und Nature and Space Writing (»Mein Hiddensee«, »London – Lieblingsorte«) als wesentliche Arbeitsgebiete. Ich habe den Eindruck, dass in »Schwitters« beides zusammenfließt – das Eintauchen in ein Leben und die Ehrfurcht vor der Natur. Bei der Flucht von Norwegen nach Schottland über die Nordsee, wie sie im Roman beschrieben wird, haben auch mir als Leser die Haare zu Berge gestanden. Ihre Schilderung des Lake District macht Lust, in dieser Landschaft auf Spurensuche zu gehen. War es Absicht, dies zu verbinden? Oder kann man das gar nicht trennen?

Es war Absicht, das zu verbinden. Schwitters war von Anfang an ein Künstler, der auf seine Umgebung, sein Außenfeld reagierte. Insofern wäre eine Trennung auch kontraproduktiv. In kunsthistorischen Erörterungen zu Schwitters wird mitunter verwundert gefragt, warum der Avantgarde-Künstler bei seinen regelmäßigen Sommerurlauben in Norwegen konventionelle Landschaftsbilder malt. Man erklärt das dann gern mit dem Wunsch, Geld zu verdienen. Mich amüsiert das. Schwitters' Eltern waren vermögend, die Familie lebte, ohne zu arbeiten, von Mieteinnahmen. Schwitters malt Landschaften und Porträts auf eher traditionelle Weise, weil er dieses Gegengewicht zu seinen innovativen eigenen Kunstbewegungen braucht. Man kann es sich wie ein Üben des Handwerkszeuges, der Pinsel, der Augen, der Hand vorstellen. Schwitters recycelt Material für Collagen, Schwitters macht aus der klassischen Skulptur die Rauminstallation, er setzt Raum und Zeit in Bewegung. Bei dieser radikalen Arbeit ist er ganz allein. Seine Interventionen gehen weit über DADA hinaus – er selbst nennt, was er tut, MERZ. Die konventionelle Malerei, die er in Dresden an der Akademie studierte, ist ein Ausgleich, wie auch sein von den (insbesondere Berliner) Dadaisten angeprangerter bürgerlicher Lebensstil als »Genie im Bratenrock«.

Sie haben in Bezug auf den Schreibprozess immer wieder gesagt: Schreiben ist übersetzen. Auch in Bezug auf Schwitters: Kunst ist übersetzen. In einem Interview sprechen Sie von dem Übersetzen der einen Sprache in die eine Sprache, also vom Deutschen ins Deutsche, wenn man so will. Was ist das für ein Übersetzen, das den Schreibprozess grundiert?
Die britische Autorin A. L. Kennedy hat in einem verwandten Zusammenhang einmal von den verschiedenen Stimmen gesprochen, die wir alle in uns tragen. Zum einen ist da die Stimme, mit der man spricht, die Außen- oder soziale Stimme. Sodann jene Stimme, mit der man zu sich selbst spricht, eine innere Atmosphäre. Kennedy meint, die literarische Stimme setze sich aus diesen beiden Stimmen zusammen, sie entstehe in ihrem Schnittpunkt. Dies trifft einen Punkt, der mit meinen Erfahrungen korrespondiert. Ein literarischer Text hat einen bestimmten Ton. Und dieser Ton ist nicht einfach Alltagssprache. Er wird hergestellt – aus Begegnungen: Begegnung der Person, die ich bin – mit all diesen Stimmen in mir – und dem, was das Gegenüber mir eingibt, sei es die Landschaft im Lake District, eine Collage von Schwitters oder die Beschäftigung mit seinem Leben. Ich übersetze es in literarische Sprache. Damit sind nicht nur die Wörter gemeint, sondern auch die Rhythmik, der Aufbau, die Sätze, die Gliederung, die Formen, die der Roman am Ende in Gestalten und Schatten an die Wand wirft.

In dem gleichen Interview zitieren Sie Lichtenberg: Das Schreibwerkzeug schreibt mit.
Ich hatte erwähnt, dass ich Linkshänderin bin. In der Schule musste ich rechts schreiben, zu Hause wechselte ich die Hand. Das hat dazu geführt, dass ich gut von rechts nach links in Spiegelschrift schreiben kann und heute das Gefühl habe, nur dann wirklich zu schreiben, wenn ich beide Hände benutze. Das ist möglich auf einer Tastatur, aber nicht mit einem Stift. Ich habe 1981, noch vor dem literarischen Schreiben, begonnen, Computer zu benutzen. Ich schreibe meine Texte auf Tastaturen, nicht mit Stiften, oder ich spreche einen Text ins Handy, um ihn zu entwerfen. Mein Buch »Eine Frau wird älter« ist insgesamt aus einem vollkommen frei gesprochenen Text entstanden. Es existiert auch als Hörbuch, tatsächlich war das die Ausgangsfassung. Mich interessiert sehr, wie gesprochene Sprache sich zu Schriftsprache entwickelt. Das Erzählen und auch die Poesie kommen schließlich aus der Mündlichkeit. Bei »Schwitters« hat die Erfahrung der linken Hand beim Zeichnen mitgearbeitet. Beides ist wichtig – das Schreibinstrument und der körperliche Zustand, in den ich mich versetzen muss, um gut schreiben zu können. Ich kann z.B. dem Gehen, von dem andere oft sprechen, überhaupt nichts abgewinnen. Mir fällt nichts ein, wenn ich die Beine bewegen muss. Das ist für mich kein produktiver Körperzustand.

Wie hat Corona Ihr Arbeiten verändert? Gibt es da positive Aspekte oder überwiegen die negativen?
Bei Freud gibt es den schönen Gedanken, dass jede Krankheit auch einen Krankheitsgewinn zeitige. Ich suche schon länger nach dem Pandemie-Gewinn. Ich hoffe, dass wir auch nach der Pandemie noch wissen werden, dass man nicht zu jedem Geschäftstreffen reisen muss. Dass die Umwelt nachhaltig von verringertem Verkehrsaufkommen profitiert. Dass das sogenannte Homeoffice aufgewertet und flexibilisiert wird. Und dass wir andererseits auch neu schätzen, was direkter menschlicher Kontakt bedeutet: für Kinder und Jugendliche etwa. Beim Unterrichten. Und in der Kultur.

Für das Schreiben selbst war ich beim ersten Lockdown eher erleichtert. Weniger äußere Verpflichtungen, mehr Ruhe. Ich bin es gewohnt, allein zu sein und am Schreibtisch zu sitzen. Drei Wochen Kind zu Hause: auch sehr schön. Sehr schnell zeichnete sich aber ab, dass meine Ruhevorstellungen Illusion waren. Es entstand jede Menge zusätzlicher Kommunikationsarbeit. Das hält bis heute an. Langfristig leide ich als Person wie als Autorin an »sozialer Austrocknung«. Ich weiß jetzt sehr viel besser als vor der Pandemie, warum ich jeden Morgen in ein Café ging, einfach um dort zu sitzen und mit der Arbeit zu beginnen. Ich brauche Menschen um mich, sie sind meine Wirklichkeit. Nur von ihnen aus, begleitet von ihren Stimmen, ihrem Lachen, ihren Gerüchen, kann ich in die Fiktion aufbrechen. Es ist für mich ein wesentliches Moment des Schreibens, die lebende gesprochene Sprache um mich herum zu haben.

In Ihrem Nachwort zum Roman steht der überraschende Satz: »Schwitters« ist kein Künstlerroman?
Das ist eine Schwittersche Bewegung, sprich: hier wird einmal um die Ecke gedacht. Natürlich ist es kein Künstlerroman – es kommen mindestens zwei Künstler vor, nämlich er und ich. Ich kann im Schreiben ja gar nicht anders, als mich mit hineinzuschreiben. Und auch der deutsche Kurt und der englische Körrt sind mehr als ein Mann. Das Nachwort spielt mit Fragen des Life Writing und der Biografie. Es tut das lustvoll und folgt zugleich einer Frage, die mich lange schon beschäftigt: Wie erzählt man ein Leben? Am Ende schreibe ich Schwitters' und untergründig auch ein Stück Schreib-Biografie. Das Spannende ist das Doppelt-Sein. Die Energie entsteht ja immer wieder in der Differenz.

Schwitters hatte 1946 in einem Brief an Christof Spengemann geschrieben: »Wir spielen, bis uns der Tod abholt.« Im Prinzip hat sich diese Maxime am Ende verwirklicht. Schwitters hat bis zur physischen Erschöpfung an seiner MERZbarn in Elterwater gearbeitet. Wobei Spielen bei ihm eine ganz ernste Auseinandersetzung mit künstlerischen Fragen bedeutete. Sie beschreiben das Ende dieses Künstlers sehr einprägsam, dieses Beharren auf Kunst.
Seine Kunst war sein Lebensmittel. Künstlersein ist nichts, wovon man in Urlaub gehen kann. Es lässt sich vom »Leben« nicht trennen.

Im Roman lernen wir einen Kurt Schwitters kennen, der auch sehr anschlussfähig ist. Ihm bereitete es offenbar keine Schwierigkeiten, zu Kriegszeiten als Deutscher im englischen Hinterland Kontakt und Anschluss zu finden. Oft waren es englische Freunde, welche ihm aus der Klemme halfen, wenn er als deutscher Spion denunziert worden war. Er muss auch in diesem Alltagskontext eine beeindruckende Persönlichkeit gewesen sein?
Es wird vielfach berichtet, dass Schwitters sehr charmant sein konnte. Sicher hat das auch in England eine Rolle gespielt. Er war hilfsbereit, ohne Dünkel an Austausch interessiert. Flirten konnte er wohl ebenfalls besonders gut. Immer wieder arbeitete er mit anderen Künstlern und Künstlerinnen zusammen, mit Gruppen. Wir sprachen vorhin schon über die Netzwerke, die er über ganz Europa knüpfte. Er wäre ein begeisterter Blogger und Instagramer. Im Roman beschreibe ich, wie er sich mit einem Schäfer anfreundet, der in der Nähe der MERZbarn seine Schafe weiden lässt. Dazu kommt sein schräger Humor. Und sein absoluter Einsatz für seine Kunst. Dass die Leute mit dem Finger auf ihn zeigen, wenn er wieder Müllsammeln geht, nimmt er in Kauf.

Schwitters führt in einigen Briefen seine Popularität in England auf eine Schwanengeschichte zurück. Was hat es damit auf sich?

Man weiß bei Schwitters nie, ob die Sache nicht vielleicht auch einfach erfunden war. Er erzählte, dass er am Grasmere, einem See in der Nähe vom Ambleside, gelegen habe, um sich von einem Porträtauftrag etwas auszuruhen, als ein Schwan kam und seine Uhr verschluckte. Und er beklagte, dass der Schwan nicht getötet worden war, um die Uhr zu retten, da in England jeder Schwan dem König höchstpersönlich gehörte. Das fand er bizarr – und er machte sich ein wenig über die Engländer lustig. Die Lokalpresse berichtete davon, und prompt verkaufte Schwitters zwei Blumenbilder. In einem Brief später gestand er, dass die Geschichte Erfindung war. Schwitters hatte in Hannover als Werbefachmann gearbeitet. Sein Gedicht »Anna Blume« wurde nicht zufällig berühmt: Er plakatierte alle Litfaßsäulen Hannovers damit. Das Geld aus dem Bilderverkauf in Ambleside brauchte er dringend. Wantee und er hatten wenig bis nichts, immer wieder hungerten sie.

Ein Netzwerk-Erfolg in jener Zeit war, dass es ihm gelang, von Ambleside aus eine Ausstellung in der MoMa in New York und ein Stipendium der MoMa zu organisieren, welches die Errichtung der MERZbarn erst ermöglichte.

In London wurden noch während des Krieges einige seiner neuesten Werke ausgestellt. Den Galeristen hatte er im Internierungslager Camp Hutchinson auf der Isle of Man kennengelernt. Die Förderung durch das MoMa ging auf Kontakte aus den 20er und 30er Jahren zurück. Es gab zu Schwitters' Lebzeiten immer Menschen aus der Kunstszene, die erkannten, wie originell und innovativ Schwitters' Arbeiten waren. Man spürt auch heute die genuine Kraft seiner Werke, wenn man vor ihnen steht. Das MoMa-Stipendium ermöglichte es Schwitters, die MERZbarn anzumieten. Ohne es gäbe es das letzte Schwitterswerk also nicht. Mit dem letzten Rest des Geldes bezahlte Wantee im Januar 1948 dann seine Beerdigung und die Grabstätte in Ambleside.

Heute gibt es zwei Gräber von Kurt Schwitters – eines in Ambleside und eines in Hannover. In welchem liegt er?

Es passt zu Schwitters, zwei Gräber zu haben. Er liegt in Hannover, wohin sein Sohn Ernst die Gebeine in den 70er Jahren überführen ließ. Das Grab in Ambleside wurde jedoch nie aufgelöst. Schwitters war am Tag seines Todes vermutlich staatenlos. Seine britische Einbürgerungsurkunde lag neben ihm im Krankenzimmer, er hatte aber nicht mehr genug Kraft, um sie zu unterschreiben. Zwischen seinem Sohn Ernst und Wantee entspann sich in der Folge ein Rechtsstreit um die Gültigkeit des Testaments, die von Schwitters' Nationalität zum Todeszeitpunkt abhing. Die Frage wurde nie gelöst. Mitunter ist die Wirklichkeit bittergenau: Schwitters saß zwischen allen Stühlen. Seine Identität war zerschlagen worden. Das ist mit ein Grund, warum es den Roman in zwei Sprachen gibt.

Im dritten Teil des Romans »Das Nachspiel« passiert neben einer kleinen Liebesgeschichte zwischen zwei Studenten eigentlich etwas ungeheuer Spannendes, was es so in der Kunstgeschichte noch nicht gegeben hat. Wie kam es zu dieser spektakulären Überführung der MERZbarn nach Newcastle?

Zu Beginn meiner Recherche fuhr ich in den Lake District. Im Vorraum der rekonstruierten MERZbarn in Elterwater hängt ein Zeitungsfoto aus den 60er Jahren, auf dem man den Ausleger eines Krans sieht, an dem die 23 Tonnen schwere MERZbarn-Wand in der Luft hängt. Welch kraftvolles Bild: Hier wird ein Kunstwerk gerettet. Nach Schwitters' Tod verfiel die MERZbarn zusehends. Sein Werk allerdings wurde für die aufkommende Pop Art wichtig. Harry Pierce, dem die MERZbarn gehörte, wollte die von Schwitters bearbeitete Wand verkaufen, doch die großen Galerien wie etwa die Tate in London hatten kein Interesse. Auf Anraten des in Newcastle tätigen Pop-Art-Künstlers Richard Hamilton kaufte die Universität Newcastle schließlich das Kunstwerk für einen geringen Betrag. Das größere Problem war der Transport aus dem Lake District in die Stadt. Am Ende sammelte ein Freundeskreis 500 Pfund, um die Brücken für die Überführung zu verstärken, und Studierende verbrachten ihre Ferienzeit mit ehrenamtlichen Baumaßnahmen in Elterwater. Mich hat das immer berührt, weil es zeigt, wie wichtig die Einsicht und der Enthusiasmus einzelner Personen sein können. Und wie sehr wir als Gesellschaften darauf angewiesen sind, Kunst als Freiheitsraum zu begreifen und wertzuschätzen. Wenn man heute vor Schwitters' letztem Werk steht, spürt man, welche Kraft von ihm ausgeht. Und welch unerwartete Heiterkeit. Als ich dort stand, war mir klar, dass die Geschichte der Rettung das Ende des Romans werden muss.

Wenn man sich heute umschaut, entsteht der Eindruck, dass die Schwittersforschung eher im englischsprachigen Raum stattfindet, insbesondere im Kontext der großen Schwitters-Ausstellung in der Tate Gallery im Jahr 2013 ist viel geforscht worden. Ist das deutsche Schwittersbild schon fertig, während andernorts daran noch gebaut wird?

In Deutschland wird Schwitters vor allem als Schriftsteller wahrgenommen. Und in der Kunstbetrachtung liegt der Schwerpunkt auf den Arbeiten, die vor der Exilzeit entstanden sind. So neigt man hierzulande auch dazu, Schwitters schlicht in der DADA-Ecke zu verorten. In England verhält sich die Rezeption geradezu spiegelbildlich. Den Autor kennt man dort nicht. Schwitters ist, nicht zuletzt dank der großen Tate-Ausstellung, als Künstler präsent, und wird als wichtige Inspirationsquelle der Pop Art geschätzt. Mit der Aufstellung der MERZbarn-Wand in Newcastle wurde Schwitters zum britischen Künstler. Zu Lebzeiten, bis 1948, war an diese Anerkennung freilich noch nicht zu denken. Schwitters hat in Briefen oft beklagt, auf wie wenig Resonanz er in England stieß. In Ambleside auf der Straße konnte auch 2017 kaum jemand etwas mit seinem Namen anfangen.

Auch in Dresden wissen heute nur wenige, dass Schwitters viel mit dieser Stadt verbunden hat, dass er hier studiert hat, dass er hier wichtige Bühnenauftritte und Ausstellungen hatte, dass das berühmte MERZ-Bild von der Städtischen Galerie Dresden angekauft und ausgestellt worden war, ehe es im Zuge der Aussortierung von ›entarteter Kunst‹ vernichtet wurde, dass Schwitters' Adressbuch viele Dresdner Adressen enthielt – Ida Bienert, Will Grohmann, Gret Palucca und viele andere.

Liebe Ulrike Draesner, ich danke Ihnen für dieses Gespräch.

Man muss sich nicht beeilen, ins Nirwana zu kommen

Theogonie, Ilias und Altes Testament fußen auf den gleichen Mythen

Gespräch mit Raoul Schrott

Raoul Schrott traf ich am 16. September 2015 im Dresdner »Café Neustadt«. Am Abend nach unserem Gespräch stellte er im Dresdner Stadtmuseum seine Übertragung von Hesiods »Theogonie« vor. Das Dresdner Publikum war interessiert, jenen gelehrten Poeten kennenzulernen, dessen Bücher über das Gilgamesh-Epos und Homer die Altphilologen so sehr in Rage gebracht hatten, den Lesern aber stets reiche Geschenke waren. Während der restlos ausverkauften Lesung konnte man eine Ahnung davon bekommen, was mit dem Raoul Schrott von Neidern zugeschriebenen Talent der Selbstinszenierung gemeint sein könnte. Es war alles perfekt an dieser Inszenierung ältester griechischer Dichtung. Das Publikum schien wie hypnotisiert, man hätte ein Streichholz fallen hören können. Schrott bewirkte dies allein mit dem Einsatz seiner Stimme und durch die Klarheit seines Vortrages. Alles schien dem Bemühen untergeordnet, sich so unmissverständlich wie nur möglich auszudrücken. Ich begriff an diesem Abend auch, dass die ihm von den Hütern toter Sprachen vorgeworfenen Freiheiten beim Übersetzen frühester Dichtung wohl dem gleichen Bemühen entsprungen sein mussten. Er will uns diese Dichtungen verständlich machen und sie uns als etwas Lebendiges vorstellen.

Lieber Raoul Schrott, als Literaturwissenschaftler hatten Sie sich zunächst mit dem Phänomen DADA und mit den Surrealisten beschäftigt, auf diesem Gebiet auch promoviert. Schon kurz darauf kam eine Hinwendung zur frühesten Literatur, vor 5000 Jahren beginnend. In »Die Erfindung der Poesie« haben Sie uns Enheduanna, die früheste heute bekannte Dichterin (2400 v. Chr.), nahegebracht, später das Gilgamesh - Epos. Wie kam es zu diesem weiten Sprung zurück?

DADA war das Ergebnis meines Literaturstudiums in der Vergleichenden Literaturwissenschaft. Ich hatte damals in Norwich, wohin W. G. Sebald mich gelockt hatte, Seminare bei Richard Sheppard absolviert. Er hatte mich in der Folge in London mit dem damals 103-jährigen Wilhelm Simon Guttmann bekanntgemacht, der im Umfeld des Cabarets Voltaire in Zürich auftauchte und der Begründer des Neopathetischen Cabarets in Berlin war, der Entdecker Georg Heyms. Ihn zu treffen, war wie ein Handschlag mit dem letzten Jahrhundert, der mich zur intensiven Beschäftigung mit DADA führte. DADA hatte mich weniger wegen der Unsinns-Ebene interessiert, sondern wegen der existentiellen Haltung, die dahinter zu erkennen war. Aber auch das Nebeneinander von Ratio und Irrationalem in einem vom Futuristischen geprägten maschinellen Zeitalter. Da das Ich zu behaupten, in all seinen Widersprüchlichkeiten. Und der Kunst den Rang abzusprechen, den sie bis zum Ersten Weltkrieg hatte. Wo sie letztlich zur Fassade verkommen war, und mit ihr die Sprache. Dieses Neuschöpferische von DADA, eine neue Sprache zu finden, einen neuen Ausdruck zu finden für das Humane. Das hat mich sehr interessiert. Sowohl das Triebhafte wie das Getriebene, sowohl das intellektuelle Spiel als auch die Provokation. Eine sehr kynische Richtung könnte man sagen – Diogenes in der Tonne oder Diogenes, der mit der Laterne in der Hand untertags auf dem Marktplatz kluge Leute sucht. Der Einfluss von DADA war sehr groß. DADA hat die Performance begründet. DADA hat das Happening begründet. DADA hat die Installation begründet. DADA hat das Sampling begründet, die Collage, das Readymade, das Absurde Theater. In Österreich war DADA nicht unwichtig als Einfluss auf die Wiener Gruppe. Meine ersten Gedichtbände waren von diesem surrealen Sprachgestus getragen. Im wörtlichen Sinn getragen, um zu sehen, wie weit man mit den Worten kommen kann, welche Räume ich mit der Assoziationsfähigkeit der Worte aufbauen kann. Das hatte mich dann aber sehr schnell nicht mehr interessiert, weil es ein reines Sprachspiel blieb, weil es epigonal war. Mich hat dann mehr eine andere Frage interessiert: Was ist Poesie? Dann: Wer hat das Gedicht erfunden? Wer hat die Strophe erfunden? Warum ist das Gedicht erfunden worden? Wer waren die ersten Dichter? Wie haben sich die Formen herausgebildet? Wer hat die Metapher erfunden? Meine Habilitationsarbeit beschäftigte sich mit dem Thema »Poetiken von der Antike bis in die Gegenwart«. Über die Troubadours des Mittelalters bis hinauf zu Derek Walcott. Das war eine Art Lehrlings- und Gesellenarbeit. Denn was ein Dichter in allererster Hinsicht tut, ist der Versuch, Tradition zu verkörpern, um sie lebendig zu halten. Was er selbst an Eigenem dazugeben kann, ist immer nur ein kleiner Teil. Das Berufsbild des Dichters umfasst für mich das Aufarbeiten der Tradition, das Lernen an der Tradition. Da ist das Übersetzen eine wichtige Nebenbeschäftigung, über die man sich das Handwerk aneignet. Weil man sich mit sehr vielen fantastisch guten Dichtern auseinandersetzen kann. Noch heute ziehe ich den Hut vor Properz, Homer, den ersten Troubadours. Oder dem walisischen Dichter Dafydd ap Gwilym aus dem 14. Jahrhundert, einem der handwerklich perfektesten und zugleich pfiffigsten, sprachmächtigsten und fantasiereichsten Dichter, die ich kenne. Man liest als Übersetzer weitaus genauer, da man Wort für Wort umsetzen will und dafür erst einmal hinter den Sinn kommen muss. Und zwar den damaligen Sinn. Da bei jedem Gedicht sehr viel zwischen den Zeilen steht, muss man zunächst die zeitbezogenen Realien und Kontexte ausloten, um alle Anspielungen des Gedichts nachvollziehen zu können. Erst dann kommt es zur Nachahmung im Deutschen. Nur jene Übersetzung eines Gedichts, die selbst ein Gedicht ist, hat Wert. Sonst liefert man nur eine Inhaltsangabe mit Fußnoten. Das war ein Lernprozess, bei dem ich u.a. die früheste sumerische Dichtung entdeckte. Das hat mir einen Überblick verschafft, den ich nicht missen möchte. Ich habe bei der Übersetzung dieser frühen Gedichte sehr viel Handwerkliches gelernt, vor allem in der Rhetorik, welche Möglichkeiten für die Umsetzung eines Gedankens, eines Bildes, eines Einfalls es gibt, welche Stilmittel, welche Sprach- und Denkfiguren es gibt.

Ich habe die Anthologie »Die Erfindung der Poesie«, die ebenfalls ein Ergebnis dieser Anstrengungen war, seinerzeit als ein großes Geschenk begriffen. Die Begegnung mit Enheduanna war durch den Reichtum dieser Texte sehr überraschend. Es ist klar, dass diese uns bekannten frühesten Gedichte bereits auf einer reichen und langen, vermutlich oralen Tradition fußen müssen.

Ja, einer oralen Tradition. Der maßgebliche Grund, weshalb Dichtung erfunden wurde – in einer Zeit, in der es noch keine Schrift gab (3000 v. Chr.) –, war, dass man sich etwas merken wollte. Die einzige Möglichkeit, sich etwas zu merken, war, Sprache musikalisch zu binden. Das hängt damit zusammen, dass Sprache und Musik in zwei verschiedenen Gehirnarealen verarbeitet werden. Von ihrer Struktur her sind Sprache und Musik sehr ähnlich – da die Töne, dort die Silben, Akkorde, Idiomatik, Sprachmelodien. Musikalisch gebundene Sprache stellt dabei quasi die doppelte Speicherkapazität zur Verfügung. Aus diesem Grund ist Poesie erfunden worden. Sie hat sich jedoch mit der Schrift verändert. Der vorherige auf das orale Zuhören bezogene Stil, mit seinen Parallelismen, mit seinen Redundanzen, hat sich dann auf das wie ein Objekt fixierbare Wort verlegt. Ab da versteht man unter Poesie den genauen Umgang mit Worten, die Suche nach der richtigen Nuance, die Akribie im Umgang mit Worten.

Vermutlich kommt auch der Reim aus der oralen Tradition?

Ich habe vor ein paar Jahren gemeinsam mit Arthur Jacobs, einem Neurowissenschaftler an der Freien Universität in Berlin, ein ganzes Buch über all diese Fragen geschrieben, auf die nirgendwo Antworten zu finden waren (»Gehirn und Gedicht. Wie wir unsere Wirklichkeiten konstruieren«). Dabei zeigte sich, dass das, was Poesie produziert, nicht eine Reihe von mentalen Fehlschlüssen, nichts Artifizielles ist, sondern wesentlich in unserem Denken angelegt ist. Wenn ich ein Gedicht auf die kürzest mögliche Art definieren soll, dann sage ich: Ein Gedicht präsentiert Bilder in Sprache, musikalisch gebunden. Bild – Sprache – Musik. Alle drei sind wesentlich für unser Denken. Wir denken zur Hälfte in Bildern. Das Gedicht präsentiert semantische Aussagen, gleichzeitig tut es dies in musikalischer Form. Das ist auch der Grund, weshalb gute Gedichte relativ selten sind. Weil diese drei Elemente miteinander verknüpft sein wollen. Das Ganze soll sich gegenseitig herausarbeiten, um der Aussage Gestalt zu geben. Musik ist körperliches Denken. Unser Lidschlag, unser Herzschlag, unser gesamtes Gehen ist auf Rhythmus abgestimmt. Dann gibt es das bildliche, das vorsprachliche Denken, und dazu noch das sprachliche Denken. Alle drei in einem Objekt verknüpfen, das kann Poesie. Das kann keine andere Kunstgattung leisten. Unser Gehirn ist prädiktiv darauf ausgelegt, Situationen, die gefährlich werden könnten, vorwegzunehmen. Es versucht die ganze Zeit, Voraussagen zu treffen. Sprache ist im Gehirn nicht lexikalisch abgespeichert, sondern nach Klangfiguren. Beides hat damit zu tun, dass, wenn wir z.B. ein Wort hören, welches mit K beginnt, das Gehirn sofort ansetzt, Vorschläge zu unterbreiten, was da für ein Wort kommen könnte, um gewappnet zu sein für die Aussage – je nach eigenem und kulturellem Horizont des Menschen: Kap, Kapital, Kapitell, Kapitel etc. Das ist die Grundbedingung für den Reim. Denn in dem Moment, wo ich weiß, dass es sich um ein Grundwort am Ende eines gereimten Gedichtes handelt, habe ich alle möglichen klangähnlichen Worte mit angetippt. Die Leistung des Gedichts ist dann, entweder diese Erwartungshaltung auf überraschende Art und Weise zu erfüllen oder diese Erwartungshaltung zu brechen, indem ich plötzlich mit einem ganz anderen Reim daherkomme, an den keiner vorher gedacht hat. Das ist letztlich die Geschichte des Reims. Der natürlich auch Erinnerungsfunktion hat, denn ein einmal wachgerufenes Wort bleibt ca. drei Sekunden präsent. Daran schloss sich für uns die Frage an: Warum sind die Gedichtzeilen so kurz? Das Einzige, was ich je darüber gefunden hatte, war ein Hinweis in der *Princeton Encyclopedia of Poetry and Poetics*: Die Verslänge hat die ideale Länge für den Atemrhythmus. Das ist völliger Blödsinn, denn wir können mit einem Atemzug ungefähr sechzig Silben von uns geben. Die durchschnittliche Verslänge weltweit liegt bei zwölf Silben. Das entspricht in etwa der Länge in Schillers »Glocke«. Die Neurologie sagt an dieser Stelle: Zwölf Silben ausgesprochen sind etwa drei Sekunden, und drei Sekunden ist das Fassungsvermögen unseres Arbeitsspeichers. Das heißt, während unseres Gesprächs verpacke ich oben im Gehirn Informationen in Drei-Sekunden-Paketen, die unten bereits artikuliert werden. Wenn ich zuhöre, sequentiere ich das im Drei-Sekunden-Takt, und dadurch ergibt sich der Vers in einer idealen Verpackungsgröße von Information. Das heißt, eine Brechung sollte einem gewissen Sinn folgen. Die Mode, die Zeilen irgendwie typografisch auf dem Blatt zu verteilen, wird dem, was eine Verslänge sein soll, nicht gerecht, sondern wischt ziemlich oberflächlich über die mentale Disposition hinweg. Diese Untersuchung hat mir sehr viel gebracht an Verständnis, was Poesie ist, wie sie arbeitet, über welche Mittel sie verfügt.

Ihre Übertragung des Gilgamesh-Epos hat diesen Mythos für viele heutige Interessierte erschlossen, denen die bis dahin verfügbaren rein philologischen Übertragungen zu trocken erschienen sind. Ihnen selbst haben diese neuen Übertragungen des alten Mythos einen Philologenstreit eingebracht. Im Falle von Shakespeare scheint es einen Konsens zu geben, dass diese kräftige und poetische Sprache immer wieder neu übersetzt werden sollte, um ihre Wirkung auf nachfolgende Generationen entfalten zu können. Warum wird das bei den Altphilologen anders gesehen?

Bei den meisten Gräzisten resultiert diese Auflehnung einfach aus Kleingeisterei. Ich betrete ja ihren Schrebergarten nicht. Aber ich muss es anders sagen: Ohne die philologische Arbeit, welche die jeweiligen Disziplinen liefern, könnte ich gar nicht arbeiten, weil ich ja kein Sprachwissenschaftler bin. Die Texte des Gilgamesh-Epos müssen ja zunächst aus der Keilschrift transskribiert werden. Dann müssen diese Texte interpretiert werden. Es muss ein Vokabular erarbeitet werden. Das kann ich gar nicht. Meine jeweilige Sprachkenntnis begnügt sich damit, zu begreifen, wie diese Poesie funktioniert, wo das Klangelement hereinkommt, wie die Metaphern funktionieren. Ich habe einen Zugang zu dieser Sprache, ohne für eine Übersetzung selbst philologische Recherchen machen zu müssen. Eine Übersetzung kann dabei zweierlei sein: akademisch oder literarisch. Eine akademische Übersetzung erklärt das Gedicht wie eine Art Rezept – diese und jene Inhalte sind so und so zusammengebaut. Eine literarische Übersetzung – mit den Mitteln der Sprache hier und jetzt – muss diese Ingredienzien jedoch wieder in eine Form umsetzen. Denn das, was die Menschen damals unter diesem Text verstanden hatten, war ja unmittelbar eingängig. Das war die damalige Dichtungssprache. Die Sprache in einem akademischen Zustand zu belassen, würde uns lediglich einen wissenschaftlichen Zugang verschaffen. Das Gedicht als Konstrukt, als Form, als Sprache, als Diktion, muss jedoch erst wieder realisiert werden. Das heißt, man muss dieses Gedicht nicht nur aus der geografischen zeitlichen Ferne übertragen, aus einem Kulturhorizont von vor 5000 Jahren, sondern es auch neu realisieren, in einer anderen Sprache. Wenn ich eine Speise aus einer früheren Kultur schmackhaft nachkochen will, reicht es nicht, alle Bestandteile und Gewürze zu kennen. Oft muss ich heutige Gewürze verwenden, um die Speise genießbar auf die Speisekarte zu setzen. Das Ziel ist es, die Speise so nachzukochen, dass es das gleiche Geschmackserlebnis wird. Sich über diesen Vorgang aufzuregen, ist ignorant. Mit kleingeistig meine ich, dass es am Literaturverständnis völlig fehlt. Gräzisten sind gut in Grammatik, bei der Literaturinterpretation sind sie jedoch auf dem Stand des 19. Jahrhunderts. Ich kenne keine Arbeit in der deutschen Gräzistik der letzten 30 Jahre, die in der Lage ist, moderne Arten der Textinterpretation anzuwenden, um aus den Texten das Literarische herauszuholen. Das ist von der Methodik her alles veraltet. Da kann ich mich als Komparatist berufen fühlen, mich mit der eigentlichen – und auch der geschichtlichen – Thematik auseinanderzusetzen. Vor allem auch, weil es das Griechische ja erst seit dem 3. Jh. v. Chr., ab der hellenistischen Zeit gibt. Vorher – wenn wir vom Gilgamesh-Epos reden, wenn wir von Homer und Hesiod reden – nährt sich das Griechische von seinen orientalischen Wurzeln. Denn dort waren die Hochkulturen, die von den Griechen assimiliert wurden, bis es dann zu Platon und Aristoteles kommen konnte. Die Zeit davor ist geprägt von einem Kulturtransfer von Ost nach West.

Hesiod hat eine »Initiation durch die Musen« erfahren. Was waren die Musen damals, verglichen mit unserem heutigen Verständnis?

Wenn man Hesiods »Theogonie« liest, die den Musenkult begründet hat, so sieht man, dass die Hauptaufgabe der Musen war, die Gesetze zu überbringen, das Ethos einer Gesellschaft. Bei Hesiod gab es die drei höchsten männlichen Götter – Zeus, Poseidon und Hades –, die sich die Welt aufgeteilt hatten – Himmel, Erde und Unterwelt. Diesen stand eine weibliche Göttin gegenüber. Diese wird einmal Themis genannt, die Göttin der Gerechtigkeit, ein anderes Mal Harmonia – die Ordnende, Fügende. Oder sie wird »die Muse« genannt – im Singular. Jedesmal geht sie zurück auf die höchste hethitische Göttin, die Hepate genannt wurde – und ›Musuni‹ – ›die Ordnende, Fügende‹. Deren Funktion war die Rechtsprechung, sowohl um göttliche Gesetze zu überbringen, als auch, um dem Herrscher die nötigen rhetorischen Fähigkeiten zu verleihen, damit dieser seine Urteile so verpacken kann, dass das Volk sie akzeptiert. Diese Gabe, die Gabe der Rechtsprechung, nennt Hesiod die Gabe der Musen, die sie den Menschen verleihen. Gleichzeitig – und dies ist ein spannender Vorgang des Kulturtransfers – stand die Muse Orakeln vor. Die Orakel waren verbunden mit der Unterwelt. Warum? Weil in der Unterwelt die Toten sind. Sie wissen über die Vergangenheit Bescheid. In dem damaligen Weltbild, wo alles festgeschrieben ist, kam alles Übel aus der Vergangenheit. Um also zu wissen, wie die Zukunft sein wird, musste man über die Vergangenheit Bescheid wissen. Daher müssen die Toten aus der Unterwelt heraufgeholt werden, um ihre Orakel zu verkünden. Dieses Verkünden hat eine lautmalerische Dimension. Weil dies in Naturorakeln geschah: das Rauschen des Windes in den Bäumen wurde gedeutet, das Dröhnen von Steinen, die man anschlug. Es gab also so etwas wie ein dadaistisches Lautgedicht, das von einem Propheten interpretiert worden ist. So kam eine ästhetische Dimension hinein. Deswegen singen die Musen – im Plural – von dem, was in der Vergangenheit war, was ist und sein wird. Und weil sie einen Zugang zur Vergangenheit haben, erzählen sie in der Theogonie auch die Entstehung des Alls, der Götter und der verschiedenen Göttergenerationen. Hesiod spricht in diesem Zusammenhang vom Erklingen der Stimmen der Musen, von einer Ekstase des Orakels, bei denen sie mit den Füßen stampfen. Themis, die Recht sprechende Göttin, tritt im Zuge der Übernahme des Mythos durch die Griechen völlig in den Hintergrund. Da die Griechen die Frauen generell nicht wertschätzten, ist deren Rolle untergraben worden. So entstand dieser Text, bei dem von Verkünden die Rede ist, aber nicht mehr mit Bezug auf die Ursprungs-Gottheit. So kam diese ästhetische Dimension hinein, die sich im griechischen Kulturverständnis dann langsam weiterentwickelt hat. Das Singen rückt in den Vordergrund. Hesiod kennt neun Musen, in seiner Nachbarstadt gibt es drei mit völlig anderen Namen. Das Musenbild, welches wir heute im Kopf haben – Kalliope zuständig für das Epos, Thalia für die Komödie, Erato für das Liebeslied usw. –, hat sich erst in der Renaissance ausgeformt. Das war ein langer Entwicklungsprozess, bei dem am Anfang die Rechtsprechung stand. Das ist schön für die Poesie, dass sie irgendwann einmal das legalisierende Element war.

Hesiod greift für den in der »Theogonie« dargestellten Schöpfungsmythos auf die gleichen Quellen zurück wie Homer für die »Ilias«. Im Nachwort zur Ihrer Übertragung der »Theogonie« setzen Sie sich mit diesen Quellen dezidiert auseinander. Sie sagen: »Kennt man die Vorlagen, liest man die ›Theogonie‹ wie ein Palimpsest.« Ein Ergebnis Ihres Quellenstudiums ist die Versetzung des Olymps in den vorderasiatischen Raum. Damit scheint der nächste Philologenstreit vorprogrammiert?

Ja, ich hatte in der Tat erwartet, dass es wieder zu Diskussionen kommen würde. Aber die Gegenseite war völlig still, da bereits seit 50 Jahren bekannt ist, dass Hesiod drei verschiedene Zyklen des Nahen Ostens wiedergibt und sie ins Griechische bringt. Was ich aber zeigen konnte ist, dass all diese Mythen – drei verschiedene Schichten, der alte semitische Baal-Zyklus, der hethitische Kumarbi-Zyklus und darüber noch akkadische Mythen –, dass diese Göttergeschichten, die Hesiod präsentiert, ihren Sitz auf einem Berg haben, der heute an der türkisch-syrischen Grenze liegt, der sogenannte Djebel al Aqra, der auch in der Bibel der Götterberg ist.

Hesiod ist im Hinterland von Euböa geboren worden. Euböa war zu dieser Zeit – etwa um 700 v. Chr. – der einzige Ort in Griechenland, wo kulturell etwas passierte. Athen und Sparta waren damals noch unbedeutend. Das Orakel in Delphi war gerade erst begründet worden. Euböa war reich, weil die Euböer Seefahrer waren. Es lässt sich archäologisch eindeutig nachweisen, dass die Euböer damals einen Handelsort in Syrien besaßen, und zwar am Fuße dieses Götterberges. Das war zugleich die Voraussetzung für einen Kulturtransfer. Die Mythen des Djebel al Aqra kamen so nach Griechenland und wurden auf den Helikon und auf den Parnass verpflanzt. Parnass ist ein hethitisches Wort und heißt Götterberg. Man kann diese Handelsroute nachweisen, man kann auf Euböa auch sehr viele orientalische Tempel nachweisen. Das ist das Ergebnis eines etwa 100 Jahre währenden Kulturkontakts. Auf der griechischen Seite ist so eine adaptierte Fassung der östlichen Mythen entstanden. Ich hätte das Hesiod-Buch vor den Homer-Büchern herausbringen sollen, dann wäre vieles deutlicher geworden. Denn Homer hat etwa 50 Jahre später genau in dieser kilikischen Ecke an der nordsyrischen Grenze gewirkt. Das war ein organisches Umfeld. Die Griechen hatten damals keine Rechtsprechung nach heutigem Verständnis. Wenn man Hesiod liest, merkt man, dass es ein völlig korruptes Land ohne Bodenschätze war, von armen Bauern bewirtschaftet. Diese verdingen sich dann als Wanderarbeiter oder als Spediteure mit ihren Schiffen für die Hochkulturen und tragen deren Wissen nach Griechenland. Ein ausgebildeter Komparatist mag eher in der Lage sein, diese Dynamiken zu überschauen, als ein Gräzist. Der Gräzist darf sich schon vom Fach her nicht in die Gebiete der Semitologen und Assyrologen wagen, ohne befürchten zu müssen, eine auf den Deckel zu bekommen. Deshalb ist es hochnotwendig, sich mit komparatistischen Mitteln dieses Umfelds anzunehmen. Damals gab es einen beständigen Kulturkontakt im gesamten Mittelmeerraum.

Sie werfen den Gräzisten auch vor, dass sie mit den Assyrologen nicht richtig ins Gespräch kommen. Anders als die Archäologen und die Ethnologen, die über diesen Graben längst gesprungen seien.
Den Archäologen und Althistorikern sind diese Zusammenhänge längst klar. Es sind lediglich diese paar Altgräzisten, die sich bis zu ihrer Emeritierung gegen diese Einsichten sperren werden. Die neue Generation von Gräzisten steht dem schon aufgeschlossener gegenüber. Im Neuen Museum in Berlin steht meine Theorie mittlerweile gleichberechtigt neben den anderen. Mehr kann man nicht verlangen. Ich bin jetzt sehr froh, weil ich durch die Arbeit an Hesiod eine ganze Reihe weiterer Argumente dafür liefern konnte, dass Homer in Kilikien gearbeitet haben muss, um an die Vorlagen für seine Texte heranzukommen. Das war eine schöne Bestätigung, die ich Jahre nach der Homer-Diskussion nachliefern konnte.

Ich habe aus Ihrem Text gelernt, dass es einen wesentlichen Unterschied zwischen Hesiod und Homer gibt. Homer hatte direkten Kontakt zu den Originaltexten und konnte deshalb, wie man heute sagt, Textbausteine aus den alten Mythen in seine Ilias verpflanzen. Für Hesiod kann dies nicht nachgewiesen werden. Ist das wirklich eine Frage des Zugangs zu den Quellen oder nur eine Frage der unterschiedlichen Verarbeitung dieser Quellen?
Es hat ein unterschiedlicher Zugang zu den Quellen bestanden. Die Übereinstimmungen zwischen der Ilias und dem Gilgamesh-Epos, dem Epos von Erra, dem Alten Testament und hethitischen Texten haben sich ja nur aufgrund der wörtlichen Übereinstimmungen

feststellen lassen. Sonst hätten die Gräzisten von vornherein gesagt: Ja, das ist zu allgemein, das kann jeder erfinden. Man hat aber festgestellt, dass bei der Ilias nicht nur die Motive gleich sind, sondern die Sätze mitunter perfekt aus der jeweiligen Sprache übersetzt worden sind. Das setzt voraus, dass Homer damals Zugang zu den Originaltexten des Gilgamesh-Epos gehabt haben muss. Dieses Epos war damals nicht ein volkstümlich verbreiteter Text. Es handelte sich um ein in Tempelbibliotheken streng gehütetes Herrschaftswissen. Homer musste diese Sprache kennen, er musste die Keilschrift lesen können, und er musste einen Zugang zu den Tempelbibliotheken haben. Hesiod kam auf eine völlig andere Weise an diese Geschichten. Er war über die Handelsbeziehungen der Euböer mit diesen Mythen bekannt geworden. Auf Euböa sind die ältesten in Griechenland gefundenen semitischen Inschriften gefunden worden, die älteste gibt einen aramäischen Wortlaut in griechischen Buchstaben wieder. Hesiod stützt sich nicht auf Originaltexte, sondern mündliche Überlieferungen, aufbereitetes religiöses Wissen. Überliefert worden sind auch die Kulte für die jeweiligen Gottheiten. Er hört diese Geschichten und macht – wie Homer – etwas Griechisches daraus. Er wird ein Missionar. Hesiod als Dichter zu bezeichnen, ist eigentlich falsch. Am besten vergleicht man ihn mit den alttestamentarischen Propheten – Jesaja etwa, der sein Zeitgenosse gewesen sein muss –, die Wahrheiten zu verkünden hatten. Auch Hesiod sagt: Mir haben die Musen die Wahrheit verkündet, ich sage euch jetzt, was die wirkliche Religion ist, wer die Götter sind, wer welche Funktion hat, an wen ihr euch wenden müsst und vor allem, wie ihr leben müsst, was das Ethos ist. Hochkultur mit ihrem ganzen Prestige wird transferiert in eine Kultur, die erst im Aufbau begriffen ist.

Welche Verknüpfungen gibt es zwischen der Theogonie, der Ilias und dem Alten Testament?
Es lässt sich gegenwärtig noch nicht sicher sagen, was zuerst da war. Es lässt sich jedoch ganz klar sagen, dass Ilias und Altes Testament überraschend viele wörtliche Parallelen aufweisen. Da ist der Kampf zwischen Aias und Hektor, der dem Kampf zwischen David und Goliath bis hinein in die Waffen entspricht. Da finden sich Zeilen in der Ilias, die sich in den Psalmen wiederfinden. Die Ilias beginnt, indem die Seuche des Heeres geschildert wird, eine Passage, die sich auch im Buch der Könige findet. Dort belagert das assyrische Heer Jerusalem. Der König von Jerusalem betet zu Gott. Dieser schickt den Erzengel. Am nächsten Tag wird das assyrische Heer von einer Seuche geschlagen. Mit ganz derselben Geschichte beginnt die Ilias. Die Belagerung von Jerusalem wird auf 676 v. Chr., die Niederschrift der Ilias auf ca. 660 v. Chr. datiert. Die Kiliker waren in dieser Zeit an Revolten gegen die Assyrer beteiligt. Ihre Verbündeten waren die Phönizier aus der Gegend rund um Jerusalem. Homer benutzt das gesamte assyrische Umfeld dieser Besatzungskulturen und baut daraus eine eigene Geschichte. Das Gleiche lässt sich von den Autoren des Alten Testaments sagen. Der assyrische Staatsapparat war so groß, dass viele Schreiber gebraucht wurden. Deshalb wurde eine ganze Menge Phönizier, also Aramäer, angeheuert, um diesen Apparat realisieren zu können. In diesem Zuge haben sich diese der assyrischen Mythen bedient, um sie für ihre eigenen Zwecke umzudeuten. Alles, was im Alten Testament steht, von der Schlange bis zur Geschichte der Sintflut, kommt aus dem orientalischen Raum. Das ist vor 100 Jahren in Deutschland bereits im sogenannten Bibel-Babel-Streit durchdiskutiert worden. Schon damals musste man zur Kenntnis nehmen, dass die Sintflut-Geschichte keine Offenbarung des Herrn, sondern eine Abschrift aus dem Gilgamesh-Epos war. Dieses Wissen aus den alten Mythen wurde jedoch umgedeutet. Die biblische Sintflutgeschichte ist völlig anders angelegt als das Original. Im Original gibt es

keine Sünde, da vermehren sich die Menschen nur zu sehr und kopulieren zu laut, dass die Götter davon gestört werden. In der Bibel wird daraus die Sünde der Menschen, die getilgt werden muss. Im Zuge dieser Umdeutungen ist die Bibel entstanden. Eines lässt sich jedoch mit Sicherheit sagen: Die Bibel, die Ilias und die Theogonie kommen aus dem gleichen kulturellen Umfeld, wo verschiedene Kulturen – die hethitischen Kulturen, die semitischen Kulturen, das Assyrische, das Phönizische und das Ägyptische – aufeinander einwirken. Die Griechen vor allem, die sich in einer völligen Randstellung befunden haben, versuchten, es diesen Hochkulturen gleichzutun. Daraus entwickelt sich dann das griechische Wunder, welches in den Philosophen Platon und Aristoteles gipfelt. Das war ein Assimilierungsprozess, der sich über 300 Jahre hinweg vollzogen hatte, ehe das eine Eigendynamik entwickeln konnte.

Ich bedanke mich für das Gespräch.

Für einen freien Geist ist Religion ein schöpferischer Prozess

Gespräch mit Uwe Nösner

Spätestens seit Uwe Nösners bemerkenswertem Debüt mit dem Zyklus »Krisis« im Februarheft 1984 der Zeitschrift »neue deutsche literatur« durfte man mit dem baldigen Erscheinen eines ersten Lyrikbandes rechnen. An Zuspruch und Förderung – Manfred Streubel und Stephan Hermlin seien genannt – hatte es nicht gefehlt, an Ablehnung und Verhinderung – wie späteres Aktenstudium der Unterlagen des Staatssicherheitsdienstes der DDR offenbarte – jedoch ebenfalls nicht. Es ist ein Verdienst des Dresdner Verlegers Andreas Meinel, mit der Herausgabe des Bandes »Auf der schlaflosen Seite des Mondes«, die über einen Zeitraum von zwanzig Jahren entstandenen wichtigsten Einzelgedichte Nösners 2001 einer breiteren Leserschaft zugänglich gemacht zu haben. Für Uwe Nösner ist Kunst eine Möglichkeit, den »gelebten Augenblick ins Unermeßliche zu steigern, das meßbar Zeitliche – das ist: das Vergängliche – zu bezwingen« (aus: »Tagebuchblätter«, 1984). Dichten wird so zum existentiellen Vorgang, zu einer Lebensform. Die Wörter werden verwundbar. »Darin unterscheide ich mich vom Schriftsteller als ernstem Arbeiter«, sagt Nösner, »daß sich die Wörter nicht aus meinem Leben lösen ..., sondern Ich bleiben, Deutung und Aussage meines ganz eigenen gegenwärtigen Lebens, Versprachlichung meines Lebensgedankens, Formwerdung dessen, was hinter meinen Handlungen liegt, Betonungszeichen inneren Vorgangs, Vertiefung ins Äußere.« Ein Avantgardist im Sinne der Schöpfung neuer Formen ist Nösner allerdings nicht, da in seiner Dichtung die Auseinandersetzung mit der Existenz im Vordergrund steht. Das stellte bereits 1984 sein Mentor Manfred Streubel in seiner Einführung zum Zyklus »Krisis« (in »neue deutsche literatur«, 1984, Nr. 2, S. 88 –99) fest: »Kategorien wie ›Modernität‹ (gar noch ein ›hoch‹ oder ›super‹ davor) tangieren ihn kaum. Er überläßt sie jenem Bereich, in den sie auch meines Erachtens gehören: der Technik. Und stellt sich auf Tradition. Und zwar auf ganz große. Und hat keine Ahnung, wie kühn das ist, wie effektvoll das sein kann.« Uwe Nösners Zwischenruf »Die gescheiterte Reformation« (2015) versteht sich weder als Kritik noch als Beitrag zum Reformationsjubiläum. Sein Ansatz ist ausgreifender. Er fragt nicht nur nach Luthers reformatorischem Werk. Sein kluger und kompakter Essay schaut zugleich auf die Quellen der Reformatoren und auf das Erbe der reformatorischen Bewegung, wie es sich heute darstellt. Im Kern seines Essays untersucht Nösner das »dreifache Scheitern« der Reformation, gemessen an deren eigenen urreformatorischen Zielstellungen. Dieser Zwischenruf ist auch ein sprachliches Meisterstück. Der ausführliche Anhang – mit Zeittafel, Literaturhinweisen und Register – ließ vermuten, dass Nösners Opus Magnum »Die Geschichte der theosophischen Ideen« (2016) gedanklich schon angelegt war.

Über »Die gescheiterte Reformation« und »Die Geschichte der theosophischen Ideen« sprach ich am 20. Oktober 2016 mit Uwe Nösner im Dresdner »Café Apotheke im Taschenbergpalais«. Im Oktober 2018 ist Uwe Nösner gestorben.

Lieber Uwe Nösner, von Ihnen sind Lyrik- und Prosabände erschienen. Im vorigen Jahr erregte der Zwischenruf »Die gescheiterte Reformation« einiges Aufsehen. Jetzt legen Sie eine »Geschichte der theosophischen Ideen« vor. Kann man all diese geistigen Bestrebungen unter dem Dach eines Werkes denken oder sind der Essay zur Reformation und das religionsgeschichtliche Werk zur »Geschichte der theosophischen Ideen« Nebenproduktionen eines Lyrik- und Prosaautors?

Das ist ein einziger geistiger Impuls. In den frühen 80er Jahren war diese Parallelität poetischer und theoretischer Arbeit bereits im Keim angelegt. Ich wollte Gedichte, Tagebuch, Essays, Prosa, ein Drama und eine Geschichtstheorie schreiben. Alle Impulse, die ich damals im Schreiben zu verwirklichen begann, betrafen bereits die von Ihnen angesprochenen aktuellen Themen. Ich war in dieser Zeit Redakteur der Dresdner Tageszeitung DIE UNION. Redakteur wurde ich, um Schriftsteller zu werden. Die damalige Leiterin der Kulturabteilung, Uta Dittmann, wiederum war es, die mich als Redakteur gefördert hat. Das war mein Weg in die Literatur. Bereits damals hatte ich mich z.B. mit Erasmus von Rotterdam und seiner Rolle während der Reformation auseinandergesetzt und zu dessen 450. Todestag über ihn geschrieben. Der Zwischenruf »Die gescheiterte Reformation« setzt dort an. Ein anderes Lebensthema ist die intensive Beschäftigung mit dem Holocaust. Auch dazu wird früher oder später wohl eine Art von Zwischenruf erscheinen. Es gibt noch drei, vier andere Themen, die mich über mehr als drei Jahrzehnte begleitet haben. Ähnlich wie beim Reformationsthema stehen dabei jeweils die Freiheit des Geistes und des Einzelnen im Zentrum der Betrachtung. In den 80er Jahren hatte sich das vor allem in Form von Gedichten und kurzen Prosatexten ausgedrückt. Gegenwärtig arbeite ich an einem Roman. Auch das wird ein Fortschreiben dieser Lebensthemen, der Auseinandersetzung des Menschen mit staatlicher bzw. politischer Macht. Nach Gottfried Benn gibt es nur einen modernen Konflikt, den zwischen dem Staat und der Freiheit. Ich würde vielleicht eher von der Gesellschaft und dem Einzelnen sprechen und die Geschichte darin einbeziehen. Dieses Problem des einzelnen Menschen, der sich geistig behaupten muss, ist für mich das Grundproblem in der Literatur. Jeder Autor, der zur Feder greift, wird von diesem Impuls existentiell angetrieben, macht ihn zugleich zu einem zentralen Thema seines Schreibens oder sollte das wenigstens tun. In diesen Kontext fügt sich die »Geschichte der theosophischen Ideen« ein. In dieser Betrachtung über annähernd 2700 Jahre Weltgeschichte waren es stets einzelne religiös schöpferische Persönlichkeiten, die sich in eine Konfrontation mit den jeweils vorherrschenden Großreligionen begeben haben.

Ich möchte, ehe wir insbesondere auf die beiden zuletzt erschienenen Bände zu sprechen kommen, gern nach Ihrem geistigen Werdegang fragen. Welche Rolle hat Literatur, haben Bücher, hat Religion in Ihrer Kindheit und Jugend gespielt?

Ich war ein fantasievolles Kind, das frühzeitig zu Büchern und Bildern gegriffen hat. Das begann auf dem Dachboden meines Elternhauses, wo ich alte Lehrbücher, Bibeln und Kunstdrucke fand, in die ich mich in der Einsamkeit vertiefte, und setzte sich am heimischen Bücherschrank meiner Mutter fort, bei der ich seit der Trennung meiner Eltern lebte. Zusätzlich frequentierten wir die Bibliotheken der Stadt. Ich entwickelte eine Affinität zur russischen Literatur, las Tolstois »Meine Beichte« und die Romane von Dostojewski. Die deutsche Klassik und Romantik zogen mich in ihren Bann, gefolgt von Hermann Hesse und Stefan Zweig. Mit zwölf, dreizehn Jahren habe ich Hölderlins »Hyperion« und »Also sprach Zarathustra« von Nietzsche erstmals zu lesen versucht. Diese Selbstbehauptung Nietzsches – »ein Buch für alle und keinen« zu schreiben – hatte mir imponiert. Ich habe Nietzsche in einer diktatorisch gesteuerten Welt als einen Befreier empfunden. Hölderlin und Nietzsche haben mich ein ganzes Stück weit über die Jugend hinaus begleitet, ehe mir Goethe immer wichtiger geworden ist.

Die Weltliteratur in ihrer Breite und Fülle ist mir an einem anderen Ort begegnet. Ich war als 17-Jähriger in eine existentielle Krise geraten, habe übermäßig viel Alkohol getrunken und an Depressionen gelitten, war suizidgefährdet. Das hat die Einweisung in eine geschlossene Nervenheilanstalt zur Folge gehabt. In dieser hundert Jahre alten Anstalt mit ihren riesigen Schlafsälen und allgegenwärtigen Gitterstäben fand ich eine einzigartige Bibliothek vor, weil sie – ungeachtet der beiden Diktaturen des 20. Jahrhunderts – noch fast alle Bände zu enthalten schien, die man seit dem Ende des 19. Jahrhundert dort angeschafft hatte. Ich hielt Erstausgaben von Dichtern wie Rilke und den Expressionisten in den Händen. Balzacs »Menschliche Komödie« las ich komplett. Ich las jeden Tag viele Stunden lang über mehr als ein halbes Jahr. Diese Zeit wäre mir im Getriebe des Alltagslebens nicht vergönnt gewesen. Sie hat mich geprägt und mir zugleich zu überleben geholfen. Ausgerechnet hinter Gitterstäben habe ich eine Vorstellung von Freiheit erhalten und mein Lebensmotto der Freiheit des Geistes gefunden. Das einzige Buch, das ich dorthin mitgenommen hatte, war übrigens eine Bibel in Luthers sprachmächtiger Übersetzung.

Warum sehen Sie, gerade jetzt, wo alle Welt den Reformator Martin Luther feiern möchte, die Notwendigkeit, von einer »gescheiterten Reformation« zu sprechen?
Ich habe die Reformation schon früh als gescheitert betrachtet. Erst recht, als ich mich mit Erasmus von Rotterdam und dem europäischen Humanismus zu beschäftigen begonnen hatte. Das hatte mir andere weltgeschichtliche Perspektiven eröffnet. Ich hatte den erasmischen Menschen – den Menschen des Ausgleichs und der Versöhnung – von Beginn dieser Beschäftigung an als ein großes Geschenk an die europäische Geschichte empfunden, als großen geistigen Gewinn. Die Forderung, die Gegensätze in der Welt in sich selbst zu versöhnen und einen ganz eigenen geradlinigen Weg zu gehen, hat mich beeindruckt. Mein »Zwischenruf« richtet sich im Übrigen nicht gegen Luther. Es geht um weit mehr. Erasmus hatte dazu aufgerufen, »zurück zu den Quellen« zu gehen, um diesen Versöhnungsauftrag einzulösen. Die reformatorische Bewegung hat daran gelitten, dass sich Luther selbst zu einem Gegenpol von allem und jedem stilisiert und dadurch polarisiert hat, was zwei Jahrhunderte der Kriege von Christen gegen Christen zur Folge hatte. Erasmus hatte diese Religionskriege vorausgesehen.

Aus heutiger Sicht ist es besonders wichtig, diese Seite der Reformation anzusprechen, weil sich sowohl wirkliche als auch selbsternannte Fachleute mit dem Reformationsthema vor allem öffentlich profilieren und davon profitieren wollen. Zudem ist die Reformation von Anfang an von den Mächtigen benutzt worden. Das war im Kaiserreich so und im »Dritten Reich« unter Hitler nicht anders. Auch in der DDR hat man die Reformation in den staatlichen Kontext eingeordnet. Luther ist von allen stets als der dargestellt worden, der die drängenden religiösen und gesellschaftlichen Probleme der Zeit zu lösen versucht und zu lösen verstanden hatte. In diesem Zusammenhang sind nicht selten auch Lügen verbreitet worden, etwa dass Luther ein toleranter Mensch gewesen sei. Das bevorstehende Reformationsjubiläum gibt jetzt wieder vielen Festrednern Anlass, sich einen eigenen Luther zurechtzubiegen und sich damit selbst zu feiern. Diese Kultur des Sichselbst-Feierns blendet völlig die weiterhin bestehenden historischen und aktuellen Probleme aus, die zum nicht geringen Teil aus der Reformation erwachsen sind. Es geht ein tiefer Riss durch alle Gesellschaften, Kulturen und Religionen.

Sie sprechen in Ihrem Zwischenruf von einem dreifachen Scheitern der Reformation?
Ja, ich sehe eine geistig-kulturelle, eine politische und nicht zuletzt eine persönliche Ursache. Geistig-kulturell gescheitert ist die Reformation, weil der ursprünglich gemeinsam mit den Humanisten erhobene Anspruch, »zurück zu den Quellen« zu gehen, nicht erfüllt worden ist. Daraus sind all diese Feindschaften denen gegenüber erwachsen, die diesen Anspruch ernst genommen hatten und ihn umzusetzen trachteten.

Politisch gescheitert ist die Reformation, weil sie in eine nie zuvor gesehene Verbindung von Religion und weltlicher Macht mündete. Es war eine Staatskirche entstanden, die man durchaus als Vatikan nördlich der Alpen mit Luther als Papst empfinden konnte und auch als solche bezeichnet hat. Dieses staatliche Christentum hatte mit dem Urchristentum nichts mehr zu tun. In Deutschland wird die Kirchensteuer heute über das Finanzamt vom Staat eingetrieben. Das war ein Grund, warum ich – obzwar evangelisch-lutherisch getauft – nicht mehr Mitglied der Evangelisch-Lutherischen Landeskirche Sachsens bin.

Persönlich gescheitert ist die Reformation in Luther selbst, seiner Abkehr von schöpferischer Religiosität und der Schaffung einer neuen Orthodoxie, die er in der Mentalität »wer nicht mit mir ist, ist gegen mich« ausgelebt hat. Das war die Mentalität eines Diktators. Einige haben das ertragen. Philipp Melanchthon war in diesem Zusammenhang der ausgleichende Part. Nicht nur aus meiner Sicht hat Luther mit diesem Verhalten auf das Grunddilemma von 1521 reagiert, als er den schöpferischen, innerhalb der Kirchengeschichte revolutionären Weg, zwischen Kaiser und Kurfürst gestellt, verlassen hat. Dieses persönliche Einlenken in seiner Wartburgzeit als Junker Jörg hat er nie mehr verwinden können. Er hat nur mehr festzuhalten versucht, was festzuhalten möglich war oder – salopp gesagt – von seinem Professorensessel in Wittenberg aus die Scherben zusammengekehrt.

Heißt »zurück zu den Quellen« heute, eine Rückbesinnung auf die jüdisch-christlichen Anfänge zu versuchen und damit eine Brücke zum Judentum zu schlagen?
Ja. »Zurück zu den Quellen« hätte bedeutet, in der »Philosophie Christi« zueinanderzufinden und die Botschaften des Neuen Testaments als Urkunden der jüdisch-christlichen Glaubensgeschichte anzunehmen. Unter den Texten des Neuen Testaments steht das Matthäus-Evangelium, aber auch die Offenbarung des Johannes diesen jüdisch-christlichen Anfängen am nächsten. Die jüdische Form der Lehre und Schriftauslegung, wie sie Jesus praktiziert hat, kommt dort meines Erachtens am deutlichsten zum Ausdruck. Matthäus war – wie übrigens alle frühchristlichen Autoren des ersten Jahrhunderts – selbst Jude und hat sein Evangelium in Anlehnung an die hebräische Bibel, das Alte Testament, strukturiert. Deshalb ist dieses Evangelium einer der Ausgangspunkte für eine Rückbesinnung. Die Offenbarung des Johannes wiederum steht in der Tradition der jüdischen Offenbarungsliteratur, die bei den Propheten Israels ihren Anfang genommen hat.

Die Kirche hatte früh begonnen, diese Quellen auch zu fälschen.
Das hatte schon vorher mit Paulus begonnen. Paulus hat das jüdische Christentum überhaupt erst zu einer Mysterien-Religion gemacht. Er selbst stammte aus einer Stadt, wo ein Mysterienglaube vorherrschend war. Zunächst Verfolger der Christen, hat er später dazu beigetragen, die damals im Römischen Reich weit verbreiteten Mysterienvorstellungen in die juden- und heidenchristlichen Gemeinden hineinzutragen. Etwa den Mithraskult, der, wie die spätere katholische Kirche, sieben Sakramente kannte. Auch Mithras war – wie Jesus Christus – am 25. Dezember geboren worden. Durch die Einbringung dieser Mysterienvorstellungen war eine Abspaltung vom Judentum heraufbeschworen worden, die 2000 Jahre Unheil mit sich gebracht hat, eine Ächtung der Juden, die mit dem Holocaust ihren schrecklichen Höhepunkt erfahren hat. Eine Religion, die das Grundbuch einer anderen Religion, das jüdische Alte Testament, okkupiert, wird diese Religion früher oder später auch selbst bekämpfen. Das lag auf der Hand. Dieser Vorgang ist weltgeschichtlich betrachtet einmalig.

Von den gebildeten humanistischen Schichten, die auf eine Rückbesinnung auf die jüdischen Quellen und hebräischen Texte drängten, war zeitgleich mit Luthers Weg in die Orthodoxie eine Generalreformation gefordert worden, also weiter zu gehen, als Luther gegangen war. Sebastian Franck, Valentin Weigel oder Jakob Böhme, später auch der Autor der Rosenkreuzer-Schriften, die eine theosophische Vertiefung christlichen Denkens vorgenommen hatten, seien beispielgebend genannt. Theosophische Denker haben das Judentum studiert und diese Erfahrungen in das protestantische Christentum einzubringen versucht. Sie hatten auch die jüdische Kabbala ins Blickfeld gezogen. Auf der anderen Seite stand Luthers Ablehnung des Judentums, die von einem extremen Antisemitismus getragen war.

Schon im Renaissancehumanismus sind ganz andere Wege beschritten worden. Johannes Reuchlin war neben Erasmus einer seiner bedeutendsten Vertreter. Deren Denkweise, eingebracht in die Struktur des katholischen Denkens, hatte vollkommen neue Denkansätze begründet. Die Quellen, auf die Reuchlin und die Humanisten zurückgegriffen haben, lagen natürlich nicht nur im Judentum. Entscheidend war auch die Wiederentdeckung Plotins und des Neuplatonismus der ersten christlichen Jahrhunderte.

Ihr zuletzt veröffentlichtes Buch »Geschichte der theosophischen Ideen« setzt ja u.a. an dieser Stelle an. Ich will aber zunächst ganz allgemein fragen. Das Buch schlägt einen weiten Bogen über 2700 Jahre, setzt schon mit den Upanischaden und der griechischen Mysterienweisheit ein. Was sind aus dem Kontext des Buches heraus gedacht theosophische Ideen und warum sollte man sich mit ihnen auseinandersetzen?

Die neuzeitliche Theosophie definiert sich selbst durch die Lehren von Reinkarnation und Karma, die siebenfältige Konstitution des Menschen, die Evolution des Geistes auf allen kosmischen Ebenen und ihren Bezug zu indischen Lehren und Meditationstechniken. Ich versuche in meinem Buch darüber hinaus, die Theosophie als religionsgeschichtliches Phänomen von den Wurzeln her zu erklären und theosophisches Denken als einen ideengeschichtlichen »Quantensprung« zu beschreiben, der im siebten vorchristlichen Jahrhundert in mehreren Kulturen gleichzeitig stattgefunden hat. Dieses neue religiöse Denken wird überall charakterisiert durch die Annahme eines unpersönlichen höchsten Prinzips des Universums, die Rolle des Individuums als Träger der Religion, ein Primat des Wissens, welches jetzt neben den Glauben tritt, sowie die Verschriftlichung von Religion. Die theosophischen Ideen sind auf dem Boden der Weltreligionen gewachsen. Innerhalb der Weltreligionen hat in längeren Prozessen immer wieder individuelles Denken die zum Dogma erstarrten Religionen hinterfragt. Das sind geistige Ausbruchsversuche einzelner großer Denker aus diesen dogmatischen Strukturen hin zu eigenschöpferischen Denkansätzen.

Am Anfang des Buches wird gesagt, dass es sich um eine Ideengeschichte handelt. Wäre es Weltgeschichte, also eine Geschichte, die auf historischen Ereignissen und biografischen Grundlagen basiert, dann, sagen Sie, müsste es eine Leidensgeschichte sein.

Wenn ich statt der Ideen die Personen dieser Geschichte der Theosophie und die ihrer Gegner in den Blick gerückt hätte, wäre es eine Opfergeschichte geworden. Es wäre eine Geschichte von Folter und Hinrichtung, von Flucht und Vertreibung geworden. Aus Sicht der Religionen sind die Schöpfer der theosophischen Ideen stets als Häretiker oder Ketzer begriffen und bekämpft worden. Dort, wo das schöpferische Denken unterdrückt wird, bricht es sich aber seine eigene Bahn. Das ist ein ewig wiederkehrender Vorgang in der Weltgeschichte, der nicht auf die Weltreligionen beschränkt ist. Ernst Bloch ist so aus dem

Marxismus ausgebrochen. Das schöpferische Denken der Theosophen – egal ob es sich um einen christlichen, jüdischen, islamischen oder einen fernöstlichen Theosophen handelt – ist immer grenz- und kulturüberschreitend, über die eigenen und fremde Dogmen hinausdenkend angelegt. Diese Denker wurden angegriffen und verfolgt. Meister Eckhart, der Dominikaner war, sollte von seinen eigenen Glaubensbrüdern der Prozess gemacht werden. Jakob Böhme, ein Protestant, der zu ähnlichen Einsichten kam, wie sie in Eckharts Predigten oder in der jüdischen Kabbala niedergelegt sind, wurde von der Kanzel aus öffentlich beschimpft und erhielt Schreibverbot.

Beim Lesen stellt sich der Eindruck ein, dass diese theosophischen Denkansätze immer auch eine philosophische Qualität hatten.
Das ist ein charakteristischer Wesenszug. Die Ideen der Theosophen sind nicht nur als religiöse Ideen zu begreifen. Aus diesem Denken heraus hat sich zum Beispiel auch die Alchemie entwickelt, aus der sich wiederum die Naturwissenschaften entwickelt haben. Die naturphilosophischen Ideen von Friedrich Schelling würde man nicht unbedingt dem Christentum zuordnen. Und doch kommt er auf der Höhe seines Denkens – beispielsweise in der »Philosophie der Offenbarung« – zu ähnlichen Erkenntnissen. Es kommt immer darauf an, zu welchen Erkenntnissen man auf dem Wege von Inspiration, Imagination und Intuition oder aus dem Quellenstudium heraus gelangt. Oder Novalis. Es muss ein Theosoph nicht immer so tief wie Jakob Böhme im Glauben verwurzelt sein, um zu diesen Erkenntnissen zu gelangen. Es gibt unzählige Wege, eigentlich so viele, wie es spirituell veranlagte denkende Menschen gibt, auf denen man zu den gleichen Erkenntnissen und universellen Grundwahrheiten gelangen kann.

Novalis und Schelling lebten in einer Zeit, wo im Bereich der Naturwissenschaften und Philosophie bereits weitreichende Differenzierungen erfolgt waren. Bei den Orphikern und Pythagoreern, am Anfang Ihres Buches, war noch alles eine Einheit. Bei Pythagoras lagen noch Mathematik, Kosmologie, Naturphilosophie und Mysterien-Weisheit – also Religion – in der Hand dieses einen Meisters.
Ja, und das hat sich später nicht nur einmal wiederholt. Schauen Sie auf Paracelsus. Er ist ein großer Inspirator der theosophischen Denker gewesen. Es ist sehr lohnenswert, sich auch heute mit diesen Ideen auseinanderzusetzen. Freud-Schüler wie Wilhelm Reich oder C. G. Jung haben das im vorigen Jahrhundert getan. Wilhelm Reichs wissenschaftlichen Untersuchungen zur Orgonenergie wurde in den USA staatlicherseits ein Ende gesetzt. Er ist nicht nur ein ganzheitlicher Denker, sondern auch ein prominentes Beispiel der bis heute reichenden Auseinandersetzung des einzelnen Denkers und Wissenschaftlers mit staatlicher Macht und einer von der Wirtschaft gesteuerten Wissenschaft.

Mehrfach wird im Buch über Rückbezüge auf die Philosophie Platons und den Neuplatonismus reflektiert.
Der Hauptansatzpunkt ist, dass Platon im Gegensatz zu Aristoteles ein spirituelles Welt- und Menschenbild vertritt. Platon vertritt auch die Unsterblichkeit des Geistes auf dem Wege der Wiederverkörperung. Die Frage, ob man sich als philosophischer Denker in der Nachfolge Platons sieht, ist bis heute eine nicht unwesentliche. Die materialistische Philosophie hat den Menschen und die Welt lediglich als Teile eines großen mechanistischen Zusammenhangs gesehen.

Von Platon geht diese sich durch die Geschichte der theosophischen Ideen ziehende Sicht aus, den Mikrokosmos Mensch in Einheit mit dem Makrokosmos des Weltzusammenhangs zu betrachten.
Ja, und das geht bis zu Rudolf Steiner.

Eine andere wichtige Bezugsquelle der christlichen Theosophen ist die Gnosis.
Gnosis heißt Erkenntnis, Erkenntnis über den Glauben hinaus. Eine höhere Erkenntnis auf dem Boden des religiösen Denkens. Die gnostischen Schriften dokumentieren eine Bewegung des Urchristentums und gehen gleichzeitig und in der Folge weit darüber hinaus. Mani zum Beispiel lebte im persischen Sassanidenreich. Sinngemäß sagte er: Ein Prophet bin ich aus Babylon und ich bin gesandt, einen Ruf erschallen zu lassen. Das hat mich tief berührt. Mani ist ein typischer schöpferischer Theosoph. Er hat eine neue Mythologie entwickelt. Er wäre nie einer Kirche zuzuordnen gewesen, denn er nahm Elemente mehrerer Religionen in sein theosophisches Weltbild auf. Er hat seine Schriften illustriert, damit auch die nicht Schriftkundigen, die überall in der Überzahl waren, ihn verstehen können. Er war ein Künstler. Er hat, wenn man so will, bebilderte Gedichte geschrieben. Der Manichäismus als geistige Bewegung wurde zu einer echten Gefahr für das Christentum – sogar bis in das Mittelalter hinein. Das ist heute weithin in Vergessenheit geraten. Der Manichäismus hatte tatsächlich das Zeug dazu, eine Weltreligion zu werden.

Manis »Ruf« hatte zum Inhalt, die Weisheiten von Buddha, Zarathustra und Jesus in einen großen starken Strom münden zu lassen.
Diese Bestrebungen waren der staatstragenden zoroastrischen Priesterschaft ein Dorn im Auge. Er war Verfolgungen ausgesetzt und starb im Gefängnis.

In Ihrem Buch weisen Sie immer wieder auf offene Stellen in der Geschichte der christlichen Religion hin, auf die »längst nicht abgeschlossenen Kapitel der spirituellen Bewegungen des Mittelalters« – die Kirche der Katharer, die jüdische Mystik und die Philosophie von Meister Eckhart.
Ich halte diese offenen – weil mit Gewalt unterdrückten – Denkansätze nach wie vor für kreative Potentiale. Ich sehe in ihnen Meisterleistungen der schöpferischen Religiosität, auf die man auch heute im Denken zurückgreifen kann – für die Philosophie und für die Religionen gesprochen. Diese theosophischen Ideen sind über die Hierarchien, Strukturen und Dogmen des Glaubens hinausweisende und noch immer mit Leben zu erfüllende geistige Potentiale.

Einige Personen steigen dem Leser aus Ihrem Buch geradezu plastisch entgegen – Paracelsus etwa, von dem Sie sagen, dass mit seinem Auftreten die Geburtsstunde der Naturwissenschaften geschlagen hat.
Paracelsus hat am Anfang der Naturwissenschaft gestanden, wie sie sich hätte eigentlich entwickeln müssen, sich jedoch nicht entwickelt hat. Paracelsus hatte eine mit der Natur und dem Geist rechnende Qualität in diese Gründungsstunde eingebracht, die später völlig abhandengekommen ist. In der modernen Naturwissenschaft spielt nur noch – bis in die Atomtheorie hinein – die Materie mit ihren Energien und Mechanismen eine Rolle. Das von Platon übernommene Weltbild, wonach auch die Natur eine geistige Seite besitzt und das auch bei Paracelsus zum Tragen kommt, ist in der späteren Entwicklung einer mechanistischen Wissenschaft in den Bereich der sogenannten Pseudowissenschaften abgedrängt worden.

Paracelsus – der die Kabbala studiert und deren Sefirot-Baum interpretiert hatte – warf seinen zeitgenössischen Kollegen salopp gesagt vor, »dünne Bretter zu bohren«, weil sie »das Studium der geheimen Kräfte und unsichtbaren Strahlungen« vernachlässigten. Die Abbildung des Sefirot-Baums auf der Titelseite Ihres Buches greift diesen Impuls aus der Kabbala auf.

Für meine »Geschichte der theosophischen Ideen« habe ich den Dresdner Künstler Jürgen Dreißig gebeten, in Orientierung am Sefirot-Baum der Kabbala und nach meinen eigenen Vorgaben die Bildtafel »Theosophischer Pfad« zu entwickeln. Dargestellt ist die Struktur des Universums – oben das für uns nicht Erkennbare (das Absolute), ganz unten die Welt. Die dargestellten Zwischenreiche sind sowohl in uns selbst (Mikrokosmos) als auch im Universum (Makrokosmos) vorhanden. Das Ganze stellt sich als eine Art Aufstiegsweg dar. Unterhalb des Absoluten ist das Höchste dargestellt, was wir als spirituelle Menschen erkennen können. Es ist zugleich Jenes, das in uns hinabstrahlt und Erkenntnis erwecken kann. Der Künstler hat diese Energieströme, die die einzelnen Sefirot (oder Sphären) miteinander verbinden, auf einzigartige Weise zur Darstellung gebracht. Die Abbildung zeigt zugleich auch einen Meditationsraum, der in seinen einzelnen Elementen und ihrem Zusammenhalt als Ganzes durchaus auch Erkenntnisse der geisteswissenschaftlich orientierten Naturwissenschaft symbolisiert. Zusätzlich sind neun Wortbilder Jürgen Dreißigs, die wir gemeinsam entwickelt haben, den jeweiligen Kapiteln des Buches vorangestellt.

Eine andere Gestalt, die im Buch plastisch hervortritt, ist Jakob Böhme, der von der ›geistigen Schau‹ spricht und in einem seiner Sendbriefe sagt: »Nicht ich, der ich der Ich bin, weiß es, sondern Gott weiß es in mir«. Ist bekannt, auf welche Quellen Böhme, der ja als Schustermeister in Görlitz lebte, zurückgreifen konnte?

Jakob Böhme hat sich mit großem Fleiß kundig gemacht. Er ist mehrfach nach Dresden gefahren, um Bücher zu erwerben. Das war damals – Böhme lebte von 1575 bis 1624 – eine große Reise. Die geistige Schau, auch Zentralschau, kam dann aber ganz aus ihm selbst, das hat ihn überwältigt. Das merkt man seinen Schriften an, die ja nicht die eines Wissenschaftlers sind. Böhme war nicht der Einzige, der diese Zentralschau hatte. Andere hatten sie bei allem Fleiß nicht. Novalis hat später unter anderem in den »Hymnen an die Nacht« seine eigene Zentralschau beschrieben. Rudolf Steiner hat von einer Akasha-Chronik gesprochen. Diese bildet ein universales Gedächtnis. Es korrespondiert mit dem »Gedächtnis der Natur«, einem Begriff, den Rupert Sheldrake als Titel für eines seiner Bücher über die morphogenetischen Felder wählte. Es gibt dieses Gedächtnis unabhängig von uns, und es gibt Durchbrüche dazu. Vielleicht stehen Albert Einsteins Erkenntnisse und die Erkenntnisse anderer wissenschaftlicher und künstlerischer Genies mit derartigen Durchbrüchen im Zusammenhang.

Interessant ist, dass gerade jene Dichter – Novalis und Goethe –, die sich sehr intensiv mit den Naturwissenschaften befasst haben, sich auch sehr intensiv mit den theosophischen Ideen und der Kabbala auseinandergesetzt und dann versucht haben, eine alles verbindende Weltseele zu denken.

Novalis geht von einer solchen Weltseele aus und verknüpft in den »Fragmenten« alle Wissenschaften miteinander. Er besitzt die Gabe der Vergeistigung alles Kreatürlichen. Was der geniale Alexander von Humboldt, sein Zeitgenosse, in seinem »Kosmos« mit Fleiß an materiellen Fakten zusammenträgt, wird von Novalis in fragmentarischer Form in eine geistige Zusammenschau gebracht.

Novalis' Fragmente sind demnach nichts Fragmentarisches. Es ist seine Form der geistigen Äußerung. Seine Fragmente sind abgeschlossene Gedanken.

Es sind abgeschlossene Gedanken, die sich zu einem theosophischen Weltbild zusammenfügen. Ein jedes Fragment ist abgeschlossener Text, so wie jeder Aphorismus als literarische Form in sich abgeschlossen ist.

Könnte Spinoza mit seinen pantheistischen Ideen in den Kontext der theosophischen Ideen eingeordnet werden? Sein Name taucht kein einziges Mal im Buch auf.
Spinoza hat meines Empfindens einen beinahe materialistischen, wenn nicht gar atheistischen Standpunkt eingenommen. Theosophisches Denken hätte er abgelehnt. Er ist zweifellos – wie Immanuel Kant – ein großer Denker innerhalb der Geschichte der Philosophie, aber wie dieser in eine völlig andere Richtung gegangen. Auch bei Lessing ließe sich manches finden, das den theosophischen Kontext bereichert. Aber auch ihn würde ich eher neben Spinoza oder Moses Mendelssohn und in den Kontext der Aufklärung stellen und nicht als Theosophen behandeln.

Im 19. Jahrhundert hat sich dann die sogenannte Theosophische Bewegung formiert, sind die Theosophischen Gesellschaften entstanden. Deren Gründer standen aber eher in dem Ruch, spiritistische Zirkel zu begründen, in denen – wenn es passt – auch einmal Quellen gefälscht oder erfunden werden, um die theosophischen Gedankengerüste zu begründen.
Ich denke, die Theosophische Gesellschaft des 19. Jahrhunderts zählt inzwischen zu den klassischen Beständen der Theosophie. Aber die Verwässerung theosophischen Denkens hat tatsächlich im 19. Jahrhundert begonnen und jene inflationäre esoterische Flut heraufbeschworen, der heute jeder ausgesetzt ist, der eine Filiale der großen Buchhandlungsketten betritt. Was die Theosophische Bewegung unter Helena Blavatsky und später Annie Besant betrifft, so sollte nicht vergessen werden, dass aus dieser Bewegung Rudolf Steiner hervorgegangen ist. Er hat mit seinem Werk noch einmal eine Summe theosophischen Denkens gezogen. Seine Lehre ist sehr umfassend, nicht nur weil sie fast alle Lebensbereiche berührt, sondern in der Anthroposophie im vorigen Jahrhundert tatsächlich an allen verfügbaren Quellen gearbeitet und geforscht worden ist. Sein Weltbild bringt den Menschen des 20. Jahrhunderts in jenen geistigen Zusammenhang zurück, dem er durch die Katastrophen ebenjenes Jahrhunderts entrissen wurde.

Gibt es heute – 90 Jahre nach Rudolf Steiner – neue theosophische Impulse, die als Bereicherung empfunden werden können?
Ich sehe die Geschichte der theosophischen Ideen mit dem Wirken von Rudolf Steiner als vorerst abgeschlossen an. Dennoch sehe ich mein Buch als einen Aufruf, das zu tun, was schon Erasmus von Rotterdam gefordert hat: zu den Quellen zurückzugehen. Das ist ein Aufruf zu einer individuellen schöpferischen Aneignung und einem Weiterdenken der Quellen theosophischen Denkens. Darüber hinaus gilt es auch weiterhin, die Freiheit des Geistes zu verteidigen. Für einen freien Geist befinden sich nicht nur Wissenschaft und Kunst, sondern auch die Religion in einem evolutionären schöpferischen Prozess, in dem Geschichte ihren Sinn und Mensch und Menschheit ein Zuhause findet.

Ihr Buch schließt mit der »Theosophischen Bibliothek«, welche dem Leser die 500 wichtigsten Werke für diese schöpferische Auseinandersetzung an die Hand gibt. Ich bedanke mich für das Gespräch.

»Ich sitze da und vergesse«

Gespräch mit Viktor Kalinke

Viktor Kalinke ist kein Sinologe und hat doch der deutschen Sinologie in den letzten Jahren die vielleicht reichhaltigsten »Geschenke« gemacht. Seine intensiven Auseinandersetzungen mit den altchinesischen Klassikern Laozi und Zhuangzi haben Lücken in diesem Wissenschaftszweig geschlossen und den Blick weit nach vorn geöffnet. Schon 1999 überraschte Kalinke mit seinen »Studien zu Laozi« die Fachwelt. Er ging mit vollkommen neuen Fragen an diesen Klassiker heran: Inwieweit folgt die moderne Reflexion sozialen und politischen Handelns archaischen Mustern? Was können wir aus einer 2300 Jahre alten Schrift lernen über die Durchsetzung globaler Wirtschaftsmechanismen und eine Welt, die sich komplexen Zusammenhängen öffnet? Gibt das berühmte Daodejing des Laozi tatsächlich Antworten auf unsere heutigen Fragen oder sind es vielmehr wir selbst, die, verführt von den Übersetzern, unsere eigenen Antworten in das Buch hineinprojizieren? In seinem Laozi-Essay »Nichtstun als Handlungsmaxime« (2011) geht Viktor Kalinke der Frage auf den Grund, wie mehrdeutige Formulierungen sowohl zur sozialrevolutionären als auch zur spirituellen Wirkung des Daodejing geführt haben und bis in die Gegenwart zur Neuauslegung anregen.

2017 überraschte er mit einer Neuausgabe des Zhuangzi, die in editorischer Sorgfalt und wissenschaftlicher Gründlichkeit Maßstäbe setzt. Kalinkes Zhuangzi enthält außer der deutschen Übersetzung den Originaltext der altchinesischen Standardausgabe, die Pinyin-Lautumschrift, ein vollständiges Glossar mit Konkordanz zum Buch Laozi sowie zahlreiche Anmerkungen und Kommentare.

Nach dem Daodejing von Laozi gilt das Buch Zhuangzi als wichtigste Quelle des altchinesischen Daoismus. Es geht Zhuangzi nicht um Ratschläge an die Herrschenden, er buhlt nicht um deren Gunst. Im Gegenteil, Philosophen, die im Wetteifer um eine Stelle oder ein Stipendium aus ihrer Verwirrtheit originelle Theorien und Konzepte zaubern, erscheinen ihm verrückt oder lächerlich. Er überzieht sie mit feinem Spott, um auf das Eigentliche zurückzulenken, das Einfache, das eigentlich keiner Hinlenkung bedarf: die Freiheit, nichts Besonderes zu tun, die Freiheit, sich selbst zu folgen, die Freiheit, mit der Natur zu leben.

Im deutschen Sprachraum existierte bis dahin keine vollständige Übersetzung des Zhuangzi aus dem Chinesischen. Die deutschsprachige Zhuangzi-Rezeption wurde von der Ausgabe Richard Wilhelms aus dem Jahr 1912 dominiert, die den Standardtext um etwa ein Drittel gekürzt wiedergab und neu gliederte. Kalinke behebt diesen Mangel durch seine Neuausgabe. Innerhalb eines siebenjährigen Editionsprojektes wurden zunächst zwei Interlinearfassungen aus der chinesischen Vorlage erarbeitet, im ersten Schritt Zeichen für Zeichen, im zweiten Satz für Satz. Abschließend wurde der Fokus auf die poetische und literarische Qualität der Wiedergabe der Metaphern, Geschichten und Dialoge im Zhuangzi gerichtet, um eine in der deutschen Sprache stimmige Übertragung bewerkstelligen zu können.

Lieber Viktor Kalinke, ehe wir uns über den von Ihnen herausgegebenen »Zhuangzi« unterhalten, wollte ich gern noch einmal den Raum ausleuchten, den wir betreten. Die chinesische Philosophie der Frühzeit wird aus heutiger Sicht vor allem durch drei wichtige Gestalten verkörpert: Konfuzius, Laozi und Zhuangzi. Alle drei Philosophen scheinen sich zumindest in einem einig zu sein: früher war vieles besser. Konfuzius heroisiert die Zhou-Dynastie um 1000 v. u. Z. und stellt diese als Beispiel für eine gute Regierung hin und gibt ca. 500 v. u. Z. das Wissen jener Zeit als Kanon an seine Zeitgenossen weiter. Über die

Bedeutung der weit zurückreichenden religiösen Fundamente des Daoismus gibt es bei keinem der drei Denker Zweifel. Wie weit reichen diese Fundamente des chinesischen Geistes eigentlich zurück?
Von allen Hochkulturen, die wir kennen, ist die chinesische wahrscheinlich die mit der längsten Überlieferungstradition dank der Kontinuität der Schriftsprache. Sie begann mit Knochen, die für Orakelzwecke benutzt worden sind und in die Zeichen gekratzt wurden. In Schildkrötenpanzer sind die ersten Schriftzeichen eingraviert worden. Später wurde Ton verwendet, was mit einer Art »Rechtschreibreform« verbunden war. Die zeitlichen Horizonte werden recht unterschiedlich abgesteckt, das variiert je nachdem, ob man chinesische Historiker fragt oder orthodoxe Verfechter der chinesischen Kultur, die gern noch etwas weiter zurück gehen. Bis etwa 5000 v. u. Z. reichen die Anfänge der chinesischen Schrift zurück, ab 1200 v. u. Z. tauchen die ersten zusammenhängenden Texte auf.

Also etwa bis in jene Zeit, in der die altbabylonische Keilschrift erfunden wurde?
Ja, ungefähr in diese Zeit und etwas früher noch. Die Chinesen berufen sich auf eine mythologische Figur, Fu Xi, dem die Erfindung des Ackerbaus und der chinesischen Schrift zugeschrieben wird. Auf ihn beziehen sich die drei genannten Philosophen. Fu Xi gilt auch als Erfinder von Schnüren, mit denen man Raum und Zeit messen konnte, ähnlich den Quippu-Knoten, die man von den alten amerikanischen Kulturen in Peru kennt. Die Stadt, die als sein Geburtsort gilt, beherbergt bis heute einen großen Tempel für diesen Mythos. Ob es Fu Xi wirklich gegeben hat, weiß man nicht. Auch über die Wurzeln des Daoismus gibt es kaum gesichertes Wissen. Offenbar hat er sich weit vor den alten Dynastien aus dem Schamanenkult entwickelt. Darauf nehmen die alten Philosophen unterschiedlich Bezug. Konfuzius hat die Abkehr vom Schamanenkult propagiert, während Laozi und Zhuangzi versucht haben, an den Schamanismus der Vorkulturzeit anzuknüpfen. Während Konfuzius die ersten kaiserlichen Dynastien pries, beziehen sich Laozi und Zhuangzi auf die chinesische Urzeit. Da wird noch unterschieden zwischen Nord-China, der Heimat des Konfuzius, und Süd-China, wo Laozi und Zhuangzi gelebt haben sollen. Im Süden soll auch die schamanische Religion ihren Ursprung haben. Die Entwicklung des Daoismus zur Religion, wie wir sie heute kennen, hat erst lange nach diesen drei Philosophen, etwa 200 u. Z. eingesetzt. Da existierte die Gedankenwelt von Laozi als philosophisches System bereits seit etwa 500 Jahren. In der chinesischen Geschichte hat es immer wieder politische Verwerfungen gegeben. Etwa um 200 v. u. Z. – kurz nach dem Tod des Gründers des geeinten China, Qin Shi Huangdi, bekannt durch die in den 1970er Jahren ausgegrabene Terrakotta-Armee – zerfiel die Gründerdynastie rasch wieder und wurde durch eine 400 Jahre währende, am Anfang daoistisch, später konfuzianisch orientierte Epoche abgelöst, die Han-Dynastie. Erst in dieser Zeit wurde versucht, die Literatur der alten Philosophen zu erfassen, die bei den unter Qin Shi Huangdi durchgeführten Bücherverbrennungen vernichtet worden war. Einige der bedrohten Werke waren in Tongefäßen vergraben worden. Dies war der Grundstock der ersten kaiserlichen Bibliotheken.

Kann man davon ausgehen, dass auch das, was wir heute über die Biografien der drei Philosophen wissen, im Wesentlichen auf diesen Quellenfunden aus der Zeit der Han-Dynastie fußt?
Der bedeutendste Geschichtsschreiber Chinas war der Han-Gelehrte Sima Qian (145 – 90 v. u. Z.). Auf ihn geht zurück, was man heute von den Philosophen der Prä-Qin-Zeit weiß. Er war der Sohn des kaiserlichen Astronomen, jenes Sterndeuters, der aus Kenntnis der Bewegungen der Gestirne dem Kaiser vorgab, wann welche Rituale zu vollziehen seien. Sima Qian hatte schon als Kind Zugang zu den alten Schriftrollen, in denen über die

großen Philosophen vor der Zeit der Bücherverbrennung berichtet wurde. Die Han-Dynastie wurde dann selbst in einer politischen Krise von anderen Clans abgelöst. In dieser Krise etablierten die »Himmelsmeister« um Zhang Lu in Hanzhong, einer Stadt mitten in China, einen daoistischen Staat, gegliedert in 24 Verwaltungsbezirke, entsprechend eines kosmologischen Kalenders: Jeder Bezirk stand in Bezug zu einer der fünf Wandlungsphasen, die Einwohner wurden entsprechend des Zykluszeichens ihrer Geburt dem zuständigen Verwaltungsbezirk zugeordnet. In Meditationshallen und Gemeinschaftshäusern wurde kostenfrei Logis und Kost angeboten. Darüber hinaus gab es eine Vorschrift zur Rotationsehe, wonach alle paar Jahre die Frau gewechselt werden musste. Es blühte so etwas wie eine daoistische Alchemie, man versuchte durch bestimmte Ernährungsformen, Meditationstechniken aber auch chemische Stoffe, u.a. Quecksilber, Unsterblichkeit zu erlangen. Die Entwicklung des Daoismus von der Philosophie zur Volksreligion hat nach der Begegnung mit dem Buddhismus noch einmal stark zugenommen. Das aber ist ein eigenes Kapitel. Die erwähnte Bücherverbrennung ist der Grund, weshalb es heute von keinem der drei Philosophen überlieferte Originalschriften gibt. Konfuzius führte ein unstetes Leben als Wanderprediger, der wenig erfolgreich von Hof zu Hof zog, um seine Idee der Rückkehr zu den Werten der frühen Dynastien anzupreisen. Offenbar war es sein Ziel, in diesen kriegerischen Zeiten einen Ministerposten bei Hofe zu finden. Das ist ihm im Alter von 50 Jahren beim Fürsten von Lu gelungen, allerdings zog er sich nach kurzer Zeit enttäuscht wieder aus der politischen Praxis zurück und wanderte mit seinen Schülern weiter von Fürstenhof zu Fürstenhof. Bei Laozi ist die Quellenlage am unsichersten. Vermutlich wurde das Buch Laozi, das Jahrhunderte später den Ehrentitel Daodejing erhielt, zwischen 350 und 250 v. u. Z. an der Jixia-Akademie des Fürstenstaates Qi (im heutigen Shandong gelegen) von einer Gruppe von Gelehrten auf der Grundlage deutlich älterer, zum Teil mündlicher Überlieferungen zusammengestellt. Es gibt neuere archäologische Funde mit Fragmenten dieser Schrift vom Beginn des 3. Jahrhunderts v. u. Z. Die überlieferte Fassung, der textus receptus, welchen ich meiner Übersetzung zugrunde gelegt habe, hat der geniale Kommentator Wang Bi (226–245 u. Z.) herausgegeben. Gerade in den letzten Jahren haben Wissenschaftler, insbesondere Sinologen wie Liu Xiaogan aus Hongkong, auf diesem Gebiet bahnbrechende Theorien in die Diskussion gebracht. Danach setzt sich das Daodejing aus älteren Textelementen zusammen. Mit Hilfe computergestützter Stilanalysen fand er heraus, dass die Texte des Laozi hinsichtlich Reimfrequenz, Reimschema, Wortwiederholungen, Satzlänge und Idiomatik eher dem »Buch der Lieder« (Shijing) aus dem 6. Jahrhundert v. u. Z. ähneln und weniger den »Liedern aus Chu« (Chuci) aus dem 4. und 3. Jahrhundert v. u. Z. Daher kann man beim jetzigen Stand der Forschung davon ausgehen, dass es eine Person gab, die man später »Alter Meister« (Laozi) nannte, weil sie älter war als Konfuzius. Auch in den Gesprächen des Konfuzius gibt es eine sehr prägnante Stelle, die dies glaubhaft erscheinen lässt. Darüber hinaus gibt es einige im Zhuangzi geschilderte satirische Anekdoten über das Verhältnis von Laozi und Konfuzius. Aufgrund des satirischen Charakters hat man lange Zeit die Existenz von Laozi in Zweifel gezogen. Doch dies war offenbar ein Trugschluss.

Dies ist eine interessante Analogie zum Alten Testament. Auch dieses ist etwa um 600 v. u. Z. möglicherweise von einem Autorenkollektiv zusammengestellt worden.

Stilistisch lässt sich das Buch Zhuangzi am ehesten mit dem Alten Testament vergleichen. Der Laozi-Text ist ein sehr klarer, von einer fast mechanistischen Dialektik durchzogener, mir heute im Vergleich zum Zhuangzi strategisch erscheinender Text. Zhuangzi kann auch wegen seiner bildhaften Sprache und der zahllosen Anekdoten mit dem Alten Testament verglichen werden. Ein Text voller Einschübe und Widersprüche.

Geht man beim Zhuangzi ebenfalls von einem Autorenkollektiv als Herausgeber aus?
Zum Verständnis muss man sagen, dass in der Buchtradition Chinas der Name des Autors mit dem Namen des Werkes gleichgesetzt wird. Wenn man vom Zhuangzi spricht, meint dies die authentischen Texte des Zhuangzi plus der Zusätze seiner Schüler und Kritiker. Mensch und Werk werden mit demselben Wort bezeichnet. Das ist bei Konfuzius anders. Dort gibt es Texte, die er redigiert hat, und die nach seinem Tod herausgegebenen Gespräche des Konfuzius, es gibt keinen Text, der »Konfuzius« heißt. Über die Jahrhunderte gab es stets den Streit zwischen den Konfuzianern und den Anhängern des Laozi. Es gab auch Phasen, in denen der Daoismus zur Staatsphilosophie erhoben wurde, z.B. zu Beginn der Han-Dynastie. Meist jedoch dominierte in China die ideologische Vorherrschaft der Konfuzianer. Der Daoismus wurde klein gehalten und so zu einer Art Opposition subversiven Denkens, welche auf lange Sicht kreativer erscheint als der staatstragende Konfuzianismus. Bereits in der Han-Zeit wurden im alten China Versuche unternommen, Beamte aufgrund ihrer Prüfungsleistungen auszuwählen anstatt aufgrund ihrer Herkunft. Später wurde das meritokratische System fest in die Gesellschaft integriert. Das erlaubte begabten Kindern aus allen Schichten den Aufstieg bis zum Premierminister. Den Prüfungsstoff bildeten jahrhundertelang die fünf von Konfuzius herausgegebenen Klassiker. Es handelte sich also um Prüfungen allein im Fach »Literatur«. Im 11. Jahrhundert bemühte sich der gelehrte Dichter Wang Anshi um eine Reform des Systems und ergänzte den Prüfungskanon um die Fächer Mathematik, Rechts- und Militärwesen. Die Reformversuche stießen auf erbitterten Widerstand, denn die Prüfungen entschieden über Karrieren. Man muss sich das vorstellen: Zu einem Zeitpunkt, als es in unseren Breiten kaum einen Schriftkundigen gab, ermöglichte in China die Kenntnis der klassischen Literatur den Eintritt in die Staatsverwaltung. Der Geburtsadel wurde mit einem Geistesadel konfrontiert.

Beim Lesen des Zhuangzi trifft man auf Kapitel, in denen die Person des Konfuzius sehr wohlwollend, dann aber auch Kapitel, in denen Konfuzius abwertend und ironisch behandelt wird.
Das hat editorische Gründe, die mit jener Buchtradition zusammenhängen, die für uns Europäer ungewohnt ist. Wenn ich vorhin sagte, dass der Name des Autors auch für das Werk steht, dann heißt dies zugleich, dass das Werk nicht nur die authentischen Gedanken des Autors beinhaltet, sondern auch die seiner Schüler und die seiner Kritiker. Sie werden zu einem Buch zusammengefasst, im Falle des Zhuangzi auf 33 Schriftrollen. Beim Zhuangzi unterscheidet man Innere, Äußere und Vermischte Kapitel. Bezüglich der ersten sieben sogenannten Inneren Kapitel sagt die Tradition, sie würden von Zhuangzi selbst stammen. Es gibt eine bis heute nicht abgeschlossene Kontroverse, ob diese Kapitel, welche die Kernideen des Werks enthalten, wirklich von ihm stammen. Die sogenannten Äußeren Kapitel 8 bis 22 sollen Zusätze seiner Schüler bzw. Weiterdenker in den unmittelbar nachfolgenden Jahrhunderten gewesen sein. Bei den sogenannten Vermischten Kapiteln 23 bis 33 weiß man nicht genau, wie alt diese Texte sind. Einige sollen jüngeren Datums sein. Das letzte Kapitel beinhaltet sogar eine Einordnung des Buches Zhuangzi in die chinesische Geistesgeschichte. Also, die älteste Rezension des Buches ist im Buch selbst enthalten. In den Vermischten Kapiteln gibt es jedoch auch Texte, die bereits von Sima Qian, also im 2. Jahrhundert v. u. Z., als Teile des Zhuangzi erwähnt werden. Mit dieser Tradition, Schriften der alten Philosophen zu sammeln und zu sortieren, haben die kaiserlichen

Schrifthüter ungefähr im ersten Jahrhundert v. u. Z. begonnen. Sie ist unserem westlichen, vom Urheberrecht oder von der Autorschaft geprägten Verständnis der Buchproduktion völlig fremd. Bis ins 2. Jahrhundert u. Z. hinein kursierten ganz verschiedene Ausgaben des Zhuangzi, herausgegeben von verschiedenen kaiserlichen Bibliothekaren, die die aus verschiedenen Quellen stammenden Schriftrollen unterschiedlich zusammengestellt haben. Das alles waren Versuche, das Wissen von und über Zhuangzi nach den Bücherverbrennungen wieder zusammenzutragen. Zu den Herausgebern des Zhuangzi gehörten auch Konfuzianer. Der Name von Zhuangzi war schon damals bekannt als legendäre Figur. Man weiß von ihm, dass er Gärtner war und nur eine unbedeutende Position innehatte, indem er sich bewusst von Ämtern ferngehalten hat, um frei zu sein. Das beeindruckte die nachfolgenden Generationen. Immer wieder gab es Schüler und Adepten des Meisters, die versuchten, auf seiner Welle mitzuschwimmen oder als Zaunkönig noch höher aufzusteigen als der Adler. Zur gleichen Zeit gab es gewiefte Konfuzianer, die Zhuangzis erzählerische Strategie auf ihn selbst anwandten: Sie erfanden Anekdoten über ihn, um ihn in den Schatten von Konfuzius zu stellen. Auch diese Passagen finden sich im Buch Zhuangzi.

Konfuzius und Laozi sind insofern gegensätzlich, als dass der erste zur aktiven Einmischung aufruft, also eine Art politische Philosophie entwickelt, während der zweite (wie auch Zhuangzi) ein Handeln durch Nichthandeln lehrt. Welche philosophischen, religiösen oder gesellschaftlichen Haltungen führten zu diesen entgegengesetzten Zuspitzungen, die man auch im Zhuangzi findet? Der Konfuzianismus soll bis 200 v. u. Z. eine eher untergeordnete Rolle gespielt haben, dann aber sehr dominant geworden sein. Er hatte klare Vorstellungen, wie eine Gesellschaft zu strukturieren sei, um erfolgreich zu sein. Ähnlich wie Platon hatte Konfuzius das Modell eines gut regierten Staates vorgedacht. Kann es sein, dass die Konfuzius ironisierenden Texte im Zhuangzi erst in einer Art Gegenbewegung zum staatstragenden Konfuzianismus in den Zhuangzi Eingang gefunden haben?
Sicher gibt es einige Anekdoten im Zhuangzi, die erst später Eingang gefunden haben.

Betrifft dies eher die Äußeren Kapitel? Die sieben Inneren Kapitel sollen ja älteren Datums sein?
So sagt man. Andererseits gibt es auch in den Inneren Kapiteln Einsprengsel, in denen über Zhuangzi gesprochen wird. Es ist kaum vorstellbar, dass Zhuangzi diese Texte verfasst hat. Andere Kapitel, wie die Geschichte vom Räuber Zhi, die man heute auch als eine Kapitalismus-Kritik lesen kann, erscheinen dagegen authentisch. Martin Buber, der sich als einer der ersten deutschsprachigen Philosophen mit dem Zhuangzi (in englischer Übersetzung) beschäftigt hat, vertrat die Auffassung, dass alles Dialogische im Zhuangzi im Unterschied zu den lehrbuchhaften Passagen echt sei. Letztere erschienen ihm hinzugefügt und als Verfälschung. Diese Theorie ist mir sehr sympathisch, denn sie passt zur Philosophie des Zhuangzi: die eigene Natur zu erkennen. Konfuzius prangerte eine Art Kulturverfall an. Er antwortete auf die Kriege und Verwüstungen, die er in seiner Zeit erlebt hat. Seine Glorifizierung der alten Dynastien ist als ein Aufruf zu verstehen, über Geschichtskenntnis, Bildung und Literatur (»Buch der Urkunden«, »Buch der Lieder«, »Buch der Riten«, »Buch der Wandlungen«, »Frühling-und-Herbst-Annalen«) zu den Werten der frühen chinesischen Kulturzeit zurückzufinden. Dies ist, wenn man es in unsere wert-ethische Sprache übersetzt, ein konservativer bildungsbürgerlicher Ansatz mit humanistischem Hintergrund. Das hat den Konfuzianismus bis in die Gegenwart – bis hin zu den Kommunisten, die ihn heute erneut hofieren und Konfuzius-Tempel errichten lassen und Konfuzius-Institute in Europa gründen – wirkmächtig bleiben lassen. In der damali-

gen kriegerischen »Zeit der Streitenden Reiche« wirkte dies auf intellektuelle Zeitgenossen noch merkwürdig idealistisch und utopisch und wurde als unrealistisch kritisiert. Daher auch diese unterschiedlichen Sichten auf Konfuzius im Zhuangzi. Es gab zwei wichtige Interpreten von Konfuzius, die unmittelbar nach ihm gewirkt haben – Mengzi und Xunzi –, die man sich gegensätzlicher nicht vorstellen kann. Aber beide berufen sich auf Konfuzius. Mengzi (370 – 290 v. u. Z.) war ein Zeitgenosse von Zhuangzi, beide stammen sogar aus der gleichen Gegend, gar nicht allzu weit entfernt vom Geburtsort des Konfuzius. Mengzi wanderte ebenso als Gelehrter von Hof zu Hof, zuweilen wurden ihm Ämter übertragen. Sein humanistischer Idealismus bereitete die staatstragende Rolle des Konfuzianismus in den späteren Jahrhunderten vor. So vertrat er die Auffassung, dass der Mensch als gutes Wesen auf die Welt komme und erst später, durch die erfahrenen Umstände, böse werde. Bildung und Erziehung haben demnach die Aufgabe, das Gute im Menschen zu bewahren. Sein Gegenspieler Xunzi (298 – 220 v. u. Z.) sah sich als Realist und behauptete genau das Gegenteil: Der Mensch komme schlecht auf die Welt, voller Boshaftigkeit, und die Erziehung habe die Aufgabe, einen kleinen Teil des Guten in ihn zu säen, um das Böse, das im Menschen steckt, und das nie vermieden werden kann, wenigstens zu dämpfen. Xunzi war im Staat Qi eine Art Bildungsminister und legte den Kanon für die ersten Beamtenprüfungen fest. Die Gegensätzlichkeit in der Interpretation des Konfuzius könnte kaum größer sein – die Dominanz des Konfuzianismus in der Staatsordnung hat sie eher befördert als behindert, damit deckte er ein breites Spektrum ab ...

In Ihrem Zhuangzi schreiben Sie im sehr informativen Vortext, dass der Zhuangzi in der chinesischen Kultur eine große Bedeutung erlangt hat und historisch betrachtet in seiner Wirkung etwa mit der Bibel, dem Alten Testament, verglichen wird. Kann man aus den Erzählungen, aus den Dialogen des Zhuangzi, aus den Berichten einen Begleiter durch alle Lebenslagen gewinnen?

Man kann das sicher nicht mit der Bedeutung des Alten Testaments für das Kirchenjahr vergleichen. Stephan Schuhmacher, der die Zhuangzi-Übertragung von Victor Mair aus dem Englischen ins Deutsche übersetzt hat, behauptet das an einer Stelle und ich kann es gut nachempfinden, allerdings losgelöst von Priestertum und Predigt, wo jeden Sonntag ein Spruch aus der Bibel aufgegriffen wird. Die Predigt hat weder im Buddhismus noch im Daoismus eine Tradition. Hier spielt eher die Versenkung, die Verinnerlichung eine Rolle, die Meditation, die religiöse Praxis. Sie findet im Inneren statt, ohne Worte. Und genau das beschreibt Zhuangzi. Durch den Handel auf der Seidenstraße wurde der Buddhismus ab dem 3. Jahrhundert u. Z. nach China hineingetragen, ist in Indien verkümmert und hat sich in China entfaltet. Die Philosophen und Priester entdeckten zu dieser Zeit im Zhuangzi zahlreiche Anklänge zwischen Buddhismus und Daoismus. Passagen, die Zhuangzi sehr bildhaft beschreibt, z.B. im Eingangskapitel, dieses Motiv des Reitens auf den Wolken über große Entfernungen, wobei man die kleinen Sorgen hinter sich lässt, leicht wird und frei, sich dem Grenzenlosen nähert, in das Grenzenlose eindringt. Das ist eigentlich die Beschreibung einer Meditationstechnik und verhält sich wie mit den Wundern Jesu oder der jungfräulichen Geburt, wo jeder weiß: das ist nicht glaubwürdig. So sind auch die Wolkenritte bei Zhuangzi nicht glaubwürdig, aber als Meditation sind sie ganz realistisch. Das kann man träumen oder im Trancezustand erleben. Im Zhuangzi entdeckten die Priester eine weitere Passage, die für den chinesischen Buddhismus äußerst folgenreich wurde: die Rede vom »geistigen Fasten« (xīn zhāi 心齋). Während der Konfuzianer sagt: ich sitze und büffle, lerne all die Lieder auswendig, sagt der Daoist: ich sitze und vergesse –

und dann werde ich leicht und nehme wieder wahr, schärfe meine Wahrnehmung, indem ich mein Gedächtnis befreie.

Bei Konfuzius steht immer im Vordergrund: du sollst dir Bildung aneignen, denn dies ist nützlich, um den Staat zum Wohle aller optimal regieren und bewirtschaften zu können. Bei Laozi und Zhuangzi kommt einem manchmal geradezu eine Bildungsfeindlichkeit entgegen. Es wird sogar gesagt: Zu viel Wissen verdirbt die Menschen.
Man kann das auch missbrauchen.

Man könnte den Konfuzianismus auch zur Grundlage eines straffen Regimes machen, was in China wohl auch jahrhundertelang praktiziert worden ist. Das Gegenteil zur Staatsreligion erhoben, wäre eine Perversion.
Diese Gegensätzlichkeit zwischen dem Aktionismus, der im Konfuzianismus steckt – sei aktiv, lerne, tue das Gute –, und dem Passivismus, der im Daoismus hochgehalten wird – tue das Nichtstun –, ist bereits sehr früh, noch vor dem Auftritt des Ersten Kaisers, pervers interpretiert worden. Hanfeizi (280 – 233 v. u. Z.), ein Schüler von Xunzi, hat den ersten, sehr brillanten Kommentar zum Laozi geschrieben. Darin hat er sich ausführlich mit diesem paradox erscheinenden Prinzip »Tue das Nichtstun«, dem Wei-Wuwei, auseinandergesetzt und kam zu dem Schluss: Der Herrscher kann sich am ehesten zurücklehnen und nichts tun, wenn er eine Diktatur errichtet, in der die Menschen so viel Angst haben, dass sie alles tun, sobald der Herrscher nur mit der Wimper zuckt. Das erreicht er durch die Todesstrafe oder durch Belohnung in Form von Landparzellen für die Köpfe getöteter Feinde. Genau diese Idee hat wenig später der erste Reichseiniger Chinas in die Tat umgesetzt. In der chinesischen Geistesgeschichte ist diese Strömung, die aus einem Kommentar des Buches Laozi heraus entstanden ist, als »Legalismus« eingegangen: Es komme nur auf die strikte Durchsetzung der Gesetze an, nicht auf Moral – eine völlig widersinnige Deutung, aber sehr intelligent und sehr brauchbar für Diktatoren. Der Missbrauch dieser Idee des Wuwei legitimierte Qin Shi Huangdi, die streitenden Fürstentümer Chinas mit besonderer Skrupellosigkeit und Brutalität zu vereinigen. Worte sind nicht nur Worte, sie bewirken etwas. Übrigens endete Hanfeizi durch die Konsequenz seiner eigenen Lehre: Sein früherer Freund Li Si, der spätere Premierminister des Ersten Kaisers und Initiator der Bücherverbrennung, übernahm von Hanfeizi den Legalismus und zwang ihn zum Selbstmord, sobald er ihm »unnütz« erschien. Zwei Jahrzehnte später zerbrach das geeinte chinesische Reich am Unmut des Volkes gegen das allzu harsche Regime.

Sie heben am Zhuangzi das Primat der individuellen Freiheit hervor.
Das ist der große Unterschied zwischen Laozi und Zhuangzi. Laozi ist ein durch und durch politisches Buch. Dass es in den 1920er Jahren in Europa als eine Art esoterische Fibel gelesen wurde, ist mir völlig schleierhaft. Es war der Trugschluss der damaligen Übersetzer, sich selbst und nicht einen Fürsten als Angesprochenen zu empfinden. Beim Zhuangzi ist dies nicht der Fall, dieses Buch richtet sich nicht an die Herrschenden. Zhuangzi gibt in seinen authentischen Stellen keinerlei Ratschläge. Er verweigert sich. Man kann auch nicht aufrechterhalten, was oft zu lesen ist, dass Zhuangzi ein Schüler des Laozi gewesen sei. Er ist eigenständig, bezieht sich zwar manchmal auf Laozi und entnimmt ihm einige Ideen, aber er wendet sie auf den Einzelnen an. Ihn interessiert nicht, wie der Herrscher handeln sollte. Wahrscheinlich hatte Zhuangzi in seinem Garten Erfüllung gefunden und er hatte Glück: In seinem Örtchen herrschte lange Frieden. Erst am Ende seines Le-

bens kam der Krieg auch in seine Gegend. Offenbar konnte sich der mittel- und machtlose Zhuangzi geistige Freiheit im Frieden leisten und sah sie als das Höchste an, was Menschen erreichen können.

Das Buch Zhuangzi begeistert nicht nur die philosophischen Leser durch den Reichtum an Bildern und Gleichnissen. Das sind sehr poetische Texte, in denen sich der individuelle Leser wiederfinden kann.
Genau. Es ist ein Geschichtenbuch. Insofern ähnelt es dem Alten Testament, welches in seinen besten Stellen auch eine Sammlung von Geschichten und Gleichnissen ist. Die gewählten Bilder im Zhuangzi sind teilweise sehr drastisch, was einen nahezu modernen Anstrich hat. Es gibt diesen wunderbaren Dialog:

> Meister Dongguo (Ostwall) fragte Zhuangzi: »Was du Dao nennst, wo befindet es sich?«
> Zhuangzi sprach: »Es gibt nichts, wo es nicht ist.«
> Meister Dongguo sprach: »Ich hoffe, du könntest mir mehr dazu sagen.«
> Zhuangzi sprach: »Es steckt in Zikaden und in Ameisen.«
> [Meister Dongguo] sprach: »Ist es in Niederem zu finden?«
> [Zhuangzi] sprach: »Es steckt im Unkraut und im Gras.«
> [Meister Dongguo] sprach: »Ist es in etwas zu finden, das noch niedriger steht?«
> [Zhuangzi] sprach: »Es steckt in Dachziegeln und Kacheln.«
> [Meister Dongguo] sprach: »Ist das das Niedrigste, in dem es zu finden ist?«
> [Zhuangzi] sprach: »Es steckt in Kot und Pisse.«

Zhuangzi holt nicht zu abstrakten philosophischen Konstruktionen aus, er ist ein Meister des Konkreten.

Warum ist Zhuangzi erst im 20. Jahrhundert so richtig in der europäischen Philosophie wahrgenommen worden? Dies trifft in gewissem Sinne auch auf Konfuzius und Laozi zu. Bereits Gottfried Wilhelm Leibniz hatte im ausgehenden 17. Jahrhundert im Schriftverkehr mit in China weilenden Jesuitenpatern Wissen über China zusammengetragen. Es hat einen Austausch über wissenschaftliche Ergebnisse und religiöse Fragen gegeben. Warum hat der damalige Wissenstransfer diese Hauptwerke der chinesischen Philosophie ausgeklammert?
Seit dem 16. Jahrhundert gibt es engere Kontakte zwischen China und Europa. Vereinzelt sind bereits zuvor ein paar Europäer nach China gereist, von ihnen ist der Venezianer Marco Polo vom Ende des 13. Jahrhunderts der bekannteste. Er weilte unter anderem am Hof in Changan (heute Xian). Was er von China berichtete, erinnerte im Vergleich zum damals kränkelnden Europa einem paradiesischen Zustand. Er fand geordnete stabile Verhältnisse vor. Später reisten jesuitische Missionare nach China, insbesondere aus Frankreich und Italien. Sie lernten Chinesisch und befassten sich mit der neo-konfuzianischen Philosophie, die damals vorherrschte, letztlich, um die angebliche Überlegenheit des christlichen Glaubens nachzuweisen. So lasen sie die chinesischen Klassiker mit einer christlichen Brille und glaubten zum Beispiel die Trinität in bestimmten Eigennamen erkennen zu können. Indem sie lediglich den Austausch mit Konfuzianern suchten, die ihnen für das missionarische Geschäft am wichtigsten erschienen und von denen sie schließlich als Mandarine erster Klasse anerkannt wurden, hatten sie keinen Blick für den Daoismus, der sich zudem zur Volksreligion entwickelt und seine philosophischen Grundlagen damit verschleiert hatte.

War diese konfuzianische Welt an die Religion gekoppelt? War es ein sehr pragmatisches Staatsgebilde, aber mit Religionsbezug?

Der Konfuzianismus war – in heutigen Worten – keine religiöse Veranstaltung, er war Bildungsbürgertum. Eine Ausnahme bildet das Yijing (»Buch der Wandlungen«), dieses berühmte, hermetische Orakelbuch, welches Konfuzius herausgegeben und kommentiert hat. Es schlägt zudem die Brücke zu Leibniz – eine wirklich geniale Geschichte. Das Yijing ist in den letzten Jahren gleich zweimal neu ins Deutsche übersetzt worden, erschienen einmal bei Suhrkamp und einmal bei Reclam. Leibniz' Begegnung mit dem Yijing verdanken wir die Erfindung der Dualzahlen, auf der unsere Computertechnik beruht. Im Yijing werden nur zwei Zustände unterschieden – durchgezogene Linie und unterbrochene Linie, die, zu Dreierblöcken geordnet, acht Trigramme bilden. Die Kombination von zwei Trigrammen beschreibt eine »Wandlungsphase«; insgesamt resultieren 8 x 8 = 64 Hexagramme, die als Bilder gesehen, mit Schriftzeichen verknüpft und philosophisch interpretiert werden können. Die mythologisch kolorierten »Geschichten« dazu erscheinen mysteriös und obskur, so dass man in die Kommentare alles hineininterpretieren kann, was für die Funktion des Orakels als Projektionsschirm des Eigenen sehr nützlich ist. Dafür braucht es diese Deutungsoffenheit. Doch im Kern ist das Yijing absolut klar und logisch. Es besteht nur aus dualen Zahlen, Null und Eins. Der gesamte Kosmos dieser 64 Hexagramm-Kombinationen beruht letztlich auf diesen beiden Zahlen. Leibniz erkannte darin im Jahr 1697 ein mathematisches Modell für den göttlichen Funken, der imstande sei, alles aus dem Nichts entstehen zu lassen. Aber Leibniz war seiner Zeit so weit voraus, dass kein Fürst und niemand sonst ahnte, was daraus einmal werden würde. Im selben Jahr schlug Leibniz in seiner Schrift »Novissima Sinica« die Gründung einer Art preußisch-chinesischer Akademie vor. Statt China zu bekehren, sollte der Westen von China lernen. Unglaublich! Bis heute ist dieser Teil von Leibniz' Werk kaum aufgearbeitet. Aber zurück zur Frage: Der Konfuzianismus hat keine religiösen Inhalte, aber er bewahrte diese sehr mathematisch erscheinende Struktur des Yijing, die eine ganz paradoxe Verbindung schafft zwischen Mathematik und Logik auf der einen Seite und Spiritualität auf der anderen Seite. Dieses Orakelbuch wurde von allen genutzt, von den Priestern, um glückliche und unglückliche Ereignisse vorherzusagen, ebenso von den Königen, Fürsten usw. Was wir als Religion verstehen, das seelsorgerische Priestertum, wurde von außen nach China importiert, in Form des Buddhismus. Und gleichzeitig hat sich aus der daoistischen Philosophie die daoistische Volksreligion entwickelt, die jedoch teilweise völlig im Gegensatz zueinander stehen. Ein Beispiel dafür ist die Idee der Unsterblichkeit. Um sie zu erlangen, wurden, wie ich vorhin erzählt habe, verschiedenste Substanzen gekostet, u.a. Quecksilber, später Meditationsübungen und Körpertechniken entwickelt wie z.B. die »Innere Alchemie«. Zhuangzi hält dagegen: »Woher weiß ich, ob ein Toter seine frühere Sehnsucht nach dem Leben nicht bereut?«

Eine erste Übersetzung des Daodejing in eine europäische Sprache, genauer gesagt ins Lateinische, wurde im frühen 18. Jahrhundert von französischen Jesuiten besorgt. Sie lag als Handschrift vor, die keinerlei Verbreitung fand. 1842 publizierte Stanislas Julien die erste Übersetzung in Frankreich. Sie hatte jedoch kaum eine Wirkung. In Deutschland war Viktor von Strauß der erste, der den Rang des Daodejing erkannte. Er gab 1870 seine Übersetzung heraus. Im Englischen gab es aufgrund der Kolonien auf chinesischem Gebiet einige sehr begabte Sprachkundige, die dann nach ihrer Rückkehr die Sinologie in Oxford und Cambridge begründeten. James Legge (1815–1897) wurde bei seinen Übersetzungen der chinesischen Klassiker vom Autor und Verleger Wang Tao beraten, der nach der Beteiligung an den Taiping-Aufständen nach Hongkong geflohen war. Dieser verschaffte ihm einen sehr guten Zugang zum Kern der Gedanken. Richard Wilhelm stützte sich bei seiner Übersetzung des Zhuangzi ins Deutsche unter anderem auf die Übertragung von James Legge. Martin Buber kannte den chinesischen Text des Zhuangzi nicht, sondern griff für sein erfolgreiches Lesebüchlein auf die Vorlage eines chinesischen Freundes und auf die relativ unzuverlässige englische Übersetzung von Herbert Giles zurück.

Dennoch hat man den Eindruck, dass Bubers Engagement für die Wahrnehmung des Laozi und des Zhuangzi in der deutschen Geisteswelt der entscheidende Impuls war. Davon haben Max Weber, Martin Heidegger, C. G. Jung, Bertolt Brecht, Hermann Hesse, Alfred Döblin u. v. a. profitiert.
Buber hat die Übersetzung auf seine Weise sehr akribisch betrieben und versucht, so konsistent wie möglich zu arbeiten. Bei dem Versuch, den Laozi ins Hebräische zu übertragen, fertigte er eigens ein Wörterbuch an, damit er in der Lage war, die Begriffe, die an verschiedenen Stellen in verschiedenen Bedeutungen und Kontexten auftauchen, gleichförmig wiederzugeben. Sein 1910 veröffentlichtes Zhuangzi-Lesebüchlein ist lediglich eine Blütenlese. Seine Textauswahl umfasst nur einen Bruchteil des Gesamttextes, der frei zusammengestellt wurde. Am schwersten wiegt die Kritik, mit der Hans-Georg Möller kürzlich Bubers Zhuangzi-Ausgabe gewürdigt hat: Buber projiziert kraft seiner poetischen Sprache jüdisch-christliche Ideen in den chinesischen Text hinein, z.B. eine Philosophie der Identität – daraus erklärt sich sein Erfolgsgeheimnis bei den westlichen Philosophen der Moderne, die aber gewissermaßen einer genialen Fälschung auf den Leim gegangen sind.

Die erste beinahe komplette Übersetzung des Zhuangzi hat Richard Wilhelm 1912 veröffentlicht (»Das wahre Buch vom südlichen Blütenland«). Sie ist bis heute die ständig neu aufgelegte Ausgabe im deutschsprachigen Raum. Worauf bezieht sich Ihre Kritik an dieser Übertragung? Warum war es wichtig, den Zhuangzi neu zu übersetzen?
Es gibt eine ganze Reihe von Kritikpunkten, die man anführen muss. Was ich vorhin zu den jesuitischen Missionaren sagte, trifft zum großen Teil auch auf Richard Wilhelm zu. Er war, als er sich im kaiserlichen China bzw. in der deutschen Kolonie Qingdao aufhielt, ebenfalls von konfuzianischen Beratern umgeben, die für den Daoismus wenig Verständnis hatten. Während er also beim Übersetzen der konfuzianischen Klassiker gut beraten war, war er beim Übersetzen der daoistischen Klassiker eher schlecht beraten. Ein zweiter Kritikpunkt ist, dass er einer Theorie, die damals von einigen chinesischen Gelehrten vertreten wurde, absoluten Glauben schenkte. Sie bestand darin, dass es drei daoistische Klassiker gegeben hätte – Laozi, Liezi und Zhuangzi. Liezi wird im Buch Zhuangzi tatsächlich erwähnt, sonst aber nirgendwo. In den antiken Katalogen der kaiserlichen Bibliothekare fehlt er. Man weiß bis heute nicht genau, ob er jemals lebte oder nicht vielmehr eine Erfindung von Zhuangzi ist. Erst im 4. Jahrhundert unserer Zeit tauchte ein Mann namens Zhang Zhan auf, der behauptete, die Werke von Liezi im Schrank seines Großvaters gefunden zu haben. Man weiß heute, dass diese vermeintliche Werkausgabe eine Kompilation aus Zhuangzi, Huainanzi und anderen altchinesischen Texten ist, bunt zusammengewürfelt und noch etwas umgeschrieben. Kein schlechter Text, schön zu lesen, jedoch rein eklektizistisch. Über 1500 Jahre hielt sich in manchen Kreisen die Theorie, dass Zhuangzi ein Nachfolger von Liezi sei. Von den daoistischen Schriften übersetzte Richard Wilhelm nun zuerst Laozi, dann Liezi und zum Schluss Zhuangzi. Bei Zhuangzi

stieß er auf Passagen, die dieser vermeintlich bei Liezi abgeschrieben habe. In Wirklichkeit hat sie umgekehrt der Kompilator der Liezi-Ausgabe aus dem Zhuangzi entnommen. Wilhelm jedoch lässt in seiner Übersetzung des Zhuangzi all diese vermeintlichen Zitate aus dem Liezi weg mit dem Hinweis: lies es bei Liezi nach. In der Summe fehlt bei Wilhlem etwa ein Drittel des Zhuangzi. Buber übrigens war der Umstand, dass es sich bei Liezi um eine Fälschung handelte, bereits bekannt. Dies wurde von chinesischen Literaten seit dem 6. Jahrhundert immer wieder angemerkt. Das ist der Hauptkritikpunkt. Darüber hinaus hat Wilhelm die Kapitelfolge des Zhuangzi verändert und stark in die Gliederung des Werkes eingegriffen. Beispielsweise streicht Wilhelm die sinfonisch anmutende Ouvertüre, in dem die berühmte Verwandlung des Fisches Kun in den Vogel Peng beschrieben wird, so dass man das Werk zunächst gar nicht erkennt. Stattdessen setzt er mit der prosaischen Kurzfassung dieser Geschichte ein, die erst später im Zhuangzi erscheint. In den ersten Auflagen hat Wilhelm seine redaktionellen Eingriffe zumindest ausführlich kommentiert. Nach dem Zweiten Weltkrieg, d. h. mit dem Umzug von Jena nach Düsseldorf, verzichtete der Diederichs-Verlag auf einen Großteil dieser Fußnoten. Dadurch erhält der heutige deutsche Leser den Eindruck, der Zhuangzi, den Wilhelm zusammengestellt hat, sei das Buch Zhuangzi. Man stelle sich vor, ein heutiger Herausgeber wäre so mit den Neuen Testament umgegangen, wäre von dem Gedanken angetrieben worden, nur das stehen zu lassen, was Jesus authentisch zugeschrieben werden könne.

Ehe wir weiter über die Neuübersetzung des Zhuangzi sprechen, würde ich Sie gern zu Ihrer Biografie befragen. Ich habe gelesen, dass Sie zunächst Psychologie und Mathematik studiert haben. Ich unterstelle somit, dass Sie ähnlich wie Leibniz zur chinesischen Kultur gekommen sind?

Nach dem Abitur 1988 war ich mit einem Schulfreund auf einer Wanderung im Rila-Gebirge und trug die Reclam-Ausgabe des Daodejing im Gepäck, eine sehr poetische Übersetzung von Ernst Schwarz. Die Lektüre passte zum Aufenthalt in den Bergen. Doch ich verstand viele Stellen, insbesondere am Anfang des Buches, nicht und schlug sie später in der Bibliothek in anderen Übersetzungen nach. Dabei verwirrte mich, dass diese Übersetzungen stark voneinander abwichen, so stark, dass ich sie für verschiedene Werke hielt. Mir bleibt nichts anderes übrig, sagte ich mir, als Chinesisch zu lernen, damit ich das Daodejing im Original lesen könne. Also begann ich in Dresden, mit Tusche und Pinsel Schriftzeichen zu malen. Damit kam ich nicht allzu weit. 1993 verbrachte ich dann ein Semester an der Peking-Universität, nicht um Mathematik oder Psychologie zu studieren, sondern die klassische chinesische Schriftsprache. Am Anfang habe ich natürlich nicht das Daodejing gelesen, sondern chinesische Märchen. Sie gehen übrigens nicht selten auf Zhuangzi zurück, aber der interessierte mich damals noch nicht. Um auf Ihre vorhin gestellte Frage zurückzukommen: Das Verhältnis der Chinesen zum Zhuangzi ähnelt der Beziehung der Deutschen zu Goethe. Jeder kennt ihn, kaum einer hat ihn gelesen. Aber so wie unsere Idiomatik von Goethe geprägt ist, so gehen viele Redewendungen im Chinesischen auf Zhuangzi zurück. Mit der Idiomatik hat es im Chinesischen eine besondere Bewandtnis, sie verwandelt es für Außenstehende in einen kulturellen Geheimcode. In der Regel bestehen die Redewendungen aus vier Schriftzeichen. Wenn man sie wörtlich übersetzt, versteht man sie nicht. Denn sie stehen als Abkürzung oder Formel für eine Anekdote. Ein großer Teil dieser Idiome geht auf Zhuangzi zurück, beispielsweise das berühmte »Dong Shi xiao pin« (»Ostufer ahmt das Stirnrunzeln nach«). Das versteht keiner, der nicht die Geschichte dahinter kennt: Xi Shi, die am Westufer eines Flusses lebte, galt als eine der schönsten Frauen des chinesischen Altertums. Wenn sie sich über das Wasser beugte, waren die Fische wie geblendet und hörten auf zu schwimmen. Als sie einmal Kopfschmerzen hatte und die Stirn runzelte, erschien sie den Menschen noch schöner. Da ahmte Dong Shi, eine hässliche Frau, die am Ostufer lebte, das Stirnrunzeln von Xi Shi nach – und die Menschen liefen vor ihrem Anblick davon. Das ist eine Geschichte über den Unsinn substanzlosen Nachahmens. Die Chinesen sagen nur »Dong Shi xiao pin«, und alle wissen Bescheid. Wer die Geschichten nicht kennt, kann damit nichts anfangen. Über Märchen dieser Art bin ich auf Zhuangzi gestoßen. Nach drei Monaten begann ich, Laozi im Original zu lesen. Ohne den Austausch mit Chinesen wäre mir das erste Kapitel weiterhin verschlossen geblieben. Heureka, in diesem Moment entdeckte ich, warum die europäischen Übersetzungen des Laozi derart voneinander abweichen: Während die Chinesen die sprachlich möglichen Lesarten parallel wahrnahmen und in Verbindung setzten, fixierten die Übersetzer in westliche Sprachen ausschließlich eine der möglichen Lesarten und versuchten diese bis zum Ende logisch konsistent durchzuhalten. Das Deutungsspektrum geht für die westlichen Leser damit verloren. Drei Jahre später hielt ich auf dem Daoismus-Symposion in Leipzig einen Vortrag über das erste Kapitel des Daodejing, welches ich als so schwierig empfunden hatte, und erklärte, woher die vieldeutigen Übersetzungen kommen und wie es gelingen könnte, auch im Deutschen eine synthetische Lesart des Laozi zu formulieren, so dass wir nicht mehr drei oder mehr Ausgaben parallel lesen müssen, sondern die Vieldeutigkeit prägnant im Satz zusammenfließt. Der Vortrag löste eine Diskussion aus und ich erhielt Ermutigung von Seiten der Sinologen, meine Untersuchung auf die übrigen 80 Kapitel des Daodejing auszudehnen. Ohne diese Ermutigung hätte ich das nie in Angriff genommen. Von 1997 bis 1999 habe ich die restlichen Kapitel des Daodejing übersetzt – immer mit dem Fokus, wo stecken semantische oder syntaktische Mehrdeutigkeiten, wo ist tatsächlich Offenheit für den Übersetzer in dieser Textur verborgen und wo geht der Übersetzer zu weit.

Sie haben dann »Daodejing. Die Erkundung des Deutungsspektrums« herausgegeben, ein großer Essay, der diese Vieldeutigkeit ausleuchtet.
Es sind 81 philologische und 81 philosophische Kommentare, die parallel zur Übersetzung des Laozi entstanden. Darin habe ich versucht, das Spektrum abzuschreiten. Dieser Band ist unmittelbar mit der Übersetzung veröffentlicht worden. Es gab damals bereits gute, aber eben auf jeweils eine Interpretationslinie orientierte Übersetzungen des Daodejing, beispielsweise von Richard Wilhelm oder von Ernst Schwarz, der übrigens das berühmte Wei Wuwei (»Handeln durch Nichthandeln«) durchgängig als »nicht wider die Natur handeln« wiedergab, eine Idee, die mich als junger Leser ungemein ansprach, die aber keine Übersetzung ist, sondern eine Interpretation.

Also bestand im Gegensatz zum Zhuangzi nicht die dringende Notwendigkeit, Laozi neu zu übersetzen?
Es war notwendig aus meiner Sicht, weil die Übersetzer – in alle europäischen Sprachen – versucht haben, eine in ihrer Muttersprache konsistente Übersetzung zustande zu bringen, das heißt, eine, die von Widersprüchen frei ist. Der chinesische Leser liest aber synthetisch. Wenn im ersten Kapitel gesagt wird: »Der Beginn von Himmel und Erde wird Nichts genannt.« – dann kann man denselben Satz bei anderer Interpunktion, die dadurch entsteht, dass Verb und Substantiv im Chinesischen nicht definiert sind, vollkommen anders verstehen, nämlich: »Am Anfang von Himmel und Erde gab es keine Namen.« Chinesen lesen beides gleichzeitig und daraus entsteht beim Lesen die Philosophie. Die westlichen Übersetzer versuchen dagegen, sich auf eine der beiden Deutungen zu konzentrie-

ren, um es für den europäischen Leser möglichst einfach und widerspruchsfrei zu gestalten. Widerspruchsfreiheit, das ist unser griechisches Erbe. Ich habe versucht, dies aufzusprengen. Dort, wo es aufgrund der chinesischen Syntax gerechtfertigt erscheint, habe ich zwei, manchmal auch drei Lesarten in einen Satz aufgenommen, markiert durch ein barockes Komma, selten auch einmal durch einen Nebensatz. Damit wird es dem deutschen Leser möglich, die verschiedenen Deutungen in einem Zug zu lesen, und er hat damit wie chinesische Leser die Möglichkeit, die verschiedenen Deutungsvarianten sofort mitzudenken, ohne erst fünf Übersetzungen daneben legen zu müssen. Darin sah ich die Legitimation für mich, die etwa 75. Übersetzung des Laozi ins Deutsche vorzulegen.

Der dritte Band der Laozi-Ausgabe – »Nichtstun als Handlungsmaxime« – ist einige Jahre später erschienen. Ein Buch, in dem die geistige und politische Dimension dieses Klassikers der altchinesischen Philosophie ausgeleuchtet wird.
Eigentlich müsste man den dritten Band zuerst lesen, da er als Einführung dienen kann und an die Hintergründe heranführt. Der Vortrag, den ich vorhin erwähnt habe, ist in diesen Band eingegangen. Als ich den dritten Band schrieb, bin ich wieder durch China gereist, war einen Sommer lang auf der Seidenstraße unterwegs, bin im Bus durch Wüsten gefahren und habe Klöster an den Rändern des historischen Tibet gestreift. Bei dieser Reise hat mich vor allem die Frage begleitet: Was ist aus der daoistischen Philosophie geworden? Wie wurde aus dem philosophischen Daoismus ein religiöser Daoismus? Welche politischen Folgen hat der Daoismus nach sich gezogen?

Wann und warum kamen Sie auf die Idee, sich den Zhuangzi vorzunehmen? Es musste ja von Beginn an klar gewesen sein, dass diese Arbeit (das Ergebnis umfasst ein 900-Seiten-Buch) sehr umfangreich werden würde.
In der modernen Psychotherapie werden gern Geschichten erzählt und tatsächlich stammen viele von Zhuangzi. Auf diese Weise kam ich im Rahmen meiner Ausbildung mit ihm ganz praktisch in Berührung. Als ich dann den Laozi-Essay schrieb, bin ich fortlaufend auf Zhuangzi gestoßen. Er bildet eine Brücke – vom »Politikberater« zum »Lebensberater«. Und irgendwo dazwischen ist die Religion herausgesprungen.

Zhuangzi selbst ist jedoch alles andere als ein Religionsgründer.
Ja, natürlich. Das hat mit seiner Person gar nichts zu tun. Er hätte sich dagegen verwahrt. Die Bezüge zum Zhuangzi ergaben sich für mich durch die Laozi-Studie. Ich interessierte mich für Querverbindungen, blätterte in der verstümmelten Zhuangzi-Ausgabe von Richard Wilhelm und geriet in Verzweiflung, weil ich oft die Stelle nicht fand, die ich suchte. Zu vieles fehlte oder war umgruppiert worden. Wenn ich mich richtig erinnere, war es in den Tagen, als ich mich in der Turpan-Senke befand, 150 Meter unter dem Meeresspiegel, mitten in der Wüste, bei wahnsinniger Hitze – dort habe ich bemerkt, dass es im Deutschen keine vollständige Übersetzung des Zhuangzi gibt und es eines neuen Anlaufes bedarf. Die Hitze hätte mich eigentlich lähmen müssen, doch offenbar bewirkte sie das Gegenteil: Der Aufwand, den Zhuangzi neu zu übersetzen, war mir bewusst, aber er schreckte mich in dieser reizlosen Umgebung nicht ab ...

Die Struktur Ihrer Zhuangzi-Ausgabe ist sehr zu loben, nicht nur wegen des sehr informativen Vortextes, sondern wegen der Art und Weise, in der der Zhuangzi-Text dargeboten wird. Wenn man das erste Innere Kapitel aufschlägt, fällt sofort dieses mehrteilige Grundprinzip der angebotenen Textstruktur auf. Zunächst wird kurz deutsch eingeführt in das Kapitel, daran schließt sich der altchinesische Originaltext der Standardausgabe an, diesem folgt der Text in Pinyin-Lautumschrift und die interlineare Wort-für-Wort-Übertragung, erst dann folgt die deutsche Übersetzung, an welche sich in der Regel noch ein Kommentar anschließt, der auf die neuesten wissenschaftlichen Erkenntnisse reflektiert. Mehr Sorgfalt ist nicht vorstellbar. Wie kamen Sie auf die Idee, der Wissenschaft und dem Leser diese reiche, nützliche Struktur anzubieten? Gab es dieses Prinzip bereits in einer englischen Übertragung des Zhuangzi?
Als Buch gibt es den Zhuangzi in dieser Form auch im Englischen noch nicht. Im Internet hat Donald Sturgeon mit dem »Chinese Text Project« eine sehr verdienstvolle Seite ins Leben gerufen. Hier werden zahlreiche Klassiker in solider Weise dargestellt. Für das Buch Zhuangzi ist beispielsweise die Havard Konkordanz hinterlegt, die in der Sinologie als Grundlage für die Zitation dient. Außerdem wurden Verknüpfungen zu Online-Wörterbüchern eingefügt, was aber bei altchinesischen Texten nicht selten in die Irre führt. Mir ging es bei meiner Zhuangzi-Ausgabe darum, dem deutschen Leser eine Referenz zum überlieferten Text in die Hand zu geben und die Nachprüfbarkeit der Übersetzung zu erleichtern. Auf dem deutschsprachigen Buchmarkt fehlte bisher eine zuverlässige, kritische Ausgabe. Häufig nehmen die Essayisten hierzulande, die Zhuangzi zitieren, Bezug auf die Ausgabe von Richard Wilhelm, die aber im Diskurs nicht anschlussfähig ist, da er zu sehr in den Aufbau des Buches eingegriffen hat. Diese Verwirrung lässt sich sehr schön auf den deutschsprachigen Wikipedia-Seiten beispielsweise zum Stichwort »Daoismus« beobachten, wenn man sich einmal den Spaß erlaubt, den englischsprachigen Artikel zum selben Thema zu lesen ...

Dieses Prinzip ist ja zugleich ein großer Impuls, die eigentliche Beschäftigung mit der geistigen Welt des Zhuangzi nun zu beginnen. Die Werkzeuge liegen nun für jedermann und insbesondere für die Wissenschaft bereit.
Das wollte ich ermöglichen. Nach meiner Rückkehr nach Leipzig begann ich, mich mit der altchinesischen Standardausgabe des Zhuangzi zu beschäftigen. Zuerst hatte ich eine zweisprachige Ausgabe im Sinn – wie beim Laozi – und wollte auch die rezeptionsgeschichtliche Wirkung der Mehrdeutigkeiten in diesem Buch untersuchen. Doch dies erwies sich beim Zhuangzi als Irrweg. Während Laozi in seiner formelhaften Sprechweise von obskurer, bei näherer Betrachtung recht gleichförmiger Vieldeutigkeit lebt, ruft die narrative, ans Sinnlich-Konkrete gebundene Erzählweise Zhuangzis nach begrifflicher Klarheit.

Ich vermute, dass die Sinologen Sie längst als einen Kollegen betrachten. Insbesondere die detaillierte und kenntnisreiche Kommentierung, die die Zhuangzi-Ausgabe durchzieht, kann als direkter Dialog mit der Sinologie gelesen werden.
Diese Ausgabe ist das Ergebnis einer vierfachen Lektüre des Buches Zhuangzi. Bei der ersten Lektüre habe ich den chinesischen Langzeichen die lateinische Transkription in Form der modernen Pinyin-Lautumschrift zugeordnet. Mit Sicherheit ist davon auszugehen, dass zu Zhuangzis Zeiten das Chinesische anders ausgesprochen wurde. Mir ging es nicht darum, die antike Aussprache zu rekonstruieren, sondern die Arbeit mit dem Text zu vereinfachen. Die zweite Lektüre des Zhuangzi ergab eine Interlinear-Übersetzung, Wort für Wort. An diesen beiden Arbeitsschritten haben eine chinesische Germanistin und eine chinesische Kulturwissenschaftlerin mitgewirkt. Am liebsten wollten sie sofort

fertige deutsche Sätze formulieren, doch darum ging es in dieser Phase noch nicht und ich musste ihren ungestümen Formulierungsdrang bremsen … Vielmehr haben wir zunächst ein »Wörterbuch des Zhuangzi« angelegt. Es enthält alle Zeichen, die im Zhuangzi vorkommen, insbesondere auch die seltenen und heute nicht mehr gebräuchlichen Zeichen, die wir durch Recherche in alten Kommentaren und durch Lektüre vorhandener Übersetzungen entschlüsselt haben. Es setzt übrigens die Konkordanz fort, die ich im ersten Band der »Studien zu Laozi« begonnen hatte, und erweitert sie zu einer »Laozi-Zhuangzi-Konkordanz«, die einen vollständigen Wortschatzvergleich beider Werke ermöglicht.

Auch diese Laozi-Zhuangzi-Konkordanz ist ein großartiges Angebot an die Sinologie.
Die Erarbeitung des Glossars nahm etwa drei Jahre in Anspruch, denn es war für jedes einzelne Zeichen notwendig zu überprüfen, wie es im jeweiligen Kontext des Zhuangzi zu verstehen ist. Je weiter wir uns durch den Text durchgearbeitet haben, desto umfangreicher und spezifischer wurde das Wörterbuch und gewährte nach und nach einen Überblick, wie verschieden die Zeichen an den einzelnen Stellen verwendet werden. Für mich erwies es sich als ein unschätzbares Werkzeug, um mich an die eigentliche Übersetzung heranzuwagen. In der vorliegenden Zhuangzi-Ausgabe befindet es sich am Ende und kann für weitere Übersetzungen aus dem Altchinesischen herangezogen werden. Auch für Leser, die sich für den Sprachgebrauch im Laozi und im Zhuangzi interessieren, enthält es eine Menge Entdeckungen.

Sie haben ja für Ihre Zhuangzi-Übertragung auch alle im Deutschen und Englischen existierenden Zhuangzi-Übertragungen noch einmal vergleichend herangezogen, um zu einer gesicherten und Irrtümer ausschließenden Übersetzung zu kommen.
Ja, das erschien mir hilfreich. Erst die dritte Lesung führte zu einer Satz-für-Satz-Übersetzung. Diese schneckenhafte Vorgehensweise war wichtig, weil manche Sätze so kurz und elliptisch sind, dass ihr Verständnis große Schwierigkeiten bereitet. Andere Sätze waren dunkel. Andere wiederum besaßen eine komplexe syntaktische Struktur. Damit ist ein gravierendes Problem in der modernen Wiedergabe altchinesischer Texte verbunden: Heutzutage werden sie in der Regel nicht mehr wie früher in Säulen, rechts oben beginnend und von oben nach unten zu lesen, gedruckt, sondern wie in Europa in Zeilen, die von links nach rechts gelesen werden. Außerdem fügen die heutigen chinesischen Herausgeber europäische Satzzeichen ein, die es in den altchinesischen Texten natürlich nicht gab. Einerseits erleichtern sie die Orientierung, andererseits kommt es vor, dass die Interpunktion die Interpretation beeinflusst. Je nachdem, wo ein Komma gesetzt wird, kommt ein anderer Sinn heraus. Im Laozi, der sich eher wie Lyrik liest, ist dieser Effekt enorm, und dort war es wichtig, auf die nachträglich eingefügte europäische Interpunktion zu verzichten. Im Zhuangzi, der größtenteils in Prosa verfasst ist, spielt dieses Problem dagegen kaum eine Rolle. Daher habe ich sie hier stehen lassen.

Aber auch die Prosa-Texte im Zhuangzi sind sehr poetische Texte. Man merkt Ihrer Übertragung an, dass gerade auch dieses Poetische in einem weiteren Arbeitsschritt noch einmal besonders herausgearbeitet wurde, um die Metaphern und Bilder eingängig zu machen. Dadurch wird die Lesbarkeit verbessert und das Lesen zugleich Genuss. Ich möchte gern noch auf einen tragenden Grundgedanken der Philosophie des Zhuangzi zu sprechen kommen: Nichtstun als Handlungsmaxime. Das heißt ja nicht: Alle Fünfe gerade sein lassen. Was ist das für ein Nichtstun?
Das ist eine kontroverse Diskussion, bei der äußerst unterschiedliche Positionen eingenommen worden sind. Ich habe bereits Hanfeizi erwähnt, der die Angst vor der Härte des

Gesetzes als Voraussetzung ansah, damit der Herrscher im Nichtstun schwelgen kann. Am anderen Pol befindet sich beispielsweise Ernst Schwarz mit seiner ökologischen Interpretation des Wuwei als »nicht wider die Natur handeln«. Tatsächlich kommt dies Zhuangzi näher als Laozi. Bei Zhuangzi gibt es nämlich den Begriff der »natürlichen Bestimmung«, die zu erkennen und der zu folgen die Selbstwerdung der Lebewesen ausmacht – diese Erkenntnis erscheint bei Zhuangzi als unerlässliche Voraussetzung des Glücks: die Freude der Fische im Wasser … Andere Interpreten behaupten, Wuwei bedeute nicht, nichts zu tun, sondern die Aufmerksamkeit für den passenden Moment zu schärfen, in dem sich die Dinge von selbst in die gewünschte Richtung entwickeln. Darin besteht ein Grundzug chinesischer Diplomatie: die richtige Gelegenheit abzuwarten und sie dann beim Schopf zu packen, statt mit dem Kopf durch die Wand zu gehen. All das findet sich bereits bei Laozi. Zu Beginn meiner Zhuangzi-Lektüren trug ich dieses Nichtstun des Laozi im Hinterkopf und habe mich davon in die Irre leiten lassen. Es dauerte, bis ich entdeckte, dass es bei Zhuangzi buchstäblich um das Nichtstun geht. Dazu hat der gute Protestant ein ambivalentes Verhältnis. Wir erlauben uns keine Faulheit, sind es nicht gewohnt, das Nichtstun zu genießen, das Freisein von Verpflichtungen. Aber genau das ist es, worum es Zhuangzi geht: um das Abstreifen der Zwänge. Er sagt sinnbildlich: wenn ich eine lange Reise plane, brauche ich Proviant. Wer nur drei Meilen geht, nimmt eine Handvoll Körner mit, um sich zu verpflegen. Wer dreitausend Meilen geht, der muss entsprechend vorsorgen. Die weiteste Reise führt ins Grenzenlose, um sie anzutreten, benötigt man geistige Freiheit im Gepäck.

Der Daoismus ist insoweit angenehm, als man nicht mit der Hölle bedroht wird. Die Sünde der Christenwelt kennt man nicht. Wie ist es mit gut und böse? Verkörpern Yin und Yang auch das Gute und Böse?
Ja, das gibt es. Aber, es gibt auch ständig den dialektischen Übergang zwischen beidem. Es gibt das Gute im Bösen und das Böse im Guten. Das ist eine Einheit. Bei Laozi finden wir einen Spruch, der mit einem Zitat aus den Gesprächen des Konfuzius nahezu identisch ist. Da wird die Frage gestellt: Wie gehe ich mit Verbrechern um? Wie gehe ich mit bösen Menschen um? Konfuzius sagt: Den Guten behandle gut und den Bösen behandle mit Aufrichtigkeit, was bedeutet, nach den geltenden Regeln. Laozi entgegnet an dieser Stelle: behandle auch ihn gut. Das ähnelt der christlichen Feindesliebe und etablierte einen in der Prä-Qin-Zeit einzigartigen ethischen Standard.

Es fällt auf, dass Zhuangzi bei Karl Jaspers im Vergleich zum Laozi sehr schlecht wegkommt. Ihm missfällt an Zhuangzi dieser ironische Ton. Gerade dieser Ton kann aber auch zum Vergnügen werden, wenn man sich in den Zhuangzi vertieft.
Jaspers hat sich von Richard Wilhelms Interpretationen leiten lassen. Das entsprach dem damaligen Zeitgeist. Man sah in Zhuangzi einen Nachfolger des Laozi, also eine Art Verwässerung der reinen Lehre. Heute erkennt man im Zhuangzi etwas, das über Laozi hinausgeht. Die Interpretation verliert sich nicht im Kosmologisch-Politischen, sondern verharrt im Persönlichen. Der Text meidet politische Polemik, bleibt literarisch. Ich sehe in der chinesischen Geschichte keine Epoche, in der das Buch Zhuangzi ideologisch missbraucht wurde. Laozi dagegen lässt sich benutzen. Der Freiheitsbegriff des Zhuangzi ist auf die Freiheit und Würde, d. h. »natürliche Bestimmung«, des Einzelnen gerichtet. Wenn Politik imstande ist, sie zu gewährleisten, dann ist sie gute Politik. Zhuangzi lotet den Spielraum individueller Freiheit in anschaulichen Bildern, Metaphern und Dialogen aus und setzt einen Punkt. Mehr ist nicht zu sagen.

Die Maoistische Revolution hatte Konfuzius und Laozi ins Abseits gestellt. Hat man auch im individuellen Freiheitsbegriff des Zhuangzi eine Art Bedrohung gesehen?
Der Konfuzianismus war als staatstragende Ideologie obsolet, die daoistischen Klöster wurden geschlossen, zum Großteil zerstört, viele Mönche, die nicht geflohen waren, getötet. Der Zhuangzi ist, da er nie staatstragend war, gnädiger behandelt worden. Er wurde in der maoistischen Zeit sogar neu übersetzt und mit marxistischen Kommentaren versehen. Die Marxisten in der DDR haben sich auch mit der Bibel auseinandergesetzt. Man hat den Zhuangzi auch als eine Art Literaturdenkmal gesehen, als primitive Vorstufe des modernen chinesischen Denkens. Liu Xiaogan stammt aus der Volksrepublik, studierte in der Inneren Mongolei und promovierte in Peking. Vermutlich ist er dort an Grenzen gestoßen, lehrte in Singapur und in den USA, mittlerweile in Hongkong. Im kommunistischen China ist es bis heute nicht möglich, Zhuangzis Freiheitsbegriff frei zu interpretieren.

Welche Bedeutung kann Zhuangzi für uns – als Menschen, die nach individueller Freiheit streben – haben?
Mein Eindruck ist, dass wir Europäer häufig dazu neigen, uns um die materiellen und strukturellen Voraussetzungen der Freiheit zu kümmern und dann aber damit nichts anzufangen wissen. Wenn wir sie erkämpft haben, werden wir erdrückt von Langeweile. Die Langeweile aber wird dann der Motor für die Kultivierung des Bösen. Zhuangzi könnte uns ein paar Ideen schenken, wie wir die Freiheit genießen können, die wir mit unserem wahnsinnigen, auf Null und Eins beruhenden, technischen Fortschritt schaffen.

Das nehme ich gern als Schlusswort. Lieber Viktor Kalinke, ich bedanke mich für dieses Gespräch!

Man muss sich nicht beeilen, ins Nirwana zu kommen

Gespräch mit Ann Cotten

Paul Jandl nennt Ann Cotten die »klügste und schwierigste Dichterin in deutscher Sprache«. [Die Welt, 3. 4. 2016] In der Tat versetzen ihre Bücher – ob »Fremdwörterbuchsonette« oder das Versepos »Verbannt!« und erst recht »JIKIKETSUGAKI. Tsurezuregusa« – den Leser, der sie gefunden hat, zunächst einmal in Erstaunen und Neugier. Man vergisst diese Bücher nicht – wie alles, was man sich erarbeiten muss. Kafkas berühmte Briefzeile – »Ein Buch muss die Axt sein für das gefrorene Meer in uns.« – kommt einem in den Sinn. Einige Texte von Ann Cotten, etwa im Erzählband »Der schaudernde Fächer«, haben diese Qualität. Das hier abgedruckte Gespräch macht aber deutlich, dass auch hinter diesen Büchern einmal mehr ein fleißiger Mensch steht, mit einer unglaublichen Neugier, mit Demut vor der Welt und mit Freude am Lösen von selbstgestellten Aufgaben. Der hochgelehrte Bücherstaub quillt allenfalls aus den bemühten Texten der Rezensenten, weil die Bücher von Ann Cotten sich dem flüchtigen Lesen entziehen. Ich hatte das Glück, Ann Cotten während der Unterbrechung einer Fahrt von Berlin nach Wien in Dresden treffen zu können. Da uns beiden klar war, dass über ihr Denken und Schreiben nicht nebenbei gesprochen werden kann, brachte sie freundlicherweise viel Zeit mit, selbst für eine Wanderung auf dem Elbhang bei Wachwitz war Zeit.

Liebe Ann Cotten, ehe wir auf Ihre zuletzt erschienenen Bücher, das Versepos »Verbannt!« und die Textsammlung »JIKIKETSUGAKI Tsurezuregusa«, zu sprechen kommen, würde ich Sie gern zu Ihrem »Einstieg« in die Literatur befragen und ganz kurz auf einige der vorherigen Bücher eingehen. Sie sind im Alter von fünf Jahren mit Ihren Eltern aus den USA nach Wien gezogen. Sind Sie mit englischsprachigen und deutschsprachigen Kinderbüchern aufgewachsen?
Nur mit englischsprachigen.

Ging das in der Jugend zweisprachig weiter?
Klare Trennung. Ich habe in der Schule deutsch gesprochen, zu Hause englisch. Bei den Büchern kamen dann zunehmend auch deutsche vor. Mein Vater brachte die Janosch-Bücher mit. Ich habe mir deutsche Jugendbücher in der Bibliothek ausgeliehen, zugleich weiterhin auf Englisch gelesen.

Welche Prägungen hat es gegeben, die zur Beschäftigung mit der Literatur hingeführt haben?
Ich war sehr unzufrieden damit, ein kleines Mädchen zu sein. Um Pirat zu sein, war Literatur geeignet. Deshalb habe ich mich in Bücher geflüchtet. Im Englischunterricht wurde mir erlaubt, unter der Bank Fortsetzungsromane zu schreiben, anstatt zu stören. So habe ich das Dispositiv des Schreibens eingeübt. Im Bücherregal fand ich ein paar englischsprachige Gedichtbände, die aufregend schön waren. Es gab einen Englischlehrer, Mr. Silva, er unterrichtete ersatzweise Englisch und hatte William Carlos Williams mitgebracht und noch einige andere kontemporäre Lyriker. Er hat diese Dichter auf eine sehr offene und fordernde Weise eine halbe Stunde lang besprochen und uns dann machen lassen, was wir wollen. Das hat Eindruck auf mich gemacht. Jetzt ist ein großer Roman von Arturo Silva herausgekommen. Das ist ein Text wie »Finnegans Wake«, er heißt »Tokio Whip«. Er hatte Jahrzehnte in Tokio verbracht, das wusste ich damals gar nicht. Vielleicht ist es

eine Art von Scheitern in Tokio, die in diesem Roman beschrieben wird. Jedenfalls kam er wieder zurück. Ich sehe ihn manchmal im Filmmuseum in Wien.

Was haben Sie eigentlich genau studiert? In den Annalen der Deutschen Nationalbibliothek werden Sie als Mitarbeiterin an einem Kompendium über Walther von der Vogelweide geführt.
Das war nur galant von dem Professor Birkhahn, der mich als Organisationsassistentin bei dieser Tagung engagiert, also bezahlt hatte. Ich weiß nicht, warum er das gemacht hat. Er wollte, dass ich Mediävistin werde. Ich habe in Wien aber dann Neuere deutsche Literatur studiert. Ich mochte zwar das Lesen von Mittelhochdeutsch, als einer scheinbaren Zwischenform zwischen Englisch und Deutsch, mit lauter pikanten Verschiebungen, wollte aber, vielleicht gerade wegen diesem Reiz, nicht professionell in diese Richtung gehen.

Ihre Abschlussarbeit an der Uni in Wien – »Nach der Welt. Die Listen der Konkreten Poesie und ihre Folgen« – wäre gut als Promotionsarbeit durchgegangen. Eine Arbeit, die enzyklopädischen Charakter hat und sich trotzdem nicht trocken liest. Wie kamen Sie auf das Thema und was lernen wir diesbezüglich von den in der Arbeit exemplarisch abgehandelten Autoren (u.a. Ernst Jandl, Oskar Pastior, Eugen Gomringer)?
Es war damals in Wien ziemlich naheliegend, dass man ins Archiv geht. Es gibt dort große Handschriftensammlungen, die geradezu darauf warten, dass Germanisten sich ihrer annehmen. Mehrere Professoren schlugen also vor: Gehen Sie doch in die Michaelerkuppel. Ich bin aber bis heute nicht in der Michaelerkuppel gewesen, weil ich fand, dass man erst die publizierten Werke lesen muss, bevor man sich an die Handschriften heranmacht. Ich kam dann auf dieses Listenthema, ich weiß nicht mehr, wie. Während ich daran schrieb, lernte ich schon Berlin kennen und fand es interessant, die verschiedenen Teile der deutschen Gegenwartsliteratur zusammen in einen Blick zu bekommen. In Wien ist man sehr gut bekannt mit den österreichischen Autoren, der Rest der Nachkriegsliteratur ist perspektivisch oder eben unperspektivisch verzerrt. Ich fand es interessant, Oskar Pastior, Eugen Gomringer und Ernst Jandl, und dann noch den eher traditionell schreibenden Günter Eich, mit derselben Fragestellung zu lesen. Die Fragestellung musste gefunden werden, es war natürlich eine politisch-philosophische.

Ich finde es interessant, dass die Thematik aus den unterschiedlichsten Blickwinkeln betrachtet wird. Man wird hineingezogen.
Ich habe eigentlich nie ganz die Eigendefinition der konkreten Poesie geschluckt. Man kann ja das Konkrete auch im Nichtkonkreten finden. Sie sagen ja selbst, dass sie sich vom Barock herleiten. Man findet aber auch bei Günter Eich diese Aufzählungen. Das kam mir kontinuierlich vor. Jedenfalls war es interessant, nach einer Formulierung zu suchen, die alle beschreiben kann.

Ihr erstes Buch »Fremdwörterbuchsonette« wurde 2007 von der Kritik vorsichtig euphorisch aufgenommen. Sie selbst bezeichneten das Sonett einmal als Denkmaschine. Was macht diese Maschine mit Ihnen?
Es ist ein Flow, wenn man ein Sonett schreibt oder eine ähnlich strenge Form. Denken – später habe ich gelernt, dass man etwas skeptischer hinterfragen sollte, was Denken eigentlich ist. Man kennt den Spruch: Wenn du denkst, du denkst, dann denkst du nur, du denkst, usw. Es fühlt sich halt an wie Denken. Das Sonett scheint wohin zu führen, das Denken oder wenigstens denkähnliche Verwandlungsprozesse anzuleiten, es ist ja dialek-

tisch, etwa durch seine abwechselnde Benutzung von Assoziationen und logischen Verknüpfungen, Gleichklang und anderen Techniken.

Im Zuge Ihrer Recherchen zu »Nach der Welt« sind Sie auf Oulipo gestoßen, die französische Autorengruppe, die »Spracherweiterung durch formale Zwänge« anstrebt. Gab das einen Anstoß, die Sonettform zu wählen?
Da ich Georges Perecs »La vie mode d'emploi« zur Französischmatura gelesen habe, war ich mit Oulipo seit der Schule vertraut – dank der coolen Französischlehrerin. Mir hat Perecs Anspruch imponiert, für jedes Werk eine neue Form zu benutzen. So wollte ich auch arbeiten. Das allein ist noch kein Konzept, aber ich finde das gut. Bei den Sonetten wollte ich, dass jedes Sonett anders daherkommen sollte, wie bei einer Modenschau.

Das überraschende an dem Buch ist die Breite des Wissens und des Interesses, welches dieses Debüt offenbart. Es wird nicht nur auf die deutsche Sonettform rekurriert, sondern auch auf die französische, italienische, englische etc. Das Buch liest sich mit seinen vielen sprühenden Gedanken und Anspielungen wie ein Exkurs durch die Weltliteratur. Sind Sie an der Uni eine Bücherfresserin gewesen? Schon »Nach der Welt« enthält eine umfangreiche Bibliografie.
Es treibt mich, die Sachen, die ich gerade gelesen habe, zu verwenden. Also täuscht die scheinbare Masse, es ist Strandgut. Das passive Dasitzen und Lesen liegt mir nicht. Wenn mich etwas interessiert, dann neige ich dazu, es gleich anwenden zu wollen. Das schaut dann aus wie Hochstapelei.

Für den Leser ist es am Ende eine spannende Wissenserweiterung.
Ja, so schien es mir auch. Deswegen habe ich es geschrieben. Immer wenn mich etwas interessiert, denke ich, das muss doch die anderen auch interessieren.

Warum eigentlich Fremdwörter?
Die sind ein bisschen fresh in der deutschsprachigen Dichtung. Auch in der deutschsprachigen Denke.

Einige der Sonette finde ich genial, wunderbar stimmig in Form und Inhalt. Oft werden die Gedanken auch gesellschaftskritisch und kulturanthropologisch abgewogen. Nach dem 39. Sonett gibt es eine Kehre, ab da werden die ausgewählten Fremdwörter ein zweites Mal mit einem Sonett bedacht. Das hat es dem Lektor sicher schwer gemacht?
Meine Lektorin Charlotte Brombach hat sehr auf Details geachtet und gesagt, wenn etwas unverständlich oder grammatisch unkorrekt ist. Zwei oder drei Sonette habe ich ganz herausgenommen und neu geschrieben. Ich wäre neugierig, welche Ihnen als die Schwächeren aufgefallen sind, ob es die gleichen sind wie bei mir, mein Eindruck wechselt aber oft. Gedichte, auf die ich am meisten stehe, im Englischen vor allem, sind oft mit ganz banalen Endreimen ausgestattet, auch Popmusik. Vielleicht sehe ich es deshalb manchmal allzu wertfrei. Es fällt mir generell schwer, Gedichte von anderen und auch meine eigenen zu bewerten. Manchmal, wenn sie lange liegen, kann ich erkennen, was schlecht ist. Manche kommen mir in der Erinnerung blasser vor als andere, wo ich vielleicht auch weniger Zeit damit verbracht habe.

Welche Autoren haben Ihnen so etwas wie eine geistige Grundlage gegeben? Es tauchen immer einmal Namen auf: Doderer, Musil, Pound, Bernhard. Wann kamen diese Autoren in Ihr Leben?

Unterschiedlich, die Österreicher zuerst, Pound habe ich erst vor kurzem extensiver gelesen. William Carlos Williams und Wallace Stevens waren anfangs wichtig. Dann auch Brecht. Man hatte mir eine Anthologie geschenkt, wo Autoren ihre Lieblings-Brecht-Gedichte angeben mussten. Jeder so drei bis fünf Gedichte. Manche Gedichte waren doppelt abgedruckt. Eigentlich ein ungeschicktes Buch. Ich habe es trotzdem mit mir herumgetragen und die Gedichte teils auswendig gelernt. Auch Hegel ist für mich ein Fundament der deutschen Sprache, sein Gebrauch der Verben. Oder wie er umgangssprachliche Ausdrücke verwendet, um Philosophie zu präzisieren.

Ist die Philosophie ein Bestandteil des Studiums gewesen?
Nein, ich habe nur Germanistik studiert, mit ein bisschen Französisch; Latein durchgefallen. Ich hatte vor den Sonetten eigentlich nur Prosa geschrieben. Dann geriet ich irgendwie in die Lyrikszene und probierte, was die anderen so schrieben, sogenannte Lyrik und Miniaturen auf so paradox-kritisch. Erst als ich japanische Erzähler der Moderne las, interessierte mich das narrative Erzählen. Die hatten nicht diesen »Lehnstuhlerzählton«. Da war eine Wachheit und eine Art Direktheit, aber auch eine Ruhe, in der man die Dinge benennen kann, wie sie sind. Nicht mehr und nicht weniger. Eine Prosa, in der nicht ständig bewertet wird, dafür aber die Dinge in ihrer Sinnlichkeit wahrgenommen werden, Shūsaku Endō z.B., das ist für mich auch ein sprachliches Fundament geworden, ein Raum, wo sich das Gefühl einstellt, dass man so arbeiten könnte. John Donne war noch wichtig für mich, der englische metaphysical poet.

Sie sagten einmal: »Oft kann man in einer Fremdsprache die Gedanken klarer ausdrücken.« Wie hängt das zusammen? Warum ist die deutsche Sprache letztlich die »Arbeitssprache« geworden?
Deutsch ist für mich gar keine Fremdsprache. Aber vielleicht auf eine bestimmte Weise schon. Ich glaube, den Gedanken habe ich von Liesl Ujvary: »Schönen Stil schreibt man, wenn man so schreibt, wie eine Übersetzung klingt.« Bei mir ist es schon so, dass ich in die deutschen Ausdrücke verliebt bin, diese Schnörkel, dann aber auch wieder Hass habe gegenüber Klischee-Ausdrücken. Dass ich die unbedingt vermeiden will, indem ich ganz umständlich schreibe, nur um nicht diese übliche Formulierung zu verwenden. Und dieser ganze Eiertanz fällt weg, wenn ich – was ich manchmal wirklich mache – einen Essay noch einmal im Englischen zusammenfasse und diesen Text dann ins Deutsche zurückübersetze. Zum Beispiel, um einen Text zu kürzen. Denn es ist für mich viel mühsamer, mich bei all diesen Überempfindlichkeiten im Deutschen zu ertappen. Die Adjektive, welche ich ergänze, damit man mich ja richtig versteht und nicht die falsche Nuance liest. Diese ganze Paranoia. Ich habe das Deutsche immer verwendet, weil es die Sprache ist, in der ich gelernt habe, mich mit der Außenwelt, mit der fremden Kulturwelt auseinanderzusetzen, darin geübter war als im Englischen. Aber dadurch habe ich auch all diese Deformationen, die man entwickelt, wenn man versucht, als Teenager in der Welt zu überleben. Im Englischen habe ich quasi die Chance, dort frisch anzufangen. Aber, da erzählt glaube ich jeder mehrsprachige Mensch eine andere Geschichte.

Sie publizieren mitunter auch englische Texte. Welche Schreibgründe führen dazu?
Bei »I, COLEOPTILE« sind wir nach Irland gefahren. Die Texte sind in einem deprimierenden Torfschneiderkaff in der Mittelsenke dieser Insel entstanden. Beim zweiten englischen Buch handelt es sich um Texte, die über einen längeren Zeitraum entstanden sind. Wenn ich in einem Land war, in dem ich viel Englisch gesprochen und gehört habe, habe ich auch auf Englisch geschrieben. Manchmal aber auch aus Gründen, die ich nicht sagen

kann. Das japanische Englisch, auch das chinesische Englisch entzücken mich, weil sie frisch und direkt und präzise sind und nicht so ranzig wie das Englisch der native speaker.

Lässt sich diese Frische auch ins Deutsche übertragen?
Schwierig. Die Geschichten in »Der schaudernde Fächer« waren auf irgendeine Weise davon begeistert, aber, sie sind ja auch sehr verschnörkelt, wie meine deutschen Texte oft sind. Am ehesten transportieren die kleinen Gedichte, welche den Prosatexten folgen, diese Schlichtheit. Aber auch nicht ganz.

»Der schaudernde Fächer« ist Ihr erster Prosaband. Das Buch macht auf mich den Eindruck eines Experimentierfeldes. Untersucht wird, wie man in unterschiedlichen Prosaformen über Liebe und Erotik erzählen kann. Das Buch ist durchkomponiert. Durch die Wiederkehr einiger Figuren, z.B. Prätz, einer männlichen Idealgestalt, bekommt das Ganze so etwas wie eine Romanqualität. Auch enthält das Buch einen Miniroman in Briefen [»Birkenhäuschen«], den man sich länger ausgeführt vorstellen könnte. Wie kam es zu diesem Buchprojekt?
Aus meiner Sicht kreist das Erzählen um das Problem der unerwiderten Liebe aus verschiedenen Perspektiven. Lange Zeit glaubte ich, dass es das nicht gibt, dass es nur banale Missverständnisse sind, plumpe Verhärtungen gegen die Realität oder deliröse Projektionen. Denn entweder herrscht eine Art Schwingresonanz zwischen Geistern oder nicht, aber wie soll Mitschwingen einseitig gehen? Ich dachte, das gibt es nicht, dass das Cello sagt, ich höre den Schrank mitresonieren, und der Schrank sagt: nein, stimmt nicht. Einer von beiden lügt. Das war das Grundproblem. Die Geschichten sind dann einmal so herum und einmal anders herum. Einmal ist die erzählende Figur unglücklich verliebt, einmal die oder der Andere im Text. Dafür habe ich verschiedene Töne und verschiedene stilistische Ansätze gesucht, mitunter auch in Essayform.

Dieser Wechsel der Formen macht für mich die Qualität des Buches aus. Das interessiert mich, da bleibe ich dran und freue mich, immer wieder überrascht zu werden.
Dieser Wechsel bringt auch für mich die Spannung. Wenn ich an einem Prosatext arbeite, kommt oft der Moment, wo es halt langweilig wird. Dann neige ich dazu, den Text abzuschließen und nicht nach einer Wendung zu suchen, mit der ich den Text weiterführen könnte. So habe ich es mit Beziehungen auch gelernt, dass es besser ist, sie zu beenden als sie zu reparieren. Bedenklich eigentlich. Dafür kommt man rum.

Es wechseln auch die Themen. Das Thema Geschlechtsumwandlung habe ich in der deutschen Literatur noch nicht so tiefgehend behandelt gefunden [»Birkenhäuschen«]. Auch das Thema Knabenliebe [»Huligan«]. Oder das Rituelle im Text »Einfall in China. Wechsel der Lehrmeister«. Bei manchen Themen hat man den Eindruck, ihnen zum ersten Mal zu begegnen. Sind Liebe und Erotik in der deutschen »Hoch«-Literatur unterrepräsentierte Themen? Fehlt es an Mut zur Leidenschaft? Streift man zu bieder um sexuelle Obsessionen herum, aus Angst, Pornografie zu schreiben?
Das Problem ist nicht mangelndes Interesse an Sex, sondern die Erstarrung der Ästhetik. Es gibt im Mainstream einfach, Pardon, aber deutlich zu viel Altherrenliteratur, was weniger ein Mangel an anders Schreibenden ist als eine Frage dessen, was erfolgsträchtig erscheint: Man lernt, was alten Männern gefällt. Obwohl ja viel mehr Frauen lesen, aber sie neigen leider auch oft dazu, gerade die Eskapistinnen, die die größten Konsumentinnen von Romanen sind, die gelernt haben, ihr Leben nach den Vorstellungen von nicht wirklich maßgeblichen Randgestalten auszurichten. Ich meine, dass nur das im Hochliteratur-Feuilleton ankommt, was so klingt, wie alte Herren schreiben. Überlegen, behäbig, beleh-

rend, so klingt Erzählen in der Mikrostruktur, das erzeugt diesen Gemütlichkeitsfaktor, den die Leute suchen wie Nostalgie-Interieurs. Das heißt, man imitiert diesen Gestus, und alles, was ernsthaft anders klingt, kommt gar nicht erst in den Hardcover oder in die großen Verlage. Das klingt irgendwie zu gefährdet.

Also verdrängt das Kalkül den Mut zur Leidenschaft?
Es gibt einen Filter. Und die, die mit Kalkül schreiben, kommen durch. Aber noch ein Wort zum Sexualstil voriger Generationen. Ich denke, es ist normal, dass man das Balzverhalten der Eltern eklig findet, also eine Art Generationsablöse passiert. Ich habe einmal einen Aufsatz über Gerhard Falkner geschrieben, ich finde, dass er interessant über Sexualität schreibt. Und trotzdem empfand ich das beim Lesen aus meiner Perspektive als den sexuellen Stil einer vorangegangen Generation, mit einem Vokabular, das für mich abtörnend ist. »Der schaudernde Fächer« wird vermutlich vor allem von Jüngeren gelesen, weil man sich in diesem Alter gegebenenfalls, also wenn man da ein paar Fragen offen hat, besonders mit sexueller Orientierung beschäftigt. Ich habe das Bedürfnis, diese Dinge unerhört zu formulieren, weil das, was ich meistens darüber zu lesen bekomme, als Beschreibung dessen, was ich erlebe, meinen Geschmack beleidigt.

Ich würde das Buch als Schullektüre empfehlen. Man kann es einerseits als Formenschule der Prosa diskutieren, andererseits wirft das Buch viele Fragen im allzu oft tabuisierten Bereich der Sexualität auf, über die man mit jungen Lesern sprechen könnte, wenn es denn Lehrer gäbe, die sich auf diese Gespräche einlassen wollen. Im Verlag Peter Engstler ist parallel noch »Hauptwerk Softsoftporn« erschienen. Erotische Texte, die Verlangen und Begierde umkreisen, in Gedichten und Songs Sexualpraktiken beschreiben. Unterstützt mit Zeichnungen von Mareile Fellien. War der Text zunächst auch dem Suhrkamp-Verlag vorgelegt worden?
Nein. »Der schaudernde Fächer« und »Hauptwerk« sind etwa zur gleichen Zeit entstanden, »Hauptwerk« etwas später. Diese Texte sind ein eigenes kleines Experiment und haben mit der Problemstellung des »schaudernden Fächers« nichts zu tun – oder so viel Kontingentes, dass man es ganz besonders auseinanderhalten muss. Die Einfügung von Gedichten in ein unregelmäßiges, episodisches Prosawerk ist im Übrigen abgeschaut. Es gibt diesen sogenannten ersten japanischen Roman der Hofdame Murasaki Shikibu: »Prinz Genji«, eine Art Biografie, die im Rahmen von Genjis Lebenslauf vor allem seine erotischen Abenteuer berichtet. Das sind respektvolle, sehr schöne, präzis gearbeitete Texte. Das ist wie klares Mondlicht in einer kühlen Nacht. Diese gegenseitige Aufmerksamkeit, diese Hochherzigkeit der Figuren, jenseits von der Idiotie europäischer Moralvorstellungen, etwa der Assoziation von Hingerissenheit mit Verkommenheit. Zum klassischen Konzept der Beziehung gehört, dass sich die Personen Gedichte schicken. In der japanischen Literatur – aber auch in der japanischen Liebeskultur, wenn man so will – verwendeten Frauen und Dichterni[1] die japanische Silbenschrift, während die Männer in Staatsangelegenheiten chinesisch schrieben, also einen vollkommen anderen Briefstil verwendeten. Im Tokugawa-Museum in Nagoya sah ich neulich wieder Exemplare von beidem. Briefe von Männern: gerade Zeilen, von chinesischen Zeichen dominiert, das heißt abstrakte Begrifflichkeiten, institutionell gedachte Terminologie. Man sieht an der Wieder-

---

1 In den Antworten von Ann Cotten findet das polnische Gendering Anwendung: die für alle Geschlechter notwendigen Buchstaben in gefälliger Reihenfolge ans Wortende; z.B. »dier Autorni«.

holung der Zeichen, welche von Floskeln durchzogene starre Rhetorik da im Spiel war (leider reichen meine Kenntnisse nicht zu mehr). Die Frauenbriefe schauen vollkommen anders aus. Die Silbenschrift fließt aus leichter, auch exzentrischer, grotesker, launischer Hand schräg übers Blatt. Ich habe in Japan Freunde gefragt, was denn in so einem Frauenbrief steht. Mir wurde geantwortet, Sachen in der Linie von: »Seit ich diese Kürbisblüte gesehen habe, ist mein Leben nicht mehr dasselbe.« So spricht man über die Liebe, so chiffriert und exaltiert empfindsam; präzise Sinneslust ist gefragt bei der Wahl der zu erwähnenden Pflanze. Es ist keine Ästhetik des Genusses, sondern eine der Hingabe. Das hängt damit zusammen, dass die hohen Frauen in Japan früher extrem abgeschieden lebten.

Dieses Extreme finde ich sehr gut für die Literatur. Aus diesem Grunde folgen in »Der schaudernde Fächer« auf die Erzählungen kurze Gedichte. Der Methodenwechsel von Prosa und Gedichten lässt einen Gedanken anders schupfen, neu aufspießen – und wirkt auch schlicht erfrischend.

Werden auch in den Prosatexten von »Der schaudernde Fächer« Impulse aus der japanischen Prosa aufgenommen?
Die Prosatexte habe ich zum Teil in Japan geschrieben, unter dem Einfluss von moderner japanischer Prosa. Ich nenne es mal: geschmackvoller Bekenntnisstil, ha ha, im Ernst, radikaler Realismus, der schon sprachlich die Kooperation ders Lesernis braucht, nicht einseitig auf dien Leserni eindrischt. Durch ihre Wachheit sind diese Texte frisch, und plötzlich hat mich Prosa wieder interessiert.

Die Texte wirken, ohne dass dies besonders erwähnt würde, autobiografisch. Ich lese es vielleicht aus Merkmalen, die zeigen, dass dier Autorni Gründe hat, warum es so war und nicht anders, eine Liebe zur Wahrheit, zur treffenden Abbildung. Diese Obsession empfinde ich auch. Es fällt mir schwer, auch nur irgendwelche banalen Details zu verändern, um die Identität zu verwischen. Ich mache es zwar natürlich manchmal, je nach sozialer Situation, wenn ich jemanden nicht verletzen möchte. Aber die Sachen, die mich bewegen, müssen mit äußerster Präzision aufgeschrieben werden. Das ist durchaus obsessiv. In der japanischen Prosa finde ich diese obsessive Präzision auch, aber sie verstehen es dabei irgendwie, die Peinlichkeit zu vermeiden. Das war also vorbildlich für mich.

Ihr 2016 erschienenes Versepos »Verbannt!« greift auf die Spenser-Strophe zurück, ist in 403 Pseudo-Spenser-Strophen abgefasst. Wieder so eine Unterkunft in einem formalen Korsett. Wie kamen Sie auf die Spenser-Strophe? Gibt es da einen Zusammenhang mit den Oulipo-Bestrebungen?
Ja, ja, Oulipo sind da aber nicht die ersten, die darauf gekommen sind. Würde es Ihnen etwas ausmachen, das Wort Korsett nicht zu verwenden? Beim Dichten wird niemals etwas in irgendetwas hineingezwängt. Sondern das Gedicht entsteht ja erst in der Form. Es ist vielleicht ein Plan, eine Vorgabe, eine Logik, der man folgt. Mir helfen künstliche Formen. Sie geben dem Stück einen verlässlichen Rhythmus, dier Leserni kann sich entspannen und die merkwürdigen Aussagen und Bilder über sich ergehen lassen. Beim Sonett weiß sier, nach 14 Zeilen ist es vorbei. Weil ich für Formentscheidungen Gründe brauche, und seien sie noch so banal, kann ich mit der freien Form oft schwer umgehen. Obwohl ich die auch manchmal verwende. Eine formale Struktur ist dagegen wie ein Kontrakt zwischen mir und der Leserin und dem Leser. Da kann man sich darauf verlassen, das wird jetzt in diesem Rhythmus weitergehen. Dann hat man schon eine Orientierung. Es ist auch leichter, in diesem Rahmen schräge Dinge zu sagen. Auch wenn man nicht alles

gleich auf Anhieb versteht, ist zumindest noch der Rhythmus oder der Gesang da. Und es ist auch nicht so ein Druck da auf den Inhalt. Ich glaube nämlich daran, dass ganz generell wichtige Dinge oft nebenbei passieren.

Ich glaube auch, dass das Entwickeln von philosophischen Haltungen eine Frage der Übung ist. Man ist das, was man tut. Wenn man etwas regelmäßig tut, dann formt dies das eigene Leben und langfristig auch den eigenen Körper. Man kann nicht vorab wissen, was das eigentlich bedeutet. Aber man geht dieses Spiel ein und dann entsteht dieser Textkörper, der das ist. Im Fall von »Verbannt!« benutzte ich eine abgewandelte Version der Spenser-Strophe, weil die reine Spenser-Strophe zu viele Reime hat für das Deutsche, dreimal drei Reime vom selben Reim. Das ist zu viel Geklingel. Es ist auch so schon viel Geklingel. Im Englischen gibt es ja deutlich mehr Reimwörter, weshalb es dort nicht ganz so ächzt.

»Verbannt!« ist Gesellschaftskritik und Gesellschaftssatire, es wird aus der Historie heraus reflektiert. Eine 22-bändige Ausgabe von Meyers Konversationslexikon, Leipzig 1910, ist ständiger Begleiter der wegen einer Verfehlung auf die Insel Tantalos verbannten Fernsehmoderatorin. Später stellt sich heraus, dass die Insel auch von 25 gestrandeten Matrosen bewohnt wird (angeführt von Wonnekind), die sich als moralische Stütze eine sogenannte »Schraubenreligion« gesetzt und als besondere Kulturleistung drei Presseerzeugnisse kreiert haben. Aus welcher Ursprungsidee hat sich das Buch entwickelt?
Ich habe das 22-bändige Lexikon im Altpapier gefunden. Dann wollte ich mir einen Anlass schaffen, mich damit zu beschäftigen. Eigentlich wollte ich mit dieser Idee eine Prosa schreiben. Dann kam ich auf die Spenser-Strophe, weil ich gerade W. H. Audens »Letter to Lord Byron« gelesen hatte. Ich spürte sofort, das ist eine Form, mit der man viel Spaß haben könnte. Es war ein ähnliches Gefühl wie bei den »Fremdwörterbuchsonetten«.
Im Laufe dieser Inselgeschichte wurde mir aber langweilig. So beschloss ich, die Insel zu bevölkern und den Text sich mehr in Richtung Utopie-Parodie entwickeln zu lassen.

Das Epos hat in der Tat etwas von einem Science-Fiction-Thriller. Das Internet wird zur Stütze und Bedrohung der Inselgesellschaft. Es schafft Pan Orama – eine Art Spion –, es schafft Hermes Wolpertinger – eine Art Halbgott als zweite Verkörperung der Fernsehmoderatorin – und es spült eine Flüchtlingswelle von verschuldeten Frauen auf die Insel. Am Ende steht die revolutionäre Ablösung der Schraubenreligion durch den Kryptomerienkult. Das Ganze hat auch etwas von einem Schelmenroman. In einer sehr amüsanten Einleitung (zugleich Programm) kündigt die Verbannte »die entsetzliche Ballade vom sibirischen Unglück eines ganz modernen, delirösen, inadäquaten Herrn Marquis de Sade in Frauengestalt« an. Warum der Vergleich mit de Sade?
Das habe ich nicht ganz eingelöst, obwohl ich die ganze Zeit noch überlegte, wo könnte ich noch drastischere Sexszenen einbauen ... Mit solchen großspurigen Ankündigungen wollte ich aber auch den Charakter dieser Moderatorin vorführen. Sie hat freilich mit dem Marquis die Situation gemeinsam, dass sie aufgrund von Ausschweifungen, die sie sehr ernst nimmt, und gegen die die Gesellschaft ihr verlogen vorkommt, in die Einöde verbannt wird.

Die Persönlichkeit der Verbannten scheint zu zerfallen, Psyche und Seele werden von ihr in Abgrenzung zur Vernunft beobachtet, Zitat: » ... Es stört mich, was für kompletten Unsinn meine Psyche tut ... Die Seele gliedert sich, wies scheint, in Zonen, und nur durch diese Trennung ist sie hell ... Ich weiß plötzlich: Seele ist Besserwisserei«. Welche Funktion hat dieses Auseinandernehmen der Persönlichkeit –

Psyche, Seele, Vernunft? Ist das ein philosophischer Ansatz, zumal auch Frege, Descartes und Malinowski im Gedankenstrom der Fernsehmoderatorin auftauchen?
Bei der Dichtung steht die Forschung und Wissenschaft natürlich an erster Stelle, ich erkunde, was diese Wörter bedeuten könnten, wohl auch mit den Mitteln der Satire, weil eine treffende Satire wie ein Beweis ist. Ich versuche also, mit der scharfen Klinge des Humors die Dissoziation zu beschreiben, die auch ich mitunter in merkwürdigen Situationen erlebe. Ich finde das ganz interessant. Die verschiedenen historischen Begriffe des Innenlebens des Menschen haben alle durchaus starke Beschreibungsfähigkeit. Und je nach Modell ist das Innenleben des Menschen irgendwie anders aufgeteilt, das ist wie Rinderdiagramme: Stelze, Rumpsteak, etc. Ich finde die Bezeichnungen aus verschiedenen Gründen brauchbar. Einerseits finde ich es wichtig zu kommunizieren, solche Zustände kann man erleben, ohne dass dies ein Ausstieg in die endgültige psychische Krankheit ist. Die These, dass jeder so etwas erlebt, läge mir nahe. Andererseits finde ich, dass die Möglichkeit, sich von sich selber abzutrennen, auch ein Modell ist, um die Welt zu verstehen, indem man alles um sich herum vergisst, sich in das projiziert, womit man sich beschäftigt.

Eigentlich sind das alles nur Versuche, Normalitäten zu beschreiben. Aber mit Vokabeln, die anerkennen, dass das schon jemand beschrieben hat, weil wir Beziehungen zu den bereits bestehenden Theorien brauchen, um nicht zu verblöden.

In einem anderen Zitat heißt es: »Man kann die Seele freilich nicht mit der Vernunft verwalten, weil die Vernunft für sie nichts als ein großer Spaß ist.« Das liest sich mitunter wie ein Kommentar zu Freud und Nachfolgern.
Ich glaube, da bin ich eher im Konsens mit allen, die keine theoretischen Abhandlungen schreiben. Jede Musik beruht auf einem heimlichen Primat des »Anderen« über die Vernunft. Es ist dialektisch wie Herr und Knecht, Hinze und Kunze. Gerade wegen ihrer Schwäche kann oder muss man aber die Vernunft ja lieben. Das soll jetzt nicht als Antiintellektualismus meinerseits aufgefasst werden. Es gibt zum Beispiel diese Momente, wo die Seele so etwas wie eine eigensinnige destruktive Kraft offenbart. Man nimmt sich etwas vor und spürt zugleich, wie die Seele darüber lacht. Sie weiß genau, dass man das nicht durchsetzen wird, was man sich mit seiner Vernunft gedacht hat. Manchmal. Ein andermal schlüpft sie wieder Hand in Hand mit der Vernunft und sie machen alles ganz brav gemeinsam. Und zwar, wenn die Ordnung schön ist.

Die Insel wird auch als Hegelland bezeichnet. Welche Ansatzpunkte bietet Ihnen die Hegelsche Philosophie für Ihren Entwurf?
Ich habe von Hegel etwa so wenig gelesen, wie man von der Insel durch das Versepos erfährt. Einiges habe ich aber gelesen. Die Art des Hegelschen Sprechens ist einzigartig. »Bei Hegel ist der Sinn an einer ganz langen Leine«, hat es neulich mein Freund Apunkt einer Nichtdeutschen geschildert. Thesen, wie: Kunst ist üben, sind natürlich besonders relevant für das Schreiben. Hegel wirkt auf mich wie ein Land. Wie eine Insel, auf die ich komme, wo ich einiges verstehe, einiges beobachte, es ist aber jedenfalls schon ohne mich da.

Ich lese immer wieder das Vorwort zur »Phänomenologie des Geistes«. Vom Späteren habe ich gehört, dass Hegel sich in der Bemühung nach einem symmetrischen Gebäude verliert. Das muss ich nicht miterleben.

Aus den Frühwerken meine ich tatsächlich den Weltgeist zu wittern, von dem Hegel spricht: bestehend aus so etwas wie elektrischer Spannung und deren Gesetzen, in diesem

Luftraum zwischen konkreten, determinierenden Verba und abstrakten Nomen. Er ist so heikel mit dem Formulieren wie ich. Man könnte sagen, ich glaube an den Weltgeist. Es fühlt sich für mich an wie Pythagoras' Entdeckung der Harmonielehre auf dem Monochord der Sprache oder das graduelle experimentelle Ertasten des Periodensystems der Elemente und der Atomlehre im 19. Jahrhundert. Ich kenne die Formel nicht, aber beim dialektischen Denken, beim Skizzieren vom Weltgeist kann ich sie erklingen hören und habe das Gefühl, dass Hegel in seinem Frühwerk auch danach schnuppert, und später kann es sein, dass er Kompromisse machte, die Begriffe gewohnheitsmäßig abstumpften, er nicht mehr hörte, was sie bedeuten könnten, sondern die Bedeutung, auf die er sie dann doch schließlich, durch die Übung eben, reduziert hatte.

Wie in einem richtigen Science-Fiction-Märchen geschehen im Epos Wunder und Zeichen. So stülpt sich aus der Fernsehmoderatorin – für sie selbst und für den Leser überraschend – eine göttliche Gestalt: Hermes Wolpertinger [»Ein Geweih wächst mir jetzt, ein Riesenpimmel statt eines Beins, das andere wird Stummel und Fischschwanz«]. Welche Funktion hat diese Metamorphose? Oder sind auch Sie selbst durch Ihren Text überrascht worden?
Das ist einer dieser Einfälle, die einem passieren und dann schaut man sie an und beschließt, dass sie interessant sind, und schaut, was sich daraus weiter ergibt. Ah, das klingt jetzt so nach Schöpfermythos, aber ist halt so. Es gibt ja in verschiedenen Religionen Rituale, wie im Kantamblé oder im Voodoo oder Ayahuasca und so weiter, eigentlich in fast allen, die nicht zu Monotheismen degeneriert sind, wo eine Gottheit oder ein Dämon in den Menschen fährt. Da Text so ein durchlässiges Medium ist, ist es literarisch leicht zu machen; gleichzeitig ist es auch eine Spiegelung dessen, was einem beim Schreiben von Fiktion passiert. Man ist als Schreibender Medium einer Logik, einer sogenannten Geschichte.

Im Text selbst wird einmal auf den Roman »Es ist schwer, ein Gott zu sein« von Arkadi und Boris Strugatzki angespielt.
Dieser Titel wird zitiert als der saftige freche Spruch, der er ist. Aber der Hallraum passt auch: Die Situation in diesem Roman ist, dass jemand aus einer anderen Zivilisation kommt und aufgrund seiner Fremdheit als Gott aufgefasst wird. Dieses Motiv kommt auch in der Geschichte öfter vor. Es hieß ja, die ersten Weißen, die den Indianern begegneten, seien als die Erfüllung einer Prophezeiung angesehen worden, viele Völker haben die Spanier mit ihren Federn auf dem Kopf als Göttermanifestation in ihre Geschichtsschreibung integriert, es ist eben ein gängiges Erklärungsmuster.

Dieses göttliche Wesen hat Folgen. Die Fernsehmoderatorin kommentiert: »Indessen spür ich plötzlich, meine Hoden sind kilometerbreite Pilzgeflechte in der Erde … Der Boden bebt, und schwellend drängt ein Kabel sich zwischen uns nach oben durch den Sand heraus. ›Das Internet!‹ …« Ich nehme an, das Internet wurde eingeführt, um über das Internet philosophieren zu können?
Das war gar nicht strategisch gedacht. Es ist natürlich schwer, das Internet zu vermeiden. Als das Internet kam, dachte ich, ja, sehr lustig, so machen wir weiter. Ich habe ja normal betrachtet keine Hoden. Meine Hoden sind das Internet. Wikipedia sind meine Eier. Das finde ich eine lustige Cyborg-Hypothese.

Das Epos wird zu einer mythologischen und allegorischen Parodie des Internets – gleichzeitig findet die philosophische Durchdringung der Folgen des Phänomens Internet statt. Ist das Internet weise?

Es gibt einem als Autor einen befriedigenden Moment, und vielleicht hat auch der Leser kurz dieses gute Gefühl: Jetzt habe ich es dem Internet aber gezeigt. Aber das gehört zu den albernen Affekten. Natürlich halte ich das Internet für eine große Erfindung. Die Großzügigkeit der Entdecker, das einfach zu machen und dafür zu sorgen, dass es gratis bleibt, das ist Weisheit. Es offenbart Mut und zugleich eine Art von blinder Zuversicht. Klar, dass damit auch seltsame Dinge passieren können. Diese Art zu handeln, ohne sich einzubilden, alles kontrollieren zu müssen, finde ich weise. Aber das sind Menschen, ich denke, das Wort Weisheit ist auf Menschen maßgeschneidert, die ganzen moralischen Untertöne des Wortes sind auf Maschinen nicht wirklich anwendbar. Wenn gutes Design weise ist, dann, indem es die Spuren weiser Gestaltung trägt. Andererseits kann man auch von Menschen wahrscheinlich nicht sagen, sie seien weise, sie handeln nur gelegentlich weise. Man sagt es natürlich, es muss eine elliptische Ausdrucksweise sein.

Ich finde es brutal, wie Wikipedia innerhalb weniger Jahre das Jahrhundertprojekt Brockhaus-Enzyklopädie hinweggefegt hat.
Vielleicht kann man es mit der Zeit um 1500 vergleichen, als Buchdruck und Protestantismus den Interpretationsdiskurs übernommen haben, der vorher allein durch die Katholische Kirche definiert war. Es ist ein Übergang. Eine mediale Wende, die ein neues Denken bewirkt. Ich finde es eigentlich unnötig, hier den Daumen rauf oder runter zu halten. Hätte ich eine Meinung dazu, sie wäre der Geschichte wurscht.

Ein ganz amüsanter Bestandteil des Versepos ist die Darstellung der unterschiedlichen Presseerzeugnisse auf Tantalos. Die NA-Presse, die Zy-Presse und das Wisch-Blatt parodieren unsere hiesige Pressewelt, im Buch unterstützt von Zeichnungen, die Sie selbst reichlich beigetragen haben.
Ein Anfängerfehler von mir als Anfängerin in der Buchillustration war, dass ich die Zeichnungen genau in der Größe zeichnete, wie sie im Buch gebraucht wurden. Ich hatte das genau ausgemessen. Eine befreundete Künstlerin gab mir den Tipp: Du musst nicht genau in der Größe zeichnen, man kann ja schließlich vergrößern oder verkleinern. Ich habe es dann weiter nach meiner Methode gemacht, aus Gründen des Aberglaubens. Es hat eine komische Mischung aus Naivität und Phantastik. Es hat Spaß gemacht. Aber ich war lange im Zweifel, ob ich die Bilder verwenden sollte. Weil sie zu sehr entlarvend sein könnten. Weil ich in den Bildern dieselbe Art von Fehlern mache, wie in den Texten. Die Perspektive ist nicht verlässlich. Ich bin manchmal sehr detailverliebt, an anderen Stellen lasse ich wichtige Dinge aus.

Als dem Matrosenvolk der »Großideenstrom« versiegt war, hatte Wonnekind drei Nächte auf dem Berg verbracht »und kam mit Schrauben wieder runter«. Die Schraubenreligion war erschaffen als »blinder Fleck«, der das Volk verbindet. Das Schraubenlager wird zum Tempel. Dient die Erschaffung einer Religion im Epos nur dem Spaßeffekt?
Nein, das meine ich eigentlich erstaunlich ernst. Erstens glaube ich mit Malinowski und Lévi-Strauss, dass Religion eine wichtige Funktion in der menschlichen Gesellschaft hat, rein strukturell gesehen. Das mit dem »blinden Fleck« meine ich nicht negativ. Man hat sowieso blinde Flecken. Und um in einer Art von Harmonie in einer Gesellschaft zu leben, ist es nützlich, wenn die am selben Fleck liegen. Nicht dass es unbedingt gut wäre, aber es schafft wenigstens Harmonie. Ich hatte die Gelegenheit, verschiedene Gesellschaften mit ihren Religionen zu beobachten. Vor allem der Vergleich mit dem Buddhismus ist interessant. Ich mag die monotheistischen Religionen nicht, mit dem Buddhismus kann ich mich anfreunden. Man sagt auch, er ist mehr eine Philosophie als eine Religion.

Die Metapher Schraube finde ich brauchbar, also anregend ordnend. Viele Esoterikernnnie sprechen ja auch von spiralförmigen Entwicklungen. Da ist etwas dran, man darf es nur nicht immer so aufstiegs-ideologisch sehen. Im Buddhismus gibt es die Wiedergeburt, gelenkt von deiner Anhänglichkeit, die ähnelt mir der Dialektik – nicht umsonst waren japanische Philosophen fasziniert davon, die Hegelschen Begriffe mit denen des Buddhismus abzugleichen. Die Idee der Wiedergeburt ist ja nicht einfach nur ein Kreis oder Nietzsches Ewige Wiederkehr des Gleichen. Das Modell der Schraube fügt der Kreisbewegung eine Art Fortschritt in die Tiefe hinzu. Zugleich lässt man immer etwas zurück, welches, in der eigenen Wahrnehmung wenigstens, verblassen wird, bis man seiner wieder gewahr wird …

Die Wirklichkeit ist, wenn man mich fragt, zugleich bewunderungswürdig und angsterregend, je nach der Chemie, die man gerade im Kopf hat. Ich finde das Graduelle generell etwas beängstigend, weil das intellektuell oder begrifflich schwer zu beschreibende Entwicklungen sind, es glitscht so durch den mind. Man kann nicht sagen, wo eine Entwicklung begonnen und wo sie aufgehört hat. Deshalb lag es nahe, eine Mystik aus der Schraubenbewegung zu entwickeln. Verehrung von Schrauben und Angst vor Schrauben. Bei einer Religion ist ja auch die Schönheit der Bilder und Metaphern wichtig. Ansonsten geht es in einer Religion um pragmatische Ratschläge, die notorisch von nachfolgenden Generationen nicht ernst genommen werden, wenn sie gerade unbequem sind. Du darfst zum Beispiel nicht mit bestimmten Verwandten schlafen, die Erfahrung sagt, dass das aus genetischen und psychologischen Gründen meistens später zu Problemen oder Tragik führt. Erkläre das aber mal zwei Geschwistern, die gerade heiraten wollen. Deswegen muss es schöne und überzeugende Mythologien geben, damit die Gesetze schön sind und auch dann befolgt werden, wenn man sie nicht versteht.

Zu einem Schelmenroman gehört immer auch ein Quantum Naivität der Hauptfigur. Das sehe ich mit der wiederkehrenden Frage der Moderatorin, »ich weiß immer noch nicht, ob ich ich bin oder der Phallusgott«, eingelöst. Lehnt sich das Epos auch an die Tradition des Schelmenromans an?

Mein damaliger Freund hat, während ich an »Verbannt!« arbeitete, den »Simplicissimus« von Grimmelshausen gelesen – ich aber nicht. Ich würde den Einfluss weiter fassen wollen. Der barocke Roman fasziniert mich generell. Etwa die »Insel Felsenburg« von Johann Gottfried Schnabel. Oder die Romane von Johann Karl Wezel. Diese an den Barock mit Aufklärung anschließenden Romane haben etwas quasi Naives (oder Un-Ideologisiertes) in der Unterhaltungslogik. Schreibende wie Leserni wollen unterhalten werden, und es spricht nichts gegen ganz unwahrscheinliche Dinge. Dabei entsteht eine Komplizität wie beim Kinderspiel, so à la: »sagen wir, es ist so, und dann, sagen wir, passiert das ... «. Diese Komplizität ist lustig und verstärkt unser Wissen, wir befinden uns in einem literarischen Text, es muss nicht alles realistisch sein. Gern werden ja auch philosophische Thesen an Handlungen ausprobiert und so. Später mit dem Druck zum Naturalismus kommt ein großer, ängstlicher Stumpfsinn in die Ästhetik. Aber kann sein, diese Beschränkung hat der Konzentration gutgetan. Ich muss ja zugeben, dass mein Geist aus lauter Spaß am Spaß auch mithin flatterhaft ist, sich von den Einfällen ablenken lässt.

An einer Stelle sagt sie: »Was ist nun mit mir? Bin ich nun die verbannte Fernsehmoderatorin oder Hermes Wolperting, Dämon von Petschorin?« Warum diese Anspielung auf Michail Lermontows »Ein Held unserer Zeit«? Die Figur des Petschorin taucht ja bereits in »Der schaudernde Fächer« auf, bei Lermontow ein hochintelligenter Fatalist mit einem selbstreferentiellen Willen zur Macht, der auf andere, die er ins Verderben stürzt, dennoch anziehend wirkt. Vielleicht eine der interessantesten Figuren der Weltliteratur.

Irgendwie konnte ich mich mit dieser Figur identifizieren. Ich bin nicht so schlimm wie er, aber (lacht) … Petschorin ist ein intelligenter Mensch, der nichts Gutes mit seiner Intelligenz anfängt. Diese Macke, dass er seine Möglichkeiten sieht und in diesem Moment unfähig ist, es zu wollen. Dieses flackernde Begehren finde ich interessant. Wie eine Elektrotechnikerin will ich herausfinden, warum es flackert, ich weiß, es gibt eine Erklärung. Er weiß nicht, was er will, und er will auch nicht passieren lassen, was er nicht weiß. Er will, als Beobachter, der er in letzter Instanz ist – er hat ja die Erzählstimme – sich begeistern lassen, das Begehren der Welt aufleben lassen. Mich interessiert die Logik, auf diese Weise am Leben zu sein. Vielleicht sehe ich deshalb eine Verbindung zwischen Hermes Wolpertinger und Petschorin und auch der zur Zeit modischen Theorie vom Phallus als imaginärem Gebilde. Weil er einmal da ist und auch wieder nicht, mal zärtlich und brauchbar und dann wieder weg ist. Generell würde ich sagen, mein mit Vorliebe angewandtes Erklärungsmuster ist: Es gibt keinen besonderen Grund, warum es so ist und nicht anders. Das ist quasi Genealogie wie bei Nietzsche. Man kann zwar herleiten, wie es gekommen ist, aber es hätte auch anders kommen können. Ich mag es, so zu schreiben, im Gegensatz zu vielen Texten, die ich als zu monokausal und scheinfolgerichtig empfinde.

Was im Übrigen auch ein Motiv von Barockromanen ist. Das ist bei Wezel wirklich interessant – vor allem in dem vierbändigen Roman »Tobias Knaut«. Wezel probiert dort anhand dieser Figur, ähnlich wie Voltaire im »Candide«, philosophische Thesen aus. Etwa den Stoizismus. Knaut macht einfach nichts, um seine Situation zu verbessern, und schaut, was passiert. Man kennt es auch als schicke moderne Position des Depressiven, von Melvilles »Bartleby« oder Perecs »Un homme qui dort«. Wezels Figur macht das aber quasi bewusst. Eine konstruierte Kunstfigur.

Das nächste Inselwunder ist die Erschaffung der Frauen aus dem Internet – eine Art Cyborg-Frauen, bestehend aus Fertigteilen, die als 3D-Scan-Design aus dem Internet strömen: »supergeile Standardpakete, das verkürzte Oratorium der Wünsche«.

In der Literatur zum Ersten Weltkrieg hatte es einen Prothesendiskurs gegeben. Viele Essays, die sich auf Beobachtungen stützten, da es nach dem Ersten Weltkrieg sehr viele Menschen mit Prothesen gab. Es erschienen ja schon im Krieg illegale Pamphlete mit Bildern, die zeigten, wie Bombenopfer ausschauten. Das hatte die idealistische Kriegseuphorie etwas gedämpft, aber leider zu spät. Parallel kam zum ersten Mal überhaupt in der Literatur unter perversen Literaten so etwas wie ein Prothesenfetischismus auf. Warum? Möglicherweise, denke ich, kann man es aufregend finden, die eigene Sexualität mit Phänomenen der politischen Aktualität zu verbinden, etwa auf Feministinnen stehen in den 70er Jahren, oder dirty chats machen jetzt. Ich glaube, ein Teil der Aufregung ist, dass man den Puls der Zeit fühlt, wie er in einem selbst schlägt. Das finde ich interessant im Zusammenhang mit den Cyborgs von jetzt. Es gab einmal eine Website einer Do-it-yourself-Pin-up-Gruppe, tätowierte Frauen, die teilweise auch Prothesenträgerinnen waren und die es spaßig fanden, sich als Pin-up-Girls darzustellen. Dazu kommt ein immenses Pornografie-Angebot im Internet. Computerspiele, wo man sich als Avatare geile Bodys zusammenstellen kann. Ich fand es lustig und gerade im Kontext der Konstruiertheit von fiktionaler Literatur interessant, aber auch einzig richtig, die Künstlichkeit des Frauenkörpers in meinem Text auf die Spitze zu treiben.

Lustig ist auch die Wendung, dass die Frauen nicht zurück können, weil das Internet pleite ist. Ab und an gibt es einen Seitenhieb auf unsere neue Wissenserwerbsstrategie Wikipedia: » … gewohnt, alles mittels Wikipedia zu kapieren, nur, können tun wirs trotzdem nicht.«

Es ist kein Seitenhieb. Es ist die Normalität. Die teilweise heterogene Qualität vom schwarmintelligenten Lexikon unterscheidet sich auch nicht so sehr von dem Quatsch, den die wichtigen Männer in die wichtigen Bücher schrieben, man lese nur den Eintrag zur Seele im Meyers. Es gab ja damals auch schon das Klischee von den Büchergelehrten, die Besserwisser sind, aber nichts können. Ob sich das geändert hat, weiß ich nicht.

Aber ich wollte noch etwas zu dem »verkürzten Oratorium der Wünsche« sagen. Das ist eine Metapher, die man sicher nie versteht. Ich meine wirklich Oratorium als Musikform. Es gibt von längeren geistlichen Stücken oft auch eine verkürzte Version, wo viele Schönheiten nicht vorkommen, man eilt dann durch, weil die Messe nicht so lange dauern darf. Eine »kleine Leiche« in meinem Text, die außer einerm Kirchenmusikerni vielleicht keiner versteht.

Man kann gar nicht alle Facetten dieser Geschichte hier darstellen. Zusammenfassend lässt sich sagen, dass es ganz amüsant ist, in diesem Buch auf Entdeckungsreise und der überbordenden Phantasie der Autorin nachzugehen. – Den Strom für die Insel liefert eine Eselin, gleichzeitig die Verfassungsgeberin der Insel, Hüterin des Mysteriums. Recht gesprochen wird nach einem Zufallsgenerator. – Zahlreiche wunderbare Einfälle, die dem, der von Literatur vor allem erwartet, dass sein eigenes Denken forciert wird, zahlreiche Denkschleifen anbietet.

Die Phantasie des Lesers braucht es auch, denn mehr als solche Denkanstöße wird oft nicht geliefert.

Die von den Frauen getragene revolutionäre Kryptomerienbewegung, deren Sieg den Schlusspunkt des Textes setzt, wird zum Beispiel nur kurz angedeutet.

Ja, zum Ende hin bin ich ein bisschen ungeduldig geworden.

In einem Interview deuteten Sie an, dass Ihr Schreiben in Zukunft durchaus auch einen Ausflug in Richtung Science Fiction machen könnte.

Ja, das ist ein Thema. Wobei das bei mir weit gefasst wäre, eher in Richtung philosophische Science Fiction.

Wie bei Stanisław Lem?

Ja, das sind große Vorbilder, die Strugatzkis und Lem. Aber. Es fällt mir schwer, in der Prosa dafür einen Ton zu finden. Die melancholische Ironie des sowjetischen Ostens stirbt ja aus, was kommt nach?

Bereits »Der schaudernde Fächer« führt den Leser immer wieder nach Japan, ein Land, das Sie offenbar sehr beeindruckt hat. Sie sagten einmal: »Irgendwie ist Japan auch ein Beweis dafür, dass die Welt anders ist, als die Europäer denken.« Was begeistert und überrascht Sie an Japan und der japanischen Kultur, speziell Literatur?

Da ist eine Konzentration, die mir sehr gefällt. Elegantes Design, eine Ordnung, die von einer leidenschaftlichen oder heftigen Präsenz im Augenblick ausgeht. Ein unideologischer Realismus verbindet den Einzelnen mit der Gesellschaft, die gegenseitige Verantwortlichkeit und Abhängigkeit wird als fast atemlose Hingabe praktiziert. Grausam und zärtlich.

Ich brauche Ordnungen, weil ich sie selbst nicht gut herstellen kann. An Ordnungen, die mir gefallen, passe ich mich gerne an. Die japanische Ordnung gefällt mir in ihrer ästhetischen Ausprägung. Vielleicht auch, weil sie so anders ist als die europäische. Vielleicht ist es auch ein bisschen Exotismus von meiner Seite, dass ich mich an die fremde Ordnung gerne anpasse. Man sagt auch, die Japaner sind verrückt, das ist nur anständig, ich mag das. Die Extremheit der Welt – und sie ist extrem – ist den Japanernnnie ganz selbstverständlich; dieser Realismus fehlt mir in anderen Ländern mit einlullenderen Arten von kollektivem Bewusstsein. Die logische Reaktion auf die extreme Welt ist natürlich Selbstdisziplin oder Konzentration. Sie können aber auch sehr lustig sein, sich liebenswürdigster Albernheit hingeben, wie ich ja auch. Ich bin, wie viele Leute, eben ganz verliebt in Japan. Mich interessiert, was das alles mit meinem Denken macht. Es zieht mich dort hin.

2017 ist – wiederum im Verlag Peter Engstler – »JIKIKETSUGAKI Tsurezuregusa« erschienen, ein Buch, das ganz im Kosmos Japan zu Hause ist. Das Buch hält für den Leser neben Gedichten und Prosa auch ganz andere Dinge bereit. Sie hatten 2014 ein Stipendium in der Villa Kamogawa des Goethe-Instituts in Kyoto und sich bereits damals mit der Kanji-Zeichenschrift auseinandergesetzt, die zusammen mit den Silbenschriften Hiragana und Katakana zur Notierung der japanischen Sprache verwendet wird.
Die Kanji-Schrift benutzt 214 sogenannte Radikale. Mit ihrer Hilfe findet etwa die Klassifizierung im Wörterbuch traditionell statt. Manche Kanji bestehen nur aus einem Gebilde, andere sind aus mehreren Gebilden zusammengesetzt. Lange Zeit war dies die einzige Art der Ordnung von Wörterbüchern. Man musste diesen Kanon kennen wie die Reihenfolge eines Alphabets, um Wörter im Wörterbuch nachschlagen zu können. Ich weiß nicht, wo das Wort herkommt. Vermutlich hat es eien europäischre Forscherni eingeführt, von Radix, Wurzel, hergeleitet. Dieser Kanon hat mich interessiert, zum Beispiel, weil er alt und arbiträr, aber voller Spuren ist, wie das Alphabet. Es gilt bei uns ja als etabliert, dass die Sprache einen konventionalistischen, keinen mimetischen Bezug zur eventuell existierenden außersprachlichen Wirklichkeit hat. Und doch stecken mimetische Relikte in diesem Code drin. Einige Zeichen leiten sich sehr suggestiv aus Bildern her. Allerdings führt dies leicht auf falsche Fährten. Man kann sich auf die mimetische Komponente nicht verlassen. Diesen Kanon zu erlernen fühlt sich an wie Welt zu lernen, die Liste der Radikale hat die Atmosphäre einer Art Schöpfungsgeschichte, da sind etwa die zwei verschiedenen Arten von Dreifüßen (hohle Füße einmal, einmal dünne, solide) aus der Urzeit Chinas zeichengebend, die man sonst nur aus Ausgrabungen kennt, oder eine bestimmte umständliche Art von Hellebardenaufsatz, bei dessen Benutzung man eine bestimmte Bewegung machen muss wie mit einem Schuhlöffel, was sich in die Strichfolge des Zeichens eingegraben hat. Ich wollte die Assoziationen dokumentieren, die ich mit diesem Kanon hatte, um dann im Gespräch mit Japanernnnie herauszufinden, welche Assoziationen von mir kommen und welche bereits in der Sprache verankert sind. Wo steige ich ein in eine kollektive Assoziationskultur und wo verbinde ich sozusagen eigenmächtig die Bilder. Ex negativo könnte man dann auch die Konturen dessen, was man für europäisch hält, korrigieren.

Vielleicht wäre es gut, neben den Text unseres Gesprächs einige Beispiele für Ihre Auseinandersetzung mit den Kanji zu stellen. Vielleicht auch andere Texte, die dieses Projekt erhellen.
Es ist allerdings schwer, sie aus der Reihenfolge zu nehmen. Es sollte auch vom Text abhängen. Weil einige Texte alleinstehend besser funktionieren als andere.
Aber diese private Forschung läuft weiter, so dass ich die Japanernnnie, je nach Gelegenheit und ohne sie allzu viel zu nerven, etwas ausfrage über die Assoziationen. Man könnte ja auch Europäernnnie fragen nach Assoziationen, die man mit Buchstaben hat. Bei den wenigen Buchstaben ist jedoch die Verbindung zur Bildlichkeit noch viel abstrakter.

Wenn man dem Namen JIKIKETSUGAKI nachspürt, kommt man zum »wiedergeborenen Dämon«. Was hat Ihr Projekt mit diesem Dämon zu tun?

JIKIKETSUGAKI ist ein als Gelse, also als Stechmücke wiedergeborener »hungriger Dämon«, ein Preta, wie es in der buddhistischen Mythologie heißt, jemand, der im vorherigen Leben »alles Fleisch selbst gegessen« hat, nicht verteilt hat. Diese gierigen Dämonen werden in verschiedensten Formen wiedergeboren. Da gibt es eine Geschichte mit herumrollenden Köpfen, die menschenfressend sind. Möglicherweise ist das mit der Stechmücke eine Phantasie von Lafcadio Hearn, einem greco-amerikanischen Journalisten, der in der zweiten Hälfte des 19. Jahrhunderts in Japan eine Heimat fand. Seine japanische Frau erzählte ihm viele japanische Geschichten, die er auf Englisch aufschrieb, seine Sammlungen von japanischen Geistererzählungen sind berühmt und geradezu kanonisch. Ich habe den Eindruck, dass er ein gutes Verständnis für diese Dinge hatte. Obwohl es heißt, dass er aufgrund eines Augenleidens beim Erlernen der japanischen Schriftzeichen behindert gewesen sein soll. Hearn hat jedenfalls beobachtet, dass auf den Friedhöfen in Japan Schalen mit Wasser für die Toten bereitgestellt werden, damit diese etwas zu trinken haben. In diesen Schalen vermehren sich die Mücken. Er hatte dann die Idee, was für Menschen als Stechmücke wiedergeboren würden, nach seiner Art halb im Ernst, halb als Scherz formuliert. (Wiedergeburt hat aber auch viel mit dem Witz, den Pointen des Schicksals zu tun.) Diese Idee hat mir gefallen, das kreisende, sirrende, schreckhafte Begehren der Mücke, einen fremden Blutkreislauf anzuzapfen, schien mir eine treffende Beschreibung meiner dysfunktionalen Art, Kanji zu lernen. Aber auch die Unruhe, die Mücken um sich verbreiten. Ich war zu gierig nach neuen Kanji, weil sie alle so interessant sind. So dass ich sie nicht effektiv gelernt habe, sondern von einer zur nächsten den Verbindungen folgte, die ich mir nicht merkte. Einige dieser Aufzeichnungen sind im Buch abgedruckt, um dies zu zeigen.

Der zweite Titel des Buches zitiert ein Standardwerk der klassischen japanischen Literatur, das »Tsurezuregusa« des Mönches Kenko. Dieser Titel bedeutet übersetzt ungefähr: mit leichter Hand hingeschriebene, unsystematische Notizen. Es ist ein kanonisches Werk, diese Art des Vorgehens wird also im Untertitel bejaht. Während JIKIKETSUGAKI ein Problem für mich darstellt: So kann man doch nicht arbeiten! So geht das nicht. Du musst irgendwie eine Ordnung schaffen. Das heißt, im Titel des Buches ist dieser Kontrast zwischen einer für mich eigentlich schmerzhaften und problematischen Realität und der Anerkennung eines solchen Vorgehens zusammengefasst, mit der Ruhe eines Mönchs, der genau dieses Chaotische des menschlichen Geistes eigentlich gutheißt. Dieser Untertitel beruhigt mich.

Tsurezuegusa wird auch in Zusammenhang mit dem Wabi-sabi gebracht, worunter ein Konzept des Unvollständigen, Unperfekten, Improvisierten sowie Flüchtigen zu verstehen ist. Das sind im Übrigen Kategorien, die Sie oft selbst benutzt haben, um Ihre eigenen Texte zu beschreiben. Streben Sie dieses Fragmentarische bewusst an?

Einsamkeit nicht zu vergessen, Sabishii = einsam. Anstreben ist zu viel gesagt. Andererseits könnte ich es auch bejahen. Aber das ist ein Paradoxon, sobald man sagt, ja, das soll so sein, würde es praktisch zur Zielsetzung. Das fände ich pervers, zu sagen, ich setze mich hin und schreibe ein Fragment. Was soll das? Für mich würde das Fragment seine »Unschuld« verlieren, wenn es in der Öffentlichkeit als Form des Erfolgs repräsentiert würde. Deshalb muss ich es mit einer Geste präsentieren, die sagt: ich kann es nicht besser als so, es ist etwas Interessantes daran, aber es gelingt mir nicht, es in eine vollendete Form zu bringen; ich lasse es lieber mit diesen scharfen ausgefransten Enden, als es irgendwie hübsch gerade zu beschneiden; u.a. weil ich denke, dass man nicht alleine denken kann, weil man sozusagen auf die Hilfe und das Wohlwollen anderer angewiesen ist. Ich habe wirklich nichts gegen das Fragment und lese von anderen auch gern Fragmente.

In diesem Genre, dem das Tsurezuregusa des Kenko zugeordnet ist, wird auch Melancholie, Individualismus und Sehnsucht nach der Vergangenheit ausgedrückt. Versuchen Sie mit der Wahl des Untertitels Tsurezuregusa auch eine Anlehnung an diese Lesarten?
Ein bisschen schon. Aber Kenko ist auch ein extrem belehrender Mönch. Da ist viel Gesellschaftskritik enthalten. Das liest sich manchmal wie eine »Benimmfibel«.

Ja, da habe ich ein schönes Beispiel gefunden: »Man sollte sich nie so geben, als wäre man in eine Kunst oder Wissenschaft tief eingedrungen. Wird ein gebildeter Mann, auch wenn er seine Sache beherrscht, mit Kennermiene davon sprechen? Es sind immer nur die Leute aus der Provinz, die einem antworten, als hätten sie alles zutiefst erfasst ...«
Solche Texte findet man auch bei den Römern und Griechen, da gibt es Aphorismen-Sammlungen, die ähnliche Geschmacksurteile ausdrücken.

Man findet das auch in Platons »Der Staat«.
Ich habe auch in mir diesen Impuls, so zu denken: Wie sollte es eigentlich sein? Und warum benehmen sich alle so schlecht? Diese Weltverbesserungsimpulse. Aber ich fühle gleichzeitig das Ranzige daran. Diese quasi moralisch-normativen Gedanken wechseln sich ab mit Begehren und mit der Jagd nach der Schönheit, die ich wie die Welt selbst als amoralisch ansehe. Die Moral ist an uns, wie wir mit diesem widersprüchlichen Wust umgehen. Darum ging es bereits in »Der schaudernde Fächer«: In welcher Beziehung stehen Schönheit und Moral? Etwas, was auch Schiller beschäftigt hat. Ich suche nach der guten Moral und suche nach der Ethik und suche nach der Schönheit, nach dem schönen Ideal. Irgendsolche Dinge stehen immer im Hintergrund.

Das Buch hat mehrere Texte, die die Qualität des Vorworts und des Nachworts erfüllen.
»Die 214 Kanji Radikale« ist das Vorwort zum Text mit den Kanji-Radikalen, danach folgt mit »SINNSPIESS« die literarische Einleitung zu diesem Text ...

... »Du hörst den Geist lachen, von sehr sehr fern ein wohliges Grollen ... Wehe, wehe, du lässt den Geist halbgerufen in diesem Zustand stehen.« Eine Selbstermahnung?
Ja. Deswegen fahre ich jetzt wieder hin.

Das dritte Vorwort ist »Aufschreiben als Ausweichen«, wo die Beweggründe und Vorgehensweisen angedeutet werden.
Ich finde es interessant und wichtig, möglichst akkurat zu beschreiben, was man tut, psychologisch. Man schreibt dies hin und beginnt dann aber, sich anders zu verhalten. Man weicht mit der Sprache aus und benennt doch nicht das, was den eigentlichen Kern des Problems ausmacht. Oder wenn man es benennt, verschiebt sich der Kanon des Problems. So wie in der Quantenphysik. Also Sprache ist ein tückisches Instrument, gerade auf dem Feld der Selbstverbesserung.

Auch dieser Text ist zum einen Selbstansprache, u.a. ist von der Erfolgskrankheit die Rede ...

Auweh, versteht man das so? Ich meinte, dass die Gesellschaft erfolgskrank ist, ich, durch die offensichtliche Absurdität meiner Erfolge (im nie ganz unlächerlichen kleinen Bereich der Literatur) eher weniger krank.

... aber auch Ansprache an den Leser, sich diesem Buch ganz zu öffnen und diese Krankheiten beiseitezuschieben.

Auch eine Bitte – was mir ganz wichtig ist –, nicht so zu lesen, als würde ich etwas als abgeschlossene Erkenntnis präsentieren, als würde ich mich brüsten wollen mit exotischen Dingen. Das wäre auch gefährlich gewesen, wenn das Buch etwa über den Suhrkamp Verlag in größere Nähe zum Mainstream gespült worden wäre, wobei es aber auch andere Gestalt bekommen hätte. Ich will gar nicht daran denken, eine Hübschigkeit oder ein »erfolgreiches Inspiriertwerden vom Fernen Osten« oder was, aaaa! Daher habe ich dieses Buch so nur bei Peter Engstler machen können, wo es, wie ich hoffe, ein halbwegs stimmiger Brocken ist. In dieser Gegend versteht man mich richtig, dass wesentliche Texte jenseits von Erfolg und Misserfolg passieren. Ich wollte das Straucheln porträtieren. Dieses Genre ist in der Nicht-Erfolgsliteratur ein sehr gut verstandener Topos, braucht gar keine extra Erklärung. Seltsam, oder? Dieser Unterschied fällt kaum auf, man denkt immer, alle in Kleinverlagen wollen lieber in die großen und schaffen es bloß nicht. In Wirklichkeit hängt mit der Erfolgsferne eine Haltung zusammen, die vieles kapiert, dem die vom Erfolg abhängigen Geschäftsmodelle gar nicht ins Auge sehen können.

Als Metapher für dieses Straucheln wird eine Passage aus Kleists »Penthesilea« zitiert ...

Es gibt ein Problem mit der Bejahung der Leidenschaft. Wenn man es ernst nimmt, kommen lauter so Kleistsche Figuren heraus. Kohlhaas oder Penthesilea. Also Problematiken. Quasi im Kontrast steht diese Figur im »Tsurezuregusa«, diese buddhistische Ethik, die bejaht, dass die Menschen so sind, so leidenschaftlich, wenngleich diese Leidenschaften zu überwinden sind. Aber das braucht keine Eile, muss nicht Quälerei werden. Das Ziel ist die Überwindung, man soll aber nicht mit Gewalt überwinden. Es geht auch nicht ohne Hilfe. Man muss sich nicht beeilen, ins Nirwana zu kommen. Man kann so oft wiedergeboren werden, wie man möchte. Und so lange man ein Begehren empfindet nach der sinnlichen Welt, ist es richtig, immer wieder in sie hineingeboren zu werden. Bis man es nicht mehr wünscht. So dass der Wunsch der Spiegel der Entwicklung ist. Das gibt einem doch Hoffnung.

Selbst wenn man als Blut trinkende Mücke wiedergeboren wird ... In diesem dritten Vorwort steht auch: »Auf der Suche nach Methoden, die mich überlisten könnten, kam ich auch auf so was wie Traumarbeit. Diese mischte sich mit der Idee des ›mnemotechnischen Gedichts‹.«

Das war eigentlich mein Projekt in der Villa Kamogawa. Zu versuchen, Gedichte zu schreiben, die mir helfen, sich die Kanji zu merken. Dabei fand ich zwei Sachen interessant, woran ich das herleiten könnte. Zum einen sagt man, dass sich die Versform aus mnemotechnischen Erwägungen heraus entwickelt hat. Weil sich in langen mündlichen Epen Verse leichter merken lassen als reine Prosa. Das war für mich endlich ein guter Grund für Form. Es ist schön, wenn man weiß, warum etwas gut ist. Das andere. Es gibt Bücher über die sogenannte Heisig-Methode, bei welcher Merkhilfen zu Kanji konstruiert worden sind. Heisig brüstet sich damit, sie in wahnsinnig schneller Zeit memorisiert zu haben. Und zwar mit Hilfe von teils frei erfundenen und teils aus der Etymologie hergeleiteten Bildverknüpfungen, wobei er auch viel Kritik einsteckt, weil es eben nicht alles etymologisch ist, sondern eine krude Mischung aus Eigenem und Fremdem. Das Interessante an diesen Texten ist, dass diese Bilder möglichst krass gewählt sind – schmerzhaft, pervers, surrealistisch. Damit es im Gedächtnis hängenbleibt. Das fand ich als Beweggrund und Textform extrem interessant, weil nicht ästhetische und diffuse Werturteile herangezogen wurden. Dann wollte ich schauen, was passiert, wenn ich selbst versuche, mnemotechnische Gedichte zu schreiben. Also Gedichte, deren Zweck nur darin besteht, mir Kanji zu merken. Teilweise kommen Kanji im Titel des Gedichts vor. Dann sind es Versuche, das Kanji in Form eines Gedichts auszudrücken. An den Text »INTEREST NET« schließt sich ein längerer Text von einem Dieb an, der eine Dichterzusammenkunft inszeniert. In diesem Rahmen kommen einzelne Lieder vor, die phantastisch anmuten. Dieser längere Text war zugleich der Versuch eines mnemotechnischen Langgedichts, also ein Versuch, die Schriftzeichen zu verarbeiten.

Schön und zitierenswert finde ich in diesem Zusammenhang Ihr Hohelied auf die Faulheit: »So verschmolz Fleiß mit Faulheit. Es verschmolz auch Ehrgeiz mit Faulheit, oder sie sind längst in der Tiefe des Charakters verschmolzen: ist doch Faulheit die Mutter des Erfindungsgeistes. Es verschmolz aber auch Faulheit mit Demut.«
Ich kann die Faulheit trotzdem nicht bejahen. Es ist eher ein Fluchen, dass die Faulheit sich überall hineinschleicht. In alles, was ich mache, schleicht sich entweder Denkfaulheit oder Tätigkeitsfaulheit hinein.

Wer Ihr Buch zur Hand nimmt, wird Ihnen zuallerletzt Faulheit unterstellen. Ihre Faszination drücken Sie im Folgenden sehr schön aus: »Die Logik oder Grammatik der sinojapanischen Schrift nimmt alle im Westen als technische Mittel der Poesie bekannten Mechanismen in der gewöhnlichen Sprache aller bereits vorweg: Metonymie, Metapher, Assoziation, Wortspiel. Die Sprache besteht von Anfang an aus dem, was unsere Dichter meinen, ihr erst als Krönung hinzuzufügen.«
Friedlieb Ferdinand Runge war das doch mit den »sich selbst malenden Bildern« – ein Verfahren, bei dem mit gelösten Chemikalien auf Chromatographie-Papier »gemalt« wird. Solch reiche, mit allen Schönheiten der Dichtkunst ausgestattete Texte fand ich auch zuweilen, Blüten der Sprache selbst, wie aus kollektiver Launenschönheit gemacht. Ich musste also feststellen, dass Schönheit nichts Besonderes ist. Es bestätigt aber den Verdacht, den ich immer schon hatte: dass es die Welt selbst ist, die so poetisch vernetzt ist. Deshalb ist es albern, irgendwelche Gedichte hochzuhalten, als hätten die das erst erfunden.

Sie sagen mit Bezug auf die Kanji auch: »Die arbiträre Strenge der Überlieferung ist ein Element ihrer Frische«. Also: Die Metaphernfindungen von vor 2000 Jahren sind zugleich frisch. Ist das nicht ein Widerspruch?
Warum sollte es einer sein? Sind nicht so alte Statuen immer noch frisch? Manche Leute lesen täglich die Bibel. Sappho. Alte Sachen, die einen frischen Eindruck machen, sind aber natürlich interessante Untersuchungsgegenstände: Welche Eigenschaften sorgen für diesen Effekt? Ich suche immer nach Gründen, nach Logik. Ich will verstehen, warum das so ist. Bei etwas Lebendigem, das auf dem Substrat von Menschenmassen über lange Zeit überlebt, wie einer Sprache, liegt es sicher auch daran, dass immer wieder neues physisches Material nach alten Mustern geformt wird. So wie ein japanischer oder chinesischer Tempel, der alle 30 Jahre aus frischem Holz neugebaut wird, aber als alt gilt, weil er immer auf dieselbe Art gebaut wird. Beim Erlernen der Kanji musste ich lernen: dieser Strich muss genau so sein. Und du fragst nicht, warum. Das fühlt sich für mich frisch an, wie ein fremdes Lebewesen, wo ich auch nicht frage: Warum ist deine Nase so? Warum müssen deine Bücher auf Kante liegen? Es fühlt sich an wie etwas, das äußerste Demut verlangt.

Denn, irgendetwas im Verstehenwollen hat mit dem immerwährenden Bedürfnis zu tun, Interpretationshoheit zu erlangen. Das muss nicht sein. Oder die utopische Frage: Kann ich verstehen wollen, ohne herrschen zu wollen? Wenn ja, dann sicher, indem ich es mir mit möglicherweise ganz anderen Erklärungslogiken erklären lasse, und verhindere, dass meine europäische Monokausalität bei jeder Gelegenheit gleich wieder zuschnappt.

Der Prosatext »Monster« nimmt einerseits das Dämonische als Selbstbezug zum Thema und leuchtet zugleich existentielle Grenzsituationen aus, die sich als Bilder einprägen: »Als schwarzer Schemen leben. … Tränen erreichen meine Oberlippe, pushen die Härchen, breiten sich durch die Lippenfalten aus und tränken meine Zigarette. Ich zünde mir eine neue an. Einen besseren Ort zum Denken kann ich mir nicht denken, und ich will mich aus der Trauer herausdenken.«
Man braucht immer einen guten Vorrat an Zigaretten. Man hat mir vor kurzem von einem einarmigen Schlagzeuger aus Holland erzählt, der in Japan berühmt geworden ist.

Schließlich gibt es im Buch auch einen »Ersten Versuch im Stil des Noh-Theaters zu inszenieren«.
Es gibt wenig übersetzte Noh-Theaterstücke. Im Englischen gibt es ein paar dichterische Übersetzungen von Arthur Waley und von Fenollosa/Pound, voll Fehler und eigenmächtiger Interpretationen, und berauschend schön. Ich weiß aber nicht, wie nah sie, gerade in den Schönheiten, dem Original sind. Diese Texte haben jedoch viele Interessierte zur asiatischen Kultur hingeführt. Beim Noh-Theater sind einige formale Regeln zu beachten, die an Brechts episches Theater erinnern, wie zum Beispiel der formalisierte Auftritt, mit der sich die Figuren vorstellen, die stilisierte Sprache und Gestik; das europäische Theater der Moderne hat ja auch viel vom Noh-Theater und anderen asiatischen Theaterformen gelernt. Es entsteht eine schwebende Welt der poetischen Sprache und der Darstellung. Die Reize sind Reize der Darstellung. Mimesis wird eingefasst in kostbare Ornamentik. Das hat Witz. Man sagt zum Beispiel, bei Hitze sollte man schauerliche Themen inszenieren, damit die über den Rücken laufenden Schauer zur Abkühlung beitragen. Oder man setzt ein Kind in die Rolle des Tenno ein, weil es ein rührender Effekt ist, den Kaiser als Kind zu präsentieren. Cross-dressing ist immer reizvoll, ein weltweites Theaterphänomen. Also es kommen Figuren langsam über einen besonderen Steg auf die Bühne, in Zeitlupe nämlich, wie Figuren einer mechanischen Uhr, und auf halbem Weg auf diesem Steg bleiben sie stehen und sagen, wie die erste Zeile von Dantes »Divina Commedia«: Ich bin auf der Reise, komme von da und geh nach da. Dann gehen sie weiter, kommen an und sagen: Endlich bin ich da. Diese Figuren bringen dann ganz exquisite kurze poetische oder philosophische Beobachtungen auf die Bühne, von einer Radikalität, dass es einem die Luft wegnimmt. Dann gibt es einen Tanz oder einen anderen sinnlichen Effekt. Daran habe ich mich versucht, ich konnte nicht anders. Aber es folgt ein nächster Versuch!

Liebe Ann Cotten, ich danke Ihnen für dieses Gespräch!

Der Traum des Schriftsteller ist es, Sprache zu werden

Ein einzelnes Wort kann eine Geschichte sein

Gespräch mit Zsuzsanna Gahse

Zsuzsanna Gahse wird seitens der Literaturkritik als eine »europäische Avantgardistin« (Gert Ueding) und eine »Schriftstellerin von außerordentlicher Sprachprägnanz« gesehen (Thomas Medicus). Sie selbst sieht ihre Texte im Raum zwischen »Gedichten und der […] ausholend erzählenden Literatur« angesiedelt. Péter Esterházy sieht in seiner Laudatio auf die Chamisso-Preisträgerin 2006 Zsuzsanna Gahses Platz gar im »Niemandsland […], an der Grenze, in der Grenzverletzung, zwischen den Sprachen«.

Zsuzsanna Gahse ist eine Sprachartistin, die es mit der Sprache sehr genau nimmt. »Ich bin gegen das Unkontrollierte«, sagt sie. »Ohnehin geht es im Kopf so zu, dass man nie einen Satz allein denken kann, man denkt immer mindestens zwei Sätze. Und diese Sätze beginnen miteinander weiterzudenken. Sie treten sozusagen in einen Dialog.« Zsuzsanna Gahse zeigt in vielen ihrer Texte einen Hang zum Skurrilen, zum Slapstick, zur Clowneske, zur phantastischen Überhöhung. Was ihr abgeht, ist Breite und Redundanz. Ihre Texte sind luftig und atmen, sind bewusst befreit von überflüssigen Inhalten. Das Fragmentarische kommt der Realität nahe und ist ihr wichtiger als ein rein auktoriales Erzählen. Zsuzsanna Gahse hat einen feinen Humor, der sich durch alle ihre Bücher zieht. Ihre Bücher zeichnen sich aber auch formal durch Besonderheiten aus. Gahse spricht von »instabilen Texten« und von »Erzählinseln«. »Die Instabilität meiner Texte«, sagt Gahse, »beruht vor allem darauf, dass einzelne Textteile nicht willkürlich zusammengeklebt werden, um eine flüssige, gewohnte Art der Erzählung zu präsentieren. Die Kittstellen fehlen, beziehungsweise es fehlt nichts, sondern das Überflüssige ist ausgelassen. Und es ist die Realität, der ich mich auf diese Weise nähern möchte.« Die instabilen Texte sind so gesehen Gedichten vergleichbare aufgerissene poetische Räume, in die der Leser sich einbringen kann. Erzählinseln sind »kleine Erzählungen, die einem im Kopf bleiben sollen, kleine Mosaike von Erzählungen, in denen die Partikel miteinander in einen Dialog eintreten und so in einer Gesamtheit aufgehen … hervorleuchtende Elemente, die das Gedächtnis geradewegs ansteuern.« Es klingt wie ein Geheimtipp, wenn Zsuzsanna Gahse von ihrer »privaten Vorratskammer«, den Lektürereserven, spricht. »Man braucht als Schriftsteller nicht tausende Autoren zu kennen. Ich habe Autoren, auf die ich immer wieder zurückkomme. Zu ihnen gehört Gertrude Stein. Ich habe ihr Buch ›The Making of Americans‹ mit Absicht nicht zu Ende gelesen, damit ich immer wieder etwas Neues bei ihr entdecken kann. Ähnlich geht es mir mit E. T. A. Hoffmann oder mit Shakespeare. Sobald ich sie wieder lese, werden Energien frei … Diese Autoren, die ich nie zu Ende lesen möchte und die man auch nicht zu Ende lesen kann, denen [illegible] Ich traf Zsuzsanna Gahse am 2. August 2015 in ihrem Haus in Müllheim/Thur in der Schweiz. Wir sprachen über ihren Roman „JAN, JANKA, SARA und ich“.

Liebe Zsuzsanna Gahse, unser heutiges Gespräch schließt gewissermaßen an das am 19. August 2008 am gleichen Ort geführte Gespräch an. Inzwischen sind einige neue Bücher erschienen.

Im Laufe der Zeit wird einem immer klarer, wohin sich das eigene Schreiben entwickeln will. Seit zwei, drei Jahren nenne ich meine Texte Störe. Mit dem Begriff ist sowohl der Fisch Stör gemeint als auch das Verb stören. Ich will mich nicht auf vorgegebene Gattungen festlegen, obwohl die Institutionen, die etwaige Tantiemen berechnen, Gattungszuordnungen wünschen, und das wünschen auch manche Buchhandlungen und sogar Veranstalter. Dagegen wehre ich mich mit der Stör-Bezeichnung. Typisch an einem Stör ist, dass er sich einem leicht entwindet, und damit stört er. Meine Texte loten Möglichkeiten aus, auch seit unserem letzten Gespräch haben sie neue Möglichkeiten ausgelotet.

Ihre Dresdner Poetikvorlesungen aus dem Jahr 2008 beginnen mit dem Satz: »Aller Wahrscheinlichkeit nach werden wir abgehört, ohne zu wissen, wo die Lauscher sitzen.« Der Satz liest sich heute – wo die NSA-Affäre die deutschen Nachrichten dominiert – wie eine frühe Prognose der Offenbarungen von Edward Snowden. In Ihrem neuen Buch »JAN, JANKA, SARA und ich« sprechen dreiundzwanzig Personen in einem Tonstudio über ihre Beobachtungen, mal einsilbig, mal lakonisch oder verärgert. Ihre Gemeinsamkeit ist, dass sie nicht abgehört werden wollen. Sie möchten offen und ungefiltert sagen, was sie meinen, und ihre Reden archiviert wissen.

Als ich die Dresdner Vorlesungstexte schrieb, hatte ich unter anderem an die Vergangenheit im Osten Deutschlands oder in Ungarn gedacht. Ich kannte die Situation, mit jemandem nicht offen telefonieren zu können, weil mitgehört wurde. Seit einer Weile ist das Abhören in einer zweiten Welle ein immenses Problem, und gegen diese Kontrolle über Telefonate und E-Mails richten sich in meinem Buch jene Personen, die in einem Studio an einem Mikrofon stehen und reden, ohne dass jemand mithören würde. Sie alle sprechen in der Ich-Form. Ihre Reden werden auch dann archiviert, wenn sie nur einen Satz sagen oder ein Wort wie »Nachrichtenkrank«. Am Ende des Buches tauchen allerdings Leute auf, die das Archivierte kaufen, beziehungsweise stehlen wollen, weshalb das gesamte Material dann eilig versteckt und in Sicherheit gebracht wird.

Dieses Buch reicht stärker in unsere politische Gegenwart hinein, als dies bei den vorherigen der Fall war. Es ist mehrfach vom Ukraine-Konflikt die Rede, auch die Griechenland-Krise wird erwähnt. Das Buch kommentiert aktuelle Politik und bezieht Position.

Das Buch habe ich 2014 begonnen, als mich die Nachrichten über den Ukraine-Konflikt mehr und mehr irritierten. Die selbstgewisse Art der Berichterstattung war für meine Begriffe ärgerlich, und bei den ersten Notizen im April 2014 habe ich beschlossen, dieses Buch in einem schnellen Tempo zu schreiben, um die Gegenwart zeitgleich einzufangen. Im April 2015 war das Buch grob fertig. Meine Protagonisten reden unmittelbar über das Augenblicksgeschehen, sodass zum Beispiel auch das über der Ukraine abgeschossene Flugzeug oder das verschwundene malaysische Flugzeug erwähnt werden.

Aber zumindest latent politisch waren auch meine früheren Bücher. Im »Südsudelbuch« ging es beispielsweise um Migration und zugleich um die angesagte Migrationsliteratur, die wenig mit den wirklichen Problemen der Migration zu tun hat und meist nicht viel mit Literatur. Trotzdem, Sie sagen es richtig, im neuen Buch treten die politischen Momente deutlicher in den Vordergrund.

All diese Krisen schleppen sich gegenwärtig noch hin, ohne dass eine Lösung in Sicht wäre. Selbst über die Flugzeuge erfährt man kaum Neues, obwohl der Himmel voll von Geheimdienstsatelliten zahlreicher Mächte ist. Wir beide sind, während wir hier miteinander sprechen, aus dem Orbit genau zu identifizieren, bis hin zur Marke des Bleistifts, mit dem ich mir Notizen mache. Dennoch kann ein ganzes Flugzeug, wie behauptet wird, unbemerkt verschwinden.

Ja, das ist eine paradoxe Situation. Man wird abgehört, beobachtet, zugleich werden viele Aspekte, auf die man neugierig wäre, ausgeblendet, unter Verschluss gehalten. Außer dieser Art der Bedrohung ging mir noch etwas anderes durch den Kopf, dass nämlich ein Großteil der gesamten Gesellschaft zugrunde gehen könnte. Nur 40 Millionen überleben, das sind die Reichsten, begleitet von 80 Millionen, die diesen Reichen den gewohnten Lebensstandard sichern. Zu dieser meiner privaten Schreckensvorstellung passt eine Sendung, die ich letztes Jahr im Schweizer Rundfunk gehört habe, dass es heute bereits eine europäische Gendarmerie gebe, die zur Verteidigung der Reichen und deren Güter eingesetzt werden könnte. An der Gendarmerie seien unter anderem Italien, Frankreich und Deutschland beteiligt. Diese Nachricht hatte ich beim Schreiben im Hinterkopf, und in diesem Zusammenhang fahren am Ende des Buches Panzer auf.

Ich möchte noch einmal auf das Ihrem Buch »Oh, Roman« als Motto vorangestellte Zitat von György Ligeti hinweisen, in welchem dieser auf seine damaligen Kompositionspläne verweist: »Zunächst brauche ich einen Raum voller Töne, und sobald dieser Raum wirklich aus- und aufgefüllt ist, sozusagen dicht schraffiert mit Tönen, zeichne ich mitten in die Schraffur ein Hologramm.« In »Oh, Roman« wird dieses Prinzip auf die Literatur angewandt. Ein Krankenhaus ist dort der Ort, wo sich aus dem Flimmern der einzelnen Fakten und Informationen langsam ein Hologramm abhebt, die Gestalt Pan, namens Roman. Ein Prinzip, das man auch mit der Entstehung eines pointilistischen Gemäldes vergleichen könnte, wo ebenfalls erst beim Zurücktreten von der Staffelei erkennbar wird, dass aus der Vielzahl der Farbpunkte und -striche ein Motiv hervortritt. In Ihrem neuen Buch finde ich dieses Prinzip wieder. Auch die in das Tonarchiv gesprochenen Texte erzeugen in ihrer Gesamtheit ein Flimmern, aus dem sich mehr und mehr ein Hologramm abhebt – die Vision einer »Mega-Stadt« für Reiche, eines künstlich geschaffenen urbanen Zentrums, das sich als Kontrast zur ländlichen Umgebung auswächst – für mich zugleich ein Symbol für das Prinzip »Wachstum ohne Grenzen«, jenen Grundpfeiler des politischen Handelns, der, 1972 schon vom Club of Rome in Frage gestellt, heute von immer mehr Menschen abgelehnt wird.

Das sehe ich absolut so. Ich wollte wirklich ein Flimmern hervorrufen. Die genaue Größe der Stadt Büren bleibt bis zuletzt unbekannt, spürbar ist nur, dass sie wächst und wächst, und dass mit diesem Wachsen Gefahren einhergehen. Neben dem Flimmern war mir noch ein ganz anderer Aspekt wichtig. Dass nämlich die einzelnen Personen am Mikrofon sozusagen als Schauspieler auftreten. Mit ihren Reden transportieren sie die Geschichte, die Geschichten, die ich erzählen will. Sie haben ihre kleinen Szenen. Das Szenische mischt sich in das Erzählen. Das ist in diesem Fall mein Stör. Die Leute reden, spielen dadurch ein Stück weit Theater, und manchmal reden sie sogar vom Theater. Außer diesen Sprechern im Bürener Studio, das sich oben auf einem Berg befindet, gibt es noch eine Ich-Erzählerin, die im Tal lebt. Sie schaut zu den anderen hinauf und nimmt die Ereignisse oben am Berg als ein Theater wahr. Neu ist in diesem Fall, dass das Theater in die Erzählung Einzug hält.

Die fiktive Mega-Stadt Büren liegt im Thurgau. Wir befinden uns im neuen Buch in der gleichen Topographie wie in Ihrem Buch »Durch und durch« (2004). Architekten sind beauftragt, eine künstliche Stadt zu errichten, Hochhäuser ins Ländliche zu bauen. Der daraus resultierende Widerspruch zwischen Urbanem und Ländlichem spiegelt sich in den Tondokumenten.

Angeregt zu meinem Buch wurde ich durch das Buch »Fleisch und Stein« von Richard Sennett. Der amerikanische Soziologe beobachtet in seinem Werk die Veränderung der Städte. Zunächst beschreibt er Athen, und Athen war von Anfang an eine Polis. Später schreibt er über Venedig, Paris und schließlich über New York, die Megastadt, deren Gefahren er sieht. Zunächst wollte ich nur einen Essay über wachsende Orte schreiben, dann erst hatte ich die Idee, eine komplexere Geschichte in Büren im Thurgau anzusiedeln. Aber Büren könnte an jedem anderen Ort stehen. Dieser Ort steht für das vermeintlich Urbane im Gegensatz zur Provinz.

Es könnte auch in Frankreich, Japan oder den USA liegen, die Probleme sind vergleichbar.
Neben diesem Gegensatz und neben der politischen Aktualität, neben dem Ineinandergreifen von Prosa und Theater kam es mir auch auf die spielerischen Momente an. Zum Beispiel haben alle mitredenden Personen A-Namen. Jan, Janka, Max, Karl, Sara heißen sie. Jede Aufnahme im Studio hat einen Titel, und diese Titel beschränken sich ebenfalls auf den Vokal A. – Abfall, Pracht, Start, Halt. Und die Ich-Erzählerin der Taltexte sagt mal Du anstatt ich, mal sagt sie Wir. Damit ist das Ich im Grunde wieder weggemogelt, und es ergibt sich ein Spiel mit den persönlichen Fürwörtern, mit den Personenfürwörtern.

Die Taltexte bieten auch die Möglichkeit, experimentell mit Sprache umzugehen. Bei den Texten des Tonarchivs würde dies unglaubhaft wirken. Darüber hinaus reichen die Taltexte weiter ins Poetische hinein, auch in Traumvisionen, während die ins Archiv gesprochenen Texte eher den Alltag dokumentieren. Insofern setzen die Taltexte auch stilistisch einen Kontrapunkt und beleben von daher den Text. In Ihrem neuen Buch heißt es: »Dann beginne ich, du zu mir zu sagen, oder um von Anfang an genauer zu sein, bist es du, der du zu dir sagt, nicht ich, da ich jetzt bereits begonnen habe, du zu mir zu sagen« –, wo die Sprache sich kurz zu verselbständigen, sich selbst zu lauschen und zu kommentieren scheint und sich so selbst zum Inhalt macht. Dieser experimentelle Du-Exkurs in einem der Taltexte erinnerte mich an Becketts Wortemachen.
Das könnte man so beschreiben. Meine Intention war ein bisschen anders. Bei den Mikrofontexten in Büren reden die Leute sozusagen die gesprochene Sprache. Wobei ich in meinen Texten zwischen Gesprochenem und Geschriebenem nicht allzu stark unterscheiden will. Jedenfalls sind die einzelnen Taltexte meist länger als die Bürener Reden und haben schon daher andere Möglichkeiten. Die Tal-Erzählerin kann weiter ausholen, und daher sozusagen nebenbei, ohne aufdringlich zu wirken, experimentieren. Beispielsweise kann sie die Vergangenheit, nämlich die Erinnerung der einzelnen Wörter austarieren. Am Ende des Buches gibt es eine Passage im Taltext, wo Worte wie Meinung und Deinung, Unserung und Ihrung auftreten. – Beckett hätte sicher nichts dagegen.

Jeder ernst zu nehmende heutige Dichter ist ja zugleich ein Erbe von Samuel Beckett, Franz Kafka, Gertrude Stein oder Thomas Bernhard. Diesem Erbe kann man sich nicht entziehen.
Da Kafka so häufig erwähnt wird, lasse ich ihn weg und nenne an seiner Stelle Georges Perec und Nathalie Sarraute, beide kommen in dem Buch sogar vor. Auf alle Fälle ist es ein Glück, sich mit den Autoren der eigenen Wahl auf einen Dialog einlassen zu können, mit ihnen Kontakt zu haben, indem man weiterdenkt. Bei Perec gefällt mir, wie er Paris beschreibt (»Ein Mann, der schläft«) und auch sein Exkurs über London. Er schreibt ohne eine gehobene Sprache, wird nie zu poetisch, und banal wird er auch nicht. Er hat klare Sätze, die er offenbar selbst genießt. Und die Frage, was ein natürlicher Satz sein mag, was banal wirkt, ob das Banale in einem gewissen Kontext vielleicht doch interessant sein kann, wird mich sicher weiterhin beschäftigen.

In Ihrer Poetik sind die »Erzählinseln« ein wichtiger Aspekt. Für die Umsetzung dieses Prinzips ist die Konstellation des Tonstudios eine ideale Konstruktion.
Ja, absolut. Die im Studio gesprochenen Texte sind Erzählinseln, auch wenn es nur um einen Satz geht.

Zwischen den von den einzelnen Sprechenden gesetzten Erzählinseln entwickelt sich so etwas wie eine Kommunikation, zumindest als Ansatz, vollendet wird es durch den Leser. Diese Erzählinseln – von Ihnen auch Amöben, Passagen, Fragmente oder jetzt Störe genannt – haben eines gemeinsam, sie sollen so gestaltet sein, dass sie sich beim Leser einhaken. Der Leser soll stocken und ins Nachdenken geraten, diese Störe sollen ihm nachschwimmen, ihn verfolgen. Für diese Erzählinseln gibt es gerade in »JAN, JANKA, SARA und ich« sehr schöne Beispiele. Kernsätze, die im Leser einen Denkprozess auslösen können. Etwa wenn Max, ein in Büren neu angekommener Journalist, sagt: »Mir sind Landschaften völlig gleichgültig.« Solch ein Klotz von Satz bleibt haften und löst Denken aus. Aber auch andere Sätze wie »Merkwürdig, dass man im Traum nicht lachen kann« [Janka] oder »Meine Großmutter ist mitten im Singen gestorben« [Cara]. Manchmal sind es, wie schon erwähnt, nur Worte, die ins Archiv gegeben werden: »Nachrichtenkrank« [Jan] oder »Nachrichtenzwang« [Anna]. Auch das sind meiner Meinung nach Erzählinseln.

Das sehe ich auch so. Ein einzelnes Wort kann eine Geschichte sein. Und diese Beispiele verdeutlichen noch etwas anders. In meinen Texten habe ich mit Psychologisieren praktisch nichts zu tun. Die Erzählinseln sollen sich über Bilder mitteilen. »Meine Großmutter ist mitten im Singen gestorben« ist ein Bild. Solche Sätze sagen auch etwas über die Sprechenden aus. Eine Frau namens Anna spricht am Mikrofon über ein rotes durchsichtiges Feuerzeug, über rote Kirschen und rote Äpfel. Anna und das Rot. Sonst gibt es keine weiteren Behauptungen über die Person Anna.

Für die Neuankommenden in der Mega-Stadt Büren – die, weil ins Ländliche hineingeklotzt, auch »Riesendorf« genannt wird – versinnbildlicht sich das Ländliche im Besitz eines Pferdes, mit dem man eine Runde um Büren reiten kann, um es danach wieder im Pflegedepot abzugeben, Traktoren und dörfliche Gerüche wirken dagegen störend.

Wobei sich die Neuankommenden den Jauche-Geruch nur einbilden, Traktoren fahren auch nicht mehr durch Büren. Dennoch scheinen sie zu stören. Die Leute bilden sich die Störungen ein. Manche sehen nicht, wo sie sich befinden, und die zwei, drei Stallungen an diesem wachsenden Ort mit den Hochhäusern sind für sie etwas Ländliches. Sie sehen und riechen das Ländliche, das sie sich einbilden, und das gehört zum Flimmern und zu der Frage, was eine Stadt und was die Provinz ist. Wie viele Menschen in Büren leben und wie viele Hochhäuser es dort gibt, bleibt in der Schwebe. Wichtig war bei der Stadt-Erzählung die Auswahl der redenden Personen. Die junge Cara, die von ihrer singenden Großmutter erzählt, und ihr Freund Balthasar sprechen zwar nicht unbedingt eine typische Jugendsprache, aber ihr Deutsch ist immerhin unmittelbar und offen. Karl, der im Rollstuhl sitzt, weiß eine Menge, und so spricht er. Alle einzelnen Personen haben etwas Charakteristisches, und spätestens wenn jemand das Buch zum zweiten Mal liest, was ich mir natürlich wünsche, sieht er die einzelnen Personen noch deutlicher. Das ist bei Shakespeares oder Schillers Theaterstücken ähnlich. In die Personenverhältnisse muss man sich erst hineinfinden. In meinem Buch gibt es ein Register, in dem die Personen und ihre Texttitel inklusive Seitenzahlen aufgelistet sind. Bei allen klassischen Dramen muss man ebenfalls nachschauen, wer wessen Zofe und wer wessen Liebhaber ist. Mein Buch hat 160 Seiten, aber letztlich doppelt so viele, weil man es aus mehreren Perspektiven lesen kann.

Es hat mehr als doppelt so viele Seiten, weil auch Ihre Technik des Auslassens von Überflüssigem »Seitengewinn« bringt. Diese Leerseiten sind Angebote an den Leser, der sie mit seinen Erfahrungen füllen kann, der seine eigene Geschichte mit diesen Erzählinseln verbinden kann. Die Collage aus in das Mikrofon gesprochenen Texten zwingt ohnehin zu einem langsameren Lesen.

Wahrscheinlich ist es die Absicht der Gegenwartsliteratur, den Leser einzubinden. Zumindest war das noch unlängst ihre Aufgabe. Diese Absicht ist nach wie vor unterhaltsam, witzig, intakt, gesund möchte ich sogar sagen. Was man unterhaltsam und witzig auch nennen mag. Ich habe einen Unwillen gegen Erzählweisen, wo mir alles fertig angeboten wird. Im Übrigen habe ich etwa sechzig Seiten dieses Buches wieder verworfen, weil ich das Zuviel nicht mag.

Das Buch spricht mehrere gesellschaftliche Themen an. Janka zitiert Karl mit dem Satz: »Angesehene Frauen haben meistens keine Kinder.« Eine auf den ersten Blick ungeheuerliche Feststellung, die sich festhakt. Das Thema kehrt wieder. Das Nachdenken darüber, wie viele Kinder eine Familie haben könnte, ist im urbanen Raum völlig anders angelegt als im ländlichen.

Ich weiß nicht, ob es bei dieser Frage um das Urbane und das Ländliche geht, auf alle Fälle sind Kinder ein prekäres Thema, und gut, dass Sie es hervorheben. Es ist erstaunlich, wie viele weibliche Berühmtheiten keine Kinder haben und sich selbst als eigenes Kind verwöhnen. Das Selbstverwöhnen der erwachsenen Ewigkinder ist beeindruckend.

Bei aller Privatheit ist dies aber auch ein gesellschaftliches Thema, auf das die Politik momentan keine wirkliche Antwort hat. Offenbar kommt man in dieser Wachstumsgesellschaft ohne Kinder besser voran. Die Politik steuert kaum gegen, obwohl die demographische Alarmglocke seit geraumer Zeit läutet.

Tja, Frauen und Männer ohne Kinder in riesigen Betten. Es gibt eine große Verlegenheit im Umfeld dieser Frage. Darüber könnten wir stundenlang reden, sowohl von den privaten als auch von den gesellschaftlichen Aspekten. Aber ich möchte lieber eine weitere Person erwähnen, die im neuen Buch eine wichtige Rolle spielt, obwohl sie im Tonstudio nur einmal auftritt. Sara, eine Frau etwa Mitte achtzig. Im Gegensatz zu den anderen spricht sie nicht frei, sondern liest einen vorbereiteten längeren Text vor, eine Art Tagebuch.

Eine fast abgeschlossene Erzählung, eine Liebesgeschichte, die auf Goethes »Marienbader Elegie« anspielt. Eine Liebesgeschichte zwischen einer älteren Frau und einem jungen Mann.

Sara beobachtet die eigenen Empfindungen, notiert sie und schweigt dem jungen Mann gegenüber, den sie meint. Die aufflackernde Erotik gehört zu ihrer »Bürener Elegie«, und weil jedes Schreiben auch ein Zuwinken zu anderen Autoren bedeutet, grüße ich mit Saras Geschichte Goethes »Marienbader Elegie«.

Sara hat zudem die Kraft, Büren zu verlassen. Sie zieht nach Frankfurt, um dort der gewachsenen Großstadt zu begegnen, um eine intensivere Kommunikation über die gegenwärtigen Fragen zu erleben. Schließlich kehrt sie aber nach Büren zurück, weil ihre Überlegungen und Ansichten auch in der Wirtschaftsstadt Frankfurt gestört werden.

Mir die Vielzahl von Personen vorzustellen, sie auftreten und sprechen zu lassen, war eine schöne Unternehmung. Teils hatte ich dabei konkrete Personen im Sinn. Beispielsweise bei Sara.

Die Konfrontation von urbanen und ländlichen Lebensentwürfen und -ansprüchen spiegelt sich in den in das Tonarchiv gesprochenen Texten und zieht sich so durch das ganze Buch. Karl, ein ehemaliger Lehrer, der im Rollstuhl sitzt, markiert durch seine Texte die Trennlinie dieser Konfrontation aus Sicht der Provinz. Er sagt z.B.: »Ablehnen, reinhauen, zuschlagen, abfällig und arrogant reden, Zähne zeigen, Zähne fletschen, zubeißen und weitere Möglichkeiten sind manchmal nicht zu vermeiden. Das hört man oft. Und diese Tätigkeiten sind vor allem städtisch, groß zubeißen ist großstädtisch, in der Metropole muss man sich durchbeißen.« Er recherchiert auch im Internet und untersetzt seine Sehensweise mit Fakten. Der Journalist Max markiert diese Trennlinie aus Sicht des Großstädters. Er sagt z.B.: »Lernen, nicht hinzuschauen, darauf kommt es an. Nicht hinschauen und im richtigen Moment hinschauen. Dann wieder entschieden wegschauen.« Eine gesteuerte oder verhinderte Kommunikation, wie man sie vielleicht in einer Stadt wie Frankfurt findet.

Oder in New York, es geht um ein globales Phänomen. Ihren Beispielen kann ich nichts hinzufügen. Umgekehrt kann man in Büren allerdings auch positive Ansätze des Städtischen beobachten. Zum Beispiel gibt es eine »Opernscheune«, die weit über den Ort hinaus bekannt ist, und es kommen viele Besucher. An den Wochenenden kann man jeweils eine einzige Oper – etwa Mozarts »Don Giovanni« – in fünf verschiedenen Inszenierungen erleben, als Video-Aufzeichnungen. So ein Opernangebot wirkt städtisch, auf dem Lande würde man sich für etwas dergleichen kaum interessieren. Sara, eine durch und durch städtische Person, hat die Videos für die »Opernscheune« gestiftet. Dass sie es war, steht nicht im Buch, aber ich weiß es, und dieses Mehr an Wissen gefällt mir natürlich.

Im Ensemble der Sprecher ist Jan eine für mich interessante Gestalt, ein Innenarchitekt, der Küchen für das wachsende Büren entwirft. Ganz für sich arbeitet er an einer Art Gegenentwurf zu Büren – der Vision der kleinsten möglichen Stadt, die alles bietet, was der Mensch braucht, aber zugleich so viel Identifikation bietet, dass man dort gern wohnt.

Ja, und auch in einem der Taltexte geht es einmal um die kleinstmögliche Stadt, dass nämlich schon zehn nebeneinander gesetzte Häuser Vorboten des Städtischen sein können. Wo also beginnt das Urbane? Zweimal wird sogar bei Innenräumen, bei der Einrichtung von Wohnungen das Städtische hervorgehoben.

In Ihren Poetikvorlesungen sprechen Sie an einer Stelle über die Sätze von Gertrude Stein: »Wenn alles von jeder Seite sichtbar wird, wird auch der Raum rundum sichtbar, und dieser Rundum-Logik folgen auch die langen Sätze der Gertrude Stein. Sie sind nicht irgendwie lang und gedehnt, vielmehr tasten sie einen Körper im Raum von jeder Seite ab. Tasten Gedanken im Kopf ab. Scannen sie ein, könnte man sagen.« Dies finde ich in »JAN, JANKA, SARA und ich« in besonderem Maße wieder. Das Register am Ende des Buches fordert gerade dazu auf, dieser Rundum-Logik bezogen auf die einzelnen Gestalten zu folgen.

Ja, die Darstellungen sollten im Raum sichtbar sein, für den Leser sichtbar sein. So hat es auch Gertrude Stein gemeint. Anstatt psychologische Ausdeutungen zu liefern, soll man möglichst viel von allen Seiten betrachten können.

Die Rundum-Logik der Sätze in diesem Buch kreist natürlich um das wachsende Büren. Im Taltext weitet sich dies zu Angstträumen und Schreckensvisionen aus. Die Ich-Erzählerin hat auch die Vision des totalen Zusammenbruchs der Wachstumsgesellschaft.

Nicht nur sie, auch oben in Büren gibt es entsprechende Berichte. Insgesamt entwickelt sich das Geschehen in Büren und im Tal vom Heiteren hin zu einer Schreckensvision, die zum Schluss ein wenig wieder aufgehoben wird. Anfangs flimmern Liebesgeschichten mit und frohe Begebenheiten, dann wird mehr und mehr Unglück sichtbar. Jan erzählt von einem Mann, der sich in London vom Dach stürzt. Später stirbt Karl, der von Anfang an im Rollstuhl sitzt, dann wird Baltasar, der junge Fotograf, überfahren. Kaspar Hagmann, der Gründer des Tonstudios, verschwindet. Schließlich kommen Panzer nach Büren. Aber den letzten Text im Tonstudio spricht Max. »Wollen wir weiterspielen? Stadt Land Fluss?«, fragt er. Es lag mir viel daran, den Stimmungsbogen, beziehungsweise das Geschehen vom

Heiteren zum Ernsten zu führen, um am Ende bei etwas Spielerischem zu landen. Im letzten Text, einem Taltext, kriechen einzelne Wörter den Hang nach Büren hinauf. Es geht ihnen nicht gerade gut, aber Wörter bleiben Wörter und können anstellen, was sie wollen.

Zitat: »Sie haben ihre Meinung, ich die meine, und außer meiner Meinung gibt es deine Deinung, und die Unserung. Gemeinsam steigen sie den Hang hinauf, unterwegs begegnen sie der Ihrung. Deinung hustet und hat einen roten Kopf. So kommen wir nicht weiter, sagt er. All diese Leute, wie auch Seinung, sind Männer und Frauen, und im Augenblick sind sie gereizt, da ihnen der Steilhang zu schaffen macht.«
Es geht um einen Wettlauf. Vorne stakst das Wortwesen Gegen, neben ihm die Gegend, hinter ihnen Kontra, Country, Anti und Ennet. Sie rempeln einander. Und ganz zum Schluss kommt das Zentrum mit den Vororten. Das sind alles Wörter, die schon von der Etymologie so etwas wie Erzählinseln sind. Mit diesem Schluss bin ich froh. Bei den Beispielen kraucht die Stadtidee einmal mehr hervor und verbündet sich mit Wortgeschichten.

In Ihrer Poetikvorlesung sagen Sie: »Die etymologischen Geschichten sind oft wie ein Krimi«. Hier wird auch auf die Herkunft der Wörter angespielt, die oft sehr spannend ist.
Oft wandelt sich der Sinn der Wörter. Gerade im Zusammenhang von Urbanem und Ländlichem ist das Wort ›Gegend‹ wichtig, das mit ›gegen‹ zusammenhängt. Country hängt mit Kontra zusammen. In der Schweiz sagt man Ennet zu jenseits des Flusses, und dieses Ennet hängt mit Anti zusammen. Das ist gewissermaßen logisch, denn das, was ich sehe, ist mir immer gegenüber, gegen mich gestellt.

Im »Südsudelbuch« (2012) sind Sie etymologischen Krimis auf der Spur gewesen. Etwa wenn es um das Wort ›Kümmel‹ geht und dessen tatsächliche aber auch etymologische Ursprünge im Arabischen und Hebräischen aufgespürt werden.
Oder Joghurt, das wandernde Wort. Solche Wanderwörter mit ihrer Vergangenheit waren im »Südsudelbuch« präsenter, denn thematisch standen Migration und die allgemeinen Reisereien im Vordergrund. In »JAN, JANKA, SARA und ich« wehren sich einige der Sprechenden dagegen, ständig nach ihrer Vergangenheit gefragt zu werden. Sie sagen, dass man sich das Jetzt anschauen sollte. Dieses Jetzt ist für mich seit meinem zweiten Buch »Berganza« (1984), also seit Jahrzehnten, ein wichtiges Thema. Berganza, der Hund, der ewig am Leben bleiben und ständig an die Vergangenheit denken muss, entscheidet sich für das Jetzt. Das gilt auch für »JAN, JANKA, SARA und ich«, aber eine noch wichtigere Rolle spielen in diesem Fall die Personalpronomina, die Personenwörter. Dieses Ich, Du und so weiter. Deshalb kommt schon im Titel ein Ich vor.

Auch mit der Theorie der Wörter wird im Buch spielerisch umgegangen. So tritt ein Mann auf, der die absurde Behauptung aufstellt, dass in China nur ein Wort für Schmerz vorhanden sei, während es in den europäischen Sprachen derer etwa 6.000 gebe. Im Buch gibt dies Anlass, mit Schmerzworten zu spielen. In Ihren vorherigen Büchern, »Südsudelbuch« und »Die Erbschaft« (2013), geht es neben dem Jetzt auch um Geschichte und Tradition. In beiden Büchern wird u.a. stark auf Ihre eigene Familiengeschichte reflektiert. In »Die Erbschaft« wird auf den ungarischen Witz Bezug genommen und daraus ein fulminanter Exkurs über den Witz abgeleitet.
Seit Jahren hatte ich vor, ein Buch mit Witzen zu schreiben. »Die Erbschaft« ist nun eine Inszenierung von Witzen, und da gibt es sogar eine Bühne und eine Drehbühne. Neben wirklichen Witzen kommen auch Nichtwitze zum Zug, und Hinweise, wie man einen Witz

schlecht erzählt und ihn damit abschießt. Fragmente meiner Familiengeschichte habe ich auch in früheren Büchern eingeblendet. In »Die Erbschaft« stehen nun Mutter und Vater gemeinsam auf der Bühne, und es geht bereits um den Versuch, Erzählungen und Theaterauftritte zusammenzuführen. Um eine ähnliche Zusammenführung geht es auch im neuen Buch.

Das Theater verbindet im Übrigen auch einige der Sprechenden im Tonstudio. Sie spielen gemeinsam Theater, und zwar auf eine besondere Weise.
Die junge Cara tritt mit der Idee an, ein Stück zu spielen, bei dem die Schauspieler ihre Rollen weitgehend frei gestalten können, nur Eckpunkte der Handlung sind vorgegeben. Wie früher in der Commedia dell'arte. Die Commedia kam übrigens schon in »durch und durch« vor. Jetzt scheitert Cara mit ihrem Vorhaben. Sie und ihre Leute bringen eine Commedia nicht zustande. Sie beginnen das Spiel und brechen es ab, müssen noch weiter üben. Außerdem erwähnt auch Sara einmal, dass sie die Commedia dell'arte gern wieder beleben möchte.

Jan entwickelt die Idee, in eines der Hochhäuser von Büren ein Mehretagen-Theater zu integrieren …
Es gibt mehrere Ideen, die in diesem Buch miteinander verflochten werden. Wie beim Zöpfeflechten. Zu Beginn und auch während der Arbeit an einem Buch skizziere ich solche Verbindungsstellen. Die Zeichnungen enthalten zudem meine Vorstellung von den erwünschten Proportionen. Wie lang ist eine Szene, welches Tempo hat sie. Das sind entscheidende Fragen. Zeichnungen liegen für »Oh, Roman« und auch für das »Südsudelbuch« vor, in diesen beiden Fällen gibt es sogar verschiedene Skizzen mit unterschiedlichen Aspekten.

Bei »JAN, JANKA, SARA und ich« hatte ich zunächst ungefähr 200 Einzeltexte und die schon erwähnte Tendenz des gesamten Verlaufs, den taumelnd positiven Anfang, der sich zum Negativen hin entwickelt. Dann habe ich die 200 Texte auf dem Fußboden ausgelegt und mir die optimale Reihenfolge überlegt. Die Reihenfolge entspricht also nicht unbedingt der Entstehung, sondern einer Choreografie, bei der das Tempo und die Kürze oder die Länge der Texte eine Rolle spielen. Und beim Weiterschreiben kamen viele neue Texte hinzu.

Ich habe das Register am Ende des Buches als Aufforderung aufgefasst, das Buch noch einmal zu lesen. In der Reihenfolge der den einzelnen Figuren zugeordneten Texte. Einige Personen sieht man nach diesem zweiten Lesen klarer. Max, den wir vorhin mit dieser lapidaren Feststellung »Mir sind Landschaften völlig gleichgültig« zitiert haben, stellt sich dann als ein sehr genauer Beobachter heraus, der, selbst Journalist, im Buch zunehmend Misstrauen gegenüber medialer Berichterstattung ausspricht.
Ja, und wenn dieser Max gleich zu Beginn sagt: »Das Wo ist wichtig, insofern ist das Wort nirgends das traurigste Wort«, markiert seine Aussage seine Genauigkeit. Orientierung ist für ihn ein wichtiger Ausgangspunkt.
Einmal wird Max von einer Reporterin befragt. Als genauer Beobachter weiß er, dass die Passantenbefragungen für die Nachrichtensendungen eher einer Verdunkelung als der Erhellung von Sachverhalten dienen. Aus hundert Befragungen werden jene zwei oder drei ausgewählt, die ins Bild des Berichterstatters passen und dessen Ansicht bestätigen. Deshalb ist Max nicht bereit zu antworten. Er will nicht desorientieren.

Das Wo und das Ich sind durch die Globalisierung und durch die neuen Medien zusammengerückt. Früher war ein Städter im Vorteil. Er hatte einen besseren Zugang zu Informationen, Bibliotheken, hatte

bessere Möglichkeiten der Kommunikation. Heute kann ein Mann im Rollstuhl über das Internet recherchieren und sich über E-Mails bis in den letzten Winkel dieser Erde mit anderen verständigen.
Gerade deshalb könnte man auch das Wo verlieren. Weil die vielen Möglichkeiten einen nicht mehr wissen lassen, wo man sich befindet. Man ist überall auf der Welt und verliert dabei das Wo.

Aber noch eine Anmerkung zum Register: Natürlich möchte ich, dass man das Buch zweimal liest. Zugleich wollte ich Verschleierungen vermeiden. Ich mag keine verschleierten Erzählweisen. Wer sich noch genauer orientieren will als beim ersten Lesen, kann das Register heranziehen. Das ist ein Angebot. Beispielsweise kann man dabei die eigenen Lieblingsfiguren besser betrachten.

Die globale Wachstumsgesellschaft entwickelt mit Sicht auf das Wo auch absurde Vorstellungen, die im Buch ebenfalls angesprochen werden. Etwa die Vorstellung, unbedingt zwei Wohnungen haben zu müssen (in New York, Paris oder Büren), oder die Vorstellung, bei bestimmten Ereignissen präsent sein zu müssen, wenn man nicht als uninteressiert gelten will.

Ja, es heißt sogar, dass derjenige, der keine zwei Wohnsitze hat, sich schämen sollte. Und derjenige, der nicht immer reist, soll sich ebenfalls schämen, denn er ist nicht neugierig. Ein Neugieriger reist. Das ist eine neue arrogante Haltung, die vielen zusetzt, weil sie glauben, nachziehen und ebenfalls ständig reisen zu müssen. Aber einen größeren Kontrast als zwischen den beiden großen Gruppen, den Reisenden aus Arroganz und den Flüchtlingen in der Not, kann man sich nicht vorstellen.

Einmal trifft man in »JAN, JANKA, SARA und ich« zwei Gestalten in einem Café, die offenbar die absolute Kontrolle über Büren erlangen wollen. Möglicherweise sind die beiden Vertreter jener Gendarmerie, die das Wohl der Reichen überwachen. Von dieser Überwachung haben wir schon gesprochen. Die Gendarmerie resultiert aus der Überlegung, dass die Schere weiter aufgeht, dass der Mittelstand immer weiter nach unten durchgereicht wird und früher oder später wohl meutern wird, wobei die Meuterei nicht auf dem Land, sondern in der Stadt zustande käme.

Dieses Wachstum ohne Grenzen, welches von der Politik zur Überlebensphilosophie unserer Gesellschaft erklärt wird, macht – und wir stellen das zunehmend fest – unsere Gesellschaft, die globale Wachstumsgesellschaft immer angreifbarer. Das findet man auch im Buch, diesen Verweis auf den drohenden Zusammenbruch der Infrastruktur, den ein andauernder Fluglotsen- oder Lokführerstreik bedeuten kann. Verkehrschaos und Sicherheitsdefizite.

Die Unplanbarkeit der Gesellschaft ist offensichtlich, und sie macht uns unbeweglich, während alle unbedingt beweglich sein wollen. Die überplante Gesellschaft nähert sich der Unplanbarkeit. Ein Paradoxon.

All das, was uns unsere Politiker als die »Säulen der Gesellschaft« verkaufen – Wachstum ohne Grenzen, grenzenlose Information, Flexibilität ohne Grenzen –, wird in Ihrem Buch in Frage gestellt. Wachstum ohne Grenzen bedeutet ja nicht Flexibilität ohne Grenzen.
Im Gegenteil. Es ist merkwürdig, dass die Hauptplaner, die Verantwortlichen – Politik und Wirtschaft – nicht merken oder so tun, als brauchten sie das nicht zu merken, wie sich die zentralen Ideen widersprechen. Man spricht vom Klimawandel und CO_2-Verminderung und gleichzeitig von unbegrenztem Wachstum in der Wirtschaft. Dass diese Faktoren nicht zusammenpassen, wird ausgeblendet.

Sie haben bereits in Ihren früheren Büchern Gesellschaft und Geschichte thematisiert. Aber »JAN, JANKA, SARA und ich« ist wie gesagt Ihr politischstes Buch.
Das sehe ich auch so. Latent waren die anderen Bücher allerdings ebenfalls politisch. Das Thema Migration im »Südsudelbuch« habe ich schon erwähnt, in jenem Buch ging es auch darum, dass Bücher mit ihrer Thematik »in« sein können und sich daher zum Verkaufsschlager mausern, und damit geht es um Wirtschaftsfaktoren dank Migrationsliteratur. Was mit der wirklichen Tragik nichts zu tun hat. Aber im neuen Buch gehe ich weiter als nur anzudeuten, das stimmt schon.

In Ihrem bisherigen Schreiben hat das Arbeitsprinzip der Schreibbegrenzung eine große Rolle gespielt. Die »Donauwürfel« (2010) sind dafür das vielleicht extremste Beispiel – zehnmal zehn Zehnsilber bilden einen Würfel, siebenundzwanzig Würfel bilden das Buch über die Donau. Auch die Tonstudioidee folgt experimentell diesem Prinzip.
Diese Begrenzung hat mir einfach Spaß gemacht. Natürlich ist es absurd, in ein Tonstudio zu gehen und nur ein Wort auf Band zu sprechen. Aber die Begrenzung, die Konzentration, hat mir die Möglichkeit gegeben, auf viele Themen einzugehen. Globalisierung, Wachstum, Medien, Theater, die wachsende Stadt, die Liebe, die Verzweiflung einzelner Personen. Im Theater ist es die Bühne selbst, die eine ähnliche Begrenzung bedeutet.

Noch gestern habe ich Ihr Buch »Calgary« (1999) wieder gelesen. Ein Buch, das mit einzelnen Motiven zu anderen Autoren hinüberwinkt. Im »Südsudelbuch« wird u.a. nach Spanien gewunken – zu Cervantes etwa.
»Calgary« ist eine Collage aus Zitaten. Dort bedeutete die Begrenzung, dass ich die Ebene der Zitate nicht verlassen durfte. Im »Südsudelbuch« gehört »Don Quijote« zum Rückgrat des Konzeptes. Das Buch besteht aus zwei Büchern, wie der Roman »Don Quijote«, und die Seitenmenge entspricht in etwa der Kapitelmenge jenes Buches. Das habe ich übrigens noch nie zuvor erwähnt.

In diesem Südbuch ist mein Großvater eine der Hauptfiguren. Er war nach dem Abitur tatsächlich eine Weile in Spanien, wenngleich nicht als Bar-Pianist, wie im »Südsudelbuch« behauptet. Und Spanien hat für mich noch einen weiteren biografischen Hintergrund. Ich war knapp über zwanzig, als ich mit meinen beiden Kindern nach Andalusien kam, und dort sah ich zum ersten Mal das Meer. Das Spanische kam mir als Sprache sofort entgegen, schon bei jenem ersten Besuch. Das Karge, das Zurückgenommene dieser Sprache, das Stolze, das Rhythmische im Spanischen finde ich anziehend. Vielleicht auch deshalb sind mir viele spanische Autoren wichtig. Cervantes, Ortega y Gasset, Lorca. Schon mein zweites Buch »Berganza« nimmt auf Cervantes Bezug. Und nicht nur die spanischen Autoren, nicht nur ihre Sprache und ihre Landschaften, sondern Landschaften überhaupt waren für mich von Anfang an ein Ausgangspunkt, auch wenn mir das zunächst nicht aufgefallen war. Helmut Heißenbüttel hatte in einer Rezension zu »Berganza« geschrieben, dass es in meinen Texten auf die Topographie ankäme. Zunächst war ich über seine Aussage erstaunt und kam erst nach Jahren dahinter, dass er Recht hatte. Es geht bei mir oft um Orte, um die Topographie. Und in Facetten auch um das Persönliche.

Die »Donauwürfel« haben auch dieses Topographische und das Persönliche – bis hin zum ersten Helden Ihres Lebens, einen Donauschiffer in Budapest.

Ja, der Matrosenjunge. Außerdem besuche ich in den »Donauwürfeln« mit meinem Vater die Donauquellen. Diesen Besuch mit ihm hat es nie gegeben, dennoch ist die Szene authentisch.

Im Gegensatz zu den Donau-Büchern von Claudio Magris und Peter Esterházy oder Hölderlins »Ister« kam es mir bei meinen »Donauwürfeln« auch auf das H_2O (Hazweio) an, und auch das ist eine Gegenwartsbeschreibung. Es geht um die Bedeutung des Wassers, sodass es in diesem Buch viele Wasserbeschreibungen gibt. Das Wasser an sich. Ich wollte die Donau als Ganzes vergegenwärtigen, nicht als eine Aneinanderreihung von touristischen Sequenzen am Ufer.

Der Donauschiffer war, als ich ihn kennenlernte, achtzehn, ich war acht. Er hatte mir Rumba vorgetanzt. Er bleibt eine unverrückbare Person, schon weil ich meine, dass eine Autorin auch positive männliche Figuren beschreiben sollte, sie sollte es zumindest versuchen. Es geht nicht an, dass die Schriftsteller seit jeher glaubwürdige, interessante und positive weibliche Figuren ins Leben rufen – Effi Briest, Madame Bovary, Anna Karenina. Es muss auch glaubwürdige positive männliche Figuren geben, beschrieben von Schriftstellerinnen.

In »JAN, JANKA, SARA und ich« gibt es eine Figur, einen rothaarigen Mann, der sich von Abiturienten gerne befragen lässt. Die Jugendlichen wissen, dass er Zahlen in irrsinniger Höhe potenzieren kann, dass er ein phänomenaler Kopfrechner ist, und sie schwirren um ihn herum, befragen ihn. Das liebt er. Auch diesen Mann hat es wirklich gegeben, und er kommt auch im »Südsudelbuch« vor, gleich zu Beginn auch in »Die Erbschaft«, in den »Donauwürfeln« tritt er ebenfalls auf, und schon in »Oh, Roman«. Den Rothaarigen kenne ich aus meiner Kindheit. Aus dem Wohnzimmerfenster schauten wir in Budapest auf einen Park hinab, dort lief er umher, er ging auf und ab, rechnete, und dabei schnippte er sich die Finger wund. Er war kaputt, aber absolut auf seine Zahlen konzentriert. Dieser Mann soll in allen meinen Büchern auftreten, so wie Hitchcock in seinen Filmen immer wieder kurz persönlich erscheint. Der Rothaarige ist mein Hitchcock.

Welche Bedeutung haben Bücher in Ihrer Kindheit und Jugend gespielt? In Budapest und nachher in Wien. Wer etymologische Krimis schreibt, hatte vermutlich schon früh ein ausgesuchtes Verhältnis zur Sprache?

Ich habe schon im Kindergarten Gedichte erfunden. Mir war das nicht aufgefallen, aber meine Kindergärtnerinnen hatten sich die Gedichte gemerkt und meine Eltern gewarnt: aufpassen, die spricht vor sich hin. Als ich sieben war, war in Ungarn ein Buch erschienen mit dem Titel »Wie ist der Mensch ein Riese geworden«. Sozusagen ein wissenschaftliches Werk für Jugendliche. In diesem Buch war von der Vergangenheit die Rede, von den Steinzeitmenschen und so weiter, und davon, dass es früher Sprachen gegeben habe, wo man nicht gesagt hatte »ich lerne oder ich rede«, sondern »es wird durch mich geredet«. Dass man so anders denken und reden könnte, fand ich faszinierend. Dieses Buch hatte nicht nur mich, sondern auch einige Freundinnen beeindruckt. Wir saßen dann zusammen auf einer Bank und versuchten, Sprachen zu erfinden. Abgesehen von diesem Buch kenne ich die ungarische Jugendliteratur. Nach der Flucht, damals war ich zehn Jahre alt, brauchte ich etwa zwei Jahre, bis ich mich zurechtfand, in der Schule, in der Umgebung, mit der neuen Sprache. Verloren habe ich zwar kein Schuljahr, aber ich hatte eine Lesepause von zwei Jahren. Mit vierzehn hatte ich in Wien einen unvergleichlichen Deutschlehrer, und in dieser Zeit schrieb ich meinen ersten und letzten Roman. Von da an habe ich geschrieben. Allerdings hätte ich mit zwanzig oder zweiundzwanzig nie von mir behauptet, eine Schriftstellerin zu sein. Ich hätte mich mit einem solchen Selbstlob geschämt. Vor jenem ersten und letzten Roman hatte ich übrigens eine aus heutiger Sicht wahnsinnig kitschige Geschichte geschrieben, das erzählte ich jenem Deutschlehrer, und er hatte dann die anderen Deutschlehrer des Gymnasiums zusammengetrommelt, denen ich vor der gesamten Klasse meine Geschichte vorlesen musste oder durfte. Eine interessante Begebenheit mit einem Deutschlehrer.

Wie kann man dieses schnelle Hineinfinden in die deutsche Sprachwelt erklären? Wie kam Ihnen als Kind diese Sprache vor?
Sie hat mir gefallen. Zunächst war sie eine Art Wolke. Anfangs war alles, was man mir sagte, vernebelt. Allmählich polterten dann einige Vokabeln aus dem nebligen Wirrwarr heraus, nachher löste sich der Nebel auf, und ich sprach deutsch. Meine erste deutsche Verlautbarung war ein verstiegener Satz. »Ich habe keine blasse Ahnung«, soll ich gesagt haben. Jedenfalls wurde ich gleich nach der Flucht in die Volksschule gesteckt, in eine fünfte Klasse im Wiener Ottakring. Von den Schülerinnen habe ich viel gelernt. Und in dieser Zeit war ich einmal mit meinen Eltern im Kino. Wir sahen den amerikanischen Film »Alle Herrlichkeiten auf Erden«, eine dicke Liebesgeschichte. Als ich aus dem Kino kam, fiel mir auf, dass ich neue Wörter kannte. Ein beachtliches Erlebnis. Filme als Spracherlebnis kann ich jedem empfehlen. Deutsch und ungarisch habe ich nie miteinander verglichen. Es ging nie um ein Übersetzen. Ich habe nicht ungarische Sätze auf Deutsch, sondern deutsche Sätze gedacht. In Wien, mit etwa vierzehn, war ich oft in der Oper, auf den Stehplätzen, und die Musik hat mir einiges gebracht. Unter anderem das Verständnis oder ein Gefühl für Rhythmus und Proportion. Was ist kurz, was ist lang, und andere Fragen mehr, die mir heute noch nachgehen. Und weil wir schon von Ligeti und seinem Kompositionsprinzip sprachen, sollte ich hinzufügen, dass es Jahre brauchte, bis ich für seine Überlegungen zum Hologramm eine halbwegs vergleichbare Möglichkeit in einer Prosaerzählung finden konnte.

1983 hatte mich in Stuttgart Helmut Heißenbüttel gebeten, eine 120-minütige Rundfunksendung über den damals gegenwärtigen Stand der Literatur in Ungarn zusammenzustellen. Dafür musste ich mich zunächst in die Gegenwartsliteratur hineinknien. Für diese Sendung habe ich Péter Esterházy und Péter Nádas für mich entdeckt. Natürlich musste ich auch Textbeispiele für die Sendung übersetzen. Als die Sendung fertig war, sagte mir Heißenbüttel, dass er mir die Aufgabe gegeben habe, weil er mich zum Ungarischen zurückführen wollte. Er hatte mich zu dieser Sprache zurückbeordert, und dafür kann ich ihm bis heute dankbar sein. Das Ungarische, eine nicht-indoeuropäische Sprache, ist mit einer ganz eigenen Logik ausgestattet. Mit den übrigen europäischen Sprachen hat sie kaum etwas zu tun. Mit solchen Betrachtungen war ich, könnte ich jetzt sagen, wieder bei jenem Buch angelangt, das ich als Siebenjährige gelesen hatte. Dass es nämlich im Gehirn je nach Sprache unterschiedlich zugehen kann, dass Sätze unterschiedlich gebaut werden, dass Wörter unterschiedliche Hintergründe und Herkünfte haben können.

In unserem ersten Gespräch erwähnten Sie, dass Ihr Vater nach einem Schlaganfall das Sprachvermögen verloren, aber dennoch eine Möglichkeit gefunden hatte, sich auszudrücken.
Mein Vater hatte nach dem Hirnschlag verstanden, dass er nicht mehr sprechen konnte. Mit dem nicht sprachgebundenen Teil des Gehirns verstand er, dass sein Sprachvermögen nicht mehr funktionierte. Trotzdem hatte er sich nach dieser niederschlagenden Einsicht ausdrücken können, anhand der Gestik. Er zeigte mit der Hand, dass es für ihn vorbei sei,

dass er so nicht weitermachen wollte. Er konnte ohne Sprache kommunizieren. Die Sprache ist also etwas Zusätzliches. Verständigung ist ohne Sprache schwer möglich, aber nicht unmöglich. Nach diesem Erlebnis mit meinem Vater, begann ich meine »Hundertundein Stilleben« (1991) zu schreiben. Unter anderem versuchte ich dabei, mit seinen Sinnen zu schauen. Es ist bemerkenswert, dass Wahrnehmungen mehrere Quellen haben können. Während ich mich mit Ihnen unterhalte, sehe ich zugleich, dass Sie eine Armbanduhr an Ihrem gut gebräunten Arm tragen. Ich nehme die gelben Rosen wahr, die auf dem Tisch stehen. Interessant ist, was man außerhalb der Sprache, und sogar während man spricht, nebenbei beobachtet, sieht und versteht. Prousts Madeleines sind nur ein Beispiel unter vielen anderen Nebenbei-Wahrnehmungen, und sie alle sind erstaunlich. Im »Südsudelbuch« ist einmal von Kraken die Rede. Die müssen sich selbst erziehen, denn eine Krakenerziehung von den Eltern her gibt es nicht. Da die Kraken aber ausgesprochen intelligent sind, bauen sie ihr unmittelbares Wissen schnell auf. Sie sehen und denken unmittelbar. Diese Bemerkung gehört natürlich noch zu den Wahrnehmungsmöglichkeiten.

Nachdem dies lange Zeit keine Rolle gespielt hat, spricht man wieder von österreichischen oder Schweizer Autoren. In der Betrachtung von Max Frisch und Thomas Bernhard hatte das keine Rolle gespielt, sie waren deutsche Autoren. Wie sehen Sie das, als eine Autorin, die aus Ungarn nach Deutschland eingewandert ist, die in der Schweiz lebt, mittlerweile auch die Schweizer Staatsbürgerschaft hat, und deren Bücher in Österreich erscheinen?

Ja, es gibt ein neues Schubfachdenken. Man sagt neuerdings, Thomas Bernhard sei ein österreichischer Autor, und sogar, dass Rilke ein österreichischer Autor sei. Über solche Einteilungen sind die Autoren in der Schweiz nicht gerade beglückt. Ich auch nicht. Meinerseits, meinem Empfinden nach, gehöre ich zu allen drei deutschsprachigen Ländern. Über die Länderaufteilung hinaus gibt es aber auch literarische Modewellen, die zu weiteren Schubfächern führen. In Deutschland hatten wir eine Weile die Vaterliteratur, derzeit boomt die Migrationsliteratur, die Ausländerliteratur. Ich möchte nicht zu einer Gruppe gezählt werden. Ich möchte gelesen werden. Eine weitere unangenehme Tendenz ist, dass trotz der unüberschaubaren Fülle an Neuerscheinungen ein einzelnes Buch plötzlich als das »beste Buch« bezeichnet wird. Als ob jemand alle Bücher lesen und bewerten könnte. Warum sagt man nicht: Ich habe ein gutes Buch gefunden, darüber möchte ich jetzt sprechen.

Früher hat ein Autor viel mit Papier gearbeitet. Man hat durchgestrichen, drübergeschrieben, an den Rand geschrieben, irgendwann neue Abschriften angefertigt. Jetzt hat man am Computer immer einen sauberen Text, der sich wandelt. Haben diese Möglichkeiten Ihre Arbeitsweise verändert?

Manche Texte beginne ich im Computer, verwerfe sie später und beginne neu. Aber ich schreibe nach wie vor viel auf Papier. Auf kleine Zettel, die ich sammle und zusammenhefte, um sie dann abzutippen. Manchmal schreibe ich auch in Hefte, gerne sogar. Und auch am Rand von den Kreuzworträtseln, die ich zur Entspannung löse, stehen Sätze, die mir nebenher einfallen und dann übertragen werden. Außer den Heften werfe ich die Papiere nach der Abschrift fort. Ich will nicht zu viel horten. Allerdings habe ich jetzt meinen Vorlass im Deutschen Literaturarchiv in Marbach, sodass ich anständigerweise nicht alles wegwerfe. Ordnen muss ich die Zettel zum Glück nicht. Wert lege ich nur auf die bereits erwähnten Zeichnungen, die ich für die jeweiligen Bücher skizziere. Übrigens schreibe und zeichne ich mit drei verschiedenen Füllfedern, die ich alle mag.

Unter welchen Umständen, an welchem Ort und zu welcher Tageszeit können Sie am besten arbeiten?
Ich stehe relativ früh auf. Dann gehe ich ohne ein Wort zu reden an meinen Schreibtisch. Ich will nicht abgelenkt werden, weder durch Rundfunknachrichten noch durch Zeitungsartikel. So arbeite ich bis zum Mittag, bleibe konsequent bei den Sätzen und sehe dann zumindest halbwegs, ob sie richtig sitzen, ob die Folgen passen. Neue Skizzen mache ich lieber am Abend. Der Nachmittag gehört den praktischen Lebensabläufen und der Lektüre.

Arbeitsstipendien mit Aufenthalt an einem fremden Ort reizen mich nicht mehr. Zwar konnte ich früher an solchen Orten gut arbeiten, in Edenkoben zum Beispiel. Auch in Venedig und London. Inzwischen finde ich den jeweiligen Beinahe-Umzug eher belastend, zudem fehlen mir auswärts meine Bücher. Ich wünsche mir Stipendien, mit denen ich zu Hause in der eigenen Umgebung arbeiten kann. Früher habe ich auch unterwegs in Zügen schreiben können. Seit man dort nicht mehr rauchen darf, geht es mir wie Peter Bichsel. Es kommt selten vor, dass mir im Zug etwas Gutes einfällt.

Ich danke Ihnen für dieses Gespräch!

Wer liest, muss aufmerksam sein und bleiben

Gespräch mit María Cecilia Barbetta

María Cecilia Barbetta wurde in Buenos Aires geboren, wuchs auf in dem Einwandererviertel Ballester, in dem ihr Roman »Nachtleuchten« spielt, und besuchte dort die deutsche Schule. 1996 zog sie nach Berlin und blieb. María Cecilia Barbetta schreibt auf Deutsch. Ihr zweiter Roman über den Vorabend eines politischen Umsturzes, »Nachtleuchten« (2018), wurde mit dem Alfred-Döblin-Preis geehrt, dem Chamisso-Preis / Hellerau und stand auf der Shortlist für den Deutschen Buchpreis. In ihrer Laudatio auf die Chamisso-Preisträgerin sagt Meike Feßmann: »›Nachtleuchten‹ schildert, wie schnell Stimmungen kippen können, wie Gerüchte und Befürchtungen weitergegeben werden und wie sich Nervosität und Angst verbreiten. Aber der Roman schildert auch das solidarische Selbstverständnis einer Einwanderungsgesellschaft mit verschiedenen Ethnien und Religionen. ... María Cecilia Barbetta ist eine große Staunende – eine Künstlerin des Verwunderns, der Verblüffung und des Zusammenfügens. Sie liebt Rätsel und Zahlen-Magie, Fügungen und Koinzidenzen. Ihre Figuren sind gern ein wenig manisch, sie treiben ihre Ideen auf die Spitze, setzen sie auch gegen Widerstände durch, sie verstricken sich in Phantasien und Phantasmen und bestehen zugleich darauf, dass dies der einzige und vor allem logische Weg ist. ...

María Cecilia Barbetta schreibt einen spirituell belebten Realismus, der nichts mit Esoterik oder Okkultismus zu tun hat, sondern literarische Wahrnehmungsmöglichkeiten ausschöpft. Wie Jean-Henri Fabre und Adelbert von Chamisso geht auch sie mit naturkundlicher Genauigkeit vor. Sie verfügt über eine ungeheure Fähigkeit, lebhafte Räume zu gestalten – durch eine Mischung aus Details, durch Gesten, Bewegungen, Dialoge, Gesprächsfetzen und mediale Elemente wie Radio und Telegraphie. Ihre Sprache hat Dichte und gleichzeitig Volumen. Sie ist angefüllt mit Ereignissen und trotzdem luftig und leicht, geeignet für Imagination und Levitation.«

Im Sommer 2019 tauschte ich mit María Cecilia Barbetta Fragen und Antworten per E-Mail. So entstand das folgende Gespräch über ihren Roman »Nachtleuchten«.

Liebe María Cecilia Barbetta, ehe wir über Ihren Roman »Nachtleuchten« sprechen, möchte ich Sie gern fragen, wie die Literatur in Ihr Leben gekommen ist. Welche Rolle haben Bücher in Ihrer Kindheit und Jugend gespielt?

Die allerersten wichtigen Bücher, die ich in Händen hielt, standen nebeneinander aufgereiht auf einem Regalbrett bei meinen Großeltern im ehemaligen Kinder- und Jugendzimmer meiner Mutter. Das erste, an das ich mein Herz verlor – in diesem Zimmer, das seit dem Auszug meiner Mutter die Dinge bewohnten –, war eine stark lädierte Adaption der Märchen von Charles Perrault und der Gebrüder Grimm, in dem der Fließtext eine Art Vignette war, das Ornament der ganzseitigen Farbillustrationen. Die restlichen Bände zählten allesamt zu einer Jugendreihe namens Robin Hood. Vom mattgelben Cover abgesehen war ihnen die stattliche Breite von drei Fingern gemeinsam, eine Maßeinheit, die mich äußerst beeindruckte. Der hohe Respekt, den ich gegenüber diesen mir zugedachten Erbstücken empfand, war zugleich eine Schwelle, die mich nicht über das bedachtsame Durchblättern kommen ließ, bis mir das Schicksal eines Tages unter die Arme griff: Wir hatten gerade Schulpause. Ich lief, immer wieder »Cecilia« laut rufend, den Schulhof ab, auf der Suche nach meiner besten Freundin, die mit mir nicht nur die Bank, sondern auch den Vornamen teilte. Ich fand sie schließlich in einer abgeschirmten Ecke des Hofes abseits des Kinderlärms in einen der gelben Wälzer aus der Robin-Hood-Reihe vertieft. Als ich mich zu ihr hinhockte, verriet sie, als wäre es das Natürlichste der Welt, sie habe den Roman am Vortag angefangen und nun fast ausgelesen. Meine Enttäuschung grenzte fast an Weltschmerz, als ein Blick auf die Coverillustration mir offenlegte, dass es diesen einen Titel bei uns nicht gab. Zu Hause schwärmte ich nach wie vor von Cecilia, die aber jetzt zur Lesenden wurde. Bereits im frühen Alter spürte ich, dass Worte in der Lage sind, Wirklichkeit zu erschaffen. Bei der nächsten Gelegenheit – einem Weihnachten, einem Geburtstag, einem Namenstag – bekam ich das Buch meiner Namensvetterin geschenkt und verschlang es genauso schnell wie sie. Damit war wie im Märchen – einer Vorstellungswelt, die Cecilia und ich gerade erst transzendiert hatten – der Bann gebrochen. Es folgten alle anderen Bücher meiner Mutter, die inzwischen in einem verschlossenen Karton in Buenos Aires unserer aller Vergänglichkeit trotzen.

Aus europäischer Sicht denkt man im Falle der argentinischen Literatur zunächst an die Giganten Jorge Luis Borges, Ernesto Sábato und Julio Cortázar. Sind es wirklich diese Autoren, die Sie als junge Autorin geleitet haben, oder sind da noch andere, in Europa möglicherweise erst noch zu entdeckende argentinische Autoren zu nennen?
Autorin wurde ich strenggenommen erst im Jahr 2005, als ich anfing, an einer Erzählung zu arbeiten, die schließlich der Roman »Änderungsschneiderei Los Milagros« wurde. So jung war diese Autorin also nicht, wenn man sich die heutige Debütantinnen- und Debütantenszene anschaut. Die Leserin war jung, denn ich habe immer schon gern gelesen. Die Leserin wusste bis 2005 nicht, dass der Moment kommen würde, in dem sie selbst versuchen würde, ein Buch zu schreiben. So war das Lesen von Anfang an losgelöst von didaktischen Absichten oder selbstauferlegten Bildungsaufträgen auf ein zukünftiges Ich. Mit Ausnahme der Promotion war das Lesen in meinem Fall nie ein professionelles, nie Mittel zum Zweck. Es war geleitet durch Neugier und Lust. Ich sehe mich vor allem in Argentinien lesen, in den langen, dreimonatigen Sommerferien. In erster Linie ging es tatsächlich um die heilige Triade, die Ihnen in den Sinn kommt. Dazu gesellten sich mit ähnlicher Dringlichkeit Manuel Puig und Marco Denevi, zuweilen auch Alejo Carpentier. Die Entdeckung Marco Denevis hat mir damals den Atem verschlagen. Ich glaube, hier kennt ihn keiner.

Hat Ihr Besuch einer deutschen Schule in Buenos Aires dazu geführt, dass auch die deutsche Literatur Sie zeitig begeistert und gegebenenfalls auch beeinflusst hat?
Oh, nein. Diese Begeisterung, von der Sie sprechen, wollte von mir leider hart erkämpft werden. Ich musste sie mir regelrecht erarbeiten, die Begeisterung, denn meine Kenntnisse der deutschen Sprache waren lange Zeit nicht ausreichend, um über die Länge einer Kurzgeschichte oder einer Erzählung hinauszukommen. Mit genau dieser Textsorte beschäftigten wir uns fast ausschließlich in der deutsch-argentinischen Schule, denn in diesem Kontext ging es weniger um Literatur um der Literatur willen als vielmehr darum, das deutsche Sprachdiplom zu meistern. Dafür mussten Bertolt Brecht oder Wolfgang Borchert herhalten. Franz Kafkas Miniaturen wiederum wären von der Länge her geeignet gewesen, aber dennoch zu schwer. Kafka las ich erst zusammen mit Goethe, Schiller, Kleist und anderen im Rahmen meiner Lehrerausbildung für Deutsch als Fremdsprache. Die Begeisterung wuchs, nachdem ich nicht immerzu gezwungen war, die Lektüre durch das Konsultieren des Wörterbuches zu unterbrechen.

Ihr Roman »Nachtleuchten« beschreibt das Leben im Stadtteil Ballester von Buenos Aires in den Jahren 1974/1975, am Vorabend der Militärdiktatur (1976–1983). Warum musste dieser Roman in Ballester handeln, warum in dieser Zeit? Welche Erinnerungen verbinden Sie mit der Zeit der Militärdiktatur?

Als Argentinien 2010 Gastland der Frankfurter Buchmesse war, hatte ich den Eindruck, dass die zur Übersetzung ausgewählten Romane den Vorabend der Militärdiktatur ausklammerten, um sich umso emphatischer mit den Jahren 1976–1983 zu befassen. Die Bücher, die die Militärdiktatur zum Thema machten, rückten, so meine Einschätzung, zumeist die großen Akteure ins Blickfeld, entweder die Helden des Widerstands oder ihre Mörder. Das ist nachvollziehbar, deckte sich aber nicht mit meiner persönlichen Erfahrung. In meinem unmittelbaren Umfeld gab es weder die einen noch die anderen, aber auch so hatten die Menschen, die ich kannte, diese Zeit erlebt und erlitten. Ich zögerte trotzdem lange, das Buch genau in dieser Periode anzusiedeln, bis ich mir meiner Aufgabe sicher war, nämlich genau aus diesem Blickwinkel zu erzählen, aus der Perspektive derjenigen, die damals indirekt mit den Auswirkungen des Terrors konfrontiert worden waren und die trotzdem ihr Leben in dieser extrem schwierigen Zeitspanne zu bewältigen versucht hatten, ohne ihre Ideale zu verraten; ich gestand mir also zu, von einem eher unspektakulären Standpunkt aus zu erzählen, der seiner Alltäglichkeit wegen irritieren mag, da sich daraus weniger pompös über Heldenmut oder Schuld diskutieren lässt. Ich habe eine Perspektive gewählt, die, weil sie leise ist, dazu einlädt, über Verantwortung und verpasste Chancen, bzw. über die Grenzen dieser Verantwortung, nachzudenken. Dieser Blickwinkel ist insofern raumgreifend, als er die Mehrheit der argentinischen Bevölkerung tangiert. Von diesem Standpunkt aus geht es weniger um die eine große Erinnerung an die Militärdiktatur, weniger um den Einschnitt in der eigenen Biographie, sondern um ein Gefühl für diese Zeit. Im Vergleich zu einer Anekdote oder einem punktuellen Familienereignis ist ein Gefühl weniger greifbar, da es sich verändert. Das war die Herausforderung: Es galt für mich, mithilfe meiner erfundenen Figuren dieses Gefühl so plastisch wie möglich nachvollziehbar werden zu lassen. Dieses Gefühl ist der Nährboden von »Nachtleuchten«, es ist ein Gefühl, das die Figuren womöglich ein Leben lang begleiten wird, denn Gefühle wissen nichts von historischen Zäsuren wie dem Jahr 1983, womit in Argentinien die Wiedereinführung der Demokratie eingeläutet wird.

Verortet ist dieses Gefühl, wie Sie sagen, in Ballester, denn dort bekomme ich es am prägnantesten zu fassen. Ballester ist eine Chiffre. Sie steht in meinem Fall für Buenos Aires oder Argentinien, den Ort maximaler Intensität, den ich als Autorin mithilfe der Erinnerung sprechen lasse, wenn es darum geht, eine Fiktion zu verankern, in der Hoffnung, sie möge aufgehen. Damit sie sich entwickeln kann, braucht eine Fiktion einen hohen Grad an Schwingung. Diese Stärke, diese Frequenz, an der ich schreibend andocke, gibt es immerzu an dem Ort, an dem sich die eigene Kindheit abgespielt hat. Ballester ist somit reiner Zufall. Gleichwohl ist er der Urquell meiner Gefühle, das Reservoir für alles höchst Widersprüchliche, aus dem ich schöpfen kann, um eine Geschichte zu erfinden, die sich nur dann bewährt, wenn sie weit über das Vertraute und anekdotisch Biographische hinausragt. Sobald Ballester aufhört, Ballester zu sein, bin ich auf der richtigen Fährte.

Ihr Roman will kein historischer Roman sein. Ist Ihr Roman dennoch auch als ein Versuch zu sehen, eine Sprache für die traumatische Zeit zu finden?

Die siebenjährige Militärdiktatur, die sich selbst »Prozess nationaler Reorganisation« nannte und ihre Opfer euphemistisch als Verschwundene (Desaparecidos) bezeichnete, hat

Sprache deformiert und für ihre perfiden Zwecke instrumentalisiert. In meinem zweiten Roman ist Sprache von elementarer Bedeutung – in meinen Texten ist sie es aber immer. In »Nachtleuchten« geht es darum, das Wort zu ergreifen, sich nicht mundtot machen zu lassen, sich von der Politik und manch einem autoritären Nachbarn in Ballester nicht einschüchtern zu lassen, in einer Zeit, in der am Obelisken mitten in Buenos Aires ein Banner mit dem Schriftzug »Schweigen ist Gesundheit« prangt, eine Devise, die angeblich, so die Politiker vom Dienst, die Bevölkerung gegen den zunehmenden Autolärm in der Innenstadt sensibilisieren soll. Die Implikationen von Sprache werden in allen Teilen des Romans mit unterschiedlicher Dringlichkeit thematisiert. Im ersten Teil ist es die progressive Nonne Schwester María, die nach Unterrichtsschluss das nahegelegene Armutsviertel aufsucht, um den benachteiligten Kindern Lesen und Schreiben beizubringen. Im zweiten Teil ist es wiederum Álvaro Fatini, ein junger idealistischer Mechaniker, der die Redaktion des Lokalblattes übernimmt und in der Folge alle anderen Nachbarn um die Autowerkstatt herum – den Zeitungsverkäufer, den Friseur, den Bäcker, den Wäschereibetreiber, gestandene Männer, die nie etwas zu Papier gebracht haben – dazu ermuntert, zur Feder zu greifen und ihre Ansichten kundzutun. Im dritten Teil geht es um das Versprechen, mit Toten in Kontakt zu treten bzw. mit ihnen zu kommunizieren. Mir persönlich geht es darum, mithilfe von Sprache erfundene Charaktere lebendig zu gestalten, meiner Fiktion Leben einzuhauchen. Darum geht es mir primär in »Nachtleuchten«: um das Leben, weniger um den Tod, seine Begleiterscheinung. Nicht das Trauma, das Leben will beschworen werden. Dafür ist der Klang der Sprache von absoluter Bedeutung, wie das erste Kapitel des dritten Teils am deutlichsten zeigt, wenn dort sieben Katzen eine nach der anderen auftauchen, bevor sie im Laufe der Geschichte verschwinden werden.

Sie haben recht, das Buch ist und will kein historischer Roman sein. »Nachtleuchten« ist eine Fiktion, verankert in einem klar definierten historischen Kontext. Wenngleich die politische Dimension der Bedrohung immer konkreter wird, habe ich Figuren entworfen, die das Leben achten und in Ehren halten, indem sie – aller Gefahr zum Trotz – Freundschaften pflegen, Träume und Zukunftsbilder nicht verraten. Ich wollte nicht das Grauen in den Vordergrund stellen, sondern Figuren, die dagegen ankämpfen und sich behaupten, indem sie unspektakulär menschlich bleiben.

Der erste Teil des Romans (»Bloody Mary«), an einer Klosterschule handelnd, führt in das Denken der Mädchen ein, der zweite Teil (»Autopia«), im Umfeld einer Autowerkstatt handelnd, in das Denken der »achtbarsten Männer von Ballester«, der dritte Teil (»Die Basilisken«) wird in weiten Teilen von der blühenden Fantasie frühreifer Jungen bestimmt. Wie findet man in Berlin, wo Sie leben, so viele Figuren für die lebendige Darstellung eines Stadtteils in Buenos Aires?

Sie sprechen etwas an, das für mein Schreiben charakteristisch ist: die Durchdringung beider Welten, zu denen ich mich zugehörig fühle. Auch wenn die beiden Romane, die ich bis jetzt verfasst habe, in Argentinien spielen, sind sie auf Deutsch gedacht und zum Teil von Deutschland inspiriert. Das betrifft weniger die Figurenzeichnung als vielmehr das Lokalkolorit, mit dem ich mein Argentinien anreichere. Die Änderungsschneiderei, der Laden, der mich zu meinem ersten Buch animierte, stand damals in Berlin-Wilmersdorf, nicht im Stadtviertel Almagro in Buenos Aires, wie die Fiktion uns glauben lässt. Ähnlich verhält es sich mit der Bar Tolucci oder dem Friseursalon Ewige Schönheit in »Nachtleuchten«, die in Wahrheit aus Berlin stammen. Ich verpflanze sie einfach von einer Stadt in die andere, von Europa nach Südamerika. Aus der Science-Fiction kennt man den Begriff der Teleportation, den ich mir ausleihe, um daran zu erinnern, dass die Übertragung von Materie, von Information oder was auch immer von einem Ort zum anderen – nicht bloß über Räume, sondern auch über Zeiten hinweg – jedes Mal möglich ist, wenn wir unsere Phantasie als Motor einsetzen. Das schöne deutsche Wort Vorstellungskraft ruft das Vermögen ins Gedächtnis, das unseren Gedanken innewohnt. Die Imagination ähnlich wie der Glaube versetzt Berge im wortwörtlichen Sinne des Wortes. Aber auch so lässt sich nicht alles von der zweiten in die erste Heimat übertragen. Das meiste entsteht im Reich der Fiktion, in dem es ohnehin keine Ländergrenzen gibt.

Die Figuren in Ihrem Roman sind mit viel Liebe gezeichnet. Der Leser kann nahezu jeder Figur folgen, richtige Bösewichte gibt es nicht. Warum eigentlich?
Oh doch. Es gibt Bösewichte. Denken Sie an die beiden Polizisten, Aguirre und Carrizo, die in den drei Teilen des Romans ihre Auftritte haben und dabei immer fieser werden. Sie sind nicht besonders klug und in ihrer Einfältigkeit umso gefährlicher. Sie sind opportunistisch und autoritätsfixiert. Sie wollen die Gunst der Stunde nutzen, um Karriere zu machen. Das sind doch Bösewichte, wenngleich auch sie mit Liebe gezeichnet sind. Aus dem Grund passt das Wort, das Sie gewählt haben, sehr gut zu ihnen. Beide haben etwas stark Karikatureskes. Als ich die Szenen geschrieben habe, in denen sie vorkommen, musste ich immerzu laut auflachen. Der Humor, die Ironie sind unmittelbarer Bestandteil meiner Prosa. Auch aufgrund dieses Witzes ist die Bezeichnung Bösewichte in diesem Fall mehr als zutreffend. Zu den Bösewichten könnte aber auch der Rechtsanwalt Patricio Viamonte Rey gezählt werden, obwohl seine Auftritte deutlich weniger ironisch konnotiert sind. Diesen reichen Schnösel, den Patrioten voller Klassendünkel dürfen Sie nicht vergessen. Diese Figur ist zum Fürchten. Vielleicht erinnern Sie sich an das Kapitel 26 von »Autopia«, in dem Patricio Viamonte Rey nach einem kurzen Besuch der Autowerkstatt mit Saberio Saturnino, dem jungen Fahrlehrer seiner Frau, im Auto sitzt, um dort ein Gespräch unter vier Augen zu führen. Es ist vielmehr ein einschüchternder Monolog, in dem das Private politisch wird und all das zur Sprache kommt, was im Land später geschehen wird: der Putsch und das harte Durchgreifen der Militärjunta, an deren Seite sich der Rechtsanwalt jetzt schon stellt. Er ist mehr als ein Bösewicht, er ist ein rechter Nationalist.

Ich empfinde die Erzählhaltung im Roman als besonders gelungen. Man findet kaum den auktorialen Erzähler, der den Leser an die Hand nimmt. Auch der innere Monolog wird nahezu ausgespart. Die Erzählstimme bleibt sehr nahe an den Figuren und ist dabei sehr flexibel. Sie passt sich dem Alter, dem Temperament und der Intelligenz der jeweiligen Figur an. Wie schwierig war es, diese Flexibilität der Erzählstimme für Ihren Roman zu entwickeln?
Gar nicht schwierig, denn ich mag die Figuren, die ich erfinde. Es braucht nur Zeit, sie so auszustatten, dass sie unverwechselbar werden. Wenn sie sich aufgrund ihrer Vorlieben, Schwächen oder Hoffnungen in meinem Kopf behauptet haben, ist die Erzählstimme diejenige, die ihnen über die Schulter schaut. Ich bin keine Freundin der Pädagogik. Der Leser ist mündig, neugierig, flexibel. Julio Cortázar nennt ihn einen Komplizen des Autors. Er braucht also nicht an die Hand genommen zu werden. Der Erzähler wird an die Hand genommen, und zwar von den verschiedenen Charakteren, an denen er dicht dran bleibt und von denen er sich im Idealfall zusammen mit dem Leser überraschen lässt.

Diese Flexibilität in der Erzählstimme zwingt den Leser, sehr aufmerksam zu bleiben. Mal ist es die Energie eines zwölfjährigen Mädchens, mal der Ehrgeiz eines jungen Polizisten, mal die Fantasie eines

Siebenjährigen, die den Text antreiben. Wie haben Sie recherchiert, um den Ton dieser unterschiedlichen Figuren zu treffen?
Wie gesagt, ich halte viel vom Leser, von der Leserin, als Mitspieler des Autors. Diese Komplizenschaft kenne ich zur Genüge. Ich war, wie bereits erzählt, bis zum Jahr 2005 ausschließlich Leserin, Mitwisserin, Komplizin, keine Autorin. Wer liest, muss aufmerksam sein und bleiben. Das ist die Conditio sine qua non jeglicher Lektüreerfahrung. Es geht, sowohl beim Lesen als auch beim Schreiben, primär um Einfühlungsvermögen, um den Wunsch und die Fähigkeit, sich auf das Andere – die Figuren, den Ort, die Erfahrungen – einzulassen. Lesend holen wir uns ein ganzes Stück Kindheit zurück, denn wir verwandeln uns, ohne Kostüme anlegen zu müssen. Lesend werden wir zu Helden oder Antihelden, wir gleiten in die Fiktion hinein, bis wir schließlich ein Teil davon werden oder gar darin verschmelzen. Auf diesen Prozess hat Julio Cortázar in seiner Kurzgeschichte »Continuidad de los parques« (dt. »Park ohne Ende«) meisterhaft angespielt. Es geht um Osmose. Wer mit Leidenschaft liest oder schreibt, wird zu den Figuren. Was die Figurenzeichnung in »Nachtleuchten« betrifft, waren Recherchen nicht nötig. Recherchiert habe ich über den historischen Kontext und über die wenigen historischen Charaktere, die im Buch aufblitzen. Bei einigen Helden wie Julio El Haddad oder Celio Rachello gab es eine Matrix, eine Entsprechung in der Wirklichkeit, die unbedingt verändert werden musste. Mein Opa mütterlicherseits war selbst Automechaniker und hatte libanesische Eltern; einen liebenswerten schwulen Friseur gab es in dem Ballester meiner Kindheit und Jugend ja auch, genauso wie einen nuschelnden Priester, einen Seelenverwandten meines fiktiven Pater Amaro ... Ich habe es genossen, unterschiedliche, zum Teil widersprüchliche Charaktereigenschaften in der Fiktion auszuleben. Das geht nicht ohne Empathie und Lust, den eigenen Erfahrungshorizont zu erweitern. Bei aller Eigentümlichkeit haben die Figuren in »Nachtleuchten« Anteile, die allen von uns bekannt sind. Um jedem Helden gerecht zu werden, um jeder Gestalt eine Stimme zu verleihen, wird der Sprachduktus angepasst, das geht so weit, dass die Schrift an mancher Stelle kleiner wird, wenn die Figur sich genötigt fühlt zu flüstern. Manchmal erinnert der Text an den Comic, zum Beispiel, wenn der verknallte Saberio Saturnino, der seiner Angebeteten Fahrstunden gibt, wiederum tatenlos zusehen muss, wie ein fremdes Auto gegen einen Baum knallt. Es geht beim Schreiben immer um Plastizität. Der Text wird deshalb zuweilen zur Textur. Er passt sich den Figuren und ihren Gemütszuständen an. Der Text ist flexibel. Er verändert sich und die Lektüre hoffentlich auch den Leser. Mit etwas Glück wird letzterer reicher.

Die Sprache des Romans funkelt in vielen weiteren Facetten, auf die in diesem Gespräch gar nicht eingegangen werden kann. Etwa wenn sich Sätze wie bei Marcel Proust mit einer filigranen Musikalität über ganze Seiten erstrecken oder wenn serielle Verfahren die Fantasie des Lesers antreiben. War diese funkelnde Vielfalt von Beginn an beabsichtigt oder ist sie ein Ergebnis des Schreibprozesses? Mitunter behaupten Autoren, dass die Figuren den Roman »mitschreiben« (Autarkie der Kunst), wie ist es Ihnen ergangen?
Musikalität ist für mich tatsächlich ein äußerst wichtiger Impuls. Diese Ideenvielfalt, die Sie ansprechen, verdanke ich nicht selten dem Klang der deutschen Sprache. Ich schreibe sehr langsam, denn das Schreiben geht bei mir mit dem Vorlesen und Überprüfen des Klangs einher. Erst wenn der Klang stimmt, schreibe ich den nächsten Satz, es folgen vielleicht drei oder vier weitere, bevor das Ganze noch einmal laut vorgelesen wird. Wenn sie klanglich verwandt sind, ruft ein Wort das andere. Manchmal ist es genau diese musikalische Affinität zwischen zwei Begriffen, diese klangliche Ähnlichkeit, was der Handlung

eine überraschende Wende verleiht. Solchen Zufällen vertraue ich blind, denn für mich sind sie keine.

Im Hintergrund des erzählten Alltags der Figuren werden die politischen Fakten im Argentinien dieser Jahre angedeutet. Aus manchen der sehr gelungenen Dialoge kann der Leser Mosaiksteine extrahieren und sich Stück für Stück ein Bild der sich stetig verdunkelnden politischen Situation zusammensetzen. Die 1952 verstorbene Evita Perón wird nach wie vor und wohl bis heute als eine Art Heilige verehrt. Juan Perón wird 1973 mit viel Kredit aus dem Exil empfangen. Nach dessen Tod 1974 erhält auch Isabel Perón zunächst diesen Kredit. Wie wichtig ist der politische Hintergrund für die Funktionalität des Romans?
Die politischen Fakten werden weniger angedeutet als vielmehr in die Erzählung eingestreut, hineinmontiert, eingewoben, und zwar dort, wo sie die Fiktion potenzieren, ihr also dienen, sie verstärken mögen. Der politische Hintergrund ist die Folie, aus der sich die drei großen Erzählstränge von »Nachtleuchten« heraus entwickeln. Der politische Hintergrund ist die Bühne, die Kulisse für die Fiktion. Die drei Geschichten könnten auch davon losgelöst für sich stehen; sie werden aber satter, betrachtet man sie vor dieser Folie. In dem Roman geht es, grob gesagt, um drei Themenkomplexe, die wie Zahnräder ineinandergreifen. Im ersten Teil, »Bloody Mary«, geht es um Religion, besser gesagt, um die Rolle der progressiven Kirche in jenen Jahren; im zweiten Teil, »Autopia«, stehen die politischen Veränderungen und die Zuspitzung der Gewalt im Fokus, und schließlich befasst sich der dritten Teil, »Die Basilisken«, mit den Implikationen des Okkultismus und der Esoterik.

Die große Hoffnung, die insbesondere die ärmeren Schichten mit einer Wiederkehr von Juan Perón verbanden, ist wohl ohne das vorherige Wirken von Evita Perón schwer nachzuvollziehen. Die Verbindung der Peronisten mit linken wie rechten Gewerkschaften ist sehr speziell argentinisch. Das Wirken von José López Rega zu beschreiben – der als Sozialminister zugleich die Todesschwadronen der Argentinischen Antikommunistischen Allianz (AAA) initiierte und anführte und wegen seines Interesses für das Okkulte auch »der Hexer« genannt wurde –, hätte vermutlich einen eigenen Roman erfordert?
All das, was Sie ansprechen, stammt ja aus »Nachtleuchten«. Das ist genau der Background, den der Roman gebraucht, um daraus eine eigene Fiktion zu entwickeln, die aus drei unterschiedlichen Blickwinkeln über diese Zeit des Übergangs, den Vorabend der Militärdiktatur, reflektiert. Diese Folie, die Historie, ist Mittel zum Zweck. Der Zweck ist und bleibt die Fiktion. Mir ging es nicht darum, die historisch verbürgten Persönlichkeiten in den Fokus der Aufmerksamkeit zu rücken, sondern eigenen Charakteren zum Leben zu verhelfen, die sich an ihnen abarbeiten.

Im Roman spielen Religiosität, Spiritualität und Spiritismus eine große Rolle. Der erste Teil des Romans (»Bloody Mary«) handelt am Instituto Santa Ana, einer Klosterschule für Mädchen. Der dritte entführt den Leser in eine spiritistische Szenerie. Wie wichtig sind Religiosität und Spiritualität im heutigen Argentinien? Wie wichtig für Sie selbst?
In Argentinien sind unterschiedliche Religionen vertreten, geprägt ist das Land aber durch den Katholizismus. Der Aberglaube ist genauso Bestandteil des Lebens. Religion und Aberglaube haben sich meines Wissens nie ausgeschlossen. In Argentinien blüht aber auch der Volksglauben – das thematisiert »Nachtleuchten« beispielsweise im Kapitel 25 der »Bloody Mary«. In diesem Sinne ist die einbalsamierte Evita Perón für viele eine Anbetungsfigur und in der Vorstellungswelt bis heute lebendig, genauso wie der Gauchito Gil, eine Art argentinischer Robin Hood aus dem 19. Jahrhundert. In jedem zweiten Kiez darf

man eine Heilerin vermuten, die man findet, fragt man die Richtigen. Der Spiritismus ist wiederum ein Thema für sich. Der moderne Spiritismus entstand 1848 in den USA, verbreitete sich wie ein Lauffeuer in Europa und kam hauptsächlich mit der spanischen Immigration nach Argentinien. Die spiritistischen Schulen schossen damals wie Pilze aus dem Boden, und viele sind nach wie vor aktiv. Der Dachverband ist aus dem Jahr 1900. Man erkennt diese Institutionen nicht unbedingt an ihren Namen, denn sie möchten aufgrund verbreiteter Vorurteile und Sensationsgier lieber in Ruhe gelassen werden, wie im Falle der Wissenschaftlichen Schule Basilio, um die es im dritten Teil von »Nachtleuchten« geht. Religion-Aberglaube-Okkultismus, das ganze Spektrum ist für mich als Autorin wichtig, weil es zum zeithistorischen Kontext des Romans gehört. Es war mehr oder weniger ein offenes Geheimnis, dass die damalige Regierung an okkultistische Strömungen andockte. Die paramilitärische Terrororganisation AAA war nach esoterischen Gesetzmäßigkeiten ins Leben gerufen worden, die Präsidentin ihrerseits eine überzeugte Spiritismusanhängerin mit Verbindungen zur bereits erwähnten Wissenschaftlichen Schule Basilio, einer Einrichtung, die erst in Argentinien entstanden und längst weltweit vertreten ist, inzwischen auch in Deutschland.

Der Leser wird von der zwölfjährigen Teresa Gianelli in die Welt der Klosterschule und in den Stadtteil Ballester eingeführt. Teresa trägt eine Wandermadonna (Abbild der Madonna von Luján, die als Schutzherrin und Nationalpatronin von Argentinien gilt) als eine Art Integrationsfigur durch Ballester. Die Erzählstimme passt sich dieser Mädchenwelt an. Von Beginn an lebt der Text des Romans aber auch von einem feinen Humor und einer spielerischen Komponente (Typografie und Sondersprachen), die als feine Fäden in den Text eingesponnen werden. Natürlich ist es auch der Humor der Autorin, wenn diese im Roman eine Reinigung »Clean Eastwood« und einen Friseursalon »Ewige Schönheit« nennt. Ist dieser oft fatalistische Humor Ihrer Figuren ein typischer argentinischer Humor, den man hat, weil man ja sowieso nichts ändern kann?

Oh nein. Man kann immer etwas ändern. Die Perspektive, zum Beispiel, von der man auf die Dinge blickt. Das mache ich automatisch, wenn ich schreibe. Der Humor ist deutsch, die Ironie ist deutsch. Das ist die neue Perspektive, aus der ich auf Argentinien zurückblicke. Was daraus entsteht, ist ein dritter Ort, ein phantasmagorischer Raum, an dem sich beide Welten permanent durchdringen und die Grenzen unscharf bleiben. Es ist lustig, denn die beiden Läden, die Sie ansprechen, habe nicht ich erfunden. Ich habe sie sozusagen aufgelesen. »Clean Eastwood« heißt eine Wäscherei irgendwo in der Provinz Buenos Aires, deren Namen ich mir gemerkt habe. Den echten Friseursalon »Ewige Schönheit« gibt es in Berlin, in unmittelbarer Nähe meiner Wohnung, geführt von Türkinnen. In »Nachtleuchten« kommt auch die »Bar Tolucci« vor. Auch dieser Name hat viel Witz. Die eigentliche Bar befindet sich ebenfalls in Berlin und wird von italienischen Zuwanderern betrieben. Der Humor gehört, wie Sie merken, weniger der Autorin als vielmehr der Straße mit ihrem bunten Treiben. Ich mag die Straße. Ihre Läden verraten, dass da jemand ist, der von einem weltbekannten Schauspieler träumt oder von der Schönheit als etwas, das nicht vergeht. Dies sind sehr menschliche Gedanken, zerbrechlich, utopisch geradezu, und deshalb passen sie zu »Nachtleuchten«. Vor kurzem hatte ich eine Lesung in Singen. Dort entdeckte ich im Vorbeieilen ein Restaurant namens Pasta la vista. Vielleicht kommt »Pasta la vista« als argentinischer Ableger in meinem nächsten Buch vor. Singen sei Dank.

Das politische Geschehen bleibt im ersten Teil eher im Hintergrund. Die Initiativen der in Lateinamerika sehr aktiven Befreiungstheologie werden im Roman nur angedeutet. Der Leser kann nur vermuten, dass

die von den Schülerinnen verehrte Lehrerin, Schwester María, mit diesen Kreisen und über ihre Zwillingsschwester mit den bewaffneten Montoneros in Verbindung steht und möglicherweise ein Opfer der AAA wird (»Bloody Mary«). Wie stark war der Einfluss dieser Strömungen in Argentinien? Wirken diese Strömungen bis heute?
Im Roman bleibt tatsächlich offen, was mit Schwester María passiert. Diese Unsicherheit ist typisch für die Zeit. In »Nachtleuchten« wird der Mord an Carlos Mugica erwähnt, einem der führenden Köpfe der sogenannten Drittweltpriesterbewegung. Darüber kursierten im damaligen Argentinien unterschiedliche Meldungen. Die einen behaupteten, der Geistliche sei Opfer der Rechten geworden, andere beteuerten, er sei aus den eigenen Reihen heraus getötet worden, nachdem der linke Carlos Mugica sich von der anhaltenden Waffengewalt der Montoneros, des links-revolutionären Flügels der Peronisten, distanziert hatte. Erst mit dem Aufkommen der Demokratie 1983 und im Zuge der Auseinandersetzung mit der Militärdiktatur und ihrem Vorabend konnte der paramilitärischen rechten Terrororganisation AAA der Mord eindeutig zugeschrieben werden. In diesem Sinne meine ich: Die Unklarheit, die dem Roman an manch einer Stelle innewohnt, ist programmatisch. Sie ist Spiegelung der politischen Missstände.

Sowohl die Institution Montoneros als auch die Drittweltpriesterbewegung, die sich in Argentinien als Reaktion auf das Zweite Vatikanische Konzil formiert hatte, gehören zur Geschichte. Sie existieren in dieser Form nicht mehr. Dass es so geworden ist, ist auch eine Folge der Militärdiktatur. Wie »Nachtleuchten« zeigt, wurde der progressive linke Flügel der katholischen Kirche und alles, was nach Opposition roch, bereits am Vorabend des Putsches verfolgt. Heute sind natürlich andere, neue linke oder links angehauchte Strömungen im Lande präsent. Im Zuge meiner Recherche sprach ich mit dem Onkel meiner besten Freundin in Argentinien, der damals Mitglied der Drittweltpriesterbewegung war, und besuchte das Armutsviertel in José León Suárez, wo ein junger Priester vor Ort gegen den zunehmenden Drogenkonsum der Jugend ankämpft und wo in Wahrheit nicht Schwester María, aber meine inzwischen pensionierte Mutter den Kindern bei den Hausaufgaben hilft. Die dortigen Messen spielen sich mehr oder weniger so ab wie im Kapitel 25 von »Bloody Mary« beschrieben. Es ist eine wahre Freude, diesen Zusammenkünften beizuwohnen.

Im zweiten Teil des Romans tauchen wir in die Männerwelt von Ballester ein. Geschildert wird das pralle Leben der Menschen in Buenos Aires, deren Vorfahren aus aller Herren Ländern stammen (Italiener, Araber etc.). Neben der Autowerkstatt »Autopia« lernt der Leser so ziemlich alle wichtigen Gewerke und Personen des Stadtteils Ballester kennen, auch den »Ballester Lokalanzeiger«, dessen Redaktion in den Händen eines der Automechaniker liegt. Um die Personage zu überschauen, muss man sich eine Liste anlegen. Wie schwer war es dennoch, sich zu beschränken und die Fäden so ineinanderzuweben, dass ein einprägsames Bild von Ballester entsteht?
Diese Liste brauche ich natürlich nicht, aber ich verstehe, was Sie meinen. Ich kenne diesen Wunsch gut. Das Lesen von Romanen geht bei mir immer mit dem Erstellen solcher Listen – bei mir sind es eher Diagramme – einher. Dafür nutze ich stets die letzte Seite eines jeden Buches, weil sie leer ist. Stünden Sie vor meiner Bibliothek, könnten Sie ein x-beliebiges Buch in die Hand nehmen und dank dieses Hinweises sofort in Erfahrung bringen, ob ich das Buch tatsächlich gelesen habe oder nicht. Manchmal stelle ich beim Lesen eines Romans fest, dass das Erstellen solch eines Diagramms gar nicht nötig ist, weil die Figuren und ihre Beziehung zueinander übersichtlich bleiben. Doch meistens bin ich froh, dass ich diesen Spleen kultiviere. Ich kann mir vorstellen, dass eine Liste für

»Nachtleuchten« von Nutzen sein könnte, zumal viele Figuren zusätzlich Kosenamen bekommen. Dieser Zug ist übrigens typisch argentinisch. Manchmal werden die Namen zusätzlich in verkleinerter Form gebraucht, also pflegen Sie ruhig Ihre Liste. Bei den Argentiniern wäre sie wahrscheinlich gar nicht nötig. Für eine argentinische Leserschaft ist der Sprung, die Transferleistung von »Enrique« zu »Quique« beispielsweise keine, weil selbstverständlich. Aber auch so bin ich der festen Überzeugung, dass »Nachtleuchten« dem deutschen Publikum nichts abverlangt, was es nicht meistern könnte. Der Roman entfaltet ein Gesellschaftspanorama, bei dem das Personal überschaubar bleibt, zumal die wichtigsten Figuren in allen drei Geschichten auftauchen, wenngleich in neuer Konstellation. In Bloody Mary lernen wir Teresa Gianelli als Tochter, Klosterschülerin und Trägerin der Marienstatuette kennen, in Autopia taucht sie als Enkelin des Autopia-Chefs wieder auf, in den Basilisken als nervige Cousine von Lautaro und Elías Morales. Der Fokus verschiebt sich jedes Mal. Teresa durchläuft eine Entwicklung und wird immer plastischer. Ich vergleiche den Roman gern mit einem Kaleidoskop. Sobald man das Kaleidoskop in die Hand nimmt und gegen das Licht hält, verschwindet die darin eingeschlossene Dunkelheit. Dieses Bild steht für einen Leser, eine Leserin, die im Laufe der Lektüre zu Mitspielern werden. Das Kaleidoskop, mit dem ich »Nachtleuchten« vergleiche, hat drei Einstellungen. Man dreht daran drei Mal. Jede Drehung korrespondiert mit einer der drei Geschichten: »Bloody Mary«, »Autopia« und »Die Basilisken«. Die Glasstückchen innerhalb des Kaleidoskops stehen für die Romanfiguren. Die Glasstückchen bleiben bei jeder Drehung dieselben. Die Figuren verschieben sich bloß, mal stehen sie im Vordergrund, mal geraten sie in den Hintergrund. Jede von ihnen ist aber wichtig, denn Teil des großen Ganzen.

Der dritte Teil des Romans (»Die Basilisken«) handelt in weiten Stücken im spiritistischen Institut »Wissenschaftliche Schule Basilio«. Ist das Hineinziehen des Spiritismus und Okkultismus für die argentinische Literatur typisch? Man trifft ja auch bei Borges auf diese Zusammenhänge. In Ernesto Sábatos Roman »Über Helden und Gräber« gibt es unter Buenos Aires eine Stadt der Blinden.

Nein, typisch kann man nicht sagen, aber auch so darf man in diesem Zusammenhang Roberto Arlt nicht vergessen, der als Begründer des argentinischen Großstadtromans gilt. Die Sehnsucht, mit den Toten in Kontakt zu kommen, ist auf der anderen Seite so alt wie unsere Kultur. Die Menschen sind seit eh und je bemüht, ihre irdische Hülle zu transzendieren, sich mit den Kräften des Kosmos zu verbinden, sie glauben durch Gebete und endlose Litaneien einen Gott zu adressieren, der – mit Nietzsche gesprochen – tot ist. Wir, die wir noch am Leben sind, holen uns unsere Toten ständig zurück. Wir pflegen auch deshalb ihre Gräber. Borges, Sábato, die Schriftsteller, die Sie genannt haben, sind in unserer Vorstellungswelt nach wie vor präsent, genauso wie die Stimmen von verstorbenen Musikern, die Plattenspieler oder MP3-Player Tonträgern entlocken. Nichts anderes ist das Dichten, der immerwiederkehrende, verzweifelte Versuch, sich Vergangenes zurückzuholen, auch Menschen, die nicht mehr unter uns weilen. Im dritten Teil beschäftigt sich »Nachtleuchten« mit einer spezifischen Art der Kommunikation mit Verstorbenen: mit der von Ihnen angesprochenen spiritistischen Lehre. Sie will, so ihre Anhänger, gelernt werden, und zwar in Schulen. Diese Schulen stehen bis heute mit der katholischen Kirche in Argentinien auf Kriegsfuß. Von Anfang an waren die spiritistischen Schulen der offiziellen Kirche ein Dorn im Auge, denn sie machen ihr in gewisser Weise Konkurrenz. Perón wiederum erkannte sie juristisch an, um der von ihm verhassten Kirche eine reinzuwürgen. Außerdem ließ er seine zweite Frau, die charismatische Evita, einbalsamieren, die vom Abgeordnetenhaus zusätzlich den Titel »Spirituelle Führerin der Nation« verliehen bekam. Der Personenkult ist in Argentinien mit der Totenverehrung eng verbunden. Man kann sich denken, dass der Spiritismus in Argentinien, seine Einrichtungen und Glaubensvorstellungen wieder virulent werden, nachdem die Militärdiktatur, die im Lande zwischen 1976 und 1983 gewütet hat, 30.000 sogenannte Verschwundene hinterlässt, Opfer ohne Grab. Über diese undenkbaren Verstrickungen berichtet der erschütternde autobiographische Bericht von Daniel Tarnopolsky »Betina sin aparecer« (zu dt. etwa: Betina erscheint immer noch nicht) aus dem Jahr 2017.

Der dritte Teil des Romans ist möglicherweise der humorvollste. Dazu trägt eine Hommage an Arthur Conan Doyle bei – ein Kinderdetektiv namens Mariano Andrade erforscht im Auftrag der Cousins von Teresa Gianelli die Hintergründe der Auseinandersetzungen der katholischen Kirche mit den spiritistischen Strömungen. Die Fantasie der Kinder setzt die Mosaiksteine der Ermittlungen zu abstrusen Ergebnissen zusammen. Wie finden Sie eine Sprache für diese herrlichen Verstrickungen? Wie viel Kindsein haben Sie sich bewahrt? Sind Sie eine begeisterte Leserin von Detektivromanen?
Ich mag auf jeden Fall die Grenze, die in Deutschland einst zwischen der sogenannten E- und U-Literatur gezogen wurde, niederreißen. Jeder Schriftsteller muss, wenn er auf Recherchen angewiesen ist, auch ein bisschen als Detektiv agieren oder sich als ein solcher verstehen. Dieser Gedanke hat mich dazu verleitet, mich mehr oder weniger undercover in die unterschiedlichen spiritistischen Schulen in Buenos Aires einzuschleichen. Ich bin hingegangen und habe mich für den Unterricht angemeldet. Ich musste herausfinden, was dort gelehrt wird und wie die Stunden ablaufen. Nachdem ich einmal schon nicht weitergekommen war, weil ich meinen Roman und somit den wahren Grund meines Besuchs genannt hatte, musste ich mich als Anhängerin ausgeben. Aber zurück zu Conan Doyle: An ihm hat mich die Tatsache fasziniert, dass er sowohl der Erfinder von Sherlock Holmes als auch ein glühender Verfechter des Spiritismus war, wenngleich nicht von Anbeginn an. Mit dem Aufkommen des Spiritismus war Conan Doyle ähnlich wie sein Freund, der Entfesselungskünstler Harry Houdini, darauf erpicht, die Tricks der in Mode geratenen Medien als Scharlatanerie zu entlarven, und das so lange, bis ein persönlicher Schicksalsschlag, der Tod des Sohnes, Conan Doyle zum Umdenken bewegte. Einmal vom Verlust gezeichnet, klammerte sich Conan Doyle an das, was er bis dahin als Unsinn diskreditiert hatte. Nachdem diese Kehrtwende eingeleitet war, wurde er durch das Verfassen großer Abhandlungen sogar zum wichtigen Theoretiker des Spiritismus und berühmten Fürsprecher der Causa. Das wissen heute nur die echten Fans. Denn beim Allgemeinpublikum hat sich die Fiktion durchgesetzt: Sherlock Holmes, der erfundene Privatdetektiv mit Deerstalker-Mütze, hat seinen Schöpfer unsterblich gemacht, und zwar als Apologeten alles Analytisch-Rationalen.

Die Kinderperspektive ist in »Nachtleuchten« extrem wichtig. Nicht bloß, weil Kinderfiguren eine große, eigene Portion Humor in den Roman mithineinbringen, indem sie die Erwachsenen, von denen sie umgeben sind, geradezu zwangsläufig missverstehen. Kinder sind auf einer anderen Ebene von Bedeutung. Gerade weil sie vieles falsch interpretieren, sind sie ein Spiegel der Erwachsenenwelt, zu der sie unbedingt gehören wollen. Auch die Erwachsenen deuten vieles von dem, was im Lande auf politischer Ebene vor sich geht, falsch. Um das zu verdeutlichen, erlaube ich mir ein Beispiel zu geben, das den Romanrahmen sprengt. Wir verlassen die Fiktion: Auf der Plaza de Mayo versammelt sich 1976 die breite Masse, um die Militärjunta zu bejubeln, welche die dritte Perón-Regierung gestürzt hat – in der falschen Annahme, nichts könnte schlimmer werden, als das, was sie gerade erlebt hat.

Wir sollten unbedingt über Zahlen sprechen. Der Roman besteht aus drei Teilen mit jeweils 33 Kapiteln. Am Ende des Romans gibt es ein sehr fantasievolles 100. Kapitel (»Die vierte Dimension«), in welchem die zurück- und auch vorwärtsblickende Sicht der Wandermadonna auf die Menschen in Ballester dargestellt ist. In der spiritistischen Schule Basilio sind 3 Module mit jeweils 33 Einheiten zu studieren, ehe man die Fähigkeit erlangt, mit den Toten in Kontakt zu treten. Was hat es mit diesem Zahlenspiel auf sich? Was hat es mit der »vierten Dimension« auf sich? Welche Bedeutung haben Zahlen für Ihr Schreiben?

Sie werden es mir vielleicht nicht glauben, aber ich schrieb »Nachtleuchten« und hatte dabei vollständig vergessen, dass auch die »Änderungsschneiderei Los Milagros«, mein Debütroman aus dem Jahr 2008, aus 33 Kapiteln besteht, die gefolgt werden von einem Bild, dem Schriftzug ENDE und einem Extra-Kapitel, genannt Saum, das von der Intention her der Idee der vierten Dimension in »Nachtleuchten« entsprechen könnte. Ich arbeite konzeptuell. Ich denke sehr lang über die Struktur, über den Rahmen eines jeden Romans nach. Der Rahmen ist wichtig, denn einmal gesetzt, gehört er, wie so vieles in meinem Schreiben, transzendiert. Aus genau diesem Grund ist die Zahl 33 immer wieder Thema in »Nachtleuchten«. Diese Selbstreferenzialität dient dem großen Plan: Das Überschreiten von Grenzen will gelernt, geprobt und vollzogen werden. So beschäftigen sich das Kapitel 33 der »Bloody Mary« mit den Implikationen der Zahl 33, die zuvor schon im Kapitel 15 gestreift worden waren, als es dort um das magische Quadrat und dessen magische Zahl 33 ging, das der Zeichner der Plaza Roca den Mädchen vorlegte. Wenn Sie sich das Inhaltsverzeichnis des Romans anschauen, sehen Sie drei Mal eine Anordnung von Kapiteln und Seitenzahlen – arrangiert wie magische Quadrate. Es sind drei Geschichten à 33 Kapitel. Bei jeder dieser drei Geschichten beginnt die Zählung von neuem. Nach den drei Geschichten folgt ein Kapitel Nr. 100, das sich »Die Vierte Dimension« nennt. Ein Blick auf das Inhaltsverzeichnis genügt, um zu verstehen, dass diese drei Geschichten nicht jede für sich stehen, sondern zwangsläufig zusammengehören müssen, was die Zahl 100 nachvollziehbar macht. Die Zahl 33 ist eine Chiffre. Sie steht für die Überschreitung. In »Nachtleuchten« wird über das Alter Jesu nachgedacht. Im Alter von 33 ist er am Kreuz gestorben und paradoxerweise nicht gestorben, weil wiederauferstanden. Die 33 steht für die Überwindung einer Grenze, nicht zuletzt der Grenze zwischen Leben und Tod. Auch Evita Perón, das kommt auch in »Nachtleuchten« zur Sprache, ist im mythischen Alter von 33 gestorben und auch nicht, da Perón sie damals hat einbalsamieren lassen, womit der Tod der Volksverehrung keinen Abbruch getan hat. Zurück zum Inhaltsverzeichnis: Wenn Sie das Kapitel 33 der »Bloody Mary« ausgelesen haben, bleibt Ihnen nichts anderes übrig, als den Rahmen der ersten Geschichte – dargestellt als magisches Quadrat – zu transzendieren, Sie landen im Kapitel 1 von »Autopia«, sie lesen bis Kapitel 33 und müssen einmal mehr über die Grenze, so dass sie bei den »Basilisken« ankommen, und wenn Sie jetzt zum Schluss ein letztes Mal die 33 überschreiten, erreichen Sie das Kapitel 100, Sie erreichen die sogenannte »Vierte Dimension«, die viel mehr ist als die Summe ihrer Teile. In der »Vierten Dimension« sind die Vergangenheit, Gegenwart und Zukunft der Figuren zur selben Zeit präsent. Nur derjenige, der Grenzen wahrnimmt, kann mit etwas Glück lernen, sie zu passieren. Man gerät jenseits des geordneten Textkorpus in eine Dimension, in der sogar die Trennung zwischen den Zeiten aufgehoben ist. Dort trifft der Leser alle Figuren ein letztes Mal wieder. Denn um die Figuren geht es nun mal, auch wenn der Leser und die Leserin es vielleicht zum Schluss verstehen. Und sobald sie das ausgelesene Buch zuklappen, haben sie wieder eine Grenze hinter sich gelassen. In ihrer Welt wieder angekommen, in der Realität außerhalb des Romans, geht ihnen hoffentlich der Gedanke durch den Kopf, in »Nachtleuchten« geht es wie im echten Leben letztendlich um die Menschen, um jeden einzelnen von ihnen.

Die Wandermadonna ist mit einer Farbschicht bestrichen, die tagsüber Licht speichert, welches nachts abgegeben wird. Geht der Titel des Romans »Nachtleuchten« auf dieses Nachleuchten zurück? Oder ist »Nachtleuchten« zugleich eine Metapher, die weiter greift?
So liest man es vermutlich gleich zu Beginn. Teresa ist mit ihrer nachtleuchtenden Madonna am Vorabend der Militärdiktatur unterwegs, in einer dunklen Übergangszeit also, die immer dunkler wird, je weiter der Roman und mit ihm die Madonna voranschreiten. Spätestens beim Erreichen der »Vierten Dimension« dämmert einem, dass es im Buch weniger um das Leuchten dieser Madonna geht – ihr Leuchten ist ja künstlich, die Plastikmadonna nicht wundertätig –, sondern um die Figuren, die man durch ihr Weiterreichen hat kennenlernen können. In meinen Augen sind es die vielen Figuren, die Ballester zum Leuchten bringen. Die Madonna ist – wie es zu den 1970er Jahren in Lateinamerika passt – so sehr von dieser Welt, dass ihr am Ende des Buches, als sie von einer Ladefläche herunterfällt, eine menschliche Erfahrung zuteil wird: Wie beim Nahtod lässt die Madonna ihr Leben – ihr Streifen durch Ballester und Umgebung – binnen Sekunden Revue passieren, sie sieht ein letztes Mal die Menschen, die sie begleitet hat. In dieser letzten Stunde erscheint nicht die Madonna ihnen, sondern die Menschen ihr. Die Figuren sind die eigentlichen Ikonen. Doch ausgerechnet jetzt, wo die Plastikstatuette von ihrer menschlich allzu menschlichen Seite gezeigt wird, gelingt ihr das Unmögliche, ein Mirakel: Die Madonna kann die Menschen in ihrer grenzenlosen Existenz wahrnehmen, sie wird sich ihrer Gegenwart bewusst, ihrer Vergangenheit, einer, die den Rahmen des Romans sprengt, genauso wie des Kommenden, der Gräuel der Militärdiktatur.

Sie haben für »Nachtleuchten« den Chamisso-Preis/Hellerau erhalten. In Ihrer Dankesrede sagen Sie: »Literatur ist immer Weltliteratur und in jeglicher Hinsicht grenzüberschreitend.« Ich finde, dass der von Ihnen entworfene Blick auf Ballester zugleich etwas Exemplarisches hat. Die Figuren sind so ausgewählt und gebaut, dass ein Leser in Japan, in Russland, in Indien sich vermutlich mühelos in diese Welt hineindenken kann. War es ein Ziel Ihrer Arbeit, etwas Exemplarisches zu schaffen?

Ich nehme meine Arbeit als Autorin sehr ernst. Genauso ernst und verantwortungsbewusst würde ich meine Aufgabe bewältigen, reparierte oder lackierte ich Autos wie einst mein Großvater. Das heißt aber nicht, dass ich mir anmaßen würde, mit meinen Büchern Exemplarisches statuieren zu wollen. Es ging mir bei »Nachtleuchten« erstmal darum, ein Buch zu schreiben und dabei über meine eigenen Grenzen hinauszugehen. Da der historische Zeitrahmen, in dem »Nachtleuchten« angesiedelt ist, nicht leichtfertig angegangen werden durfte, dauerte es entsprechend lang. Ich musste mir wieder vergegenwärtigen, was meines Erachtens – vom Kontext abgesehen – Literatur ausmacht: ihr Anrecht auf die Freiheit, die Lust am Erzählen, eine ihr innewohnende Leichtigkeit, die nicht mit Leichtfertigkeit bei der Behandlung des Themas zu verwechseln ist. Konkret heißt es: Ich wollte ein Buch schreiben, das am Vorabend der Militärdiktatur spielt und als Gesellschaftspanorama gelten kann. Dafür musste zwangsläufig der Frauenkosmos, den ich einst in der »Änderungsschneiderei Los Milagros« erprobt hatte, vergrößert werden. Der Blick musste sich weiten. Bildlich gesprochen: Die Änderungsschneiderei musste verdoppelt, verdreifacht, vervierfacht werden. So entstanden neben der katholischen Mädchenschule Instituto Santa Ana die Werkstatt Autopia, der Friseursalon Ewige Schönheit, die Bäckerei La Libertad, die Wäscherei Clean Eastwood, die Männerpension Nayla ... Mithilfe der Wandermadonna, der jungen Mechaniker, nicht zuletzt mithilfe der Vespa fahrenden Schwester María verlagerte sich die Handlung von den Innenräumen auch auf die Straße, ins Freie.

Im Gegensatz zu Julio Cortázar, der in Paris an der spanischen Sprache festgehalten hat, schreiben Sie Ihre Bücher über argentinische Themen in deutscher Sprache. Was kann die deutsche Sprache, dass Sie dieser den Vorzug geben?
Die Fremdsprache transportiert die Erfahrung einer zweiten Kultur. Hiermit möchte ich das Augenmerk nicht auf die Transferleistung lenken, sondern auf ihre Folgen, auf die Chance, die solch eine Transferleistung mit sich bringt, auf die Möglichkeit, dass eine zweite Kultur die erste reicher macht und dass sie sich beide gegenseitig befruchten. Ein Beispiel aus dem Roman, welches das viel zitierte Wortspiel AUSFAHRT FREIHALTEN / FREIHEIT AUSHALTEN variiert: Vor der Männerpension Nayla hängt ein Schild, das der Leser erst am Ende des Romans zu sehen bekommt, nachdem dort nämlich der erste Buchstabe, der zugleich der letzte des Alphabets ist, abhanden gekommen ist, so dass nach der Auslassung nur noch geschrieben steht: IMMER FREI. Auch dieses Wortspiel funktioniert ausschließlich auf Deutsch. Was mich betrifft, ist dieses Gefühl, das hier gleich zwei Mal hintereinander benannt wird, unmittelbar mit dem Gebrauch der Fremdsprache als meiner literarischen Sprache verbunden.

Lassen Sie uns zuletzt über eine interessante und für mich zugleich mysteriöse Feststellung von Ihnen sprechen. Sie sagen in einem Essay: »Fremdsprachler sind die letzten Romantiker.« Wie darf man das verstehen?
Im Kontext muss man sie verstehen, dann ist die Ironie klar. Wie Sie ja wissen, beinhaltet die Ironie einen Wahrheitskern. Der Text, aus dem der Satz entnommen wurde, erzählt unter anderem von meinen unermüdlichen Versuchen, mir die deutsche Sprache so anzueignen, dass die Grenze zwischen Fremdsprache und Muttersprache verschwinden möge. In der Vergangenheit war ich felsenfest davon überzeugt, dass mir dieses Wunder irgendwann zuteil werden würde, strengte ich mich dafür nur noch mehr an, was ich ohnehin tat: Ich machte ja nichts anderes, als mich zu verausgaben. Doch das Leben belehrte mich eines Besseren. Ich musste kapitulieren, mir irgendwann eingestehen, dass ich diese eine Grenze nie zum Verschwinden würde bringen können. Stattdessen lernte ich sie wahr- und anzunehmen. Das war vermutlich die Voraussetzung, um sie im Jahr 2005 mit geschärftem Bewusstsein zu passieren. Es darf Sie nicht länger überraschen, wenn ich Ihnen an dieser Stelle verrate, dass ich 33 Jahre alt war, als ich anfing, an der »Änderungsschneiderei Los Milagros« zu arbeiten. Dieser Zufall wurde mir deutlich, nicht bevor das 33. Kapitel und somit mein Debüt abgeschlossen waren.

Liebe María Cecilia Barbetta, ich danke Ihnen für dieses Gespräch!

Der Traum des Schriftstellers ist es, Sprache zu werden

Gespräch mit Francesco Micieli

Die Fremde als Schicksal, als Chance, sogar als allgemeines Recht zu begreifen, ist Micielis zentrales Anliegen: »Jeder hat das Recht fremd zu sein«, zitiert er den von ihm bewunderten Dichter Edmond Jabès. »Der lachende Zahn meiner Großmutter«, die 2011 im Zuge der Dresdner Chamisso-Poetikdozentur gehaltenen fünf Vorlesungen Micielis, führen in eine Erzählwelt, die sich von schlichtem Realismus verabschiedet hat, um der Wirklichkeit näher zu kommen, eine Erzählwelt, in der die Fremde, das Andere und die Nichtidentität akzeptiert und verteidigt werden müssen, um Freiheit zu gewinnen. Immer wieder neu verwirklichen die Werke Micielis diese Freiheit. Insbesondere seine Kurzromane »Ich weiß nur, dass mein Vater große Hände hat«, »Das Lachen der Schafe« und »Meine italienische Reise«, die 1998 auch als Trilogie erschienen sind, haben in der Schweiz, aber zunehmend auch in Deutschland großes Aufsehen erregt. Walter Vogt nannte die in einer eigenwilligen, knappen Form gehaltenen Sätze Micielis »Gedichte in Prosa«. Einige weitere Stimmen: »Es ist diese lapidare Kürze, diese Selbstverständlichkeit des Ausdrucks, die noch immer eine Überraschung bereithält, die diesen Texten ihre Unverwechselbarkeit und ihre Intensität verleiht.« (Klara Obermüller, Weltwoche) »Geschichten: nicht die romantischen, großen von früher, auch nicht deren mediengerechte Variante, sondern die kleinen Geschichten von heute, die tragisch und komisch zugleich sind und die nicht einfach das Leben schrieb, sondern die Armut, die Emigration, die Sehnsucht.« (Elsbeth Pulver, NZZ) Gertrud Raeber sagt über »Meine italienische Reise«: »Micieli genügen wenige Druckseiten, um ein inneres und ein äußeres, bipolares Universum abzustecken. Die Strecke, die man zurücklegen muss, um vom einen Ende ans andere zu gelangen, ist weit. Er bestückt sie raffiniert mit literarischen Zutaten, rollt gleichsam den Süden gegen den Norden auf und nimmt den eigenen Seelenzustand in den Befund auf.« Daniel Rothenbühler sagt über die Trilogie: »Die drei Texte – wie das ganze darauf folgende Werk Micielis – versuchen sich dem Unsagbaren zu nähern durch eine radikale Beschränkung der Sprache. Die Abweichung zwischen dieser Beschränkung und der Komplexität der Wirklichkeit, aus der sie schöpft, erzeugt eine Intensität von großer poetischer Kraft.«

Ich sprach mit Francesco Micieli am 27. Mai 2016 im Garten der Dresdner »Villa Marie« am »Blauen Wunder«.

Lieber Francesco Micieli, Sie bezeichneten sich einmal als eine »ethno-museale Figur«.

Ja, als ich mir überlegte, wie ich eigentlich zusammengesetzt bin, fand ich diese Formulierung. Ich kam auf die Welt in einem Dorf, Santa Sofia d'Epiro in Kalabrien, das einen albanischen Ursprung hat. Ich gehöre eigentlich zu einer Minderheit (der Arbëresh), die vor 600 Jahren aus dem Balkan geflüchtet ist und, da sie sich für die christliche Religion entschieden hatte und als kämpferisches Volk galt, in Süditalien bleiben und dort Dörfer gründen durfte. Als Kind kam ich in die Schweiz, wo ich als Kind zugewanderter Italiener wieder einer Minderheit angehörte. So gesehen gehöre ich zu einem musealen Volk, das man gut ausstellen könnte: ›Schaut mal, das waren die, die gegen die Osmanen gekämpft haben, jetzt sind sie die letzten ihrer Art und sprechen noch die alte Sprache, aber sie sind dem Untergang geweiht.‹ Wenn wir nach Albanien fahren und erzählen, woher wir kommen, werden wir bejubelt als die kämpferischen Vorfahren. Das bestärkt noch diesen musealen verstaubten Charakter, den ich in diesem Zusammenhang fühle.

Auch die aus Deutschland nach Siebenbürgen und Russland Ausgewanderten haben ihre Sprache und Kultur bewahrt. Interessant ist, dass sich deren Deutsch auf besondere Art konserviert und weiterentwickelt hat. Bei den Russlanddeutschen hat man das Gefühl, dass diese ein älteres Deutsch sprechen. Wie hat sich diese albanische Sprache, die vor 600 Jahren die Adria überquerte, erhalten und entwickelt?
Die 1450 Ausgewanderten hatten eine Sprache mitgenommen, die sich in der italienischen Umgebung ganz anders entwickeln musste als die albanische Sprache in der osmanischen Umgebung. Von den in Italien Angekommenen waren die wenigsten Studierte. Das waren Krieger und einfache Leute. Deshalb ist es eher eine arme Sprache. Im Vokabular hat das Arbëresh jedoch noch Ausdrücke bewahrt, die im heutigen Albanisch nicht mehr verwendet werden. Das Albanische ist zu jener Zeit der Auswanderung als Sprache nicht so literarisch fixiert gewesen wie das Deutsche der etwa zur gleichen Zeit ausgewanderten Siebenbürger. Lange Zeit hat es gar keine albanische Schriftsprache gegeben. Diese wurde erst in der Zeit des Risorgimento entwickelt, nach den Napoleonischen Kriegen, als der Nationalgedanke aufkam. Interessanterweise ist der Albanische Nationalgedanke von den Arbëresh aus Italien literarisch importiert worden. Es gibt sogar Berichte, wonach es heißt, dass gewisse Albaner im Kosovo nicht einmal mehr gewusst haben sollen, dass sie eigentlich Albaner sind. Das ist eine andere Situation als die der Auslandsdeutschen, die stets ein sprachliches Bewusstsein hatten, ein literarisches Bewusstsein, eine Philosophie.

Ihr erster Roman »Ich weiß nur, dass mein Vater große Hände hat« beschreibt in weiten Zügen Ihre Zeit als Kind in Santa Sofia d'Epiro, einem Dorf der Arbëresh. Beschrieben wird u.a., dass die orale Erzähltradition sehr reich war, dass die alten albanischen Mythen gegenwärtig waren. Hat diese Kindheitserfahrung einen Einfluss auf Ihr heutiges Schreiben, schreibt das noch mit?
Lange waren es nur orthodoxe Priester oder Schreiber, die Schriftsprache beherrschten. Deshalb war die mündliche Überlieferung dominierend. Meine Großmutter, die Tanten, die Cousinen erzählten uns Kindern Geschichten, die Fluchtgeschichten, auch die nationalen Heldenepen um Skanderbeg. Oral überliefert wurden auch die Lieder, im Sinne einer poetischen Tradition. Das hat mich sicher sehr beeinflusst. Da ich mich später entschied, Deutsch zu schreiben, kam natürlich in diese Tradition des Arbëresh auch ein Übersetzungsprozess hinein. Ausgehend von der Tradition der mündlichen Erzählung ist es letztlich eine Fiktion, da ich heute nicht in der überlieferten Sprache schreibe. Eine doppelte Fiktion. Dennoch habe ich versucht, den Sound (wie die Engländer sagen würden) dieser Erzählweise in mein geschriebenes Deutsch hinüberzubringen.

In Santa Sofia d'Epiro hatten Sie Ihre erste große Fremdheitserfahrung – den Eintritt in die Schule, den Eintritt in die italienische Sprachwelt, die bis dato keine Rolle gespielt hatte.
Ja, diese erste Fremdheitserfahrung hat mich geprägt und offenbar eine bis heute anhaltende Aufmerksamkeit für diese Thematik erzeugt. Die Situation war ganz eigenartig. Wir kamen bei unserem Eintritt in die Schule wie in ein anderes Land. In diesen Schulmauern war es uns verboten, unsere Muttersprache zu sprechen. Ich habe mich mit meinem Cousin in einer »Fremdsprache« verständigen müssen. Wir wussten gar nicht, was wir uns in diesem staatlich verordneten Italienisch eigentlich sagen sollten. In diesem Rahmen kamen wir uns als Kinder bereits ausgestellt und museal vor. Das führt auch zu einem ersten Zerreißen der Identität. Dazu kam, dass das Standard-Italienisch – nicht nur für die Arbëresh, sondern für alle Mundart sprechenden Süditaliener – eine Sprache der Mächtigen war. Wenn meine Eltern und Großeltern in Santa Sofia d'Epiro von einem Vertreter der Staatsmacht – einem Polizisten oder Juristen – angesprochen wurden, verstanden sie kaum

etwas. Das erzeugte ein Ohnmachtsgefühl, das Gefühl, keine Sprache zu besitzen, mit der man sich wehren kann oder überhaupt seine demokratischen Pflichten erfüllen kann. Wenige Jahre später folgte die zweite Sprachauswanderung, jetzt ins Deutsche, ins Berndeutsche der Emmentaler.

Für ein stark aufnahmefähiges Kind ist der Sprachwechsel schneller zu meistern. Wie haben Ihre Eltern den Sprachwechsel in die Schweiz vollzogen?
Das war für meine Eltern – für die Leute aus unserem Dorf, die ausgewandert waren, um ihre Familien zu ernähren – wie eine Multiplikation dieser ersten Ohnmacht. Das war der nächste, noch viel deutlichere Identitätsbruch. Man musste eine vollkommen neue Identität finden, um sich in dieser neuen Umgebung und Sprachwelt behaupten zu können.

In Ihren Romanen gibt es Passagen, wo die Kinder in diesem Berndeutschen Alltag zu den Dolmetschern der Interessen ihrer Eltern werden. Damit verlieren die Kinder auch ein Stück ihres kindlichen Bewusstseins.
Man gerät als Kind in einer solchen Situation ungewollt in eine Verantwortung, die einem Kind normalerweise nicht aufgetragen wird. Es gibt dann etwa die komische Situation, wenn die Eltern zu einem Elterngespräch in die Schule eingeladen sind. Die Lehrerin sagt dann zunächst dem Kind, »das Kind ist nicht so aufmerksam, wie gewünscht«, damit das Kind dies dann den Eltern übersetzen soll. Das gibt den Kindern eine eigenartige Macht. Diese Erfahrung verändert auch die Beziehungen zu den Eltern als den eigentlichen Vorbildern und Autoritäten. In unserer Kultur mag das keine große Rolle spielen. Bei Immigranten aus Nordafrika spielt das eine größere Rolle. Solch ein Autoritätsverlust kann einen Jugendlichen nach außen werfen. In Frankreich erleben wir das.

Ihr erster Roman war de facto Ihre Eintrittskarte in die Schweizer Literatur, und damit in die deutsche Literatur. Ein Erzähltext, der versucht, in einer wunderbaren poetischen Sprache dem Denken eines zehnjährigen Kindes nahe zu bleiben und dessen Weltsicht zu formulieren. Wie geht man als Autor vor, wie erarbeitet man sich diese Sprache eines Zehnjährigen?
Die Frage ist nicht ganz einfach, weil ich mehrere Erinnerungen habe. Ich habe spät begonnen literarisch zu schreiben. Meine ersten Texte habe ich vor der Veröffentlichung zunächst mit heutigen Kollegen besprochen – Otto F. Walter oder Peter Bichsel. Diese sagten dann irgendwann: Mach doch einen Roman daraus. Mir war die Erhaltung der Sprache meiner Kinderwelt wichtig, eine Sprache, die einfach ist, aber sehr viel mitklingen lässt. Die Verteidigung dieser Sprache hatte zunächst dazu geführt, dass ich keinen Verlag finden konnte. Die größeren Verlage in der Schweiz haben meinen ersten Roman abgelehnt, weil sie diese Texte aus einer Kinderwelt als nur so hingestellt und nicht als Roman angesehen haben und das verlegerische Risiko nicht eingehen wollten. Für mich hat sich dieses Abwehren letztlich gelohnt. Ich stehe noch heute sehr zu diesem Text. Bei der Arbeit an »Ich weiß nur, dass mein Vater große Hände hat« habe ich versucht, den Ton des Arbëresh des Kindes ins Deutsche zu übertragen. Ich habe den Text beim Schreiben immer wieder laut gesprochen und nach einem stimmigen Pendant in der deutschen Sprache gesucht.

Sie haben also die »Austreibung aus der Sprache« als Vorteil ausgenutzt? Die Erinnerung an das Arbëresh betrifft ja einen Bereich, der weitestgehend als Kindersprache abgespeichert wurde.

Ja, da ist etwas dran. Es kam mir zugute, dass ich mir – bei allem Universitäts- und Fachdeutsch, welches mich umgab – einen Zugang zu dieser kindlichen Sprachinsel bewahrt hatte. Ich hatte vor allem diesen Ton in mir, den ich in die andere, die Schreibsprache transformieren musste. Aufgefallen ist mir, dass zur gleichen Zeit Ágota Kristófs in Französisch verfasster Roman »Das große Heft« erschienen ist. Ein wunderbares Buch, das auch in Deutschland einen großen Erfolg hatte. Es handelt von Zwillingskindern, die in ihrer eigenen Welt Erfahrungen gemacht haben. Auch sie hat ihren Roman in einem einfachen Französisch verfasst. Wie sie das gemacht hat, ist hochliterarisch, da klingt sehr viel mit.

Wir sprechen natürlich nicht über Kindersprache, sondern über die literarisch gelungene Simulation von Kindersprache. Die Kunst dieses Buches besteht für mich auch in dem pointierten Setzen von Metaphern, die den Text poetisch tragen.
Ja, ein Kind, hätte es dieses Tagebuch geschrieben, würde wohl nie diese Metaphern gebraucht haben. Und doch funktionieren sie, weil sie aus dem Denkraum des Kindes heraus geformt worden sind. Ich konnte sagen, was dieses Kind gedacht und gefühlt hat, ohne es in Sprache bringen zu können.

Dazu kommt sicher auch das spielerische Moment. Von Max Frisch gibt es einen Text »Biografie. Ein Spiel«.
Das hat auch mit Lust zu tun. Roland Barthes nennt es *le plaisir du texte.* Max Frisch hat vielen Autoren – nicht nur in der Schweiz – die Möglichkeit gezeigt, dass auch in der Nähe des eigenen Lebens Literatur entstehen kann. Da war er sicherlich nicht der Einzige. Aber der von ihm ausgehende Impuls war stark. Beim Schreiben habe ich nicht an Max Frisch gedacht. Im Nachhinein sieht man sich aber im gleichen Wald. Wichtig für die Sprache dieses Buches war auch das Erleben der Fremdheit. Die Tatsache, dass ich gezwungen war, mit meinem Cousin Italienisch zu sprechen, war auch eine Inszenierung. Man kam sich schon als Kind wie auf einer Bühne vor, auf der man ein Stück in italienischer Sprache spielte. »Biografie. Ein Spiel.« Das trifft es schon auch.

Im zweiten Roman »Das Lachen der Schafe« setzt sich diese »Biografie als Spiel« fort. Das fiktionale Herangehen an die Lebensgeschichte erfolgt hier aus der Sicht einer Frau, die, ebenfalls in einer oralen Tradition aufgewachsen, einen Schreiber benötigt, ihre Lebensgeschichte aufzuschreiben. Das »Spiel« besteht hier u.a. in der fortwährenden Ermahnung des Lesers durch die Hauptgestalt, dass er nur den Text des Schreibers liest. Damit wird der Leser aufgefordert, diese Differenz mitzudenken.
Ja, das ist eine wunderbare Bemerkung. Jeder Leser, jeder Sprechende, auch ich jetzt gerade, denkt ja ohnehin während des Lesens, des Sprechens, ständig an eine Differenz. Mit dieser Katarina habe ich diesem Vorgang nur eine stärkere Präsenz gegeben. Man kann ja nie eine ganze Geschichte erfahren, mit allen Farben und allen Gerüchen. Katarina formuliert den Wunsch, dass man durch all diese Texte des Schreibers sie selbst sieht.

Das dritte Buch dieser Trilogie ist »Meine italienische Reise«. Rezensenten sprechen zurecht von einer Familien-Trilogie, da nun – nach der Beschreibung der Kinder- und Frauensicht – die Sicht des Mannes, die Reise des Vaters mit dem Sohn, geschildert wird. Die Reise führt nach Santa Sofia d'Epiro, in die Ursprungsgegend der Familie. Diesmal ist der Sohn der Schreiber. Der Vater mahnt ihn, »nicht wieder zu lügen«. Auch das ein Hinweis auf das Spielerische des biografischen Erzählens.

Ja, ungewollt ist es so etwas wie eine Familien-Trilogie geworden. Es war nicht geplant. Als es sich dann aber so ergeben hatte, fand ich, dass es so richtig ist. Die kindliche Sicht, die mütterliche Sicht und am Ende der Vater, der mit dem Sohn die tote Mutter nach Italien auf den Friedhof der Familie bringt. Dieses »Lüge nicht« ist noch einmal eine Ermahnung in dem Sinne: »Eigentlich wirst du es mit all deiner Sprache nie schaffen zu erzählen, was wirklich ist«. Es hat immer etwas Tragisches, wenn man in der Nähe von Biografien erzählt, weil man ja nur scheitern kann. Das Einzige, was sich ereignen kann, ist, dass diese Figuren dann in der Sprache, in der Erzählung stimmen. Sie werden eine Wirklichkeit haben, aber nicht eine Realität.

Möglicherweise sucht sich ja auch der Text den Autor aus, weil er geschrieben werden sollte. Dann relativiert sich das Spiel mit der Biografie. In allen drei Romanen geht es um das Behaupten in der Fremde und um neue Heimatfindung. Dies setzt sich in allen weiteren Büchern fort.
Ja, auch diesen spielerischen Gedanken kann man denken. Manganelli hatte diesen Gedanken geäußert, nachdem Roland Barthes den Tod des Autors vorausgesagt hatte. Und, es stimmt, ich konnte mich gegen dieses Thema nicht wehren. Meine Freunde aus der italienischen Crew haben sich gewundert, dass ich nach dem Gymnasium nicht ein Geld-Studium aufgenommen, sondern mich diesem Thema verschrieben hatte. Ich musste das aber machen. Ich musste, wie ich später formuliert habe, dieser »Pressesprecher der Fremdheit« werden. Edmond Jabès, dieser großartige Autor, war dabei ein großer Begleiter. Seine Bücher, aber auch Texte von Nabokov, oder Elio Vittorini, der von Norditalien nach Sizilien reist, und so innerhalb des eigenen Landes Fremdheit und Nähe erlebt.

War das auch ein Grund für Sie, gerade in Florenz zu studieren? Was haben Sie dort studiert?
Als in der Schweiz sozialisierter Italo-Albaner glaubte ich, eine wichtige Italien-Erfahrung nachholen zu müssen. Es war ein biografischer Antrieb, mich diesem Italien und der italienischen Kultur auszusetzen. Ich erlebte in Florenz die Fremdheit des Süditalieners im eigenen Land. Ich erlebte eine Wiederholung dessen, was ich als Kind an Fremdenfeindlichkeit in der Schweiz erlebt hatte. Das hat mich darin bestärkt, an diesem Thema zu arbeiten. In Florenz hatte ich zunächst Italienische Literatur und Romanistik studiert, wurde dann aber von der Linguistik gepackt. In Bern kam später die Germanistik als Studienfach dazu. Anfangs waren diese Studien durch ein Interesse an Sprache geleitet. Danach kam die Berührung mit dem Theater, was zunächst zum Schreiben für das Theater führte. Ich lernte damals Dario Fo kennen und habe seine Theatergruppe eine Weile begleitet und meine Abschlussarbeit über das Theater von Dario Fo geschrieben. Diese Erfahrung hatte mich in meiner Suche nach Sprache als Mittel künstlerischer Kommunikation bestärkt.

Die Arbeit für das Theater hat Sie dann auch zum Libretto geführt. Wie kam die Musik in Ihr Leben? War das eine folgerichtige Entwicklung?
Da können wir an das vorhin im Kontext »Biografie. Ein Spiel« Gesagte anschließen. Das Libretto hat mich gesucht. Der Dramaturg des Luzerner Theaters hatte meinen Roman »Das Lachen der Schafe« gelesen und gefühlt, dass dieser Text für das Musiktheater geeignet ist. So kam es zu der Einladung, ein Libretto zu schreiben. Die Uraufführung der gleichnamigen Oper fand zu den Internationalen Luzerner Musikfestwochen statt. Da dies funktioniert hatte, wurde ich eingeladen, weitere Libretti zu schreiben.

Sie haben auch ein Libretto für die Oper »Winterreise« geschrieben, die Walter Benjamins Flucht über die Pyrenäen zum Thema hat. An einer Stelle sagen Sie, dass der Komponist während der Arbeit am Libretto Ihnen einen vollkommen neuen Zugang zu der Person Walter Benjamin eröffnet hat. Was ist da geschehen?

Ich hatte Walter Benjamin zunächst nur von seinen Texten her gekannt – »Berliner Kindheit« u.a. –, ihn de facto nur als Lesestoff betrachtet. Dass auch seine Vita ein Erzählstoff sein könnte, ja sein musste, war mir damals nicht bewusst. Durch Ingomar Grünauer, der vom Schott Verlag den Auftrag für eine Benjamin-Oper erhalten hatte, habe ich den Zugang zu dieser Lebensgeschichte gefunden. Die Aufgabe für mich bestand darin, diesen Denker, der Visionen wie den »Engel der Zukunft« geschrieben hat, und seine Biografie in ein Libretto zu bringen. Das war ein Stoff, der in der Nähe meiner Themenwelt – Fremdheitserfahrung etc. – gelegen hat, weil es um ein Wegwandern, um Migration ging. Walter Benjamin war auch in seinem Denken ständig auf Wanderschaft.

Sie sagten einmal: »Im Schreiben exiliert die Sprache und wird dort zur Sprache des Fremden.« Schwingt in dieser Behauptung mit, dass der Schriftsteller, wie Oleg Jurjew sagt, per se immer im Exil ist? Denn der Autor muss, wenn er sich auf eine Position begibt, über das Leben schreiben zu wollen, auf eine Position außerhalb des Lebens ausweichen. Insofern macht jeder Autor in seinem Schreiben auch eine Fremdheitserfahrung.

Ja, man begibt sich durch das literarische Schreiben in eine Art Fremdheit, schon weil die Sprache, die sich im Schreiben ereignet, von der Alltagssprache abweicht, gebrochen wird und die Funktion der Rede und des Dialoges übernimmt. Wer diese Sprache und diese Art des Denkens braucht, macht eine Fremdheitserfahrung. Mit etwas Übertreibung könnte man tatsächlich sagen, dass jeder literarisch Schreibende ein Fremder ist.

Oleg Jurjew sprach im Übrigen von einem dreifachen Exil: als Jude auf Wanderschaft, als russischer Jude, der in Deutschland lebt, und als Autor.

Das ist interessant. Bei mir ist es vergleichbar. Ich stamme auch von einer Minderheit ab, die sich in einem Exil befindet, einem ewigen Exil in diesen kleinen italienischen Dörfern, und von dem Traum der Rückkehr beseelt ist, einem Traum, der nicht verwirklicht werden will. Das ist diese schöne Ambivalenz: Man möchte nicht zurückkehren, aber der Traum soll bleiben. Dazu bin ich ein ausgewanderter Italo-Albaner in der Schweiz und Schriftsteller dazu. Das könnte ich unterschreiben.

Ich finde es interessant, dass Sie das Fremdsein immer wieder auch als positive Erfahrung darstellen. Etwa in der Formulierung: »Jeder muss einen Preis zahlen, um ein Fremder zu bleiben.« Fremdheitserfahrung als wichtige Selbsterfahrung. Das klingt wie die Aufforderung an ein Gegenüber: werde erst einmal fremd, um du selbst zu werden. Ist Fremdheitserfahrung eine Horizonterweiterung, die man suchen sollte?

Das ist ein interessanter Gedanke, dem ich zustimme. Ich bin natürlich in meinem besonderen Fall davon ausgegangen, dass, wenn man einmal eine Fremdheitserfahrung gemacht hat – und das kann auch im eigenen Land sein – man dazu auch stehen soll. Es soll wirklich ein Recht geben, fremd zu sein. Die Einsicht in das Fremdsein kann den Versuch abwehren helfen, durch angepasste Unauffälligkeit einheimisch werden zu wollen, nur um allen anderen zu gleichen. Natürlich soll man in einer Gesellschaft aktiv sein, sich integrieren. Mir ist aufgefallen, dass Leute, die die Ankunftsgesellschaft zu sehr nachahmen wollen, in dieser Nachahmung eher unglaubwürdig werden. In der Schweiz gibt es Italiener, die, als Mitglieder einer rechten Partei, ein übertriebenes Schweizertum herauskehren. Das kann man nur über Selbstverlust realisieren.

Könnte man Fremdsein philosophisch betrachtet auch als eine notwendige Grunderfahrung definieren, die man suchen und erfahren muss? Man könnte eine Philosophie des Fremden entwickeln, die wichtige Fremdheitserfahrungen als Reibungsflächen in das Zentrum eines existentialistischen Denkansatzes stellt. Die Fremdheit des Mannes gegenüber der Frau. Die Tatsache, dass wir Erwachsene Kleinkindern oft fremd gegenüberstehen, weil sie uns mit einer Ursprünglichkeit überraschen, die wir selbst schon verloren haben. Die Erfahrung der Masse als Willensträger, wie sie Canetti und Ortega y Gasset beschrieben haben, ist eine ungeheure Fremdheitserfahrung. Der Eintritt in die Schule, die Welt der Zahlen und Buchstaben, die Autorität des Lehrers. Man könnte in dieser Philosophie unser Leben als eine Kette von Fremdheitserfahrungen definieren, die wir auf dem Weg zur Selbstwerdung durchlaufen müssen.
Da sind wir wieder bei der »Winterreise« von Walter Benjamin. Bei Franz Schuberts »Winterreise« heißt es: »Fremd bin ich eingezogen, fremd zieh' ich wieder aus.« Ich finde das von Ihnen konstruierte Gedankengebäude interessant. Jetzt müsste aber die Grundeinsicht kommen: Wenn wir das sind, dann sollten wir auch ein Verständnis für das Fremde generieren können, und nicht, wenn ein anderes Fremdes auf uns zukommt, dann plötzlich eine Massenidentität ausfindig machen wollen, die als völkische oder identitäre Mauer aufgebaut werden will gegen die anderen. Dieses Bild ist ja auch schon im Alten Testament und in anderen grundsätzlichen Texten enthalten: Das Verlassen des Paradieses. Dieses Bild steht für die existentielle Erfahrung des Fremden.

Es wird ja daran gearbeitet, neue Paradiese zu schaffen, in denen das Fremdsein überwunden wird. In Dresden gibt es wissenschaftliche Institute, an denen Wissenschaftler aus 50 verschiedenen Nationen stammend und den verschiedensten Religionen folgend gemeinsam an einer für alle nützlichen Sache arbeiten. Oder denken wir an die Orchester, die Opern- und Ballettensembles, wo Fremdheit überwunden wird und alles zu einem Körper wird. Oder an die Kunstmuseen, in denen wir Fremdes finden, das unsere Kreativität anregt. An diesen Orten kann man eine Ahnung von der Unschuld im Paradies erfahren. Diese Paradiese werden aber im täglichen Leben durch die existentiellen Erfahrungen von Not und Neid unterminiert.
Das sind schöne Bilder – das Orchester, die Forschenden. Als Adam und Eva das Paradies verlassen mussten, lebte zunächst noch die göttliche Sprache fort, ehe diese mit dem Turmbau zu Babel zerschnitten worden ist. Dann kam die Vielsprachigkeit. Im Christentum gibt es mit Pfingsten, mit der Ausgießung des Heiligen Geistes, den Versuch, den Turm zu Babel wieder zurückzubauen. Es klingt banal, aber man muss es immer wieder sagen: Immer dann, wenn Not und Neid aufkommen – weil die Schere immer weiter auseinandergeht – wird die Schuld bei den Fremden gesucht. Die wahren Ursachen – das grenzenlose Wachstum des Kapitals, das Geld, das nur noch Geld generiert und damit den Wert der Arbeit immer mehr verringert – bleiben unangetastet, weil diese komplexen Prozesse weniger plausibel vermittelt werden können als die »Schuld der Fremden«. Der Fremde ist real sichtbar, das Kapital ist als Realität nur schwer zu begreifen, obwohl es ein viel größeres Zerstörungspotential in sich birgt als ein zugewanderter Fremder.

Wir leben gegenwärtig in einem Europa, in dem in allen Länderwahlkämpfen gerade jene Parteien Zulauf erfahren, die den Fremden als Ursache von gesellschaftlichen Verwerfungen darstellen.
Ich weiß nicht, ob man das zynisch nennen soll, vielleicht gibt es ein besseres Wort. Aber eigentlich ist die Rechnung ganz einfach: Diese Themen bringen Wählerstimmen. Mit der

Angst lässt sich viel besser argumentieren als mit dem Gegenteil von Angst. Dieses Argument ist einfach und griffig. Für die Gegenargumente muss man weiter ausholen und komplexere Zusammenhänge darlegen.

Sie zitieren an einer Stelle Marcel Proust mit der Aussage: »Die guten Bücher sind in einer Art Fremdsprache geschrieben.« Hier wird auf eine Fremdheitserfahrung des Lesers reflektiert. Kafka hatte diese Wirkung, oder Arno Schmidt, der enorme Spracharbeit in seinen Büchern leistet, oder Proust selbst, der mit einer unwahrscheinlichen Musikalität Sätze nahezu magisch ins Schwingen bringen kann. Diese Bücher sind für Übersetzer oft schwierige Prüfungen und für den lesenden Autor oft Inspirationen für das eigene Werk.

Sprache auf hohem Niveau führt den Leser zugleich in eine fremde Welt. Diese Welt kann viel mit einem machen – das Bewusstsein verändern, das Gefühl für den Ton und den Raum einer Geschichte verändern. Das Schönste ist, wenn die Sprache funktioniert, dass man eigentlich bei jedem Satz anhalten kann, um sich zu sagen, wie schön und ergreifend, wie wahr und traurig das ist. Lesen und Schreiben gehören für mich zusammen wie die beiden Seiten eines Geldstückes. Die gelungenen Werke laden immer auch ein, selber zu schreiben. Sie machen keine Angst. Werke, die Angst machen, die sind für mich nicht ganz gelungen. Die großen Werke mögen kompliziert oder mitunter nicht gleich verständlich sein, doch sie haben immer eine Einladung dabei: He, schreib Du auch, Leser.

Man hört von Autoren häufig den Satz: Ich muss mich jetzt ganz auf meine eigene Sprache zurückziehen, um nicht durch die Sprache von anderen Autoren allzu stark beeinflusst zu werden.

Ich kenne das nicht. Ich bin beim Schreiben immer von aufgeschlagenen Büchern umgeben. Bücher oder Autoren, die ich im Moment gerne lese, die begleiten mich beim Schreiben. Es ist nicht die Story oder der Sound – es sind Wörter und Sätze, die mich begeistern und begleiten. Es ist die Sprache, die mich anspricht. Es ist etwas Wunderbares, auf diese Perlen bei Proust, Handke oder Benjamin zu stoßen. Diese Sätze – und das ist das Magische und Schöne – feuern einen an beim Schreiben, machen Mut, an der eigenen Sache dran zu bleiben. Ja, und wenn dann etwas dasteht, eine durch Sprache erschaffene Figur dasteht und bleibt und nicht verschwindet und nicht behauptet ist, dann ist es gelungen.

Es gibt eine Formulierung von Ihnen, die ich sehr schön finde und die als Schlusspunkt und Überschrift für dieses Gespräch geeignet wäre, weil sie den Punkt beschreibt, wo Autor und Leser Eins werden und alle Fremdheit überwinden: »Der Traum des Schriftstellers ist es, Sprache zu werden.« Mit einigen Ihrer Bücher sind Sie diesem Traum sehr nahe gekommen. Ich danke Ihnen für dieses Gespräch.

Die Angst vor dem eigenen Verschwinden

Gespräch mit Hendrik Jackson

Insbesondere Hendrik Jacksons zuletzt erschienene Bände »Panikraum – 3 Erkundungen« und »Sein gelassen« (beide bei kookbooks) sind breit rezipiert worden. Michael Braun schreibt über »Panikraum«: »Man darf sich das lyrische Subjekt, das in Hendrik Jacksons neuem Gedichtbuch als Chronist eines existenzerschütternden Gedankenwirbels auftritt, als einen Wahlverwandten des ›tollen Menschen‹ Friedrich Nietzsches vorstellen. Allerdings ist der Gegenstand der Suche nicht mehr Gott, sondern das haltlos gewordene Ich und seine Zustände der Angst und der seelischen Erosion.« Monika Rinck gibt in einer sehr poetischen Rezension zum vorherigen Buch zugleich einen Einblick in die Poetik von Jackson: »Wie soll ich sagen: SEIN GELASSEN *ist wirklich ein trauriges und ein tröstliches Buch. Es ist ein hellwaches, ein schlafwandlerisches Buch, ein Buch, das die in den Halbschlaf zurücksinkenden Gedanken festhält und loslässt. Das erhellt und verdunkelt. Es ist ein Erinnerungsbuch, das sich von den Erinnerungen löst und sie auf keinen Fall preisgibt. Es ist sehr klar, und gleichzeitig verwaschen oder verklärt, geblendet, verschwommen und streng. Und ohne jede Strenge, wie etwas, das resignativ aufgeht, weil nun ja doch alles gleich ist. Aber es ist nicht gleich. Es ist verdreht. Und völlig unverdreht. Bei jedem Lesen ist es anders. Es ist wach und niemals aufgewacht. Es schläft und ist niemals eingeschlafen. Es folgt noch dem geringsten Reiz und bleibt stehen, wo der Strom das Ufer mitnimmt. Es rauscht, schaut, blinzelt und öffnet kein einziges Auge. Es wird die Lider nie wieder schließen. Es hat diese Stimme. Es hat die andere Stimme. Es ist ein Schneebild, und es steht im Finstern. Und es flackert so langsam, dass das Auge nicht mit kann.«*
Ich sprach mit Hendrik Jackson am 30. März 2019 in Berlin über seinen Gedichtband »Panikraum. 3 Erkundungen«.

Lieber Hendrik Jackson, vielen Dank, dass wir über den Gedichtband »Panikraum. 3 Erkundungen« ins Gespräch kommen können. Zunächst aber eine andere Frage: Wie kamen Sie zum Lesen und zur Literatur?
Wir hatten zu Hause in Münster keine Bibliothek, aber relativ viele Bücher. Was mich einerseits zum Lesen gebracht hat, war mein drei Jahre älterer Bruder, der ein extremer und sehr leidenschaftlicher Leser ist. Er hat relativ früh begonnen, ganz viel und systematisch zu lesen, ganze Werkausgaben von A bis Z. Das war eine gute Beeinflussung. Ich habe dann natürlich versucht, meine eigenen Autoren zu finden. Die zwei wesentlichen Bücher meiner ganz frühen Lesezeit waren, da war ich 13 oder 14 Jahre alt, von Wilhelm Weischedel »Die philosophische Hintertreppe« und, vermutlich durch das Buch angeregt, Blaise Pascal »Pensées«. Pascal habe ich damals in einem Jahr ganz durchgelesen, obwohl es viel zu anstrengend für mich war. Denn ich habe wirklich alles gelesen, auch die Texte über den Streit der Jesuiten und Jansenisten, was ich weder verstehen noch einordnen konnte. Das habe ich auch später leider zu oft gemacht, dass ich ganz konsequent Bücher bis zur letzten Seite gelesen habe. Das ist etwas, das ich heute nicht empfehlen würde. Man kommt mit so einer stockenden, nur scheinbar gründlichen Lektüre nicht immer weiter. Andere Lektüren waren Epiktet und George Orwell. Danach habe ich mich sehr für Orwells anarchistische Phase in Spanien interessiert. Diese Vorliebe für den Anarchismus

und eine gewisse religiös-reflexive Ader sind bis heute geblieben. Das sind zwei Pole, die sogar in »Panikraum« wieder auftauchen.

Sie haben dann Filmwissenschaft, Slawistik und Philosophie studiert – woher, wohin, wozu damals? Die Philosophie, die ja auch viel mit Sprache zu tun hat, hat sich möglicherweise aus den frühen Lektüren ergeben?

Das Philosophiestudium entsprang einem sehr großen Wissensdrang. Philosophie erschien mir als die Königsdisziplin. Nach der Schule war ich zunächst nach Köln gegangen und hatte dort den Zivildienst absolviert. Von dort ging ich direkt nach Berlin, wo ich Theaterwissenschaften (mit Schwerpunkt Film), Philosophie und Slawistik studiert habe. Das Studium der Slawistik und die folgenden Reisen nach Russland waren für mich auch sicherlich eine Möglichkeit, aus dem gut-bürgerlichen Dasein ein Stück weit herauszukommen.

Meine Eltern waren große Filmliebhaber. Vielleicht hat das eine Richtung gegeben. Ich entdeckte relativ früh, in der Schulzeit, einige russische Filme. Tarkowskijs »Opfer« war damals zugleich eines der größten Schockerlebnisse für mich, noch stärker als die genannten Lektüren; ein Einschnitt, nach dem nichts so bleiben konnte, wie es vorher war. Da war eine Weite, eine Großartigkeit, die ich so aus meinem Leben gar nicht kannte. Ich hatte später bei vielen russischen Filmen das Gefühl, dort, in dieser Welt auf eine seltsame Weise zu Hause zu sein. Andererseits war es auch exotisch und fremd. So ging es mir auch später bei meinen Russlandbesuchen – einerseits Faszination durch das Fremde, andererseits das Gefühl, sich auf eigenartige Weise heimisch zu fühlen und mit einigen Dingen viel selbstverständlicher klarzukommen als in Münster. Münster hat mich auf eine ganz andere Weise befremdet, ein Leben lang, bis heute.

Haben Sie Slawistik auch in Russland studiert?

Nein. Auch längere Aufenthalte waren kaum möglich. Ich war in der Regel nur drei Monate am Stück in Russland. Nach Ablauf des Touristenvisums gab es immer eine Unterbrechung. Das war aber in dieser Zeit gut so, weil ich anfangs in Russland auch eine schwere Phase hatte. Das war in den 90er Jahren – eine für Russland extreme und wilde Zeit. Es wurde sehr viel getrunken, meinen russischen Freunden ging es nicht immer gut. Als Westler befand man sich in einer Art Schutzhülle. Insofern waren meine Erfahrungen vielleicht nicht immer ganz real. Es war aber gut, dass ich immer wieder nach Hause musste.

Meine erste Reise in die Ex-Sowjetunion ging allerdings in die Ukraine, wo die Konflikte mit dem Russischen damals durchaus schon virulent waren, wenn auch in viel kleinerem Ausmaß. So standen vor unserem Haus vor der benachbarten Kirche tagelang Gläubige und sangen gegen die »Moskauer Kirche« an. Diese Reise war abenteuerlich. Man konnte in Deutschland nur ein Ticket bis zur ukrainischen Grenze kaufen. Ab der Grenze war ein schwarzes Loch auf der Karte. Als ich dann in dieser ukrainischen Kleinstadt ankam, merkte ich erst nach ein, zwei Tagen, dass dort gar kein Russisch gesprochen wird, sondern Ukrainisch.

Russisch ist bis heute eine Sprache, die ich sehr mag. Später war ich in St. Petersburg. Ich habe dort sehr früh begonnen, Mandelstam zu lesen, obwohl ich noch kaum Russisch sprechen konnte. Ich hatte mir die russischen Ausgaben gekauft und dann nächtelang seine Rätselsprüche studiert. Ich konnte nie wissen, ob die Übersetzung, die ich mir im Wörterbuch zusammengesucht hatte, auch stimmte.

Ich habe versucht, meine Schwerpunkte zu vereinen, habe aber sicherlich am meisten Zeit in die Philosophie gesteckt. Meine Magisterarbeit hatte ein Filmthema – den russischen Filmemacher Aleksander Sokurow und dessen Film »Der Stein«, in dem Anton Tschechow eine große Rolle spielt. Ein sehr dunkler, langsamer, melancholischer Film. In der Philosophie habe ich über Walter Benjamins »Der Ursprung des deutschen Trauerspiels« und das Thema »Melancholie« abgeschlossen. Das ist dann am Ende alles schön zusammengeflossen.

»Panikraum. 3 Erkundungen« besteht aus den Teilen »Russland-Transit (Ansichten)«, »Jack-the-Ripp (Angesicht)« und »Panikraum (Angst, ich)«. Die Texte im ersten Teil sind ein Eintauchen in die russische Realität und größtenteils sehr formbewusst gebaut. Es wird sehr viel mit Sprache gearbeitet, mit Alliterationen, mit unterschiedlichen Formen, bis hin zum sehr komplexen Prosagedicht, der Text »Tscheljabinsk« kommt als Listengedicht. In diesem Teil gibt es auch zwei Pastiches – das sind kunstvolle Überschreibungen, die sich formal in der Regel als Parodie oder Hommage geben. Das Überschreiben eines schon vorhandenen Textes spielt auch in Ihrer Essayistik eine Rolle. Wie kam es zu diesen Pastiches? Was verführt zu dieser Form?

Für diese beiden Pastiches gibt es konkrete Anlässe. Ich war in Russland u.a. auch als Lehrender für »Kreatives Schreiben« unterwegs. Dabei war es wichtig, Material zu finden, das es auf Russisch und auf Deutsch gab. Durs Grünbeins Gedicht »Einer Gepardin im Moskauer ZOO«, welches auf Rilkes Gedicht »Der Panther« Bezug nimmt, bot sich insofern an, weil Rilke im Russischen in zahlreichen Übersetzungen vorhanden ist. Auch Durs Grünbein liegt in russischen Übersetzungen vor. Man konnte mit diesen Texten im Unterricht zeigen, dass Literatur immer auch aus Literatur entsteht. Das ist im Übrigen ein Aspekt, der in der deutschen Lyrikkritik oft zu kurz kommt. Wenn z.B. über Jan Wagner geschrieben wird, wird fast nie erwähnt, dass Jan Wagner zu entscheidenden Teilen auf Charles Simic zurückgeht. Es ist aber wichtig zu sehen, wo etwas herkommt. Das schmälert ja das Werk nicht. Ich gehe selbst eher den Weg, in fremden, bereichernden Schreibweisen zu verschwinden. Das Verrückte ist ja: Wenn man das versucht, funktioniert das letztlich nicht. Mit den Pastiches versuche ich zwar ganz explizit, diesen fremden Schreibweisen zu folgen. Aber dann komme ich immer wieder an Stellen, wo es sich in mir sperrt, weil sich schon ganz andere Dinge im Denken abgelagert haben, die sich einbringen.

Das ist das Spannende – die Erfahrung, wie Literatur durch andere Literatur hindurchgeht. Das kann man über die Strecke Rilke-Grünbein im Unterricht gut darstellen, und ich habe die dann fortzuführen versucht mit dem Gedicht »Wolgograder Triptychon«. Ich finde sehr schön, wie fein Rilke in dem Gedicht von Durs Grünbein anklingt. Ein Pastiche ist das nicht, es bleibt ein Grünbein-Gedicht. Und auch mein Text – obwohl dieser sehr nahe am Grünbein-Gedicht bleibt, man kann den Tonfall heraushören – ist am Ende eben doch kein Grünbein-Gedicht. Ob man das jetzt als Parodie oder Satire begreift, ist wieder eine Frage, über die man lange sprechen könnte. Ich sehe Pastiches nicht als Literatur, die sich über etwas lustig macht, sondern, auch da, wo sie ironisch werden, als etwas, dem es um ein Erkennen geht, um ein Maskenspiel, Wiedererkennen und Durchdringen.

Der Pastiche »Faulenzers Traum von Wels und Stör« nimmt auf kein bestimmtes Gedicht von Chlebnikow Bezug – und eigentlich kann man es schon nicht mehr Pastiche nennen. Es ist eher ein Angedenken-Gedicht. In diesen Text spielt der Ort Astrachan hinein, Chlebnikows Geburtsort, an dem ich mich aufgehalten habe. Chlebnikow ist heute auf unterschiedlichste Weise anwesend in Astrachan. Ich entdeckte die Stadt mit Chlebnikow. Zum Teil nehme ich Stilmittel von Chlebnikow auf und beziehe mich auf sein berühmtes

Gedicht über das Lachen (»Schlagt an, ihr Lacherer«). Es ist ein kompaktes Gedicht entstanden, in dem ich sehr viele Motive verarbeitet habe. Astrachan ist eine auf sumpfigem Grund errichtete Stadt, die auf Inseln ruht. Das Gedicht nimmt dies auf, hüpft von Insel zu Insel. Es gibt ganz viele kleine Wissens-Inseln. Ich versuche so, ein Chlebnikowsches Panorama aufzufalten.

Für jede Stadt, über die ich schreibe, versuche ich eine ganz neue Herangehensweise zu finden und eine neue Methodik zu entwickeln. Das ist ja durchaus typisch für mein Schreiben: nämlich immer wieder untypisch zu sein, Methoden zu wechseln und sich nicht »sich«-er zu sein. Für die Bücher hinsichtlich des Marktes und der Preise ist es schlecht. Autoren, die einer festgelegten Handschrift folgen, prägen sich besser ein und erfüllen die Lesererwartungen, was dann auch eine stärkere Rezeption nach sich zieht. Aus meiner Schreibperspektive hat sich der Literaturbetrieb in diesem Verhalten als antiquiert herausgestellt – und es wird nicht besser. Die ganze »Postmoderne« ist eigentlich noch gar nicht richtig angekommen, dabei sind wir ja im Grunde schon viel weiter. Im Kunstbetrieb laufen diesbezüglich viel avanciertere Diskurse. Der Vorwurf, dass die Lyrik etwas »Idyllisches« habe, trifft zuweilen noch zu. Da hat sich inhaltlich manchmal nicht viel bewegt (stilistisch schon). Ein Dichter wie Daniel Falb, der die in der Kunst laufenden Diskurse aufnimmt und damit arbeitet, sticht sofort heraus. Selbst die guten Dichter leisten, was die inhaltliche Auseinandersetzung betrifft, oft nur sehr subjektive, romantisch eingefärbte Privatissima und Anekdotisches. Vielleicht ist das eine Art Gegenbewegung zur vorhergehenden Generation – die mit Peter Waterhouse, Raoul Schrott und Thomas Kling sehr weit ausgeholt und sich an breiten Gesellschaftspanoramen versucht hat. Eine Gegenbewegung, die zwar nicht in naturalistisches und subjektives Empfinden zurück will, die aber komplexe subjektive Standpunkte einbringen will. Dies führt an manchen Stellen dazu, dass Relevanz verloren geht. Auf der anderen Seite sind diese Großprojekte natürlich auch obsolet geworden, darin kommt ja noch eine Hybris zum Ausdruck. Die zum Beispiel Chlebnikow auf wirklich verrückte Weise hatte. Er war in seinem Schreiben ausgreifend bis megaloman und hat dann wirklich sehr eigenwillige Systeme entwickelt, um die russische Geschichte zu begreifen. Das ist in Russland selbst kaum rezipiert worden. Erst ab den 1990er Jahren hat man begonnen, sich intensiv mit Chlebnikow zu beschäftigen. In Astrachan wird Chlebnikows Geburtshaus gegenwärtig zu einem kleinen Museum umgebaut.

Das erste Kapitel meines Bandes mäandert auf diese Weise durch Russland und versucht, verschiedene Perspektiven auf die russische Geschichte zu entwickeln und das in unterschiedlichen Schreibweisen zu spiegeln. Es ist eine Reise, in der man über Ansichten zu Ansichten und Innensichten gelangt, das ist die Bewegung des Buches.

Im Kaliningrad-Text gibt es die Zeile: »Skeptisch schaue ich, der Quellenmichel«. Fünf Worte, die sagen, dass es eine Reise zu Quellen ist und dass ohne Skepsis keine Sichten gewonnen werden können. Ich lese »Quellenmichel« zudem auch als Hinweis auf die deutsche Gründlichkeit. Im Kopf des Reisenden sind die Lektüren großer Königsberger präsent (Kant, Hamann und E.T.A. Hoffmann), deren geisterhafte Gegenwart im Text mehrfach konnotiert wird.

Diese Konnotationen drängen sich auf. Kaliningrad hat eine reiche deutsche Geschichte. Der Gang durch die Stadt ist auch ein Gang zu den Quellen dieser drei großen Königsberger. Mich hatte der Kaliningrader Dichter Bartow durch die Stadt geführt, der sich um das dortige Hoffmann-Haus kümmert. Er, der mehrmals im Text vorkommt, ist ein Phänomen. Er sieht alles doppelt. Er hat die komplette Geschichte der Stadt vor dem inneren

Auge. Er sieht so auch das Ehemalige. »Schaut, hier ist das Universitätsgebäude.« Wo? »Zerstört in Tausendneunhundertvierundvierzig.« sagt er dann und zeigt auf eine Stelle mit Gras. Deshalb heißt es im Text an mehreren Stellen: »ich sehe doppelt.« Ein Deutscher, der dann dort auftaucht, ist per se der Michel. Die Bewohner leben dort in dem Bewusstsein, in einer deutschen Stadt zu leben.

Der Text ist »Rutengänge im Abraum« überschrieben. Da steckt auch das Wort Route drin.
Es ist beides. Ich wurde in Routen durch die Stadt geführt. Die Rute weist auf dieses Doppelte hin. Es war, als folgte man einem Wünschelrutengänger. An jeder Ecke schlug seine Rute aus und verwies auf etwas, das darunter liegt. Das waren Hinweise auf das Verborgene – auf Hamann und Kant – in einer völlig desaströsen Stadt. Man spricht auch von der »Apokalypse Kaliningrad«.

Es ist eigenartig, warum ich mit Russland so verbunden bin. Es lässt sich im Leben nicht alles rationalisieren. Wenn ich in Russland bin, inspiriert mich das. Es entsteht ein Text nach dem anderen. Es ist frappierend, wie wenig ich vergleichsweise über Deutschland geschrieben habe.

Diese Russland-Erkundungen haben ein INTERLUDIUM mit dem Titel »Schafe für die Anarchie«. Ein schön zugespitzter absurder Hintersinn, gipfelnd u.a. in Zeilen wie: »erschafen, um zu blöken«.

… eine Zeile, die auf Herder zurückgeht. Die beiden Interludien rahmen den Drei-Kapitel-Trichter des Buches noch einmal anders. Kann man über Russland sprechen, ohne auf Anarchie und Anpassung zu sprechen zu kommen?

Der zweite Teil des Buches ist der Zyklus »Jack-the-Ripp«. Mich hat verwundert, dass sich die Wahrnehmung der bisherigen Rezensenten so sehr am Jack-the-Ripper-Mythos orientiert hat, obwohl der Text ja auch andere Lesarten ermöglicht. Natürlich ist der Mythos des Frauenmörders ein Angelpunkt, der dem Zyklus Orientierung gibt. Schon die Tatsache, dass diese Mordserie zu den großen unaufgeklärten Fällen der Kriminalgeschichte gehört, bietet immer wieder Reiz, dieses Geschehen als Folie zu benutzen. Der Titel heißt aber »Jack-the-Ripp«, was Anlass genug gibt, auch nach anderen Anknüpfungspunkten für Interpretationen zu suchen. Jack und Jackson sind nicht weit auseinander. Das Wörterbuch bietet weitere Fäden: ripp – aufschlitzen – kann auch für Taugenichts stehen; ripper – der Aufschlitzer – kann auch für famoser Kerl stehen. Ripp verweist zudem auf Netzwerk, auf Gewebestrukturen. Wenn ich will, kann ich also auch »Jackson, der Netzwerker« lesen.
Nicht zu vergessen »die Rippe«, die biblisch betrachtet auf die Frau verweist. Das ist nicht unwichtig, denn es geht auch um Geschlechterkrieg. Über die genannten Assoziationen, die das Wort »ripp« ermöglicht, werden weite Spielräume eröffnet, die über das Kriminalistische hinausweisen.

In diesen Räumen werden weitere Netze geknüpft. In der Zeile »jeder Mensch hat ein zweites Gesicht, in der Menge schimmert es auf, hat diesen Anschein, der trügt« lese ich Ezra Pound mit und Parmenides, der schon in Ihrem Buch »sein gelassen« eine große Rolle gespielt hat.
Pound, ja, das kann man da finden, nicht zu vergessen Edgar Allan Poe – »Der Mann in der Menge«. Beide Texte beschreiben Großstadterfahrungen. Was passiert in der kapitalistischen Großstadt? Der Mensch wird in gewisser Weise austauschbar, ein statistisch erfassbarer Teil einer Menge. Im Text überschneidet sich das – Doppelbelichtung, zwei Gesichter. Man kann auch die Erfahrung ableiten: Ja, es gibt jeden Menschen zweimal. Wenn du ein statistisch erfassbarer Mensch bist, dann gibt es dich auch ein zweites Mal. Du bist ein Fall unter vielen, es gibt aber auch die Wahrscheinlichkeit der Wiederholung. Das ist

sehr abstrakt, stimmt aber mit Erfahrungen überein, wenn man älter wird und plötzlich bestimmte Typen wiederkehren sieht. Man läuft durch die Stadt und denkt: den kenn ich doch. Es ist aber jemand anderes.

Ein anderes Phänomen ist das »zweite Gesicht«. Dies geht im Text ineinander über. Jack, der Frauenmörder, kommt im erweiterten Verständnis nicht damit klar, Teil einer Statistik zu sein. Er stemmt sich dagegen, vernichtet zu werden. Das ganze komplizierte Verhältnis der Geschlechter beruht ja immer auch auf Anerkennung, Macht, fehlender Macht, Ohnmacht und Wut. Während des Vollzugs der Taten, nahe am Wahnsinn, hat Jack, der Frauenmörder, vielleicht auch eine Vision von sich, die überhaupt nicht mit der Realität übereinstimmt. Und vielleicht hat »der« Mann in patriarchal geprägter Vorgrundierung eine besondere Vision von sich als Frauenmörder? Dies alles spielt in den Text mit hinein.

Daneben eröffnen sich weitere mögliche Lesarten. Etwa wenn unter der Unterüberschrift »Jack schnappt Analyse auf« steht: »diese längst angefaulten Metaphern. Man stellt Verengung der Gefäße fest. Die Wörter gurgeln.« Dann schwingt plötzlich Lyrikkritik mit hinein.

Ich denke solche Lesarten schon durchaus mit, nur eher latent. Es gibt darüber hinaus oder davor aber auch eine ganz persönliche Ebene. Ich habe an einer Stelle im Gehirn eine Erweiterung der Gefäße, die künstlich verengt werden musste mit einem Stent. Wenn dieses Private hineinspielt, dann nicht als sentimental-anekdotisches Moment, sondern als eine existentielle Frage: Was macht mich aus? Was macht den Menschen aus, der hier schreibt. Im Sinne Hamanns ist das die Frage nach dem »Speck der Mundart« des Einzelnen.

Ich denke, dass der ganze Band »Panikraum« diese existentiellen Fragen stellt und insofern immer auch Selbstbefragung und existentielle Sinnsuche ist.

Ich begreife mich nicht als ein klar umrissenes Ich. Ich bin schon immer auch all die Dinge, die mich durchströmen und mich konstituieren. Ich bin von Beginn an ein Produkt von ganz vielen Komponenten. Ich würde das nicht Prägung nennen, denn bei der Prägung wäre ja schon etwas da.

Daniel Falb versucht in seinen Texten, den Menschen in soziologische Komponenten aufzudröseln. Wir sprechen viel über diese Fragen. Er versucht, von oben (inzwischen sogar vom Weltraum her) einen ganz »objektiven« soziologischen Blick auf die Erde zu werfen. Ich versuche dagegen, eine letztmögliche Subjektivität zu entwickeln. Wie kann ich überhaupt noch subjektiv sein? Wir diskutieren das kontrovers. Es gibt kein Subjekt, aber es gibt Momente von Subjektivität, Momente von einer erhöhten Intensität und Glaubhaftigkeit. Denn letztlich gibt es auf der einen Seite zwar die Statistik, den Logos und die Beherrschbarkeit und Durchdringung der Welt in Listen, aber es gibt auch unsere Wahrnehmung. Und über die kommt keine Statistik hinweg. Die ganze Welt der Erscheinungen ist ein Geist-Produkt. Wir können die Subjektivität nicht ausmerzen, die ist uns immer mitgegeben, all unsere Erfahrung begleitend. Und da frage ich nach. Was ist das und inwiefern kann ich dem vertrauen? Inwiefern ist dort Rettung oder Trost?

Der letzte Text in »Jack-the-Ripp« (vor dem INTERLUDIUM) trägt einen humorvollen Titel in Jean-Paulscher Manier: »Jacks thetische Rippen, freiseziert in zwei anhänglichen Kapriolen«. Schon die Intonation – »Himmel nochmal! Taucht immer erst das Scheitern das Leben in jenen Glanz der Vergänglichkeit, der zu wahnhaften Formen der Sehnsucht und Anhaftung führt?« – spart nicht mit Witz.

Ich sehe dieses Nachwort als Brechung dieses wahnsinnigen Pathos. Das Gedicht davor endet mit »gewaltige Idee an Gottes Spielhallenmauer«. Ein pathetisches aber zugleich vehementes Gedicht, in dem die ganze Breite der Leinwand bespielt wird. Im Nachwort wird das gebrochen und hinterfragt. Dieses Hinterfragen in Form von Selbstkommentierung findet sich bei nur wenigen Lyrikern, bei Elke Erb etwa.

Sonst hat sich in der Lyrik meist der Kult um das »Genießen« oder das »reine« Gedicht gehalten. Ich hingegen finde es reizvoller zu fragen: Was war das jetzt eigentlich? Genauso frage ich mit meinem Nachwort zum Zyklus »Jack-the-Ripp«: Was hat das mit mir zu tun und wie komme ich darauf und was soll das Ganze? Dem Ganzen liegt ja ein banaler Konflikt zugrunde – ein Geschlechterkampf, Liebe, elementare Gefühle. Das Unerwünschte, das eigene Versagen, muss schnell in die Ecke gedrückt werden. Das Unerwünschte wird in einer Beziehung immer als erstes verdrängt. Man selbst merkt vieles als Letzter. Solch ein Nachwort muss ironisch sein. Paradoxerweise geht der Anspruch, die Dinge bannen zu können, in der Relativierung des Dichtergrößenwahns auch wieder auf, wenn auch anders.

Der darin enthaltene »Pastiche in cottenscher Manier« lässt mich an Ann Cottens Versepos »Verbannt!« denken.
Mit meinem Text reagiere ich auf die Rezeption von »Verbannt!«, die mich geärgert hatte. Deshalb ist dieser Pastiche zugleich Parodie des Stils von »Verbannt!« und Ausdruck der Verehrung für Ann, dass sie sich überhaupt getraut hat, diesen Text so unter die Leute zu bringen. Ist das als Quatsch getarnter, genialischer Größenwahn, oder ist es nicht doch eher als Größenwahn getarnter Quatsch, aber irgendwie genial? Das ist also ein sehr ambivalenter Pastiche, aber durchaus verehrend zugeeignet, wenn auch nicht ganz unkritisch gegenüber der Camouflage der Aporien, die bei Ann und mir auch noch da stattfindet, wo diese eigentlich offen zutage treten. Insofern dann doch wieder eine Selbstbefragung.

Die »Kapriolen« schließen mit dem nach allen Seiten öffnenden und zugleich auf Shakespeare verweisenden Satz: »denn es ist doch schön, dass Jack nichts als ein sommernachtsträumerischer Esel ist.« Das ist dann wie beim »Theater auf dem Theater«: Der Sprecher tritt an den Bühnenrand und gibt dem Publikum noch diesen einen Satz mit, danach fällt der Vorhang. Bevor wir auf die dritte Erkundung »Panikraum. (Angst, ich)« zu sprechen kommen, möchte ich kurz etwas zu meiner Leseerfahrung mit dem vorherigen Buch »sein gelassen« sagen. Mich interessiert an »sein gelassen« u.a. die Suche nach dem »Rettenden«, dort bekommt das Buch für mein Empfinden so etwas wie einen Hölderlin-Ton, einen Hyperion-Ton. Auch Hölderlin war immer auf der Kippe und hat sich nach dem Rettenden gestreckt. Das mag aber meine ganz eigene Lesart sein.
Ton als Intonation verstanden. Man sollte sich in Deutschland als Dichter vor Hölderlin und Celan ein wenig in Acht nehmen. Da wird zu viel unhinterfragt mit übernommen, wenn man diese – selbstverständlich großartigen – Dichter in den eigenen Kanon aufnimmt. Freilich geht es nicht ohne sie. Für mich waren in diesem Buch aber drei Autoren wichtiger: Dane Zajc, Novalis und natürlich Parmenides.

Der Protagonist in »sein gelassen« studiert Parmenides – mit akribischem Durchhaltevermögen, aber wachsendem Verständnis. Die Grundthesen dieses Vorsokratikers ziehen sich durch das ganze Buch und strukturieren dies vielleicht sogar. Parmenides' Thesen werden, wie später auch in »Panikraum«, zum Abprüfen existentieller Vorgänge hervorgeholt: Wie ist das mit diesem Doppelgesicht, mit dieser Parallelwelt der Meinungen, der man nicht vertrauen darf?

Zum Doppelgesichtigen: Da hängt eine ganze riesige Kritiktradition dran: nicht nur Kritik der Masse, auch Kritik des Meinens überhaupt, des Rechthabens und Rechtens. Auch da wieder Hölderlin: Die Spaltung steckt ja schon im Ur-Teil. Gesetz, Recht und Spaltung, Separation durch Meinung, wie wir sie ja akut wieder schärfer denn je erleben dürfen, hängen immer schon zusammen.

Am Ende des Buches ist vom »Schatzkästchen« die Rede.
Ist das nicht eher am Anfang? Interessant, wie man Lektüren wahrnimmt, da verschiebt sich vermutlich die Abfolge. Das »Schatzkästchen« ist eine etwas eigenartige Erfindung von mir. Oder sagen wir ruhig: unbeholfen. Aber gerade in der Mystik, bei Tauler und Müntzer, gibt es immer wieder Bilder der Unbeholfenheit, die rühren. Darin bricht sich etwas, das Perfektion und Könnerschaft nicht einholen können. Das ist etwas, was mich oft einholt, die Idee der Einfachheit. Es ist wohl nichts schwieriger, als einen einfachen Text zu schreiben, ein einfaches Gedicht.

Das erinnert mich an Christoph Wilhelm Aigners Suche nach dem exemplarischen Gedicht. Warum erschüttert uns noch heute ein Gedicht von Sappho, das vor 2600 Jahren geschrieben wurde? Warum erscheint uns dagegen ein vor zwanzig Jahren geschriebenes Gedicht als vom Zeitgeist überholt und gestrig? An einer Stelle in »sein gelassen« sagt der Protagonist, Novalis sei für ihn »reine innere Wärme«, Dane Zajc, dessen Texte aufgerufen werden, sei dagegen »absolute Kälte«, Parmenides irgendwo in einer Mitte, »von der sich Schönheit nach beiden Seiten hin aufspannte«. Damit ist der Raum beschrieben, der in diesem Buch ästhetisch ausgeschritten wird. Daraus entwickelt sich der Versuch, das Rettende in der Schönheit und im Akt der Güte und damit Trost zu finden.
Das muss letztlich jede Leserin, jeder Leser für sich entscheiden. Vielleicht ist auch der Aufbruch das Tröstende – »sein gelassen« schließt ja mit einem Aufbruch.

Aber kommen wir jetzt zu »Panikraum. Angst, ich«, dem Teil von »Panikraum«, der wie eine Fortsetzung von »sein gelassen« gelesen werden kann, allerdings mit stilistisch anderen Mitteln, die Intonation ist eine andere.
Vielleicht lese ich zunächst eine der für mich wichtigsten Stellen in Panikraum einfach einmal vor:

du bist also der tolle Mensch! Auf dich lässt du nichts kommen! Wer könnte das von sich sagen! »zwei Wege kommen hier zusammen«, orakelte ein Zwerg, der du sein sollst, ein Riesenzwerg – »die ging noch niemand zu Ende« und niemand wird von ihnen berichten. losgezogen sind viele. und sollten welche zurückgekehrt sein, so wird ihnen niemand Glauben schenken. wie sollte man diesen Weg auch abschreiten, du müsstest nicht nur Berserker und Wüterich, sondern bröckelnder Gigant sein, eine Unendlichkeit, ein Pi, oder gleich im Gegenteil ein Zwerg, ein ins Unermessliche schrumpfender Zwerg, ein echtes Zwergnis (monumentales Zeugnis, lachhaftes Ärgernis).

Ich habe neulich erst wieder gelesen, Gnom ist im Altgriechischen die Erkenntnismöglichkeit, der Verstand. Gnom – Genom, das hängt alles zusammen, die Erkenntnis und das Nomen. Ich stelle mir die Frage: Wie kommt man von dem Noumenon, dem Erkennen, und dem Genom, zum Gnom? Man könnte dann mit Steffen Popp antworten: Jedes menschliche Erkennen ist ein Zwergensystem.

Beim Lesen von »Panikraum« habe ich immer wieder frühere Lektüren assoziiert. Wenn ich lese: »dieser Text verbrannte 2000 Euro in der Herstellung, nicht eingerechnet die Lebenshaltungskosten. / der Autor dieses Textes hat alles verloren, er ist allein und ihn überkommt Panik, sobald der Bildschirm erlischt«, und etwas weiter im Text: »er hat eine Aufgabe schultern wollen … aber der Autor Hendrik Jackson ist am 21.12. um 17:45 mickrig daran gescheitert«, dann assoziiere ich Allen Ginsbergs Gedicht »Howl«: »Amerika ich hab dir alles gegeben und jetzt bin ich nichts. Amerika zwei Dollar und siebenundzwanzig Cents, 17. Januar 1956.« »Panikraum« lese ich – ähnlich wie »sein gelassen« – vor allem als eine Aufarbeitung von existentiellen Erfahrungen.

Das Existentielle kommt für jeden Schreibenden erschwerend dazu. Ich will aber noch einmal auf zwei Punkte kommen, die wir bereits angesprochen hatten. Zum einen die Tatsache, das das Unerwünschte verdrängt wird. Es gibt etwas, dass das ganze Leben mitstrukturiert, aber kaum angesprochen wird, weil es kaum auszuhalten ist und deshalb selbst die größten Autoren dies unangesprochen lassen: Das ist die Angst vor dem eigenen Verschwinden. Alles, was mit Panik zu tun hat. Ich habe mich wie in einem Experimentierraum hingesetzt und mir gesagt: Ich muss das wissen. Was ist das, was uns eigentlich am meisten angeht, weil es uns am unmittelbarsten betrifft, worüber aber am wenigsten geschrieben wird? Das ist doch ein eklatantes Missverhältnis. Ich habe dann Panikzustände systematisch herbeigeführt. Ich habe mich meditativ ins Verschwinden versenkt, um diese Panik zu erforschen, um zu sehen, was es damit auf sich hat. Ich glaube, es gibt zwei Gründe, warum selbst in der wissenschaftlichen Literatur zwar sehr viel darüber geschrieben wird, wie man mit Panik umgeht, aber wenig darüber geschrieben wird, was Panik, sowohl phänomenologisch als auch existentiell betrachtet, bedeutet. Selbst bei Heidegger findet sich, so weit ich weiß, dazu kaum konzentriert etwas. Der eine Grund dafür ist: Es findet eine massive Verdrängung statt. Ich habe nur wenige Autoren gefunden, die mir in dieser Frage wirklich geholfen haben – auch wenn das natürlich etwas ist, das überall, in sehr vielen Werken an den Rändern hervorlugt oder überhaupt alles grundiert. Rosenzweig hat einige sehr aufschlussreiche Stellen geschrieben. Dann natürlich Sokurow als Filmautor. Sonst eigentlich nur noch Emmanuel Levinas und Jacques Derrida. Levinas ist vielleicht in dieser Hinsicht der mutigste Denker, der am weitesten eindringt, wobei Levinas selbst über die Religion aufgefangen wird. Der andere Grund, warum das nicht zur Sprache kommt, ist, dass Panik sich zwar gedanklich erzeugen lässt, aber in erster Reaktion und auch sonst, ähnlich dem Schmerz, extrem körperlich-affektiv ist. Dieses intensiv Körperliche entzieht sich der Sprache. Deshalb komme ich im Text immer wieder auf die Rolle des Autors zu sprechen. Weil das auch das Feld der Literatur verlässt. Weil es Zustände betrifft, die fast nicht mehr sprachlich zu greifen sind. Auch wenn diese Zustände von Sprache und sprachlich formulierten Gedanken begleitet werden. Der richtige Zustand des Panischen rotiert in einer Vorstellungswelt, die der Sprache immerzu enteilt. Es gibt tatsächlich Zustände – und das taucht in »Panikraum« an mehreren Stellen auch auf – wo ich mir mein Verschwinden vorstellen kann. Das sind dann aber keine sprachlich verfassten Gedanken, sondern plötzlich aufflammende Vorstellungen, die ein solch rasendes Tempo vorlegen, dass sie sprachlich verstummen – oder überstürzen. Ich falle an diesen Stellen auch sofort aus dem Sprachlichen heraus, weil es nicht auszuhalten ist. Deshalb habe ich mich immer wieder da hinein begeben, um nachher zu versuchen, mit Sprache zu ergründen, was da passiert. Das ist ein sehr anstrengender Vorgang, der mich auch extrem belastet hat. Insofern ist es kein Wunder, dass darüber bis jetzt noch keiner geschrieben hat. Trotzdem war es für mich die größte Verblüffung im Laufe meines gesamten Schreibens – und das ist auch das Ungeheuerliche dieses Kapitels, seine »Quodditas«, weshalb ich sage: Ich bin der tolle Mensch! Es ist eine schier alles umstülpende Vorstellung, dass das, was einen mehr als alles andere angeht, kaum je angegangen worden ist. Dabei liegt es offen zutage und alle wissen es. Der Marktplatz liegt in vollkommener Finsternis und ich renne hinein mit der gelöschten Fackel und schreie, es ist dunkel. Aber weiterhin wird geredet, als wäre er hell erleuchtet.

Man kennt die Experimente von Henri Michaux, der den Einfluss von Drogen auf das am eigenen Körper erfahrbare Existentielle erprobt hat. Wahrscheinlich braucht es, um Panik am eigenen Körper zu erforschen, noch viel mehr Kraft. Das ist kein Experiment, das man, wie Michaux, in Begleitung eines Arztes durchführen kann, sondern es ist ein Operieren am eigenen Fleisch.
Es ist auch so, dass man schwer wieder herauskommt. Dieses Kapitel war und ist auch nach wie vor für mich belastend. Es ist das Schlimmste, das ich je in Angriff genommen habe. Dieser schmale Text. Es kommt natürlich bei aller Intensität wenig dabei herum, weil man immer wieder an Grenzen stößt.

Mich hat die Passage, wo Sie Ihre Söhne mit ihren wirklichen Namen in den Text holen, sehr beeindruckt. Eine der Stellen, wo es um die Angst vor dem Verschwinden geht und wo es heißt: »Wir schauen uns an und können es nicht fassen, das Unendliche.« An dieser Stelle wird klar, dass die Verantwortung, die man für, und die Angst, die man um die eigenen Kinder hat, ebenfalls in diesem Panikraum zuhause ist. An einer Stelle heißt es »endlich ziehe ich mir aber das Vaterkostüm über, das Sprachkostüm, und spreche in das lichtlose Vakuum«. Dort spricht die Angst, in dieser Verantwortung zu scheitern, mit.
Für mich ist es in diesem Kapitel wichtig, dass ich immer wieder in Bereiche komme, wo sich die Rolle des Autors auflöst. Wo ich gar nicht mehr unterscheiden kann: Bin ich das oder trete ich hier auf einer Bühne auf?

Man muss scheitern. Deshalb bringe ich das ins Spiel. Nicht als eine Wiedereinführung des naiven Autor-Ichs, sondern als ein Scheitern des Bühnen-Autors. Das heißt nicht, dass der andere wieder aufersteht. Er kommt aber natürlich auf einmal dazu und sagt: Wenn du mit deinem Anspruch, Autor zu sein, hier an dieser Stelle sowieso scheiterst, dann kann jetzt auch der wirkliche Vater reden. Das ist natürlich keine Lösung. Aber als Problematik trennt sich das auf.

Interessant ist, dass nahezu parallel zu »sein gelassen« und »Panikraum« bei kookbooks auch Daniel Falbs »CEK« erschienen ist, wo er ganz radikale Fragen nach der Endlichkeit und nach dem Verschwinden stellt, nämlich dem Verschwinden der ganzen Erde. Daniel Falb spricht in »CEK« von sich selbst als kookbooks-Autor. Gleichzeitig thematisiert Martina Hefter in »Es könnte auch schön werden« das Verschwinden des Anderen. Auch bei Martina Hefter taucht ein Autor-Ich auf, das echte Telefonnummern durchgibt: Ihr könnt mich anrufen. Parallel mache ich ein Buch, in dem ich meine Kinder direkt anspreche. Diese unbeabsichtigte Parallelität ist frappierend. Ich weiß nicht, wie einmal darüber gesprochen werden wird, es ist eigentlich auch nicht wichtig, aber natürlich haben wir drei uns gefragt: Was heißt das jetzt? Was ist da in der Gesellschaft aufgeplatzt, dass plötzlich wieder Fragen nach der Autorschaft gestellt werden, die eigentlich schon für obsolet erklärt worden waren?

Auch in »Panikraum« gibt es wie in »sein gelassen« eine Trostsuche. Eine Suchrichtung ist ZEN.
Ich habe schon vor Jahrzehnten Bi-Yän-Lus »Niederschrift von der smaragdenen Felswand« aus dem elften Jahrhundert gelesen, eines der schönsten buddhistischen Bücher, welches sich durch eine Vielschichtigkeit von Kommentaren zu Kommentaren zu Kommentaren auszeichnet. Da heraus habe ich einige paradoxale Denkfiguren nach-entwickelt, die in »Panikraum« immer wieder auftauchen. Momente der Erleuchtung und der Evidenz,

in denen Trost stecken kann. Das ist vielleicht auch etwas, was ich in der Sprache immer wieder suche.

In den »Panikraum« gehört auch die Suche nach Strategien gegen das weiße Blatt.
Dort kommen wir wieder zu »Schafe für die Anarchie« [INTERLUDIUM zu »Russland-Transit«]. Die Schafe sind ja weiß, haben eine gewisse Unschuld. Schafe können natürlich nie für die Anarchie sein, weil sie genau das Gegenteil symbolisieren. Sie folgen einer dem nächsten, schauen in den Spiegel – so heißt die Stelle am Hintern – des Vordermanns. Warum aber die Schafe? Weil sich in ihrer Blödigkeit – siehe Hölderlins »Blödigkeit« auch – ein Hoffnungsschimmer verbirgt: die Weiße des Schafs als Hoffnung für einen Neuanfang. Vielleicht gibt es deshalb bei mir auch die Idee, fremde Stile zu überschreiben und damit im eigenen Denkprozess wie bei Null anzufangen. Deshalb ist am Ende von »sein gelassen« das weiße Blatt positiv besetzt: »wir werden das weiße Blatt, vom vielen Schwärzen rein geworden, ausrollen.« So wie man einen Kessel weiß brennen kann, diese Figur taucht ja auch bei Kleist auf, als Durchgang durchs Unendliche zur Anmut.

In Ihrem Text flackert mitunter die Idee auf, ein Buch zu schreiben, das »wirklich nur jeden Einzelnen angeht.« Möglicherweise ist dies mit »sein gelassen« bereits gelungen, ein Buch, das andere – Daniela Seel, Michael Braun oder Volker Sielaff – mir gegenüber als ganz persönliche Lektüre bezeichnet haben, die sie nicht mehr missen wollen. Ähnlich äußerte sich Monika Rinck in einem Text. Ein Buch, das zu einem intimen Gespräch geworden ist. Ich denke, dass es mit »Panikraum« ähnlich sein wird. Jeder, der sich auf dieses Buch einlässt, wird es anders lesen, weil die eigene Erfahrungswelt jeweils andere Zugänge zum darin enthaltenen Exkurs über das Existentielle eröffnet. Das betrifft natürlich auch das Unerwünschte und Verdrängte. Vielleicht wechseln wir an dieser Stelle zum großen Thema Lyrikkritik. Sie stehen seit vielen Jahren mit der Website www.lyrikkritik.de im Zentrum der Lyrikdebatten im deutschsprachigen Raum. Ein amüsanter Einstieg in die poetologische Diskussion kann dort der fiktive Briefwechsel mit der von Ihnen erschaffenen Kunstfigur Sibelius Stiefelhoff sein, wo u.a. der »eigene Ton« verteufelt wird. Ich verstehe den »eigenen Ton« als einen Untersuchungsgegenstand, dem ich mich in Autoreninterviews annähere, eine Momentaufnahme, die aber das Singuläre eines Autors zu erfassen versucht.
Der »eigene Ton« wird aber oft auch zu einem Label. Wenn man als Leser einen Band von einem Autor lieb gewonnen hat, möchte man diesen Ton im nächsten Band gern so wiederfinden. Dagegen opponiert Stiefelhoff. Verleger und Galeristen bedienen diesen Wunsch des Käufers gern um des Verkaufserlöses Willen. Ich finde darüber hinaus, dass sich die Idee des Eigenen verbraucht hat. Mich stört der Akzent auf das Essentielle. Ich glaube nicht, dass es dieses Essentielle gibt. Ich glaube, es gibt gewisse Praktiken, Wiederholungen, auch Obsessionen, die ein Autor hat, die auch immer wiederkehren. Das geht so weit, dass Heidegger sagt, man verfolgt eigentlich nur eine Frage im ganzen Leben. Aber letztendlich ist ein Autor etwas Gemachtes und von tausend Einflüssen Bestimmtes. Das fällt mir zu sehr unter den Tisch. Ich finde es viel irritierender und also erhellender, nicht ich selbst zu sein, sondern jemand anderes, und eben nicht immer diesen eigenen Ton zu verfolgen und zu reproduzieren. Gerade das sehe ich aber bei ganz vielen, die darin offenbar eine Markt- oder Preiskompatibilität vermuten. Ich wollte die Stoßrichtung immer umdrehen, mich im Fremden verlieren und das Rauschhafte betonen. Das ist vielleicht eine dialektische Bewegung. Für mich ist die Abstoßungsbewegung in das Fremde ein produktiverer Vorgang, als dem eigenen Ton hinterherzujagen.

Man kann da auch anderer Meinung sein. Nehmen Sie zum Beispiel Picasso. Der hat sich ein Leben lang neu erfunden, dennoch würde man ihm schwer einen eigenen Ton absprechen wollen. Ich glaube, dass dieses Vordringen in Neues den eigenen Ton nicht ausschließt.
Aber ist dieses Eigene von Picasso nicht vielleicht nur eine Zuschreibung der Kunstkritik, die Picasso als Figur braucht, um das Ganze zusammenzuhalten? Sollte man nicht eher sagen, der Picasso von da hat nicht sehr viel gemeinsam mit dem Picasso von dort? Ist das nicht viel spannender, zu sehen, dass er plötzlich etwas ganz anderes wollte?

Ich bin da aktuell in einigen Auseinandersetzungen. Alban Nikolai Herbst z.B. hat jüngst ein Plädoyer für die Wiederholung gehalten und darauf hingewiesen, dass es keine permanente Abweichung geben kann. Es mache keinen Sinn zu sagen, man erfinde sich immer neu. Wer immer etwas anderes sein will, ist irgendwann gar nichts mehr. Herbst versucht das ad absurdum zu führen und sagt, nur durch die Wiederholung, durch die Form, durch Wiedererkennbarkeit entsteht große Kunst. Das ist natürlich immer ein dialektisches Verhältnis. Die Stiefelhoff-Polemik ist entstanden, weil ich das Gefühl hatte, dass die Literatur rückständig ist. Sie ist noch nicht an dem Punkt der Dissoziation angekommen, wo man begreift, dass man viele ist. Man wird aber immer wieder zu dem Punkt kommen und fragen müssen, was hält das Ganze denn zusammen. Noch vor gar nicht langer Zeit haben alle zu mir gesagt: Wie kannst du nur den Reim benutzen? Jetzt gibt es seit über zehn Jahren ein gewisses formalistisches Roll-back. Darüber werden gewisse Dinge einfach vergessen. Und da sage ich: Den eigenen Ton gibt es gar nicht, es gibt nur Einflüsse. Aber wenn jetzt in allen Institutionen eine Literatur gefordert würde wie z.B. die Ulrich Schlotmanns, der Konzepte der perzeptionellen Auflösung betreibt, dann würde das vermutlich irgendwann umschlagen und ich würde einen Essay schreiben: »Sehnsucht nach dem eigenen Ton«. Momentan hat so eine Literatur es aber schwer.

Den Streit um das gereimte Gedicht hat es schon zu Zeiten der »Generation von 27« gegeben. Schon damals ist ein großer Formenkanon als Reichtum diskutiert worden, auf den man nicht verzichten sollte.
Es gibt natürlich auch avantgardistische Positionen. Aber es ist kein Zufall, dass diese Positionen im Moment in der Defensive sind. Diese Avantgardisten finden kaum noch einen Verleger. Es gibt junge Literaturzeitschriften und Verlage, die sich dagegen wenden, indem sie z.B. die Autorennamen mehr und mehr oder teilweise ganz weglassen. Dieser Gegenimpuls ist wichtig. Auf der anderen Seite beschwert sich Thomas Kunst auch permanent, es würden nur noch avancierte Dichtungen gefördert. Dahinter steckt eine völlig aus der Zeit gefallene Sehnsucht nach einem mal flanierenden, mal leidenden Dichterdasein. Das ist ja auch was Schönes. Das Existentielle. Vielleicht übertreibe ich also perspektivisch. Auch hier gilt vermutlich das Maya-Prinzip (most advanced, yet acceptable) – und da kommen altmodische existentielle Positionen ebenso zu kurz wie zu radikale Auflösungsdichtung. Wobei die Existentiellen in ihrem Trutz recht gut leben sollten, das Verkanntsein gehört da zum Konzept. Insgesamt muss man aber wiederum sagen, dass sehr viele sehr gute Dichter auch gefördert werden. Leider nicht gelesen. Nicht einmal der größte slowenische Dichter, Dane Zajc, wird hier angemessen rezipiert. Das wird höchstens einmal amerikanischer Dichtung zuteil, erfreulich, aber eben einseitig.

Sie haben auch einen Blick auf die russische Lyrik und sagen an einer Stelle: Die russischen Dichter sind mir jetzt schon fast lieber als die deutschen. Was läuft da anders und besser?
Das ist ein Erfahrungswert, der sich vornehmlich auf ältere Werke bezieht, nicht auf die aktuelle Szene. Ich sage, Chlebnikow und Zwetajewa sind mir wichtiger als der deutsche Expressionismus. Ich kann mehr russische Gedichte auswendig als deutsche. Ich habe ein

enges Verhältnis zur russischen Kultur. Es gibt da einige Dinge, die es in der deutschen Kultur nicht gibt. Mir gefällt z.B. das Zusammenspiel von Pathos und Lakonie. Im Deutschen gibt es eine Angst vor dem Pathos, dann aber auch ein übertriebenes Sichhingeben, ein Mitzittern im Pathos.

Die russische Gegenwartslyrik ist nach meiner Einschätzung nicht so stark wie die deutsche. Die deutsche Lyrik ist seit circa zwanzig Jahren in einem sehr guten Zustand. In der Ausarbeitung und in der Originalität ihrer Texte sehe ich einige Dichter im deutschsprachigen Raum im Vergleich zu anderen Ländern auf einem sehr hohen Niveau schreiben.

Sie haben im Kontext der seit kurzem bestehenden Lyrikkritikakademie einige Fragen in den Raum gestellt. Ich greife einmal in diesen Fundus und gebe eine Frage zurück: In welchem Verhältnis stehen Poetologie und Kritik?
Tatsächlich verstehe ich Kritik anders als die meisten Rezensenten. Viele arbeiten in einem sehr emphatischen Sinn, wobei die Skepsis gegenüber der Sprache selbst oft auf der Strekke bleibt. Eine poetologisch unterfütterte Skepsis sollte jedoch Ausgangspunkt einer Kritik sein. Ich kann den Lesarten von Christian Metz zum Beispiel etwas abgewinnen, weil er sehr genau liest und poetologisch grundiert. Aber das geht natürlich schon ins Germanistische über. Dennoch ist es auch wichtig für Kritik, nicht bei der einzelnen Analyse stehenzubleiben, sondern Sprachkritik zu betreiben. Aber das Verhältnis der Kritik zur Poetik ist diffizil. Ich habe dazu jetzt einen Aufsatz geschrieben, der in der tollen, neu gegründeten Zeitschrift »Transistor« erscheinen wird, wo ich es besser sage, als ich es hier sagen könnte. Ein zu komplexes Thema.

Sollte ein Lyrikkritiker sich auch einmal – mit dem Mut zur Lücke ausgestattet – verreiten, auch auf die Gefahr hin, sich in einem Sumpf zu verirren?
Genau das ist mein Ziel – momentan. Da sind wir wieder beim »eigenen Ton«. Es geht nicht darum, in einer Kritik möglichst alles vollständig abzudecken, sondern eher darum, Lücken zu reißen. Bei Yoko Tawada steht das so schön, asiatisch gebrochen: In der Brükke steckt die Lücke. Das noch nicht Erforschte ist ja viel interessanter, führt aber eben auch irgendwo hin. Berückt als Lücke und glückt vielleicht doch. Das Unvollendete wendet das Ende ab. Auf der anderen Seite liebe ich strenge Kompositionen, besonders in der Lyrik: wenn wie bei einem Mobile alle Teile so leicht erschütterbar zusammenhängen. Es ist so eigenartig, dass sich immer alle entscheiden. Sich selbst gruppieren. Ich bin notorisch entscheidungsschwach. Aber genau das hilft, ein Sprechen zu entwickeln, das die Aporien unseres Daseins nicht nur aushält, sondern sichtbar macht. Alle wollen immerzu Lösungen. Ich will alles zugleich, zumindest aushalten, auf dass eins zum anderen komme. Und da werden dann Fragen wie Timing, Rhythmus und Widerspruchsgeist relevant. Alles zu seiner Zeit. Heute Vollkommenheit, morgen Wildwuchs – oder umgekehrt.

In Sachsen vertritt der Sächsische Kultursenat – ein Verbund von hochrangigen Akteuren der Kunstszene – die These, dass es wichtig ist, Künstler und Schüler stärker zusammenzubringen. Dass also weniger Kanon vermittelt wird, der im schlimmsten Falle auswendig zu lernen ist, sondern die Künstler – Dichter, Maler, Komponisten – selbst über ihren kreativen Arbeitsprozess informieren und mit den Schülern darüber in einen Austausch kommen. Dafür braucht es eine Art Honorarordnung und ein Mitgehen des Kultusministeriums.

Das wäre sehr sinnvoll. Wenn ich sehe, wie heute Poesie an den Schulen vermittelt wird, sage ich schon: da müssen die Künstler rein. Das kann natürlich nur ein Teil einer Gesamtbemühung sein. Wenn Lyrik nur über Dichter vermittelt würde, könnte das ins Unkritische abgleiten. Da kann auch viel Unsinn rüberkommen. Wichtig wäre in diesem Zusammenhang, den kreativen Prozess des Dichters auch und systematisch mit dem Logos zu hinterfragen. Auch das kann man lehren und erlernen. Man braucht zugleich ein Fundament. Es sollte klar sein, was ein Trochäus ist, aber keine Punktevergabe dafür.

Kann man sich an einer Lyrikkritikakademie über Kriterien von Lyrikkritik einigen?
Es gibt da keinen theoretischen, aber oft einen praktischen Konsens. An der Akademie sind Referenten mit verschiedenen Vorstellungen aufgetreten. Franz Josef Czernin war explizit angetreten, Kriterien und Maßstäbe einzufordern, diese dann aber mit Skepsis zu hinterfragen. Andere vertraten die Ansicht, es sollte keine Kriterien geben, eine Kritik müsse nur unterhaltsam und gut geschrieben sein. Peter Geist würde vermutlich dagegen sprechen, pauschale Kriterien aufzustellen. In der Praxis ist aber gerade er ein sehr genauer Kritiker, der aufgrund eigener Kriterien die Spreu vom Weizen zu trennen weiß. Die Lyrikkritikakademie hat gezeigt, dass diese Metatheorien – welchen Kriterien man folgen sollte – nur einen sehr speziellen Kreis interessieren. Am Ende ist eine konkrete Arbeit am Text die wertvollste Kritik. Bei diesem Vorgehen konnten sich auch an der Lyrikkritikakademie in der Regel um die 90 Prozent der Anwesenden sehr schnell über die Qualität eines Textes einigen. Es gab immer ein, zwei Kritiker, die das anders sahen. Das war aber gerade gut so, weil man dann darüber in einen Austausch über Qualität und Lyrikkritik kommen konnte. Und dann, manchmal, sahen es plötzlich auch die anderen anders.

Kurt Drawert hat das einmal im Gespräch auf den Punkt gebracht: Nur Literaturkritik auf einem hohen Niveau ist dem Werk nützlich, im besten Falle begründet eine solche Kritik eine selbständige Kunstgattung.
Das können wir als Schlusswort stehenlassen.

Lieber Hendrik Jackson, vielen Dank für das Gespräch!

Das Durcheinander macht dich zum Schöpfer

Das Durcheinander macht dich zum Schöpfer

Gespräch mit Franz Hodjak

Was der rumäniendeutsche Literaturwissenschaftler Peter Motzan über Hodjaks Erzählungsband »Zahltag« (1991) schreibt, kann auch für den Lyriker und Romancier Franz Hodjak stehen: »Die Erzählungen und Kurzprosatexte variieren das Motiv der verkehrten Welt, der zusammengekrachten Wertgerüste, der weggestohlenen Zukunft, der ausgeträumten Illusion. Ihre Darstellungsmittel: Parabolik, Phantastik, dokumentarische Genauigkeit, vortäuschender Berichtstil, Alltagsgrotesken, oftmals als Rollenprosa inszeniert. Die Protagonisten sind teils ins soziale Abseits gedrängt, teils von den Zwängen der Realität an deren Peripherie geflüchtete Leistungsverweigerer, teils listig agierende Überlebenskünstler, mittendrin stekkend in ihrer verwalteten Welt.«

Im Jahr 2002 – dem Jahr der großen Flut – war Franz Hodjak ein halbes Jahr lang Dresdner Stadtschreiber. Die Stadtschreiberwohnung in der Dresdner Bürgerstraße gestattete damals einen Blick auf die nahe gelegene Elbe und das am anderen Elbufer gelegene Ostragehege. Wenige Tage vor der Überflutung Dresdens hatte ich mit Franz Hodjak ein erstes Interview für OSTRAGEHEGE geführt. Wir sprachen im wesentlichen über seinen zwei Jahre zuvor erschienenen Roman »Der Sängerstreit«, über die darin enthaltene Philosophie des Ekels sowie über die Begriffe Freiheit und Macht. Das hier abgedruckte Gespräch ergänzt das vorherige, insbesondere zu den Themen Zensur und Geheimdienste (Securitate und Stasi).

Ich sprach mit Franz Hodjak am 24. September 2021 in Usingen.

Lieber Franz Hodjak, ehe wir unser 2002 begonnenes Gespräch fortsetzen, zuerst die Frage, wie ist die Literatur in Ihr Leben gekommen? Welche Rolle haben Bücher in Ihrer Kindheit und Jugend gespielt?

Bücher haben immer eine sehr wichtige Rolle in meinem Leben gespielt. Das hat schon mit den Märchen begonnen. In Hermannstadt, meiner Geburtsstadt, bin ich mit einem Freund, wir waren damals vielleicht neun Jahre alt, immer Sonntagvormittag zu einer Märchenerzählerin gegangen. Diese Frau hat damit ihren Lebensunterhalt verdient. Sie hat diese Märchen wie eine Schauspielerin aufgeführt. Und zwar in Fortsetzungen, damit sie immer viele Zuhörer hatte. Neben dieser Märchenerzählerin hat noch ein katholischer Priester eine große Rolle gespielt. Ich bin heute Atheist, aber in der Kindheit war ich katholischer Ministrant. Dieser Priester hat uns im Religionsunterricht anhand von bunten Bildtafeln Geschichten und Parabeln aus der Bibel erzählt. So bekam ich Kontakt zur Fantasie der Märchen und zum Buch der Bücher. Auch die Bibel habe ich damals als ein faszinierendes und zugleich grausames Märchenbuch wahrgenommen. Es gibt in keinem Buch so viel Mord, Hass und Verfolgung. Sobald ich lesen konnte, habe ich begonnen Abenteuerromane zu lesen – Karl May, Mark Twain und Jules Verne. Die eigentliche Literatur hat sich mir erst im Gymnasium eröffnet. Allerdings hatte ich einen sehr schlechten Deutschlehrer, der auf dem Auswendiglernen bestand. Es war nicht wichtig, ob man etwas verstanden hatte von einem Gedicht, es reichte, wenn man es ohne Betonung, aber korrekt im Wortlaut herunterrasseln konnte. Eigene Überlegungen waren unerwünscht. Die ausgewählten Bücher waren nicht schlecht, nur der Unterricht. Kunst hatte in der kleinbürgerlichen Atmosphäre von Hermannstadt keinen besonderen Stellenwert. Erst an der Hochschule hatte ich gute Lehrer. Michael Markler und Brigitte Tontsch haben mir beigebracht, was Literatur ist. Von ihnen lernten wir das Interpretieren von Lyrik und Prosa, und zu begreifen, was der Unterschied zwischen einer normalen und einer künstlerischen Mitteilung ist. Das hat meinen Kunstverstand geprägt. Und noch etwas. Brigitte Tontsch hat uns Literatur mit einem Lächeln vorgetragen, auch die tragische. Literatur musste nicht mit gerunzelter Stirn angegangen werden, sie konnte und sollte auch Spaß machen, egal ob Tragödie oder Komödie. Das war eine wichtige Horizonterweiterung.

Sie hatten in einem früheren Gespräch einmal erzählt, dass Sie bereits als Student sehr viel übersetzt haben und so über Publikationen in Zeitungen und Zeitschriften das Stipendium beträchtlich aufbessern konnten. Was wurde da übersetzt?

Ich habe etwa zwei Jahre im Studentenheim gelebt. Dort teilte ich das Zimmer ausschließlich mit angehenden Dichtern. Einer dieser Kommilitonen kam aus einem Bergdorf, in dem es außer der Bibel kein einziges Buch gegeben hatte. Der hatte einen wahnsinnigen Lesehunger und war ungeheuer belesen. Er wurde später einer der bedeutendsten Literaturkritiker Rumäniens. Wir sprachen sehr viel über Literatur und begannen dann gemeinsam aus dem Deutschen ins Rumänische zu übersetzen. Es gab ein Literaturcafé und eine Literaturzeitschrift namens *Tribuna*. Einer der Redakteure hatte Interesse an der Übersetzung von Weltliteratur. Der hat uns angespornt und war erstaunt, über welches Wissen wir Studenten bereits verfügten. Wir haben zuerst Kurzgeschichten von Max Frisch übersetzt. Später viele andere Gedichte und Prosatexte. Unter anderem hatten wir 1966 Gedichte von Nelly Sachs übersetzt. Als sie im November den Nobelpreis für Literatur bekam, bestürmten uns alle Zeitungen und Journale, wir sollten ihnen Texte liefern. Der Geldpostbote kam ständig ins Studentenheim.

Parallel habe ich mich an eigenen Texten versucht. Bereits als Student konnte ich eigene Texte in der Zeitschrift *Neue Literatur* veröffentlichen, der Zeitschrift des Schriftstellerverbandes in deutscher Sprache. Auch die deutschsprachige Tageszeitung *Neuer Weg* begann sich der Literatur zu öffnen und brachte mitunter ganze Seiten mit moderner Lyrik. Es waren die liberalen Zeiten vor der Diktatur. Nie waren Texte beanstandet worden. Die Schriftsteller konnten überall hin reisen. Als Studenten hatte es uns damals überrascht, dass gute Autoren wie Paul Schuster, Astrid Konnert, Oskar Pastior und Dieter Schlesak von ihren Deutschlandreisen nicht zurückgekehrt sind. Später habe ich das verstanden. Diese Autoren hatten die 1950er Jahre erlebt und befürchtet, dass die liberalen Jahre bald vorbei sein würden, was ja dann auch der Fall war.

In unserem ersten Gespräch haben wir bereits über die Konstellationen von Zensur und Selbstzensur gesprochen. Als Verlagslektor waren Sie sozusagen zwischen Autor und Zensurbehörde gestellt. Ein anderer Verlagslektor hat seine damalige Tätigkeit einmal mit einem Schachspiel verglichen, bei dem es darum ging, den nächsten Schritt des Zensors zu erraten. Waren Sie ein guter Schachspieler?

Als ich 1970 in den Verlag kam, war von Zensur noch nichts zu bemerken. 1971 gab es in Rumänien dann die sogenannte »Mini-Kulturrevolution«. Der Diktator Nicolae Ceaușescu war mit seiner Frau in China und in Nordkorea gewesen und wahnsinnig beeindruckt von den dortigen Masseninszenierungen nach Rumänien zurückgekommen. Er hat dann gegen den Widerstand der liberalen Kräfte in der Kommunistischen Partei diese neue Linie durchgesetzt. Ab diesem Zeitpunkt wurde auch die Schraube der Zensur wieder enger angezogen.

Der Dacia-Verlag, ein neugegründeter Verlag, der Bücher in drei Sprachen – Rumänisch, Deutsch und Ungarisch – herausbringen wollte, brauchte, als ich mein Studium abgeschlossen hatte, einen Lektor für die deutsche Abteilung. Die Studenten wurden normalerweise behördlich zugeteilt, der Dacia-Verlag hatte mich aber angefordert, hatte im Ministerium vorgesprochen und erreicht, dass ich diese Stelle bekam. Parallel hatte der *Neue Weg* eine Anstellung als Redakteur bei der Zeitung durchgesetzt. Das Ministerium hatte zwei Genehmigungen erteilt. Bei der Zeitung hatte man mir meine Entscheidung für den Verlag bis zum Jüngsten Tag übelgenommen. Im Dacia-Verlag fand ich ein eigenes Manuskript vor, welches ich ein Jahr vorher an den Jugendverlag gesandt hatte. Nach der Abschaffung des staatlichen Literatur- und Jugendverlages und der Neugründung anderer Verlage war mein Manuskript dem Dacia-Verlag zugeteilt worden. Und so kam es, dass meine erste Aufgabe als Lektor darin bestand, mein eigenes Buch zu lektorieren. Ich hatte an diesem Buch natürlich nichts auszusetzen und fand es wunderbar. Gegenüber der Zensurbehörde – die sich 1971 noch sehr milde zeigte – trat allerdings meine ungarische Kollegin als Lektorin in Erscheinung.

Im Gegensatz zum Schachspiel änderten sich bei der Zensur, wie ich sie dann über nahezu zwanzig Jahre erleben musste, ständig die Spielregeln. Sie orientierten sich an den Direktiven der Parteiführung. Es gibt einen Witz: »Was ist das? Eine Linie. Was ist das? Ein Kreis. Und was ist das? [zeichnet eine wirre Linie in den Raum] Die Parteilinie.« Vorauszusehen war gar nichts. Es gab keinen einzigen Klassiker der Rumänischen Literatur, der eine vollständige Ausgabe hatte. In den 50er Jahren wurden Passagen bei den Klassikern gestrichen, die in den 60ern wieder erscheinen durften. Und in den 60er Jahren wurden Passagen gestrichen, die in den 50er Jahren noch gingen. Und in den 70er Jahren war es wieder anders. Wenn man einen rumänischen Klassiker studieren wollte, musste man die Ausgaben der 50er, 60er und 70er Jahre nebeneinanderlegen. Aber auch dann gab es noch einen Rest, der in keiner einzigen Ausgabe zu finden war. Als Lektor ging es immer um den konkreten Moment. Was ist bei diesem Manuskript erlaubt, was nicht. Auch der Zensor wusste es oft nicht genau. Ich hatte es als Lektor meistens mit der gleichen Zensorin zu tun, einer für meine Begriffe anständigen Frau. Allerdings durfte der Lektor nicht direkt mit der Zensurbehörde verhandeln. Der Weg war so. Ein Manuskript kam zurück zum Verlagsdirektor mit Beanstandungen, die waren auf Rumänisch, das Manuskript war auf Deutsch verfasst. Daraus ergaben sich Rückübersetzungs- und Verständnisschwierigkeiten. Nach einiger Zeit waren wir soweit, dass ich mit der Zensorin direkt in Bukarest verhandeln durfte. Ich hatte eine diktatorische Parteistrategin erwartet, getroffen war ich auf eine freundliche zugängliche Frau. Diese hat ihre Verhandlungen nicht im vermutlich verkabelten Dienstzimmer, sondern auf dem Korridor oder auf Bänken in einem Park vor dem Kulturministerium geführt. Und sie hat sofort Tacheles geredet: Sehen Sie, Herr Hodjak, wenn Sie mir für diese Stelle eine plausible Interpretation liefern, lasse ich sie durch. Oder: Herr Hodjak, das kann ich nicht durchlassen, egal, was Sie sagen. Klartext. Mit etwas Argumentationsgeschick war es möglich, nahezu komplette Manuskripte über den Berg zu bringen. Das war nicht jedem Lektor gegeben. Die Lektorin meiner eigenen Bücher im Kriterion-Verlag war sehr ängstlich, sortierte einmal sogar siebzehn Gedichte aus, weil sie politisch nicht vertretbar seien. Das machte mich wütend. Ich sagte ihr: Warte doch ab, was der Zensor sagt. Der hat dann nur drei der siebzehn Gedichte beanstandet. Die Selbstzensur des Verlags war mitunter ängstlicher als die Zensurbehörde. Interessant war, dass ein deutscher Text, der die Zensur durchlaufen hatte, bei der Übersetzung ins Rumänische nicht erneut zensiert werden musste. Auf diese Weise kamen einige sehr interessante aus dem Deutschen übersetzte Texte in rumänische Anthologien. Meine Taktik war es, die bestehenden Spielräume ständig zu erweitern nach dem Grundsatz: Die Spielräume, die uns täglich Freiheit gewähren, sind immer so groß wie die Freiheit, die wir den

Spielräumen gewähren. Mein zweiter Gedichtband heißt *Spielräume*. Die Deutschen waren mutiger als die Rumänen und die Ungarn. Dazu kam, dass die Partei wusste: Die deutsche Bevölkerung in Siebenbürgen ist für den Sozialismus nicht zu kriegen, sie wollen in das kapitalistische Deutschland auswandern. Deshalb hat Ceauşescu die deutsche Bevölkerung verkauft. Und drittens waren die Auflagen der deutschen Bücher so klein, dass der Schaden sich in Grenzen hielt. Die, die Bücher lasen, wollten sowieso weg. Und noch ein vierter Aspekt: Die *Neue Literatur* wurde auch im westlichen Ausland gelesen. Ceauşescu konnte mit Verweis auf die publizierten Texte jederzeit sagen, dass es die behauptete strenge Zensur in Rumänien gar nicht gab. Und fünftens gab es einen Unterschied bei den Zensoren. Die deutsche Minderheit war recht übersichtlich, jeder kannte jeden. Das war eine Frage des Anstands: Man wollte vor der Gemeinschaft nicht als Teufel dastehen. Das war bei den Rumänen und Ungarn nicht so. Die wurden viel härter zensiert. Bei den Ungarn ging so gut wie nichts. Die Zensorin, mit der ich verhandelte, sagte mir einmal, dass sie sich schäme, Zensorin zu sein. Ich sagte ihr: Ach lassen Sie, wir sind froh, dass wir Sie haben. Aus diesen Faktoren resultiert eine gewisse »Narrenfreiheit« der deutschen Autoren. Die wurde uns deutschen Autoren nicht geschenkt, die musste man sich erarbeiten.

Ihr Gedicht »Autobiographie« [aus dem Band »Flieder im Ohr«, Kriterion 1983] liest sich wie eine Ansprache an die Partei, Zitat:

AUTOBIOGRAPHIE

genosse, was habe ich
anzuführen?
geboren wurde ich
bei verdunklung und ausgangsverbot
kurz darauf wurde das haus enteignet
daß ich die expressionisten mag oder pralle brüste
ist sicher wesentlicher
als die vergangenheit
der verwandten
die schulen hab ich alle
nach vierundvierzig besucht
aufschlussreicher als alle mitgliedschaften
sind, glaube ich
meine bücher
engere kontakte unterhalte ich
zur aufklärung, zu meerlandschaften, zu den
verlorenen illusionen
abends höre ich nachrichten
die politische lage interessiert mich tatsächlich
einen festen wohnsitz hab ich bloß
als empfänger von stromrechnungen, zeitungen
honoraren
vorladungen
woran ich glaube? an keine seligkeit
weder der aufrüstung noch der auferstehung

sehen Sie, der horizont ist diesig
wie Ihre vorstellung
von mir

Ja, eine Ansprache an die Partei – und an die Securitate, den rumänischen Geheimdienst. Dieses Gedicht ist auch auf Rumänisch erschienen.

War es so, dass man einige Texte doppelt aufbewahrte – eine abgeschwächte Version für den Zensor und eine Originalversion für eine eventuelle Publikation im Westen?
Nein, der Westen hat uns rumäniendeutsche Autoren ignoriert. Der Westen war überheblich. Ein Journalist aus der BRD hatte mich im Dacia-Verlag besucht und sich erregt, dass ich auf Deutsch schreibe, ich sei doch Rumäne. Ich sagte ihm: Ich bin rumänischer Staatsbürger, aber deutscher Nationalität. Er sagte dann: Ich weiß, warum Sie auf Deutsch schreiben wollen. Sie glauben, Sie kommen so schneller in Deutschland an. Aber ich sage Ihnen etwas, schreiben Sie in Ihrer Muttersprache, und wenn Sie gut schreiben, werden Sie übersetzt und erscheinen im Westen. Als ich über Ceaușescu schimpfte, hat er ihn verteidigt und mich als einen Ewiggestrigen bezeichnet. Das war intolerant und dumm. Eine andere Anekdote: Eduard Eisenburger war der Vorsitzende des Rats der Werktätigen deutscher Nationalität, wie es damals hieß, und als solcher auch Mitglied des Zentralkomitees der Kommunistischen Partei. Im Volksmund hieß er »Sachsengraf«. Als Helmut Kohl Rumänien besuchte, hat Eduard Eisenburger Hannelore Kohl ein selbstverfasstes Buch geschenkt (erschienen im Dacia-Verlag), in welchem Reportagen über rumäniendeutsche Themen versammelt waren, u.a. eine Reportage über den Alltag eines deutschen Bürgermeisters im Banat. Sie zeigte sich daraufhin sehr erstaunt, dass es eine deutsche Bevölkerung in Rumänien gebe. Ja, sagte man ihr, seit fast 900 Jahren, sagen Sie das ihrem Mann.

Jurek Becker wird mit der Aussage zitiert: »Die Zensur drückt nicht nur die Literatur darnieder, sie ist zugleich der größte Produzent dessen, was zu verhindern sie angetreten ist.« Ein wichtiges Resultat der Zensur war die Herausbildung einer metaphorischen Denk- und Schreibweise der Autoren, die in einem hohen Maße mit der Fähigkeit der Leser, zwischen den Zeilen zu lesen, rechnete. Metaphorische Doppeldeutigkeit, Wortspiel, Allegorie, Parabel. Welche Erfahrungen haben Sie diesbezüglich gemacht?
Ja, die Zensur hatte auch eine qualitätsfördernde Wirkung gegen ihre eigenen Interessen. Die Botschaften in den Texten mussten so formuliert werden, dass sie an der Zensur vorbeigehen und doch beim Leser ankommen konnten. Man hat sich mehr Gedanken über stilistische Mittel gemacht, die plötzlich eine politische Funktion bekommen hatten. Die Arbeit am Wort, an der Sprache war auf einmal ganz wichtig geworden. Es war ein kreativeres Verhältnis zur Sprache entstanden. Diese Stilmittel – man denke an Sławomir Mrożek oder Günter Kunert – hat es im Westen gar nicht gegeben. Diese Kunstformen waren aus der Not entstanden.

Beim Lesen Ihres nach der Übersiedlung nach Deutschland erschienenen Bandes »Ankunft Konjunktiv« hatte ich den Eindruck, dass Sie diese gegen den totalitären Staat eingeübten Stilmittel weiter in Anwendung bringen. Ich sehe bei Ihnen eine Kontinuität der Ironie. Das macht Ihre Gedichte besonders. Sie fallen durch ihre metaphorische Doppeldeutigkeit auf.
Was ich in der Diktatur erlebt habe, das war die absolute Höhe des Absurden. So absurd ist es in der westlichen Demokratie nicht. Nur, wie soll ich es sagen, man wird mit einer

Scheinwirklichkeit konfrontiert. Und viele leben in dieser Scheinwirklichkeit. Wenn man diese Folie wegkratzt, dann kommt man auf die Wirklichkeit, die absurd genug ist, Lebensqualität zerstören zu können. Auch die westliche Demokratie, die sogenannte Freiheit, entfremdet den Menschen. Sie entfremdet ihn genauso wie die Diktatur. Nicht auf eine so brutale Weise, sondern auf eine sehr subtile Weise, die manch einer gar nicht wahrnimmt. Das geht ja soweit, dass man seine eigene Ausbeutung wählt. Der kleine Mann wählt Parteien, die die Interessen der Milliardäre vertreten. Für meine Welterkenntnis waren drei Philosophen hilfreich – Hegel, Marx und Sartre. Das sind die Grundsäulen meines Selbstverständnisses. Die Dialektik ist eine fundamentale Erkenntnis. Wenn man Marx studiert, begreift man schnell, dass die Ostblock-Diktaturen nicht marxistisch waren, sie ähnelten eher rechten Diktaturen. In Rumänien war es am Ende sogar so, dass, wenn Du in einem Text Marx zitiert hast, die Zensur dies gestrichen hat mit dem Hinweis, dass zu diesem Thema auch Ceauşescu etwas gesagt habe und man auf dieses Zitat zurückgreifen solle.

Inwieweit hat es in Rumänien eine Abgrenzung zum sowjetischen Stalinismus gegeben?
Stalin hatte alle Führer der Ostblockstaaten nach Moskau eingeladen, um sie auf die stalinistische Doktrin einzuschwören. Es gab drei Staatsführer, die einen eigenen Weg im Sinn hatten. Josip Broz Tito in Jugoslawien, Gheorghe Gheorghiu-Dej in Rumänien und Georgi Dimitroff in Bulgarien. Dimitroff hatte Stalin seine Absichten erläutert, was einen Wutausbruch Stalins provoziert haben soll. Die anderen sind dann teilweise eingeknickt. Dimitroff wurde krank und ist noch in Moskau gestorben. Tito ist nach Hause gefahren und hat dann doch eine andere Linie vertreten. Gheorghiu-Dej ist nach Stalins Wutanfall umgeschwenkt und hat Stalin über den grünen Klee gelobt. Das brachte ihm Pluspunkte bis zu Stalins Ende. Das hatte Stalin beeindruckt. Als 1956 der Aufstand in Ungarn stattfand, sind die sowjetischen Besatzungstruppen aus Rumänien abgezogen worden, um jene in Ungarn zu verstärken. Sie kamen nie wieder. Russisch wurde danach als Pflichtsprache abgeschafft. Gheorghiu-Dej hatte damals die Liberalisierung begonnen. Sein Nachfolger Nicolae Ceauşescu hatte diese zunächst fortgeführt. Die politischen Häftlinge waren entlassen und rehabilitiert worden. Erst nach dem Asienbesuch ist die neue Form der Diktatur entstanden. Der Unterschied zur DDR war, dass Ceauşescu wesentlich weniger Verhaftungen vorgenommen hat. Widerständler wurden exiliert oder erhielten wie Mircea Dinescu Publikationsverbot und Hausarrest. Zwei Jahre vor der Revolution war ein Aufstand in Kronstadt brutal niedergeschlagen worden. Auch zu Beginn der Revolution wurde in Temeswar mit aller Härte reagiert. Mircea Dinescu war es, der Ceauşescu in einem Interview mit der französischen Zeitung *Libération* angriff. Daraufhin wurde er unter Hausarrest gestellt. In Deutschland hat man davon wenig mitbekommen, weil dort sehr lange positiv über Ceauşescu berichtet wurde. Ceauşescu hatte sich dummerweise auch mit der Armee angelegt, hatte die Soldaten als Bauarbeiter für seine gigantischen Projekte eingesetzt. Aus diesem Dissens heraus ist es zu erklären, dass der Verteidigungsminister 1989 den Schießbefehl zurücknahm. Daraufhin hat Ceauşescu ihn erschossen.

Die metaphorische Doppeldeutigkeit, Wortspiele, Allegorien, Parabeln gibt es auch in Ihrer Prosa und vor allem in Ihren Aphorismensammlungen.
Auch meine Gedichte hatten immer einen aphoristischen Zug, der mit diesen Stilmitteln arbeitete. Ich habe ein aphoristisches Tagebuch geführt. In diesem Zusammenhang gab es die Figur des Stanislaus – die Stanislaus-Aphorismen. Diese Sammlungen konnten unter

Ceaușescu nicht erscheinen. Nach meiner Reise in die DDR 1986 hatte ich das Manuskript *Sonderangebot* im Verlag abgegeben, das neue Gedichte, mein Minidrama über Villon und Aphorismen enthielt. Der Band ist dann im ersten Jahr nach der Revolution erschienen. Die späteren Aphorismenbände sind alle in Deutschland erschienen. Ein Band, an dem ich gerade arbeite, thematisiert den Status von Minderheiten. Für mich ist Minderheitenpolitik eine Art Außenpolitik gegenüber der Mehrheit. Die ganze Verteidigungsstrategie gegen das Fremde ist eine der Außenpolitik. Das Verhältnis Mehrheit / Minderheit / Einzelgänger strukturiert diesen Band. Der Einzelgänger verliert seine Kraft in der Anpassung an eine Masse, wird Durchschnitt. Die Masse entpersönlicht. Ich wehre mich gegen diese Herabstufung in die Mittelmäßigkeit. Als ich in Deutschland ankam, habe ich diesen Druck sofort gespürt, der z.B. durch die Werbung ausgeübt wird. Man braucht dich und missbraucht dich. Eine Gruppe von zehn Personen ist leichter beherrschbar als zehn Einzelgänger.

Zur Zeit unseres ersten Gesprächs 2002 waren die Securitate-Akten der rumäniendeutschen Autoren noch nicht zugänglich. Inzwischen gab es die Möglichkeit der Akteneinsicht, zahlreiche Ergebnisse liegen vor, erste Konferenzen haben stattgefunden. Was waren die aus Ihrer Sicht wichtigsten Erkenntnisse, die sich aus diesen Akten ergeben haben?
Wir wurden bespitzelt, weil wir aus Sicht des rumänischen Geheimdienstes alle als Faschisten galten, noch in den 60er und 70er Jahren. Die 50er Jahre waren für die deutsche Minderheit schrecklich, man denke nur an die Deportationen. Darüber durfte nicht geschrieben werden. Ein politischer Witz konnte dich ins Gefängnis oder ums Leben bringen. Als Ceaușescu 1965 an die Macht kam, gab es die Amnestie für die politischen Häftlinge. Das Verhältnis zur deutschen Minderheit änderte sich in den 70er Jahren, da Ceaușescu ein gutes Verhältnis zu Deutschland anstrebte. Die Securitate hat gesammelt, sie durfte nicht verhaften. In Klausenburg hatte es eine berühmte Dissidentin gegeben – Doina Cornea, die von der Securitate verhört und mit Hausarrest belegt worden war. Später war sie Mitglied im Rat der Front zur Nationalen Rettung. Ich gehörte in Klausenburg einige Zeit zu ihren Beratern. 1991 waren gepanzerte Fahrzeuge um ihr Haus aufgestellt, um sie vor den alten Securisten zu schützen. Es gab drei Kontrollen, wenn man zu ihr wollte, am Tor, im Hof und im Haus. Mitunter haben wir sie mit unserem Auto nach Hause gefahren. Das hatte zur Folge, dass unser Auto danach mehrfach beschädigt, die Karosserie demoliert und das Reserverad abmontiert wurde.

In der DDR hatte die Bevölkerung die Stasizentralen besetzt, weshalb ein Großteil der Akten erhalten geblieben ist. Wie war das in Rumänien? Ich habe gehört, dass die Securitate noch einige Zeit Zugriff auf die Akten hatte.
In Hermannstadt haben viele Akten gefehlt, in Klausenburg wenige. Die Securisten waren geflohen, später wurde ihnen die Rente gekürzt. Es gab ein »Buch der Schande«, in dem Fakten über die Bespitzelungstaktik der Securitate und Namen von besonders »harten« Securisten veröffentlicht wurden.

Auf den Konferenzen zu den Securitate-Akten wurde auch über die Verstrickung von Autoren mit dem Geheimdienst diskutiert. Durch die deutschen Medien ging die Diskussion um Oskar Pastior, der einige Zeit IM der Securitate gewesen sein soll.
Oskar Pastior war als Jugendlicher in sowjetische Arbeitslager verschleppt worden. Nach der Rückkehr hatte er Gedichte über die Deportation geschrieben, die der Securitate in die

Hände gelangt sind. Er hatte große Angst. Er ist wenig später von der Securitate verpflichtet worden. In meiner Akte taucht Werner Söllner als Spitzel der Securitate auf. Ich wollte zunächst nicht wahrhaben, dass er es ist.

Wie wurde man Spitzel? Wenn man erpressbar war?
Werner war immer ein Schlawiner, immer mit den Chefs. Er wollte Vorteile, Reisefreiheit. Er war ein großer Strippenzieher, auch später in Frankfurt. Werner Söllner hat auch eine Opferakte. Es hat andere gegeben, Intriganten, die viel Schaden angerichtet haben. Mir hat ein ungarischer Kollege aus dem Dacia-Verlag sehr geschadet. In der Regel wusste man, wer mit der Securitate verbandelt war. Das konnte man benutzen. Wollte man eine Botschaft nach oben senden, musste man nur im Beisein dieser Leute »schimpfen«. Das war der kürzeste Weg. Mein ungarischer Kollege hatte stets noch Sachen dazuerfunden, um seine Prämien zu erhöhen. Das war gleichermaßen gefährlich und mies.

Sie haben in früheren Gesprächen erzählt, dass Ihnen irgendwann selbst die Reiseerlaubnis in die DDR nicht mehr erteilt wurde und Sie eine Auseinandersetzung darüber mit der Securitate hatten. Wie kann man sich das vorstellen?
Ja, ich war darüber sehr verärgert und bin nicht mehr in den Verlag gegangen. Meine Frau arbeitete damals als Korrepetitorin am Klausenburger Opernhaus. Ich sagte ihr, sie solle mir das Carmen-Kostüm bringen. Ich sagte ihr, ich wolle als Carmen verkleidet durch die Stadt gehen bis in den Verlag. Meine Frau war sehr erregt und hat viele Freunde angerufen. Das hat sich herumgeredet. Plötzlich rief mich der Direktor an: Franz, komm in den Verlag, ich schick Dir ein Taxi, mach schnell, die Kulturchefin der Partei ist da, wir müssen reden. Ich sagte, meine Geduld ist zu Ende. Auf einmal waren sie zugänglich und versprachen zu helfen. Sie gingen zum Chef der Securitate von Klausenburg. Dieser lud mich daraufhin ein. Ich saß dort vor einem Besprechungszimmer, aus dem Geschrei und Gejammer tönte. Dann wurde eine Frau herausgetragen, die offenbar zusammengebrochen war. Das war Theater als Drohgebärde. Dann durfte ich eintreten und stand einem eleganten Gigolo gegenüber. Der hielt mir vor, dass meine ganze Familie schon in Deutschland lebe. Ich fragte, welche Familie, meine Frau und meine Tochter lebten hier. Er fragte mich, was ich vorhabe. Ich sagte, dass es mir reiche, mehr nicht. Er sprach dann über mein Wohlbefinden, ich über die ständigen Absagen, die ich erhielt. Er sagte: Morgen früh ist Ihre Securitate-Akte auf meinem Schreibtisch. Ich sagte: Wieso habe ich eine Securitate-Akte? Daraufhin er: Ach spielen wir nicht Verstecken, kommen Sie morgen vorbei, dann sehen wir. Daraufhin ich: Dann weiß ich, was ich zu tun habe. Zu Hause habe ich meiner Frau gesagt, jetzt reicht es, ich gehe nicht mehr in den Verlag, jetzt protestiere ich. Ich habe mich dann in die Wanne gesetzt und ein Bad genommen. Später kam meine Frau und sagte: »Ich soll Deinen Pass in der Pass-Stelle abholen.« So erhielt ich einen Reisepass für die DDR mit dem Hinweis, dass alle Formalitäten nachher erledigt werden könnten. Das war 1988. Ein Jahr später war meine Mutter in München gestorben. Da durfte ich zur Beerdigung reisen. Meine Securitate-Akte wurde damals geschlossen, mit einer umfassenden Einschätzung durch den Parteisekretär als Schlusskapitel. Zwei Monate später wurde eine neue Akte eröffnet, aus der zu ersehen war, dass nunmehr auch meine Frau und meine Tochter beschattet werden sollten.

Hat auch die Staatssicherheit der DDR Akten von rumäniendeutschen Autoren angelegt?
Georg Herbstritt hat in seinem Buch »Entzweite Freunde. Rumänien, die Securitate und die DDR-Staatssicherheit 1950-1989« (2016) dazu einiges gesagt. Er hat auch Akten über

die Bespitzelung von Franz Hodjak in der DDR gefunden. Es hat in der DDR eine Anzeige gegen die Klausenburger Gruppe gegeben – Markel, Tontsch, Motzan, Hodjak, Kolf – diese seien Staatsfeinde. Die Anklagepunkte enthielten das Maximalprogramm – Beziehungen zu ausländischen Geheimdiensten, erweiterte Zielstellung eines unabhängigen Siebenbürgen, Minimalziel ein unabhängiges Kronstadt. Ich gehe davon aus, dass ein in Bukarest stationierter DDR-Gastlektor an der Universität in Bukarest die DDR-Staatssicherheit mit Informationen versorgt hat. Vermutlich hatte dieser Mann auch die Aufgabe, DDR-Lektoren, die in Rumänien weilten, zu bespitzeln. Es war so, dass die beiden deutschen Botschaften sich darin überboten, Empfänge in ihren Botschaften auszurichten. Dazu habe ich, wie ich erst später erfahren habe, stets Einladungen erhalten, die mich nie erreichten. Irgendwann hatte sich der deutsche Kulturattaché aus der DDR beschwert, dass ich nie komme. Er hatte mich einmal in Klausenburg besucht und mir ein Stipendium in der DDR verschafft, das ich nicht antreten durfte. Die Securitate hatte diese Einladungen kassiert. An einem Empfang in Klausenburg konnte ich teilnehmen, weil der Attaché, wie zwischen uns abgesprochen, mich am Eingang persönlich begrüßt hatte. Nach dem Empfang sagte er: Sie bleiben, Sie sind unser Ehrengast. Während dieses zweiten Teils merkte ich, wie er besorgt war, dass der ebenfalls anwesende Gastlektor an unserem Gespräch interessiert war.

Réka Sánta-Jakabházi weist in ihrer Hodjak-Monografie darauf hin, dass Ihre Literatur von Beginn an von ontologischen Grundproblemen bestimmt gewesen sei.
Dieser ontologische Blickwinkel betrifft Urmodelle menschlichen Verhaltens. Diese Weltmodelle sind immer die gleichen, ob sie sich in Mythen äußern oder anderswo. Und deshalb sind meine Romane ja eigentlich Parabeln, Umsetzungen mythischer Stoffe.

Ist die Mehrsprachigkeit, in die Sie in Rumänien hineingeboren wurden und die Ihr Schreiben beeinflusst hat, auch heute noch ein Motor des Schreibens?
Mehrsprachigkeit war eine prägende Erfahrung. Eine Horizonterweiterung in jeder Hinsicht. Kulturelle Einflüsse und Erfahrungen mit unterschiedlichen Literaturtraditionen. Jede Sprache, mag sie von einer noch so kleinen Gemeinschaft gesprochen werden, ist eine Horizonterweiterung. Das war auch der Grund, weshalb im Sozialismus, vor allem in Rumänien, die Fremdsprachen nur eine Alibifunktion für eine nicht vorhandene Weltöffnung hatten. Im Grunde genommen hat man ja in Rumänien fast verhindert, dass die Leute Fremdsprachen lernen. Die rumänischen Französischlehrer waren nie in Frankreich gewesen. Sie waren über die aktuellen Entwicklungen dieser Sprache nicht informiert. Das gleiche Dilemma bei den anderen Sprachen – Englisch, Spanisch, Italienisch. Diese Mehrsprachigkeit, die ich in Hermannstadt und vor allem in Klausenburg gelebt habe, fehlt mir heute sehr. Wenn ich in den letzten Jahren in Rumänien mit dortigen Germanistikstudenten diskutierte, wollten diese mit mir immer Deutsch sprechen, ich mit ihnen immer Rumänisch. Auch das Ungarische fehlt mir, als Klangwelt, als Musik. Ich höre es nur noch zu Hause, weil meine Tochter und meine Frau auf Ungarisch kommunizieren. Mehrsprachigkeit ist Musik, ein Konzert der Sprachen.

Es gibt Autoren, die die deutsche Sprache als ihre Heimat definieren.
Das funktioniert bei mir nicht. Schon weil die deutsche Sprache voller Aggressionen ist. Eine Frau wird »erobert«, der Vogel wird »abgeschossen«, viele Ausdrücke in der deutschen Sprache kommen aus einem militärischen Kontext. Ich habe darüber einen Essay

geschrieben. In der deutschen Sprache ist das Wort »Erfolg« nicht so wichtig wie das Wort »Sieg«. Es muss ein Sieg sein. Man muss jemanden »besiegen«, klein machen.

In einem anderen Essay definieren Sie Heimatlosigkeit als Ihre Identität. Sprechen von Heimaten und Heimatlosigkeiten in der Mehrzahl. Das zieht sich auch durch den Roman »Ein Koffer voll Sand«, der die Odyssee-Metapher aufgreift.
Beheimatet kannst du nur sein, wenn du dich gut fühlst. Es ist Schwachsinn zu behaupten, dass dort, wo ich geboren bin, wo ich die Natur kenne, wo ich die guten Restaurants kenne, meine Heimat ist. Das ist ein ganz niedriges Niveau an Heimatbedürfnis. Ich verstehe unter Heimat etwas ganz anderes. Eine Heimat muss sich durch ideelle Werte auszeichnen. In Rumänien habe ich einer Minderheit angehört – Einzelgänger hin, Einzelgänger her. Ich habe nie einer Gruppe oder Stilrichtung angehört. Wenn, dann an vierter, fünfter Stelle. Zuallererst war ich Angehöriger einer Minderheit. Auch politisch gehörte ich zu einer Minderheit, weil ich nie einverstanden sein konnte. Das ist auch heute noch so. Ich kann nicht sagen, Rumänien war für mich eine Heimat. Im praktischen Sinn schon, ich habe mich wohlgefühlt. Nicht aber im ideellen Sinn. Ich habe bis heute sehr viele rumänische Freunde, auch ungarische, mehr als deutsche. In Deutschland bin ich ein Aussiedler, ein Fremder, man hört es gleich an der Aussprache. Woher kommen Sie? Früher habe ich geantwortet: Ich bin ein rumäniendeutscher Türke. Familiengeschichtlich betrachtet bin ich auch ein bisschen Slowake und Österreicher. Mein Großvater väterlicherseits ist Slowake gewesen, er hat sich germanisiert. Er hat eine Schwäbin geheiratet und wurde erst Schuster, dann Bahnhofsvorsteher in Kikinda, in der Vojvodina. Meine Großmutter mütterlicherseits war eine Sächsin aus Siebenbürgen, sie hat einen Wiener k.u.k.-Offizier geheiratet, der in die Garnison nach Klausenburg versetzt worden war. Meine Großmutter wollte nicht nach Wien ziehen, das sie für das »Hurenhaus Europas« hielt, deshalb sind sie mit meiner Mutter nach Hermannstadt gezogen, wo ich geboren wurde. So bin ich zufällig ein Siebenbürger Sachse geworden, zu denen ich mich zähle, weil ich von deren Identität vieles, nicht alles, übernommen habe.

Sie definieren sich auch – und zwar positiv – über den Balkan, ein Begriff, der im Deutschen mitunter auch als ein Synonym für ein südosteuropäisches Durcheinander benutzt wird.
Das Durcheinander ist für mich nicht negativ besetzt. Denn wenn alles an seinem Ort stehen würde, würden wir nicht mehr nachdenken. Das Durcheinander macht dich zum Schöpfer, nicht die Ordnung. Was ich auf dem Balkan erlebt habe, war ein kreatives, ein sympathisches Durcheinander. Warum sage ich Balkan? Es gibt k.u.k.-Einflüsse, Einflüsse der Türken, Einflüsse der Russen, der Armenier, der Griechen, der Ungarn und der jüdischen Kultur. Es ist ein Schmelztiegel. Diese Einflüsse reichen über die ganze Breite der Kultur, der Musik, der Sprache. Die rumänische Sprache ist voll mit deutschen, türkischen, jüdischen und russischen Begriffen. Das ist ein Geben und Nehmen. Es ist das, was meiner Mentalität entspricht. Nicht das Monotone. Von einem schützenswerten Deutschtum zu reden, ist reiner Schwachsinn. Die deutsche Sprache und Kultur wurde von allen Seiten her beeinflusst, und dadurch nicht geschmälert, sondern bereichert. Für mich war ein Kontakt mit fremden Kulturen immer eine Bewusstseinserweiterung. Ohne die arabische Kultur – denken wir an die Zahlen – ist die europäische Kultur gar nicht denkbar. Die Wiege unserer Kultur liegt zum Großteil im Morgenland.

Lieber Franz Hodjak, ich bedanke mich für das Gespräch.

Aus dem Bewusstsein der Sterblichkeit seine Kraft ziehen

Gespräch mit Andreas Reimann

Karl Corino nannte Andreas Reimann den »unbekanntesten unter den bedeutenden deutschen Dichtern«. Bernd Heimberger schrieb 1995 über Reimanns Band »Das Sonettarium«: »Reimann ist der Wort-Wechsler im Widerstand gegen das Verwechseln der Worte geblieben. Er ist der formbewusste Lyriker, der sich der Verlotterung der Inhalte durch verlotterte Formen widersetzt.« Gerhard Wolf sagte [in seiner Laudatio zur Verleihung des Leipziger Literaturstipendiums 2000] zurückblickend: Reimann schrieb über das »Land, an dem er litt, weil es ihn ausgrenzen wollte, politisch, wegen widersetzlichen Charakters, moralisch wegen Liebe zum gleichen Geschlecht, und eben überhaupt, weil er schrieb und zeichnete, was die Behörde lieber beschlagnahmte und in Akten verschloss, als es der Öffentlichkeit preiszugeben.« Peter Geist schrieb 2006 in einem Essay: »Andreas Reimann gehört gewiss zu den Autoren der DDR, denen – nicht allein durch die Haft, sondern durch fortwährende Publikationsverweigerung und durchgehende Observierung – am übelsten mitgespielt wurde. Dass er dieser Zerstörungs- und Zermürbungsarbeit mit ästhetischer wie philosophisch-politischer Kreativität entgegnete, ist bewundernswert.«
Ich sprach mit Andreas Reimann am 28. April 2016 im Leipziger „Café Grundmann".

Lieber Andreas Reimann, ich will ganz am Anfang ansetzen. Ihre Kindheit in der frühen DDR kann man sich tragischer kaum vorstellen. Der Suizid der Mutter, der bis heute nicht restlos aufgeklärte Tod des Vaters, die Heimerfahrungen des Siebenjährigen, ehe Ihre Großmutter Thea Reimann-Weide Sie zwei Jahre später aufnehmen durfte. Ist dieses Tragische der Ausgangspunkt Ihres Dichterlebens?
Das kann ich natürlich nicht beurteilen, wie die Sache ausgegangen wäre, wenn ich nicht gerade bei dieser Großmutter aufgewachsen wäre, die selber schriftstellerisch tätig war, die aus sieben Sprachen Literatur übersetzt hat und die einen mit den Werken der Klassiker und literarischen Raritäten vollgestopften Bücherschrank hatte, der mir von Anfang an offen stand. Aber vielleicht hätte ich von diesem Angebot kaum Gebrauch gemacht, wären meine Schwester und ich nicht in einem Kinderheim gewesen, in dem wir als einzige Kinder zwischen 14- bis 18-jährigen schwer erziehbaren Jugendlichen lebten: Ich hatte dort verlernt, mich altersgemäß zu verhalten, und habe auch später nie einen wirklichen Kontakt zu gleichaltrigen Kindern finden können. Aber ich hatte bereits mit zehn Jahren die Entdeckung gemacht, dass innere Spannungen und Staus sich am besten lösen ließen, wenn sie schriftlich artikuliert werden. Seitdem versuche ich unablässig, mir meine Probleme im Umgang mit der Wirklichkeit buchstäblich ab-zu-schreiben.

Ich sehe schon in Ihren frühen Gedichten einen nahezu abgeklärten existentiellen Blick auf die Gesellschaft.
Von Anfang an ist es in dem, was ich geschrieben habe, wie bei Shakespeare oder Schiller um Leben und Tod gegangen. Ich hatte meine Mutter nach ihrem Selbstmord selbst gefunden. Aber damals gab es niemanden, der auch nur den Versuch unternommen hätte, dieses traumatische Erlebnis professionell mit mir zu bearbeiten. Vielleicht kam gerade mal zehn Jahre nach dem Krieg auch noch gar keiner auf die Idee, dass Einer der psychologischen Behandlung bedürfe, der unversehens vor einem getöteten Angehörigen stand.

Man hatte meine Schwester und mich also in ein sehr abgelegenes Jugend-Heim verschleppt, damit unser Vater uns nicht nach Westberlin holen konnte. Bis zu seinem Tod hat er alles versucht, seine Kinder zu bekommen. Auch mit Hilfe eines sogenannten »Menschenhändlers«. Der Mann, der geplant hatte, uns über die Grenze zu bringen, war gefasst und zu sieben Jahren Zuchthaus verurteilt worden. Aber warum bemühten sich die Behörden so intensiv darum, uns vor meinem Vater zu verstecken? Mein Vater hatte vor seiner Flucht in den Westen als politischer Karikaturist gearbeitet. Und arbeitete – mit umgekehrten Vorzeichen – im Westen als politischer Karikaturist. Im Ministerium für Staatssicherheit [MfS, Stasi] war man folglich der Meinung, man müsse ihn in die DDR zurücklocken oder -holen, um ihn zu bestrafen. Deshalb war mehrmals versucht worden, ihn zu entführen. Er ist den Häschern fünfmal entkommen. Später war es dem MfS allerdings gelungen, seine Westberliner Frau anzuwerben. Der Tod meines Vaters – kurz nach einer Party wurde er in seinem Haus erdrosselt aufgefunden – ist bis heute ungeklärt. Meine Großmutter hat man übrigens erst mehr als ein Jahr später über den Tod ihres Sohnes informiert. Nicht im Sozialamt, sondern in der SED-Bezirksleitung. Als »Trost« hat man der Vierundsechzigjährigen die Kinder überlassenen. Bei meinem »nahezu abgeklärten existentiellen Blick auf die Gesellschaft« in den frühen Gedichten handelt es sich also um die Wunschvorstellung eines unfreiwillig altklugen Kindes von einer menschlichen Gesellschaft, von der er glaubt, sie würde *draußen* existieren.

Das Leben bei Ihrer Großmutter war ein behütetes. Ein Leben ohne Kinderbücher, aber mit Zugang zu den Klassikern, Schiller vor allem?

Es war kein »behütetes Leben«, sondern ein wildwüchsiges in einem außerordentlich Musen-freundlichen heimischen Umfeld und einer zumindest verständnislosen »Außenwelt«. Übrigens hätte ich vermutlich auch Karl May gelesen, wenn ich seine Werke im Bücherschrank gefunden hätte. Aber Schiller ist ja, wenn Sie so wollen, mit ihm »identisch«: Ein »Karl May für Bildungsbürger«. Und Kinderliteratur – auch gute Kinderliteratur – hätte ich damals von meinem arroganten Standpunkt aus, alles besser zu wissen, vermutlich als »kindisch« abgetan, wie ich ja auch fast sämtliche Beschäftigungen meiner Klassenkameraden als »kindisch« wertete. Alles normale Spielen – das ich heutzutage so gern versuche literarisch nachzuholen – habe ich damals vollkommen verachtet. Auch bin ich in Hoch-Zeiten meiner Schulschwänzerei mehr als 120 Tage im Jahr dem Unterricht ferngeblieben. Allerdings mit Einverständnis eines Klassenlehrers, der eingesehen hatte, dass ich nicht dauernd in der Schule herumsitzen muss, wenn ich sowieso etwas anderes im Kopf hatte. Die »Nachsicht« mit mir wurde grenzenlos, als ich dann mit zwölf zu veröffentlichen begann. Schaut euch das »Wunderkind« an! Und es ist nicht mal dressiert! Ich bin dann Tag für Tag entweder ins Museum der Bildenden Künste oder in den Zoologischen Garten gegangen. Wir hatten auch zu Hause immer irgendwelche Tiere: Fische, Schildkröten, verschiedenartige Vögel, Goldhamster und Kaninchen: alles Geschöpfe, die sich bei uns rege vermehrten. Und auch im Stadtpark aufgelesenen räudigen Katzen und einem kleinen Mischlingshund bot meine Großmutter zeitweilig Unterschlupf. Ich wollte natürlich irgendwann einmal Zoodirektor werden. Auf jeden Fall wollte ich Biologie studieren.

In Ihrem Schreiben ist der Blick auf die Natur von Beginn an wichtig. Als Blick auf die Schöpfung, auf die Naturgewalten und als Metapher für existentiellen Druck.

Auch das kommt von meiner Großmutter her, die noch ein sehr emotionales, aber nicht weniger praktisches Verhältnis zur Natur hatte. Da sie nur die Mindestrente und wir Kinder nur Waisenrente bezogen, sind wir sehr oft in die Pilze gegangen und haben dabei auch gelernt, Parasol- und Pantherpilz zu unterscheiden. Wir haben Beeren gesammelt und häufig schmackhafte Bärlauch- und Brennnessel-Suppen gegessen. Eigentlich mussten wir uns die Natur in einem sehr profanen Sinne aneignen. Weil wir etwas zu essen brauchten. Dass ich darüber hinaus einen Blick für die Schönheiten und Wandlungen der Natur zu entwickeln vermochte, verdanke ich ebenfalls der jugendlichen Begeisterungsfähigkeit meiner Großmutter. Allerdings wären wir trotz unseres Waldfrüchte-Erntens kaum über die Runden gekommen, wenn wir nicht durch Zufall in einem Wohnblock gewohnt hätten, in dem außer uns ausschließlich sowjetische Offiziere mit ihren Familien lebten. Als diese mitbekamen, dass wir verdammt wenig zu essen hatten, stellten sie regelmäßig ihre Deputate vor unsere Tür – Fischkonserven, Butter, Grütze und zu ihren Feiertagen auch die entsprechende Flasche Wodka für meine Großmutter. Die Deutschen sind niemals auf die Idee gekommen, uns etwas zu geben, auch wenn sie sahen, dass wir Kinder in den Schulpausen oft ohne Frühstücksbrot dastanden.

Der Zoodirektor war die eine Phantasie, die andere war es, ein Dichter zu werden. Sie haben schon als Zwölfjähriger publiziert.
Ich dachte mir, den Zoodirektor machst du zum Spaß und das Schreiben zum Geldverdienen. Damals wurden nahezu jeden Tag in den verschiedensten Feuilletons der Tages- und Wochenzeitungen Gedichte, Kurzgeschichten oder Fortsetzungsromane abgedruckt. Als ich erfahren hatte, dass man als Autor für eine Gedichtzeile 4 Mark bekommt, setzte sich in mir die Vorstellung fest, dass man von so etwas wie Lyrik ganz gut leben kann. Damals hatte das *Neue Deutschland*, Zentralorgan des ZK der SED, eine Beilage namens *Die gebildete Nation*, die sogar weitestgehend ohne Parteikommentare auskam. Auf diesen Seiten hatte ich begonnen, regelmäßig zu veröffentlichen. Die Kultur-Redakteure wussten allerdings nicht, wie alt ich war. Erst als sich einige Leser brieflich über mein Gedicht »Diskussion« erbosten und ich in der Art einer Formalismus-Debatte wegen angeblicher Unverständlichkeit vollkommen fertiggemacht wurde, wurde ruchbar, dass der Autor beim Produzieren des Ärgernisses gerade mal 15 Jahre alt war. Trotz einer öffentlichen Ermutigung durch Eva Strittmatter war ich wie am Boden zerstört, wusste ich doch: Nach dieser Diskussion würde keine Tageszeitung der DDR noch ein Gedicht von mir drucken. Das musste gar nicht erst »von oben« angeordnet werden. So etwas geschieht in einem Untertanen-Staat in einer Art Selbstlauf. Allerdings: Aus meinem Traum, von Gedichten leben zu können, hätte ich schon früher erwachen müssen. Denn seit ich eine Lehre als Schriftsetzer begonnen hatte, war mein bis dato eher harmonisches Bild der Arbeitswelt völlig in sich zusammengefallen. Nun, da ich tagtäglich höchstselbst mit dem wirklichen Leben der arbeitenden Bevölkerung konfrontiert wurde, waren es plötzlich zornige, traurige, bittere Verse über die vorgefundenen gesellschaftlichen Zustände, die sich mir aufs Papier drängten. Es entstand ab 1964 ein Gedichtzyklus mit dem bezeichnenden Titel »Kontradiktionen«, von dem ich wusste, dass er auf absehbare Zeit nicht in der DDR publiziert werden würde. In dieser scheinbar verfahrenen Situation lud mich im Mai 1965 Georg Maurer ein, am Leipziger Literaturinstitut zu studieren.

Wie haben Sie Georg Maurer erlebt?
Vom Sehen her kannte ich den Dichter Maurer schon lange, wusste auch, dass er mit meinem Vater gemeinsam bei der *Leipziger Zeitung* gearbeitet hatte, und getraute mich doch nicht, den großgewachsenen Mann anzusprechen. Am Institut war Maurer für mich eine

absolut vertrauenswürdige Vaterfigur. Und er war offensichtlich auch bereit, diese Rolle anzunehmen. Vielleicht nicht nur meiner »Begabung« wegen, sondern auch, weil ich am Institut der mit Abstand jüngste Student gewesen bin. Die meisten Kommilitonen – zumeist schreibende Arbeiter, allesamt Genossen mit einem ideologisch ausgehärteten Weltbild – waren etwa zehn Jahre älter als ich. Für mich war es am Institut anregend und spannend, solange Helga M. Novak und Kurt Bartsch noch dort waren und gelegentlich ein paar bunte Künstler-Vögel aus der BRD vorbeigeflattert kamen. Auch mit einer Litauerin war ich gut befreundet. Eine sehr interessante Persönlichkeit, die sich später allerdings auch als eine sehr eifrige Mitarbeiterin des MfS entpuppte. In dieser kleinen Runde konnte man vertraulich über Persönliches sprechen; das Lästern, auch über die Dozenten, ja, auch über das liebe Vaterland mitsamt seinen Bonzen und Spitzeln, betrieben wir öffentlich. Wir wussten freilich, dass das Institut eine Insel war. Neben Maurer, von dem man lernen konnte, die eigene Arbeit in aller Demut an den Schöpfungen der Weltliteratur zu messen und sich trotzdem an den nächsten Vers zu wagen, gab es am Institut für mich keinen wichtigen Lehrer. Da Maurer allerdings kaum etwas über Verslehre erzählte, musste man sich seine handwerklichen Fertigkeiten eben autodidaktisch erarbeiten, sofern man nicht einfach der Meinung war: »Wenn Maurer nichts davon erzählt, dann ...« Auch wegen dieser Art der Genügsamkeit sind etliche Schüler des großen Lehrers doch eher winzig geblieben. Umgekehrt wussten Helga M. Novak und ich, nachdem wir Robert Havemanns verbotene Schrift »Dialektik ohne Dogma« am Institut eingeschleppt hatten, welcher Dozent uns nunmehr noch einen besseren Marxismus-Leninismus hätte auftischen können. Es waren ein paar wirbelnde Monate, in denen wir liebten und dichteten und rauchten und soffen und an eine bessere Welt glaubten, und möglichst alles gleichzeitig. Und überall »Gedichte an den Anschlagsäulen«! Es gab nämlich in dieser Zeit die von der Freien Deutschen Jugend [FDJ] organisierte sogenannte »Lyrikwelle«. Das waren Gemeinschaftslesungen von mehreren Gedicht-Schreibern, zu denen buchstäblich massenweise Zuhörer kamen. Ein enormes Erfolgserlebnis für die Autoren, in Leipzig vor 500 Leuten im großen Saal des »Klubhaus Freundschaft« zu lesen, der heute längst wieder ein Ballsaal ist. Die meisten der Zuhörer kamen allerdings nicht aus Liebe zur Poesie zu den Veranstaltungen, sondern weil sie glaubten, in den Texten, die sie nicht kapierten, sei eine scharfe Regime-Kritik versteckt. Die Dummköpfe vom MfS vermuteten allerdings desgleichen. Nur die Autoren glaubten, allein ihr unbeholfen Untereinandergeschriebenes würde das Publikum zuhauf anziehen.

Ende dieses Jahres 1965 gab es das berüchtigte 11. Plenum des ZK der SED, welches die Situation in der Kulturszene einschneidend verändert hat.

Auf dem 11. Plenum wurden vorrangig die neuesten Spielfilme der DEFA angegriffen. Fast eine ganze Jahres-Produktion wurde verboten. Es ging aber auch um aufmüpfige Literaten. Gegen Wolf Biermann, der mit einem Auftrittsverbot belegt wurde, auch gegen Günter Kunert und Rainer Kirsch und überhaupt. Werner Bräunig, Dozent am Institut und vormals der Erfinder des naiven Aufrufs »Greif zur Feder, Kumpel!«, bezog öffentlich vorsorglich Dresche für ein noch in Arbeit befindliches Werk, aus dem ein Kapitel bekannt geworden war. Von den Studenten des Instituts wurde erwartet, dass sie der neuen Kulturpolitik huldigen und sich von den Kritisierten abwenden würden. Ich war mit Bräunig befreundet, ich war in jener Zeit mit Biermann und Havemann befreundet. Für mich gab es keinerlei Grund, mich von ihnen zu distanzieren.

Im März 1966 erfolgte Ihre Exmatrikulation am Literaturinstitut, mit der Begründung, dass »ein Talent sich subjektiv verschleißt, wenn es versucht, sich über die Zinnen der Partei zu erheben«. Zeitgleich wurde die Akte eines »Operativen Vorgangs« beim MfS (OV »Autor«) eröffnet. Ebenfalls 1966 waren einige der Gedichte aus dem von Ihnen seit 1964 vorbereiteten Band »Kontradiktionen« als »ungenehmigte« Vorabdrucke im Westen erschienen [in den Zeitschriften »Alternative« und »Kürbiskern« und in den Anthologien »Lyrik in unserer Zeit«, hrsg. von Wolfgang Weyrauch, sowie »Aussichten. Junge Lyriker des deutschen Sprachraums«, hrsg. von Peter Hamm]. Bereits 1965 hatten Sie zunächst erwogen, den Band »Kontradiktionen« dem Verlag Klaus Wagenbach in Westberlin anzubieten. Wie kamen Sie auf diesen Gedanken? Welche Verbindungen gab es zu Wagenbach? Georg Maurer und Franz Fühmann hatten, wie Sie an anderer Stelle sagten, von einer Westpublikation abgeraten. Hat man wirklich so offen über diese Dinge gesprochen?

Am Institut ja. Auch noch die ersten Tage nach dem 11. Plenum. Maurer beurteilte die Arbeiten ausschließlich nach künstlerischen Kriterien. Er hütete sich davor oder fühlte sich außerstande, die politische Aussage von Texten zu kommentieren. Mein »Kontradiktionen«-Vorhaben war vom Aufbau-Verlag bereits abgelehnt worden, noch ehe die Vorabdrucke erschienen. In Erwägung einer West-Veröffentlichung dachte ich sofort an Wagenbach, da er mit Hermlin und Bobrowski hiesige Autoren in seiner »Quartreihe« verlegt hatte. Die Gestaltung dieser Bände erinnerte erfreulich an Kurt Wolffs Reihe »Der Jüngste Tag«, die mir aus dem heimischen Bücherschrank vertraut war. Ich habe Maurer und Fühmann damals gesagt: »Wenn die Sammlung hier nicht erscheint, dann mache ich das Bändchen bei Wagenbach.« Auch Biermann hatte in dieser Quartreihe einen Band. Ich war in jenen Jahren zweimal im Monat nach Berlin gefahren, um die neuen Lieder von ihm aufzunehmen und sie hernach in Leipzig bekanntzumachen. So hoffte ich, dass Biermann seinerseits dem Verleger mein Manuskript empfehlen würde. Beim Durchblättern der MfS-Akten ist mir übrigens der erheiternde Vermerk begegnet, dass »Reimann seine Gedichte nunmehr unter dem Namen Klaus Wagenbach im Westen veröffentlicht«. Naja. Ich bin auch auf Mitschnitte von Gesprächen gestoßen, die in meiner damaligen Wohnung stattgefunden haben. Dem eilfertigen Protokollanten war es freilich offenbar nicht geheuer, dass zwei Gesprächspartner auch gelegentlich mal einvernehmlich miteinander schweigen. In solchen Situationen malte er sich sofort aus, dass die beiden Schwulen nun wieder miteinander ... Und prompt erfand er sich die entsprechenden Beischlafs-Dialoge, die trotz ihrer selbstentlarvenden Obszönität in ihrer Sprachlosigkeit und Naivität teilweise wirklich köstlich sind.

Im November 1966 waren Sie zum Wehrdienst in der NVA eingezogen worden und sind im März 1967 nach einem Suizidversuch wieder entlassen worden.

Ich hatte mir bei einem Apotheker Gift besorgt, für den »Ernstfall«. Weil man nie wusste, welchen Situationen man beim Militär ausgeliefert sein würde. Ich hatte das weiße Pulver aus Angst vor einem für den nächsten Morgen angekündigten Manöver-Einsatz dann auch wirklich geschluckt und war daraufhin mit lebensbedrohlichen Krämpfen ins Haftkrankenhaus eingeliefert worden. Ein paar Tage lang wussten die Ärzte nicht, ob sie mich durchkriegen würden. Aber bei einem Verhör kurz nach meiner Verhaftung bezeugte der erwähnte Apotheker, er habe in Voraussicht, dass ich von diesem Mittel schon bei der erst-schlechtesten Gelegenheit Gebrauch machen würde, mir seinerzeit ein »Giftfläschchen« übergeben, dessen ursprünglichen Inhalt er gegen ein paar pulverisierte Spalttabletten ausgetauscht hatte. Meine »Vergiftung« erwies sich also als pure Autosuggestion! Deshalb konnte auch kein Gift nachgewiesen werden. In meinem Fall diagnostizierten die rätselnden Ärzte letztendlich einen Nervenzusammenbruch. Und so entkam ich nicht nur einer Inhaftierung im Militärgefängnis in Schwedt, in dem für gewöhnlich jene Armeeangehörige landeten, die sich partout dem rühmlichen und ehrenvollen Wehrdienst in der NVA zu entziehen versuchten: Ich entkam sogar der Armee. Und stürzte mich wieder in Arbeit und Rausch, bosselte an Nachdichtungen herum, fertigte Verlags-Gutachten, versuchte mehrmals, meine Vorstellungen von Partnerschaft zu leben. Und begeisterte mich in zunehmendem Maße für die Entwürfe der Reformer des »Prager Frühlings«. Damals schrieb ich: »Prags silhouette ein viel- / zahniger kamm. // Dieser anblick! Und schon / stieben aus meinem pelze / die läuse des vaterlands.« Die Zerschlagung dieser Bemühungen mit Waffengewalt entsetzte und empörte mich, und diese verzweifelte Empörung machte sich monatelang öffentlich Luft.

Hatten sich Ihre Verhaftung 1968 und die Verurteilung nach eineinhalb Jahren Untersuchungshaft wegen »staatsgefährdender Hetze« auch auf Ihre Gedichte und Zeichnungen gestützt?
Bei den Haussuchungen und der späteren Verhaftung durch das MfS waren mehrere Manuskripte, u.a. auch meines Bandes »Kontradiktionen« beschlagnahmt worden. Zu diesem Band hatten der Stasi auch die bereits vorhandenen ablehnenden Gutachten vorgelegen. Auch habe ich ein gesondertes Schriftstück aufgefunden, in dem seitenlang Zeugenaussagen zu einzelnen meiner Gedichte aufgelistet sind. Aber während ich in einem »Lagebericht« der Hauptabteilung XX des MfS hochtrabend gar als »international bekannter Lyriker« bezeichnet wurde, bin ich im Prozess keineswegs als Schriftsteller behandelt worden. Da charakterisierte mich der Staatsanwalt unwidersprochen als einen »Schriftsetzer, der sich als Schriftsteller ausgegeben hat«. Offiziell wurde ich aufgrund mündlicher »hetzerischer Äußerungen« verurteilt, nicht wegen meiner Gedichte. Eine schmerzhafte Demütigung. Die Anklage eines Schriftstellers hätte vermutlich zu ein paar Protesten geführt, die die Stasi vermeiden wollte. Oder eben auch nicht. Zumindest hätte sie wieder an meine bloße Existenz erinnert, die nach eineinhalb Jahren Verwahrung hinter Gefängnismauern vielen meiner Bekannten vielleicht bereits aus dem Sinn geraten war. Angelastet wurden mir vor Gericht vor allem meine verzweifelt-wütenden Äußerungen gegen den Einmarsch der Truppen des Warschauer Pakts in Prag. Ich hatte den Einmarsch offen als Verbrechen bezeichnet. Aber all die über Jahre mit pingeligem Spitzel-Eifer zusammengehamsterten und in den Bänden des »OV Autor« gehorteten Erkenntnisse blieben im Prozess unerwähnt. Das dürfte auch einige meiner Vernehmer geärgert haben, die sich fünfzehn Jahre früher am gleichen Ort mit dem Fall meines Vaters herumschlagen mussten. Und einer von ihnen, der sich aus taktischen Gründen auch über meinen Großvater Hans Reimann und damit dessen Wirken als Kabarettist informiert hatte, fragte mich eines Tages gereizt, ob »das Hetzen in (meiner) Familie vielleicht erblich« sei? Ich hätte diese Frage mit einem deutlichen »Ja!« beantworten können, das vieldeutiger gewesen wäre, als es der Fragende vermutete: Es war nämlich Hans Reimann dereinst wegen »Majestätsbeleidigung« zu einer Gefängnisstrafe verurteilt worden. Es saß nämlich mein Vater unter den Nazis ein paar Wochen in der gleichen Haftanstalt wie ich. Ihn hatte man wegen »defätistischer Äußerungen« im »verschärften Arrest« eingesperrt. Und ich war für den Vernehmer nun offenbar das dritte Großmaul in Folge innerhalb dieser Familie. Ein »Schreibverbrecher«, wie er mich nannte, der allerdings ein bisschen länger als seine Vorfahren im Knast würde ausharren müssen. Da man aber meine literarischen Verbrechen nicht an den Pranger stellen wollte – man hätte die Texte öffentlich machen müssen – versuchte das MfS, meine Zeichnungen als »Hetze« zu deuten. »Das sind Darstellungen von Traum-Motiven, man

nennt die ganze Kunstrichtung Surrealismus«, versuchte ich den Vernehmern einzureden. »Ein Psychiater«, sagte ich noch, »könnte Ihnen meine Behauptung gewiss bestätigen.« Ich fand mich wieder im Haftkrankenhaus für Psychiatrie Waldheim. Ein Vierteljahr lang zur Beobachtung. Allerdings half man mir, dem Alkoholiker, in Waldheim auch, mit den immer noch verwirrenden Entzugsproblemen fertig zu werden – und zwar erstmals hier in Waldheim. Außerdem traf ich in der Anstalt etliche Genossen, die in der Partei-Hierarchie längst nicht mehr auf der untersten Stufe standen, aber plötzlich graduelle Bedenken am politischen Kurs angemeldet hatten. In der »Klapsmühle« waren sie gelandet, weil ihre verständnislosen, aber hilfsbereiten Mitstreiter ob ihres strafbaren Abweichens »von der Linie« zu der Schlussfolgerung gekommen waren: »Wahrscheinlich haben die Ärmsten vor lauter Arbeit Tumore in den Köppen gekriegt!« – Wieso bin ich in dem Dreivierteljahr, das ich als Untersuchungsgefangener in Einzelhaft verbringen musste, nicht durchgedreht? Ich bekam als »Schreibverbrecher« wie selbstverständlich weder Papier noch Stifte, um irgendetwas aufzuschreiben. Eine Tortur für einen, bei dem das Schreiben bereits zum Stoffwechsel gehört. Aber glücklicherweise konnte ich mit Heine frohlocken: »Die Konterbande, die mit mir reist, / die hab im Kopf ich stecken.« Ich kannte damals etwa 300 Gedichte anderer Poeten auswendig. Mit denen konnte man sich sehr gut die Zeit vertreiben. Zum Beispiel daraus nach Belieben ein Goethe- oder Hölderlin- oder Benn-Programm, eine Brecht- oder Wedekind-Liederfolge zusammenstellen. Und man konnte zumindest gemäßigt laut unkritisiert Eisler- und Kurt-Weill-Songs singen. Es war wesentlich angenehmer, mit diesen zahlreichen Versen allein zu sein, als mit einem anderen Gefangenen acht Quadratmeter Zelle teilen zu müssen, diesen durchfallgrün gestrichenen Raum, in dem neben der Tür das Klobecken stinkt und dessen Fensterluke mit Glasziegeln zugemauert ist.

Nach der Verurteilung waren Sie im Strafvollzug Cottbus. Waren Sie dort zusammen mit kriminellen Gefangenen untergebracht?
Nein, in Cottbus gab es damals nur politische Gefangene. Sie arbeiteten für Pentacon [Fotoapparate] und für Scharfenstein [kältetechnische Anlagen], und man musste schon ranklotzen, um die vorgegebenen Normen zu erfüllen. Davon hing es ab, wie viel Geld man für den Einkauf von z.B. Zigaretten und Toilettenartikeln zur Verfügung hatte. Auch war ein Arbeitstag in Cottbus zehn Stunden lang. Trotzdem ist es leichtfertig, die Arbeit im Knast als »Zwangsarbeit« zu bezeichnen: Ohne Arbeit wäre man im Strafvollzug aggressiv und letztlich verrückt geworden.

Die Haftstrafe war zunächst gleichbedeutend mit einem Publikationsverbot?
DDR-logischerweise bestimmt. Zum Beispiel sollte zur Frühjahrsmesse 1969 mein Band »Kontradiktionen« in einer (mit meinem Einverständnis!) bis zur Unkenntlichkeit veränderten und abgeschwächten Variante unter dem staubigen Titel »Straßenkreuzung« erscheinen. Dazu war es nach meiner Verhaftung nicht mehr gekommen. Und heute bin ich froh darüber, dass diese Zusammenstopplung nie erschienen ist. Aber nach dem Knast wäre ich gewiss damit einverstanden gewesen, wenigstens mit solch einer gerupften Sammlung wieder präsent zu sein. Es hat freilich keiner mehr mit dem Aussätzigen reden wollen. Doch der ursprünglich von mir konzipierte Band »Kontradiktionen«, ergänzt um weitere Texte, wird noch in diesem Jahr endlich, endlich als erster Band meiner Werkausgabe in der Connewitzer Verlagsbuchhandlung Leipzig erscheinen. Genau ein halbes

Jahrhundert nach dem ursprünglich geplanten Erscheinungstermin. Und rechtzeitig zu meinem siebzigsten Geburtstag.

Nach der Haftentlassung hatte man Ihnen angeboten, bei der Leipziger Volkszeitung *zu arbeiten.*
Ich hatte das abgelehnt mit der Begründung: »Ich habe gerade zwei Jahre wegen Eurer Phrasen im Gefängnis gesessen, ich werde jetzt nicht helfen, sie zu verbreiten.« Ich habe dann in einer kleinen Firma in Leipzig als Transportarbeiter angefangen und später in einer Brauerei Bierflaschen gespült, abgefüllt und etikettiert. Da hatte ich ihn, den ich doch gewollt hatte: den Kontakt zur den Leuten, für die ich zu schreiben glaubte, der laut Propaganda »führenden Klasse«. Ich habe auch als Lohnbuchhalter in einer Firma für Kinderoberbekleidung gearbeitet, einem reinen Frauenbetrieb. Und ich, nur durch eine nachträglich eingezogene Trennwand von den Produktionsräumen getrennt, »durfte« mit anhören, was sich die Näherinnen von früh bis abends so zu erzählen hatten: Sie übertrafen einen Stammtisch besoffener Männer in drastischer Ausdrucksweise und abwertenden Sexualphantasien in einem Maße, dass ich mir mit deren auch nur vage angedeuteten Wiedergabe den empörten Vorwurf »frauenfeindlicher Erfindungen« einhandeln würde.

Institutsdirektor am Leipziger Literaturinstitut war zum Zeitpunkt Ihrer Exmatrikulation Max Walter Schulz gewesen. Er war es, der die Begründungen liefern musste. Später hatte es ihn gereut, oder wie ist die spätere Promotion durch ihn zu verstehen?
Er hatte wahrscheinlich gedacht, dass ich aufgrund seines Gutachtens lediglich »in die Produktion geschickt« werden würde. Das war ja die in seinem akademischen Wahrnehmungsbereich damals meist angewandte »Strafe« für aufsässige Intellektuelle. Gewiss hat er sich nicht vorstellen können, dass solch eine Beurteilung noch Ende der sechziger Jahre dazu dienen könnte, den Betroffenen ins Gefängnis zu bringen. Auch nach meiner Verurteilung hat er sich weiter an die Vorstellung geklammert, dass »R. seine Begabung seinem Trotz geopfert« habe, seiner »Uneinsichtigkeit«. Ende 1972, als er mich wieder einmal des »subjektiven Talentverschleißes« bezichtigte, habe ich ihm dann meine neuesten Gedichte gesandt, mit der Frage, ob er das »subjektiven Talentverschleiß« nenne. Von da an hatte er versucht, mich wieder als Dichter ins Gespräch zu bringen. Stephan Hermlin hatte einige Jahre vorher in der Akademie der Künste in Berlin junge Lyriker vorgestellt, u.a. auch Wolf Biermann, der erst dadurch bekannt geworden war. Nun sollte Anfang 1973 also Max Walter Schulz auf einer ähnlichen Akademietagung einen jungen Lyriker vorstellen. So kam es zu »meiner« Akademielesung. Das war für einen Autor in der DDR durchaus von Bedeutung, da dies ein Signal nach außen war, an die Verlage und Zeitschriften. Deshalb hatte die Stasi intensiv versucht, Max Walter Schulz von seinem Vorhaben abzubringen. Er hatte sich aber nicht beirren lassen. Während der Lesung saß er blass wie ein unausgereifter Käse auf seinem Sessel neben mir. Später konnte ich den Akten entnehmen, dass die Leipziger Stasi extra eine sechsköpfige »Einsatzgruppe« nach Berlin geschickt hatte.

Max Walter Schulz hatte dann mein Manuskript »Die Weisheit des Fleischs« an Gerhard Wolf beim Mitteldeutschen Verlag Halle gegeben. Diese beiden haben sich auch gegenüber der Staatssicherheit stark gemacht, die den Druck des Buches verhindern wollte. Dabei ging es diesen Leuten wahrscheinlich weniger um die Gedichte, sondern vorrangig um die Person des Autors, den man zur Un-Person machen wollte, wohl hauptsächlich weil er sie »geärgert« hatte. Das Bändchen ist dann 1975 erschienen. Übrigens insgesamt in drei Auflagen. Man mag ältere Kollegen und Lyrik-Leser fragen, welche Wirkung die Verse damals auf sie ausübten. Von der Literaturwissenschaft war das Buch offiziell allerdings nicht zur Kenntnis genommen worden. Bis heute nicht. Sein Erfolg basierte freilich zum Teil auch auf der Neugier jener zahllosen Autoren, die seit 1970 unter dem Sammelbegriff »Poetenbewegung« firmierten. Ich hatte in der Zeitschrift »Sinn und Form« einen polemischen Essay veröffentlicht unter dem Titel »Die neuen Leiden der jungen Lyrik«, und darin hauptsächlich das fehlende Form-Bewusstsein der pubertären Autoren beklagt und damit eine lang anhaltende Leser-Diskussion provoziert. Als es der Redaktion nach einem Jahr reichte, gab sie mir die Möglichkeit, abschließend auf die abgedruckten Leserbriefe publizistisch zu reagieren. Im »Kontradiktionen«-Band meiner Werkausgabe wird auch dieses durchaus aktuelle Material enthalten sein.

Weder der Essay noch der Band »Die Weisheit des Fleischs« waren also wirkliche Türöffner. Das Publizieren in Zeitschriften und Zeitungen war nach wie vor nicht möglich. Wovon haben Sie gelebt?
Der Versuch, mich aus der Literaturgeschichte auszubürgern, schien zwar erfolgreich. So war ich aber auch nicht gezwungen, einen Kotau vor den Mächtigen zu machen. Ich verdiente manchmal was mit Nachdichtungen – bei Reclam, Volk und Welt, beim Eulenspiegelverlag. Es gab so etwas wie eine Solidarität unter den Lektoren. Die sagten: Den haben sie versucht kleinzukriegen – um den müssen wir uns kümmern. Das hat man ihnen durchgehen lassen, denn die Namen der Nachdichter werden ohnehin nur von wenigen Lesern zur Kenntnis genommen. Im Laufe der Jahre durfte ich also für Reclam Rimbaud und einige Surrealisten nachdichten und habe für die »Weiße Reihe« von Volk und Welt Sabolotzki und Dratsch übersetzt. Mein größter Auftrag war ein Bändchen »Gedichte aus Moçambique«, den ich vom Reclam-Verlag erhalten hatte. Vereinbart war, dass ich die Verse mit Unterstützung des mosambikanischen Herausgebers Raul Bernardo Peres da Silva allein nachdichten sollte. Nachdem die FRELIMO [die kommunistische Bruderpartei der SED] die Textauswahl kritisiert hatte, wurden da Silva ausgebootet, ein neuer Herausgeber eingesetzt und meine weitere Arbeit von ein paar anderen Nachdichtern übernommen.

Ich hatte damals noch keine eigene Wohnung. Nach dem Knast hatte ich zunächst einmal anderthalb Jahre lang bei der sehr gutmütigen Mutter eines Freundes schmarotzt. Danach hatte ich mich nacheinander bei verschiedenen Freunden eingenistet, und auch bei denen standen mir die Kühlschränke offen. Ja, ich gebe schamlos zu, dass ich mein ganzes Leben lang nicht von der »reinen Poesie« allein leben konnte, hoffe allerdings, mich nicht nur damit unter die ernstzunehmenden deutschen Dichter einzureihen. – Zu meinem zweiten Gedichtband, der Texte aus den Jahren 1973-1976 enthielt und drei Jahre nach dem Abschluss des Manuskripts erschienen ist, an dieser Stelle nur der Hinweis, dass seine wiederum drei Auflagen wiederum von den Feuilleton-Schreibern unbeachtet blieben, aber schnell vergriffen waren. Und als sich dann abzeichnete, dass meine neueren Gedichte nicht mehr erscheinen würden und bei meinen Lesungen die Zahl jener Zuhörer, die sich lächerlich geheimniskrämerisch ihre Notizen machten, aufs Neue sichtlich angewachsen war, begann ich, mich auf meine Arbeit mit Chanson-Interpreten zu konzentrieren.

Wie kann man sich die Chanson-Szene in der DDR vorstellen, für die Sie dann mehr und mehr Texte schrieben? War das eine autarke Szene, die sich der Reglementierung durch den Staat besser entziehen konnte?

Es gab die offiziellen »Tage des Chansons« in Frankfurt an der Oder, unter der Leitung von Gisela Steineckert. In Frankfurt wurde kaum reglementiert. Mich erinnerte der Zirkus immer ein wenig an das *Institut für Literatur* mit seiner Vielzahl von »draußen« verbotenen Büchern in der Bibliothek und den deutlichen Hinweisen darauf, dass man bestimmte unorthodoxe Diskussions-Beiträge innerhalb der Lehranstalt nicht in die Öffentlichkeit zu tragen habe. Es war nach den anregenden Tagen in Frankfurt/Oder nämlich keineswegs sicher, dass die Interpreten – auch die Preisträger des Sängerkrieges – außerhalb des Festivals irgendwelche Auftrittsmöglichkeiten bekamen. Es führt zu weit, mich hier genauer auf Ihre Frage einzulassen. Nur so viel: Mit meinen Chanson-Texten konnte ich endlich mal genug Geld für meinen Lebensunterhalt verdienen. Genug Geld für täglich sechzig Zigaretten und ein paar Liter alkoholischer Getränke. Dabei gelang es mir nur deshalb, so viele Chanson-Texte an die unterschiedlichsten Interpreten zu verkaufen, weil die sich allesamt öffentlich als »Liedermacher« ausgaben; das klang doch so, als hätten sie ihre Verlautbarungen selber erschrieben. – Es gab auch die gerade noch geduldeten »Tage des Chansons im Kloster Michaelstein«. Dort trafen sich all jene, die aus verschiedensten, nicht in jedem Fall politischen Gründen keinen Berufsausweis bekamen. Oder denen man die »Pappe« entzogen hatte. Bei dieser recht lebendigen Veranstaltung waren die zornigsten der Barden quasi unter sich. Es gibt sehr denunziatorische Spitzel-Berichte darüber. Aus taktischen Gründen wurde die »Zusammenrottung« dennoch nicht verboten. Und, wie gesagt, die Barden waren sowieso unter sich.

Berühmt geworden sind Sie mit den Texten für die sehr bekannte Rockgruppe Lift. Insbesondere das auf der Amiga-Platte »Spiegelbild« enthaltene »Liebeslied« [»Will an Deinen Leib mich fügen«] war jedem in der DDR bekannt. Ist dieser Text ursprünglich als Liebesgedicht geschrieben und erst später vertont worden?

»Berühmt geworden« bin ich damit nicht, weil wie bei den Chansons oder den Nachdichtungen in solchen Fällen niemand nach dem Wort-Geber fragt. »Berühmt« war ich zu DDR-Zeiten in andeutungsweise oppositionellen Kreisen nach Erscheinen meines ersten Gedichtbandes. Im zweiten gibt es eine Ode darüber, die da heißt: »Der frühe Ruhm«. – Aber zurück zu »Will an deinen Leib mich fügen«: Oder auch dem Lift-Titel »Der Frieden«: Beides sind ursprünglich »Lese«-Gedichte, die sich allerdings in ihrer strophischen, klaren Struktur zur Vertonung anbieten. Absichtsvoll einen Lied-Text schreiben, heißt zunächst einmal, sich klar zu machen: Ein Lied ist an die zeitliche Spanne seines Vortrags gebunden. Und dem Hörer ist keine andere Frist gegeben, sich den Inhalt des Gesanges zu erschließen. Es ist ja zumindest im Konzert schier unmöglich, einen Sänger zurückzuspulen. Aber es ist einem Menschen wohl zuzumuten, ein Gedicht eben nochmals zu lesen, lesen zu müssen, wenn er's beim ersten Mal nicht ganz begriffen hat. Es gibt freilich sehr viele Gedichte, die sich gegen eine Vertonung sperren. Die meisten ordentlichen Rocktexte hingegen sind losgelöst von der Musik sprachliche Scherbenhaufen. Ich selber habe für Lift auch solche Texte geschrieben – »Große Landschaft« beispielsweise. Oder »Sindbad«, beides *unlesbare* Sachen! Überhaupt habe ich wenig Talent, nach vorgegebener Musik Texte zu entwerfen.

Die Wende war in jedweder Hinsicht eine Zäsur. Eine Publikation Ihrer Texte war wieder möglich.

Erst 1995 sind mit dem Band »Sonettarium« [Connewitzer Verlagsbuchhandlung Leipzig] wieder gesammelte Gedichte von mir erschienen. Ich hatte es nach der Wende damit nicht sonderlich eilig gehabt, denn durch die lange Publikationssperre war ich es gewohnt, Texte zu machen, von deren langwährender Haltbarkeit ich überzeugt war. Wissend, dass es nicht allzu bald gedruckt werden würde, hatte ich es mir abgewöhnt, etwas vom Zeitgeist Abhängiges zu verfassen. Ich bin gezwungen worden, für die Ewigkeit zu schreiben. [*lacht*] Ich habe auch beides beibehalten, die Gelassenheit, was den Erscheinungstermin neuer Publikationen betrifft, und das Bemühen, der Sprache über meine Zeit zu helfen. So ist mein letzter größerer Gedichtband »Gräber und drüber« [Connewitzer Verlagsbuchhandlung Leipzig] bereits vor nunmehr sechs Jahren erschienen. Und die jüngste Sammlung mit dem Titel »grüner winter« [Literarisches Dresden e.V., 2015] ist so angelegt, dass man sie wahrscheinlich ohne schmerzhafte Brüche auch noch in zehn Jahren erweitern könnte.

In Ihrem Gedicht »Schöne neue Welt« aus dem Jahr 1992 steht: »Nicht ich bin, meine zwei Länder sind heimatlos.« Das Angebot, aus der DDR auszureisen, hatten Sie stets abgelehnt.
Ich bin nicht aus der DDR fortgegangen, weil ich mir sicher war, in dem von innen heraus gefährdeten Ländchen gebraucht zu werden. Nun, meinen Lebenspartner hätte ich ja mitnehmen können. Aber die Leser, die eine Haltung vor Ort erwarteten? Und ich bin geblieben, weil ich mir nach Gesprächen mit Leuten aus der BRD völlig sicher war: Ich käme von einem Absurdikum ins andere. Wie ja dann auch geschehen. Solange sich die zwei Himmelsrichtungen nicht zu *einer* gemeinsamen Geschichte bekennen, sondern sich gegenseitig in Permanenz rechthaberisch ihre Teil-Vergangenheit vorhalten, haben sie, ich sag's mal so pathetisch, den Sinn ihrer Wiedervereinigung noch nicht gefunden. Mir selber geht's da besser, denn wenn überhaupt etwas, dann ist die Sprache meine Heimat. Und diese Sprache war für mich immer unteilbar. Freilich meine ich nicht die Gegenwartssprache. Bei diesem Statement geht es um die klassisch klare Sprache der besten deutschsprachigen Dichter seit Walther von der Vogelweide. Also auch um Gegenwartssprache.

Auf die Behauptung, die DDR-Dichter hätten sich einer speziellen »Sklavensprache« bedient, haben Sie einmal geantwortet: »Der Begriff Sklavensprache bezeichnet eine Methode, an die wir uns derart gewöhnt hatten, dass es uns heute schwerfällt, Klartext zu reden.« Ein kryptischer Satz, der für die Nachgeborenen der Erklärung bedarf.
Der Satz ist nicht »kryptisch«, sondern ungenau. Ich wollte erklären: Viele DDR-Dichter und Song-Texter hatten über Jahrzehnte eine feinsinnige Methode entwickelt, ihre Meinungen mit abgerissenen Metaphern zu tarnen. Oft haben sie sich (wir uns!) z.B. hinter Mythologischem versteckt, um unangreifbar zu bleiben. Freilich, wem dieses Wandeln auf dem Grat zwischen List und Feigheit fremd ist, der mag das für ihn Unverständliche als »Sklavensprache« deuten. Aber es war eine Sprache, die von den Zensoren ganz genau verstanden wurde. Sie bot ihnen allerdings keine konkreten Angriffspunkte. Wenn der Staatsanwalt auch kochte, er konnte doch keinem eine drüberbraten. Eine Anklage gegen Prometheus wäre eventuell schwierig gewesen. Denn wenn einer goetheisch formuliert, keine Götter mehr annehmen zu wollen, ist dies unangreifbar, auch wenn jeder weiß, dass das Zentralkomitee gemeint ist.

Spielt der zweite Teil des zitierten Satzes darauf an, dass man als Dichter nach der Wende erst einmal eine neue Sprache für sich finden musste?
Man musste sich zunächst einmal klar machen, dass man es mit anderen gesellschaftlichen Verhältnissen zu tun hat. Allerdings bekam die plötzliche Freiheit einigen DDR-Literaten nicht besonders gut, denn sobald man (fast) alles sagen darf, zeigt sich ja auch deutlich, ob man überhaupt etwas zu sagen hat. Unter meinungs-freiheitlichen Bedingungen braucht

die Metapher nicht mehr zur Bemäntelung der eigentlichen Aussage herhalten. Ihr kommt wieder ihre eigentliche Funktion zu: Das Wesen des beschriebenen Gegenstandes deutlicher erkennbar zu machen. Aber ich weiß nicht, ob irgendein Dichter, so er denn ein Dichter war, eine neue Sprache finden musste. Wenn im Alltag doch nachhaltig eine andere »innerbetriebliche Verständigungs-Schwierigkeit« verstört. Die Tatsache nämlich, dass man in ausgereiftem Alter häufig erst einmal die Bedeutung einzelner, bislang durchaus vertrauter Vokabeln im Sprachgebrauch des Gesprächspartners hinterfragen muss. Im Alltag existieren also vermeintlich zwei deutsche Sprachen nebeneinander, obwohl sich die Leute der gleichen Wörter bedienen. Da ist es tröstlich zu wissen: Da ist, wie bereits angedeutet, auch noch eine dritte Sprache, die Sprache der Dichter. Die haben sie freilich auch nicht selber erfunden. Sie kommt aus einer sehr langen Tradition und schöpft ihre vereinende Kraft aus ihrer Genauigkeit. So kommt der Poesie in diesen Zeiten der Sprachvermanschung durch Anglizismen, dümmliche Werbe-Sprüche, SMS-Formulierungen, glitschiges Politiker-Idiom und Volkes verbale Fäkal-Orgien im Netz stärker denn je die Aufgabe zu, Sprache zu bewahren.

Die Chanson-Szene, für die Sie Texte geschrieben hatten, war nach der Wende praktisch nicht mehr existent. Auch die Übersetzungsaufträge von DDR-Verlagen gab es nicht mehr. Sie hatten dann zunächst für Zeitungen geschrieben.

Zu mir war ein ehemaliger Journalist der »Leipziger Volkszeitung« gekommen, der 1990 von einem westdeutschen Zeitungsverleger die Chance eingeräumt bekommen hatte, eine Wochenzeitung zu machen, den »Leipziger Sonntagskurier«. Die Zeitung hat etwa zwei Jahre existiert. Dieser Journalist hatte mir im ersten Gespräch offenbart, dass er IM [informeller Mitarbeiter der Stasi] gewesen sei. Da habe ich erst einmal geschluckt, mich dann aber doch für eine Mitarbeit entschieden. Denn wenn einer, noch bevor die ganzen Stasi-Geschichten aufgedeckt worden waren, den Mut hatte, das zu sagen, dann hat er wohl ehrlich versucht, einen Neuanfang zu machen. Andererseits ist von denen, die mich bespitzelt hatten, bis heute nicht einer gekommen, um wenigstens mal ein bescheidenes »Tut mir leid!« zu murmeln.

Ich habe auch weiter Liedtexte geschrieben. Hubertus Schmidt, Jens-Uwe Günther, Walter Thomas Heyn und andere hatten nach der Wende wieder Fuß gefasst. Gemeinsam mit dem Komponisten Walter Thomas Heyn – der bereits 1984 meine Choraltexte für die Leipziger Friedensgebete vertont hatte – brachte ich eine Kantate zur Aufführung, ein öffentlicher Auftrag. Mit dem gleichen Komponisten hatte ich ein Singspiel »Der Plunderhund im Lande Wunderbunt« verfasst, das in der letzten Minute vorm Mauerfall uraufgeführt worden war. Zwei Tage später war's also thematisch nicht mehr aktuell. Kurz: im Wesentlichen lebte ich auch in der BRD vom Einkommen meines Lebensgefährten Dieter Ramke, der sich als Kellner krummlief.

Zu Ihren Gedichten befragt, sagten Sie einmal: »Ich bin nicht jemand, der Gedichte bastelt, Gedichte müssen passieren.«

Es gibt gewiss zahlreiche Autoren, die in der Lage sind, auf Abruf Gedichte zu verfassen. Aber wenn sich unsereins den Leuten als Dichter vorstellt, reden die sofort von Hochstapelei, weil man nicht auf der Stelle mal ein paar Verse zusammenreimen kann. Ich probiere nicht einmal mehr, mir Verse abzuringen. Denn was spricht dagegen, darauf zu warten, dass das Gedicht mir passiert, also der emotionale Stau sich wie von selbst in Sprache auflöst? Nein, ich möchte am Anfang des Schreibprozesses gar nicht wissen, wie das Gedicht ausgehen wird. Wo sollte dann *für mich* der Spaß am Produzieren bleiben? Ich weiß nur: Ich werde nach der Arbeit auch etwas Neues über mich selber erfahren haben. Natürlich ist das Gedicht selten bereits fertig, wenn's nackicht ins Leben gekommen ist. Im Kopf entstehen meist mehrere Fassungen, Umformungen, sprachliche Feinarbeiten. Früher, als man sich den ganztägigen Aufenthalt in der Kneipe finanziell noch leisten konnte, habe ich diese verschiedenen Fassungen in der Öffentlichkeit aufgeschrieben und galt als fleißig. Jetzt, wo ich nur noch erschöpft die letzte Fassung vor aller Augen zu Papier bringe, tuscheln die Leute in meinem Stammcafé: »Er ist schon ein bisschen faul geworden.«

Peter Geist ist der Literaturwissenschaftler, der sich am verdienstvollsten und wirksamsten mit Ihrem Werk befasst hat. Er sagt: Reimann ist ein Dialektiker, spricht vom dialektischen Sprachwitz Brechts, den er bei Ihnen findet, benennt die Wahl großer Gegenstände, den unbedingten Formwillen und den hohen Ton als Markenzeichen Ihrer Dichtung.

Dieser dialektische Sprachwitz kommt nicht unbedingt nur von Brecht. Er hat wahrscheinlich mehr mit Heinrich Heine zu tun. Der ist heute nur etwas aus dem Blickfeld geraten. Ist vielleicht für die Pädagogen verschiedenster Couleur zu aktuell. Und die »großen Gegenstände«, also Liebe und Krieg und Frieden: Man haust mittlerweile überall auf der Welt zu zentral, als dass man sich um sie herummogeln könnte. Diese Gegenstände wiederum verlangen den hohen Ton. Der wiederum ergibt sich u.a. aus der deutlich konturierten Form.

Für andere waren Sie der neue Rimbaud.

Nun, ich war wie Rimbaud sehr jung, als ich in die Literatur geriet. War wie Rimbaud keiner, der sich in seinen Kram reinreden ließ. Und ich brachte wohl einen neuen Ton in die DDR-Lyrik. Aber damals, als man mir den Vergleich mit einem der eigentlich Unnachahmlichen anhing, konnte in der DDR nahezu kein Mensch etwas mit dem Namen Rimbaud anfangen. Vielleicht war einem Lyrik-Leser ja mal des Dichters »Das trunkene Schiff« unter die Augen gekommen, von dem es zahllose Nachdichtungs-Varianten gab. Auch zündete man ihm in Schwulen-Kreisen manch Kerzelein an – dem »Typen«, nicht dem Dichter, aber das betraf mich damals noch nicht. Und dass ich irgendwann mal das Angebot bekäme, ein paar Rimbaud-Gedichte zu übertragen, war auch noch nicht absehbar. Jahre später bot mir der Reclam-Verlag ebendiese Möglichkeit. Und so habe ich mich auch herangewagt an das sogenannte »Erste Stupra-Gedicht« [»Les anciens animaux saillissaient ...« / »Die Tiere einst ...«; aus »Les Stupra«, 1875], das bis dahin im deutschen Sprachraum noch nicht nachgedichtet worden war. Ein Sonett.

Das Sonett ist eine Form, die Ihnen sehr entgegenkommt. Selbst als das Sonett verteufelt wurde, haben Sie an dieser Form festgehalten.

Ich habe die Form des Sonetts schon früh für mich entdeckt. Etwa 1970. Als ich nach einer Möglichkeit suchte, die überbordende barocke Bilder-Fülle in den Griff zu bekommen. Meine Sammlung »Das Sonettarium« enthält ungefähr 70 Texte aus 25 Jahren und erschien 1995. Das Sonett zwingt mit seinem geregelten Aufbau den Autor dazu, diszipliniert zu denken und diszipliniert zu schreiben. Es ist mir ein Vergnügen, mein Anliegen in einer festgelegten Anzahl von Versen auf den Punkt zu bringen. Es ist spannend, spielerisch auszuprobieren, wie viel Gegenwärtiges man in der altbewährten Form transportieren kann. Goethe allerdings lehnte das Sonett ab, weil er befürchtete, er müsse »dabei allzuviel leimen«.

Ihre Sonette wirken gerade nicht »geleimt«, sie wirken leicht. Ihre Sonette halten sich auch oft nicht an die übliche 4: 4: 3: 3 – Form, mitunter ist es ein ungeteilter 14-Zeiler, der erst beim zweiten Lesen als Sonett erkannt wird.

Ich halte mich dennoch ziemlich streng an die Vorgaben der Verslehre: Die Texte, die ich »Sonette« nenne, bestehen prinzipiell aus 14 gereimten sogenannten Blankversen. Mit dialektischem Witz wird ihr Inhalt gemäß der Regel These-Antithese-Synthese bearbeitet. Und wenn es bei mir »leicht« aussieht, kommt's wohl davon: Ich habe lange genug das Tanzen geübt. Was natürlich auch nicht gelingt, wenn man zwei linke Füße hat. Doch ich möchte natürlich nicht, dass man meine intensiven Bemühungen um die strenge (oder sollte ich lieber sagen: als solche erkennbare?) Form auf das Sonett reduziert. Seit nunmehr vierzig Jahren veröffentliche ich – Hölderlin lässt grüßen! – in meinen Büchern z.B. Nachbildungen antiker Oden-Strophen. Aber wenn ich nicht irgendwann wie anno dazumal Herr Klopstock die entsprechenden metrischen Zeichen über die Gedichte drucken lasse, merkt das nicht einmal mehr ein Altphilologe! Ich habe Gedichte in Homer'schen Hexametern und Distiche verfasst, das Ritornell als Transportmittel für meine Inhalte genutzt usw. Das ist Handwerk, und der *Leser* muss darüber nicht unbedingt Bescheid wissen. Vielleicht *hört* man Musik ja eher schlechter, wenn man im Konzert die Partitur mitliest. Wesentlich ist einzig und allein, dass der Poet seinen eigenen Ton findet. Doch sobald seine Gedichte unverwechselbar zu werden beginnen, geraten hierzulande Germanisten und Rezensenten in helle Aufregung. Aus Freude? Nein. Sie suchen stattdessen verwirrt sofort danach, von welchem »berühmten« Autor der Neue sich den Klang ausgeborgt hat.

In dem frühen Buchenwald-Gedicht, 1966 veröffentlicht in dem vorhin bereits erwähnten Band »Aussichten«, ist bereits der Reimann-Ton unverwechselbar enthalten. Es ist das Gedicht eines 18-Jährigen, das bereits alle Klischees der DDR beiseitelässt und ganz neu ansetzt.

Ich habe noch vor der Pubertät begonnen, unglaublich viel Lyrik zu lesen. Völlig durcheinander. Sozusagen Hölderlin gegen Erich Weinert, die »Menschheitsdämmerung« und Platens gebastelte Verse. Dieses Konglomerat an Gedanken, sprachlicher und gedanklicher Vielfalt und Schönheit wurde mein Maßstab für alles, was sich außerhalb von ihr bewegte. Mein Maßstab für eine nachhaltig bösartige Wirklichkeit. Aus der ich mich so weit hinter Verse zurückzog, dass ich nach ziemlich kurzer Zeit ein nahezu heiles, also literarisch geschöntes Bild von »draußen« hatte. Die Realität ließ sich nicht lange davon abhalten, mir wie ehedem frohgemut Fußtritte zu verpassen. Aber aus dem halbwegs ausgehaltenen Widerspruch zwischen chaos-ordnender Poesie und zerstörerischer, aber gleichzeitig doch nicht selten beglückender Wirklichkeit entwickelt sich bei manchen der eigene Stil. Wenn man Glück hat.

Peter Geist sagt auch: »Reimann setzt auf Aufbruch, Bewegung, Widerstand gegen Verfestigungen.« Das kann über Ihre Dichtung, aber auch zu Ihrem Leben gesagt werden?

Ich wollte z.B. nie ein politischer Dichter werden. Aber ich musste mich wehren, wenn die Politik immerzu in meine Kreise – als Dichter und Mensch – einbrach. Und so ist mir nach der Wende auch nicht der Stoff ausgegangen. Leider. Aber die Ungerechtigkeit der Welt war nun mal nicht abgeschafft, bloß weil die DDR zugrunde gegangen war. Ich habe gar keine Zeit, mich ständig mit dem Unrecht zu DDR-Zeiten zu beschäftigen. Ich muss mich um die Gegenwart kümmern. Es ist keineswegs vergnüglich, wenn es mich die Verse schreiben lässt: »(...) Und es siehet das schöne / nur, der abwendet sich.«

Für mich stand die Frage, die ich in »Das ganze halbe Leben« erstmals formuliert habe: »wie soll denn einer leben, wenn er stirbt?« Diese Frage zieht sich durch meine ganze Dichtung. Aus dem Bewusstsein der Sterblichkeit seine Kraft ziehen. Trotz alledem.

Ich bedanke mich für dieses Gespräch.

Sprache wird fremd, schon während wir leben

Gespräch mit Marcel Beyer

Marcel Beyer ist Verfasser von Lyrik, Essays und Romanen, die sich immer wieder mit der deutschen Geschichte – insbesondere mit der Zeit des Nationalsozialismus – auseinandersetzen. 2016 wurde er mit dem Georg-Büchner-Preis ausgezeichnet. In der Begründung erklärt die Deutsche Akademie für Sprache und Dichtung: »Seine Texte sind kühn und zart, erkenntnisreich und unbestechlich. So ist während dreier Jahrzehnte ein unverwechselbares Werk entstanden, das die Welt zugleich wundersam bekannt und irisierend neu erscheinen lässt.«

Ich traf Marcel Beyer am 30. Juli 2018 in seiner Dresdner Wohnung. Wir sprachen über seine im Suhrkamp Verlag erschienenen Bücher »Kaltenburg« (Roman, 2008), »Graphit« (Gedichte, 2014) und »Das blindgeweinte Jahrhundert« (Essay, 2017). Im Zentrum des Gesprächs stand der Dresden-Roman »Kaltenburg«. Mehr noch als Uwe Tellkamps im gleichen Jahr erschienener Roman »Der Turm« ist »Kaltenburg« eine Fiktion. Das akribisch beschriebene Ornithologische Forschungsinstitut in Dresden-Oberloschwitz hat es nie gegeben. Die Gestalt des charismatischen Forschers Ludwig Kaltenburg weist große Ähnlichkeit mit dem Zoologen und Nobelpreisträger Konrad Lorenz auf, dessen Thesen und Bücher im Roman auch diskutiert werden. Beyers Roman folgt vielen Linien – behandelt werden das Ethos des Wissenschaftlers, deutsche Geschichte über sechzig Jahre hin, Freundschaft, Liebe, Verrat. Alles in diesem Roman ist auf das Genaueste recherchiert – die Umstände der Dresdner Bombennacht des 13. Februar 1945, die Arbeit eines privaten Forschungsinstituts in der DDR, das Dresdner Kulturleben innerhalb von Ruinen und Aufbauszenarien und auch jene intellektuellen Kreise in Dresden, die unter den Bedingungen der frühen DDR, und erst recht nach dem 17. Juni 1953, eine Parallelgesellschaft zum staatlich organisierten gesellschaftlichen Leben bildeten. Beyer beschreibt eindringlich, wie die Angst der stete Begleiter der Normalität war. Etwa am Beispiel der heute nahezu vergessenen Phase des Antisemitismus in der DDR, im Roman dargestellt anhand des Falles Paul Merker. Der Leser des Romans erhält einen Einblick in die inneren Konflikte hinter den Kulissen der Macht.

Marcel Beyer, Ihr Roman »Kaltenburg« ist ein Wissenschaftlerroman, zugleich ein Geschichtsroman und ein Dresden-Roman, vor allem aber eine spannende Fiktion. Die Hauptfiguren – Ludwig Kaltenburg, Professor und Institutsleiter, sowie sein Schüler und enger Vertrauter Hermann Funk (zugleich der Erzähler) – sind Ornithologen, der Roman bewegt sich im Umfeld ornithologischen Fachwissens. Sind Sie ein Hobby-Ornithologe oder war die Recherche für diesen Roman für Sie das erste tiefe Eintauchen in die Wissenschaft von den Vögeln?

Ich glaube, mein Interesse für die Vogelwelt ist tatsächlich erst hier in Dresden entstanden, in einer Zeit, die mit dem gegenwärtigen innerstädtischen Bauboom langsam endet, wo es viele Brachen gab, Gelände, die sich selbst überlassen waren. In diesen Hinterlassenschaften der DDR oder noch des Kaiserreichs konnte man inmitten der Zivilisation mit Natur in Kontakt kommen. Ich hätte kein Interesse, in Urwälder zu fahren, um mir Vogelstimmen anzuhören. Mich interessieren die sogenannten Kulturfolger, das Zusammenleben der Tiere mit uns Menschen, das die Tiere ganz selbstverständlich betreiben und das uns selbst manchmal gar nicht so klar ist. Im früheren Atelier meiner Frau in Dresden-Pieschen hatten wir eine Futterstelle für die Vögel eingerichtet, und bald fiel uns auf, daß die Kohlmeisen uns morgens bei unserer Ankunft dort entgegenkamen und durch den Hof begleiteten – eine Aufforderung, Futter nachzulegen. Da ist mir klar geworden: sie beobachten uns ja die ganze Zeit, die haben uns immer im Blick. Dies war für mich der Anfang einer Kommunikation. Als Schriftsteller fragt man sich dann, warum kommen die Vögel im Gegensatz zu uns so gut zurecht in dieser Welt, ohne sich dabei der Sprache zu bedienen. Ist das jetzt wirklich ein evolutionärer Fortschritt, daß wir als Menschen über Sprache verfügen, oder sind wir es, die Krücken brauchen, um uns in der Welt und im sozialen Miteinander in der Gesellschaft zurechtzufinden? Dieses Nachdenken hat für mich immer auch etwas Poetologisches, ist Nachdenken über Ausdrucksmittel und Verhaltensmöglichkeiten.

Es gab einen Moment, der wirklich sehr entscheidend war, die Dresdner Museumsnacht 2001, die von starkem Regen begleitet war. Trotz des Regens wollten wir spät am Abend dann doch noch etwas anschauen. So fuhren wir nach Klotzsche hinaus, wo die Naturkundlichen Sammlungen untergebracht sind. Jeder Kustos hatte etwas Interessantes aus seinem Fachgebiet vorbereitet, um den Besuchern seine Arbeitswelt, aber eben auch sein Erkenntnisinteresse, seinen Forscherdrang zu veranschaulichen. Dr. Siegfried Eck, der Kustos der Ornithologischen Sammlung, hatte sich entschieden, anhand einer ganzen Reihe von Stieglitzen, also Stieglitzbälgen, darzustellen, wie problematisch der Begriff der »Art« im Biologiebuch-Sinne ist, sobald man tatsächlich in die Natur schaut. Die vor uns ausgebreiteten Präparate waren Stieglitze, die an der polnischen Grenze vom Zoll kassiert worden waren. Sie hätten aus Osteuropa über Deutschland nach Belgien transportiert werden sollen, um in Brüssel im Kochtopf zu landen. Jene Vögel, die bereits verendet waren, übergab der Zoll der Ornithologischen Sammlung in Dresden. Damit verwandelte sich von der menschlichen Gesellschaft produzierter Sondermüll in Forschungsobjekte. Ein irrer Vorgang.

In dieser halben Stunde hat uns Dr. Eck die ganze Dimension des Ornithologen-Berufes aufgezeigt. Mit den auf den Arbeitstischen ausgebreiteten Vogelbälgen öffnet sich für einen Wissenschaftler eine ganze Welt. Da habe ich auf einmal eine Parallele gesehen zu meiner eigenen Arbeit. Ich lebe in einem engen Zirkel mit sechsundzwanzig Buchstaben, umgeben von Büchern und Zeitungen, und habe die Möglichkeit, schreibend weit in die Welt hinaus zu reichen.

Unser Biologiebuch-Wissen besagt: Hier bei uns in Westeuropa lebt der Stieglitz, und dort, weit im Osten, in den asiatischen Raum hinein, lebt der Graustieglitz. Indem Dr. Eck die offenbar aus einem großen Gebiet zusammengetragenen Exemplare begutachtete und immer wieder vor sich auf dem Tisch umgruppierte, konnte er anhand ihrer äußeren Merkmale nachvollziehen, daß nicht hier der eine und dort mit einem Mal der andere Vogel im Strauch hockt, sondern daß es sich um eine Folge gradueller Veränderungen handelt. Größe und Gefiederzeichnung wandeln sich in kleinsten Schritten – dieses Exemplar ist ein paar Millimeter größer als das andere, jenes eine Spur grauer. Und alles ist potentiell ständig in Veränderung begriffen, sofern nicht natürliche Barrieren wie unüberwindliche Berge oder Wasserflächen für kategorische Artgrenzen sorgen. Ein sehr dynamisches Bild von der Natur, das kaum mehr etwas mit den Vorstellungen des 19. Jahrhunderts gemein hat, in dem alles in der Welt seinen Platz zugewiesen bekam, alles kategorisiert und katalogisiert wurde.

Ästhetik, aber eben nicht im überhöhenden, kulturbeflissenen Sinne, spielt dabei eine große Rolle: der genaue Blick, die Empfänglichkeit für den Variantenreichtum, also die Schönheit natürlicher Phänomene, das Sensorium für minimale Unterschiede. So wie sich der Beruf des Ornithologen in der Person von Dr. Eck darstellte, gab es von vornherein eine Menge verwandtschaftliche Merkmale, was die Arbeit als Künstler, als Schriftsteller angeht. Die Herausbildung ähnlicher Fähigkeiten, wenn auch von verschiedenen Interessen geleitet: der eine möchte Arten bestimmen und reflektiert dabei den Artbegriff selbst, der andere möchte Gedichte schreiben und reflektiert dabei die Frage, was ein Gedicht sei. So habe ich den Beruf für die Erzählerfigur meines Romans gefunden, noch ohne eine nähere Vorstellung von diesem nächsten Roman zu haben. Für mich ist es immer wichtig, daß der Erzähler einen Beruf hat, daß er einer Leidenschaft nachgeht, denn dies prägt die Perspektive auf die Welt. Da habe ich ganz spontan entschieden: der Erzähler meines nächsten Romans soll Ornithologe sein. In dem Moment habe ich gar nicht geahnt, was ich mir damit aufgehalst hatte. Es sollte eine Ornithologen-Figur sein, die auch dem Blick des Fachmanns standhält. Dr. Eck hat mir in einem später geführten Gespräch viele die Arbeitswelt des Ornithologen betreffende Hinweise gegeben und Einblicke vermittelt, auch was die Bedingungen in einer politisch geteilten Welt angeht, um deren Grenzziehungen sich die Tier- und Pflanzenwelt natürlich nur bedingt schert. Diese Perspektive einer per se internationalen Wissenschaft hat mir außerdem hervorragende Bedingungen geliefert, um den ganzen kleingeistigen DDR-Mief, diese in den Augen der Westleser so wohlig-gruselige Enge außen vor zu lassen. Der Zoologe ist immer Kosmopolit, selbst wenn er sein Leben darauf verwenden sollte, den Garten hinter seinem Haus zu studieren.

Die Romankonstellation gestattet eine behutsame Einführung des Lesers in die Welt der Ornithologie, da der Erzähler von einer wissensdurstigen Interviewerin befragt wird, was wiederum Erinnerungen auslöst und zu inneren Monologen führt. Hatten Sie das Romanprojekt bereits vor der Dresdner Museumsnacht grob strukturiert?

Den Roman habe ich erst im wahnsinnig heißen Sommer 2003 in Angriff genommen. Es war so heiß, daß man sich eh nicht bewegen konnte, also konnte man auch am Tisch sitzenbleiben und schreiben. Innerhalb von zwei Monaten sind damals hundertsechzig Seiten entstanden, ein Rausch. Doch am Anfang standen nicht Figuren oder ein Stoff, am Anfang stand eine Erzählkonstellation. Während eines Besuchs in Barcelona war mir in einem nicht touristisch geprägten Restaurant ein älterer Herr aufgefallen, der – das sah man auf den ersten Blick, an seinem Auftreten, an seiner Körperhaltung – in seinem Leben offenbar einmal etwas dargestellt hatte, als Militär vielleicht oder als Politiker. Der Kellner widmete sich ihm auf eine besondere, auffällige Weise. Da habe ich gedacht, das ist eine interessante Konstellation: Die kennen sich aus einem ganz anderen Leben, offenbar war der Kellner bereits in einer früheren Lebensphase einmal ein loyaler Vertrauter dieses Herren. Um etwas über einen solchen Herrn zu erfahren, sollte man vielleicht nicht ihn direkt befragen, es könnte viel aufschlußreicher sein, seinen Vertrauten um Auskunft zu bitten. Diese Figur, die im Schatten steht, macht ganz andere Erfahrungen, schaut aus einer anderen Perspektive, immer vom Rand her, und kann Dinge erzählen, die die eigentliche Hauptfigur gar nicht erzählen kann, weil die Selbstwahrnehmung, weil der Wunsch nach Selbstdarstellung einen Filter bildet.

Mit dieser Erzählkonstellation im Kopf wandte ich mich einer Figurengruppe zu, die ich schon einmal in den Blick genommen hatte, in dem Gedicht »Der westdeutsche Tierfilm« in meinem Band »Erdkunde«: der Freundschaft zwischen dem Verhaltensforscher Konrad Lorenz, dem Tierfilmer Heinz Sielmann und dem Künstler Joseph Beuys. Drei Figuren auch des öffentlichen Lebens, die meine Kindheit begleitet haben, ohne daß ich seinerzeit von ihrer Verbindung wußte. Unter dem Namen Ludwig Kaltenburg wurde also

Konrad Lorenz, diese schillernde, charismatische Person, zu meiner Hauptfigur, über die aus der Randperspektive eines »loyalen Vertrauten« erzählt wird.

Konrad Lorenz wurde so zum Vorbild für Ludwig Kaltenburg. Auch Heinz Sielmann, der große deutsche Tierfilmer, und Joseph Beuys, in den 70er und 80er Jahren einer der wirkungsmächtigsten deutschen Künstler, werden Figuren im Roman. Interessant ist, daß diese drei Personen möglicherweise bereits in den 40er Jahren in der Stadt Posen einen ersten Berührungspunkt haben. Im Roman wird das in Buldern (Westfalen) von der Max-Planck-Gesellschaft für Konrad Lorenz eingerichtete Institut für Verhaltensphysiologie nach Dresden in die frühe DDR verlegt, auf den Oberloschwitzer Elbhang. Ganz nach dem Muster des Von-Ardenne-Instituts auf dem benachbarten Elbhang. Was war der Beweggrund, das Institut von Ludwig Kaltenburg in Dresden anzusiedeln?

Ich wußte, daß mein Erzähler in Dresden lebt, daß er die gesamte DDR erlebt hat, daß er ein Leben vor der DDR hat, als Kind, und auch ein Leben nach der DDR, in der Nachwendezeit. Ich hatte zunächst nur diese eine Figur als fiktive Position gesehen und habe etwa ein Jahr lang zu sehr an den Biographien von Lorenz, Sielmann und Beuys in ihrem zeitgeschichtlichen Rahmen geklebt. Bei dieser Konstellation – aus der Stadt Dresden heraus erzählt jemand die Geschichte der Freundschaft dreier West-Figuren – mußte ich immer wahnwitzigere Szenen erfinden, je länger die DDR existierte, damit mein Erzähler überhaupt mit seinen Freunden in Kontakt treten und dem Leser als »loyaler Vertrauter« erzählen kann. So hatte ich zum Beispiel für das Jahr 1973 genauestens eine Begegnung in Budapest konzipiert, damit mein Erzähler in die Lage gerät, Vertrauliches zu berichten.

Ich habe eine ganze Weile gebraucht, bis ich mir sagen konnte: Ich will ja gar nicht über Konrad Lorenz und Heinz Sielmann schreiben, was gute Biographen viel besser können, sondern mich interessiert diese merkwürdige Konstellation, daß mit meinem an Konrad Lorenz angelehnten Ludwig Kaltenburg jemand genialisch alles hinzukriegen scheint, weil ihm alle Möglichkeiten eröffnet werden, der, wie von Ardenne, mitten in Dresden einen de facto großbürgerlichen Haushalt führt, eine Welt wie im 19. Jahrhundert mitten im Sozialismus. Ein Leben in der DDR, wie es zu West-Klischees vom Leben in der DDR nicht paßt. Kaltenburg scheint nur mit dem Finger zu schnippen und schon ist alles so, wie er es sich wünscht. Sein Schüler steht neben ihm und fragt sich: Wow, wie hat er das jetzt wieder gemacht.

Mit dieser Konstellation ist eine Faszination da, in der man sich gar nicht fragt, ob derjenige Kompromisse eingehen mußte, ob und welche Opportunität erforderlich war, um ans Ziel zu kommen. Kaltenburg spielt natürlich auch dem Schüler etwas vor. Aber dazu brauchte ich meinen Kaltenburg hier in Dresden. Er mußte in Bezug auf den Erzähler tatsächlich an die Elternstelle treten, sonst wäre die Bindung nicht so eng geworden. So habe ich das Institut von Konrad Lorenz aus dem Münsterland nach Dresden verpflanzt, und damit erst wurde mein Ludwig Kaltenburg zu seinem Hausherrn, der es nach seinen eigenen Vorstellungen führt. Ohne diese Entscheidung hätte ich das Romanprojekt wahrscheinlich irgendwann aufgegeben – der historische Druck hat die Geschichte unter Spannung gehalten. Mit einer »Fernbeziehung« zwischen meinem Erzähler Hermann Funk und Ludwig Kaltenburg wäre die ganze Sache wohl mit der Zeit eher in Form einer Brieffreundschaft ausgetröpfelt.

Haben Sie über das Institut in Buldern Recherchen angestellt?

Ja, das habe ich, auch hinsichtlich der späteren Wirkungsstätte von Konrad Lorenz in Seewiesen. Es ging mir dabei aber eher um Stimmungstechnisches. Denn näher betrachtet handelt es sich doch um ein sehr eigenartiges Biotop: Auf der einen Seite laufen Arbeiten und Zusammenleben mit Menschen und Tieren sehr kollegial ab, herrscht ein Klima, in dem auf den ganzen Apparat bürgerlicher Konventionen gepfiffen wird – die Tiere halten sich ja eh nicht daran. Auf der anderen Seite wird in diesem Klima die Bindung an den Chef ja nicht schwächer, sondern im Gegenteil stärker. Auch hier kommt wieder die Loyalität ins Spiel, man einigt sich auf eine gemeinsame Lebens- und Arbeitsform, und damit unterwirft man sich. Über Wohl und Wehe entscheidet am Ende immer der Wissenschaftler mit der größten Erfahrung, also der Institutsleiter. Und da die Verhaltensregeln untereinander immer im Abgleich mit den Verhaltensregeln im Umgang mit den Tieren definiert werden, entsteht eine Struktur permanenter gegenseitiger Beobachtung. Man beobachtet einander dabei, wie man die Tiere beobachtet.

Als Mitarbeiter wird man sich zweimal überlegen, ob man in solchen Strukturen Oppositionsgeist an den Tag legt. Man hat vor Augen, daß man unter paradiesischen Bedingungen arbeitet, unter Bedingungen, wie sie sonst nirgends auf der Welt herrschen, im Bannkreis eines Wissenschaftlers, dessen Herangehensweise an die Zoologie etwas Revolutionäres hat. Die Vorstellung, aus diesem Paradies vertrieben zu werden und zum Beispiel zurück an die Universität zu gehen, sich wieder bürgerlichen und wissenschaftlichen Konventionen zu unterwerfen, kann da nicht besonders verlockend wirken.

Eine Figur wie Konrad Lorenz erscheint viel magnetischer als ein Hochschulprofessor, der sich im Korsett der vorgegebenen akademischen Strukturen bewegt. Ein Flair von Partisanentum, von Anarchie, zumal sich die soziale Bindung der Menschen am Institut an der engen Bindung orientiert, die man mit den Tieren eingegangen ist. Der soziale Zusammenhalt überspringt so die Artgrenzen. Fast ein Geheimbund, ein Kreis von Eingeweihten, was auch in der Außendarstellung deutlich wird. Man kennt die vielen Fotos und Filme, wo Konrad Lorenz mit seinen Gänsen und Enten gemeinsam im Fluß schwimmt. Diese Selbstdarstellung ist schon ungewöhnlich für einen erfolgreichen Wissenschaftler, der zudem noch Nobelpreisträger ist. Was man nicht kennt, sind die Bilder, auf denen die Institutsmitarbeiter nackt auf dem Institutsgelände herumlaufen. Für die offiziellen Fotos hat man sich in dieser hochseriösen Forschungsanstalt stets etwas übergezogen.

Wie sind Sie der Gefahr begegnet, den Leser des Romans durch zu viel ornithologisches Fachwissen zu erdrücken?

Das mußte ich im Blick behalten, ich wollte ja kein Sachbuch schreiben. Auf der einen Seite: jenes ornithologische Fachwissen, das die Perspektive meines Erzählers auf die Welt prägt. Alles, was darüber hinausgehen würde, findet in meinem Roman nicht statt. Auf der anderen Seite: alles, was als sprachliches Material interessant ist, kann potentiell Eingang in den Roman finden – aufgrund seiner poetischen Qualität.

Ein wenig anders war es bei Hintergrundwissen zur DDR und speziell zu Dresden. Der Westleser – und der Großteil der Leser wurde eben in Westdeutschland sozialisiert – weiß ja so gut wie nichts, das heißt: Er guckt Fernsehen, und da sieht er dann bloß spärlich gefüllte Regale im »Konsum« oder finster dreinblickende Offiziere des MfS, oder es fährt eben mal ein Trabant durchs Bild. Der ganze blöde DDR-Kitsch eben. Es hätte nun eine Versuchung darstellen können, jene anderen Kenntnisse, die ich seit Mitte der neunziger Jahre hier in Dresden aus Gesprächen, aus der durch diese Gespräche sensibilisierten Lektüre und so weiter gewonnen habe, im Roman auszubreiten. Davor hat mich aber die strikte Konzentration auf den Wahrnehmungshorizont meiner Figuren bewahrt. Mit dem lästigen Alltag, mit den lästigen, nervenzehrenden Auseinandersetzungen auf dem alltagspolitischen Feld wollen sie entschieden nicht behelligt werden, darum haben sie sich ja mit dem Institut von Ludwig Kaltenburg ihr Paradies geschaffen.

Wo ich im Roman zeitgeschichtliche Zusammenhänge deutlich machen will, die eine Auswirkung auf das Leben meiner Figuren haben, die etwa ihre Welt in Erschütterungen versetzen, setze ich dann gerne auf das zeithistorische Wissen der Leser: Wenn mein Erzähler erstmals nach Wien fährt, um dort das Naturhistorische Museum zu besuchen, kann sich der Leser sagen: Aha, jetzt darf er reisen, also befinden wir uns in der Zeit nach 1989.

Im Roman hat neben der Institutskonstellation in Dresden auch der bürgerlich-intellektuell geprägte Freundeskreis der Familie Hagemann eine wichtige Funktion. Sind Sie in Ihren Recherchen auf solche Kreise in Dresden gestoßen?

Nein, nicht im Rahmen meiner Recherchen, sondern unmittelbar nach meiner Ankunft in Dresden. Das Milieu der Künstler, die jenseits des DDR-Kunstbetriebs arbeiteten, und mit ihnen jene Dresdner, die diese inoffiziellen Kreise immer unterstützt haben. Von meinem Schulwissen über die DDR habe ich mich gewissermaßen am ersten Tag verabschieden dürfen. So wuchs sich über die Jahre ein Vorrat an, aus dem ich später beim Schreiben schöpfen konnte. Nicht nur Sachkenntnisse, sondern auch eine Sensibilität dafür, wie bestimmte Redeweisen einzuordnen sind, in bestimmten Situationen, und wie Menschen Dinge erzählen, je nachdem, ob ihr Gegenüber nun ein Wessi oder ein Ossi ist, ob man also davon ausgeht, daß man über einen gemeinsamen Erfahrungsschatz verfügt oder nicht. Vieles davon läßt sich ja kaum verbalisieren. Man lernt, auf die kleinen, spöttischen Bemerkungen zu achten, und auch auf das kleine, verächtliche Schweigen, wenn jemand das Lob der Hochkultur anstimmt, man aber spürt, er setzt im Grunde nur dazu an, diese Hochkultur politisch in den Dienst zu nehmen. Die Sensibilität dafür kann man sich nur in gesellschaftlichen Kreisen antrainieren, die jede Indienstnahme der Kunst als verachtenswert betrachten, weil Kunst einen Eigenwert darstellt. In solche Konstellationen wollte ich meinen Erzähler einbinden.

Nicht selten findet im Roman gerade über diese Konstellation die zeitgeschichtliche Anbindung statt – der Tod Stalins 1953, die Reaktion auf politische Ereignisse in der DDR, zum Beispiel die Reaktion auf Festumzüge, die in der DDR inszeniert worden waren. Berichtet wird über einen Wagen mit KZ-Häftlingen, der aus einem solchen Festumzug heraus schockierte.

Die abstrusesten Dinge, die in meinen Büchern auftauchen, sind meist die realen. Ich einer Ausgabe der »Dresdner Hefte« hatte ich gelesen, daß 1956, anläßlich der 750-Jahrfeier Dresdens, im Festumzug nicht nur die Fahnen schwenkenden Werktätigen vorbeizogen, nicht nur August der Starke und Gräfin Cosel, sondern auch ein Wagen mit als KZ-Häftlingen verkleideten Studenten präsentiert wurde. So etwas erfindet man nicht. Das wäre geschmacklos gewesen. Ich ging in die Fotothek, um eine Abbildung dieses Wagens zu suchen, ich arbeite einfach gerne nach Fotos, doch habe ich in den Nachlässen der Pressefotografen, die 1956 den Umzug dokumentiert haben, keine Abbildung finden können.

Ob der Wagen nur geplant war und letztlich nicht ausgeführt wurde, kann ich nach meiner Recherche nicht sagen. Möglicherweise existierten Fotos von diesem Wagen, die jedoch später aussortiert wurden, weil sie nicht mehr opportun waren, dem Bild nicht mehr entsprachen, das die DDR von sich selber entwarf. Ich geriet also in Zweifel, doch dann entschied ich: Nein, schon die Tatsache, daß im Festkomitee über einen solchen Wagen laut nachgedacht wurde, genügt, um ein Gespür dafür zu bekommen, wie damals mit der erst kurz zurückliegenden Geschichte des Nationalsozialismus umgegangen worden ist. Wir haben heute mitunter den Eindruck, als läge der Nationalsozialismus hundert Jahre zurück. Aber noch 1965 hat es in Düsseldorf auf den Rheinwiesen Bücherverbrennungen gegeben. Da mußte man diesen nahezu naiv herangehenden radikal-evangelischen Jugendlichen, die »Schundliteratur« verbrannten, sagen: Hört mal, Bücherverbrennungen, das hatten wir schon einmal, das ist keine so gute Idee. Nach der sogenannten »Stunde Null« hatte sich kein historisches Bewußtsein entwickelt. Das war im Westen eine Tabula-rasa-Situation, ab der »Stunde Null« begann die Geschichte neu. Die Idee des KZ-Wagens war vermutlich ebenso naiv: man wollte eben keine Epoche der Dresdner Geschichte auslassen.

Nicht nur in der Sowjetunion, auch in der DDR wurde immer sehr aktiv am Geschichtsbild gearbeitet. Heute ist zum Beispiel kaum noch etwas über den Antisemitismus der 50er Jahre bekannt. In Ihrem Roman wird dies am Fall Paul Merker thematisiert.

Der Antisemitismus in der DDR zu Beginn der fünfziger Jahre ist ein Dreh- und Angelpunkt des Romans. Als Jugendliche begreift die Frau des Erzählers, Klara Hagemann, daß sich genau an diesem Punkt vom ersten Tag der DDR an die Fäulnis verbirgt, daß nämlich mit dem Prinzip, alles auf das sogenannte Klassenbewußtsein auszurichten, der fanatisch ausgelebte Rassismus zum blinden Fleck wird: Du bist jetzt kein Jude mehr, du bist jetzt ein sozialistischer Bürger. Damit werden allerdings in einer umgekehrten Bewegung zugleich alle Antisemiten »begnadigt«. Und als kleinbürgerlicher Antisemitismus existiert der Rassismus, ohne daß er reflektiert oder gar durchgearbeitet werden müßte, weiter, gewissermaßen als kleines Störgeräusch, das im großen sozialistischen Rauschen untergehen soll. Hier entwickelt Klara Hagemann früh ein Sensorium, und so ist auch ihr Mißtrauen gegenüber Ludwig Kaltenburg zu erklären, der seine Haltung im Nationalsozialismus geschickt zu verschleiern versteht. Klara ist es auch, die im Blick zurück darauf hinweist, daß doch allein schon die Schikane, Juden das Halten von Haustieren zu verbieten, zeigt, wie verroht die Gesellschaft in Deutschland in der zweiten Hälfte der dreißiger Jahre bereits war. Daraufhin erinnert sich Hermann Funk an ein Bild aus seiner Kindheit: Sein Vater nahm von überall her Haustiere auf, auch kranke Tiere. Funk fragt sich, ob dies womöglich genau jene Tiere waren, die die jüdischen Freunde seiner Eltern abgeben mußten, ob seine Eltern also in gewisser Weise ein symbolisches Asyl gewährt haben. Als Hermann Funk sich einmal, in kindlicher Naivität, stolz gezeigt hat, kein Jude zu sein und darum in Dresden die Brühlsche Terrasse betreten zu dürfen, hätte ihm seine Mutter beinahe eine Ohrfeige gegeben.

An einer Stelle des Romans wird erwähnt, daß die wissenschaftlichen Mitarbeiter des Instituts nach dem Mauerbau 1961 aus der Deutschen Ornithologischen Gesellschaft auszutreten hatten.

Anhand solcher Entdeckungen, die mich staunen machten, wurde mir klar, wie wenig ich im Grunde über die Zeit der zwei deutschen Staaten wußte. Ich hatte bis dahin gedacht, der Mauerbau sei so etwas wie die zwar völlige, mehr noch aber symbolische Zementierung einer ohnehin schon längst auf allen Gebieten vollzogenen Trennung gewesen. Aber erst mit dem Mauerbau im August 1961 wurde es unmöglich, zumindest so zu tun, als sei die Wissenschaft, zumal eine, deren Feld die gesamte Evolution umfaßt, über den Kalten Krieg erhaben. Erwin Stresemann, damals Präsident der Deutschen Ornithologischen Gesellschaft und im Übrigen hier in meinem Viertel, in Dresden-Strehlen aufgewachsen, war es unmöglich, an seinen Arbeitsplatz zu gelangen: Er wohnte in Westberlin, doch das Naturkundemuseum liegt natürlich im Ostteil der Stadt. Alles, was bis 1961 an praktischer, geistiger Verbundenheit praktiziert worden war, jenseits der gegenseitigen politischen Abschottung, kam damit erst einmal an ein Ende.

Die Ornithologie ist ohnehin keine Wissenschaft, die man regional betreiben könnte.
Ja, genau dieser Umstand hat bei der Auswahl des Wissenschaftsgebietes für meine Hauptfiguren mit den Ausschlag gegeben. Weil die Zoologen sich immer als eine Gemeinschaft betrachtet haben. Daran hatte auch ein Kalter Krieg nichts ändern können. Die Ost-West-Beziehungen reichen in diesem Bereich sehr weit zurück, so ist Rußland ganz wichtig, da mit Katharina der Großen beginnend Naturforscher aus ganz Europa an den russischen Hof geholt worden sind. Das sind Fäden, die bis heute nie abgerissen sind. Dr. Eck von den Ornithologischen Sammlungen hat ganz lapidar gemeint: Ab 1961 konnten wir nicht mehr in den Westen reisen, also sind unsere Kollegen aus dem Westen zu uns gekommen.

Im Roman wird auch dargestellt, daß die politischen Verhältnisse sehr gut dafür benutzt werden konnten, Karriere zu machen. Wer parteiergeben war, kam besser voran.
Hier war insbesondere der prominente Fernsehstar der DDR, Professor Heinrich Dathe, gewissermaßen der Heinz Sielmann der DDR, eine schillernde Figur. Er verstand es, sich erst mit dem Nationalsozialismus, dann mit dem Sozialismus zu arrangieren. In der Sphäre der Zoologie steht er – wenn man einmal von der Durchdringung mit IMs absieht – für den nüchternen naturwissenschaftlichen Blick, gekoppelt mit dem ideologischen Blick.

Eine Besonderheit des Romans sind die vielen Bezüge zu Marcel Prousts »Auf der Suche nach der verlorenen Zeit«. Hermann Funk ist so gesehen auch eine Proustsche Gestalt. Er, der beim Bombardement auf Dresden seine Eltern verloren hat, ist auf der Suche nach seine Kindheit betreffenden Zusammenhängen. Diese Erinnerungen, etwa an das Haar seines Kindermädchens, sind zarteste Prosa im Proustschen Sinne. Zudem ist Klara Hagemann, Funks Frau, eine begeisterte Proustleserin.
Das hat einen ganz konkreten Hintergrund. Eine Freundin von uns, Renate Glück, die jetzt Mitte neunzig ist, hat in der DDR und weit über das Ende der DDR immer so etwas wie einen Salon gepflegt. Ich danke ihr im Übrigen am Ende des Romans für die vielen Gespräche über ein Dresden, das ich ohne sie nicht hätte entdecken können. In ihrem Bücherregal stehen die Bände der zwischen 1953 und 1957 bei Suhrkamp erschienenen vollständigen Erstausgabe von Prousts »Auf der Suche nach der verlorenen Zeit« in der Übersetzung von Eva Rechel-Mertens.

In der unmittelbaren Nachwendezeit hier in Dresden auf Proust zu stoßen, in einem Haushalt, der während der DDR ein sehr lebendiges Refugium für junge Künstler war und zudem, aufgrund besonderer biographischer Umstände, ein Treffpunkt für Ost und West, hat mich ganz unmittelbar berührt: diese blitzartige Erkenntnis, daß hier zwischen Buchdeckeln steckt, was jenseits dieser Buchdeckel gelebter Alltag war. Während der DDR-Jahrzehnte wurde in bestimmten Kreisen eine nach außen hin untergegangene Welt aufrechterhalten, die Welt des Kulturbürgertums, die nun, nach 1990, in ihrer vierzig Jahre lang im Verborgenen bestehenden Form, ebenfalls untergegangen war. Und da kam ich herein, als junger Westdeutscher, und wurde mit großer Sympathie aufgenommen. Wer von außen kommt, hat etwas zu erzählen, und darum ist er willkommen – diese Haltung ist ja bis heute in dieser Stadt nicht eben Konsens.

Und so wie bei Proust eine überschaubare Welt, die Welt der Pariser Salons, die Welt der höheren Kreise, geschildert wird, waren auch die kunstinteressierten, oder ganz grundsätzlich: nicht geistfeindlichen Kreise in der DDR eine überschaubare Welt. Jeder kannte hier jeden, jeder wußte, was er vom anderen zu halten hat.

Proust liegt natürlich außerdem nahe, weil es in meinem Roman um Erinnerungsprozesse geht. Deshalb habe ich mich über den ganz konkreten Bezugspunkt der sieben nebeneinander stehenden Bände in einem Blasewitzer Bücherregal gefreut. Später bin ich beim Lesen der Nachkriegstagebücher von Victor Klemperer darauf gestoßen, daß der erste deutsche Proustübersetzer, Rudolf Schottlaender, nach dem Zweiten Weltkrieg eine Zeit in Dresden lebte. Seine Übersetzung des ersten Bandes – 1926 unter dem Titel »Der Weg zu Swann« im Verlag Die Schmiede erschienen – war von der literarischen Welt als wenig gelungen eingeschätzt worden. Ich hielt es für sehr wahrscheinlich, daß Schottlaender in seiner Dresdner Zeit Kontakte zu den intellektuellen Familienkreisen unterhielt, die in meinem Roman eine Rolle spielen. So habe ich ihn als Randfigur in den Roman hineingenommen, als den seinerzeit einzigen noch lebenden deutschen Proustübersetzer, weil die anderen, Walter Benjamin und Franz Hessel, im Zuge des Nationalsozialismus zu Tode gekommen sind. Damit führt der Weg eines Großromans, der Ende des neunzehnten Jahrhunderts angesiedelt ist, mitten hinein in die Abgründe des 20. Jahrhunderts.

Zugleich dient mir Proust dazu, die Kulturbeflissenheit auf die Probe zu stellen. Das heißt natürlich: Klara Hagemann stellt sie unter ihren kulturbeflissenen Bekannten auf die Probe, indem sie ausführlich von jenen Schlüsselszenen in »Auf der Suche nach der verlorenen Zeit« erzählt, in denen sich Romanfiguren die Hände waschen. Widerspruch erntet sie nicht – obwohl es keine einzige dieser Szenen gibt. Proust war ja im Gegenteil stolz darauf, daß sich in seinem Mammutwerk an keiner Stelle eine Figur die Hände wäscht. Klara Hagemann schreibt Proust also gewissermaßen weiter. Mit Hilfe eines Motivs, das symbolisch für die moralische Reinwaschung steht, wie man sie nach dem Nationalsozialismus in Deutschland betrieben hat.

Die Angst ist ein Motiv, das sich als konstitutives Moment durch den Roman zieht. Hermann Funks als Kind erlebte schreckhafte Begegnung mit einem Mauersegler wird zum Ausgangspunkt des Romangeschehens. Dieser Schrecken führt die Hauptfiguren des Romans erstmals zusammen. In Dresden treffen sie sich wieder, später bleiben sie in losem Briefkontakt mit dem Erzähler. Später ist von Kaltenburgs Buch »Grundformen der Angst« die Rede, werden Thesen aus diesem Kontext diskutiert, bestätigt und verworfen. Das Buch »Grundformen der Angst« steht im Roman für Konrad Lorenz' Bücher »Das sogenannte Böse« und »Die acht Todsünden der zivilisierten Menschheit«.

Die Angst als Triebfeder des Lebens. Die Angst, das Leben könnte vom einen auf den anderen Augenblick zu Ende sein. Angst aber auch als Mittel, um Menschen gefügig zu machen. Nach der Lektüre von Victor Klemperers Nachkriegstagebüchern, insbesondere in der Phase von der sowjetischen Besatzungszone bis in die Gründungszeit der DDR, fragte ich mich: Was ist dies eigentlich für eine Gesellschaft? Klemperer berichtet von innerparteilicher Konkurrenz, Konkurrenz unter Wissenschaftlern, unter Romanisten. Doch es schwingt eben auch die Frage mit, ob man sich als Jude, der den Nationalsozialismus wider alle Wahrscheinlichkeit überlebt hat, aus dem Versteck heraus bewegen oder gleich wieder unter dem alles und alle überspannenden Schirm des Klassenbewußtseins verstecken soll.

Dafür wollte ich ein Gefühl entwickeln: Victor Klemperer ist der Vernichtung knapp entgangen, weil es das Bombardement auf Dresden gab. Mitglieder der Führungsriege der DDR haben die Zeit des Nationalsozialismus im Untergrund verbracht, mußten immer davon ausgehen, daß sie verraten werden, von ihren engsten Freunden. Andere wiederum sind in Moskau gewesen, in einer Stimmung permanenten Mißtrauens und permanenter

Angst. Und alle diese Menschen, die aus ganz unterschiedlichen biografischen Hintergründen von Angst geprägt in diese neue Gesellschaft aufbrechen, treffen aufeinander und wollen ein positives Menschenbild, ein positives Gesellschaftsbild entwickeln. Dabei ist es so, daß sie wider besseres Wissen die ganze Zeit so tun, als existierte diese Angst gar nicht, die ihnen tief in den Knochen steckt. Statt dessen: Fortschrittsglaube, Zukunftshoffnung, Aufbaurhetorik, und dazu alberne Lieder. Auf der einen Seite rechne ich der Gründungsgeneration ihren Optimismus hoch an, der ja ein Optimismus war, zu dem sie sich selber zwingen mußte – auf der anderen Seite aber wird er nahezu umgehend zu einer Hohlform, entlarvt sich selbst: Wenn wir erst alle geköpft haben, die nicht fröhlich sein wollen, werden wir alle fröhlich sein.

Je länger ich darüber nachdachte, um so klarer wurde mir: Die DDR ist aus der Angst geboren. Dazu kommen für die Führungsriege weitere Ängste – die Angst, daß der Kapitalismus den Osten übernehmen wird, die Angst, daß die eigenen Bürger gegen die Gesellschaft arbeiten. Diese böse Energie – immer wieder die Angst und das Mißtrauen zu beschwören – erlahmt erst gegen Ende der 80er Jahre. Die Menschen haben sich auch verändert. Die einen sind angesichts der hohlen Rhetorik gleichgültig geworden, die anderen, die Jugend, kennt diese eingewachsenen Gefühle aus den 40er Jahren nicht mehr, ihr Blick, und damit ihre Gefühlserwartungen, gehen in eine andere Richtung. So daß eigentlich diese auf Angst und Mißtrauen gebaute DDR zerfließt: Eure alten Ängste machen uns keine Angst mehr.

Meine Romanfiguren gewinnen ihre Energie aus diesen Ängsten, die in ihnen stecken. Sie versuchen, nicht in Lethargie zu fallen, sondern aktiv zu werden. Ein ungeheurer Lebenshunger, der dann Arbeitshunger wird. Alles außer Stehenbleiben.

Wir machen jetzt einen großen Sprung und sprechen über Ihren Gedichtband »Graphit«. »Graphit« enthält Gedichte aus den Jahren 2001 bis 2014. Auch die Gedichte greifen, wie der Roman, häufig zeitgeschichtliche Kontexte auf. Sie sagen an mehreren Stellen Ihrer Essays oder Reden, »Geschichte ist, wie das Erinnern, immer auch in der Zukunft angesiedelt«. Wie ist das gemeint?

Warum blicken wir nicht, wie es evolutionsbiologisch vielleicht völlig hinreichend wäre, einfach in den Tag? Ich glaube, daß sowohl das eigene individuelle Erinnern wie auch das Bedürfnis, sich ein Bild von Geschichte zu machen, eigentlich dazu dienen, Werkzeuge für die Zukunft herauszubilden. Wir haben das Gefühl, daß die Zukunft etwas Ungewisses ist. Auch wenn mir jetzt ein versierter Zoologe vielleicht widersprechen würde: Darüber machen sich die Tiere keine Gedanken. Diese reagieren nur, wenn Probleme auftauchen. Wir schauen zwar zurück, aber trotzdem ist das Erinnern ja nichts, was hinter uns liegt. Es handelt sich um eine aktive Tätigkeit. Diese Aktivität entwickelt man doch nur, weil man Werkzeuge entwickeln möchte, um sich in der ungewissen Zukunft orientieren zu können. Und da stellt natürlich Sprache ein wichtiges Moment dar. Zum einen sagen wir, daß Sprache für uns Vergangenheit festhält, teilen die Menschheitsgeschichte geradezu danach ein, ab wann wir auf Indizien für die Sprachentwicklung stoßen, ab wann schriftliche Zeugnisse vorliegen, zum anderen aber tun wir dies stets im Blick auf unsere Zukunft. Erinnern und Entwerfen sind eng miteinander verknüpft: indem ich mich als Wesen mit einer Vergangenheit entwerfe, entwerfe ich ein Bild von mir, mit dem ich in die Zukunft gehe.

Gedichte sind Sprachspeicher der besonderen Art. In einigen Gedichten des Bandes »Graphit« wird auch auf den großen Sprachspeicher des Grimmschen Wörterbuchs Bezug genommen – etwa im Gedicht »Deine Silbe Grimm«. Vielleicht ein Dank an die Brüder Grimm, daß sie das große Projekt vor annähernd 200

Jahren gestartet haben, von dessen Fortschreibung die heutigen Autoren täglich profitieren und diesen Sprachschatz weiter entwickeln. Ein Dichter, mit dem Sie gemeinsam an Sprache gearbeitet haben, ist Thomas Kling, dessen Poetikband »Itinerar« ich vor wenigen Tagen noch einmal gelesen habe. Kling hat dort vieles festgehalten, was für die Gegenwartsdichtung, soweit diese sich als Spracharbeit definiert, wichtig ist. Vielleicht ist er mit »Itinerar« so etwas wie ein Sprecher einer ganzen Dichtergeneration geworden. Eine der zahlreichen Forderungen Klings ist es, untergegangene Sprache wiederzubeleben. Ist das auch etwas, das für dieses Erinnern, das in die Zukunft reicht, wichtig ist?

Ich bin da ein bißchen zurückhaltend – ich möchte ja nicht im Freilichtmuseum schreiben. Ich möchte auch keine Schatzkästlein für kostbare Wörter schnitzen. Viel eher geht es doch darum, ein Gehör zu entwickeln für verschüttete Traditionen, für das Weiterwirken von sprachlichen Phänomenen bis in die Gegenwart, in teils entstellter Form, in entlegenen Bereichen. Die Konservierungstätigkeit, das sorgsame Protokollieren insbesondere mündlicher Sprachspuren haben im neunzehnten und frühen zwanzigsten Jahrhundert Polizisten und Heimatforscher übernommen. Im Gedicht aber gilt es, das vorhandene Material auf seinen Gebrauch hin zu prüfen.

Für die von Tristan Marquardt und Jan Wagner herausgegebene Minnesang-Anthologie »Unmögliche Liebe« habe ich im vergangenen Jahr zwei Lieder des im späten Mittelalter hoch angesehenen Sängers Muskatblut ins Neuhochdeutsche übertragen. Im einen werden ausführlich Jagdszenen geschildert, eine Hirschjagd wird beschrieben – und verrückterweise halfen mir beim Übersetzen meine Wörterbücher der Jägersprache viel besser als die Vokabelangaben der Mediävisten. Die sogenannte Hohe Jagd war ein Adelsprivileg, und so hat sie sehr früh auch den Weg in schriftliche Quellen gefunden. Wenn nun heute jemand die Jägerprüfung ablegen möchte, gehört neben Waffenkunde und so weiter auch eine Sprachprüfung dazu. Einerseits handelt es sich um Traditionspflege, andererseits geht es um den lebendigen Gebrauch, um Möglichkeiten der äußersten sprachlichen Präzision. Wenn man bei der Jagdprüfung zum Beispiel nach dem weiblichen Hirsch gefragt wird und, wie man das so landläufig poetisch meint, mit »Hinde« antwortet, bringt man sich dabei womöglich schon in Gefahr durchzurasseln. Richtig heißt es nämlich: »Stück.« Von hier aus kann man leicht eine Verbindung zu unserer Alltagssprache ziehen, wenn man etwa an Ausdrücke wie »mieses Stück« oder »Miststück« denkt.

Das Interesse an historischen Wörterbüchern, der große Erfolg des Deutschen Wörterbuchs der Brüder Grimm unter Schriftstellern hat damit zu tun, daß man über diese Wörtersammlungen, Glossare usw. einen Eindruck davon bekommt, wie vielschichtig die Welt eigentlich immer schon gewesen ist. Wir reden uns gerne ein, daß unsere heutige Welt so ungeheuer differenziert sei. Aber Differenziertheit gab es schon immer. Der Flößer auf dem Rhein hatte ebenso wie der Bergmann im sächsischen Silberbergbau ein sehr differenziertes Vokabular, welches seine Arbeit begleitete. Und ob die einen die anderen verstanden hätten, ist höchst fraglich. Für eine gemeinsame Sprache waren in erster Linie die Händler zuständig. Mit den Waren wandern die Wörter – ein Gedichtband von Thomas Kling heißt ja nicht umsonst »fernhandel«. Fernhandel ist auch das, was der Dichter betreibt: Er schleust Wörter in neue Zusammenhänge ein, in denen sie sich entweder etablieren oder als Merkmale der Fremdheit stehenbleiben können.

Ich hatte vor einigen Jahren die Gelegenheit, den Dichter Wulf Kirsten zu interviewen, der für das sogenannte Landschaftsgedicht steht. Wenn Kirsten ein Gedicht über das Elbtal bei Meißen schreibt, kommt das Vokabular des Naturgedichts mit den Fachsprachen der in dieser Region lebenden und arbeitenden Menschen zusammen. Zu den Naturbeschreibungen treten geographische Fachbegriffe und das Fachvoka-

bular aus Landwirtschaft, unterschiedlichsten Gewerken, Elbeschiffahrt und Arbeit am Weinberg hinzu. Kirsten ist als Student und junger Dichter übers Land geradelt, um diese Begriffe für das »Wörterbuch der obersächsischen Mundarten« aufbewahren zu helfen. Heute merken wir, mit welch radikaler Beschleunigung Sprache verschwindet, etwa mit der Technisierung der Landwirtschaft und dem Verschwinden traditioneller Gewerke.

Daran sieht man, wie eng Sprache an Tun geknüpft ist. Wenn bestimmte Handgriffe nicht mehr ausgeführt werden, bestimmte Routinen nicht mehr existieren, bestimmte Arbeitsabläufe nicht mehr haptisch und optisch wahrgenommen werden, verschwindet auch das dazugehörige Vokabular. Dazu fällt mir eine Geschichte aus dem Wallis ein, aus jenem Schweizer Kanton also, in dem die Sprachgrenze zwischen dem Französischen und dem Deutschen sich im Laufe der Geschichte immer wieder verschoben hat. Bis in die zwanziger Jahre, soweit ich mich richtig erinnere, wurden dort mit großem Aufwand Flurnamen gesammelt, von der Talsohle bis in den Berg hinauf. Jedes Wiesenstück, jeder Hang, der sich für die Viehwirtschaft eignete, hatte ja seine eigene Bezeichnung. Wobei hinzukommt, daß man dort heute noch Menschen begegnet, die ihre Kindheit nomadisch verbracht haben: Den Winter verbrachte die Familie im Tal, den Sommer oben am Berg, wo das Vieh Futter fand.

Es wurden also Flurnamen gesammelt, im Rahmen eines großen Forschungsprojekts, doch zu einer Auswertung oder Systematisierung des Sprachmaterials ist es dann nicht mehr gekommen. Alle diese Kärtchen lagern seitdem im Archiv von Sion. Heute weiß man gar nicht mehr, was man damit machen soll, auch weil es kaum mehr möglich wäre, die zu diesen Namen gehörige Wirklichkeit zu rekonstruieren. Die Siedlungen sind gewachsen, Felder wurden zusammengelegt, Straßenverläufe korrigiert ... ein großartiger Sprachschatz, der seinen Bezug weitgehend verloren hat.

Aber ich will noch einmal auf Thomas Kling zurückkommen. In »Graphit« gibt es eine Reihe Gedichte, die einen direkten Bezug zu Thomas Kling herstellen. Etwa das Gedicht »Timide, timide«.

Vielleicht lese ich den Text zunächst einmal, ehe wir darüber sprechen:

TIMIDE, TIMIDE

Timide, timide. Wir müssen über
Burschenspucke sprechen,
über die Wilgefortis, Kumerana,
Ontcommer, Hulpe, Kümmernis.

Über Nasalstriche. Das Geldrische.
Über Bastarda. Eine Hand. Und
über Schlaf. Das bleiche Licht
vom Niederrhein, Frühsommer

fast, die Ginsterblüte, man hört
den Falken einen Falken
locken, Kaninchenhaar, sagt man,
schmeckt süß. Rasch auf die
Autobahn. So wandert sie, die Bärtige,

der Wandertheorie zufolge
den Rhein hinauf
bis in die Schweiz, nach

Südtirol, geht Zeichen machen.
Spricht. Wir sehen ihre
ungenagelten, beschuhten Füße,
Timide, timide – Thomas a Kempis

apokryph. Nein, das sind keine
Frühstücksflocken im Gesicht.
Wir wachsen nach. Wir sind
des Fieberns und Sedierens müde.

Das Gedicht öffnet für mich Welten. Natürlich lassen sich diese Gedichte – und das ist ein charakteristischer Zug des Gegenwartsgedichtes, soweit es Spracharbeit sein will – oft nur unter Zuhilfenahme von Wörterbüchern und Lexika ganz erschließen. Man muß sich diese Gedichte regelrecht erarbeiten, durch Mehrfachlesen und Recherchen. Nicht nur, weil Fach- und Regionalsprachen, Fremdsprachen und Slang hineinreichen, sondern auch, weil in diesen Gedichten oft unterschiedliche Handlungslinien parallel laufen oder sich kreuzen. Ich habe »Timide, timide« gelesen als ein Gedicht, in dem sich die Freundschaft zweier Menschen niederschlägt, möglicherweise wird berichtet über gemeinsame Wanderungen und dabei geführte Gespräche über unterschiedlichste Themen – Sprache, christliche Mythologie etc. Im Gedicht werden Zeichen gesetzt, denen der Leser nachgehen kann.

Mein vorheriger Gedichtband »Erdkunde« erschien im Frühjahr 2002. Jacqueline Merz, meine Frau, und ich verbrachten im selben Frühjahr als Fellows zwei Monate auf der Raketenstation Hombroich bei Neuss, zugleich Wohnort von Thomas Kling und Ute Langanky. Der Gedichtband »Graphit« enthält alle Gedichte, die seitdem entstanden sind. Die Monate dort auf der Raketenstation waren eine Zeit der konzentrierten Arbeit, aber auch des intensiven Austauschs – zwei Künstlerinnen, zwei Schriftsteller, und damit die immer präsenten Wechselwirkungen zwischen den Künsten. Einmal in der Woche haben wir gemeinsam gegessen, wir haben Ausflüge gemacht oder auch zwischendurch einfach einen Kaffee zusammen getrunken. Thomas Kling hatte ich bei einer seiner Lesungen erstmals 1986 erlebt. In diesem produktiven Alltagsleben nun, in Laufweite zueinander, habe ich ihn noch einmal ganz neu kennengelernt. Im Literaturbetrieb konnte er unnahbar wirken, auch arrogant, doch hier, im geschützten Bereich, jenseits des Scheinwerferlichts gewissermaßen, erlebte ich einen Menschen, der in erster Linie ein hervorragender Zuhörer ist und so Vertrauen aufbaut. Im Brauhaus dort in Holzheim etwa war er mit allen per »Du«, vom Braumeister bis zu den Thekenkräften. Aus den Gesprächen blieb dann natürlich auch viel regionales Sprachmaterial hängen, das er in seinen Gedichten aufgreifen konnte und das sich in keinem noch so guten Wörterbuch findet. Jetzt, 2018, zurückzudenken und zu rechnen, daß Thomas Kling von jener Zeit an nur noch drei Jahre zu leben hatte, erschreckt mich.

Gerade mit dem Wegzug aus Köln, Mitte der neunziger Jahre, ungefähr um dieselbe Zeit, als ich von Köln nach Dresden zog, war Thomas Kling in eine neue Lebensphase getreten, in der er begann, sich ganz neue Sphären zu erschließen. Mit dem Umzug auf die Raketenstation setzt die intensive Arbeit an Essays ein, in den Gedichten werden weitere, ruhigere Bogen geschlagen als bis dahin. Es war einfach nicht mehr so wichtig, jeden

Abend in den Szenekreisen der Kunst- oder der Literaturwelt zu verbringen, um auf dem neuesten Stand zu bleiben, man konnte auch mal drei Wochen in den rheinischen Nieselregen gucken und seine Bücher lesen und arbeiten. Man steht nicht mehr unablässig unter Reaktionsdruck.

Insofern ist es richtig, das Gedicht »Timide, timide« als eine gemeinsame Reise zu deuten, doch aus dieser kaum eine halbe Stunde dauernden Autofahrt nach Köln wird eine Reise im Geiste: Thomas Klings profundes Wissen zu Kirchen- und Kulturgeschichte, seine Fähigkeit, Kenntnisse äußerst lebendig zu vermitteln, und zwischendurch aber auch der Gestus des »Das-weiß-man-doch«, den Thomas Kling immer wieder in seinen Gedichten zeigt: Hier spricht der Eingeweihte zu Eingeweihten. Diese Haltung greife ich in »Timide, timide« auf, ohne damit aber jemanden vorführen zu wollen. Daß nun in diesem Gedicht die kulturhistorische Spur einer Volksheiligen, der heiligen Kümmernis, nachgezeichnet wird, ist dabei inhaltlich viel weniger wichtig als der Gestus, mit dem das geschieht. Ich spiele hier einen Fachmann, der ich nicht bin. Ich müßte Thomas Kling fragen, um da Genaueres zu erfahren. Und das geht nicht mehr.

Wenn man den Band durchblättert, fällt eine gewisse Geschlossenheit der Form auf. Oft findet der ungereimte viertaktige vierzeilige Trochäus Anwendung. Eine Strophenform, die Heinrich Heine im »Atta Troll« schon genial zur Anwendung gebracht hat. Welchen Vorzug hat diese Form? Kommt sie einer gewünschten Rhythmik, Musikalität, Bissigkeit und Komik entgegen? Ein schönes Beispiel dafür ist das Gedicht »Im Wörterbuch«, in welchem der Sprachhund heraufbeschworen wird, vermutlich nochmals eine Hommage an die Brüder Grimm, vielleicht eine zweite Verkörperung des Dichters als schnüffelnder Fährtensucher im Wörterbuch, eine Verkörperung des Sprachfurors, der die Arbeit des Dichters begleitet.

Dieser Sprachhund hat allerdings einen ganz realen Hintergrund: den Hund des Schriftstellers Peter Weber, mit dem ich mal einen Winterabend lang intensiv gespielt habe, im Appenzell, mit Blick auf den Bodensee hinunter. Wir waren bei dem Fotografen Mäddel Fuchs zu Gast, um ein Buchprojekt zu besprechen, und zwar einen Bildband, zu dem Peter und ich Beiträge schreiben wollten: Fotos von Zäunen im Schnee, wie sie die Landschaft strukturieren, konsequent in schwarz-weiß aufgenommen. Im Zuge der Industrialisierung der Landwirtschaft verschwinden diese alten Zäune nach und nach. Während des Abendessens ging ich hinaus, um eine Zigarette zu rauchen, und Luna, so der Name des Hundes, folgte mir. Katzen, Hunde – wenn sie Spielbereitschaft signalisieren, verliere ich mich sofort in dieser Sphäre und bin nur schwer wieder in die Sphäre menschlicher Kommunikation zurückzubringen.

Der Hund und ich spielten also im Schnee, und ich begann, über Zäune, über überwindliche wie unüberwindliche Grenzen nachzudenken: Das Tier und ich können in einem bestimmten Bereich zusammenfinden, wir können intensiv kommunizieren. Aber was die Sprache angeht, besteht eine unüberwindliche Grenze zwischen uns. Der Hund kann nicht in die Sphäre der Sprechenden wechseln. Dies alles spielte sich zugleich in einem Grenzbereich ab, nämlich im sprachlichen Übergangsbereich zwischen dem Hochdeutschen, dem Alemannischen und dem Schwyzerdütschen. Im Gedicht, das daraufhin zu den Zaunbildern von Mäddel Fuchs entstand, bilden die einzelnen Textteile so etwas wie Zaunpfähle – die quer verlaufenden Latten oder Drähte zwischen den Pfählen existieren allein in der Imagination des Lesers. In Form gedanklicher und motivischer Verbindungslinien, die man von einem Teil zum anderen zieht. Und so beginnen sich irgendwann die Verhältnisse zu wandeln: Am Ende scheint der Hund mich, den Menschen, zum Hund-Sein zu erziehen, während ich, der Mensch, entscheide, daß ich dem Hund Sprechen und Schreiben beibringen werde.

Offenbar empfand Peter Webers Hund unser »Gespräch« an jenem kalten Januarabend als ebenso intensiv wie ich, denn als wir uns immerhin vier Jahre später wieder begegnet sind, forderte er mich sofort zum Spielen auf. Und es war, als hätte Luna mir beigebracht, die richtigen Dinge zu tun, die man tun muß, wenn man mit einem Hund spielt: Wohin soll ich den Stock werfen? Wie weit soll ich den Stock werfen?

Auf das Arbeiten mit vierzeiligen Strophen bin ich über Seamus Heaney gekommen. Bei der Lektüre seines Gedichtbandes »North«, den Richard Pietraß auch hervorragend ins Deutsche übersetzt hat, ging mir auf, wie variabel und zugleich strukturbildend sich mit dieser Form umgehen läßt. Die Dynamik, auch das Arbeiten mit Tempo und vermeintlichem Stillstand im Lesefluß, wird für den Leser nachvollziehbar, indem einmal ein Vers mit einer Zeile übereinstimmt, dann aber wieder der Vers über das Zeilenende hinausreicht. Man spürt also, genauer: das Auge vollzieht nach, wie kleine Denk- oder Wortfindungspausen ihren Platz im Gedicht finden. Bei Heaney öffnet die vorderhand schematisch wirkende Abfolge vierzeiliger Strophen das Gedicht außerdem für unterschiedlichste Momente: seinerzeit akute irische Zeitgeschichte, Mythen, archäologische Befunde und die Selbstreflexion des Schreibenden. Gerade in den mehrteiligen Gedichten in »Graphit«, die manchmal wie ein aufgefalteter Klappaltar mit sechs Flügeln daherkommen, hat sich das als sehr produktiv erwiesen. Der optische Eindruck suggeriert Homogenität, erst beim Lesen merkt man, daß die einzelnen Teile (Flügel) ganz unterschiedlichen Linien folgen. Ein Teil kann Reime oder versteckte Reime enthalten, ein Teil kann sich wie lapidar heruntergesprochene Nachrichten geben. In der gemeinsamen Form vierzeiliger Strophen fügt sich das aber optisch zusammen.

Eröffnet wird der Band »Graphit« mit dem Gedicht »Graphit«, das sich für eine Vorlesung über das Gegenwartsgedicht gut eignen würde, weil es die vorhin angeführten Merkmale enthält. Ein sechsteiliges Gedicht, in dem sich Gegenwartsbezug (der Schneimeister am Kunstschneehang) und Geschichte (Eisensteins Winterschlacht auf dem Peipussee) kreuzen. Beim ersten Lesen solch eines Gedichtes fällt auch ein Spieltrieb auf, der ebenfalls zum Gegenwartsgedicht gehört. Vielleicht ein Erbe von DADA. Kurt Schwitters sagte mal: »Wir spielen, bis uns der Tod abholt.« In diesen Gedichten (Flügelaltaren) werden verschiedenste Themen, Kontexte und Fachsprachen kunstvoll miteinander verknüpft. »schrift ist durch einen schneesturm waten« heißt es an einer Stelle, wo das Bild des Schnees mit dem weißen Blatt, das vor dem Dichter liegt, in eins kommt.

Diese Mehrteiligkeit gestattet es mir, unterschiedliche Szenerien zu öffnen. Die zwei Szenerien in »Graphit« sind über den Schnee verbunden, und zwar unter Bedingungen, unter denen es keinen Schnee gibt. Die erste Szenerie beschreibt die Skihalle im Rheinland, auf die man im Übrigen von der Raketenstation aus schaut. Der Schneimeister ist derjenige, der in der Skihalle die Obergewalt über den Kunstschneefall hat. In diese Halle kommen das ganze Ruhrgebiet und halb Holland. In dieser absurden künstlichen Welt übt man für die teuren Schweizer Pisten. Die im Gedicht genannten Kneipennamen findet man alle in der Skihalle in Neuss. Die zweite Szenerie im Gedicht geht auf die Lektüre von Wiktor Schklowskis wunderbarer Eisenstein-Biografie zurück. Schklowski erzählt, daß Eisensteins Film »Alexander Newski« im Hochsommer gedreht worden ist. Die Frage war: Wie baut man mitten im Sommer eine Schneelandschaft für die Winterschlacht am Peipussee? Im Gedicht erzähle ich das de facto nach. Die Schlacht der Ritter fand bei strahlendem Sonnenschein statt. Es war eine absurde Hitzeschlacht. Zu allem Unglück flog während der Filmaufnahmen ein Flugzeug über den Himmel. Das heißt, alles mußte noch einmal gedreht werden. Diese zwei künstlich erzeugten Schneeszenerien nebeneinander zu stellen, hat mich gereizt. Im Gedicht wird geschnitten, von der einen Szenerie auf die andere und wieder zurück.

Alles dies findet zugleich auf mehreren Spannungsfeldern statt: Eisensteins Film war nicht nur ein filmästhetisch herausforderndes Projekt, es war, mit dem Sieg über die »Teutonenreiter«, auch ein großes Propagandaunternehmen. Im Zuge des Hitler-Stalin-Pakts paßte dieses Bild dann nicht mehr zur zeitpolitischen Ausrichtung der Sowjetunion. Und so sehr ich Eisensteins unschuldigen Sommerschnee liebe – in diesem Hochsommer, Anfang August, wird der Dichter Ossip Mandelstam zu fünf Jahren Lagerhaft verurteilt und stirbt im Schneemonat Dezember in der Nähe von Wladiwostok. Indem geschnitten wird, werden Überlagerungen geschaffen. Es entsteht das von Eisenstein beschworene »dritte Bild«.

Es finden noch mehr Schnitte statt. Eisenstein erzeugte seinen »Schnee« 1938 mit Unmengen Naphthalin. Im Gedicht wird also auch auf den Geruch von Naphthalin als Konservierungsmittel für Totenhemden reflektiert, was einen Seitenblick auf die Stalinprozesse im Jahr 1938 ermöglicht, um »sämtlicher Toter der Revolution, Krepierte aller Länder«, zu gedenken. Man liest das »Proletarier aller Länder« mit. Diese Seitenblicke lassen mich im Übrigen an Arno Schmidts Etym-Theorie denken, nach der wir in allem, was wir hören und sehen, auch zufällige Gleichklänge und Verschreibungen mit wahrnehmen und dieses mit Aufgenommene auch im Text mitarbeitet. Deshalb kommt zur Winterschlacht am Peipussee im Gedicht auch der Querbezug zu Guderians Panzerdivisionen, was an den Stalingrader Winter denken läßt. Der Einbruch von Zeitgeschichte ins Gedicht kam aber wohl schon mit DADA?

Ja, was das akut Zeitgeschichtliche angeht. Ohne den Ersten Weltkrieg hätte es DADA nicht gegeben. Es waren Pazifisten, die ins neutrale Zürich geflohen sind, eine kleine Gesellschaft entschiedener Antipatrioten mit europäischem Hintergrund. Was sie im Cabaret Voltaire entwickelten, wird bis heute gern als »Unsinn« deklariert – damit können sich Literaturwissenschaftler abgeben, die an der Geschichte des Humors interessiert sind. Ähnlich geht es Kurt Schwitters, der übrigens hier in Dresden studiert hat – das interessiert in dieser Stadt bis heute niemanden. In einem seiner grotesken Zweizeiler: »Die Frau entzückt durch ihre Beine. / Ich bin ein Mann, ich habe keine«, erkenne ich doch aber den kürzesten, besten Kommentar zum Ersten Weltkrieg, der überhaupt denkbar wäre. Aber Schwitters, mit seinem ungeheuren Sensorium für heiße Luft, bricht eben das Pathos, reagiert allergisch auf alle vaterländischen Bestrebungen in der Literatur. Doch nirgendwo sind vaterländische Bestrebungen seinerzeit so präsent wie in der Literaturwissenschaft, die vom späten Kaiserreich bis in die dreißiger Jahre vom Vaterländischen ins Völkische schlittert. Nach 1945 kann die Germanistik vor dem Hintergrund ihrer eigenen Geschichte natürlich mit einem Kurt Schwitters oder mit DADA insgesamt nur um so weniger anfangen: DADA hält ihr seit 1916 den Spiegel vor. Die Kunstwissenschaft, die nach 1945 beginnt, wieder an abgerissene Fäden der Moderne anzuknüpfen, hat den DADA-Interessierten dagegen immer sehr gut versorgt. Das erste Buch, das ich über Kurt Schwitters las, kam nicht aus der Germanistik, es kam aus der gegenwartsaufmerksamen Kunstgeschichte. Und da ist es dann schön, ist es auch eine Erleichterung, zu verfolgen, wie ein Kurt Schwitters zeitlebens nicht anders kann, als die Luft aus dem Planschbecken rauszulassen, in dem die teutonischen Hohlköpfe zusammensitzen. Als ich nach der Schule und nach meinem Zivildienst überlegte, an welcher Universität ich studieren sollte, bin ich glücklicherweise in Siegen gelandet, bei Karl Riha, der unter anderem die weit verbreitete Anthologie »113 DADA-Gedichte« herausgegeben hat.

Schwitters hatte sich ja sehr zeitig von der DADA-Attitüde der Absichtslosigkeit verabschiedet und sehr bewußt Kunst gemacht. Er schrieb nach dem Ersten Weltkrieg: »Kaputt war sowieso alles, und es galt, aus den Scherben Neues zu bauen. Das aber ist MERZ.« Bei der Lektüre von Thomas Klings »Itinerar« war für mich sehr überraschend, wie Kling über Nietzsches »Was ich den Alten verdanke« (»Götzen-Dämmerung«) zu Horaz kommt und diesen als Kronzeugen für das Gegenwartsgedicht aufruft. Nietzsche zu Horaz: »Dies Mosaik von Worten, wo jedes Wort als Klang, als Ort, als Begriff, nach rechts und links und über das Ganze hin seine Kraft ausströmt, dies Minimum in Umfang und Zahl der Zeichen, dies damit erzielte Maximum in der Energie der Zeichen.« Kling vergleicht »Dichterische Sprache« an einer Stelle auch mit dem »Zerlegen, Ausüben des Pathologenberufs am Körper Geschichte«. Daran mußte ich insbesondere beim Lesen des Gedichts »Graphit« denken.

Und ich verneige mich in diesem Gedicht ja auch diskret vor Thomas Kling, vor seiner Arbeit als Entdecker, vor seinem Gespür für verschüttete Traditionslinien, indem ich die kursivierte Zeile »schrift ist durch einen schneesturm waten« aus seinem großen Gedicht »Der Erste Weltkrieg« zitiere. Am Ende meines Gedichts wird, nach langer, geduldiger Betrachtung der gleichförmig weißen Schneefläche in der Skihalle, irgendwo am Rand eine dunkle Spur entdeckt. Sei es, daß es sich um die Spur des Kettenfahrzeugs, der sogenannten Schneekatze handelt, sei es, daß sie nur aus einem Schattenwurf besteht: Dies ist der erste Strich auf dem weißen Papier, mit dem das Schreiben, mit dem ein Gedicht seinen Anfang nimmt.

»Wacholder«, ebenfalls ein Gedicht mit Kling-Bezug, führt den Leser nach Sachsen, in die Oberlausitz. Ein achtteiliges Gedicht, welches unterschiedliche Szenerien öffnet. Ein Gedicht, welches das Interesse an den slawischen Sprachen und an den sorbischen Mythen reflektiert. Man könnte es als Landschaftsgedicht im Sinne Wulf Kirstens bezeichnen. Militärsprache und ornithologische Begriffe drängen in die Szenerie. Latwerge kommt vor, ein nahezu untergegangenes Wort, das für Arznei (zum Bestreichen von Wunden), aber auch für Pflaumenmus steht.

In Norddeutschland findet man Latwerge heute noch in jedem Supermarkt: Mit Zucker so lange eingekochte Wacholderbeeren, bis sich eine zähflüssige Masse zwischen Sirup und Brotaufstrich ergibt. Sehr herb. Dieses so fremd, fast fremdsprachig klingende Wort hat mich sofort angezogen. Ausgangspunkt von »Wacholder« war die Einladung, etwas zu einem Thomas Kling gewidmeten Dossier in der Zeitschrift »Neue Rundschau« beizutragen, und zwar im Herbst 2004, als sich in der literarischen Szene herumgesprochen hatte, daß Thomas Kling an Lungenkrebs erkrankt war. Unter dem Eindruck der intensiven Lektüre seiner Gedichte, insbesondere des Zyklus »vogelherd. microbucolica«, wollte ich in einer Parallelbewegung einen kulturhistorisch sensibilisierten Gang in die Landschaft unternehmen. Wo bei Thomas Kling klassische Vogelfangmethoden, eben das Anlegen eines Vogelherdes, im Zentrum stehen, ging es mir darum, mit dem sehr viel handlicheren Wacholder unterwegs zu sein: Was »hängt« an diesem Wacholder – am Wort wie an der Pflanze, das sich auf dem Weg von der fernen Vergangenheit bis in die Gegenwart zu einem eingekochten, dichten, herben, schwarzen Brei zusammengeballt hat?

Seit den frühen neunziger Jahren komme ich in solchen Momenten immer wieder auf den »Deutschen Sprachatlas« zurück, ein Mammutprojekt zur Erfassung der regionalen Sprachunterschiede im deutschen Sprachgebiet. Ein Projekt, das selbst mit Geschichte angereichert ist: Begonnen wurde die Unternehmung im deutschen Kaiserreich, nach und nach kamen weitere geschlossene Sprachgebiete hinzu, in der Zeit des Nationalsozialismus gab es Erhebungen zum Dialektmaterial im Osten, bis Mitte der fünfziger Jahre dauerten die Auswertung und die Publikation. Seit der Jahrtausendwende ist der »Deutsche Sprachatlas« auch online aufbereitet – hundertdreißig Jahre und fünf politische Systeme stecken in ihm.

Man kann diese faszinierenden Kartenwerke aber auch ganz klassisch in der Sächsischen Landesbibliothek in die Hand nehmen. Das sind Landkarten, auf denen eingetragen ist, welche Wort- und Ausdrucksform in der jeweiligen Gegend vorkommt und wie sich die Begriffe für Gegenstände und Tätigkeiten des alltäglichen Umgangs durch Deutschland hin wandeln. Das, was Wulf Kirsten gewissermaßen als Einmannunternehmen und relativ standorttreu durchgeführt hat, wurde von einer Riesenarmee durchgeführt: Mit Fragebogen bewaffnet zogen sie in die hintersten Winkel, in denen Deutsch gesprochen wurde. Und interessanterweise gibt es für keine Pflanze, oder: für keine Beere so viele verschiedene Wörter wie für den Wacholder. Im Gedicht laufe ich also gewissermaßen mit dem Sprachatlas in der Hand über einen ehemaligen Truppenübungsplatz der Nationalen Volksarmee der DDR und kommuniziere gleichzeitig mit Thomas Kling, der auf der ehemaligen Raketenstation in Hombroich im Rheinland seinen Wohnsitz hat. Zwei Stätten des Kalten Krieges, die einander, wäre der Kalte Krieg warmgelaufen, ausgelöscht hätten. Heute hat sich in dieser zerstörten Landschaft um Bischofswerda ein neues Biotop, ein neuer Reichtum herausgebildet – gewissermaßen dank der Kampfmittel, die dort noch im Boden lagern. Ein solcher Erkundungsgang wäre etwas gewesen, das ich gerne gemeinsam mit Thomas Kling unternommen hätte. Aber im Herbst 2004 war er bereits sehr geschwächt und kaum noch in der Lage, hundert Meter zu laufen. Also wird der gemeinsame Spaziergang vor dem inneren Auge, im Gedicht gemacht. Neben dem Sprachatlas trage ich zur Orientierung ein Werk im Gepäck, mit dem auch Thomas Kling ausgiebig gearbeitet hat und das sich in der Bibliothek jedes ernstzunehmenden Schriftstellers findet: »Handwörterbuch des deutschen Aberglaubens« von Hanns Bächtold-Stäubli, und hier natürlich wiederum insbesondere der Eintrag zu »Wacholder« im Zusammenhang mit Volksbräuchen und Zauberei.

Neben Regionalismen ist es auch Slang, der ins Gedicht drängt.
Wenn Slang ins Gedicht hineinfindet, dann ist das bei mir auch ein Signal an den Leser: Aha, dieses Gedicht ist ja in seiner Zeit geschrieben. Diese Zeitbezogenheit ändert sich aber rasant. In einem meiner Gedichte kommt ein PLUS-Markt vor. Filialen des Discounters PLUS gibt es aber heute in Dresden gar nicht mehr. Ich muß mich als Dichter damit abfinden, daß Wörter in meinem Gedicht historisch werden: Sprache wird fremd, schon während wir leben. Oder wenn man an das teils irrsinnige Vokabular denkt, das die DDR bereitgestellt hat: Tote Sprache – dafür muß man gar nicht bis zum Latein zurückgehen.

Zum Gedicht »Lambadamaschine« findet sich im Anhang ein Hinweis auf Robert Walser. Ein Flaneur-Gedicht, das paßt. Dennoch fiel es mir beim Lesen schwer, vom Inhalt des Gedichts (erwähnt werden u.a. die Erotikbar KLAX und das Kino Faunpalast in Dresden) auf Robert Walser zu schließen.
Nein, im Gedicht gibt es keinen Bezug zu einem konkreten Text von Robert Walser. Mir ging es um diesen merkwürdigen Gestus, den ich immer wieder in Texten von Robert Walser spüre, ein Gestus aggressiver Niedlichkeit. Er installiert einen schreibenden, beobachtenden Ich-Erzähler, der sich mit großem rhetorischen Aufwand klein macht. Zugleich aber legt er eine gewisse Aggressivität an den Tag, wenn er sich Figuren zuwendet, denen er die Niedlichkeit abspricht, indem er ihre Größe als Blenderei markiert – Robert Walser vermag es wie kaum ein anderer Schriftsteller, große Figuren klein zu schreiben. Das zeigt sich zum Beispiel in der Haß-Liebe, die er Rilke entgegenbringt. Beides Dichter, die sich in

einer gewissen Abhängigkeit von Damen befanden. Robert Walser im bürgerlichen, tendenziell kleinbürgerlichen Milieu, Rilke im adeligen Milieu. Der eine lebt im Dachstübchen, der andere auf Schlössern, wenngleich es gar keine großen Schlösser waren. Diese Merkwürdigkeit – eine Aggressivität, die sich mit lieblicher Stimme entwickelt – war mein gedanklicher Hintergrund des Gedichts. Eingeladen, mich für eine Anthologie mit Robert Walser auseinanderzusetzen, wollte ich vor dem Hintergrund meiner »Mikrogramme«-Lektüre eine Figur im Walser-Gestus durch das Nachwende-Dresden flanieren lassen.

Das achte Kapitel des Bandes ist ein Zyklus, der sich mit Ezra Pound auseinandersetzt. Die Szenerie spielt im St. Elisabeths Hospital, einem Haftkrankenhaus für geistig gestörte Kriminelle in Washington D. C., in welches Pound nach dem Hochverratsprozeß eingewiesen worden war. In diesem Zyklus wird mit Pound, der ja nach wie vor – wie auch Gottfried Benn nach dem Zweiten Weltkrieg – ein Denkmal der Poesie der Moderne ist, relativ ironisch umgegangen. Kann man diesen ironischen Umgang auch als eine Distanz zu Pound, als einen Abbau des Denkmals Pound auffassen? Sind diese Idole Pound und Benn durch ihr Verhalten in der Zeit des Nationalsozialismus so stark beschädigt, daß das Werk nur noch ironisch reflektiert werden kann?
Gottfried Benn und Ezra Pound sind für mich zwei völlig verschiedene Figuren. Ezra Pound war ein glühender Antisemit, Benn nicht. Benn hat sich zu Beginn mit dem Nationalsozialismus eingelassen und später in der Wehrmacht sein Heil gesucht. Das Seltsame bei Benn ist, daß er immer nach der Formel gelebt hat: Wenn alle Opportunisten sind, Benn wird es nicht sein. 1933 – Machtergreifung Hitlers – ist aber der eine Moment in seinem Leben, in dem er ganz bewußt Opportunist wird. Was er da den ins Exil gedrängten Kollegen an Unflat hinterherwirft, macht den Eindruck, als wolle er mit Vorzeige-Nazis wie Hanns Johst konkurrieren. Dafür, glaube ich, hat er sich nachher geschämt. Denn es war ja offensichtlich, daß die Vorzeige-Nazi-Autoren allesamt nur Dreck geschrieben haben.

Ezra Pound liegt da anders, Pound war, bei allem, was man gegen ihn vorbringen kann, in seinem Leben niemals Opportunist, er hat konsequent auf »eigene Rechnung« gelebt. Pound ist einer der gebildetsten Menschen des 20. Jahrhunderts. Und trotzdem steigert er sich im Laufe der dreißiger Jahre nach und nach nahezu programmatisch in einen immer fürchterlicheren Antisemitismus hinein. Und das als Amerikaner, der in Italien lebt – das sich im Faschismus nicht, wie das Deutsche Reich im Nationalsozialismus, über den Antisemitismus definiert hat. Bei Ezra Pound spielt auch der Größenwahn eine Rolle, er meinte immerhin, er könne den Zweiten Weltkrieg beenden, wenn er nur fünf Minuten Gelegenheit bekäme, mit Theodore Roosevelt zu sprechen, und er ist fest davon überzeugt, Mussolini könne nicht auf ihn als Hofdichter und Berater verzichten. Zugleich schreibt er an einem Werk – den Cantos – das einzigartig dasteht im 20. Jahrhundert. Diese Spannung ist auszuhalten, ohne das Werk von der Person zu trennen. Und was die Ironie angeht: Pathos zieht Ironie unwillkürlich an.

Ihr Zyklus – ich nenne ihn jetzt verkürzt »Mein Blauhäher« – widmet sich Pound voller Ironie. Der Zyklus tangiert die alte Tradition des Sonettenkranzes, obgleich es keine Sonette sind.
Genau! Abweichung vom Sonettenkranz, das war meine Vorstellung. Sechzehn Teile statt fünfzehn, wie es sich für einen Sonettenkranz gehören würde, und jeder einzelne Teil zu je fünf vierzeiligen Strophen. So wie im Sonettenkranz das Meistersonett am Schluß steht, das alle Anfangsverse der vorangegangenen vierzehn Sonette enthält, bildet bei mir jeder Satz des ersten Teils den jeweiligen ersten Satz eines folgenden Teils. Über fünf oder sechs

Jahre hinweg habe ich die Ansätze zu diesem Gedicht immer wieder vorgenommen – es war ein langer Weg von einer anfänglichen Bitterkeit, auch Ablehnung der Pound-Figur, hin zu einem Ansatz, der, entgegen der Lebenswirklichkeit Ezra Pounds in der Psychiatrie, einen mir selber ein wenig unheimlichen Galgenhumor möglich macht.

Es ist im Gedicht kein auktorialer Blick, es bleibt sogar offen, ob der Blauhäher nicht am Ende doch nur eine Ausstülpung des dichterischen Ichs ist.
Ja, dieser Blauhäher könnte imaginiertes Haustier, imaginierter Kumpan, imaginierter Widerpart des lyrischen Ich sein. Ich hatte gelesen, Ezra Pound habe sich mit dem Dichter E. E. Cummings für den Rest seines Lebens zerstritten, und zwar in einem Gespräch, in dem es um die Sprache der Blauhäher, der blue jays ging. Dieser absurde Streit hatte für mich etwas Slapstickhaftes. So wurde der Blauhäher zur treibenden Figur in diesem Gedicht. Auch in den Cantos taucht der Blauhäher auf, als eine Art Signalvogel. Und ich frage mich, ob nicht E. E. Cummings, wenn er in einem seiner Gedichte von einem »crazy jay blue« spricht, ein Porträt von Pound zeichnet. Zentraler Auslöser aber war der Satz, den Pound seinen Besuchern im St. Elizabeths Hospital auf die Frage gab, warum er nicht mehr schreibe: »Bird in cage does not sing.« So lasse ich ihn in meinem Gedicht den Tatsachen entgegen schreiben, sprechen, singen.

Wir machen erneut einen großen Sprung zu Ihrem 2017 erschienen Buch »Das blindgeweinte Jahrhundert. Bild und Ton«. Zugleich auch der Titel Ihrer Frankfurter Poetikvorlesungen. Gibt das Buch 1 : 1 die Vorlesungen wieder?
Nein, nicht 1 : 1. Schon während ich an den fünf Poetikvorlesungen schrieb, die natürlich alle darin enthalten sind, wußte ich zum einen, daß ich bestimmten Motiv- und Entwicklungssträngen in gesonderten Texten folgen muß, und zugleich rückten andere Texte der zurückliegenden Jahre in den Blick, die nun so wirkten, als seien sie bereits unter diesem »Tränen«-Schirm geschrieben worden. Damit konnte ich dann auch die Grenze zwischen fiktionalem und nicht-fiktionalem Text durchlässiger machen: »Leica« ist eine Phantasie, eine Spekulation, ausgelöst von zwei realen Photographien aus der Zeit des Nationalsozialismus, die eine angefertigt von einem Schimpansen im Berliner Zoo, die andere vom Bildreporter Hilmar Pabel, und das spekulative Moment darin stellt die Phantasie dar, beide Aufnahmen seien mit derselben »Leica«-Kamera gemacht worden – dabei weiß ich, daß Hilmar Pabel, der dem Schimpansen seine Kamera in die Pfote drückte, nicht eine, sondern drei »Leicas« besaß. Bei »Flamme und Asche« handelt es sich um eine Erzählung, also einen fiktionalen Text, der aber auf »nackten Fakten« beruht, nämlich auf den öffentlich zugänglichen Datenspuren, die Dominique Strauß-Kahn an jenem Maimorgen 2011 in New York hinterlassen hat, als er von einem Hotelzimmermädchen der Vergewaltigung bezichtigt wurde.

»Blindgeweint« würde ich auf das unermeßliche Leiden im 20. Jahrhundert beziehen, für das es irgendwann keine Tränen mehr gab.
Das Buch beleuchtet die Folgen des »Blindweinens des Jahrhunderts«. Ich bin – Jahrgang 1965 – in eine Zeit hineingeboren worden, in der man sich in der Bundesrepublik der nationalsozialistischen Vergangenheit Deutschlands immer schonungsloser gestellt hat. Ich erinnere mich zum Beispiel, wie meine Eltern – beide Nachkriegskinder – Mitte der siebziger Jahre einmal einen Prozeßtag des Majdanek-Prozesses in Düsseldorf besucht haben, und wie erschüttert sie nach Hause kamen. Sie hatten in den Zeugenaussagen früherer

KZ-Häftlinge Dinge gehört, die jenseits ihres Vorstellungsvermögens lagen. Dinge, über die sie nicht sprechen konnten, weder mir, ihrem Kind gegenüber, noch wohl untereinander.

Nach dem Ende des Kalten Krieges dann sind im deutschen Sprachraum Bücher in den Blick geraten, denen zuvor keine Beachtung geschenkt worden war, etwa der »Roman eines Schicksallosen« von Imre Kertész. Andere Überlebende des Nationalsozialismus, wie zum Beispiel Louis Begley, wurden erst nach dem Ende des Kalten Krieges überhaupt zu Schriftstellern – als hätte Begley sich erst in dieser Situation seinen Erlebnissen zuwenden und »Lügen in Zeiten des Krieges« schreiben können. Bis dahin waren Schweigen und Verdrängen offenbar überlebenswichtig. Auch der Comic »Maus« von Art Spiegelmann spielt in dieser Umbruchzeit von den achtziger in die neunziger Jahre eine wichtige Rolle. Vor den veränderten Bedingungen taucht die Shoah erneut auf, aus bis dahin unbekannter Perspektive. Damit verändert sich der Blick zurück ins zwanzigste Jahrhundert, in dieses »blindgeweinte Jahrhundert« auch für Nachgeborene wie mich noch einmal radikal.

»wollen Sie mit mir über Tränen sprechen?: Jacques Derrida / Friederike Mayröcker« – steht als Motto und zugleich Initialzündung am Anfang des Buches. In Ihrem Essay »Friederike Mayröcker: Logos und Lacrima« (veröffentlicht im 2016 erschienenen Essayband »Sie nannten es Sprache«) wird u.a. vom länger währenden Tränengespräch im Werk von Friederike Mayröcker und Ernst Jandl berichtet. Waren Sie mit diesen Texten bereits länger vertraut?

Ich bin seit Anfang der achtziger Jahre kontinuierlicher Jandl- und Mayröcker-Leser. Es gibt kein Ende dieser Lektüre. Auch darum, weil ich, unter gewandelten Lese- und Lebensbedingungen, stets neue Momente in ihren Arbeiten entdecke: zum Beispiel eben diese weit zurückreichende Tränenspur. Mit Mitte zwanzig hatte ich dafür offenbar kein Gespür. Daß ich mich seit einigen Jahren der Tränenspur nähere, erscheint mir allerdings nur unter einer wesentlichen Bedingung möglich: Friederike Mayröcker ist eine Schriftstellerin, die es versteht, völlig kitschfrei über Dinge und Phänomene zu sprechen, die bei 99 % aller anderen Schreibenden, so toll sie auch sein mögen, sofort in Kitsch abdriften würden. Da gehört mit hinzu, daß immer wieder in ihren Texten von diesem Stoßgebet die Rede ist, daß sie, wenn sie hat schreiben können, vor dem Schreibtisch niederkniet und in Tränen ausbricht und ihren Dank in die Höhe sendet. Sei diese Höhe nun der Himmel oder die Schreibmaschine auf dem Tisch: Schreiben stellt für Friederike Mayröcker in radikaler, kompromißloser und damit vorbildhafter Weise eine existentielle Angelegenheit dar.

Eines Tages, so meine Erinnerung, erhielt ich einen Brief von ihr, der aus einer einzigen Frage, aus diesem Zitat bestand: »wollen Sie mit mir über Tränen sprechen?«: Jacques Derrida. Ich las ihn wieder und wieder und dachte: Verflixt noch mal, hier ergeht eine Aufforderung an mich, hier wird mir, im Gewand eines Zitats von Jacques Derrida, eine Aufgabe gestellt: Über Tränen sprechen – wie soll das gehen? Bleibt die Träne nicht im Kitschreservat auf der einen Seite, auf der anderen Seite in der Sphäre der wortlosen Trauer gefangen?

Unwillkürlich begann ich, Zeitungsnotizen zu sammeln, in denen über Tränen von Politikern berichtet wurde: Die Träne im öffentlichen Diskurs – in diese Richtung zog es mich zunächst. Über die Jahre entstand so eine Materialsammlung, die darauf wartete, Anregung zum Schreiben zu geben. Als ich die Einladung erhielt, die Frankfurter Poetikvorlesungen zu halten, war mir sehr bald klar, hier bot sich eine Gelegenheit, laut, also in Form eines vor Zuhörern vorgetragenen Texts, über die Tränen nachzudenken, das Gespräch über Tränen zu eröffnen. Ein lautes Nachdenken, das zugleich ganz unmittelbar eine poetologische Selbstreflexion darstellt. Fünf Abende, fünf Vorlesungen, und zugleich der Gedanke: aus diesem ganz praktischen, sich anhand von Motiven und Motivverwandtschaften entfaltenden Schreiben-Sprechen-Denken soll mein nächstes Buch werden. Kein Roman, kein Essay im klassischen Sinne, sondern ein Erzählfluß, der weitgehend auf fiktionale Figuren verzichtet.

Und es kommen, wenn es um Poetikvorlesungen geht, natürlich auch Erwartungen ins Spiel, die man selbst zu einem Spiel werden lassen kann: Das Publikum ist es gewohnt, von einem Schriftsteller entweder erklärt zu bekommen, wie er seine Bücher geschrieben hat, oder der Schriftsteller tritt gewissermaßen als nicht-professioneller Literaturwissenschaftler auf, indem er erklärt, was ihm seine Lieblingsbücher bedeuten. Weder das eine noch das andere interessierte mich. Über meine Lieblingsbücher und Lieblingsautoren schreibe ich Aufsätze. Aus meiner Schreibbiographie erzähle ich gerne – aber eben in Form der mündlichen Erzählung, nicht in Form eines Texts, den ich dann wiederum vorlese. Hier am Schreibtisch zu sitzen mit der selbstgestellten Aufgabe, meine Schreibbiographie in schriftliche Sätze zu fassen, hätte mich ungeheuer angeödet. Eine reine Rekapitulations- und damit Fleißarbeit. Vielleicht auch, weil ich bereits während des Schreibens unablässig über das Schreiben nachdenke, anders als Kollegen möglicherweise, die im Rahmen der Frankfurter Poetikvorlesungen erstmals zu einer Reflexion des eigenen Tuns in größerem Rahmen ansetzen.

Stattdessen also ein von Erkenntnisinteresse angetriebener erzählender Essay, ein Text, der über nicht-sprachlichen Ausdruck und nicht-sprachliche Kommunikation nachdenkt. Denn die Träne ist beides: Wenn die Sprache versagt, fließen die Tränen, und diese Tränen teilen dem Gegenüber wiederum etwas mit – eben, daß es keine Worte gibt. Läßt sich darüber überhaupt sprechen? Ohne gefühlig oder im Gegenteil kaltschnäuzig zu werden?

In den Frankfurter Vorlesungen wollte ich nun nicht über Lieblingsautoren und Lieblingsbücher sprechen, sondern mit ihnen. Ich wollte zeigen, wie ich Texte als Werkzeug benutze. Für mich ist derjenige Text ein guter Text, der mich zu anderen Texten führt, der mich Entdeckungen auf dem Feld der Literatur machen läßt. Für mich war es wichtig, den schriftstellerischen Blick als erkenntnisfördernden Blick vorzuführen. Es gibt eine produktive Auseinandersetzung mit literarischen Texten, die mich wieder in Forschungen oder in Erkenntnisprozesse führt. Diesen Prozeß wollte ich ein bißchen vorführen, mit genuin literarischen Mitteln. Dabei werden merkwürdige Momente berührt: Helmut Kohl besucht das Grab von Rainer Maria Rilke, was mich dazu führt, darüber nachzudenken, welches Verhältnis Helmut Kohl zu Rilke hat, und so fange ich an, mit Rilke auf Helmut Kohl zu schauen – und lande irgendwann bei Helmut Kohls Besuch in Dresden im Dezember 1989, in dieser Stadt, in der sich, in einer fernen Epoche, in einer fernen Welt, auch Rilke aufgehalten hat.

Ich denke, daß man aus diesen fünf Vorlesungen u.a. auch viel über Recherche lernen kann.
Als Student der Literaturwissenschaften bist du zur Recherche angehalten. Ich glaube aber, daß häufig eine langweilige Vorstellung von Recherche besteht: Recherche sei das, was du tun mußt, bevor du dann mit der Arbeit beginnst, die dich wirklich interessiert. Als sei Recherche nur eine Form der Absicherung, damit man keine Fehler macht: Daß man nicht sagt, Rilke hatte grüne Schuhe an, obwohl es doch rote waren. Da würde ich sagen: Das ist doch völlig egal, nimm ein Schwarz-Weiß-Foto, da mußt du das nicht dazusagen. Recherche im Sinne von: ich weiß, was ich wissen will, ich muß es nur herausfinden – die betreibe ich sehr selten. Viel eher geht es um den Umgang mit Material, um eine Neugierbewegung, die sich zu einer Suchbewegung wandelt. Denn man ahnt, wenn man auf Mate-

rial stößt, wenn man Material abtastet, immer wieder anfaßt, zunächst ja nur, daß hier eine Fährte ansetzen könnte.

Da kommt der Sprachhund wieder ins Spiel.
Ja, genau! Der Hund schnüffelt herum, er tastet das Gelände ab. Er sagt sich nicht: Ich muß die Spur finden – er stößt auf die Spur. So auch der Sprachhund, oder der Ornithologe, der die Stieglitzbälge auf dem Tisch liegen hat und sich sagt: Ah, hier verbirgt sich eine Erkenntnis, ich weiß nur noch nicht, welche. Und dann liegen die Bälge wochenlang auf dem Tisch und werden immer wieder umgruppiert. Bei der Recherche gehe ich um mit Materialien, Texten, Bildern aus völlig unterschiedlichen Sphären – ein Schlagertext von Heintje, Rilkes »Sonette an Orpheus« und und und. Während der Recherche versuche ich ein Gespür dafür zu entwickeln, welche Spuren von Zeit, Politik und Gesellschaft sich in dem Material abgelagert haben. So komme ich zum Beispiel darauf, daß dieser nichtssagende Text im Heintje-Lied »Mama«, welches einst einer ganzen Generation geläufig war und sehr viele begeistert hat, eigentlich aus dem Jahr 1941 stammt und für die deutsche Kino-Fassung eines italienischen Films geschrieben worden war, also einer Zeit, als die Deutschen noch dachten: »und morgen gehört uns die ganze Welt«. Und aus diesem rührseligen »Mama«-Text, einem Blitzkrieg-Song, weht einem zugleich auch das Bewußtsein entgegen, man habe es mit einem Abschiedstext zu tun, der die Vermutung streift, daß man im Krieg auch sterben kann. So steckt unter dieser gnadenlosen Überzuckerung auch ein Zweifel: Endsiegphantasien im Widerstreit mit Todesphantasien. Ob die erwartete Endsiegfeier wirklich ein so rauschendes Fest werden wird, wenn so viele Tote anwesend sind?

Diese Interpretation könnte zugleich den großen Erfolg des Liedes bei einer Generation erklären, die unzählige Kriegstote zu verarbeiten hat, Soldatenwitwen, Mütter, die ihre Söhne verloren haben. Ein genaues Hinschauen hat zu einer neuen, aber völlig plausiblen Interpretation geführt.
Beim Recherchieren beginnt man, Leerstellen zu erspüren, und der Reiz beim Schreiben besteht darin, diese blinden Flecken des Nicht-Sprechens mit Hilfe von Sprache in den Blick zu nehmen. Bestimmte Verknüpfungsmöglichkeiten im Material zeigen sich erst beim genauen Hinschauen. Das braucht Geduld ebenso wie den Mutwillen, spontan Verbindungslinien zu entdecken – oder eben zu kreieren. So wollte ich mir im Rahmen der Frankfurter Poetikvorlesungen zuschauen lassen beim schriftstellerischen Denken. Nicht Ergebnisse präsentieren, sondern den Ablauf des Denkens zur Grundierung der Vorlesung machen.

Das nunmehr vorliegende Buch hat den Charakter dieses Gesprächs zwischen Autor und Zuhörer (jetzt Leser) bewahrt. Eine der Vorlesungen nimmt den Bericht über Helmut Kohls Besuch am Grab Rilkes als Ausgangspunkt. Die Recherche erweitert sich in Richtung einer Untersuchung der Verbindung von Politik und Literatur. Die Recherche arbeitet sich u.a. auch in Richtung »Tränenpolitik« vor. Tränensituationen von Peer Steinbrück und Angela Merkel werden reflektiert.
»Das blindgeweinte Jahrhundert« ist auf eine Weise auch mein bisher autobiografischstes Buch, ohne daß ich darin viel aus meinem Leben erzähle. Vor dem Hintergrund, daß ich seit zwanzig Jahren in Dresden wohne, also in Ostdeutschland, wo ich in einem Umfeld völlig anderer Geschichtszeichen und Vergangenheitserzählungen lebe, beginne ich, in meine eigene Vergangenheit hineinzuhorchen, nach den Voraussetzungen meines Blicks auf die Welt zu fragen. Und da geht es mir nun weniger darum, ob meine Oma guten Ku-

chen gebacken hat und wir uns alle sehr lieb hatten, als daß ich den Medienwirklichkeiten nachspüren möchte, die mir vermittelt haben: So ist die Welt. Denn die heutige Welt ist natürlich eine völlig andere – trotzdem nimmt man den Abgleich anhand der eigenen inneren, teils unbewußten Bilder von der Welt vor. Wenn man sich dies nicht im Leben einmal klipp und klar macht, landet man irgendwann bei Rechthaberei und Gebrüll und spricht anderen ihre Fähigkeit, historische Situationen einzuordnen, rundweg ab. Insofern versuche ich, mich immer wieder überraschen zu lassen – aha, ich bin jahrelang fest davon ausgegangen, dies war so, doch nun stellt es sich noch einmal ganz anders dar.
Hier kommt nun, wie schon erwähnt, in meinen Vorlesungen exemplarisch die Figur Helmut Kohl ins Spiel, und zwar im Bereich der Symbolpolitik, also einem Bereich der Bilder, der Imagination. Die Bundeskanzler, die meine Kindheit begleitet haben, Willy Brandt und Helmut Schmidt, waren Politiker, die ganz selbstverständlich die Gesellschaft von Intellektuellen und Schriftstellern suchten. Für mich war es völlig normal, daß Ingeborg Bachmann neben Willy Brandt sitzt und daß Max Frisch Helmut Schmidt nach China begleitet. Aus heutiger Sicht könnte man es so sehen, daß Helmut Kohl, als er 1982 Bundeskanzler wurde, im Grunde gar nicht anders konnte, als an diesem Punkt einen Schnitt zu setzen, um überhaupt ein eigenes Profil zu gewinnen: Helmut Kohl pflegte einen anti-intellektuellen Gestus, und wenn er gefragt wurde, welche Bücher er lese, nannte er höchstens mal eine Bismarck-Biographie.

Überrascht war ich dann, als ich in Raron, im Schweizer Kanton Wallis, das Grab von Rainer Maria Rilke besuchte und dort auf eine Gedenktafel stieß: Bei seinem Staatsbesuch in der Schweiz im April 1989 hatte auch Helmut Kohl Rilkes Grab besucht. Und damit bekam Helmut Kohl, bis dahin die geheimnisloseste Figur, die ich mir hätte vorstellen können, etwas Geheimnisvolles. Rilkes »Duineser Elegien« und die »Sonette an Orpheus« sind ja nun nicht eben die Lieblingslektüre von Anti-Intellektuellen.

Mein Bild zerstob, und ich begann zu recherchieren, ob Rilke in den Schriften von Helmut Kohl irgendwo Spuren hinterlassen hat. Tatsächlich wird der Dichter in mehreren Reden des damaligen Bundeskanzlers mehrfach erwähnt. Er betreibt an diesen Stellen natürlich keine Analyse, aber mir schien, »Rilke« ist so etwas wie ein Signalwort für Helmut Kohl, mit dem ein Horizont geöffnet wird. Ein Scharnierwort womöglich zwischen unterschiedlichen gesellschaftlichen und historischen Sphären. Tatsächlich kommt Helmut Kohl dann fünf Jahre später und in einer völlig anderen Zeit auf Rilke noch einmal zu sprechen, in seiner Rede anläßlich der Verabschiedung der GUS-Truppen aus Deutschland. Hier steht Rilke als »Rußlandfreund« für die historisch engen Beziehungen zwischen den beiden Ländern. In diesem historisch ja durchaus auch heiklen Moment, da auf deutschen Straßen die in ihren Privatwagen abziehenden russischen Offiziere von »besorgten Bürgern«, wie man sie heute nennt, angegriffen wurden, beschwört Helmut Kohl mit dem Wort »Rilke« eine historische Verbindung zwischen zwei Kulturen, die auch mit dem Ende der militärischen Besatzung nicht abbrechen wird. Ein feiner Akt der Diplomatie, für den er auf das Feld der Literatur wechselt.

Dies war die zweite Vorlesung. Die Eröffnungsvorlesung Ihrer Frankfurter Poetikvorlesungen (»Die Waffen von morgen«) beginnt mit dem einprägsamen Bild eines Busenattentats auf den Philosophen Theodor W. Adorno in einem Hörsaal der Frankfurter Universität, das in eine Tränenszene gemündet haben soll. Berichtet wird, wie sich die Erinnerungen von Guido Knopp – über Jahrzehnte Moderator der ZDF-History-Reihe, damals Student und Augenzeuge des Busenattentats – über mehrere Berichte hin verän-

dern. Im Raum steht die Frage des Faktischen und Postfaktischen in der medialen Vermittlung. Kann man in diesem Setzen von Fakten über mediale Berichterstattung eine »Waffe von morgen« sehen?

Ich finde es interessant und zugleich auch besorgniserregend, wie sich bestimmte Erzählmuster und Erzählverfahren ablösen von der fiktionalen Literatur und auf Geschichtserzählungen übertragen werden. Bestimmte dramaturgische Momente, die dem Kitschroman entlehnt sind, halten seit den siebziger Jahren, und noch einmal verstärkt im Zusammenhang mit der Erinnerungsseligkeit und der Geschichtspolitik ab den neunziger Jahren, Einzug in Sendungen, die als Dokumentationen gelten. Solche Formate arbeiten durchaus zum größten Teil mit historischem dokumentarischem Material, doch ihre Erzählweise, und hier wären wir wieder beim Schnitt, bei der Montage, zielt darauf ab, Information so einzubetten, daß das Ergebnis so »ergreifend« ist wie irgendein schnulziger Liebesroman. Insbesondere dort, wo dem Zuschauer angesichts der vorgeführten Grausamkeiten nicht nur die Worte, sondern die Tränen versagen, werden solche dramaturgischen Muster, solche Erzählformen obszön.

Guido Knopp weist in programmatischen Aussagen – wie Geschichte im Fernsehen erzählt werden müsse – darauf hin, daß die Emotion das Wichtige sei. Der Zuschauer müsse emotionalisiert werden. Das funktioniert mit »Hitler und seine Frauen«, »Hitler und seine Freunde«, »Hitler und seine Hunde«, aber es funktioniert nicht bei »Hitler und seine Juden«. In Fernsehkreisen sagt man: »Hitler zieht immer – solange keine Juden auftauchen.«

Wenn sich nun aber gemäß dem Prinzip, der Zuschauer müsse Mitleid empfinden oder in wohligem Grusel zergehen, das zwanzigste Jahrhundert den Tränen widersetzt, weil es keinen Trost gibt angesichts des Schreckens, dann wird es entweder der Erzähl-Doktrin zum Opfer fallen, oder man tupft seinen Akteuren eben Tränchen in die Gesichter. Genau dies tut Guido Knopp, und ich glaube, es ist ihm gar nicht bewußt, und eine böse Absicht verfolgt er damit schon gar nicht, wenn er in zeitlichen Abständen immer wieder berichtet, daß er Theodor W. Adorno an diesem 22. April 1969 im Hörsaal VI der Wolfgang-Goethe-Universität Frankfurt am Main habe weinen sehen. Dieser sich über mehrere Erinnerungen Knopps in der Intensität der Beschreibung des Tränenflusses verstärkende Bericht zielt darauf ab, aus dieser hochbrisanten politischen Geschichte mit einem Meisterdenker des 20. Jahrhunderts eine sentimentale Geschichte zu machen. Und da sträuben sich mir die Nackenhaare.

Das ist das Gegenteil von Denken. Das ist ein antiintellektueller Impuls. Von diesen Impulsen sind wir gegenwärtig mehr und mehr umgeben. In diesen Kitschbädern wird die Freude an intellektuellen Anstrengungen ertränkt. Hier fungieren die Tränen als Waffe, um das Denken auszuschalten.

In Ihren im November 2014 in Göttingen gehaltenen Lichtenberg-Poetikvorlesungen wird ein weiteres Beispiel behandelt, in dem das Faktische und das Postfaktische miteinander ringen. Dort ist es Elke Heidenreich, die mit einem vermutlich bewußt gesetzten Falschzitat in einer Diskussion um Martin Heideggers »Schwarze Hefte« eine neue Faktizität erzeugen will. Das vermeintliche Heidegger-Zitat lautet: »Die verborgene Deutschheit muß man entbergen. Und das tun wir, indem wir die Juden endlich beseitigen aus Deutschland.« Das Falschzitat wurde durch die Forderung ergänzt, ab jetzt Heidegger aus dem literaturwissenschaftlichen Diskurs herauszunehmen.

Schon der Satzbau verrät, daß es sich um einen Heidenreich-Satz handelt, nicht um einen Heidegger-Satz. »Und das tun wir«, »endlich beseitigen aus«: typisch rheinische Satzbildung, wenn man, vor kleinbürgerlichem Hintergrund, die Absicht hat, »fürnehm«, also

Schriftdeutsch zu sprechen. Aber warum sollte Martin Heidegger, sprachlich im Alemannischen verwurzelt und ein Schriftmensch durch und durch, in seinen »Schwarzen Heften« an einer Stelle plötzlich rheinisch schreiben? Nur damit Elke Heidenreich ihn Jahrzehnte später einmal in einer Fernsehsendung zitieren kann?

Wir sprachen vorhin über Ezra Pound und die intellektuelle Anstrengung, dessen Antisemitismus im Diskurs um sein Werk auszuhalten und nicht auszuklammern. Genauso ist es bei Heidegger. Und diese intellektuelle Herausforderung überfordert offenkundig Elke Heidenreich. Stefan Zweifel, der Moderator des Literaturclub am 22. April 2014 (SRF, 3sat), ist dadurch nicht überfordert, er reagiert sofort und will den falsch zitierten zweiten Satz korrigieren. Warum nicht? Nach dieser Richtigstellung hätte man weiter diskutieren können. Aber Elke Heidenreich will gar nicht diskutieren, weil sie über Heidegger nicht diskutieren kann. Sie kann das Thema nur emotionalisieren und mit Schlagworten arbeiten. Und wie immer man entsprechende Aussagen in Martin Heideggers »Schwarzen Heften« einordnet: Mit selbstausgedachten Karnevalssätzen kommt man dem Antisemitismus nicht bei.

Ein Lehrstück in Bild und Ton, das im Internet angeklickt werden kann. …

Elke Heidenreich unterstellt jemandem, er setze zu einem Vernichtungsschlag an – und holt damit zu ihrem eigenen Vernichtungsschlag aus. Das ist ja das ganz Traurige daran. Das Ganze, die ganze Gruppendynamik in dieser Diskussion hat etwas sehr Groteskes und zugleich Betrübliches. Die Konsequenz dieses Streits war, daß Stefan Zweifel, der das erfundene Zitat richtigstellen wollte, vom Schweizer Fernsehen entlassen worden ist, weil er als Moderator überfordert sei. Und Elke Heidenreich blieb. Die anderen Beteiligten an dieser Diskussionsrunde zogen es vor, auf ihrem Sessel vor der Fernsehkamera kleben zu bleiben, als Stefan Zweifel beizuspringen und zu sagen: So geht es nicht. Gefühlte Wahrheit ist gar keine Wahrheit. Bei einer solchen Sendung machen wir nicht mehr mit. Diese Geilheit, im Fernsehen zu sein, hat natürlich auch etwas zutiefst Lächerliches, zumal, wenn es um Literatur geht. Im Vergleich zur Literatur wird Fernsehen immer nur ein Pups bleiben.

Hier möchte ich noch etwas zum Untertitel von »Das blindgeweinte Jahrhundert« sagen, »Bild und Ton«: Bilder, also in erster Linie Photographien, und Töne, in Form von Schlagern oder einer nie komponierten, nur geträumten Oper spielen in diesen Texten eine zentrale Rolle. Trotzdem habe ich entschieden, beim Vortrag im Hörsaal auf Bild- und Tonbeispiele zu verzichten. Ich habe vor jeder Vorlesung gesagt: »Ich spreche über Bild und Ton, aber ich werde nichts vorspielen und ich werde nichts vorzeigen. Das sind alles Bilder oder Höreindrücke, die Sie im Kopf, mit Ihrer Imaginationskraft entstehen lassen.« Als Schriftsteller, der eingeladen ist, öffentlich über das Schreiben nachzudenken, vertraue ich auf die Möglichkeiten der Literatur, auf die Macht der Sprache.

Die dritte Vorlesung »Tavor« ist eine Textcollage, die vor allem Bilder vorführt. Es werden Extreme gegenübergestellt – etwa das Ich-zentrierte Tagebuch von Witold Gombrowicz dem geistigen Tagebuch von Ignatius von Loyola, in welchem sich das Ich in Tränen auflöst.

Jede Vorlesung hat einen etwas anderen Erzählgestus. Das Heintje-Kapitel folgt einer Spur, am Ende gibt es eine Coda, da taucht Franz Josef Strauß auf. Im Adorno-Kapitel wird eine Beobachtung eingeordnet und die Frage nach den Konsequenzen von Guido Knopps Erinnerungen aufgeworfen. »Tavor« sollte ein Kapitel sein, in dem es keine Ironie gibt, es sollte um Extremsituationen gehen, es sollte um Tränenmomente gehen, und es ist die Vorlesung, in der ich dann auch einmal über das eigene Schreiben spreche, über die Stimmung: Wie ist das eigentlich, wenn man zerfließt im eigenen Schreiben?

Tavor ist ein Medikament, das Angstpsychosen entgegenwirkt, zugleich eine harte Droge, die Abhängigkeit erzeugen kann. Für Sie Anlaß, einen Seitenblick auf Henri Michaux zu werfen.
Wenn das Schreiben läuft, gerate ich als Autor auch in einen Rauschzustand. Ich kann diesen Rauschzustand nicht willentlich hervorrufen, aber ich kann mich willentlich wieder aus dem Rausch herausnehmen, indem ich die Arbeit unterbreche. Diese Möglichkeit haben Menschen mit psychischen Störungen nicht. Michaux war nicht abhängig, er hat unter ärztlicher Kontrolle Selbstversuche mit Mescalin durchgeführt. Er wollte herausfinden, wie sich die Wahrnehmung unter Einnahme von Mescalin verändert und ist diesen Wahrnehmungsveränderungen in mehreren Büchern nachgegangen. Interessanterweise in Bild und Text – Henri Michaux war ja, wie Kurt Schwitters, Schriftsteller und bildender Künstler zugleich.

An die vierte Vorlesung über Heintje (»Tränen im Vorderen Westen«) schließt sich als Abschlußvorlesung – unter dem Titel »Aber Seltsames geschieht« – eine Hommage an den Literaturwissenschaftler und Medientheoretiker Friedrich Kittler an, in welcher Sie sich selbst den Traum zuschreiben, für Friedrich Kittler ein Libretto geschrieben zu haben.
Diesen Traum habe ich wirklich geträumt. (lacht) Am Beginn der Vorlesungen steht Theodor W. Adorno, einer der wichtigsten Denker der 50er und 60er Jahre, eine Zeit, in der Vieles hinweggefegt wurde. Ich selbst habe in den 80er Jahren studiert, einer Zeit, in der Friedrich Kittler vieles hinwegfegte. Weil es in diesen Vorlesungen eine autobiografische Hintergrundspur gibt, habe ich mich gefragt, von welchen Figuren ich eigentlich gelernt habe, mich Bild und Ton zu widmen. Dann mußte von Friedrich Kittler die Rede sein. Da ich aber weder eine Würdigung im Würdigungston schreiben wollte, noch in der Lage gewesen wäre, mit Friedrich Kittler intellektuell zu konkurrieren, kam mir mein Paris-Traum zu Hilfe. In den Vorlesungen war bereits von Walter Benjamin, Samuel Beckett und Henri Michaux die Rede, also warum nicht auch hier von Paris ausgehen – wenn auch von einem geträumten. Es hat mir großen Spaß bereitet und mich auch interessiert zu untersuchen, warum wir – Kittler und ich, sein Librettist – in meinem Traum nach der Opernpremiere in Paris von so schlechter Laune begleitet waren. Meine zunächst ganz wolkige Vermutung dabei: Friedrich Kittler ist darum so enttäuscht von den Reaktionen auf seine erste Oper, weil mein Libretto so schlecht ist. Um »herauszufinden«, um welchen Stoff es in dieser Oper ging, die selbst nicht Teil meines Traums war, mußte also vom Ende meines Traums her eine Recherche beginnen. Ich mußte, wie vorn beschrieben, das Material (meines Traums) abtasten. Dieses Abtasten gab mir die Möglichkeit, meine zwei tatsächlichen Begegnungen mit Friedrich Kittler noch einmal in den Blick zu nehmen.

In Friedrich Kittlers letzter Vorlesung passieren Dinge, die ein Gegenstück zum Adorno-Text darstellen, Kittler wird von enthusiasmierten Studentinnen mit Büstenhaltern beworfen. In diesem von Ironie durchtränkten Text wird auch noch auf eine andere Weise der Bogen vollendet. Wir Lesen: »Kein Wunder, daß Friedrich Kittler beim Abschied Tränen in den Augen standen. Tränen, die auf zwei zitternde Hände fallen.« Ich lese das als eine ironische Fußnote zur im Buch geführten Diskussion um das Postfaktische und die »Waffen von morgen«. Die Kittler zugeschriebenen »Tränen, die auf zwei zitternde Hände fallen« sind zugleich ein Zitat aus dem am Ende doch noch gefundenen Libretto der Kittler-Oper, welches die fünfte Poetikvorlesung beschließt.

Im Schreiben interessiert es mich immer wieder, mit Humor umzugehen, ohne daß man gleich Witze erzählen oder Pointen liefern muß. So wandern durch das Buch verschiedene Motive, Anblicke, Szenen, die einmal ohne jeden ironischen Ton erscheinen, so eben das Busenattentat auf Theodor W. Adorno, an anderer Stelle aber eine ironische Färbung annehmen, wie hier bei Friedrich Kittlers Verabschiedung von der akademischen Bühne – ohne daß ich mich damit über ihn lustig machen wollte. So bieten mir die Materialien, mit denen ich umgehe, immer ganz unterschiedliche Anknüpfungspunkte, auch um einen Tonlagenwechsel zu vollziehen. Friedrich Kittler, von seiner Krankheit schwer gezeichnet, weint, als er sein Milieu, sein Denk- und Lebensumfeld verlassen muß – in meinem Text dann versuche ich, diese Trauer wieder aufzufangen, indem ich behaupte, der Stoff einer von ihm komponierten Oper, zu der ich das Libretto geschrieben hätte, müsse ein Märchen der Brüder Grimm sein. Damit werden gegen Ende meiner Frankfurter Poetikvorlesungen auch einige Fäden wieder aufgegriffen: Die Heintje-Vorlesung, die Vorlesung also, in der es um meine Großmutter und um den frühen Tod meines Großvaters geht, spielt in Kassel – Kassel ist die Stadt der Brüder Grimm. Mein Buch stellt, gewissermaßen subkutan, ein Nachdenken über die sich stetig verändernden Schreibbedingungen seit dem Wechsel vom achtzehnten zum neunzehnten Jahrhundert dar, eine Zeit des Freundschafts- und Brief- und Tränenkults. Friedrich Kittler seinerzeit ist mit seinem nüchternen Technikerblick und zugleich großer Sensibilität tief in diese Zeit hinabgestiegen.

Wir haben also auf der einen Seite die Welt der Märchen, in der sich das kollektive Unbewußte niederschlägt, auf der anderen Seite Friedrich Kittler, der die »Aufschreibsysteme 1800/1900« untersucht – eine Zeit, in der Frauen auf Grundlage der Briefkultur, also des konkreten Schreibens, immer größeren Raum im Bereich der Literatur einnehmen, und zugleich die Zeit, in der die Gattung Roman ihren Aufstieg beginnt. Ich behaupte also, Friedrich Kittler und ich hätten uns bei der Suche nach einem Opernstoff am Ende vermutlich auf »Das Mädchen ohne Hände« aus den »Kinder- und Hausmärchen« geeinigt: Der Vater hat seine Tochter dem Teufel versprochen, doch der kann ihrer Seele nicht habhaft werden, weil das Mädchen sich die Hände reingewaschen hat. Der Vater schlägt der Tochter die Hände ab, der Teufel will zugreifen, aber das Mädchen weint Tränen auf ihre Armstümpfe, und wieder weicht der Teufel zurück. So kam ich darauf, dieser Stoff gäbe eine gute Möglichkeit, über technische Medien und über das Schreiben und über das maschinelle Schreiben zu reflektieren, ohne daß man eine Schreibmaschine hinstellen muß. Da das Mädchen nicht mehr über Hände verfügt, könnte es auch mit einer Schreibmaschine nichts anfangen. Für die Abschlussvorlesung schwebte mir vor, die Zuhörer in dieses Märchen hineinzuführen, zu locken. Und wer lesen will, daß dem Mädchen irgendwann die Hände wieder nachwachsen und überhaupt alles ein glückliches Ende nimmt, der kann an meinen offenen Bogen anschließen, kann den Text jenseits des Hörsaals weiterwirken lassen, zu Hause die »Kinder- und Hausmärchen« aus dem Regal ziehen und so eine Bewegung vollziehen, die auch für mein Schreiben grundlegend ist: Ein Text reicht mich an einen anderen weiter.

Wenn nicht bereits ein Motto vorn im Buch stünde, könnte dort ein anderes Motto stehen, welches das Buch in einem Satz zusammenfaßt, ein Satz von Wiktor Schklowski: »Text ist Text, ganz gleich, ob Literatur, Bild oder Film, schlicht, weil sie alle über Struktur verfügen«.

Wiktor Schklowski wieder! Er gehört eben zu meinen Lieblingsschriftstellern. Auch, weil er Bücher geschrieben hat, von denen sich schwer sagen ließe, ob sie erzählender Essay, Chronik, zeitgeschichtliche Reflexion oder autobiographische Phantasie sind. Und dann stößt man in seinem theoretischen Werk unablässig auf Formulierungen, von denen man sagt: Genau so ist es! Das wäre ein gutes Motto, oder: ein guter Leitsatz! Wobei ich jedoch nicht abschätzen kann, ob sich dieser Eindruck womöglich nur so unmittelbar einstellt, wenn man in einer bestimmten Zeit aufgewachsen ist, in einer bestimmten Zeit zu schreiben und zu lesen begonnen hat, während Film und Fernsehen ganz selbstverständlich zur eigenen Medienumgebung gehörten. Plötzlich aber rufen da die russischen Strukturalisten aus dem frühen zwanzigsten Jahrhundert in die Mitte der achtziger Jahre hinein, und man glaubt, sie äußerten sich zu Fragen, die einen akut umtreiben: die gegenseitige Beeinflussung der Künste nach dem Ende des Genie-Gesäusels, zugleich aber auch das Schreiben unter verschärften Bedingungen der Medienkonkurrenz: Warum schreibe ich, warum arbeite ich nicht fürs Fernsehen? Und dann erscheinen Sergej Eisensteins gesammelte Schriften zum Film bei Reclam Leipzig, oder 1991 ein Sammelband, herausgegeben von Fritz Mierau: »Die Erweckung des Wortes. Essays der russischen Formalen Schule« – und es öffnen sich Werkzeugkästen.

Auf der Rückseite des Buchumschlags steht ein schönes Zitat, von Siegfried Unseld: »Es ist schwer, nicht einen Roman zu schreiben.« Dieses Zitat reflektiert für mich auf die Tatsache, daß der fiktionale Anteil in Ihren Essays so groß ist, daß man schon fast von einem Zwitter zwischen Essay und Roman sprechen könnte. Und das kann vermutlich auch für dieses Buch gelten.

Dieses Erzählen ohne ausgedachte Figuren, die sich in ausgedachten Handlungszusammenhängen bewegen, reizt mich seit einigen Jahren ungemein. Man könnte sagen: Ich suche nach den Stellen, wo ich statt mit der Fiktion mit der Spekulation ansetzen kann, um eine reale Figur in eine Sphäre der Imagination treten zu lassen. Der konkrete Satz »Es ist schwer, nicht einen Roman zu schreiben« sprang mir da eines Tages ins Auge, auch als Reflexion natürlich auf den derzeit so romanbesoffenen Literaturbetrieb. Mit diesem Satz beginnt der Verleger Siegfried Unseld einen seiner Reiseberichte, die er als Memo und zur internen Kommunikation im Suhrkamp-Verlag nach Treffen mit Autoren anfertigte: Siegfried Unseld hat Thomas Bernhard besucht, und Thomas Bernhard hat, könnte man sagen, wieder einmal ein großes Theater aufgeführt, zwischen inniger Liebe und dummem Haß seinem Verleger gegenüber hin und her springend. Ein sehr ausführlicher Reisebericht – und alle diese Reiseberichte von Siegfried Unseld sind in einer wunderbaren Sprache geschrieben, sehr plastisch und die natürliche Dramaturgie solcher Begegnungen effektvoll nutzend, so daß sie weit mehr sind als verlagsinterne Memos, richtiger, guter Text nämlich. Wenn Siegfried Unseld zu Beginn den Stoßseufzer notiert: »Es ist schwer, nicht einen Roman zu schreiben«, dann meint er natürlich nicht den Roman als Gattung, sondern im Sinne der landläufigen Redensart: darüber könnte man einen Roman schreiben. Zugleich aber lesen sich die darauf folgenden Seiten tatsächlich schöner und interessanter als viele Romane. Man könnte sagen: Der Verleger versteht es, seine Autoren zu Romanfiguren werden zu lassen, einfach, indem er sie mit großem Einfühlungsvermögen und großer Beobachtungsgabe beschreibt. Mir schien es darum eine gute Idee, Siegfried Unseld, der als Verleger des Suhrkamp-Verlags die Frankfurter Poetikvorlesungen über viele Jahre unterstützt hat, auf dem Außenumschlag meines Buches mit einem Satz zu zitieren, der zwar indirekt etwas über die Form meines Texts verrät, zugleich aber die Überraschung hinsichtlich seines Inhalts bewahrt.

Lieber Marcel Beyer, ich bedanke mich für das Gespräch!

Damals hätte ich mir mehr Aufruhr in der Suppenschüssel gewünscht

Gespräch mit Uwe Kolbe

Uwe Kolbe, gefördert von Franz Fühmann, galt als junger Dichter in Ost und West als Leitfigur der jungen DDR-Literatur. Sein in der Anthologie »Bestandsaufnahme 2« veröffentlichter Text »Kern meines Romans« enthielt das von der Zensurbehörde erst nach der Auslieferung des Buches entdeckte Akrostichon mit dem Subtext: »EURE MASSEN SIND ELEND. EUREN FORDERUNGEN GENÜGEN SCHLEIMER. EURE EHMALS BLUTIGE FAHNE BLÄHT SICH TRÄGE ZUM BAUCH. EUREM HELDENTUM DEN OPFERN WIDME ICH EINEN ORGASMUS. EUCH MÄCHTIGE GREISE ZERFETZE DIE TÄGLICHE REVOLUTION.« Dieser Vorgang hatte die Bespitzelung Kolbes durch die Stasi und letztlich dessen Ausreise aus der DDR zur Folge. Ina Hartwig (Süddeutsche Zeitung) schreibt über Uwe Kolbes Roman »Die Lüge«, der diese Vorgänge aufarbeitet: »Es gibt Werke, die literarisch problematisch sein mögen, aber dennoch exemplarisch wirken. Sascha Andersons Autobiografie etwa, deren Ästhetik des Verrats aus Sicht des Verräters Maßstäbe der Skrupellosigkeit gesetzt hat. Im Vergleich damit ist, was Uwe Kolbe aus dem Motiv Verrat formt, geradezu human zu nennen. Denn er handelt die Fehlbarkeit unter psychologisch-biografischen Prämissen ab. Und: Es ist ein Verrat am eigenen Ich. Während der ›echte‹ Verräter, der Stasi-Vater, demonstriert, wie Verrat sich aus Sicht des Überzeugten anfühlen mag, nämlich wie etwas Notwendiges, also letztlich gar nicht wie Verrat.«

Die Erfahrung mit dem Roman »Die Lüge« hat auch Uwe Kolbes Sicht auf Bertolt Brecht noch einmal neu justiert. Christian Eger (Frankfurter Rundschau) schreibt über Uwe Kolbes umfangreichen Brecht-Essay: »Kolbe, der keine akademische Studie, sondern den Essay eines ›von Brecht Betroffenen‹ liefert, geht erst den Worten, dann den Rollenspielen des politischen Dichters nach. Er zeigt, wie sich Brecht bei der Sprache Luthers und des Volkes bediente, wie er das Einfach-Sagen zur Perfektion trieb, das Ineinander von Ohrwurm-Poesie und Trivialphilosophie. […} Schon vor seinem 30. Lebensjahr, schreibt Kolbe, habe Brecht die von ihm geformte altneue Dichtersprache den Zwecken der Partei neuen Typs ausgeliefert. … Der großen DDR-Kohorte der Brecht-Schüler attestiert Kolbe den Gestus der ›aufbegehrenden Unterwerfung‹, die willkürlich und privatistisch mit Fakten umspringt. Eine scheinrebellische, scheinkritische Haltung.«

Ich traf Uwe Kolbe am 24. Juli 2017 im Garten des Gasthofs »Landstreicher« an der Elbe bei Dresden-Pieschen. Wir sprachen über seinen Roman »Die Lüge«, seinen Brecht-Essay und seinen Gedichtband »Psalmen«.

Lieber Uwe Kolbe, ich würde mit Ihnen gern über drei Ihrer letzten Bücher sprechen – den Essay »Brecht. Rollenspiel eines Dichters«, den Roman »Die Lüge« und, etwas voreilig, den in drei Tagen erscheinenden Gedichtband »Psalmen«, und zwar in dieser Reihenfolge. Ziemlich zu Beginn des Brecht-Essays wird das Thema umrissen: »eine Rede mit Brecht, anhand von Brecht, über, gegen und für Brecht«. Dieser Halbsatz deutet bereits an, wie kompliziert und vielgestaltig dieses Thema ist. Wie hat sich Ihr Blick auf Brecht in den letzten vierzig Jahren verändert?

Einen abgeklärten Blick auf Brecht habe ich auch heute nicht. Der alte Blick war: Brecht taugte immer wieder für Argumente, wenn man etwas gegen die Obrigkeit zu sagen hatte. Brecht war interessanterweise immer wieder gut fürs Zitat und deswegen auch so einflussreich in der späteren Literaturgeschichte der DDR. Sein »Gespräch über Bäume« hat man alle drei Tage zitiert. Auf der ökonomischen, philosophischen, dialektisch-historischen Basis stehend, lieferte er auch alle Argumente gegen den versteinerten Sozialismus gleich mit. Weil er der Ritter der Dialektik war. Brechts »Me-ti. Buch der Wendungen« trug ich damals in der Tasche, als ich mit 18 Jahren zur Nationalen Volksarmee eingerückt bin. Dazu noch »Hanns Eisler. Gespräche mit Hans Bunge. Fragen Sie mehr über Brecht«. Diese Bücher hatten Material geliefert. Seine Findungen, seine sprachliche Einzigartigkeit in der deutschen Literatur des 20. Jahrhunderts fußen zum nicht geringen Teil auf dem starken Erbe Luthers. Gegen Brechts Sprachprägung kommt möglicherweise ganz Weimar nicht an. Gegen diese bestimmte Tradition, in die er sich gestellt hat, und die er gleichzeitig geköpft und behauptet und neu erfunden hat. Das ist schon grandios. Später, nach den vielen Wäschen, durch die ich gegangen bin, nach den Erfahrungen jenseits der DDR, nach vielerlei literarischen und philosophischen Einflüssen änderte sich der Blick auf Brecht, aber er schlummerte sozusagen. Er war nicht mehr so sehr bei mir, weil ich die Argumentationshilfen nicht mehr so brauchte. Erst in der Folge meines Romans »Die Lüge«, als ich mit dem Publikum über die Figuren des Romans und deren Haltungen diskutierte, ertappte ich mich dabei zu sagen: Ja, das ist wie bei Brecht, der hat das so gemacht und alle Nachkommenden haben es dann auch so gemacht. Einerseits literarisch-ästhetische Maßstäbe verteidigt, andererseits aber auch taktiert und sich auf Zensurprozesse eingelassen. Dazu kam eine durchaus hedonistische Lebensweise, dieser Widerspruch einer öffentlichen Figur. Ich merkte, dass ich gegen meine Selbstverständlichkeit im Umgang mit Brecht angehen musste.

Mit Bezug auf Brecht sprechen Sie auch vom Nebeneinanderstehen von »erworbener Einsicht und kreativem Kalkül«. Etwas, das seine Schüler nachvollzogen. Dass man etwas wusste und Einsichten gewann – etwa über den Stalinismus und dessen grausame Verbrechen oder die Mängel des real existierenden Sozialismus – und dennoch aus einem Kalkül heraus nach außen anders handelte.

Das kreative Kalkül lieferte auch den »weltanschaulichen Einband«. Marcel Reich-Ranicki hat bereits unmittelbar nach Brechts Tod in scharfen Kommentaren dargestellt, dass es unklar sei, ob Brechts kommunistisches Vokabular, ob der repetierte Basis-Überbau-Zusammenhang, die Einteilung der Welt nach der Armen-und-Reichen-Attitüde nicht am Ende nur das Ergebnis eines produktionserotischen Verhältnisses zur Weltanschauung gewesen war, dass er fern war des wirklichen kommunistischen Glaubens.

Kreatives Kalkül, um das Theater, das Berliner Ensemble, die Probebühne für das Brecht-Theater gesichert zu wissen. Eine Bühne, mit der man Weltruhm erlangen konnte. Schön finde ich in diesem Zusammenhang Ihre Überhöhung: »Dichter Brecht und Luther, der Mönch, lasen gemeinsam das Kommunistische Manifest«.

Viele haben in ihrer Dichtung an die Bibel angeschlossen, Trakl und Rilke wären zu nennen und viele andere, Hölderlin sowieso. Das geschah aber zumeist auf der Basis der klassischen Dichtungsgeschichte, mit starkem Rückgriff auf die Antike. Das ist bis heute so, auch bei mir selbst. Ich bin ja in dem, was ich mache, ganz fern von Brecht. Ich schau auch einmal auf das Haiku oder andere asiatische Kurzformen, aber im Wesentlichen gehöre ich zu den Klassizisten, zu denen, die Rückgriffe machen, nicht nur was das Personal betrifft, sondern auch den Formenkanon, die Grammatik, die Bearbeitung des Verses usw. Brecht war vor allem vom Handwerk her bei Luther. In einer Tradition, die auch über Villon und Heine geht. Brecht sagte selbst, dass er sehr früh von der Bibel geprägt worden sei. Sein erster Text, den er als Jugendlicher veröffentlicht hat, hieß »Die Bibel«. Noch viel später bezeichnete er die Bibel als sein Lieblingsbuch. Brecht und Luther sind sich auch in ihrer Modernität vergleichbar, mit der ihre Sprache auftrat. Unsere großen Klassizisten in Weimar waren in diesem Sinne viel weniger innovativ. Brecht war innovativ, wie auch Luther. Luther hatte eine Sprache zu finden für etwas. Auch Brecht hatte eine Sprache für etwas gesucht, für sein politisches Theater, für seine politische Dichtung.

Brecht hat seine Innovationen – ob an Luther, Villon, Heine, Rimbaud oder Karl Valentin orientiert – an den Wirkungsmöglichkeiten auf der Bühne gemessen.
Absolut, es musste funktionieren. Er wollte etwas rüberbringen.

Vielleicht hat auch die Weimarer Republik mit ihrer breit aufgestellten Kabarettszene dies begünstigt. Eine politisch brisante Zeit, in der man Schärfe suchte.
Das ist wirklich so gewesen. Er kam von den Brettl-Bühnen, den Kabaretts in München, nach Berlin. Die »Dreigroschenoper« kommt ja aus dieser Ecke, dem Varieté, dem Musical. Dann ging Brecht unter Eislers Einfluss – Eisler war ja bereits Kommunist, noch ehe Brecht darüber nachdachte – in den Wedding in Berlin und machte mit ihm gemeinsam Arbeiter-Theater. Dort entwickelten sich diese lehrstückhaften Stücke. Dort wurde das Funktionale noch weiter getrieben, mit der Methodik, das Publikum in eine Art interaktives Theater zu verwickeln. Dies war politisch aufrührerisch und zugleich modern. Man schloss sich damals auch an Impulse an, die aus der frühen Sowjetunion herübergekommen waren – Majakowski, Tretjakow, Eisenstein u.a. m.

Ihr Essay betrachtet Brecht unter den fünf genannten Blickwinkeln. Zentrales Anliegen des Essays ist jedoch auch die Auseinandersetzung mit Brechts Nachkommen – vor allem Heiner Müller, Karl Mickel, Volker Braun, Wolf Biermann und Thomas Brasch. Diese übernahmen den Brecht-Ton, das Brecht-Theater als Erbe, aber auch das kreative Kalkül. Heiner Müller hatte in etwa formuliert: So ein Arbeitsmaterial wie die DDR bekomme ich nicht so schnell wieder.
Bei gleichzeitiger Freizügigkeit!

War das das gleiche Kalkül wie bei Brecht oder war es ein transformiertes?
Brechts Motivlage war interessanter (lacht). Als Remigrant war seine Stellung natürlich eine andere. Brecht kam aber auch als jemand in die DDR, der in der Formalismusdebatte von Seiten Lukács und Kurellas, von Moskau aus bereits angegriffen worden war. Es hat dann aber ein Zusammenspiel zwischen dem Genie Brecht und den Mächtigen in der DDR gegeben. Brecht war schon auch ein Stachel im Fleisch des Personenkults. Die Mächtigen sagten aber: Ja, wir wollen diesen Stachel. Damals ist das Modell des kreativen Kalküls entstanden. Heiner Müller war ein Stachel im Fleisch, Volker Braun auf seine Art. Es gab immer dieses Sparringspartner-Verhältnis: Ich sage immer etwas mehr als erlaubt ist, aber ich lass mich im Grunde auf das Zensurspiel ein, nämlich auf die Grenzen des Machbaren. Dieser Haltungsschaden hat sich vererbt. Bei Brecht ist es ja bei den Buckower Elegien so evident. Er veröffentlicht nur den Teil, der systemkonform ist, die anderen, die berühmten Gedichte (»Soll sich die Regierung ein neues Volk wählen«) hält er unterm Teppich. Ansonsten stellt er durchaus – ich will es jetzt nicht Ergebenheitsadressen nennen – das Berliner Ensemble und seine eigene Stimme der Regierung der DDR, z.B. in der Situation des 17. Juni 1953, selbstverständlich zur Verfügung. Genau das war die Haltung, die sich perpetuiert hat. Aufgrund wovon?, frage ich natürlich. Ich selber habe die kommunistische Ideologie sozusagen im Durchlauferhitzer durchlaufen. Das waren die frühen 70er Jahre. Da waren Leute wie Volker Braun und Umkreis durchaus auch auf diesen so-

zialistischen Positionen, die mich damals höchlichst interessierten (»Provokation für mich«). »Der Bass bricht aus dem Orchester aus« bei Volker Braun. Ich wollte das lesen. »Jeder Schritt, den ich noch tu, reißt mich auf.« Ein toller Anspruch bei Volker Braun, der nur, leider Gottes, im kreativen Alltagsgeschehen nicht eingelöst wurde, weil nichts aufgerissen wurde, weil Kompromisse gemacht wurden, weil man sich wieder mit der Zensur eingelassen hatte. Warum, warum, warum? Die einzigen, die es hart beantwortet haben, sind die, die weggegangen sind. Biermann ist in diesem Kontext eigentlich die schizophrenste Figur. Biermann, der extremste Verfechter, der immer die kommunistische Karte spielt, der immer den Kommunismus aus sich herausschreit, und es aber gleichzeitig auf eine Art formuliert, dass er immer der kommunistischen Obrigkeit dabei gegen das Schienbein tritt. Auf die Art konnte er nie zum Staatskünstler werden. Geht aber zu seinem vierzigsten Geburtstag in den Westen und macht flott weiter mit dem Kommunismus.

Noch im Kölner Konzert, das seiner Ausbürgerung vorausging, hatte er von der »faschistischen Erhebung« am 17. Juni 1953 gesprochen.
Das verrückte war, ich hatte dieses Konzert noch im Ohr. Damals waren gerade meine ersten Gedichte in »Sinn und Form« erschienen, mit Fühmanns Vorwort. Damals hatte ich noch die Biermannsche Deutung des 17. Juni 1953 akzeptiert. Das war ja die Brechtsche Deutung, die Biermann an uns weitergegeben hatte. Ich habe sie auch noch übernommen und brauchte ewig lange, um zu kapieren, dass es eine Lüge war. Der »faschistische Putsch« war eine dogmatische Lüge, den gab es nie. Die Panzer rollten nur auf der Ostseite. Es gab die anderen einfach nicht. Das war für mich die grundlegende Begegnung mit der Lüge Brechts. Mit dem Verrat an seinem eigenen Genie. Sein Schweigen über die Toten im Gulag. Er war im dänischen Exil aus erster Hand von Leuten informiert worden, die aus Moskau gekommen waren. Exilanten, die damals den Stalinismus bezeugten, waren doppelt im Exil, weil sie geächtet waren wegen ihrer dissidentischen Meinung.

Es gab ja auch Erkenntnisse aus dem Spanienkrieg.
Brecht zog mit Willi Münzenberg durch Europa, dem Mann, der die Komintern-Pressearbeit für Stalin machte.

Auch Willi Münzenberg ist möglicherweise von Stalins Leuten in Frankreich hingerichtet worden.
Diese Geschichten sind unglaublich. Man hat an Orwell gesehen, wie klarsichtig man die spanischen Verhältnisse durchschauen und die Kurve kriegen konnte. Orwell wurde dafür von der europäischen Linken, insbesondere den englischen Linken geächtet. Diese Ächtung hat Brecht immer vermieden. Noch in den 90er Jahren war es eine weit verbreitete Meinung, dass es doch die richtige Sache war, die nur falsch angefasst worden war. Das ist der eigentlich heiße Punkt. Denn das ist der gängige Glaube bis heute. Die Parole lautet: Es war doch nicht alles schlecht. Ja, ja. Aber die Illegitimität eines Regimes, das eine Mauer brauchte, um dahinter das schönste Utopia der Welt aufzubauen, ist schwer von der Hand zu weisen. Brecht war zu Zeiten des Mauerbaus tot. Es waren die Späteren, die das akzeptierten und rechtfertigten. Das Erklärungsmodell war: Jetzt sind zwei Millionen, die nicht wollten, rüber, jetzt können wir die wahre sozialistische Gesellschaft errichten. Junge Kommunisten wie Christa Wolf haben das geglaubt und erhofft. Jeder hat seinen Stein zum Gefängnis beigetragen. Ich kann es nicht mehr anders sehen.

In Ihrem Buch ist auch von der dritten Generation in den 80er Jahren die Rede, die von Biermann, Müller, Braun und Thomas Brasch geistig gelebt hat, zu der Sie sich auch selbst zählen. Damals glaubten noch viele an die Reformierbarkeit des Sozialismus. Waren die zwölf Stunden Leseurlaub in Westberlin am 20. April 1982 so etwas wie ein Kipp-Punkt für Sie? Es gibt von Ihnen diesen wunderbaren Text »Tabu«, bei dem sich einem die Nackenhaare aufrichten, so authentisch kommt die Beschreibung dieses Dilemmas herüber, obwohl es mit zeitlichem Abstand geschrieben worden ist.
Es ist grotesk, wie präsent mir dieser Tag auch heute noch ist. Schon die Fahrt mit der S-Bahn von Ost nach West – damit fing der Irrsinn an: dass das überhaupt stattfand, dass das möglich war. Meine Familie ist fast exakt zwischen Ost und West geteilt worden. Ich bin noch in Westberlin getauft worden. Ich war aber 1982 ein Kind der DDR. »Hineingeboren« trifft's, die westliche Welt existierte für mich in gewisser Hinsicht gar nicht. Sie war eine Medienwelt. Die ersten Stunden in Westberlin war ich mit Fühmann unterwegs. Er hatte mich gefragt, ob es zu »papahaft« wäre, wenn er mitkäme. Was es natürlich nicht war. Der Realitätsabgleich in Westberlin war intensiv. Es war eine Normalität, die ich nicht erwartet hatte. Ich kam aus einer Misstrauenswelt. Den Kontrast zwischen offener und geschlossener Gesellschaft habe ich stark empfunden. Das erste Bild, das ich für real gehalten hatte, war ein Polizist in gepanzerter Weste vor dem jüdischen Zentrum. Das war das erste, was mit der Bildwelt, die mir die Medien, insbesondere Westmedien vorgespielt hatten, übereinstimmte. Was übereinstimmte, war Kapitalismuskritik, war Kriminalität. Der Schock war im Grunde, dass ich plötzlich diesen Knast verlassen hatte. Ich wusste nur nicht, dass ich im Knast war. Heute kommt es mir absurd vor, dass Fühmann, der zu dieser Zeit längst so weit war, zu mir sagte: Ich habe für Sie gebürgt, aber wenn Sie bleiben wollen, dann bleiben Sie. Ich wollte aber gar nicht bleiben, ich war für den langen Marsch in den wahren Sozialismus. Diese Frage war ein Schock für mich. Ich wollte nicht bleiben, weil ich glaubte, im Osten etwas zu tun zu haben. Solange die Mauer stand, hatte ich mich als politischer Dichter aufgefasst. Meine Gedichte scheuten sich nicht, mit den Realien umzugehen. Das war aber nicht politisch, allenfalls realistisch. Was mir wehtat, schrieb ich auf. Wenn das Tabus verletzte, war das dann politisch.

Bernd Wagner hat das einmal in einem Bericht über die MIKADO*-Redaktion schön beschrieben: »Uwe Kolbe schien für den politischen Streit geradezu geboren – und war dabei bedeutend mehr als ein ›Weltanschauungsdichter‹, nämlich durch und durch Poet.«*
Vielleicht war es das, was mich gerettet hat.

Kannte Brecht so etwas wie Selbstzensur in seinen Texten? Hat das Denken der Mächtigen bis in den Text hinein gewirkt? Oder wurden Texte – wie vorhin bei den Buckower Elegien angemerkt – nur zur Seite gelegt?
Brecht war als Antifaschist viel zu sehr d'accord mit den Verhältnissen. Man sprach damals nicht über den Nationalsozialismus, man sprach über den Faschismus. Das war eine Sprachregelung. In dem Wort Nationalsozialismus war der Gruppe Ulbricht zu viel Sozialismus drin. Das hätte den Vergleich provoziert. Der nächste Schritt wäre die Anerkenntnis von Hannah Arendts Totalitarismusbegriff gewesen. Das wäre ganz fatal gewesen. Brecht hat die historische Konsequenz der Existenz des anderen deutschen Staates, der DDR, nie angezweifelt. Im Übrigen hätte Brecht nicht in den Westen Deutschlands gehen können, da die Amerikaner ihm dies verwehrten. Er kam 1947 mit einem österreichischen Pass in den Osten. Den Nachgeborenen hinterließ er das Modell der positiv-kritischen Begleitung des Projekts DDR. Biermann hat das einmal schön kolportiert, dass Brecht für

Heiner Müller der Grund war, in der DDR zu bleiben, indem er sagte: Wenn der Meister auch gegen den Stalinismus die Kurve gekriegt hätte, dann »hätte Heiner Müller nicht so lange an Brechts Zigarre wie an einem Schnuller gehangen«. Dann hätte es vielleicht eine deutlichere Kritik am realen Sozialismus gegeben. Aber sie hatten alle den Haltungsschaden Brechts übernommen. Und das war doppelt verrückt. Heiner Müller, Biermann, Volker Braun – die hatten ja Solschenizyn gelesen, die wussten noch und noch und noch Bescheid. Die wussten, dass das 20. Jahrhundert zwei Totalitarismen hervorgebracht hatte, die Millionen von Opfern gekostet hatten im Namen von Ideologien. Das eine war eine Rassenideologie, das andere die Ideologie des größtmöglichen Fortschritts der Menschheit, der Diktatur des Proletariats. Die aber niemals eine Diktatur des Proletariats war, das ist es ja auch. Aber, weil die Frage auch auf die Nachgeborenen zielte, ein Genie wie Brecht gab es nach ihm nicht mehr. Ich will jetzt Heiner Müller nicht zu nahe treten, der war als Mensch sehr in Ordnung. Er war ein absolut integrer Mann. Aber nach Brecht gab es keinen, der diese Setzungsmacht hatte. Vielleicht ist deshalb auch Brechts Haltung so stark übernommen worden.

Die »Sphinx« Brecht haben Sie einmal in einem Satz schön zusammengefasst: »Privat herrschten sowieso Witz und Sarkasmus und umfassende Klarheit am gut gefüllten Suppentopf des – hier zögere ich – Verrats, nein, sagen wir: der Unredlichkeit: sagen wir: des Überlebens, sagen wir: der Alternativlosigkeit und dessen, was für den Verstand daraus folgen kann: des Zynismus. … Falsch! Zynisch wurden erst die Nachgeborenen.« Das ist eine wunderbare Zusammenfassung des Buches in einem Satz. Worin bestand jetzt der Zynismus der Nachgeborenen?

Bei Brecht gibt es eine Alternativlosigkeit, die sich als Konsequenz aus seinem Leben ergeben hat, mit seiner Exilgeschichte, die seine Überzeugungen festigte. Für die Nachgeborenen war aber eine andere Ausgangssituation gegeben. Die hatten die Erfahrung des Mauerbaus, die machten die Erfahrung der Niederschlagung von Aufständen in Ungarn, der Tschechoslowakei und Polen. Sie waren alle super informiert. Der Stalinismus, die Gulags, das war ein Dauerthema. Heiner Müllers Antike-Texte befassten sich eigentlich latent immer mit dem Stalinismus. Selbst wenn er »Macbeth« inszeniert hatte – »Macbeth mordet die Nacht« – da war immer ein Stalin drin bei ihm.

Auch Volker Brauns filigrane Weltanschauungsgedichte sind eigentlich immer auf diese Crux hin geschrieben worden.

Ja. Aber es ist das Irre bei den Nachgeborenen: Es wird nie ausgesprochen. Weil: In dem Moment, wo man es ausspricht, ist man raus aus dem Spiel. Sie wollten aber im Spiel bleiben. Den Zynismus hatten sie natürlich, weil sie über die grausamen Details des 20. Jahrhunderts umfassend informiert waren. Der Mythos des Antifaschismus, an dem Brecht ja literarisch mitgearbeitet hatte, war sehr stark. Zynisch ist dann etwa der Satz: Freiheit wäre die Einsicht in die Notwendigkeit. Das war nicht nur ein Witz in der Schule, das war echte Lebenswirklichkeit. Es war die tägliche Fron. Die Nachgeborenen konnten ja alle reisen. Ich war vielleicht der jüngste Dichter in der DDR, der 1985 ein Dreijahresvisum erhalten hatte. Ich konnte wie all die anderen sehen, dass hinter der Mauer wirkliche Menschen ein ganz normales Leben lebten.

Im Zusammenhang mit diesem Dauervisum steuerten Sie auf eine Erfahrung zu, die Sie einmal »meinen Renegatentermin« nannten.

Das war eigentlich der Nachklapp zu diesen zwölf Stunden in Westberlin am 20. April 1982. Denn da hatte ich irgendetwas nicht verstanden. Es war die Erfahrung der freien Welt und des Umgangs freier Menschen miteinander. Nichts Spektakuläres. In den Texten der Nachgeborenen – bei Volker Braun etwa – wird ja ständig latent über den Freiheitsbegriff im realen Sozialismus diskutiert. Der elementarste Freiheitsbegriff ist aber der der einfachen Bewegungsfreiheit.

In Ihrem Roman »Die Lüge« sagt die Hauptgestalt an einer Stelle zu einem Freund, der einen Mitunterzeichner der Charta 77 in Prag besuchen fährt: »Sag ihm: Wir schämen uns unseres deutsch-deutschen Privilegs, sag ihm das. Wir schämen uns der Privilegien auch als Bewohner der sowjetischen Kronkolonie. Wir schämen uns der Feigheit, was immer die für Gründe hat. Wir schämen uns mit dem Knebel des Antifaschismus in der Fresse.« Das ist eine sehr markante Stelle des Romans. War es in der dritten Generation (den »Spätergeborenen«, etwa der Prenzlauer-Berg-Szene), von der im Brecht-Buch die Rede ist, schon Usus, über diese Dinge so, wie eben zitiert, offen zu sprechen? Oder war auch dort noch alles tabuisiert?
Meine Erfahrung in Prenzlauer Berg, als einer, der dort von Kindes Beinen an gelebt hat, war disparat. Ich hatte ja noch den Prenzlauer Berg von Bettina Wegener und Klaus Schlesinger erlebt. Später, vom Ende der 70er Jahre an zogen dann sehr viele Leute dorthin. Dann kamen die Themen. Aber noch 1984 – und ich war da am Anfang noch federführend mittendrin – dachten einige daran, einen alternativen Schriftstellerverband zu gründen. Damals war ich befreundet mit Bärbel Bohley und Gerd Poppe. Es gab immer diese politischen Diskussionen. Es gab immer auch den starken Respekt, dass man den falschen Leuten etwas erzählt. Das war eine Misstrauenskultur von Graden. Das Politische wurde also eigentlich nie so richtig ausgesprochen, sondern wurde immer vorausgesetzt. Auf dieser »Zersammlung« – ich glaube das Wort stammte von Sascha Anderson – wurde sinngemäß gesagt: Wir sind ja alle toll divers, jeder macht so Seins, das ist in Ordnung, und diese antistalinistischen Dinge, die haben wir doch hinter uns. Aber mir ging es damals noch lange nicht so. Da gärte noch etwas. Ich ging damals noch in die Biermann-Fron, den Versuch, den Realsozialismus mit den leninistischen Argumenten aus dessen Hegel-Studium zu widerlegen. Meine Generationsgefährten hatte das aber schon nicht mehr interessiert. Die hatten sich als »die wirkliche Avantgarde« definiert. 1982, bei dieser Lesung in Westberlin, war ich nach politischer Lyrik in der DDR gefragt worden. Ich hatte damals gesagt: Die Zeit der Biermann-Gesten, der kommunistischen Kritik am Realsozialismus, wäre vorbei, die tiefer gehende Kritik würde heute in den Texten von Wolfgang Hilbig und Gert Neumann formuliert. Ich selber war noch durchwachsener.

Die »Sächsische Dichterschule« existierte parallel zu den Brecht-Nachgeborenen und folgte teils anderen Prämissen. Klopstock, der Brecht wenig galt, war dort hoch im Kurs, wie auch andere klassische Einflüsse.
… eine dialektische Grammatik, die mehr von Hegel kam ...

Obwohl Karl Mickel ja auch einige Jahre unter der Obhut von Brecht gestanden hatte.
… seine Mottek-Gedichte.

War die »Sächsische Dichterschule« für die Prenzlauer-Berg-Szene etwas, das aus großer Ferne tönte?
… »Sächsische Dichterschule« – das ist ein netter Spottbegriff von Adolf Endler gewesen.

Endler hat mir einmal erzählt, dass der Begriff »Sächsische Dichterschule« ein Ordnungsbegriff von Gerrit-Jan Berendse gewesen sei, den dieser für sich verwendet hätte und der sich dann verselbständigt hätte.
Heinz Czechowski schreibt diesen Begriff in seiner Autobiographie Endler zu. Aber zu Ihrer Frage. Die Dichter der »sächsischen Dichterschule« waren natürlich Gewichte, mit denen ich mich als junger Dichter intensiv auseinandergesetzt habe. Rainer Kirsch, Karl Mickel, Sarah Kirsch, Volker Braun waren neben den Expressionisten, neben Rimbaud, die ich zeitgleich für mich entdeckt hatte, sehr wichtig. Von Braun sind mir seine Psalmen in Erinnerung, frühe kraftvolle Gedichte. Besonders seine Titel – »Wir und nicht sie«: darüber habe ich im Brecht-Buch geschrieben, wie geschickt er diese Umdrehung von Klopstocks Gedicht »Sie und nicht wir« setzt mit sozialistischer Emphase.

Sie sprechen in Bezug auf Volker Braun an einer Stelle von »gehobener Sklavensprache«. Das ist dann ein Zynismus, den Uwe Kolbe sich erlaubt.
Ja, Kolbe hat mit Volker Braun etwas Eigenes, was nicht persönlich ist, aber mit Brauns Haltung zu tun hat, die er auch, als dann die Mauer fiel, nie aufgegeben hat.

»Da bin ich noch: mein Land geht in den Westen … Ich selber habe ihm den Tritt versetzt.«
Ja, genau, das berühmte Gedicht, das tausendmal in Anthologien vertretene, das Leitfossil der Wendelyrik. Ich bin aber gegen dieses Wir bei Braun. Ich habe ihn bei einer Podiumsdiskussion gefragt: Herr Braun, in wessen Namen reden Sie? Was, ich und wir?, sagte er da. Und schon redete er im Wir-Modus weiter. Wir wollten doch aber nur und wir wollten und und und. Ja, es ist klar, was Volker Braun wollte: Er wollte den besseren Sozialismus. Diese Diskussion wurde 1989 anhand des Aufrufs »Für unser Land« noch einmal intensiv geführt. Ich habe damals gesagt: Hört mal zu, Experimente am lebenden Menschen fallen aus. Den Begriff »Sklavensprache« habe ich im Übrigen für das, was ich selber damals gemacht habe, nie akzeptiert.

Es war in der DDR ein beliebter Denksport, den Realsozialismus anhand der Klassiker in Frage zu stellen – Sie beschreiben das an einer Stelle mit Bezug auf den NVA-Politunterricht. Bei Volker Brauns Gedichten hatte man immer das Gefühl, diesen Subtext mitzulesen. Das machte die Brisanz dieser Texte aus. Das waren de facto dialektische Gedichte. Auch seine Dankesrede für den Bremer Literaturpreis 1986 hatte diese Brisanz. Dieser Denksport war letztlich eine brotlose Kunst, die einen aber während des »langen Marsches« ablenkte.
Noch einmal zurück zur »Sächsische Dichterschule«. Karl Mickel mit seinem Band »Eisenzeit« war für mich vorbildlich und sicher auch ein Grund dafür, dass ich mich so intensiv mit den Klassikern und den klassischen Formen beschäftigt habe; der Klopstock-Ton. Was wollte Hölderlin, als er begann zu dichten? Er wollte den Klopstock-Lorbeer erringen. Klopstock ist nicht umsonst Ehrenbürger der französischen Republik geworden. Im Gleim-Museum in Halberstadt habe ich eine Kopie des Original-Dokuments gesehen, unterschrieben von Danton.

Diese dialektischen Gedichte wandten sich ja nicht an den Arbeiter. Sie wandten sich – wie Fühmanns Trakl-Essay »Vor Feuerschlünden« – an die Mächtigen, an die Zensur.
Adressat der kritischen Gedichte kritischer Genossen waren letztlich die Funktionäre. Bei denen klagten sie Veränderungen ein.

Die schweigende kritische Intelligenzija der DDR.
... durchmaß die Mühen der Ebenen.

Umso unerträglicher müssen Wolfgang Hilbigs Gedichte gewesen sein. Sie sprechen eine andere Sprache, stehen aber von ihrem formalen Niveau gleichrangig neben den Gedichten von Volker Braun, stehen ihnen sozusagen gegenüber.
Ja. Hilbig kommt von einer anderen Tradition der Moderne, er kommt von T. S. Eliot her, von Pound, von Rimbaud. Letzteren hat er anders gelesen als Braun. Diese Schwärze in Hilbigs Gedichten ist ein Aspekt, der von Rimbaud herkommt, den Braun nie hatte.

Im Brecht-Buch wird Volker Braun sehr ausführlich behandelt. Da steht zum Beispiel: »Immer wieder lässt Braun sich auf die politische, vor allem ideologische Tagessprache seiner Umgebung ein. Das ist einer der Gründe, warum die Gedichte veralten.« Kann man sagen, dass Hilbigs Gedichte in diesem Kontext betrachtet »haltbarer« sind?
Die Hilbigschen Gedichte sind mitunter auf hohem Niveau ironisch und schwarzhumorig. Da kommt er sehr von Edgar Allan Poe her. Es gibt ja von Hilbig dieses wunderbare Gedicht »war das Gedicht der rabe von e. a. poe notwendig«. Hilbig hat eine starke existentielle Dringlichkeit. Da spricht jemand aus sehr tiefer Verletzung und bäumt sich auf. Das ist alles drin in diesen Gedichten, bis hin zu seinen Lieblingsworten – Solitair z.B. –, wo er an Mallarmé eine kleine Glocke anschlägt. In diesem Schlamm ist zugleich der größte Glutkern der Moderne, hier ist das, worum es geht, es wird geprügelt, niedergehalten, und es wehrt sich und es steht auf. Das ist alles in diesen Gedichten drin. Diese Gedichte werden von der Person Hilbig eingelöst.

Am Ende Ihres Brecht-Buches wird die Biermannsche Erkenntnis aus dem Jahr 2014 zitiert: »Unser Brecht, er war nie ein Kommunist.« Das ist noch ein Verweis darauf, dass die DDR von Brecht benutzt wurde, um sein Theater realisieren zu können. Ganz zuletzt komme ich auf das Motto, das dem Band vorangestellt ist: »Brecht, wenn man sich einließ, baute jeden um.« (Max Frisch). Wer sich nicht entziehen kann, der ist dran. Wollen wir das als Entlastung für die Nachgeborenen und Spätergeborenen so stehen lassen?
Ich habe hier bewusst eine Schweizer Stimme zitiert. Man hätte auch Peter Weiss zitieren können.

Dem Roman »Die Lüge«, zu dem wir jetzt kommen, sind gleich zwei Motti vorangestellt, die eine Summe des Romans geben. Das erste Motto von Hermann von Helmholtz: »Die Eigentümlichkeit des Klanges nämlich, welche wir mit dem Namen der Leerheit belegen, entsteht, wenn die Obertöne verhältnismäßig zu stark gegen den Grundton sind.« Der Subtext, den man in diesen von akustischen Problemen handelnden Satz hineinlesen kann, macht diesen Satz zu einer Metapher für die späte DDR. Wie findet man solch ein Zitat? War das ein Zufallsfund?
Nein, gar nicht. Es gibt ein Buch von Helmholtz, wo er sich mit diesen Fragen beschäftigt, ein Fachbuch, wo es um Frequenzen und andere Dinge geht. Ich musste auch ein wenig Physik treiben, um zu wissen, wie ein Musiker tickt. Was dies angeht, das Ausleuchten dieser Hintergründe, bin ich ein schrecklicher Rechercheur. Wenn ich etwas anfange, dann trage ich wesentlich mehr zusammen, als ich am Schluss brauche. Wenn ich vier Minuten über Schinkel schreibe, befasse ich mich einen Monat mit Schinkel. Der Begriff der Leerheit nimmt den Titel vorweg, der eigentlich über dem Roman stehen sollte und den der Verlag leider nicht wollte: Indolenz.

Das zweite Motto von Wolfgang Hilbig: »dort drüben bracht ich meine jugend auf den grund / und gattete mich mit dem schatten meines vaters«. Das ist eine Wahnsinnssprache und zugleich eine Summe des Romans »Die Lüge«. Sind diese Motti im Nachhinein gefunden worden oder standen sie schon von Beginn an fest?

Als ich den Raum dieses Romans betreten hatte – und ich habe dieses Buch lange vor mir hergeschoben – hatte sich bereits einiges angesammelt, u.a. diese Motti. Ich hatte Musikrecherchen angestellt, Ligeti gelesen und gehört, den ich sehr verehre. Ich bin ihm auch einmal begegnet, hatte also auch eine Vorstellung. Ligeti war für mich am ehesten in der Nähe der Musik, die mein Romanheld komponierte. Oft hat man zunächst nur diese kurzen Sätze oder Verse und gewinnt darüber erst die Klarheit, wie sich ein Roman oder ein Gedicht entwickeln und aufbauen könnte. Das sind für mich Startpunkte. Natürlich kann man so etwas auch gut nachher finden.

In diesem Roman geht es wie gesagt um die Obertöne und Grundtöne der späten DDR. Im Zentrum des Romans steht ein Vater-Sohn-Verhältnis. Der Roman hat viel Autobiographisches verarbeitet, allerdings so – Sie sagten es im Interview mit dem Deutschlandfunk –, dass er zugleich eine Versuchsanordnung ist, aus der der Leser etwas Allgemeingültiges für sich ableiten kann. Warum waren für diese beiden zentralen Figuren – Hadubrand (Sohn) und Hinrich (Vater) – diese seltenen Namen erforderlich?

Ich musste auf unsere Ur-Vater-Sohn-Konstellation in der deutschen Literatur hinaus: das Hildebrandslied. Es stehen sich Vater und Sohn als Führer feindlicher Heere gegenüber. Im Übrigen wissen wir nicht, wer gewonnen hat, da das Hildebrandslied nur als Fragment überliefert ist. Der Sohn weiß nicht, dass es der Vater ist, als dieser es ihm offenbart, glaubt er es nicht. Das ist eine Ur-Konstellation jenseits des Ödipus-Mythos. Das Bekämpfen des Vaters wäre wiederum ein Aspekt des Ödipus-Komplexes.

Der Roman ist eine Art Collagen-Roman. Beider Geschichte wird im Wechsel erzählt, beider Geschichte setzt in der Kindheit an.

Der Roman handelt etwa von 1951 bis 1984.

Der Vater kommt, nach einem Umweg über die Fremdenlegion, aus dem Westen in die DDR, um am Aufbau des Sozialismus mitzuwirken. Es gibt diesbezüglich ein ganz interessantes Aufnahmegespräch durch Vertreter der Stasi, in welchem der »Erbauer des Sozialismus« als hohes Ideal formuliert wird. Der Vater bekommt am ersten Tag in der DDR bereits seinen Prägestempel, der ihn für sein weiteres Leben als Genosse markiert und für die Stasi später als Mitarbeiter in Führungsposition brauchbar macht.

Dieser Vater ist ein Überzeugungstäter. Er kam bereits als durch die Hamburger Kommunisten-Zelle Vorgeprägter in die DDR. Der militärische Ast in seinem Leben, der über den HJ-Pimpf zur Fremdenlegion reichte, führt dann folgerichtig zur Stasi als militärische Struktur. Im Roman selbst wird das Wort Stasi nicht verwendet, allerdings werden die Zusammenhänge trotzdem deutlich.

Der Roman hat ein eigenes Vokabular entwickelt – es gibt Nordost (Prenzlauer Berg), es gibt das Dreibuchstabenland (DDR), die Partei heißt Einheitspartei. Der Sohn wird von der Schule weg beschrieben, mit aller Naivität, die zu einem Jugendlichen-Leben gehört, und entwickelt sich zu einem anerkannten Newcomer der Musikszene. Am Ende des Romans ist Harry Einzweck, wie ihn die Freunde nennen, etwa 25. Die Vater-Figur, ein Offizier der Staatssicherheit, wird nicht schwarz-weiß, sondern in sehr lebendigen Farben gezeichnet. Beide »arbeiten« mitunter in der gleichen Szene Nordost. Der Sohn kann nur vermuten, dass sein Vater mit dem Staat auf eine besondere Weise verbunden ist, er weiß es nicht.

Ja, er wusste von der Verbindung mit dem Staat. Solche Leute sind ja offensiv mit ihrer Parteimitgliedschaft umgegangen. Man erwachte als guter Genosse und ging als solcher ins Bett. Man hat das beredt vor sich hergetragen.

Im Roman wird dieser bewusste geradlinige Kommunist für junge Frauen mehrfach attraktiv.
Ja, weil er der gute Kommunist ist. Eine Vaterfigur, die dazu auch noch attraktiv ist. Dazu kommt – und das ist mir im Leben ganz oft begegnet – die Beschreibung einer Person wie: Du, der ist zwar Kommunist, aber der ist auch ganz anders. So eine Kuczynski-Figur (»Dialog mit meinem Urenkel«). Er ist zwar ein Funktionär, aber er sagt trotzdem, was Sache ist. Der sogenannte »wirklich gute Genosse«. Auf der Bühne des DDR-Theaters geisterte auch der Mythos des »guten Kommissars« herum.

Wie war das in Ihrem eigenen Sohn-Vater-Verhältnis, das in manchen Szenen die Vorlage für Kapitel im Roman abgibt? Im Roman wird einmal auf das Poetenseminar in Schwerin angespielt.
Mein realer Vater hat in Schwerin einige Zeit die Zeitschrift des Poetenseminars (»Rote Feder«) redigiert. In welcher Funktion, das weiß ich nicht.

Im Roman gibt es eine Kernszene, in der das Leben in Nordost beschrieben wird: »Dass ich nicht sicher war, lag auch an einem wie Jürgen. Es lag an dem Schweigen. Ich lebte in einem Kokon des Ungesagten. Unter uns herrschte ein grausamer Mangel an Konkretion.« Was hat außer der vorhin schon angesprochenen Misstrauens-Konstellation im Zusammenhang mit der Stasi dieses Schweigen erzeugt?
Dazu kommt, dass man ja oft auch dem Falschen misstraute. Da standen oft Leute in der Tür, die eine Empfehlung von dem und dem hatten. Irgendein falscher Zungenschlag und schon hatte man hochsensible Ohren. Dieses Schweigen ist aber in dem zitierten Kontext nicht gemeint. Vielleicht lag das von mir empfundene Schweigen auch an meinem Freundeskreis. Ich lebte von 1964 bis 1986 in Prenzlauer Berg. In der Schule war es noch anders, da wurde sehr diskutiert. Wir waren mit 14 in die FDJ eingetreten mit dem Bewusstsein: man muss von innen ändern. Ich kam also aus einer Welt, in der sehr viel miteinander geredet wurde. Dann kam ich in diese Szene, in der das Selbstverständnis da war, etwas zu machen – als Freiberufler, als Künstler –, mit dem man dem Staat und seinen Behörden und dem kulturellen Konzept des Sozialistischen Realismus diametral gegenüberstand. Diese Selbstverständlichkeit wurde aber nicht in dem Sinne auch selbstverständlich kommuniziert. Das wusste man, davon sprach man nicht. Wenn ich an die Zeit in Prenzlauer Berg zurückdenke, gab es eigentlich nur Freunde und sonst nichts. Vielleicht noch Verwandtschaft, aber das war nicht interessant. Der Freundes-Begriff war gigantisch. Die DDR erschien so als ein Netz von Freunden. Ob man in Karl-Marx-Stadt auf dem Kaßberg war oder in Connewitz oder in der Dresdner Neustadt, man hatte überall Freunde. Das waren Leute, die nach Geruch und Geschmack passten. Man war sich einig, obwohl man über das Ganze, worum es eigentlich ging, schwieg. Es musste ja gar nicht ausgesprochen werden, man war sich ja einig. Da fehlte die offene Klärung vieler Fragen, die Genauigkeit. Durch den Roman bin ich erst richtig darauf gestoßen. Freundschaft hat eigentlich sehr viel mit Genauigkeit zu tun, das darf, das kann sich nicht auf Schweigen aufbauen. Die Modelle, die ich erlebt und im Roman beschrieben habe, waren aber anders, es wurde sehr viel vorausgesetzt und geschwiegen. Fragen wie, wo kommst du her, was ist dein Elternhaus, spielten keine Rolle. Das war egal. Man war wie man war. Aber es war zugleich eine sehr komplexe Welt von unausgesprochen Dingen. Gerade auf dem eminent wichtigen »politischen Feld« war das so. Wir unterschieden uns darin ja nicht von den Ju-

gendlichen im Westen. Wie diese betrachteten wir jede Lebensäußerung als politische Lebensäußerung. Das war absurd. Aber gerade da fehlte die Präzision. Da hatte man ein bisschen Havemann gelesen, man hatte gemeinsam über ein Biermann-Lied gelacht. Ich habe das 1980/81 im Zusammenhang mit der Solidarność erlebt. Ich war Feuer und Flamme, bin mit einem Freund nach Polen gefahren – vor dem Kriegsrecht. Darüber reden konnte man in Prenzlauer Berg nicht. Das war allen irgendwie »zu katholisch«, der Wałęsa mit dem Papst am Revers. Darüber präzise zu reden, wäre elementar wichtig gewesen, wir haben es aber nicht getan. Es wurde unter den Teppich gekehrt, weil man sich ja im Sinne der Freundschaft einig war. Und im Zweifelsfall – wenn jemand die Nase voll hatte –, dann ging er eben. Das Brechen des Schweigens war das Verlassen der DDR. Wir hatten Dinge vorausgesetzt, die wir gar nicht voraussetzen konnten. Wir waren uns einig in der Ignoranz gegenüber den öffentlichen Losungen der Macht, die an allen Wänden klebten. Uneinig war man sich über das, was unter diesem Diskurs der Macht ablief: sich über Utopien auszutauschen, darüber, was man will. Es gab ganz selten Leute, die dies vielleicht essayistisch bearbeiteten. Der Prenzlauer Berg, den ich kannte, der war entpolitisiert und gleichzeitig egoman. Wenn jemand etwas schrieb oder pinselte, war es immer gleich Kunst. Auch auf diesem Gebiet fehlte die Kritik. Schon ein schief gemaltes Bild war »anti«. Es reichte, wenn es nicht Sozialistischer Realismus war. Niemals hat jemand gesagt, ob etwas gut oder nicht gut, schön oder hässlich war, nichts hat man gesagt.

Dazu kam, dass man noch zwei Schweige-Generationen vor sich hatte. Die Väter schwiegen sich über ihre HJ-Zeit aus, die Großväter über den Krieg.
Das war das Schweigen obendrauf. Das ist noch einmal ein großes Thema; das Schweigen der Generationen untereinander. Oder das Weitergeben von Dingen durch eine totalitäre Pädagogik.

War die Herausgabe der Untergrundzeitschrift MIKADO, *gemeinsam mit Lothar Trolle und Bernd Wagner, der Versuch, dieses Schweigen aufzubrechen? Wurde in der Redaktion über die literarische Qualität von Texten diskutiert?*
Wir haben in den Redaktionssitzungen natürlich Dinge ansprechen müssen. Wir haben begründen müssen. Jeder hatte für sich Texte gesammelt. Dann mussten wir entscheiden, wie passt eins zum anderen. Um etwas durchzubekommen, musste man Argumente haben. Die Fragen, über die man dann sprach, waren plötzlich ästhetische. Da ging es plötzlich um Qualität, darum, ob eingelöst wird, was behauptet wird. Redaktionsarbeit ist vollkommen konkret. Das hätte ein Modell für die Szene sein können. Ich litt damals darunter, dass die Texte vergleichsweise unpolitisch waren. Adolf Endler hatte uns den Ehrennamen »Sinn und Form des Underground« gegeben. Wir waren eminent literarisch. Heute stellt sich das als Qualität heraus, und man kann froh darüber sein. Damals hätte ich mir mehr Aufruhr in der Suppenschüssel gewünscht. Es gab natürlich immer dieses West-Ventil, das den Aufruhr in der DDR geschwächt hat. Der Dampf, wenn er irgendwie Druck entwickelte, schon zischte er in diese Richtung. Wenn man ein Buch in der DDR nicht veröffentlichen konnte, versuchte man es im Westen. »Flugasche« von Monika Maron (das Buch über Bitterfeld, die schmutzigste Stadt der Welt) wäre in der DDR ein unerhört wichtiges Buch gewesen. Außerhalb war das kalter Kaffee, aber der Druck war weg. Im Unterschied zu Polen, Tschechien, Ungarn und der Sowjetunion war das natürlich eine ganz andere Konstellation. Keine Samisdat-Literatur, keine Untergrund-Universität. Die Untergrund-Universität war Suhrkamp: hatten wir schon.

Wie haben Sie diese Doppelung erlebt, einerseits ein Aufbau-Autor, andererseits Redakteur des »Sinn und Form des Underground«? MIKADO und »Bornholm II« kamen fast zeitgleich heraus. An einigen Stellen beschrieben Sie, dass der eine oder andere abrückte, weil man in der DDR publizierte.

Vor »Bornholm II« war von Seiten des Aufbau-Verlags Funkstille. Das setzte kurioserweise an diesem 20. April 1982 ein, an dem ich eigentlich nie hätte meinen Pass kriegen sollen. Das habe ich im Roman beschrieben. Die wollten mich von Pontius zu Pilatus schicken. Ich war aber als junger Dachs schon ziemlich hartnäckig. Im Kulturministerium, wo ich hinging, um meinen Pass abzuholen, sagte man zu mir: Wer sind Sie, was wollen Sie, Pass wollen Sie, haben wir hier nicht, gehen Sie zu der den Pass ausstellenden Behörde, zur Hauptverwaltung Verlage und Buchhandel. Ich sagte nur: Da gehe ich nicht hin, der Pass muss hier sein. Irgendwann war der Pass plötzlich doch da und sie gaben ihn mir. Wäre ich gegangen, hätte das Ganze gar nicht stattgefunden. Damals war bei diesen Stellen gerade durchgesickert, dass die »Bestandsaufnahme 2« mit meinem Text »Kern meines Romans« (dem Akrostichon) erschienen war. Daraufhin sollte mir der Hahn abgedreht werden. Parallel kam die Westlesung zustande. Als ich zurückkam, fiel die Klappe zu – keine Veröffentlichungen mehr, keine Auftritte mehr. Von Stund an wurde ich von Kirchen und evangelischen Studentengemeinden eingeladen. Vorher war ich der Newcomer, den man gern mit auf Lesereisen nahm mit diesem und jenem. Plötzlich war Ruhe, und zwar komplett. Gleichzeitig wurden mir Nachdichtungen im Henschel-Verlag angeboten: Dramen von Federico García Lorca. Das war natürlich sehr schön. So hat das die Stasi organisiert: Brötchen verdienen lassen und gleichzeitig Wirksamkeit verringern. In dieser Zeit konnte ich mich intensiver MIKADO widmen. Vorher hatte ich selbst eine Zeitschrift begonnen: »Der Kaiser ist nackt«. Das waren abgetippte Durchschläge. Als Trolle und Wagner kamen, haben wir das sozusagen professionalisiert. Über Bärbel Bohley hatte ich einen Drucker kennengelernt, Thomas Rusch, ein wunderbarer Mann. Der hat in der sozialistischen Industrie gearbeitet – mit IBM-Technik –, da wurde dann MIKADO gemacht. Trolle und Wagner wussten das nicht. Ich ging hin mit meinen Taschen und holte die Hefte ab. Dann kam 1985 – und das hatte mit Gorbatschows Machtantritt zu tun – da konnte »Bornholm II« erscheinen. Elmar Faber hat mir gesagt, dass der Band nur ohne die 20 aussortierten Gedichte erscheinen könne. Später hat er es anders dargestellt. Der Band sollte eigentlich »Bornholm I« heißen, nach der direkt an der Mauer gelegenen Kleingartenanlage. Den zensierten Band habe ich dann »Bornholm II« genannt, zumindest das habe ich dann durchbekommen. Das war im Übrigen eine offene Zensur. Der Lektor Günter Drommer und ich haben die Gedichte gemeinsam rausgeschmissen. Die Zensurbestimmung hatte auch die Westausgabe des Buchs einbezogen. Die herausgenommenen Gedichte durften dort nicht erscheinen. Sonst würde es gar kein Buch geben. Das hat mir Elmar Faber damals ins Gesicht gesagt. Mir lag vor allem an dem Publikum in der DDR. Das waren meine Leute.

In Ihrer Schrift »Die Situation« ist dieser allgemeine Vorgang der Zensur gut beschrieben: »Die Botschaft lautete: Entweder veröffentlicht ihr in der DDR die Texte, wie sie die Zensur zuschneidet, oder ihr lasst es ganz … Der Trick (auch wegen der reinen Weste auf internationaler Bühne) bestand darin, niemals von Literatur oder gar von Zensur zu reden, sondern von den Belangen des Zolls, von Finanzdelikten und anderen Formen der Kriminalität.«

Nach dem 3. Strafrechtsänderungsgesetz vom 28. Juni 1979 war das exakt die Linie.

Was hat dieses Gesetz, von dem man sagt, dass es direkt auf die Kirchen, die Autoren und die Friedensbewegung zugeschnitten gewesen sei, konkret bewirkt?
Es war eine Konsequenz aus der Biermann-Affäre und allem, was danach geschehen ist. Das 3. Strafrechtsänderungsgesetz war eine große Zensur-Kanone, die sich gegen das freie Wort, gegen den Fluss von Informationen richtete. Unter anderem zielte es darauf, die Veröffentlichung von literarischen und anderen Manuskripten missliebigen Inhalts im Westen zu stoppen. Da stand drin: Wer Materialien, die geeignet sind, den Interessen der DDR zu schaden, sammelt oder weitergibt, muss mit Gefängnisstrafen in dieser und jener Höhe rechnen. Dieses Gesetz war unmittelbar nach dem Erlass auf drei Schriftsteller angewendet worden: Stefan Heym (»Collin«), Robert Havemann und Wolfgang Hilbig (»Abwesenheit«). Hilbig hatte es am härtesten getroffen, der musste eine hohe Geldstrafe zahlen und war zwei Monate in Untersuchungshaft in Leipzig. Ich nannte es später das »Orwell-Gesetz«, denn man war auch kriminell, wenn man eine alte Ausgabe des »Neuen Deutschland«, in welchem Beschlüsse der Partei abgedruckt waren, die den späteren Beschlüssen widersprachen, an einen West- Journalisten weitergab. Das war verrückt.

Auch im Roman gibt es eine Verhaftung von Kollegen nach dem 3. Strafrechtsänderungsgesetz.
Das war in der Realität die Verhaftung von Thomas Erwin, Frank-Wolf Matthies und Lutz Rathenow. In der Regel waren es Christa Wolf und Franz Fühmann, die sich solcher Sachen annahmen. Die gingen dann zu Stephan Hermlin, und der zum Hof.

Sie formulierten das an einer Stelle so: »Es musste zu Hofe gehen, wer hoffähig war.«
Der Résistance-Mythos hatte ihn hoffähig gemacht. Später ist dieser Mythos ins Wanken geraten. Aber Hermlin hat diesen Mythos in der DDR benutzt und wirklich zum Schutze von Leuten angewendet.

Im Roman spielt die Vaterfigur Kreisler alias Fühmann eine große Rolle.
Fühmann hat den Ehrennamen von E. T. A. Hoffmann bekommen.

Wie kamen Sie seinerzeit mit Franz Fühmann zusammen?
Frank-Wolf Matthies hatte uns bekannt gemacht. Das war 1975, nach dieser eigenartigen Lesung im Haus der jungen Talente in Berlin. Matthies muss meine Gedichte an Fühmann weitergegeben haben, ohne mich zu fragen. Daraus entwickelte sich dann diese Veröffentlichung von Matthies- und Kolbe-Gedichten in »Sinn und Form« (6/1976), mit Fühmanns Text »Gedanken zu zwei jungen Dichtern«.

Es ist enorm, was Fühmann für diese Dichtergeneration geleistet hat. Es wird immer gesagt, dass er sein eigenes Werk zurückgestellt hätte, um sich den Jungen zu widmen. Wenn man aber das Fühmann-Werk betrachtet, so hat es doch großes Gewicht und hat uns viel zu sagen. Manchmal gibt es einen pädagogischen Impuls. Aber, das war ja zweiseitig. Von Seiten Volker Brauns und Franz Fühmanns in Richtung Zensor, ein pädagogischer Impuls, die Oberen zu einem besseren Sozialismus zu führen. Sie haben einmal das Konzept der Stasi gegen Ihre Person als ein »pädagogisches Konzept« bezeichnet.
Konkurrierende pädagogische Systeme. Die DDR war die Erziehungsdiktatur schlechthin.

Meine Frage betrifft Fühmanns Testament: »Ich habe grausame Schmerzen. Der bitterste ist der, gescheitert zu sein: In der Literatur und in der Hoffnung auf eine Gesellschaft, wie wir sie alle einmal erträum-

ten.« Das stand wie ein Stachel im Fleisch aller Freunde. Sie hatten dann die schwere Aufgabe, die Grabrede zu halten, als ganz junger Dichter, umgeben von der Staats-Intelligenzija.
Einige hatte Fühmann testamentarisch ausgeladen. Die Betreffenden sind auch nicht gekommen. Er hatte sich Hermann Kant und den damaligen Verbandssekretär Henninger namentlich vom Grab verbeten. Klaus Höpcke, als Stellvertretender Kulturminister, war gekommen mit einem großen Kranz und seinen Vasallen. Klaus Schlesinger durfte teilnehmen. Bettina Wegner wurde dies verwehrt. Ich war 26 Jahre alt und er hatte mich testamentarisch gefragt, ob ich an seinem Grab spreche. Ich glaube, dass er eine Grabrede bekommen hat, wie er sie wollte.

Wie haben Sie damals dieses Bekenntnis eines doppelten Scheiterns wahrgenommen? In Ihrer Grabrede haben Sie das literarische Scheitern unter Verweis auf das Urteil des Lesers zurückgewiesen. Später, im Essay zu Fühmanns Trakl-Essay »Vor Feuerschlünden« haben Sie versucht, das Bekenntnis des literarischen Scheiterns neu zu interpretieren.
Man hat Fühmann dieses doppelte Bekenntnis abgenommen. Fühmann neigte nicht dazu, sich zu überschätzen. Er war bestimmt genau derjenige in dieser DDR-Landschaft, der im Wissen um seinen bevorstehenden Krebstod mitteilen konnte: Wir sind gescheitert, das Projekt ist gescheitert. Das Bekenntnis des literarischen Scheiterns hatte sehr viel mit seinem letzten großen Projekt »Das Bergwerk« zu tun. Das hatte ihn viele Jahre begleitet. Er selbst hat einmal gesagt, dass er eigentlich einen Roman des Sozialistischen Realismus schreiben wollte, um in dem Roman dessen Scheitern vorzuführen. Er wollte den Bitterfelder Weg noch einmal nachgehen. Er ist ja richtig mit den Hauern unter Tage gegangen. Das war sein Stolz, seine Augen strahlten, wenn er davon erzählte. Dass dieses Projekt, zuletzt auch krankheitsbedingt, scheiterte, hat ihn getroffen. Ich kenne nur die Fragmente, die später bei Hinstorff veröffentlicht worden sind. Das Buch war kontaminiert, es ging noch von den alten Begrifflichkeiten aus. Er hatte das alles in seinen Essays schon viel schöner umgesetzt. Er hatte wahnsinnig recherchiert für dieses Projekt. Es war eine Anmaßung, wie seine Bibliothek, die eine Bibliothek von Babel war. Dieses manische Bücherkaufen – und noch und noch ein Wissensgebiet. Das hörte ja gar nicht mehr auf. Unsereins hat davon partizipiert, weil er die West-Bücher links und rechts weitergab. Hätte er diesen Ton seines E. T. A. Hoffmann-Essays – »Fräulein Veronika Paulmann aus der Pirnaer Vorstadt oder Etwas über das Schauerliche bei E. T. A. Hoffmann« – aufgreifen können, dann wäre es genial geworden. Er hätte mit den Romantikern Novalis und E. T. A. Hoffmann in den Berg gehen sollen und nicht mit den Prämissen des Sozialistischen Realismus. Vielleicht war das Scheitern bereits im konzeptionellen Vorfeld angelegt.

Bei Fühmann ist noch dieses andere Bekenntnis wichtig, aus dem Tagebuch »22 Tage oder die Hälfte des Lebens«: »Du hättest in Auschwitz vor den Gaskammern genauso funktioniert, wie du in Charkow oder Athen hinter deinem Fernschreiber funktioniert hast.« Ein für die Schweigensgesellschaft DDR ungeheuerliches Bekenntnis.
Ein großes Tabu.

Aus diesem Impuls hat sich das pädagogische Konzept in Richtung Zensor aufgebaut.
Ich glaube, dass dieses Bewusstsein, einmal als junger Mensch Nazi gewesen zu sein, ihn lebenslang begleitet hat. Ich glaube, dass er so weit Katholik war, dass dieser Sündenfall, mit Überzeugung an der Seite von Massenmördern gestanden zu haben, ihn nie wieder losgelassen hat. Auch wenn er in diesem Krieg keinen einzigen Schuss abgegeben hat.

Fühmann war ein zutiefst moralischer Mensch, der den Rest seines Lebens damit zugebracht hat, diese Versündigung am Humanen abzuarbeiten. Und das mit allen Mitteln seiner großen Intellektualität, die für mich auch alles, was DDR ist, sprengt. Der Begriff des Humanen bei Fühmann sprengte das, was in der DDR in diesem Sinne zu fassen war, weit auf. Dieses Land war viel zu klein und viel zu trivial, um diesen Geist zu fassen. Das ist die große Tragik dieses Mannes. Ob man das Scheitern nennen muss, sei dahingestellt. Den Jungen sagte er, ihr müsst gehen. Im gleichen Atemzug sagte er: Christa und ich, wir können nicht, wir müssen bleiben. Er sagte immer in allen Interviews: »Ich bin über die Öfen von Auschwitz zum Sozialismus gekommen.« Aus der Sackgasse entließ er sich selbst nicht mehr.

In den »Renegatenterminen« ist an einer Stelle von den »zwei verschieden impotenten Leseländern mit deutlich ungleichen Generationskonflikten« die Rede. »Im Westen wurde und blieb die zweite Generation antifaschistisch und produktiv. In der DDR führte derselbe Antifaschismus zur Verkrampfung, weil er als verordnet zugleich eine immer durchschaubarere Herrschaftsdoktrin und Zensurvorschrift war.«
Der Antifaschismus hatte in der DDR eine Maulkorb-Funktion. Auch der heutige Rechtsradikalismus im Osten ist ein struktureller Nachklapp dieses Zusammenhangs.

Im Roman wird nur am Rande auf das Akademie-Anthologie-Projekt Bezug genommen, welches Sie und Sascha Anderson, später gemeinsam mit Elke Erb, verfolgt hatten.
Es war eine Idee von Franz Fühmann, eine Anthologie junger Dichter in der DDR herauszubringen. Es war fast ein Zufall, oder (lacht) möglicherweise kein Zufall, dass Sascha Anderson gerade bei mir war, als Fühmann kam, um das Projekt zu besprechen. Ich schätzte Sascha damals als einen unabhängigen und toleranten Geist. Und Fühmann hat das genauso gesehen. Er hat mich als einen konventionellen Dichter, der mit Szene eigentlich nichts zu tun hat, eingeschätzt. Sascha Anderson hat er als den anderen Pol gesehen, als Verbindung zur Szene-Avantgarde. An einen Verlag dachte Fühmann gar nicht, weil nach seiner Vorstellung auch die ganzen Unveröffentlichten und Ausgegrenzten – Monika Maron, Bettina Wegner, Katja Lange-Müller, Detlef Opitz, Gabi Kachold – mit einbezogen werden sollten. Von Magdeburg, Dresden, Leipzig, von überall her sollten sie die Anthologie bevölkern. Er hatte uns sein Akademiegehalt gegeben, damit wir reisen und Manuskripte sammeln konnten. Das erste Konzept, welches ungefähr dreißig Autoren umfasste, haben wir in der Tat bei Elke Erb in Wuischke zusammengebastelt. Dann wurde das eingereicht, es sollte ein Arbeitsheft der Akademie der Künste werden. Fühmanns pragmatisches Kalkül war: das können sie schlecht ablehnen. Eine interne Publikation der Akademie der Künste. Er hatte dies mit Konrad Wolf, der damals noch lebte, vorbesprochen. Günter Rücker war damals Chef der Sektion Literatur und Sprachpflege. So kam es zu folgender Konstellation in der Akademie: Rücker saß auf der einen Seite, Fühmann, Anderson und ich saßen auf der anderen Seite. In Wirklichkeit saßen dort zwei Spitzel am Tisch, auf jeder Seite einer, denn auch Rücker war wie Anderson IM. Aus Rückers Eröffnung – »Verstehen Sie sich als Gruppe oder nicht?« – war deutlich geworden, dass es nicht um Literatur ging bei diesem Gespräch. Der Vorwurf war damals: Fühmann schickt Kolbe und Anderson aus, um Dissidenten zu sammeln. Das war Quatsch. Fühmann ging es darum, einer abgewiesenen neuen Generation zu ihrem Recht zu verhelfen, deren literarische Potenz aufzuzeigen. Unter den Autoren waren Abgewiesene der 1940er bis zu damals ganz jungen aus den 1960er Jahrgängen. Wir haben natürlich gesagt: Wir verstehen uns nicht als Gruppe. Beabsichtigt war aber, dass man einzelne herauslösen wollte. Der zweite

Schritt war die Ablehnung. Fühmann und ich waren dann noch bei Konrad Wolf, der etwas tun wollte. Aber das wurde nichts. Irgendwann hat Sascha die Texte bei mir abgeholt und hat dann mit Elke Erb zusammen die Anthologie »Berührung ist nur eine Randerscheinung« zusammengestellt. Diese Anthologie ist dann im Westen bei Kiepenheuer & Witsch erschienen. Alle in dieser Anthologie enthaltenen Autoren wurden danach nach dem 3. Strafrechtsänderungsgesetz kriminalisiert. Da kamen Leute vom BfU (Büro für Urheberrechte), das war praktisch die Außenzensurbehörde. Alles, was im Westen veröffentlicht werden sollte, musste durch dieses Nadelöhr. Das war ein Konglomerat aus Stasi und anderen Zensurbehörden. Die hatten auch die Aufgabe, das Westgeld einzusammeln, das irgendein Autor durch seine »dissidentische Tätigkeit« verdient hatte.

Das Motto Ihres neuen Gedichtbandes »Psalmen«, der in drei Tagen erscheinen wird, lautet: »Hätten wir nur so viel Glauben wie ein Senfkorn, würden wir Berge versetzen, sagt die Heilige Schrift; unsere Handlungen, von der Gottheit begleitet und geführt, wären dann nicht lediglich menschliches Tun, sondern ihnen eignete wie unserm Glauben etwas von den Wundern ...« (Michel de Montaigne).
Es war mir ungemein wichtig, nichts zu wählen, was aus der theologisch-konventionellen Tradition kommt. Es ging darum, einen freien Geist zu zitieren.

Dem Band ist eine Einführung – »Zum Geleit« – vorangestellt. Da steht etwa: »Ich sagte Gott. Und als ich ihn ansprach, verweigerte er sich nicht. Aus verlorener Nähe der Liebe wurde Nähe zu Gott unmittelbar.« Das spielt möglicherweise auf einen Anlass an. Gab es einen Anlass für diesen Gedichtband »Psalmen«?
Einen Anlass in dem Sinne gibt es nicht. Einen Auslöser vielleicht. Ich war einmal von der St. Matthäus Stiftung in Berlin eingeladen, einen Psalm zu dichten. Dieser Text ist im Buch enthalten. Im Band eher ein Fremdkörper – eine Collage zum Psalm 130, zum De-Profundis-Psalm (nach Zwingli: »Aus der Tiefe rufe ich, Herr, zu dir.«). Die Collage spielt mit dem lateinischen Text und mehreren Übersetzungen. Jetzt kann man natürlich fragen, gab es für Kolbe ein Damaskus. Ja, aber darüber will ich nicht reden. Nicht in dem Sinne, dass aus einem Heidenkind ein Gläubiger würde im Sinne irgendeiner Konfession. Ich bin konfessionslos und werde es vermutlich auch bleiben. Wer die Psalmen liest, kann das vielleicht spüren. Ich war weit unten. Eine Summe von Erfahrungen, die zu einer Lebenskonsequenz führten. Im Zuge dieses notwendigen und äußerst schmerzhaften Nachdenkens kam ich dazu, machte ich die Erfahrung eines Gebets. Ein Gebet ohne die Routine einer Konfession. Kein Ritual, sondern ein absolut intimes Gespräch. Wer meine Gedichte kennt, weiß, dass dies eine lange Vorgeschichte hat. Auch früher gab es kecke Ansprachen an Gott. An die Engel. Da war teilweise richtig was los. Dieser Kosmos war mir schon bekannt.

Und die Götter ...
Ja, auch der ganze antike Kosmos. Wenn ich eine Konfession hätte, wäre es vielleicht Hölderlins synkretistische. Mit Jesus und Dionysos als Halbgötter und Geschwister. Solch eine Konfession gibt es aber nicht. Im »Geleit« versuche ich es auf eine eher poetische Art und Weise zu erklären. Ein befreundeter Professor bezeichnete einmal einen bestimmten Wesenszug des Gedichts als »religoid«. Das ist wie bei einer Flaschenpost, dass man Antwort will. Das Gedicht ist ein Rufen auf etwas Anderes hin. Es gibt auch große Liebespoesie, die Transzendenz bekommt (Petrarcas Laura, Dantes Beatrice). Dann ist da noch etwas, das ich in München, bei einer Veranstaltung im Umkreis des Reformationsjubiläums

auch von der Bühne schrie geradezu: Mich stinkt dieser vulgäre Atheismus in dieser Gesellschaft an. Der sich ja gleichzeitig anmaßt, über den Islam Aussagen zu treffen, ob nun gutmenschlich oder nicht. Das ist doch alles total verkehrt und falsch! Der Ernst und der Geist eines Gespräches besteht darin, dass man einander ernst nimmt und dass man offen ist und dass man über wesentliche Dinge redet. Auch ich blödele gern. Darum geht es nicht. Es geht aber darum, dass es in einem öffentlichen Diskurs einen Ernst braucht und keine Worthülsen. Schon mein Gedichtband »Gegenreden« heißt nicht so, weil ich politische Statements abgeben will, sondern weil ich meinen Ernst gegen das Gelabere setzen möchte. Dieser Ernst ist notwendig. Ich schlage die Zeitung auf, und denke: Warum könnt ihr denn nicht sagen, was ist?! Meine Gedichte sehe ich so auch als einen Aufstand für den Ernst, gegen banale Geschäftigkeit. Dieser Ernst ist aber rar geworden. Ich habe in einer bestimmten für mich wichtigen existentiellen Situation gesagt: Für mich ist das die Anwesenheit Gottes. Eine mir nahe Person sagte mir kürzlich, sie habe ein Problem mit dieser Ansprache »Herr«. Das zieht sich durch den ganzen Band und kommt natürlich von den Psalmen des Alten Testaments her. Ich arbeite nicht konzeptionell, das sage ich immer wieder. Deshalb setzt sich dieser Band »Psalmen« aus formal sehr verschiedenen Texten zusammen – manchmal sind es Psalm-Bearbeitungen, manchmal sind es kleine Gebete, manchmal sind es Gedichte, die fast gar nichts mit diesem Kanon zu tun haben. Diese Ansprache »Herr« richtet sich auch an den Zorn, an den zornigen Gott des Alten Testaments, vor dem man sich klein fühlt, mit dem ich aber das Gespräch suche. Dabei mache ich mir kein Bild, ich spreche nicht zu einem »Bärtigen«.

Im »Geleit« wird auch gebeichtet: »Ich verriet die Poesie an die banale Zeit, an die Stadt, an Götzen, an jede Menge lachhafter Figuren. Hier und da verdarb die Schönheit daran, der doch die Arbeit galt, wurde nicht Form, was Form sein muss, weil es sonst nichts ist.« Das ist die Rückschau auf die Summe eines Lebens, wenn einer Tabula rasa macht und mit allem Ernst in dieses Gespräch gehen will. Im Interview mit Karin Großmann (Sächsische Zeitung) haben Sie von der Bereitschaft gesprochen, das Größere dieser Welt zu akzeptieren: »Dass da etwas ist, wusste ich immer. Ich habe es pantheistisch genannt.« Spinozas Pantheismus zielte auf die Allanwesenheit Gottes, die den Menschen und die Natur als Verkörperungen Gottes einschließt. Diese Art Philosophie wurde atheistisch genannt. Der Pantheismusstreit in der deutschen Literatur um 1800 ist ein interessantes Detail dieses bis heute währendes Diskurses. Auch Einstein sprach von »Spinozas Gott, der sich in der gesetzlichen Harmonie des Seienden offenbart«, er nannte seinen Glauben »kosmische Religiosität«, später dann auch »intellektuelle Gottesliebe«.

Bei mir spielt die Ehrfurcht vor der Natur eine große Rolle. Ich bin früher mehr in der Natur gewesen als jetzt. In der Natur spürt man, dass da etwas ist. Ich war früher sehr fasziniert von Camus' existentialistischer Weltsicht im »Mythos von Sisyphos«: dass die Welt nackt und leer und grausam ist und gar nichts von uns wissen will. Das war eine Zeit lang mein Weltgefühl. Das ist aber durch einsame Naturerfahrungen ins Wanken geraten. Im Wald fühle ich mich behütet, was immer das ist. Da fühle ich das Größere. Der spirituellste Ort, an dem ich gewesen bin, ist die Klagemauer in Jerusalem. Dort bin ich den unterschiedlichsten Formen des Gebets begegnet, kollektives Gebet, einsames Gebet, jemand, der einfach nur an der Mauer lehnt. Dort gibt es in einem Tunnel eine Bibliothek mit Bibeln in allen Sprachen. Das ist für mich ein magischer Ort, wo ich die innere Verbundenheit der Welt gespürt habe, wo ich an Borges' Vision der Bibliothek von Babel denken musste. Die Dinge mischen sich in mir, verknäulen sich und gehen letztlich auch in mein poetisches Weltbild ein. Die Psalmen in diesem Band gehören zum Kanon meiner Gedichte.

Im schon erwähnten Interview sehen Sie in dieser Hinwendung auch einen »produktiven Neuansatz für das Gedicht«. Sie sagen auch: »Meine Psalmen sind vielleicht das letzte Ende meiner Liebesgedichte«. Auch der Begriff »Ketzer-Psalmen« fällt.
Da gibt es ein großartiges Buch, auf das ich verweisen möchte: Denis de Rougemont, »Die Liebe und das Abendland«. Von dort kommt dieser Ketzer-Begriff bei mir. Der historische Ketzer-Begriff hat mit den Katharern zu tun, eine häretische Bewegung im Mittelalter. Denis de Rougemont beschreibt, wie das Konzept der romantischen Liebe geboren wurde aus der religiösen Bewegung der Katharer. Nach deren Zerschlagung ist der Tristan-Mythos entstanden, der durch die Troubadoure verbreitet wurde. Innerhalb dieser häretischen Weisheitsbewegung, einer religiösen Bewegung, hatte es eine extreme Marienverehrung gegeben. Von dort her führt durch die europäische Literaturgeschichte – über Dante und Petrarca sowieso – ein Strom, der die Liebe entrückt, das Gegenüber entrückt. Da bin ich mit meinen Liebesgedichten konsequent in diesem Strom. An die Stelle, an der ich noch eben die geliebte Person anspreche, kann ich auch einfach mal Gott setzen. Siehe da, das Gedicht funktioniert.

Glaube, Liebe, Hoffnung.
Glaube, Liebe, Hoffnung. Wunderbar, eine hochinteressante Aufzählung. Die ist bei Paulus zu finden, und das hat mich schon fasziniert: Wie ist es mit Glaube, Liebe, Hoffnung, welche beiden verschwinden am Jüngsten Tag? Nämlich Glaube und Hoffnung. Glaube und Hoffnung sind am Jüngsten Tag aus der Welt, was bleibt, ist nur noch die Liebe. Der Gedanke ist naheliegend und einleuchtend. Wir brauchen auf nichts mehr zu hoffen, weil wir erlöst sind. Und wir können auch nichts mehr glauben, denn der Glaubensinhalt ist weg.

Sie sagen im Interview auch: »Ich will dahin gehen, wo Dante war und vor ihm Vergil und vor diesem Homer und vor dem gewiss auch schon jemand.« All diese Grundschriften – Hesiods Theogonie, Homers Ilias und das Alte Testament sind etwa zeitgleich entstanden und haben unter anderem aus den alten babylonischen Mythen geschöpft.
Manchmal denke ich, das weiß man auch ohne Wissenschaft.

Auch die Vielzahl der verwendeten Formen in Ihren »Psalmen« sind ein Vergnügen für den Leser. Alles Formen, die über die Jahrtausende entwickelt worden sind, um die Geliebte oder den Herrn anzusprechen.
Das Hohelied Salomos.

Viele Ihrer Texte sind formale Auseinandersetzungen mit den Psalmen der Bibel.
Manchmal sind es Variationen. Einmal habe ich einen Luther-Psalm einfach nur in eine andere Form (in Distichen) gesetzt. Ich dachte mir, ich nehme die »heidnische« Form und zeige, dass der Psalm trotzdem funktioniert. Auf die Art ist er plötzlich nicht mehr biblisch, sondern schillert zwischen pagan und christlich. Die Allanwesenheit Gottes ist mir sehr eingängig. Bei den Psalmen bin ich aber doch eher bei dem Gott Moses', mit dem Jakob die ganze Nacht rang. Diese Anrede »Herr« ist schon die des Alten Testaments.

In Ihren Psalmen gibt es keinen Bezug auf das Neue Testament.
Das ist auch wichtig festzuhalten, damit es keine Missverständnisse gibt.

Vom Lyrikkabinett München ist soeben Ihre Rede »Dämon und Muse. Temperamente der Poesie« herausgegeben worden. Dort sehe ich auch einen Impuls, der im Band »Psalmen« umgesetzt wurde, und der auch mit Ernsthaftigkeit in der Poesie zu tun hat, nämlich wo Sie sagen, »dass viel zu oft von dem Puls des Menschlichen abgewichen wird und der Puls der globalisierten Information« sozusagen in das Gedicht hineindrängt und damit das Gedicht verdirbt und etwas anders daraus macht.
Es gibt die großen Lehrgedichte von Lukrez und Vergil. Das ist aber eine andere Gattung. Wir reden ja hier von Lyrik. Lyrik ist eine menschliche Stimme, die mit Menschen redet. Was für mich ganz elementar ist: Ich wünsche mir, dass mit dem und durch das Gedicht jemand anwesend ist, durch dessen Augen und Sprache ich ein Stück Welt für mich gewinnen kann, das ich anders nicht bekäme. Und dann natürlich diese Ernsthaftigkeit. Nichts gegen das Spiel. Meine eigenen Gedichte lieben das Spiel. Ich hab nichts gegen die Naturwissenschaften im Gedicht. Ich fordere ja das Wissen, man soll wissen, worüber man spricht.

An einer Stelle sprechen Sie von der berufsmäßigen Verpflichtung des Dichters, sich bei bestimmten Dingen auszukennen – Daten, Vögel, Blumen, Gewächse – im »Auwald« sollten »die richtigen Bäume stehen«. Wer das nicht weiß, sollte lieber nicht über den Auwald sprechen. Und noch eine Aussage, die mir gefällt: »Das poetische hat eine subversive Potenz«. Das geht über das Spiel hinaus. Da ist das Schockierende mit ins Gedicht genommen.
Ich sag's immer wieder: Im »Malte Laurids Brigge« von Rilke steht alles drin, worum es geht. Rilke sagt zum Beispiel: »Gefühle, die hat man. Darum geht es nicht, die hat jeder.« Aber Erfahrung. In den homerischen Epen sind es Menschheitserfahrungen. Es können auch fremde Erfahrungen sein, die ich mir aneigne. Natürlich, als Leser möchte ich Gefühle induziert bekommen, die mit meiner Erfahrung korrespondieren.

Deshalb sind Sie auch gegen Verrätselungstaktiken und sehen Gedichte als Klärungsvorgänge, die man mit dem Leser gemeinsam vornimmt?
Das ist das Schönste. Das Wichtigste ist ja tatsächlich die Rezeption.

Haben Sie eine Poetologie? Oder entscheidet sich das von Gedicht zu Gedicht?
Poe hat es so gesagt: die erste Zeile gibt die Konvention vor. An der kann sich dann auch der Leser orientieren. Ich würde sagen, dass jedes Gedicht seine eigene Poetologie mitbringt. In der Regel spricht ja auch das Gedicht über sein eigenes Verfahren. Das ist ja auch das Interessante in den Psalmen, das wird oft übersehen. Zum Beispiel der 119. Psalm, aus dem ich ein völlig eigenes Gedicht gemacht habe. Im hebräischen Original beginnen die 22 Zeilen des Psalms alle mit dem gleichen Buchstaben. Das ist das Besondere. Das hat aber niemand nachvollzogen, Luther nicht, Buber/Rosenzweig nicht. Ich habe es einfach mal gemacht. Aber nicht als Übersetzung, da ich das nicht kann. Ich habe bestimmte Schlüsselwörter, die da lauten: Gesetz, Gebot, Zeugnis, Wort, Befehl. Fünf Begriffe, die bei Luther auch immer wieder auftauchen. Diese Begriffe nehme ich und gehe das Alphabet durch. Der Psalm geht bei mir von A bis Z. Ich habe mich drei, vier Jahre in diesem Raum der Psalmen aufgehalten. Es ist interessant, wie Luther über die Psalmen-Übersetzung spricht, wie er verteidigt, wie er gleichzeitig über sein Glaubenskonzept spricht. Luther war der Ansicht, dass der Psalter die ganze Bibel enthalte. Auch von Martin Buber gibt es einen sehr schönen Aufsatz – »Vom Verdeutschen der Schrift«. Für einen Laien wie mich geht da eine Sprachwelt auf. Die Psalmen sind poetologisch, das ist ein ständiges Ringen darum, wie man's sagen kann. Es ist ein Ringen um den Modus, wie

man den Herrn ansprechen kann. Sie zweifeln an sich selbst und an der Möglichkeit, und erzählen trotzdem noch eine Geschichte. Das ist natürlich für einen Dichter faszinierend. Ich versuche, das nachzuvollziehen, mit dem Gegenüber der alttestamentarischen Psalmen. Ich spreche mit Gott – wer oder was immer das ist – indem ich nach einer Sprache suche, die ernsthaft auf die unmittelbar heutigen Dinge der Welt mit meiner Lebenserfahrung antwortet.

Ein besseres Schlusswort für unser Gespräch können wir nicht bekommen. Ich danke Ihnen!

Eine Figur, die ihre Ambivalenz verliert, ist literarisch tot

Gespräch mit Ingo Schulze

Bereits Ingo Schulzes erstes Buch »33 Augenblicke des Glücks« (1995) wurde sowohl von der Kritik als auch dem Publikum mit Begeisterung aufgenommen. »Simple Storys« (1998) wurde ein spektakulärer Erfolg und ist Schullektüre. Es folgten das Opus magnum »Neue Leben« (2005) und die Erzählungen »Handy« (2007) und »Orangen und Engel« (2010) sowie der Roman »Adam und Evelyn« (2008). Für die Juroren des Rheingau-Literaturpreises 2017 gehört Ingo Schulze zu den freien Schriftstellern, die in der Nachwendezeit eine eigene Stimme der Erinnerung, der Gegenrede und der Selbstbehauptung unter den neuen Verhältnissen fanden: »Er schreibt mit kühlem Blick für die Komiken und Absurditäten der menschlichen Existenz. Er berichtet mit bestechender Genauigkeit und in unterschiedlicher Manier ...« Auch Schulzes Essayband »Was wollen wir?« (2009) hat große Aufmerksamkeit erregt. Die Rezensenten würdigten Schulze als wachen Beobachter der Gesellschaft, in der wir leben. In einem der Essays schreibt er: »Mein Problem war und ist nicht das Verschwinden des Ostens, sondern das Verschwinden des Westens, eines Westens mit menschlichem Antlitz. Spätestens seit 1989/90 befindet sich die Politik auf dem Rückzug. Sie gibt von sich aus die Kompetenz ab und ebnet einer Ökonomisierung aller Lebensbereiche, einem Exzess-Kapitalismus, den Weg. Die Politik versteht sich als Management, die Bürger werden auf Konsumenten reduziert, und der beste Bürger ist folglich der Playboy, weil er in möglichst kurzer Zeit möglichst viel ausgibt.« Schulzes Essays, Reden und Wortmeldungen zu Literatur und Gesellschaft sprechen eine Sprache, die die Welt als veränderbar zeigt. Der Ich-Erzähler in Ingo Schulzes Roman »Peter Holtz« (2017) ist ein reiner Tor, der allmählich selber merkt, dass er in einer eigenen Welt lebt, die auf alle anderen befremdlich wirkt. Er ist so stolz darauf, mit der Stasi zusammenarbeiten zu dürfen, dass er das sofort überall weitererzählt; er erfindet aus Versehen den Punk, da er geliebte Hymnen wie »Sag mir, wo du stehst« im Stimmbruch herausbrüllt; er tritt in die Blockflötenpartei CDU ein, um aus ihren Mitgliedern »Christlich Kommunistische Demokraten« zu machen. Auch in der Marktwirtschaft nimmt er die idealistischen Überhöhungen beim Wort. Von einem Immobilienmogul lässt er sich zum Privateigentum bekehren, hält aber an seinem Ziel des wahren Kommunismus fest, den er nun nicht länger über den Sozialismus, sondern über den Kapitalismus erreichen will. Das Großartige an Ingo Schulzes Roman »Peter Holtz« ist für Mark Siemons (FAZ 3. 9. 2017), dass er den Hochstand und zugleich die Froschperspektive einer so umfassenden Ironie einzunehmen versteht, dass er das vermeintlich so abstrakte, aber wirkmächtige Treiben des Geldes völlig unangestrengt und dabei ohne Einbuße an Komplexität zu fassen bekommt. Die DDR fungiere hier bloß als Folie, um die Gegenwart zu sezieren.

Das Gespräch mit Ingo Schulze wurde im Sommer 2020 coronabedingt über einen E-Mail-Austausch geführt.

Lieber Ingo Schulze, ehe wir über Ihren Roman »Die rechtschaffenen Mörder« sprechen, möchte ich Sie gern fragen, wie Sie zu einem Leser geworden sind und welche Wege Sie zur Literatur geführt haben.

Ich fand Lesen sehr mühsam, bis in die siebente Klasse hinein, da war ich fast 14, habe ich nicht gelesen. Dann war es die Langeweile, die mich zum Lesen brachte. Lange Zeit hatte meine Mutter mir vorgelesen. Irgendwann weigerte sie sich. Da blieb mir nichts anderes übrig. Dann ging alles recht schnell, das dritte oder vierte Buch war zufällig »Moby Dick«, das hat sich mir sehr eingeprägt. Und dann kam schon bald und mit voller Wucht Hermann Hesse. Davon habe ich mich lange nicht erholt.

Man könnte »Die rechtschaffenen Mörder« einen Entwicklungsroman, einen Wende-Roman, einen politischen Roman, einen soziologischen Roman, einen Liebesroman oder gar einen Kriminalroman nennen. Möglicherweise hat der Roman von allem etwas. Ganz sicher ist es aber ein Roman über die Obsession des Lesens. Der Leser wird im ersten Teil des Romans mit zahlreichen Lektüre-Empfehlungen beschenkt, die ausreichten, ein auf zwei Jahre ausgestrecktes glückliches Leserleben zu beginnen. Sind Sie selbst ein obsessiver Leser?

Ob das obsessiv ist, weiß ich nicht. Jedenfalls kann ich mir ein Leben ohne Bücher nicht vorstellen, ich werde misslaunig, wenn ich ein paar Tage überhaupt nicht zum Lesen komme. Es gibt aber ein großes Missverhältnis zwischen dem, was ich lesen will und dem, was ich dann tatsächlich lese. Bei manchen Büchern entsteht sogar eine Sehnsucht, endlich weiterlesen zu können, um wieder in diese andere Sichtweise auf die Welt eintauchen zu können und Teil dieser ganz eigenen Art von Konzentration zu werden. Mitunter überlagert sich das auch mit der Spannung, wissen zu wollen, wie es weitergeht. Im Frühjahr las ich »Wesire und Konsuln« von Ivo Andrić, da passiert auf fast sechshundert Seiten eigentlich nichts. Und trotzdem sehne ich mich regelrecht nach diesem Buch zurück.

Die Hauptgestalt Ihres Romans, Norbert Paulini, war in seiner Kindheit auf gute Literatur gebettet. Seine früh verstorbene Mutter hatte nach dem Zweiten Weltkrieg wertvolle Bücher zusammengetragen und ab 1951 den Traum eines eigenen Antiquariats gelebt. Kurz nach der Geburt ihres Sohnes ist sie verstorben. Das Kind wächst bei der Großmutter und später beim Vater auf. Seine Schlafmatratze ist auf die Bücherstapel der Mutter gebettet, die offenbar die ganze Wohnung zustellen. Er wird früh zu einem leidenschaftlichen Leser. Nur das Lesen birgt für ihn Lebenssinn. Nur der Beruf des Lesers erscheint ihm erstrebenswert. Nach einer Buchhändlerlehre gründet Paulini 1977 in Dresden mit dem Nachlass seiner Mutter ein Wohnungs-Antiquariat auf der Brucknerstraße. Die von ihm angebotenen Bücher sind auserlesen und von Paulini selbst alle gelesen. Eigentlich mag er sich von diesen Büchern gar nicht trennen. Sein Antiquariat wird schnell zum Geheimtipp und zum Anziehungspunkt einer auf gute Literatur eingeschworenen Gemeinschaft. In Dresden hat es ja tatsächlich ein legendäres Wohnungs-Antiquariat auf der Brucknerstraße gegeben – Carl Adlers Buchhandlung, geführt von dem allseits geschätzten Antiquar Hans-Georg Kühnel (1927-1994), die bis heute an anderer Stelle in Dresden existiert. Ihr Gymnasium lag einige hundert Meter entfernt von der Brucknerstraße, haben Sie Erinnerungen als Kunde an diesen Ort?

Manchmal bin ich erschrocken und habe mich gefragt, ob ich vielleicht zu leichtfertig gewesen bin. Denn ich habe verhältnismäßig viel Post zu Hans-Georg Kühnel bekommen. Ich war als Schüler bestenfalls zwei Mal in seinem Antiquariat. Für mich hielt es nicht jene Schätze bereit, nach denen ich damals suchte. Mein Gesichtskreis war halt eng. Aber seine Erscheinung und auch die Lage des Antiquariats, also dass man in den ersten Stock steigen und klingeln musste, hat mich fasziniert. Obwohl wir am anderen Ende von Dresden wohnten, in Klotzsche, war ich auch als Kind öfters in Blasewitz, Bekannte und Freunde meiner Mutter wohnten dort. Für mich waren das nur ein paar Nachmittage, aber diese labyrinthischen Wohnungen in den Villen, die Gärten da herum, das war eine völlig andere Welt, nicht zu vergleichen mit irgendeiner anderen Gegend. Ab der 9. Klasse dann die Kreuzschule, die ich ja mit Hermann Hesse im Kopf betrat. Das habe ich versucht, in »Neue Leben« zu beschreiben. Meine Mutter bekam von »Carl Adlers Buchhandlung«, also von Hans-Georg Kühnel, regelmäßig eine medizinische Zeitschrift zugeschickt, daher war mir der Name vertraut. Ich weiß nicht, ob ich froh oder enttäuscht sein soll, erst im Nachhinein so viel über Hans-Georg Kühnel erfahren zu haben. Als Anregung hätte es gut getan, andererseits hätte es mich vielleicht auch gehemmt, weil der Paulini eben imaginiert ist und ich mich da völlig frei fühlte.

In Paulinis Antiquariat finden auch Lesungen vor einem handverlesenen Publikum statt (Salon Paulini, später Salon Prinz Vogelfrei). Einer der jungen Teilnehmer in diesem Kreis ist der spätere Erfolgsautor Schultze mit tz – in Ihrem Roman die zweite Hauptfigur –, der zu einer Art literarischem Eleven Paulinis wird. Diese »verborgenen kulturellen Gesellschaften« spielen ja auch in den Dresden-Romanen »Der Turm« von Uwe Tellkamp und »Kaltenburg« von Marcel Beyer eine Rolle. Diese Salons sind eine Antwort auf die verordneten geistigen Korsette in der DDR. Waren Sie in den achtziger Jahren als junger Autor und Leser Teil einer solchen Gemeinschaft in Dresden?

Nein, höchstens am Rand. Ich war ja nach dem Abitur immer nur für ein paar Wochen in Dresden. Eine enge Freundin meiner Mutter und dann auch von mir ist Gerda Lepke. Von ihr habe ich schon als Kind und Jugendlicher, aber im Grunde bis heute, immer wieder Anregungen und Hinweise erhalten. Die größte Wirkung auf mich hatte sie vielleicht durch ihr Leben als Künstlerin, durch diese Bestimmtheit, mit der sie ihren selbst gewählten Weg ging. Auch Peter Zacher, dem Musikwissenschaftler, verdanke ich viel, vor allem aber dann Heiner Protzmann und seiner Familie. Ich lernte ihn über seine Tochter Susanne kennen. Sie wohnten damals noch in einem Flügel des Schlosses Pillnitz. Bei ihm habe ich als Student ein Praktikum an den Skulpturensammlungen gemacht. Er lud den Studenten Schulze dann ein, um über die Antikerezeption bei Fühmann und Christa Wolf zu sprechen, er kam auf meine Einladung nach Jena in den Studentenclub. Sein Vorbild schimmert im Buch bei der Figur des Peter Scheffel durch, aber das ist natürlich kein Eins-zu-eins. Das Erzählen hat Eigengesetzlichkeiten, die jede Figur trifft. Durch Heiner Protzmann habe ich aber solche salonartigen Abende erlebt, tatsächlich auch die Einladung von Rudolf Schottlaender mit seinem Vortrag, den ich auch im Buch zitiere, »Antisemitismus bei Luther, Marx und Nietzsche«. Das muss 1984 oder 1985 gewesen sein. Für mich war das eine Erweiterung dessen, was es sonst gab. Es kommt ja immer sehr auf die Zeit an, über die man spricht. In den Achtziger Jahren, zum Teil auch schon früher, war ja vieles bereits offiziell möglich, was vorher noch untersagt worden war. Die Bücher, die erschienen, was die Theater machten, Musik, Ausstellungen … Trotzdem gab es bis zum Schluss Willkür und Repression. Eine Gerhard-Altenbourg-Ausstellung oder eine von Carl Friedrich Claus waren Ende der Siebziger im Kupferstich-Kabinett möglich, anderswo auch später nicht, zum Beispiel in Meerane. Trotzdem hatte ich den Eindruck, dass sich der Spielraum kontinuierlich vergrößert hat. Alles Geistige hatte eine beinah unmittelbare Wirkung für den Alltag. So unmittelbar ist das heute längst nicht, was nicht nur schlecht ist. Aber die Kunst und die Literatur sind heute eher gefährdet, zum angenehmen marktgängigen Dekor zu verkommen.

Die wirtschaftlichen Zwänge um die deutsche Wiedervereinigung zerstören Paulinis Elysium. Sein Antiquariat ist kaum noch gefragt, Alteigentümer beanspruchen die Rückübertragung des Hauses, die Flut von 2002 spült die ausgelagerten Bücher und damit letzte Hoffnungen auf den Fortbestand von Paulinis Geschäft in Dresden weg. Die Gründung eines in der Sächsischen Schweiz angesiedelten Versand-Antiquariats ist für Paulini, der zunehmend verbittert, keine Erfüllung mehr. Die Obsession des Lesens ist für ihn Vergangenheit. Wie haben Sie selbst die Wendezeit in Dresden und anderswo erlebt? Es gibt ja einige Parallelitäten zwischen dem Autor Schultze im Roman und Ingo Schulze.

In Altenburg war ich engagiert im Neuen Forum, dann gründeten wir eine wöchentlich erscheinende Zeitung. Ich hörte auf zu lesen. Ich hatte überhaupt keine Zeit mehr dazu.

Bis eben hatte mein Leben nur aus Theater, Literatur, Film, Kunst etc. bestanden. Dann war alles Politik. Und plötzlich alles Kommerz. Mit der Währungsunion war die Messe gesungen. Das war mir klar. Und plötzlich kämpften wir ums ökonomische Überleben. Meine Lebenswirklichkeit und die Literatur waren verschiedene Dinge. Wer darüber nachdenkt, wie er ein Möbelhaus als Anzeigenkunde für die letzte Seite behalten will, weil daran die Existenz der Zeitung hängen könnte, hat es schwer, abends einen Roman aufzuschlagen. Ich fiel als Leser aus. Und war wohl nicht der einzige. Das ist schon paradox: In dem Moment, da beinah alle Literatur verfügbar wurde, brauchte ich sie nicht.

Der Roman besteht aus drei Teilen. Erst zu Beginn des zweiten Teils merkt der Leser, dass er über die ersten 196 Seiten hin das Buch eines erfolgreichen Autors namens Schultze mit tz über Norbert Paulini gelesen hat. Im zweiten Teil – offenbar einem mündlichen Bericht, den Schultze seiner Verlagslektorin gibt – erfährt der Leser einige Hintergründe über das Leben dieses Autors, vor allem, dass er und Norbert Paulini dieselbe Frau geliebt haben. Am Ende des zweiten Teils begehen Norbert Paulini und die auch von Schultze geliebte Elisabeth (Lisa Samten) vermutlich gemeinsam Selbstmord. Im dritten Teil des Buches recherchiert die Verlagslektorin zu den Hintergründen des vermeintlichen Selbstmordes. Die Rezensenten des Romans haben sich sehr intensiv mit der Wandlung der Person des Norbert Paulini auseinandergesetzt und hervorgehoben, wie aus dem eher politikfernen Geistesmenschen ein dem rechtskonservativen Spektrum zuzuordnender Reaktionär und Gegner der Gesellschaft wird. Inwieweit spielt der Roman auf tatsächliche Schicksale an? Kann man den Roman auch als einen Versuch verstehen, Entwicklungen wie die PEGIDA-Bewegung oder den AfD-Zulauf im Osten Deutschlands zu hinterfragen?

Direkte Bezugnahmen gibt es nicht. Ich kenne aus dem neurechten Umfeld kaum jemanden persönlich. Und wenn, dann taugt das nicht gerade zu einer geistigen Auseinandersetzung, wie man sie möglicherweise mit Paulini führen könnte. Natürlich soll und kann man in dem Buch einen Kommentar zu neurechten Tendenzen sehen, aber zugleich auch einen Kommentar zum Umgang mit ihnen. Denn die eigentliche »Stellungnahme« des Romans, wenn man es mal so nennen will, liegt für mich in dessen Struktur, die eben keine Eindeutigkeit in der Beurteilung der Figuren zulässt. Mir ist in den Rezensionen mitunter der Vorwurf gemacht worden, ich würde jene Kräfte schwächen, die sich gegen die Rechtsextremen stellen. Für mich ist das absurd. Mir geht es vor allem darum, sich selbst nicht zum Feind machen zu lassen, selbst auf Differenzierungen zu bestehen und sie auch dem anderen zuzubilligen. Mit anderen Worten: Die Gefahr ist groß, strukturell ganz genau so eindeutig und schwarz-weiß-malerisch zu werden wie diejenigen, gegen die man kämpft.

Ein großes Thema des Romans ist das fiktionale Schreiben. Kann der erste Teil des Romans als eine Schule des Lesens aufgefasst werden, so ist der zweite Teil eher eine Schule des Schreibens. Wie erreicht man Stimmigkeit im Verhältnis von Fakten und Fiktion? »Die Dichter müssen lügen,« – war einer der Lehrsätze Paulinis, die sich Schultze eingeprägt hatte – »Platon selbst hat gelogen, sonst würde es nicht seine Dialoge geben«. Ein anderer Paulinisatz lautet, dass »Literatur Eindeutigkeit nicht mag«, dass man genauer hinschauen müsse, wenn man den Charakter einer Person glaubhaft schildern wolle. Der Austausch zwischen Schultze und seiner Lektorin über den Schreibprozess lässt den Leser hinter die Kulissen des Literaturbetriebs blicken. Im Gespräch zwischen Schultze und Lisa wird die »Selbstzensur um des Erfolgs Willen« thematisiert. Die Macht der Fiktion bleibt beim Autor, dies spricht Schultze auch aus, auch dass die Eifersucht ihm bei seinem Paulini-Projekt »die Empathie des Erzählers« abzieht. Schultze sagt auch: »Vergiss niemals, wer darüber entscheidet, welche Wahrheit in mein Buch gelangt.«

Für den Leser des Romans stellt sich spätestens an dieser Stelle die Frage, ob Schultze in seiner Fiktion Paulini möglicherweise auch Unwahres unterschiebt, etwa die Wandlung zum politischen Reaktionär? Und ob jenes Gespräch zwischen zwei Kriminalkommissaren und Paulini, mit welchem der erste Teil des Romans mitten im Satz abbricht, nicht eine Erfindung von Schultze sein könnte?
Es ist ganz eindeutig eine Erfindung von Schultze, was nicht heißt, dass die Kripo nicht tatsächlich bei Paulini gewesen ist. Aber selbst was er über die Begegnung mit Paulini am Ende des zweiten Teils schreibt, erfahren wir nur von Schultze. Und der bittet seine Lektorin, darüber mit niemandem zu sprechen, was ihr Unbehagen bereitet. Ich musste oder muss auch erst lernen, über die Figur des Paulini zu sprechen. Ich danke Ihnen, dass Sie die Struktur des Buches beschreiben. Denn wir müssen die Figur Paulini tatsächlich gleichzeitig immer auch als Produkt von diesem Schriftsteller Schultze sehen, als dessen Projektionsfläche. Erst im dritten Teil sprechen andere über ihn, die ihn nicht so überhöht darstellen, auch als einen, der das Arbeiten nicht erfunden hat und womöglich doch nicht fremdenfeindlich war – obwohl es auch in den Nachrufen Hinweise darauf gibt. Ich kann im Dialog mit dem Text durchaus einen Paulini entwerfen, der sich aus Trotz und Widerstand gegen diesen Schultze als ein Rechtsextremer gebärdet, um diesem Schultze und dessen Anmaßung, über ihn zu schreiben, etwas entgegenzusetzen. Und es fänden sich Indizien dafür, dass dieser Schultze sein Mörder ist. Andererseits kann ich den Paulini auch als einen beschreiben, der mit den neuen Verhältnissen nicht klar kam, obwohl er sie erst mal begrüßte, und dann zu Ansichten kommt, die seine Freunde und Bekannten entsetzen.

Inwieweit ist »Die rechtschaffenen Mörder« auch als soziologischer Roman angelegt? Thematisiert wird u.a. wie die Wiedervereinigung auch Existenzen zerstört und wie die neuen Gesetze und Bestimmungen sich auch gegen Menschen (Antragsteller) richten. Geschildert wird, wie Erfolg (Überhebung) und Niederlagen (Hass) Paulini als Menschen verändern. Lisa kritisiert den Selbstentleibungsdrang der Ostdeutschen. Schultze will den »Westlern zeigen, wo wahre Bildung lebte«. Wir lesen auch den Satz von Schultze: »Lisa gab mir meinen aufrechten Gang zurück.«
Ich glaube, dass jeder Roman, vielleicht Literatur überhaupt, immer auch soziologisch gelesen werden kann, auch wenn man dann aufpassen muss, das spezifisch Literarische nicht aus dem Blick zu verlieren und den Roman als »Sachbuch«, als Non-fiction zu lesen. Die Ost-West-Problematik steht ja nach wie vor im Raum, vielleicht mehr, als wir es uns vor zwanzig oder gar dreißig Jahren haben träumen lassen. Das hat Ursachen, die heute schwer zu beheben sind, sei es der Besitz an Land, Immobilien, Betrieben, seien es die Führungspositionen auch im Osten und vor allem die Deutungshoheit, die so ganz selbstverständlich westlich daherkommt. Wenn Lisa dem Schultze vorwirft, sich womöglich einer »Ostentleibung« schuldig gemacht zu haben, so ist dieser Vorwurf, die Ostidentität aufgegeben zu haben, genauso falsch wie das Gerede vom »Ankommen« im Westen. Für mich sind das zwei einander komplementäre Missverständnisse. Identität hat auch immer mit Beziehungen zu tun und ist nichts Starres, ein für allemal Fertiges. Es geht ja gerade darum, fähig für eine Begegnung zu sein. Das Problematische sind halt Verhältnisse, die eine Begegnung nicht zu einer gleichberechtigten werden lassen. Insofern erfährt Schultze die Begegnung mit Lisa als gleichberechtigt, er muss sich nicht erklären oder rechtfertigen. Zugleich aber merkt er, dass beide in der Zwischenzeit Erfahrungen gemacht haben, die einander das Verstehen erschweren. Deshalb setzen allmählich wieder Erklärungsnöte und Rechtfertigungen ein. Schultze scheint ziemlich abgesichert zu leben, Paulini und Lisa leben eher von der Hand in den Mund. Das begünstigt gegensätzliche Weltdeutungen.

Der Leser des Romans erfährt nicht, ob Paulini und Lisa ermordet wurden oder Selbstmörder sind. Es gibt zahlreiche Anspielungen im Roman für beide Möglichkeiten. Etwa, dass Paulini früh einen Hang zu Büchern hatte, in denen Felsstürze vorkommen (Theodor Fontane: »Ellernklipp«, Selbstmord; Wilhelm Raabe: »Zum wilden Mann«, Ritualmord). Auch wer die »rechtschaffenen Mörder« sind, erfährt der Leser nicht. Vielleicht sind es jene, die nach der Wiedervereinigung auf Treu und Glauben nach neuem Recht und neuem Denken handeln und dabei Paulinis Existenz und Ego vernichten (Kredite verweigernde Banken, Gewerbeamt, Alteigentümer, Politiker, arrogante Abwickler etc.)? Vielleicht sind es jene, die Kraft Fiktion Existenzen und Ego vernichten (Journalisten, Autoren, etc.)?

Ich bin froh, dass Sie es so beschreiben. Ich wünsche mir eine Befragung und Selbstbefragung, denn unsere gegenwärtige Situation ist ja auch höchst fragwürdig. Solange es nicht mal ein wirksames Lieferkettengesetz gibt, sind wir alle potenziell oder tatsächlich Nutznießer eines mörderischen oder gar mordenden Systems, ohne unbedingt ein Bewusstsein davon zu haben. Das Wort »rechtschaffen« fällt drei Mal im Roman verteilt auf die letzten drei Seiten. Und es kommt aus dem Mund einer Figur, die ich aus Dzevad Karahasans Roman »Der Trost des Nachthimmels« übernommen habe. Wir sprechen ja vielleicht noch über ihn …

Das können wir gleich tun. Im dritten Teil des Romans rückt eine neue Figur ins Zentrum – Juso Podžan Livnjak – von Lisa »Genie und Mitarbeiter Paulinis« genannt – ein bosnischer Literaturwissenschaftler, der als Flüchtling über Norwegen nach Deutschland kam. Er übernimmt am Ende des Romans Paulinis Versand-Antiquariat. Livnjak wirkt auf mich wie ein Gegengewicht zu Paulini – in dem Maße wie Paulini das Interesse an seinen Büchern verliert, gewinnt Livnjak Handlungshoheit als Retter von Geschäft und Büchern. Warum war es für Sie wichtig, diese Figur gegen Ende des Romans einzubauen? Ist er der Schlüssel zum Titel?

Ohne diesen Livnjak hätte ich den Roman wohl nicht zu Ende bringen können. Er war Bibliothekar in Sarajevo, seine Bibliothek ging 1992 in Flammen auf, er flüchtete mit seiner Familie, ich lasse ihn nach Deutschland kommen. Und mit ihm zieht eine Erfahrung ein, die wohl wir alle nicht machen mussten, nämlich die des Bürgerkrieges, der Belagerung, der absoluten Unsicherheit und der Gegenwart des Tötens. Livnjak kennt Mörder, er weiß, wie es ist, in einem Land gemeinsam mit ihnen leben zu müssen, Menschen, die auch unter seinen Freunden und in seiner Familie gemordet haben. Und er weiß, dass sie heute wieder als rechtschaffene Bürger leben. Er wehrt sich dagegen, jemanden verdächtigen und verurteilen zu müssen, aber er kommt nicht ganz darum herum. Trotzdem besteht er darauf, auch im Feind immer noch den Menschen zu sehen. Er weiß aus seiner unmittelbaren Erfahrung heraus, dass der Zyklus der immer neuen Feinde unterbrochen werden muss.

Eine Besonderheit stellt der Legendenton dar, mit dem der Leser auf den ersten Seiten in den Roman hineingezogen wird. Im Roman selbst wird auf Joseph Roth hingewiesen, der »den Legendenton auf seine Zeit angewendet habe, er drehe das Fernrohr und betrachte die Gegenwart bereits aus der Distanz, die eine Legende immer brauche.«

Das war tatsächlich die Anregung, mit diesem Buch zu beginnen, konkret die Erzählung »Der Leviathan«. Ich lasse die Lektorin zu Beginn des dritten Teils eine Beschreibung dieses Teils abgeben. Durch die neuen Erfahrungen, die er mit Paulini gemacht hat, »werde das konventionell Geschilderte, wenn auch schon für geschulte Leser durch die Überbetonung des Konventionellen von sich selbst distanziert, zur Leimrute, zur Falle für den bildungsbeflissenen, die Buchmenschen per se anhimmelnden Leser, der am Ende bestürzt erkennen müsse, wohin ihn sein kontextloser Ästhetizismus geführt habe.« Ich merkte dann aber, dass ich diese Paulini-Erzählung desto besser schreiben konnte, je genauer ich wusste, wer dieses ICH ist, das sie erzählt. Ich musste diesem Ich ein Gesicht verleihen, das Geschriebene sollte eben auch innerhalb des Buches als das Geschriebene von einer bestimmten Figur mit bestimmten Absichten und Interessen deutlich werden. So entstand Teil zwei, das Vorbild war das letzte Kapitel von Nabokovs »Pnin«. Aber ich wollte dem Schultze nicht das letzte Wort überlassen, er brauchte dringend selbst den Blick von außen auf sich.

Dem Roman ist ein Motto vorangestellt aus Vilem Flussers »Die Geschichte des Teufels«: »Wer kann denn das Ende eines Buches auch nur erahnen, wenn er darangeht?« War dieses Motto Programm oder ist es ein Zufallsfund nach Abschluss des Romans gewesen?
Es war ein relativ später Zufallsfund. Aber das Motto beschreibt meine generelle Arbeitsweise, nicht nur für dieses Buch. Ich weiß nie, wo ich herauskommen werde, auch wenn ich anfangs natürlich bestimmte Vorstellungen habe, wo ich hinwill. Aber diese Vorstellungen verschwinden früher oder später regelmäßig. Das ist die Chance, dass man der Eigengesetzlichkeit, die sich während des Schreibens herstellt, zu folgen versucht. So gelange ich über die eigenen Begrenzungen hinaus. Ich werde selbst zum Leser, der zwar ahnt, dass sein Denken in Bildern und Situationen und das Austarieren der Figuren im Text stimmig sind, der dies aber nicht unbedingt begrifflich erklären kann. Das lerne ich dann im Gespräch mit den Leserinnen und Lesern. Deshalb ist für mich auch das Gespräch mit dem Publikum nach einer Lesung so wichtig. Das fehlt mir gegenwärtig sehr.

War Paulini zunächst angetreten, »die wenigen Berufenen aller Zeiten und Völker« zu studieren, widmete er sich Ende der Achtzigerjahre als Leser allein der deutschsprachigen Literatur, »um sein Sprachgefühl rein zu bewahren. Übersetzungen seien in aller Regel schlingernde Schiffe.« Präge sich ein eigener Stil in ihnen aus, »sei man erst recht verloren, da man ja nie wissen könne, ob es auch der richtige sei.« Sollte man ihn deshalb in die »rechte Ecke« stellen, wie einige Rezensenten dies getan haben?
Nein, keineswegs. Das ist so ein Reinheitsgebot, dem er sich unterwirft, dafür gibt es bewunderte Vorbilder, die Literatur nur in den Sprachen lasen, die sie selbst beherrschten. Da geht es natürlich um die Steigerung des Lesegenusses, um das Erspüren feinster Nuancen. Denn Paulini, der keine Fremdsprachen kann, bedauert man allerdings eher, weil die Einschränkung doch recht gravierend ist. Erst durch den Kontext wird es dann zu einem möglichen Indiz für sein »sich verschließen vor der Welt«.

In der Rückschau, nach der Lektüre, wehre ich mich, Paulini zu verurteilen. Er ist zweifellos ein seltsamer Mensch mit manchen Marotten und Charaktereigenschaften, an die man sich als Leser erst gewöhnen muss. Schultze nennt seine Paulini-Figur eine »Chiffre, für das, was unsere Welt einmal ausmachte und was jetzt erbarmungslos unter die Räder kam … die Bücher, deren Wertschätzung und Unersetzlichkeit«. Eines bleibt für mich unstimmig: Warum soll aus einem Menschen, dem Bücher ein Leben lang Halt gegeben haben, am Ende ein die Bücher geringschätzender Mensch geworden sein?
Ich bin ja sehr froh, dass Sie ihn nicht fallen lassen! Eine Figur, die ihre Ambivalenz verliert, ist literarisch tot. In Ihrer Frage stecken aber viele Fragen. Ich kenne einige Menschen, die aufgehört haben, Literatur zu lesen. Das muss erst mal gar nichts besagen. Ich habe das ja für zwei, drei Jahre selbst erleben müssen, dass einem die Literatur fremd wird. Die Struktur des Buches ermöglicht es ja auch mir, Vermutungen anzustellen und mich an der Deutung zu beteiligen. Ich nehme an, dass Paulini niemals ganz und gar jener heroi-

sche Buchmensch war, als den Schultze ihn zeichnet. Und ob er wirklich mit dem Lesen ein für allemal abgeschlossen hat? Wir dürfen aber nicht vergessen, dass es sehr verschiedene Bücher und selbstverständlich auch sehr verschiedene Lesarten von ein- und demselben Buch gibt. Ein Buch oder eine Erinnerung muss nicht per se dem Lebendigen zugewandt sein, es kann auch der Erstarrung, dem Ausschluss, der Aggression, dem Selbstmörderischen frönen. Es gibt tonnenweise solche Bücher samt einer riesigen Leserschaft.

Manche Sätze bleiben hängen: etwa Paulinis Satz »Die Voraussetzung für ein Kunstwerk ist ein wahrhaftiges Leben.« Möglicherweise hängt dieser Satz über dem Eingangstor zum Roman?
Ja, über so einem imaginären Tor ist er vielleicht gerade noch möglich, aber sobald sie ihn wirklich über eine Tür hängen, wird er auch bald auf ein Kissen gestickt werden.

Zwischen Ilja Gräbendorf – einem wie Schultze Ost-Autor, der im Westen erfolgreich wurde – und Norbert Paulini gibt es einen interessanten Disput, in dem Paulini äußert: »Wer selbst schreibt, ist nicht mehr fähig, wirklich zu lesen. Nur der uneigennützige Leser, der sich einem Buch vorbehaltlos und ganz und gar zu öffnen vermag, kann es in seiner Differenziertheit und Komplexität erfassen.« Seinem Nachruf auf Paulini setzt Gräbendorf das Calvino-Motto voran: »Ich lese, also schreibt es.« Vielleicht zum Schluss noch die Frage: Wie beeinflussen Lektüren den Schreibprozess an Ihren Texten?
Die meisten Anregungen erhalte ich aus der Literatur. Das ist ja die Crux, dass man als Schreibender niemals mehr nur Lesender sein kann, ein Gedanke, den ich in einer Vorlesung von Frank Witzel fand und gegen den ich mich zuerst wehrte, aber er stimmt. Sobald mir etwas gefällt, habe ich Lust, auch so was zu machen. Dazu kommt es dann tatsächlich ganz selten, aber dieses Buch begann genauso.

In einer Ihrer Vorlesungen im Rahmen der Brüder-Grimm-Gastprofessur sprachen Sie über den Begriff »Verlierer«. Diese Vorlesung – in der es auch um das Märchen »Hans im Glück« und Heinrich Bölls »Anekdote von der Senkung der Arbeitsmoral« und den aus dem Englischen ins Deutsche gekommenen Begriff des Losers geht – habe ich einmal neben den Roman »Die rechtschaffenen Mörder« gelegt. Es gibt da schöne Anknüpfungspunkte. Auch Paulini hat es abgelehnt, gewinnmaximierend zu denken, und einen zu diesem Zweck übergebenen 100-DM-Schein an den Türpfosten genagelt. Als Zeichen eines höheren Wertebewusstseins? Das harmoniert mit Bölls Fischer, der die Zeit der Muße höher schätzt als ein durch Effizienz gesteigertes Einkommen. Wenn man all die Facetten, in denen man den Begriff »Verlierer« denken kann, auf Paulini hin denkt, als welche Art Verlierer müssten wir ihn betrachten?
Vielen Dank, dass Sie da eine Beziehung herstellen. Paulini wird ja oft als »Verlierer« beschrieben, als »Wendeverlierer«. Ich finde den Begriff des Verlierers sehr fragwürdig. Er verabsolutiert eine bestimmte Sichtweise und macht aus einem zeitlich begrenzten Wettkampf, zum Beispiel Gewinner und Verlierer in einem Fußball- oder Kartenspiel, ein generelles Wesensmerkmal. Man verhält sich nicht mehr verantwortlich, wenn man jemanden Verlierer nennt, statt sich zu bemühen, konkreter zu beschreiben, warum da jemand in Schwierigkeiten oder in Not geraten ist. Verben sind da grundsätzlich besser. Paulini interessiert sich nicht sonderlich für Geld, wie viele vor 1989. Geld spielte natürlich eine Rolle, aber keine entscheidende. Es war ja nicht die Frage, ob man den Preis für die Bücher bei Paulini bezahlen konnte, sondern ob man sie überhaupt bekam. Da gibt es ja zwei, drei Szenen, die das beschreiben. Paulini, wie er von Schultze gezeichnet wird, hat eigentlich alles, was er braucht. Paulini verliert die Zusammenhänge, die ihn so leben lassen. Das sind halt die anderen Freiheiten in der DDR gewesen, diese relative Unab-

hängigkeit vom Geld, das verliert er. Und das will er nicht begreifen, weil er ja davon überzeugt ist, dass jetzt alles besser wird.

Ich weiß, dass Sie das Wort »Wendeverlierer« nicht mögen. Ich frage dennoch: Was hätte mit dem Vollzug der Deutschen Einheit anders laufen müssen, damit Paulini eine Chance bekommen hätte, seinen Wertekanon bis in unsere Zeit hinein zu praktizieren? Ist er ein Opfer des Mantras vom »Wachstum ohne Grenzen«? Hätte die oft diskutierte »Übergangszeit« auch sein Schicksal in andere Bahnen lenken können?
Es ist keine Haarspalterei, wenn ich Beitritt und Vereinigung unterscheide. Es hat leider nur zu einem Beitritt gereicht, was in erster Linie an den Ostdeutschen liegt, natürlich auch an der Einmischung von Kohl und seinen Versprechungen, die nur zu gern geglaubt wurden. Bei einer Vereinigung wäre aus A und B ein C geworden, so wurde aus A und B nur ein größeres A. Der damalige Slogan: »Keine Experimente!« war verständlich. Im Gegensatz zu allen anderen Ostblockländern war das erstmal ein Übergang de luxe, das war von heute auf morgen eine Verbesserung. Nur wie nachhaltig war die und vor allem, was sind die Kriterien, um das zu beurteilen. Wir leben ja doch ein schizophrenes Leben, indem die Regierung alles tut, um den Konsum wieder anzukurbeln, wir aber doch wissen, dass es für das Überleben unserer Zivilisation und unseres Planeten notwendig ist, weniger zu konsumieren. Da hätte es damals eine Chance gegeben, mit der Umgestaltung des Ostens die alten Fehler des Westens nicht zu wiederholen und eine Diversität der Besitzverhältnisse zu ermöglichen und, nur als Beispiel, ein Gesundheitswesen nicht auch unter Gewinnzwang zu stellen. Stattdessen hat der neoliberale Zeitgeist viele soziale Errungenschaften und Sicherheiten des Westens wieder einkassiert, und das hauptsächlich auch noch unter einem SPD-Kanzler. Nehmen Sie nur die Finanzkrise, die hat doch gezeigt, in welch absurde Richtung unsere Gesellschaft geht und wie sie ganz legal ausgeplündert wird. Paulini hätte beispielsweise eine Chance gehabt, wenn er die Räume seines Antiquariats hätte behalten können, wenn also, ganz konkret, nicht gesetzlich »Rückgabe vor Entschädigung« verlangt worden wäre. Das hatte millionenfach Existenzangst und dementsprechend Verbitterung zur Folge.

Paulinis Verbitterung am Ende des Romans resultiert auch aus der Tatsache, dass er für den Staat wertlos bis unsichtbar ist. Läuft da etwas falsch im Staate Deutschland oder verdeckt dieser Vorwurf Paulinis eigenes Verschulden?
Beides. Wer seinen Traumberuf wählt, muss auch bereit sein, dafür zurückzustecken. Und ich kenne wunderbare Antiquariate auf der grünen Wiese, deren Besitzer nicht den Eindruck machen, unglücklich zu sein. Andererseits werden die Mieten in Städten wie Dresden allmählich zum Problem. Da braucht es staatliche Vorgaben, die sicher nicht ganz einfach sind. Paulini, immerhin Jahrgang 1953, war auf die Gegebenheiten der DDR bestens eingestellt. Über Nacht findet er sich in einem anderen Land wieder. Da kann man sich intelligenter verhalten als er, jede und jeder reagiert da anders. Aber dass er damit Probleme bekommt, liegt natürlich auch an dem Beitritt.

In Ihrer Leipziger Poetikvorlesung zitieren Sie Alfred Döblin: »Zudem hatte jedes Buch seinen Stil, der nicht von außen über die Sache geworfen wurde. … Ich ließ vorsichtig den Stil aus dem Stoff kommen.« Ich finde das sehr spannend, wie Sie in dieser Vorlesung die Entstehung Ihrer ersten vier Bücher beschreiben. Wie hat sich das bei »Die rechtschaffenen Mörder« entwickelt? Können Sie den Ausgangspunkt

für den Roman und die weitere – insbesondere stilistische – Entwicklung etwas näher beschreiben? Wie ist der »Stil aus dem Stoff« gekommen?
Das passiert bei mir mit jedem Buch, hier waren es, wie schon gesagt, Joseph Roth und dann das Muster von Nabokovs »Pnin«. Dass ich die Vorbilder aufgebe, wenn ich sie ab einem bestimmten Punkt nicht mehr brauche oder auch durch ihre Anregung in eine andere Richtung gehe, versteht sich von selbst.

Welche Art von Recherche war für den Roman notwendig?
Ich habe zwei mir aus DDR-Zeiten bekannte Buchhändler interviewt, Gunther Philler in Jena und Albrecht Reinhold in Altenburg, die immer auch antiquarische Bücher geführt haben. Zudem besuchte ich in Leipzig, vermittelt von einem Freund, einen begnadeten Antiquariatsmaniak. Das hat mir neben ein paar nützlichen Informationen – zum Beispiel, dass in der DDR bei antiquarischen Büchern die Handelsspanne für den Verkäufer größer war, schon allein deshalb, weil sie nicht so ohne weiteres zu kontrollieren war – vor allem ein bisschen Sicherheit verschafft. Für das Kapitel, in dem Paulini als Kassierer arbeitet, habe ich herumgefragt, ich kenne einen Studenten, der im Supermarkt gearbeitet hat. Aber wenn ich eine Woche Familienurlaub in der Sächsischen Schweiz im Juli 2019 noch dazu zähle, war es das wohl.

Lieber Ingo Schulze, ich danke Ihnen für das Gespräch.

»Nichts ist schlimmer, als Bescheid zu wissen«

Gespräch mit Kurt Drawert

Die Literaturkritiker schauen oft herablassend auf Romanciers, die einen Gedichtband vorlegen, oder auf Lyriker, die einen Roman veröffentlichen. Die Leistung des Kritikers scheint dann nur noch darin zu bestehen, dem in die Irre gegangenen Fremdgänger nachweisen zu müssen, dass er besser »bei seinen Leisten« geblieben wäre. Bei Kurt Drawert verbietet sich diese Art von Kritik. Er stellt innerhalb der deutschen Literatur ein Phänomen dar, ist Lyriker, Romancier, Dramatiker, Essayist und Herausgeber – auf allen Gebieten Beachtliches leistend. Sein 2012 vorgelegter großer Essay über den Schreibprozess bestätigte dies nachdrücklich. »Schreiben. Vom Leben der Texte« ist so gründlich gearbeitet, dass man von einem wissenschaftlichen Essay sprechen möchte, denn er verschafft Überblick und bringt zugleich neue Gedanken in den fortwährenden geisteswissenschaftlichen Diskurs über das Schreiben ein. 2020 erschien im C. H. Beck Verlag sein Roman »Dresden. Die zweite Zeit«. Fünfzig Jahre sind vergangen, seit er als Kind mit seiner Familie nach Dresden gezogen ist, das er 1985 verlassen hat. Nun kehrt Kurt Drawert als Stadtschreiber nach Dresden zurück, wo die Mutter lebt, eine Stadt, die ihm vertraut und doch ganz unvertraut ist. Die Schönheit und die Wunden dieser Stadt, die Risse in der Familie und in der eigenen Biografie, das schwierige Verhältnis zum Vater und den Brüdern, die politisch aufgeladene Stimmung in Dresden, die offenen Fragen nach Tätern und Opfern, in der großen wie in der persönlichen Geschichte, und die Suche nach einer Sprache dafür, sind Themen und Motive in diesem dichten, autobiografischen Roman. Mit Witz und Feingefühl, mit einem Gespür für die einschneidenden Augenblicke und prägenden Konflikte im Familienleben, einem scharfen Blick für das Detail, mit bissig-analytischem Verstand, unvergesslichen Erinnerungsbildern und großer Sprachkraft erzählt Kurt Drawert von Verwerfungen und Sehnsüchten, Wünschen und Brüchen im eigenen Leben und ihrer Verortung in dieser Stadt. Die Stadt wird so auch zum Ort eines Selbstversuchs, zu einem Lackmustest für die schriftstellerische Potenz des Erzählers: »Ich möchte wissen, was mein Schreiben bedeutet, was es erfüllt, wohin es, wenn es stattfindet, will.« Dresden, das wird im Fortgang des Romans immer deutlicher, ist für Drawert keine Stadt, sondern »ein familiärer Topos, ein Kraftfeld der Zeiten und Ereignisse, ein System der Kränkungen und Enttäuschungen«, wie es ihn bis zu seinem Weggang nach Leipzig 1985 und von dort in den Westen begleitet hat. »Und diese Maschine arbeitet, sobald ich die Fabrik betrete, in der sie immer noch steht. Ich bin es, der Dresden nicht zulässt, die Bilder sind es, die sich hinter den Bildern der Gegenwart öffnen und durch die hindurch sich jedes Erlebnis verfärbt.«
Das Gespräch mit Kurt Drawert wurde im Frühjahr 2020 coronabedingt über einen E-Mail-Austausch geführt.

Lieber Kurt Drawert, »Dresden. Die zweite Zeit« ist wie Ihr Roman »Spiegelland« ein Text, der die Gesellschaft kritisch in den Blick nimmt. Wurde in »Spiegelland« die Existenzen vernichtende Machtstruktur und Sprachstruktur der DDR beschrieben, so ist es im neuen Roman die Streitkultur und Sprachstruktur einer Gesellschaft, die immer noch damit beschäftigt ist, den Begriff Freiheit für sich zu definieren. Wie haben Sie Dresden zu Beginn Ihrer Stadtschreiberschaft vorgefunden?
Es hat geregnet, als ich ankam, im Juni 2018, ein Montag um viertel vor sechs. Das weiß ich so genau, weil ich bis Punkt sechs den Schlüssel für meine Wohnung in Empfang nehmen musste und immer wieder im dichten Straßenverkehr nervös auf die Uhr sah. Und es hat geregnet, als ich am letzten Tag im November, diesen furchtbarsten aller Mo-

nate, in dem man allenfalls noch an Weihnachten denkt, um ihn überhaupt auszuhalten, wieder nach Hause fuhr, wo und was immer das ist. Ich weiß schon, das ist jetzt die falsche Antwort. Aber ich habe ein ganzes Buch darauf verwendet, genau das zu beschreiben, was ich, fünfzig Jahre später, wiedergefunden habe, nachdem ich es in den 80er Jahren verließ, wie ich es wiedergefunden habe und an was es mich erinnert hat, welche Gefühle aufgebrochen sind und wie es keine Zeit im Strom der Erinnerung gibt, dass mir diese Frage jetzt quasi ein zweites Buch abverlangt. Ich muss verkürzen, symbolisieren. Da ist mir diese Regenmetapher, die eine von außen gesetzte Klammer zwischen An- und Abreise setzt, gerade recht nützlich. Sie ist ja wie ein erster und ein letzter Satz der Geschichte, und dazwischen der Stoff, den ich mir vorgenommen hatte. Es war eine Idee. Wie ist es, wenn man den Ort seiner Kindheit und Jugend wieder betritt, unterdessen gefühlte zweihundert Jahre älter geworden? In meinem Fall war er ein Topos der Verwerfungen, einer tiefen, traumatisch gewordenen Verletztheit. Daneben sicher auch Glück, die erste Liebe, aus der dann nichts wurde, und vieles so weiter. Und jetzt diese Vorstellung, einen Roman, den es schon gab, »Spiegelland« von 1991, gewissermaßen zu überschreiben, ihn in den Zeitstrom der folgenden dreißig Jahre zu stellen, in denen die Welt historisch neu formatiert worden ist. Das war das Gedankenexperiment, mit dem ich mich in Dresden beworben hatte, eben, um das zu erfahren. Und dann klappte es auch und ich saß plötzlich fest auf dem Grund meines eigenen Anspruchs. So, dachte ich, jetzt hast du den Salat und musst einen Text daraus machen. Im Juni und Juli passierte nichts. Ich lief wie besoffen durch die Museen und berauschte mich an barocken Gemälden, ging an der Elbe spazieren, joggen, immer sechzig Minuten, dreißig herauf und dreißig herunter, mit dem bis zum Schmerz schönen Blick auf Canalettos Stadtsilhouette, saß bis zur letzten Runde im legendären Brauhaus Watzke und las in Julia Kristevas »Fremde sind wir uns selbst« von 1984, ein geradezu prophetischer Text. Aber ich hatte ja ein Programm, eine Zielvorstellung, die in ein Buch münden sollte, und entsprechend oft ein schlechtes Gewissen und schlechte Laune, wenn keine Spur von einem Buch sich irgendwo zeigte. Dann, im August an der Nordsee, schoss ein Satz in mir auf wie ein Blitz aus tiefer Nacht: »Ich suche etwas, von dem ich nur weiß, dass es mir fehlt«. Das war die Initiation für mein Buch, ein Weg tief hinein. Jetzt hatte ich einen Eingang in den Berg meiner Arbeit gefunden. Das Unbewusste, mit dem jede Literatur verknüpft ist, bewusst oder nicht, es war für mich, in diesem Satz, fassbar. Sprachstruktur, Machtstruktur, das Gewebe aus Körper, Gesellschaft und Zeit – das ist der Stoff, der die Geschichte bewegt, nicht aber die Intention. Stoff und Intention sind niemals dasselbe. Der Stoff ist die Materie, die Leinwand, auf der etwas geschieht, und die Intention deren Sinn. *Was kann ich wissen und erzählen?* wäre jetzt die Intention. Das liegt meinem Schreiben ja immer zugrunde, und das auch ist der Subtext im Roman, der auch ein Buch über das Schreiben und Scheitern am Schreiben ist. Wahrheit und Erfindung von Wahrheit liegen so nah beieinander, dass sie mitunter identisch werden, zumindest im erzählenden Subjekt. Bei Beckett, im »Molloy«, glaube ich, gibt es dazu eine grandiose Allegorie: »Dann ging ich in das Haus zurück und schrieb: ›Es ist Mitternacht. Der Regen peitscht gegen die Scheiben.‹ Es war nicht Mitternacht. Es regnete nicht.« Da haben wir ihn wieder, den Regen! Aber ich fürchte, jetzt bin ich doch etwas weit vom Weg abgekommen und habe Ihre Frage vergessen. »Streitkultur« und »Sprachstruktur« und »Begriffe von Freiheit« waren die Stichpunkte. Diese Matrix der Macht, die Sprache, Körper und Geschichte konflikthaft miteinander verstrickt, ist nicht in früher und heute, Diktatur des Proletariats und Digitalkapitalismus zu trennen. Beides geht ineinander über, wenngleich es historisch und strukturell sehr verschieden ist. Genau das wollte ich ja auch zeigen: dass es keine Ein- und Abschlüsse von Geschichte gibt und die Formen der Zeit fließend ineinandergreifen, auch wenn sie grammatisch voneinander getrennt sind, der Regel nach. Aber das erinnernde Subjekt sprengt diese Regeln unablässig. Es täuscht sich und lügt, um die Wahrheit zu sagen.

In »Dresden. Die zweite Zeit« wird tief in die Familiengeschichte hineingeleuchtet. Die Offenheit, mit der die Hauptgestalt, die ich zwangsläufig mit Ihnen identifiziere, ihre körperliche und psychische Verfasstheit ausbreitet, ist beeindruckend. Der Gattungsbegriff Roman suggeriert Fiktionalität. Soll man die Hauptfigur des Romans – Karl, im Weiteren K. genannt – wie den Ich-Erzähler in »Spiegelland« exemplarisch auffassen?

Wenn der Autor den Namen des Erzählers nicht mit seinem eigenen besetzt, dann will er das offenbar nicht, dann will er nicht, dass die Person des Autors und die Figur der Erzählung einander identisch sind oder als identisch gelesen werden, gleichviel, wie autobiografisch der Stoff und die Geschichte tatsächlich sind. Der Autor bleibt ja, bis zu einem gewissen Grad jedenfalls, der Souverän seiner Zeichen- und Bedeutungsfelder. Der so simpel klingende Satz Lacans: »Wir müssen es sagen«, was soviel heißt wie: wir müssen den Signifikanten finden, über den das Subjekt sich in die gesellschaftliche Ordnung einschreibt – und eben das ist schwerer als man denkt, weil der Signifikant bereits verdrängt oder verworfen wurde –, erklärt sich nirgends besser als im literarischen Text, in dem alles einer zweiten, metalingualen Bedeutung zustrebt, Ding und Metapher zugleich ist. Wenn ich nun mein sprechendes Text-Subjekt Karl nenne, das keine so sehr große Abweichung zu meinem eigenen Vornamen ist, dann will ich Distanz und Nähe, Figur und Person gleichermaßen betonen. Das sind doch rhetorische Figuren, die man hermeneutisch deuten und verstehen kann. Dem nun entspricht der Gattungsbegriff *Roman,* der natürlich ein mehr oder weniger großes Maß an Fiktionalität beansprucht. Mir wäre er nicht wichtig gewesen, aber so stand es plötzlich auf dem Cover, *Roman,* so klar und selbstverständlich, dass ich gar nicht zu widersprechen wagte. Vielleicht auch habe ich es erst gar nicht bemerkt, so irrelevant ist es im Grunde, für mich jedenfalls. Das Buch ist ja von allem etwas, reflexiv und narrativ, Essay und Erzählung. Dafür gibt es keinen Gattungsbegriff. Vielleicht habe ich ja tatsächlich, wie ein Kritiker sagte, der mein Buch mit Wohlwollen las, etwas erfunden, eine neue Form der ästhetischen Inkohärenz. Andere hat das irritiert, diese Frage, ob das nun ein Roman sei oder nicht. Wobei ich selbst der Meinung bin, dass der Romanbegriff, ebenso wie jener der Lyrik oder Dramatik, äußerst durchlässig und dehnbar geworden ist. Schon bei Thomas Mann finden wir ja theoretische Diskurse im Narrativ, die sich wie Essays lesen. Oder nehmen wir, ganz gegenwärtig, Didier Eribon, der Pierre Bourdieu und Marcel Proust stilistisch verbindet, oder Annie Ernaux und so weiter, in der französischen Literatur ist das gar kein Problem. Aber egal. Einfach nur Prosa geschrieben zu haben, möglichst gute, würde mir vollkommen reichen. Doch es gibt noch einen zweiten, eher praktischen Aspekt, die präjudikative Funktion nämlich, also die vorausgreifende juristische Bewertung, die der Begriff *Roman* absorbiert. Je näher man sich an der sozialen Realität orientiert, die wirkliche Wirklichkeit oder wie man es noch nennen könnte, *das Reale* vielleicht, das nie ganz erkannt werden kann, desto größer werden die Fallen einer falschen Identifikation, und damit verbunden auch die Missverständnisse und Kränkungen. Schon das Wort *Ich* auszusprechen ist eine solche Irritation. Denn wer oder was ist *Ich*? Das Ich der Sprache oder das Ich des Erlebens oder das Ich der Reflexion? Das imaginäre oder das reale oder das symbolische Ich? *Ich* ist mit sich selbst nicht identisch, das macht es fluide und in gewisser Weise unmöglich. Aber wir haben nur diese Abstraktion zur Verfügung, um über oder von uns Nachricht zu geben – und das ist die immer falsche Botschaft, irreversibel und unabänderlich, woraus nun wieder der Mangel entsteht und der Riss durch den Körper hindurch. Aber jetzt keine Psychoanalyse mehr, sondern weiter auf dem Feld der Literatur. Das Ich im Roman ist eine rhetorische Figur, die nur im Kontext der Erzählung wahr ist. Löst man diese Bindung zum Text, fällt das Ich aus seiner Rolle heraus, so wie ein Mondsüchtiger vom Dach fällt, sobald man ihn anspricht. Darum ist es oft so fatal, wenn der Autor in der ersten Person Einzahl erzählt, weil der Mangel an Differenz zwischen sich und der Figur Differenz gleichsam ausstreicht. Das ging mir bei *Spiegelland* schon einmal so, dass Autor und Figur als ein- und dieselbe Instanz verstanden wurden. Im neuen Buch ist das nicht anders. Das nun aber heißt nicht, dass ich *nicht* ich in meinem Buch bin. Es heißt nur: Ich und *ich* ist nicht dasselbe, weil Autor und Figur verschiedene Subjekte sind und in verschiedenen Rollen auftauchen. Und dann gibt es noch die Differenz, die in der Sprache selber liegt und uns immer entfremdet. Darum, eben, ist das Wort *Roman* durchaus richtig. Denn ich habe nur Vermutungen von Wahrheit, und diese sind noch einmal symbolisch vermittelt, durch sprachliche Zeichen. Also auch eine Autobiografie, die ich ja gar nicht geschrieben habe, ist, genau genommen, ein Roman, weil die Erinnerung eine Täuschung ist und insofern immer fiktional. Aber hier verstecke ich mich natürlich und denke nicht daran, das weiter aufzuklären.

An der Dresdner Streit- und Debattenkultur fällt K. eine Reizbarkeit auf, »die schnell zum Affekt werden kann, zur Kränkung oder zum Zorn«. Ist das eine Eigenschaft, die den »Mythos Dresden« historisch begleitet oder ein Novum in der Dresdner Verfasstheit?
Müsste ich das jetzt wissen? So alt bin ich ja nun auch wieder nicht, dass ich Historie und Gegenwart vergleichen könnte. Ich fürchte, hier liegt ein Missverständnis vor, dass ich nämlich ein Buch über Dresden geschrieben habe und mir zutraue, Bescheid zu wissen, was und wie Dresden war oder ist. Nein. Ich habe ein Buch zuerst einmal über mich selbst geschrieben, über die Frage, was kann man *wissen und erzählen.* Zweitens über eine, in dem Falle meine eigene, Familie, die ein zur Objektivierung gebrachter singulärer Körper ist, ein besonderes Allgemeines. Wie assimiliert der kleinste soziale Verband die Gesellschaft und wie dringt Macht ins Innere der Subjekte? Dass ich von mir und meiner Familie in diesem Kontext erzähle, hat den einzigen Grund, dass ich sie als exemplarisch vorfinde und natürlich besser als irgend etwas anderes kenne. Und wenn das nun alles in Dresden stattfindet, dann ist das zwar sehr konkret und auch signifikant, aber doch in einer eher nachgeordneten Bedeutung. Aber es stimmt natürlich, eine reizbare Stimmung, eine schnell überhitzte und zum Streit geneigte Atmosphäre habe ich schon wahrgenommen, und so steht es ja auch im Buch. Ebenso aber stimmt, dass mich die Vergangenheit immer wieder eingeholt und überwältigt hat und es zu einer Überzeichnung der Affekte kam, zu einer seltsamen Gleichzeitigkeit von verdrängten und augenblicklich erlebten Stimmungslagen.

Ein anderes Merkmal der zornigen Dresdner Debattenkultur ist die Gabe, aneinander vorbeizureden oder eine Verständigung von vornherein auszuschließen. Hängt das mit der Versagenshistorie der Nachwendezeit zusammen?
Das kann gut möglich sein. Auf jeden Fall ist es das Resultat einer Kränkung. Der Andere ist nur noch der Feind. Ein schlimmer, gefährlicher Zustand. Es gibt Spuren in meinem Text, die nach Erklärungen suchen. Aber ich suche eben und erkläre es nicht. Oder die Erklärung ist mit der Suche identisch. Ich nehme ja immer wieder neue Perspektiven ein,

halte das Objekt von mir weg oder ziehe es heran, denke vom Gegenteil her. Nichts ist schlimmer, als Bescheid zu wissen. Ressentiments gibt es genug. Literatur ist Differenz und Differenzierung. Das Andere, Neue, Ungewohnte. Oder sie ist Kunstgewerbe und liegt bei Karstadt zum Sonderpreis in der Kiste. Das können wir vergessen, weil es niemandem nutzt.

In »Dresden. Die zweite Zeit« wird immer wieder auf Pegida [Abkürzung für: Patriotische Europäer gegen die Islamisierung des Abendlandes] reflektiert. Diese Reflexion bringt viele neue Ansätze für ein Verständnis dieser Bewegung. Lassen sich Kernthesen formulieren, die das Phänomen Pegida greifbar machen?
Nein. Oder wenn, dann nur als Negation. Ich habe Pegida stets als unverständlich empfunden, affektiv und diffus. Immer wenn ich glaubte, jetzt hätte ich etwas Rationales in der Hand, eine stringente Linie, die Reiz und Reaktion miteinander verknüpft, kam wieder etwas von außen dazu, das in keine Kohärenz zu bringen war. Es ist wie ein Gefäß, das alles aufnimmt, was nirgendwo sonst einen Ort hat. Am besten ist es wohl mit jenem Objekt klein a ausgedrückt, das nie erkannt und symbolisiert werden kann, aber unablässig Botschaften sendet. Jedes Ding hat einen solchen Punkt, an dem es nicht mehr gesehen werden kann und auf den Betrachter zurückblickt. Vielleicht ist Pegida auch so ein Punkt, ein Mangel, der nie gefüllt werden kann. Dann müsste man alles als Metaphern lesen, was vulgär auf Transparenten steht. Und das habe ich ja in gewisser Weise auch getan. Man muss es übersetzen, vom Realen ins Symbolische, wo es zur Sprache gebracht werden kann. Aber so viel Zeit gibt die Geschichte nicht frei. Wenn es hart auf hart kommt, kriegt man eins auf seine hermeneutischen Nüsse, die Masse fackelt da nicht lange, und Lacan hilft dann leider auch nicht.

An einer Stelle im Roman wird die Formel »Hauptsache Widerstand!« als ein über Pegida und AfD hinausweisendes Markenzeichen des Zorns diskutiert. Inwieweit bedeutet dieses pauschale Dagegensein eine Gefahr, und mit welchen Strategien könnte man dieser Gefahr entgegenwirken?
Jetzt zitiere ich am besten aus meinem Roman, denn besser kann ich es jetzt auch nicht sagen: »Eine rhetorische Figur aber, die immer wieder auf einer Pegida-Veranstaltung auftaucht, beschäftigt mich länger: *Im Widerstand sein.* Wer ist gegen wen und warum im Widerstand? So genau lässt es sich gar nicht herausbekommen, es ist ein Topos an und für sich, eine jedem Inhalt vorweggenommene Grundhaltung – man könnte auch sagen: ein Trotz. Der Redner wirft irgendetwas der Menge vor die Füße, und sie skandiert sofort: ›Wi-der-stand! Wi-der-stand! Wi-der-stand!‹ Gemeint sind dann entweder die ›Lügenpresse‹ oder die ›Rautenpolitik‹ von Frau Merkel oder die ›Messerstecherkultur‹ der Migranten, eine leere Substitution, die unendlich fortlaufen kann. Hauptsache *Widerstand*! Darauf warten sie – einen Anlass zu haben, um im Widerstand zu sein, der indessen keinen substanziellen Grund finden kann, keine Form der Zuweisung, die nicht auch austauschbar wäre. Genau diese Labilität aber, diese Leerstelle im Diskurs, ist eine Gefahr, weil sie aufs übelste instrumentalisiert werden kann – und ja auch wird. Zweitens, und das finde ich noch erschreckender, haben wir es mit einer Affektverschiebung zu tun, die von den verdrängten oder verleugneten Objekten (der nicht mehr ansprechbaren D.D.R.) soweit abgerückt ist, dass wir sie nicht mehr erkennen. Die Beliebigkeit der Tatsachen, gegen die rebelliert wird (oder in rüdester Weise gemotzt), führt eine zweite und tieferliegende Intention vor: die eines pauschalen Dagegenseins; nicht wie Bartlebys ›Ich möchte lieber nicht‹, das ja ein System aus seiner eigenen Logik heraus kollabieren lässt, sondern eher

wie die leere Negativität eines Oblomow, dessen letzter Sinn des Lebens sein Mittagsschlaf ist. Genau diese Metonymie aber, *Widerstand* als die große Geste der Freiheit mit *Mittagsschlaf* zu übersetzen, regt mich so wahnsinnig auf.«

Am Ende von »Dresden. Die zweite Zeit« steht der Satz: »Und ich habe das Fehlende zu meiner Substanz gemacht, zum Mittelpunkt meiner eigenen Geschichte.« Beschreibt der Satz auch die Herangehensweise bei der Entstehung des Romans?
Das ist eine gute Frage. Tatsächlich korrespondiert dieser Satz, der ziemlich am Ende steht, mit dem Expositionalsatz: »Ich suche etwas, von dem ich nur weiß, dass es mir fehlt«, über den ich schon gesprochen habe und wie sehr er mich in den Text hineinbrachte. Im Zuge des Erinnerns fällt mir dann auf, dass es die Verluste sind, die Abschiede, die Risse der Existenz, aus denen heraus ich zu sprechen vermag. Die Fülle hat mich nie interessiert, das Positive, es langweilt mich buchstäblich zu Tode. Die Rückseiten, Dispositive, Leerstellen des Seins, damit verstehe ich umzugehen, das macht mich, wenn überhaupt etwas, produktiv. Es geht immer um die Stelle, an der sich ein Schmerz zeigt, die zu Erkenntnissen führt und neue Wege eröffnet. Aber wir leben ja in einer Palliativgesellschaft, um ein Wort von Byung-Chul Han zu verwenden. Glück ist sich selber genug, die Liebe, ehe sie abstürzt, braucht kein Gedicht. Nun gibt es die manischen Impulse, die zur hübschen Schleife werden, zum exzessiven Verbrennen von Substanz, wie im Barock. Vielleicht bin ich zu sehr protestantisch, nein, nicht erzogen, wir sind mit einem religionsfeindlichen Materialismus aufgewachsen, durch und durch atheistisch, ich und meine Geschwister, aber protestantisch im Sinne *transgenerativer Erbschaften,* um jetzt ein Wort dafür zu finden, das es bezeichnet. Wir alle haben ein Schicksal, das eben auch in den Genen liegt. Darum hat mich der Satz von Karl Marx: »Man erbt immer ein Geheimnis«, so sehr fasziniert, dass ich ihn als Motto meinem Buch vorangestellt habe. Der Gott des Szientismus und Kritiker des Kapitals findet etwas, das nicht verstanden werden kann und auch noch die individuelle Urgeschichte beschreibt – unglaublich! Irgendwo im Roman beschreibt K. den tiefen protestantischen Komplex seiner Mutter, der sich im Wiederholungszwang manifestiert hat, und dann findet er ihn im eigenen Unbewussten wieder in Form einer diffusen Schuld. Einer Schuld an sich, da und am Leben zu sein, etwas zu beanspruchen, was einem anderen fehlt. Das ist irrational und tief vergraben im Zeichenfeld des Körpers, von wo aus es Signale sendet, wie eben den Putzzwang der Mutter, der ja für nichts steht, eine leere, bedeutungslose Energieverbrennung ist. Aber bedeutungslos dann eben doch wieder nicht, weil er als Ritual einer Selbstbestrafung natürlich auch eine Funktion übernimmt. *Wie wir wurden, was wir sind,* das will ich ja herausbekommen und die Schnittstellen finden, in denen äußere und innere, soziale und private, politische und psychologische Konstitution aufeinander reagieren und korrelativ sind. Ich bin mir völlig uninteressant jenseits dessen, etwas zu verkörpern, das über mich hinaus etwas aussagt. Gleichsam die Familie, das soziale Umfeld und so weiter. Aber noch einmal zurück zur Substanz des Fehlenden. Im Buch ist es vielerlei, die tot geborene Schwester, der frühe Tod des Bruders, die verlorene Liebe, immer wieder das Loch im Gewebe von etwas. Das ist Glücksverweigerung in eben jener strengen protestantischen Tradition, die sich mir über die Mutter vermittelt hat. Und dann kommt es zur Interferenz – fast möchte ich sagen: zum Beischlaf – mit dem Realsozialismus und seiner euphorischen Glücksmetaphorik. Das ist ja nur grauenhaft, wenn man länger darüber nachdenkt. Ich musste dreihundert Seiten schreiben, um das herauszubekommen, dass diese zwei Sätze, von denen wir

hier reden, die ganze Geschichte erzählen, ihr Anfang und ihr Ende sind. So sehr erstaunlich, finden Sie nicht?

Ich möchte gern noch zur Form fragen. Ihre drei Romane »Spiegelland«, »Ich hielt meinen Schatten für einen anderen und grüßte« und »Dresden. Die zweite Zeit« entspringen der gleichen Wurzel – Verletzungen, die das Aufwachsen in einer Diktatur und in einer Familie, die diese Diktatur verkörperte, erzeugt haben. In »Spiegelland« korrespondiert mit der Verletztheit und Verletzlichkeit der Hauptgestalt ein Text, der sich – mit musikalischen Prinzipien, Wiederholungen und Unterstreichungen arbeitend – wie eine Partitur liest. Ein Verfahren, das mich an Thomas Bernhard erinnert hat, dessen Texte ja auch aus Verletzungen herrühren. Ich sehe »Spiegelland« als ein großartiges Sprachkunstwerk. Der Roman »Ich hielt meinen Schatten für einen anderen und grüßte« liest sich wie ein Schelmenroman aus der Hölle. Ein erschütterndes Buch, in dem die DDR-Diktatur in ein absurdes Szenario verwandelt wird, bei dem der Leser eigentlich gleichzeitig lachen und weinen müsste. Ein unglaublich dichtes Buch, ein Sprachstrom, der von der ersten bis zur letzten Zeile seine Kraft behält. Der dritte Roman nun zeigt sich als ein Essay-Roman in Tagebuchform. Wann fällt die Entscheidung über die Form eines Romans? Geschieht dies mitten im Schreibprozess oder steht das vor dem ersten Kapitel fest?

Bei Byung-Chul Han habe ich einen grandiosen Satz gefunden, der die Motorik des Schreibens in eine kurze Formel bringt: »Der Schmerz setzt die Erzählung erst in Gang.« Das ist gar nicht semantisch gemeint im Sinne von: Es geht immer um einen Schmerz, um das Objekt des Schmerzes, das ja auch im Verlust, in der Negativität, vorhanden bleibt. Vielmehr verstehe ich es formal. Der Schmerz hat eine Form, die sich zum Bild oder zum Wort syntaktisch verhält. *Wie* ist der Schmerz, das will der Leser von Literatur erfahren, dafür leistet er den Aufwand, auch schwierige Texte zu lesen, die erst einmal enigmatisch bleiben und immer auch übersetzt werden müssen. Belohnt wird er mit einer Intensität von Gefühlen, die er der Lektüre verdankt. Diese emotionale Intensität ist mit einer historischen Beschreibung nicht zu erreichen. Ein Satz wie: »Ich habe Angst vor dem Krieg« ist im Grunde vollkommen leer. Wie ist diese Angst, das wäre im literarischen Kontext zu zeigen, hervorzubringen, durch eine Umgebungstextur, die den Aussagesatz mit Leben erfüllt. Soweit meine poetische Vorstellung. Entsprechend sind meine Bücher entstanden, weniger in einem auf Objekte konzentrierten Handlungsstrom, sondern assoziativ und sprachorientiert, weil es mir zuerst um Gefühlswahrheit geht. Die Sprache selbst ist ja eine Figur der Substanz, sie bildet nichts ab, sondern nach. Wir haben weiter oben von Entfremdung durch Sprache gesprochen, dass ein Wort der Tod des Dinges ist, das es bezeichnet. Bei Lacan spaltet sich hier das Subjekt, in eines, das ist, und in ein anderes, das spricht, S1 → S2, woraus folgt, dass S ausgestrichen → ($) wird. Literatur nimmt etwas von dieser Spaltung zurück, zumindest dort, wo sie die Form dafür hat, und das auch ist für mich der längste Prozess, ehe ich etwas beginnen kann: die Form zu finden, mit der sich erzählen lässt. »Spiegelland« hatte etwas von diesem parataktischen Sprachstrom, der den Zorn pur weiterleitet, vielleicht etwas viel Thomas Bernhard, dann aber doch wieder anders. Der Kaspar-Hauser-Roman »Ich hielt meinen Schatten für einen anderen und grüßte« war die absolute Metaphorisierung von DDR-Realität. Ich war in Rom zu der Zeit, als ich anfing damit, und nichts war ferner als Leipzig, wo ich die letzten Jahre der DDR erlebt habe. Das dunkle Gefühl, aus einem Erdloch zu kommen, heimatlos wie schon in »Spiegelland«, aber zudem entstellt und illegitim und in einer Beweispflicht, überhaupt zu existieren. Mit dem ersten Satz: »Wir liebten die Welt unter der Erde«, war gleichsam ein surrealer Grundton gegeben, der den ganzen Text strukturiert. Komik und Tragik fallen im Absurden der Erzählung zusammen, sie werden zu einem Nullpunkt der Geschichte.

In der »Zweiten Zeit« gute zehn Jahre später ist das wieder anders. Das Reale kommt zurück und entfaltet sich im Konkreten der Familiengeschichte. Eine Flucht ins Imaginäre misslingt, wobei imaginär immer noch viel bleibt. Es führt jetzt zu weit, darüber zu spekulieren, warum das so ist. Kunst hat ihr internes Geheimnis, das auch nicht mehr gelöst werden muss. Vielleicht ist das Älterwerden so, dass sich eine Sehnsucht nach Unmittelbarkeit in gleicher Weise verdichtet, in der die Lebenszeit abnimmt. Das Wort Authentizität nehme ich jetzt besser nicht in den Mund, das wäre wohl wieder eine Falle, aus der wir uns dann umständlich herauswinden müssten.

Ich würde gern noch einige Fragen anschließen, die über den Roman hinausführen. Die exemplarisch zu deutende Hauptfigur in »Spiegelland« hört auf zu sprechen, verweigert die Sprache, wird stumm, weil sie die Sprache der Eltern nicht mehr von der Herrschaftssprache, von der verordneten Sprache des Staates unterscheiden kann. In Ihrer Biografie gibt es viele Parallelen. Mit welchen Strategien sind Sie gegen die verordnete Sprache angetreten? Es galt ja nicht nur eine private Umgangssprache zu finden, die Mutter- und Vaterliebe wieder zulassen konnte. Es galt auch eine taugliche Sprache zu finden, in der die Welt beschrieben werden konnte. Und drittens, eine Sprache zu finden, in der Sie sich als Schriftsteller verwirklichen konnten, also eine Sprache, die Mehrwert erzeugt. Ich sehe das als drei unterschiedliche Aufgaben.
Das sind alles keine Prozesse, die man sich vornehmen kann. Sie passieren, und rückblickend fragt man sich dann: wie sind sie passiert, durch welche inneren und äußeren Bedingungen. Das durchzieht ja nicht nur meinen letzten Roman, sondern ist ein Topos aller meiner Literatur. Sprache zu beobachten, sie zu verweigern und neu zu organisieren im Kontext eines poetischen Sprechens, eines Antitextes, wenn man so will, das ist mir sehr früh schon begegnet. In *Spiegelland* habe ich viel darüber geschrieben, aber auch immer wieder in Essays. Dabei geht es um Literatursprache, um den Akt des Sprechens, der die Sprache als System der kollektiven Entfremdung auf das eigene Subjekt hin aktualisiert. Aber dann gibt es ja die Sprache des großen Anderen, der wir unterworfen sind wie einem Gesetz und die zum Begehren im Unbewussten wird, über das wir nicht mehr verfügen. Allenfalls als Störung, Kurzschluss, Aphasie, also in der Verweigerung. Aber ebenso, wie wir nicht *nicht* kommunizieren können, können wir auch nicht *nicht sprechen*. Wir können nur verstummen, um nicht lügen zu müssen. Das habe ich getan, als Kind, in einer Art von körperlicher Revolte. Aber die Sprache hört ja deshalb nicht auf, ein System der Unterwerfung zu sein. Der poetische Text, die Überschreitung der grammatischen Funktion hin zu einer Sprache der Jouissance – des genießenden Subjekts –, ist vielleicht die einzige Möglichkeit, der disziplinierenden Sprache zu entkommen. Das hat mich zur Literatur gebracht und zum Schreiben: die Macht der Wörter über den Körper vom Körper abzuwenden. Das sind natürlich keine bewussten Prozesse. Man geht ja nicht los und sagt: Ich wende jetzt mal die Macht der Wörter von mir ab. Es geschieht im Gebrauch, im poetischen System einer neuen Ordnung des Sprechens.

Es ist sicher kein Zufall, dass Ihr Essayband »Was gewesen sein wird« (2015) mit Essays über Gustave Flaubert und Franz Kafka eingeleitet wird. Beide hatten wie Sie einen Kampf mit dem eigenen Vater zu bestehen. Kann man sagen, dass beide über dieses Spannungsfeld zum Originären ihrer Literatur gefunden haben? Würden Sie das auch von sich behaupten?
Mich mit diesen Giganten der Literatur zu vergleichen, wäre maßlos. Das machen wir jetzt nicht. Aber es gibt natürlich enorme Parallelen in der Entwicklung zum Schriftsteller. Das wird man ja nicht, wie man Friseur oder Schulleiter wird. Das ist auch keine höhere Berufung, keine Eingebung im esoterischen Sinn. Es ist eine aus vielen Faktoren zusammen-

gesetzte Fügung, in der Begabung nur ein Teilaspekt ist. Begabt zu sein ist noch nichts Besonderes, das sind viele, einige wissen es, andere nicht. Aber was daraus wird, wie Begabung sich durchsetzt und Kontinuität beweist, das ist noch einmal etwas ganz anderes. Das hat Sartre in seiner gigantischen Flaubert-Studie gezeigt, wie verwoben soziales, politisches und privates Leben miteinander ist und eben auch darüber entscheidet, was einer wird und was eben nicht. Und gerade Flaubert ist mir so unheimlich nah, dass es natürlich irgendwann zwingend sein musste, darüber nachzudenken und zu schreiben. Sein Konflikt mit dem Vater, der ein berühmter Chirurg in Rouen war, seine Legasthenie in der Kindheit, die Verweigerung, die Sprache der Gesellschaft zu sprechen, um sie dann sofort literarisch zu gebrauchen, kleine Theaterstücke, die er schon mit zwölf, dreizehn Jahren verfasst und mit seiner älteren Schwester Caroline aufgeführt hat und vieles mehr, ich kann das hier nicht weiter ausführen. Oder Kafka, dessen Vater ein Titan für ihn war, den er nur auf dem Feld der Literatur schlagen konnte – was sind das für gewaltige kulturelle Transformationen. Natürlich sind das Verwandtschaftsverhältnisse, Ähnlichkeitsbeziehungen, parallele Strukturen. So liest man ja auch, um sich selbst im Anderen neu zu begegnen. Wer was und warum liest, das ist ja nicht zufällig so. Das kann man über sich wissen, muss es aber nicht. Immer aber spiegelt es etwas zurück, das tief mit einem selbst verbunden ist. So stimmt es wohl, was Paul de Man sagte: Man liest immer sich selbst, wenn man liest. Und man schreibt, wenn man schreibt, auch immer über sich selber. Da kann der Stoff noch so entfernt von einem sein – irgendwo leuchtet etwas in der Textur, das tief mit dem eigenen Selbst verbunden ist, oft projektiv und hinter einer Maske verborgen.

Sie beziehen sich in Ihrer Sprachkritik u.a. auf Victor Klemperers »Lingua Tertii Imperii«, in welchem die Sprache der Nationalsozialisten analysiert wird. Die LTI, wie sie Klemperer beschreibt, sagen Sie, stehe für jedes erstarrte sprachliche System, das eine gesellschaftliche Verfasstheit verkörpere und am Leben hält. Wenn man sie verstehe, verstehe man auch ein Prinzip. Was können wir bei Klemperer über die Sprache der DDR ableiten, was über unsere gegenwärtige sprachliche Verfasstheit in Deutschland, die einige mit der Wortfindung »Gesinnungskorridor« beschreiben?

Ich habe einen Vortrag über Klemperer gehalten, in Dresden, im Rahmen eines Kolloquiums, einen Essay verfasst, der sich mit der LTI – Lingua Tertii Imperii – befasst, aber das war es auch schon. Eine nachhaltige Referenz geht daraus jetzt nicht hervor. Im Gegenteil, ich war etwas geschockt, als ich am Ende dieses so empfindsam mit Sprache umgehenden und sie analysierenden Buches lesen musste: »Aber soviel auch der Nationalsozialismus von den ihm vorangegangenen zehn Jahren Faschismus gelernt hat, so vieles an ihm Infektion durch fremde Bakterien ist: Im letzten war oder wurde er doch eine spezifisch deutsche Krankheit, eine wuchernde Entartung deutschen Fleisches, und durch Rückvergiftung von Deutschland her ist der an sich gewiss verbrecherische, aber doch nicht ganz so bestialische Faschismus gleichzeitig mit dem Nazismus zugrunde gegangen.« Das ist Kritik im Tonfall des Kritisierten, denn wir haben es mit keiner erlebten Rede oder Rollenprosa zu tun. Die obszöne Sprache des Nationalsozialismus wird zur Autorensprache des Mannes, der wie kein zweiter darunter gelitten hat – und er bemerkt es nicht einmal. Das zeugt einmal mehr von der Macht der Sprache über den Sprechenden. Ich erinnere mich gut, wie die Sprache meines kommunistischen Großvaters gleichsam durchdrungen war von einem Nazijargon, der im völligen Kontrast zur Rhetorik der Ideologie stand. Immer wieder tauchten Wörter auf, die historisch völlig verbrannt gewesen sind und durch die er sich in gewisser Weise auch kompromittierte, selbst einmal auch ein Nazi gewesen zu sein. Bezogen auf die junge Kunst der DDR, die gerade damit anfing, die Abstraktion zu entdecken, oder nicht zu entdecken, sondern in einer großen Kunstschau öffentlich zeigen zu können, sagte er einmal: »Wegsperren, diese Verrückten, das ist komplett entartet.« Nun gibt es heute natürlich auch diese Sprache, die mit dem Gegenteil dessen verbunden bleibt, das sie angreift oder überwunden zu haben glaubt. Spuren der Rückbindung, die die Vergangenheit immer auch wieder am Leben erhalten und zur Gegenwart werden lassen. Das Wort »Gesinnungskorridor« ist schon auch unheimlich. Etymologisch habe ich da keine Idee, aber die Botschaft ist schon klar: Keiner darf über den Mainstream hinaus eine Meinung vertreten. Und das wird dann zu allen Zeiten und auf allen Kanälen gesendet. Ein im Grunde unglaublicher Vorgang von politischer Denunziation. Hier steckt dem ein oder anderen vielleicht noch das Redeverbot zu Zeiten der DDR in den Knochen oder wirkt auf diese Art nach, dass es auf die Verhältnisse von heute projiziert werden muss, um nachträglich bekämpft zu werden.

In Ihrer Uwe-Johnson-Preisrede (1994) sagen Sie mit Sicht auf die DDR: »Was das System von sich wahrnahm, war nicht, was es vorfand, sondern was es über sich dachte. Es definierte sich von seinen Zielvorstellungen her, wodurch jede Kontrolle über sich selbst als eine ökonomische Gestalt verloren gegangen war und mit ihr alle sinnvollen Bezüge zwischen Handeln und Sprechen.« Ist das ein Merkmal von Diktaturen oder kann auch die Selbstwahrnehmung einer Demokratie in eine solche Sackgasse geraten?
Eine idealisierte Selbstwahrnehmung, die mit der Realität nichts mehr zu tun hat und zu immer unsinnigeren Handlungen führt, die ihrerseits die Gesellschaft zerstören, implodieren lassen, wie wir das am Osten ja gesehen haben, ist natürlich auch in einer Demokratie denkbar, sobald sie sich selber verliert. Aber ihrem Wesen nach stehen Demokratien ja in einem dauernden Korrekturprozess, der sich aus der Freiheit der Meinungen ergibt und im Diskurs der Kritiken fortsetzt. Das macht sie zum einen langsam, zum anderen widerstandsfähig.

Ihr Langgedicht »Der Körper meiner Zeit« lese ich auch als einen politischen Text, der die Irrtümer und den Irrglauben unserer Gegenwart thematisiert. Existentielle Sichtweisen, die einem Schauer über den Rücken jagen, wechseln mit philosophischen und sprachkritischen Interpretationsversuchen. Man kann aber auch Lachen in diesem Buch, über die Slapsticks des desillusionierten Dichter-Ichs, über dessen Alltagskomik und skurrile Träume. Der Übergang ist oft fließend. Ist das Langgedicht für Sie jetzt die geeignete Form schlechthin, in der man alles unterbringen kann, was in den Sprachfluss drängt?
Jedes Buch hat seine eigene Entstehungsgeschichte. Ich kann nichts wiederholen. Erst weiß ich nicht, wie ich beginnen soll, dann entfaltet sich ein Text aus dem Material heraus, das sich langsam mit Bedeutung anreichert, und dann steht es plötzlich da, das neue Buch, wie ein Kind, das sich von einem losreißt und wegläuft, vertraut und fremd gleichermaßen. Später weiß ich nicht mehr, wie ich es zustande gebracht habe, es ist eben passiert. Aber es lässt sich eben auch nicht mehr kopieren. Jeder Versuch, das noch einmal so machen zu wollen, vielleicht nur mit einem anderen Sujet, aber der Form nach ähnlich, ist ausgeschlossen. Ebenso fürchte ich mich davor, jemals in die Situation des Reproduzierens zu kommen, ich würde mich wie ein Hochstapler fühlen, wie ein Betrüger. Das ist die Gefahr, wenn man mit etwas Erfolg gehabt hat, dass man das dann mit den gleichen Mitteln wiederholen will und im Kunstgewerbe landet, weil das komplexe Zusammenspiel von Semantik und Syntax, die prosodische Struktur, die Zeit und der Ton, eben nur einmal funktioniert. Jeder Stoff schafft sich sein eigenes formales System, da ist nichts gültig auf immer gleiche Weise. So ist auch »Der Körper meiner Zeit« ein Buch, das sich nicht wie-

derholen lässt. Ein Langgedicht in fünf Büchern, das verschiedene Orte in einem einzigen lyrischen Bewusstseinsstrom miteinander verknüpft und symptomatisch für unsere moderne zerrissene Welt steht wie für das Subjekt ihres Mangels. Dennoch, im Kern ist es ein Gedicht über die Liebe geworden, auch wenn sie fast immer abwesend bleibt und am Ende gnadenlos scheitert. Aber Liebe muss vielleicht scheitern, sonst war sie keine, weil sie über keinen Anspruch verfügte, der in seiner Grenzenlosigkeit niemals erreicht werden kann. Das sind die Aporien der Liebe, an denen die Romantiker zugrunde gingen, weil sie insgeheim an deren Auflösung glaubten. Eines aber kann ich im verallgemeinernden Sinne schon sagen: Kohärenz in der Literatur ist die blanke Erfindung und absolut unglaubwürdig. Wir haben es mit dispersiven Oberflächen zu tun, die alles gleichzeitig zeigen und damit sinnlos werden lassen – das kann man doch ästhetisch nicht ignorieren. Oder man holt sich den auktorialen Erzähler zurück, weil der so beruhigend über alles Bescheid weiß, und dann fließt auch der Zeitstrom regulär wie eine Schweizer Präzisionsuhr tickt. Ich könnte so etwas nicht lesen, allenfalls, wenn ich einschlafen möchte. Das haben meine Bücher dann doch gemeinsam: Sie sind, bis in die Form hinein, die kausale Beziehungen auslöscht, Fragmente. Aber nicht im Sinne von: sie finden nicht zu einem Ganzen, sondern: sie meiden es, ein Ganzes zu sein.

Inzwischen hat uns alle die Corona-Krise im Griff. Was bedeutet das für einen Autor, wenn plötzlich das öffentliche literarische Leben nur noch in Online-Foren und ZOOM-Konferenzen stattfindet? Wird auch der Schreibprozess selbst beeinflusst?

Mich macht der Digitalterror, der ein Parallelphänomen der Pandemie ist und nur noch das Ereignis brauchte, um unabweislich zu werden, so langsam verrückt.

Größer kann menschliche Entfremdung kaum werden, als in diesen wie Pilze aus der Erde schießenden Online-Foren, die Echtheit nur simulieren. Die audiovisuellen Verzerrungen und Bildreduktionen in einem Zoom-Meeting haben etwas von jener fragmentierten Körperwahrnehmung, wie sie Kleinkinder haben. Dann die auf einen selbst gerichtete Blickposition, man sieht sich zu, wie man sieht, dass man gesehen wird. Das ist doch im höchsten Maße narzisstisch. So schaut der Voyeur durch ein Schlüsselloch und lässt sich vom Hotelpersonal dabei erwischen. Das ist dann der Blick, der den Blick zum Objekt der Moral macht, wie es Sartre beschreibt. Vielleicht kann man Schnürsenkel auf diese Weise verkaufen. Für Kunst und Literatur, die erst in der Topologie eines Raumes und im Diskurs ihre Bedeutung einlösen, ist das ein grandioser Verlust. Aber besser als nichts, könnte man sagen. Ich weiß nicht, ob das stimmt oder ob nicht der Verzicht die bessere Antwort wäre, weil er das Produkt nicht beschädigt und die Ökonomie des Begehrens nach dem Fehlenden wachhält. Es ist wie bei alkoholfreiem Bier, bei dem das Wort *Bier* schon alles ist, was übrig blieb. Dann besser gleich Milch. Meine Meinung. Natürlich spielt hier der Zeitfaktor mit. Nach nunmehr einem Jahr ist man schon froh, wenn es wenigstens noch irgendwo nach Gaststätte riecht, egal ob man sie betreten kann. Furchtbar wäre nur, wenn diese elektronischen Krücken – denn etwas anderes sind sie ja nicht – nicht wieder verschwinden und unser Leben für immer eben auch ästhetisch verändern. Denn es ist ja klar, dass sie alles verwerfen, was wir sinnlich ausgebildet haben, unsere Gefühle, die vom Sehen, Riechen, Berühren her geformt und mitbestimmt sind, von der physischen Präsenz und Materialität der Dinge. Der Klang einer Stimme ist mindestens ebenso wichtig wie das, was sie sagt. Die Form gehört zur Substanz, der Umweg zum Ziel. Die Maschine aber kennt nur Effizienz und eine Optimierung ihrer Programme, und eben darum wird sie auch nie ein Gedicht schreiben können, jedenfalls keines, das imaginär produktiv wird.

Andere finden es schön, durch die elektronischen Technologien jetzt nicht mehr aus dem Haus zu müssen und auch einmal in Unterhosen einem Online-Meeting beizuwohnen. Peinlichkeiten inklusive, wenn jemand vergaß, den Ton abzustellen oder die Kamera in einem Winkel zu halten, der einen nicht kompromittiert. Schließlich spare man Zeit, so das Argument. Ebenso aber fallen die letzten noch verbliebenen Grenzen zwischen Arbeits- und Privatwelt, werden die Felder der Öffentlichkeit so ins Innere der Familien verschoben, dass schlichtweg alles zu einer öffentlichen Sache wird. Aus der Disziplinargesellschaft ist eine Überwachungsgesellschaft geworden mit dem Effekt, dass die Subjekte sich selbst kontrollieren, Häftling und Wärter in einer Person sind. Das Panoptikum als ein Paradigma der Macht bei Foucault ist überholt und hat sich in die Psychomotorik selbst eingeschrieben, ist intrinsisch geworden. Das sind Strukturverschiebungen, die lange schon angelegt waren und nun im digitalen Alltag der Pandemie ihre beschleunigte Durchsetzung finden. Kreativ hat es mich jedenfalls nicht gemacht, wie vielleicht andere, die tolle Einfälle hatten, wie man mit einem Bein tanzt, wenn das andere festklemmt, zum Beispiel. Ich habe immer nur gestaunt. Über die massenhaften Corona-Gedichte, während es mir die Sprache verschlug. Woher kamen die Worte? Ich habe es nicht verstanden und mich ständig defizitär erlebt. Ich werde später darüber reden, was es war, dieses Gefühl, am Ende der Wörter zu sein. In einer Krise ist alles kontingent. Auch die Sprache. Aber dieser Nullpunkt, er lässt es auch zu, noch einmal geboren zu werden. Darauf warte ich gerade. Und auf die Impfung.

Lieber Kurt Drawert, vielen Dank für dieses Gespräch.

Im Grunde genommen ist das, was nicht gesagt wird, das, was gesagt wird

Gespräch mit Katerina Poladjan

Bereits die ersten beiden Romane von Katerina Poladjan wurden von der Literaturkritik gefeiert. »Stark in den Dialogen, prägnant in den Menschenskizzen. Katerina Poladjan beherrscht die Kunst der Auslassung. Und doch ist alles Atmosphäre in ihren Romanen«, schreibt Meike Feßmann über sie. Ihr 2019 erschienener Roman »Hier sind Löwen« beschreibt das gegenwärtige Armenien, wie es eine deutsche Buchrestauratorin erlebt, und reicht dennoch weit zurück, da der 1915 erfolgte Genozid an den Armeniern im Osmanischen Reich in einem parallelen Erzählstrang als Schicksal zweier Kinder Präsenz gewinnt. »Katerina Poladjan hält ihren Roman in der Schwebe zwischen dem Historischen und der Fiktion. Sie weiß, dass die Erinnerung immer neue Varianten des Faktischen hervorbringt […]«, schreibt Paul Jandl über »Hier sind Löwen«. Ihr 2021 erschienener Roman »Zukunftsmusik« erzählt einen Tag in einer sowjetischen Kommunalka. Beschrieben wird der 11. März 1985, der Tag, an dem der Generalsekretär der KPdSU Konstantin Tschernenko gestorben ist und an dem Michail Gorbatschow zu dessen Nachfolger bestimmt wird. Darum geht es jedoch im Roman nicht, der Name Gorbatschow wird gar nicht genannt. Der Tag ist die gewählte Schnittstelle durch die zu beschreibende Gesellschaft. »›Zukunftsmusik‹ ist Romanessenz: schön und klar und so stark wie 30 Romane«, sagt Monika Rinck.
Ich sprach am 20. Dezember 2022 mit Katerina Poladjan in ihrer Berliner Wohnung über ihre Romane »Hier sind Löwen« und »Zukunftsmusik«.

Liebe Katerina Poladjan, Sie haben in diesem Jahr den Chamisso-Preis Hellerau erhalten. Dazu gratuliere ich Ihnen ganz herzlich.
Vielen Dank!

Ehe wir über Ihre Romane »Hier sind Löwen« und »Zukunftsmusik« sprechen, möchte ich Sie gern fragen, wie die Literatur in Ihr Leben kam und welche Rolle Bücher in Ihrer Kindheit und Jugend gespielt haben?
Meine Kindheit war geprägt von der russischen Sprache. Ich selbst konnte aber keine russischen Bücher lesen. Meine erste Begegnung mit Literatur betraf also russische Kinderbücher, vorgelesen von meiner Mutter. Eine frühe Erinnerung betrifft ein Kinderbuch, das meine Mutter mir wieder und wieder vorlesen musste. Da ich den Roman schon fast auswendig kannte, habe ich dann versucht, ihn selber zu lesen. Ich ging mit dem Finger die Zeilen entlang und erzählte mir dabei die auswendig behaltene Geschichte, d. h. ich las den Roman, ohne lesen zu können. Es ging in diesem Roman um ein grünes Männchen, das im Garten einer Familie lebte und nur von einem bestimmten Mädchen gesehen werden konnte. Eine Geschichte von Einsamkeit und eine Geschichte über das Unsichtbare. Als wir nach Deutschland kamen, befand ich mich in einem seltsamen Zwischenstadium – Russisch konnte ich nicht lesen, Deutsch aber auch noch nicht. Ich hatte eine Deutschlehrerin in der Grundschule, die sich jeden Nachmittag mit mir hingesetzt und geübt hat. Ich musste Goethe lesen und andere anspruchsvolle, für mich damals noch sehr schwierige Literatur. Sie war sehr streng und ich sehr ehrgeizig. Das traf sich.

Als ich der deutschen Sprache etwas mächtiger wurde, begann ich, alles, wirklich alles zu lesen, was mir zwischen die Finger kam, von der Gebrauchsanweisung für den Kühlschrank, über Kataloge bis zur Literatur. Irgendwann habe ich mit den Klassikern begonnen. Literatur wurde für mich eine Fluchtmöglichkeit vor der Realität. Ich war als Kind häufig allein und hatte nur sehr wenige Freunde. Meine Eltern hatten eine Bibliothek mit russischen Büchern, die ich aber nicht lesen konnte. In einigen Hotels und Pensionen gibt es manchmal Bücherregale. Da findet man dann alles: Philosophie, Sachbücher, Kochbücher, Groschenromane, Science Fiction. Ich hab das alles gelesen, egal, was da stand. Ohne Bücher habe ich mich einsam gefühlt. Literatur ist für mich bis heute eine Fluchtmöglichkeit geblieben. Der Welt zu entfliehen und auch mir selber zu entfliehen. Den Gedankenschleifen zu entfliehen, zu denen ich manchmal neige.

Nachdem meine Eltern sich getrennt hatten, war ich zwei Jahre in einem katholischen Internat. Von da an habe ich mir meine eigene Bibliothek zusammengesucht. Ich hatte seitens meiner Eltern keine Lektüreempfehlungen erhalten. Ich bin sehr frei aufgewachsen, in jedweder Beziehung. Ich konnte tun und lassen, was ich wollte. Eine wilde Kindheit. Da ich als Kind Schlafprobleme hatte, habe ich nachts sehr viel gelesen. Mit dreizehn las ich »Schuld und Sühne« von Dostojewskij, ein Buch dass mich als Kind sofort fasziniert hat, obgleich ich vermutlich nicht alles verstanden habe. Im Studium habe ich den Roman wieder aufgegriffen – in einer Arbeit, in der »Schuld und Sühne« mit Scorseses »Taxidriver« und Nietzsches »Genealogie der Moral« ins Verhältnis gesetzt wird. Dieser Roman hat mich geprägt.

»Hier sind Löwen« ist ein vielschichtiger Roman, der in mehreren Ebenen aufgebaut ist. Eine deutsche Buchrestauratorin fährt nach Jerewan, um eine alte Familienbibel, ein Heilevangeliar aus dem Jahr 1710, zu restaurieren. Helene Mazavian hat selbst armenische Wurzeln. Im Auftrag ihrer Mutter, einer aus Moskau nach Deutschland übergesiedelten und dort erfolgreichen Künstlerin, soll sie nach etwaigen Verwandten in Armenien forschen. Inwieweit ist Ihr Interesse an diesem Stoff auch durch Ihre eigene Familiengeschichte bestimmt gewesen?

Im Roman kommt ein Satz vor: »Ich trage meinen Namen wie einen verbeulten Hut, den ich auch zum Essen nicht abnehme«. So ähnlich ist das auch mit meinem Namen. Poladjan ist ein armenischer Name. Das Armenische spielte aber in meiner Familie nie eine große Rolle. In der Sowjetunion – wir lebten damals in Moskau – war das ein russischer Name. Als wir nach Deutschland kamen, spielte das zunächst auch keine Rolle. Mein Vater hat aber dann begonnen, sich in seiner Kunst mit dem Genozid an den Armeniern auseinanderzusetzen. Das habe ich als relativ schmerzhaft erlebt, weil ich als Kind mit diesen ganzen Fotos der Gräueltaten aufgewachsen bin. Er hat diese Fotos in seine Assemblagen integriert. Mein Vater hat sich ab da den Künstlernamen Sewan zugelegt, nach dem armenischen See. Allerdings nur für einige Jahre. Als sich meine Eltern trennten, war ich zwölf. Ich hatte dann lange Zeit keinen Kontakt zu meinem Vater. Erst 2014 holte mich dieses Thema wieder ein. Ich begann zu recherchieren. 2019 ist der Roman dann erschienen. Ich begann damit, meinen Vater nach seiner Familie zu befragen, und bin dann immer weiter in die Materie eingedrungen. Und ich glaube, ich habe mit diesem Roman die Fragen gestellt, die mein Vater seinem Vater nicht gestellt hat. Dieser war als Kind mit seiner älteren Schwester aus Ordu von der Schwarzmeerküste (dem heutigen Ostanatolien) vor dem Genozid geflohen, hatte aber nie darüber gesprochen. In dieser Familie gab es über Generationen hinweg diese Leerstelle. Deshalb fand ich den Titel »Hier sind Löwen« geeignet, weil diese terra incognita in der eigenen Familiengeschichte bestand.

»Hic sunt leones (hier sind Löwen) schrieb man in alten Zeiten an die weißen Flecken einer Landkarte«, erfährt der Leser von Tarik, einem türkischen Altphilologen, mit dem Helen nach Anatolien fährt.
Andreas Kebelmann, ein befreundeter Regisseur, produzierte ein Feature für den SWR zu meiner Familienrecherche. Er, mein Mann Henning Fritsch, und ich sind gemeinsam nach Jerewan gereist. Das Feature begleitet mich, wie ich vor Ort meiner Familiengeschichte nachspüre. Ich wusste, dass es irgendwelche Großtanten und Großcousinen gibt, die verstreut in Armenien leben. Aus diesem Anlass begann eine Recherche, aus der sich schließlich der Roman entwickelte. Die Entscheidung, dass die Hauptfigur eine Buchrestauratorin sein soll, ergab sich bei einem Besuch im Matenadaran, dem Zentralarchiv für armenischen Handschriften.

Für den Leser ist der Roman eine Bildungsreise. Er erfährt einiges über das gegenwärtige Armenien und die armenische Geschichte. Er erfährt auch einiges über Buchrestaurierung. Wie viel Zeit der Recherche und Einfühlung braucht man, um eine Restauratorin glaubhaft schildern zu können? Wie sind Sie dabei vorgegangen?
Ich habe einen großen Hang zum Perfektionismus, der sich ins Manische auswachsen kann. Mit der Recherche zur Buchrestaurierung bin ich immer tiefer in dieses Berufsfeld eingedrungen. Ich habe ein Praktikum an einer Bibliothek in Berlin absolviert, habe eine Buchrestauratorin kennengelernt, habe begonnen, über die einzelnen Techniken der Buchrestaurierung zu recherchieren. Ich bin dann ein weiteres Mal nach Armenien gefahren, um ein Praktikum im Matenadaran zu absolvieren. Ich würde jetzt nicht sagen, dass ich ein Buch restaurieren könnte, aber ich war nahe daran. Als ich das fertige Manuskript dieser Restauratorin zu lesen gegeben hatte, war ich sehr aufgeregt. Weil ich befürchtete, dass sie mir wegen irgendwelcher Unstimmigkeiten alles um die Ohren hauen würde. Es war dann zum Glück alles gut. Für mich ist die Recherche wichtig, um diese Sicherheit zu erlangen. Ob dann all das Recherchierte im Buch ankommt, ist weniger wichtig. Das Fundament muss stimmen. Das, worüber ich schreibe, muss in Geist und Körper übergegangen sein. Sonst kann ich darüber nicht schreiben.

Marcel Beyer hat sich für seinen Roman »Kaltenburg« mit einer Unmasse an ornithologischem Fachwissen ausstatten müssen.
Das ist ja das tolle an der Profession des Romanautors, dass man ständig die Berufe wechseln kann.

Über die Geschichte des armenischen Volkes – insbesondere über den Genozid zu Beginn des vorigen Jahrhunderts – ist schon viel geschrieben worden. Man denke nur an Franz Werfels großen Roman »Die vierzig Tage des Musa Dagh«. In Ihrem Roman gibt es einen Erzählstrang, der die Zeit des Genozids behandelt, allerdings aus Sicht zweier Kinder. Wie ist diese Erzählidee gewachsen?
Das war eine zentrale Frage für mich: Wie schreibe ich über Gewalt? Ich habe sehr viele Dokumente aus der Zeit des Genozids gelesen. Es waren 1915 viele Missionare im Osmanischen Reich – aus Schweden, aus Frankreich, Amerikaner und Deutsche – die über den Genozid berichtet haben. Es gibt Filme und Fotomaterial. Ich habe das alles gelesen und angeschaut, dann aber beschlossen, dies nicht im Roman zu dokumentieren. Eine Einverleibung dieser Gräuel wäre mir anmaßend erschienen. Ich habe Distanz zu diesem Thema gebraucht. Mir war es auch wichtig, das Thema als etwas Universelles abzuhandeln. Die Kinder, über die ich im Roman schreibe, könnten auch syrische oder ukrainische Kinder

sein. Mir ging es um eine universelle Geschichte von Flucht und Verfolgung und Leid. Kinder werden in diesen Situationen zu den am meisten Leidtragenden.
Natürlich war auch die Fluchtgeschichte meines Großvaters ein Impuls für diesen Erzählstrang. Ich habe dafür einen etwas märchenhaften Ton gewählt, um Distanz zu schaffen. Es ist ein Ton, der einerseits die Kinderperspektive annimmt, anderseits gibt es eine wissende Erzählstimme. Diese kommentiert zwar nicht, liegt aber immer – wie ein Schutzraum für die Kinder – über dem Geschehen.

Ich habe diesen Roman teilweise in Istanbul geschrieben. Und zwar in der historischen Sommerresidenz des deutschen Botschafters, aus der einhundert Jahre zuvor über den Genozid berichtet wurde. Die Aufgeladenheit dieses Ortes mit dem Thema war für den Schreibprozess sehr wichtig. Ich hätte diesen Roman nie in Armenien schreiben können, weil es unwahrscheinlich viel Druck gibt von der armenischen Seite. Der Genozid ist in Armenien nach wie vor omnipräsent, und es schien mir, als könne ich es eigentlich nur falsch machen. Daher war es gut, diesen Roman in der Türkei zu schreiben, weil es mir darin nicht um eine Art von Anklage ging, sondern darum, etwas zu verstehen. Es ging mir nicht um Opfer- oder Täterperspektiven. Im Roman gibt es eine türkische Figur, die eine wichtige Rolle spielt, Tarik, einen Altphilologen, der Helen nach Anatolien begleitet. Auch bei meinen Recherchen in der Türkei hatte ich türkische Begleiter, vor allem wichtig als Übersetzer. Ich wollte den Ort kennenlernen, aus dem mein Großvater als Kind fliehen musste. Ich wollte diesen Ort als Raum erspüren, als Gedächtnisraum ertasten. Vor 1915 hatten in Ordu 25.000 Armenier gelebt, heute sind es drei. Mit diesen drei Armeniern habe ich gesprochen. Das war unglaublich bewegend. In der Türkei ist es so, dass sehr viele irgendwann einmal von einer armenischen Großmutter oder Urgroßmutter erzählen. Was vermutlich daran liegt, dass ganz viele armenische Mädchen damals adoptiert und islamisiert worden sind, und so praktisch unerkannt in der Türkei gelebt haben. Die Gespräche verliefen allerdings so, dass wir nie direkt über den Völkermord gesprochen hatten, weil es weiterhin ein Tabu ist. Trotz der Tabuisierung suchen die Leute aber einen Weg, über dieses Thema zu sprechen. Für mich war es sehr hilfreich, gerade in der Türkei zu recherchieren, weil meine Protagonistin mit einem großen Widerwillen nach Armenien fährt. Sie soll etwas über ihre Herkunft herausfinden, will dies aber gar nicht. Sie will Bücher restaurieren. Dieser Buchrestauratorin geht es darum, die alte armenische Bindetechnik zu erlernen, die einer völlig anderen Tradition folgt als die abendländische. Für mich ist das auch ein schönes Bild – das Binden von Geschichte.

Steht »Hic sunt leones« (hier sind Löwen) vor allem als Metapher für diesen Suchvorgang von Helen, die weißen Flecken in ihrer Familiengeschichte zu tilgen?
Ja, zum einen. Es ist einerseits so etwas wie eine emotionale Metapher. Gleichzeitig spielt aber der Löwe eine ganz große Rolle in der armenischen Kulturgeschichte. Wenn man nach Ani fährt, der alten armenischen Hauptstadt in der Nähe von Kars, prunkt am Stadttor ein riesiger Löwe. Auch auf dem armenischen Wappen ist ein Löwe zu sehen. Und auch die Geschichte um Gregor den Erleuchteten, über den das Christentum nach Armenien kam, ist mit einem Löwen verbunden. Er war ein religiöser Führer, dem die Bekehrung Armeniens vom Heidentum zum Christentum im Jahr 301 zugeschrieben wird. Gregor war vom König Tradt III. mit einem ausgehungerten Löwen in einen Käfig gesperrt worden. Allerdings hat der Löwe Gregor nicht gefressen. Es entstand die Legende, dass Gregor der Erleuchtete von Gott gesandt war, also erleuchtet sei, das Christentum zu predigen. So wurde das Christentum zur Staatsreligion erkoren.

Armenien wird in Ihrem Roman als ein von Geschichte gezeichnetes Land beschrieben. Neben dem Genozid wird auch der Jahrhundertkonflikt um Bergkarabach thematisiert. Das armenische Volk scheint es zweimal zu geben – Armenier, die ihr Land nie verlassen haben, und Armenier aus der Diaspora. Wie haben Sie das Land bei Ihren Recherchen für den Roman erlebt?
Momentan ist Jerewan voller Russen, die infolge des Krieges geflohen sind. Als ich 2017 das letzte Mal in Armenien war, habe ich das Land noch sehr homogen erlebt. Es gab einige syrische Armenier, die vor dem syrischen Krieg nach Armenien geflohen waren und dort auch gleich die armenische Staatsbürgerschaft bekommen hatten. Ansonsten hatte ich das Gefühl, dass in Armenien nur Armenier leben. Wenn man aus Berlin kommt, das durch viele Nationalitäten und Sprachen geprägt ist, fällt einem sofort auf, dass es in Armenien diese Diversität nicht gibt. Es lag auch noch so etwas wie eine postsowjetische Glocke über dem Land. Den Eindruck hatte ich auch in manchen Gesprächen. Armenien war einige Zeit sehr von Korruption geprägt. Das änderte sich erst nach der »Orangenen Revolution«, die eine Öffnung nach außen brachte. Den Armeniern geht es immer darum, eine nationale Identität zu bewahren oder erst einmal zu bekommen. Deshalb der starke Blick in die Vergangenheit. Es gab die ältere Generation, die immer noch unter dem postsowjetischen Schleier gelebt hat. Und es gab die jungen Leute, die gesagt haben: Wir müssen mit der Vergangenheit abschließen, damit wir in die Zukunft blicken können. Wir können nicht ständig in diesem Opferstatus verharren. Wir müssen uns Europa gegenüber öffnen, damit Europa sich uns gegenüber öffnet. In der Rezeption meines Buches in Armenien habe ich festgestellt, dass der Roman eher die jungen Leute anspricht. Seitens der älteren Generation kam u. a. die Kritik, dass ich mich bei Schuldzuweisungen zurückhalte und die Hauptfigur Helen eine eher zweifelnde Position einnimmt.

Helen hatte wie sie sagt den Namen Mazavian lange Zeit wie ein »unpassendes Kleidungsstück« getragen. Wie erging es Ihnen mit dem Namen Poladjan? Werden Sie jetzt, nach Erscheinen von »Hier sind Löwen« von den Medien als Sachverständige für armenische Angelegenheit kontaktiert?
Ja, ich war einige Zeit die Spezialistin für armenische Fragen, jetzt, nach dem Erscheinen von »Zukunftsmusik«, bin ich die Spezialistin für russische Fragen. Ich versuche mich dem Ganzen zu entziehen. Ich bin keine Spezialistin, vor allem nicht für tagespolitische Dinge. Ich hatte Anfragen zum Thema Bergkarabach. Ich habe oft und gern Auskunft gegeben über die alten armenischen Handschriften und deren Restaurierung.

Ich sehe hier auf dem Tisch die armenische Ausgabe des Romans liegen. In welche Sprachen ist der Roman noch übersetzt worden?
Ins Italienische, Französische, Niederländische, Bulgarische, Albanische und Türkische. Die erste Übersetzung ist in der Türkei erschienen.

Wie war dort die Rezeption?
Die türkische Ausgabe, erschienen 2019, war relativ schnell vergriffen. Der Roman war sofort in den Bestsellerlisten. Dann war er plötzlich weg. Von einem Tag auf den anderen. Es hat keine große Zeitung über den Roman geschrieben. Es gab aus der Türkei ein großes Echo über Instagram. Sehr viele Leute haben sich für das Buch bedankt. Ich war natürlich wahnsinnig glücklich, dass sich meine türkische Verlegerin getraut hat, das Buch zu drucken.

Ihr Roman »Zukunftsmusik« beschreibt den Alltag in einer sowjetischen Gemeinschaftswohnung, einer Kommunalka in einer mittelgroßen sibirischen Stadt, in der sechs Wohnparteien jeweils einen Raum bewohnen und sich Bad und Küche teilen müssen. Eine über Jahrzehnte eingeübte Praxis, die mal gut, mal weniger gut funktioniert. Wie kamen Sie auf die Kommunalka-Idee? Haben Sie selbst Erfahrungen in einer Kommunalka gesammelt?

Meine Mutter ist in der Ukraine geboren und hat in einer Kommunalka gelebt. Interessanterweise fand sie das gar nicht so negativ, weil es dort viele Kinder gab, mit denen sie spielen konnte. Es war auch immer irgendjemand da, der oder die auf die Kinder aufgepasst hat. Das soziale Gefüge hat offenbar sehr gut funktioniert. Ich selber habe nie in einer Kommunalka gelebt, nicht einmal in einer WG. Ich habe auch da sehr viel recherchiert und dabei das Glück, Russisch zu verstehen. So konnte ich mir viele sowjetische Filme, die in Kommunalkas spielen, anschauen. Das war für mich eine sprudelnde Quelle. Auf YouTube kann man stundenlang diese Filme schauen, die nicht alle gut sind, aber ein Kommunalka-Gefühl vermitteln. Andererseits ging es mir in dem Roman nicht um eine ganz und gar authentische Kommunalka. Die Kommunalka war ein Experimentierraum, eine Art Großinstallation, ein künstlicher Raum. Es gab auch Quellen aus der Bildenden Kunst. Ilja Kabakow z. B. hat eine Kommunalka nachgebaut, als Installation. Für viele Künstler war die Kommunalka auch eine Metapher für die Sowjetunion, wo man sich nicht nur Küche und Bad geteilt hat, sondern auch eine Ideologie. Das unfreiwillige Zusammenleben auf engstem Raum und gegenseitige Kontrolle, die damit einhergeht, ist auch in der Kunst gegenwärtig gewesen – in der Literatur, im Film. Ich bin nicht die erste, die das macht. Als literarischer Raum ist das natürlich wunderbar. Man kann die Figuren wunderbar betrachten, wie unter einer Lupe.

Vor dem ersten Kapitel steht als Motto des Romans »Играем« – „spielen wir«. Ein Motto, das auf ein Durchspielen von Möglichkeiten hinweist. Und in der Tat könnte man sich »Zukunftsmusik« auch als Theaterstück vorstellen. Als ein absurdes Theaterstück. Gab es diese Option für Sie?

Schon der erste Satz des Romans – »Tausende Werst oder Meilen oder Kilometer östlich von Moskau ragte das Skelett einer Radarstation in den Nachthimmel, schwach beleuchtet von den Lampen der Glühbirnenfabrik, die immer brannten.«– enthält sehr viel Surreales. Wo soll denn das eigentlich genau sein? Für mich ist das ein fiktiver Ort. Ich habe mir diese Kommunalka manchmal wie eine Möbiusschleife vorgestellt, jeder Morgen beginnt mit dem gleichen Gespräch in der Küche, Matwej Alexandrowitsch und Maria Nikolajewna sprechen über Bäume. Man hat also diese Zusammenführung von Raum, Zeit und Ort als theatrales Mittel. Deshalb konnte ich mir die Geschichte tatsächlich auch auf einer Bühne vorstellen. Diese muss nicht unbedingt in Sibirien stehen, sie kann auch irgendwo in Iowa sein. Das Motto drückt auch meinen Wunsch aus, diese etwas starren Vorstellungen und Klischees von der Sowjetunion und Russland spielerisch zu hinterfragen.

Den ersten Satz des Romans lese ich als eine Ouvertüre oder als ein zweites Motto dieser Spielaufstellung. Eine Art Bühnenbild, oder auch eine Metapher für die geschwächte Weltmacht Sowjetunion, deren Bewohner sich in einer lethargische Grundstimmung befinden?

Im besten Fall beides. Karl Schlögel beschreibt das wunderbar in »Das sowjetische Jahrhundert«: Man konnte in dieser Sowjetunion nur überleben, indem man spielte. Man musste immer verschiedene Rollen annehmen. Im Roman gibt es eine Stelle, an der Maria Nikolajewna sich entschuldigt, weil sie als Frau eine Zigarette in der Öffentlichkeit raucht.

Egal wen man trifft, man checkt erst einmal ab: Wer ist das, was will der oder die von mir? Man hat verschiedene Rollenmuster zur Verfügung und entscheidet im entsprechenden Moment, in welche Rolle man schlüpft. Das fordert eine unglaubliche Kreativität von den Menschen in einem System, in dem der Einzelne nichts zählt. Es geht ständig darum, zu überleben und sich Nischen der Individualität zu schaffen. Diese Kreativität im Spannungsfeld mit dem Leben hat ganz viel mit dem Theater zu tun.

Wie schwer ist es, den ersten Satz, den Anfang eines Romans zu finden?
Diesen ersten Satz verdanke ich meinem Mann. Wir arbeiten sehr sehr eng zusammen. Irgendwann hatte er diesen Satz geschrieben, fast schon am Ende der Arbeit am Roman. Ich hatte zunächst gedacht: Der ist aber fett. Erst beim Wieder- und Wiederlesen fand ich, dass dieser Satz den ganzen Roman beinhaltet. Wenn Sie das Ouvertüre nennen, passt das, weil der Roman ohnehin sehr musikalisch ist.

Beschrieben wird ein einziger Tag, der 11. März 1985, der Tag, an dem der Generalsekretär der KPdSU Konstantin Tschernenko gestorben ist und an dem Michail Gorbatschow zu dessen Nachfolger bestimmt wird. Darum geht es jedoch im Roman nicht, der Name Gorbatschow wird gar nicht genannt. Der Tag ist die von Ihnen gewählte Schnittstelle durch die zu beschreibende Gesellschaft. Hätte es auch ein anderer Tag sein können?
Es musste dieser Tag sein. Wenn es ein anderer Tag gewesen wäre, wäre es ein anderer Roman geworden. Dieser historische Kippmoment war natürlich wichtig. Was mich vor allem interessiert hat, war das Unwissen der Figuren im Spannungsfeld zu unserem historischen Wissen. Wir, die Leser, wissen, was sich mit Gorbatschow änderte bis zum Zusammenbruch der sowjetischen Welt. Die Personen im Roman wissen das alles nicht, wissen auch nichts von Gorbatschow, und haben damit eine gewisse Unschuld. Sie können ihr Leben in diesem System, in dieser Kommunalka nicht grundsätzlich in Frage stellen. Sie versuchen, sich ihr Leben so schön wie möglich zu gestalten. Ganz simpel. Wenig später wurde das Leben der Menschen – weil es die Öffnung zum Westen hin gab – völlig in Frage gestellt. Eine spätere Schnittstelle hätte dem Roman eine völlig andere Farbe gegeben. Mich hatte aber genau dieses Leben vor dem 11. März 1985 interessiert. Menschen, die die Sowjetunion verlassen haben, wie meine Eltern, haben ja die Sowjetunion auch mitgenommen. Sie waren in der Sowjetunion sozialisiert. Das steckt ja total unter der Haut. Und ich habe mich natürlich oft auch gefragt: Wie viel steckt eigentlich davon in mir, obwohl ich nur die ersten sieben Jahre meines Lebens in der Sowjetunion verbracht habe? Inwieweit habe ich die Erziehung – in der Sowjetunion und später durch meine Eltern – an meine Kinder weitergegeben? Diese ganzen Facetten, der Umgang mit dem System Sowjetunion, das Leben in diesem Land, das hat mich interessiert. Nicht der Zusammenbruch, den späteren Zusammenbruch denken wir doch automatisch mit.

Während des Lesens grübelt man darüber nach, warum Ihr Roman »Zukunftsmusik« heißt? Nach dem Tod der letzten Generalsekretäre (Breschnew/Andropow) hatte der sowjetische Rundfunk jeweils einen ganzen Tag den dritter Satz aus Chopins zweiter Klaviersonate, den Trauermarsch, gespielt. So auch am 11. März 1985. Im Lied »Unsterbliche Opfer«, welches bei staatlichen Begräbnissen in der Sowjetunion angestimmt wird, werden die Heutigen »der Zukunft Geschlecht« genannt, das »einst« Freiheit und Erfüllung finden wird. Die Bewohner der Kommunalka erwarten beim Wechsel des Generalsekretärs eigentlich keine Veränderung, Zukunft heißt für sie Fortführung des ewig gleichen Trotts. Der Titel »Zukunftsmusik« wäre so gesehen eine absurde Zuschreibung?

Ja, das stimmt. Das Wort Zukunftsmusik gibt es im Russischen nicht. Das tolle an diesem Wort im Deutschen ist, dass dort eine Ungewissheit mitschwingt: Zukunftsmusik, keine Ahnung, was wirklich kommt. Natürlich ist es eine Überhöhung, dass im Roman aus jeder Ritze Chopins zweite Klaviersonate klingt. In Wirklichkeit war es wohl eher so, dass ständig das Ballett »Schwanensee« lief. Das war natürlich auch ein Mittel der Diktatur, Normalität zu suggerieren. Nachdem die Generalsekretäre Breschnew, Andropow, Tschernenko wie die Fliegen gestorben waren, hatte sich in der Bevölkerung eine gewisse Ermüdung breit gemacht. Alle dachten: Noch so ein alter Generalsekretär geht nicht, aber wer sollte es werden, keine Ahnung. Die Sowjetunion war pleite. Insofern ist »Zukunftsmusik« auch eine ironische Metapher.

Das einzige Zukunftspotential, auf das der Leser des Romans stößt, sind die Lieder der Punkrockerin Janka, die mit ihrer dreijährigen Tochter Kroschka, ihrer Mutter und ihrer Großmutter ein Zimmer der Kommunalka bewohnt und ein Kwartirnik plant, ein Wohnungs- oder Küchenkonzert. Aber lassen Sie uns ein Spiel spielen und somit das Motto des Romans aufgreifen. Ich würde den Roman als Schullektüre empfehlen. Man könnte anhand dieses Romans Schülern sehr gut begreiflich machen, wie das Leben in einer Diktatur wie der Sowjetunion oder auch der DDR funktioniert hat, wie die Gefühlslage der Menschen war. Man könnte die einzelnen Personen aus Ihrer Spielaufstellung herausnehmen und mit den Schülern gemeinsam analysieren. Jede der Personen verkörpert Wissen über diese Diktatur. Matwej Alexandrowitsch ist zweifelsohne die facettenreichste Gestalt im Roman, an der allein man in einer Schulstunde das Drama Sowjetunion abhandeln könnte. Er glaubt an die Ideale, die die Diktatur vorgibt.

Oder er gibt nur vor, an diese Ideale zu glauben. Matwej Alexandrowitsch ist jemand, der immer an die Idee von etwas glaubt. Wir erfahren im Roman nicht, ob er Maria Nikolajewna wirklich liebt oder ob er nur in die Idee verliebt ist, sie zu lieben. Wir sprachen ja vorhin schon über dieses Doppelleben in der Diktatur. So ist es auch mit der Ideologie bei Matwej, er trägt eine große Ambivalenz in sich. Eine typische sowjetische Biografie. Jemand, der als junger Mann denunziert wurde, der dann im Lager war, dort angefangen hat, mit der Partei zusammenzuarbeiten und sich in dieses Glaubensbekenntnis hineinzuleben, und sich selbst nie gestattet hat, das alles in Frage zu stellen. Nur der dreijährigen Kroschka erzählt er bei einem Spaziergang von seiner Lagererfahrung.

Matwej sagt u.a. »ich war dankbar, dass ich mein Vergehen, von dem ich nicht einmal wusste, worin es bestand, büßen durfte«. Ein schöner Ansatzpunkt für eine Diskussion mit den Schülern. Das Wort »Играем«, spielen wir, kommt im Roman noch an einer weiteren Stelle vor. Matwej Alexandrowitsch arbeitet im Institut Strugazki und betreut dort die sogenannte Humanzentrifuge, ein Gerät der Kosmonautenforschung. Ein kleiner Leuchtkasten über der Tür zum Labor blinkt rot »Играем«. Der Mensch ist dort ein Spielgegenstand der Wissenschaft.

Ein makaberes Spiel. Das waren makabere Menschenexperimente. Mein Vater hat sich als Student auch für derartige Experimente zur Verfügung gestellt und war nach einem Versuch klinisch tot. Im Roman passiert genau dies. Man bekam natürlich ganz gutes Geld, wenn man sich für solch ein Experiment zur Verfügung stellte. Man musste bestimmte Gesundheitsvoraussetzungen nachweisen. Dennoch blieb dieser Menschenversuch grausam und makaber. Das Institut Strugazki ist natürlich eine Anspielung auf die Science-Fiction-Autoren. Wenn Matwej sich dem Institut nähert, muss er über kleine Sandhügel steigen. Diese kleinen Sandhügel finden sich auch in Tarkowskijs Film »Stalker«, der auf dem gleichnamigen Roman der Gebrüder Strugazki basiert. Im Roman gibt es ein immerwährendes Spiel mit Referenzen.

Ja, das springt INS Auge. Der Roman ist voller Bezüge zur russischen Literatur – Nekrassow, Turgenew, Dostojewski, Gontscharow, Bulgakow, Pasternak, Jewtuschenko u.v.a. Tschechow-Referenzen. Im Roman wird aus der »Möve« zitiert.
Ja, diese Zitate sind teilweise Originalzitate aus der Übertragung der Tschechow-Dramen von Thomas Brasch. Das sind ganz großartige Übersetzungen, weil er es irgendwie schafft, Tschechows trockenen Humor so wunderbar einzufangen. Frühere Übersetzungen hatten teilweise eine Schwere in die Inszenierungen gebracht, die Tschechow gar nicht hat. Tschechow hat oft diese Ironie. »Nach Moskau, nach Moskau«. Das hatte in vielen Inszenierung etwas nur Sehnsuchtsvolles, es kann aber auch resignativ gelesen werden. Bei Tschechow gibt es viele Zwischennuancen. Es geht oft um die Dinge, die nicht gesagt werden. In den Stücken und in den Erzählungen. Es geht immer um das, was dazwischen steht. Wenn man die Texte Zeile für Zeile durchgeht, steht da viel banales Zeug. Tschechow schafft es, eine Situation von einer unglaublichen emotionalen Dichte aufzubauen, ohne diese zu beschreiben. Beschrieben wird das vermeintlich Beiläufige.

Ich denke, dass Tschechow in seinen Stücken womöglich ähnlichen Zielstellungen folgte, wie Sie im Roman »Zukunftsmusik«, dass er mit dieser von Ihnen beschriebenen Methode einen Schnitt durch die Gesellschaft vollziehen wollte, dass seine Spielaufstellungen Metaphern sind. Da uns diese Stücke heute noch etwas sagen, und ja auch immer wieder auf die Bühne kommen, zeigt, dass diese Metaphern sehr weit tragen, dass sie exemplarische Aussagen beinhalten. Stehen die in »Zukunftsmusik« verwendeten Metaphern auch für mehr als diesen einen Schnitt?
Mich interessiert vor allem der Mensch, und nicht der homo sowjeticus. Insofern kann dies alles auch exemplarisch aufgefasst werden, da es um humane Gedanken geht. Wenn man den Roman als Theaterstück begreifen würde und diese Kommunalka ganz woandershin platziert, bleibt am Ende das, was zwischenmenschlich passiert.

In Ihrem Roman trifft man, wie bei Tschechow, oft auf die Situation, dass beide Gesprächspartner ihrer Sehnsucht folgen und aneinander vorbei reden.
Ja, das ist ein Charakteristikum für Tschechow-Stücke. Man hat das Gefühl, dass die sich gar nicht zuhören, dass alle als einzelne Sterne nebeneinander existieren, zwar umeinander kreisen, sich aber nie richtig berühren. Das ist, wenn man es philosophisch betrachtet, die Tragik, dass der Mensch eigentlich allein ist. In seinem Suchen nach Glück und Liebe.

Das sehe ich auch im Roman so. Jeder steht für sich. Es gibt zwar Kontakte, man hilft sich auch.
Aber jeder bleibt in seinem Sehnsuchtskorridor.

In der zweiten Schulstunde würde ich mit den Schülern über Maria Nikolajewna sprechen. Sie ist die Mutter der schon erwähnten Punkmusikerin Janka und lebt mit dieser, deren Tochter und ihrer eigenen Mutter in einem Zimmer. Sie verkörpert die ganze Gespaltenheit. Sie kann in einem Atemzug sagen: »Das ist ein Scheißleben, das wir leben« und »Ich lebe gern auf dieser Welt«.
Man übt in der Diktatur eben genau diese Gleichzeitigkeit ein. Es bleibt den Menschen ja auch nichts anderes übrig. Sie alle leben in dieser Ambivalenz. Und Maria Nikolajewna ist jene Person im Roman, die vielleicht am tiefsten von Sehnsucht erfüllt ist. Ihre Mutter ist die einzige in der Wohnung, die ein erotisches Leben hat. Maria, eine noch junge Frau,

sitzt in diesem Museum für Natur- und Völkerkunde, in das kaum jemand kommt, bei den toten Exponaten, die sie bewacht. Trotzdem bewahrt sie sich eine Leichtigkeit, über diese depressiv machende Konstellation hinwegzufliegen. Ein heller und luftiger Charakter.

Sie verkörpert für mich in dieser Spielaufstellung einen weiteren Aspekt der Gesellschaft. Sie sagt von sich: »ein ganzes Lexikon der Angst könnte ich schreiben. Die Ängste gehen ineinander über und bilden einen umfassenden Schrecken.« Das ist die Begleiterscheinung dieses Doppellebens in der Diktatur. An anderer Stelle sagt sie: »es war überhaupt besser, nicht so viel zu sprechen«.

Sie hat sich ihr Leben bestimmt auch ganz anders vorgestellt. Sie will einfach nicht Nacht für Nacht zwischen Tochter, Mutter und Enkelin liegen.

Ihre Mutter, Warwara Michailowna, verkörpert für mich noch einmal einen neuen, ganz eigenen Charakterzug. Sie hat die Kraft, das Bedrohliche, das ihre Tochter als einen umfassenden Schrecken empfindet, aus ihren Gedanken zu verbannen, obwohl sie weiß, dass sie in einer Welt lebt, in der Freiheit nicht möglich ist. Also ein ganz starker Charakter, der widersteht, ein ganz wichtiger Typ im Tableau des homo sowjeticus.

Absolut. Für mich sind das drei verwundete Generationen. Janka, Maria und Warwara, die um 1920 geboren wurde. Ich hatte zunächst vor, ihr Leben in einem Strang des Romans zu erzählen. Eine Geschichte, die die Stalinzeit beschreibt, und die im Übrigen angelehnt war an die Geschichte meiner Großmutter, die immer noch lebt, 99jährig, deren Vater von den Bolschewiki erschossen wurde, als sie noch ein kleines Kind war. Ich habe diesen ganzen Strang dann herausgenommen, weil ich versucht habe, den Figuren zwar ihre Geschichte zu geben, aber keine Geschichte, die ausgesprochen wird, sondern eine, die die ganze Zeit mitschwingt. Ich finde das richtig, wie Sie Warwara Michailowna beschrieben haben. Sie hat von allen die größte Übung in diesem Doppelleben. Die Ideologie, aber auch die Ambivalenz, das ganze Grauenhafte sind ihr in jeder Körperzelle präsent. Gleichzeitig kommt sie auch am besten damit klar. Sie hat gelernt, den inneren Schmerz zu verdrängen, gar nicht erst zuzulassen.

Die Person, mit der sich die Schüler vermutlich am ehesten identifizieren können, ist Janka, die Punkrokkerin, die ihre Lieder selbst schreibt. Ihre Lieder sind »düster und tief«, heißt es im Roman, sie kann mit ihren Lieder ausdrücken, wofür andere nur stumpfe Gedanken haben. »Niemals werde ich zur Ruhe kommen, niemals sollt ihr zur Ruhe kommen«, sagt sie. Sie ist eine Figur, die auf eine Zukunft verweist, die vielleicht Perestrojka heißen könnte.

Aber auch sie weiß es natürlich nicht. Deshalb ist sie für mich vielleicht die tragischste Figur im Roman. Am Ende des Romans, als das Haus in sich zusammenzufallen droht, bleibt Janka in dieser Wolke zurück und sagt: »Ich glaube, sie haben mich vergessen«. Das stand für mich für eine ganze Generation, die man wunderbar als Brücke in die heutige junge Generation bauen könnte. In den 80er Jahren war die Punkmusik in der Sowjetunion ein Ausdruck der Revolte gegen das System. Eine vor allem von Männern dominierte Bewegung. Yanka Djagilewa, eine früh verstorbene Punksängerin, nach deren Vorbild meine Janka entstanden ist, war da eine Ausnahme. All diese Sänger der Revolte haben nicht einmal das dreißigste Lebensjahr erreicht. Die meisten sind durch Suizid gestorben. Das war eine Generation, die in keinerlei Hinsicht an irgendeine »Zukunftsmusik« geglaubt hat. Die Möglichkeit, dass dieses System zusammenbricht, dass es eine Aussicht auf eine Zukunft gibt, die hatten diese Leute nicht. Warwara Michailowna hat dieses Ausharren verinnerlicht. Die jungen Leute wussten, dass es eine andere Welt gibt, dass man reisen kann, dass es Freiheit gibt. Diese Punkmusiker durften ja nicht einmal auftreten, weshalb es diese Kwartirniks gab.

Am Ende des Romans soll das Haus abgerissen werden. Alles bröckelt und fällt in sich zusammen. Ich lese das wieder als Metapher, die mit dem Datum 11. März 1985 zu tun hat. Dass eine neue Zeit anbricht und die alte Zeit zu bröckeln beginnt.

Janka fragt in dieser Schlussszene: Was passiert hier eigentlich? Die Antwort aus der Menge: »Das Haus wird abgerissen. Oder umgebaut, so genau weiß das niemand.« Das ist auch eine Metapher für Perestrojka, denn Perestrojka heißt auf Russisch Umbauen oder Neubauen.

Inzwischen wissen wir, dass alles ganz anders gekommen ist, dass auch die Perestrojka ein Stück Geschichte ist, dass die Zustände sich wieder denen aus dem Jahr 1985 annähern, zumindest was die Diktatur und ihre Begleitumstände betrifft. Haben Sie beim Schreiben auch an diese Rückwärtsbewegung gedacht?

Diese Aktualität ist sehr düster. Das, was jetzt passiert, konnte ich so nicht ahnen. Aber es hatte sich schon angedeutet. 2015, als mein Mann und ich für den Band »Hinter Sibirien« durch Russland reisten, war Boris Nemzow gerade erschossen worden. Daraufhin waren wahnsinnig viele Menschen auf die Straße gegangen. Wir konnten mit vielen sprechen. Ich habe mich damals schon gefragt, ob vielleicht diese sowjetische Haltung, dieses sowjetische Ausharren, dieses Hinnehmen von Missständen und Zuständen, ein Grund ist, warum das Land dort ist, wo es ist. Ich werde jetzt bei Lesungen oft gefragt: Warum gehen die Leute denn nicht auf die Straße? Das hängt damit zusammen, dass diese Diktatur schon sehr lange existiert. Putin hat 2012 gesagt: Ich bin jetzt für immer Präsident. In einem politischen System, in dem keine Opposition geduldet wird, in dem sie weggesperrt oder ermordet wird, ist die das System stabilisierende Mitte die Angst. Das ist eine Fortführung des Stalinismus.

Jetzt wäre es wichtig, in Europa die mediale Aufmerksamkeit auf jene zu richten, die dennoch den Mut aufbringen, gegen diese Entwicklungen zu protestieren. Oder über jene zu berichten, die Russland in Richtung Armenien oder Georgien verlassen haben.

Was diese Menschen denken, die Russland gerade verlassen, scheint für die Medien nicht von Interesse zu sein. Eine objektive Berichterstattung aus Russland kann es gerade nicht geben. Alle unabhängigen Medien sind weg. Die ausländischen Medien müssen Dreherlaubnisse beantragen. Es gibt diesen Satz von Kant: Jeder Mensch trägt sein Gewissen in sich wie ein zweites Selbst. Ich denke, das kann man auf viele Menschen im heutigen Russland übertragen. Jetzt über die eigenen Gefühle zu sprechen, außer dass man eine große Verzweiflung und Wut und Scham empfindet, ist schwierig. Ich habe die Sowjetunion 1978 als Siebenjährige mit meinen Eltern verlassen. Trotzdem werde ich von außen gerade in diese Rolle der russischen Schriftstellerin gedrängt. Ich habe das Gefühl, dass die Zeit es momentan nahezu unmöglich macht, über die eigenen Gefühle zu sprechen. Irgendwann wird man darüber sprechen müssen und aufarbeiten, wie ein Riss durch nahezu jede Familie geht, durch jede Freundschaft. Jeder Russe oder Ukrainer hatte entweder Freunde oder Verwandte auf der anderen Seite. In Berlin, wo viele Russen und Ukrainer leben, sind gegenwärtig sehr viele Leute zerstritten. Es ist momentan auch im Exil kaum möglich, irgendeine Form der Annäherung herzustellen. Man kann gegenwärtig nur abwarten und hoffen, dass dieser Krieg, dieser Wahnsinn bald zu Ende ist, und sich auch in Russland die Menschen mit dieser Sache auseinandersetzen müssen.

Es ist jetzt vielleicht in diesem Interview der Eindruck entstanden, dass dieser Roman etwas Schweres transportiert. Dem ist nicht so. Der Roman nähert sich immer wieder dieser Leichtigkeit an, die man bei aller Tragik bei Tschechow findet. Der Roman hat wunderbare Stellen, die die deutsche Literatur bereichern, sehr schöne Passagen, in denen der innere Monolog und die direkte Rede verschwimmen, etwa um die »Unordnung der Gedanken« von Matwej Michailowitsch oder die Empörung und zugleich Hoffnung von Janka auszudrücken. Wie schreiben sich diese Passagen? Ist das einfach da oder wird das mehrfach überarbeitet?
Man muss das dreißig oder vierzig Mal überarbeiten. Ich arbeite sehr eng mit meinem Mann Henning Fritsch zusammen. Manchmal denke ich, es ist wie eine Arbeit am Theater. Man steht auf der Bühne und improvisiert, alles, was einem in den Kopf kommt, wird auf die Bühne gebracht. Und dann versucht man in der gemeinsamen Arbeit, das immer mehr einzufangen und zu verdichten. Vieles kann man durch lautes Lesen überprüfen. Was ich sehr mag; ist, wenn Gedanken, die zunächst nichts miteinander zu tun haben, nebeneinander stehen. Ich mag das auch gerne im Film. Ich lass mich auch sehr vom Film inspirieren. Wenn Sequenzen, die völlig gegensätzlich sind, nebeneinander stehen und beim Zuschauer etwas Drittes hervorrufen. Das kann manchmal passieren, wenn man sehr viel Material hat und es immer mehr zusammenzurrt, dass man am Ende eine Essenz hat und Dinge zusammenpassen, an deren Nebeneinander man vorher gar nicht gedacht hat. Das ist bestimmt kein assoziatives Schreiben.

Schreiben die Figuren dann auch mit?
Das funktioniert bei mir nicht. Andere Autoren sagen, dass das so sein kann. Meine Figuren reden nicht mit mir. Ich habe sie immer im Blick und unter Kontrolle. Aber ich lassE mich sehr gern von ihnen überraschen.

Überraschendes passiert in diesem Roman immer wieder. Eine Wohnung in der Kommunalka wird z.B. von den Karisen bewohnt, vor denen man sich hüten soll – gute Köche, zugleich eine Art Heinzelmännchen, die nachts die Küche aufräumen. Es macht sicher sehr viel Spaß, solche Geschichten einzubauen. Welche Funktion haben diese Geschichten?
Das Schöne an den Karisen, die im Roman ja nie auftauchen, und nach denen ich bei jeder Lesung gefragt werde, ist, dass man, wenn man sie googelt, bei meinem Roman ankommt. Es handelt sich um eine ethnische Gruppe, die ich mir ausgedacht habe. Aber in der Sowjetunion spielte Rassismus tatsächlich eine große Rolle. Menschen, die aus Kirgisien oder Usbekistan kamen, wurden diskriminiert. Ich wollte dies ursprünglich stärker thematisieren. Am Ende fand ich es richtig, die Karisen daraus zu machen. Die Karisen, die für die Menschen stehen, die unsichtbar sind, die unsichtbar Dinge erledigen. In jeder Gesellschaft gibt es diese Menschen. Auch in Deutschland gibt es diese Menschen, die unsichtbar in der Pflege arbeiten oder den Müll wegräumen. Menschen, die wie die Heinzelmännchen einfach da sind. So sind für mich auch die Karisen, die gut kochen können, und jeder bedient sich auch gern aus ihren Töpfen. Aber keiner will etwas mit ihnen zu tun haben.

Ein anderer Aspekt: Im Roman gibt es Phantastik – ein Zimmer bewohnt »der Professor«, der auf mysteriöse Art durch die Decke in den Himmel geschleudert wird – in einer anderen Szene öffnet Jankas

Freund Pawel das Fenster und fliegt davon. Wie viel Spaß macht es, Absurdes und Phantastisches in den Text einzustreuen? Welche Funktion haben diese Einsprengsel?

In Western gibt es immer diese Momente, wo die Pferde schon weg sind und man nur noch die Staubwolke sieht. So ähnlich ist es mit dem Loch im Zimmer des Professors, wo das Katapult, welches ihn in den Himmel geschleudert hat, noch in Schwingung ist. Dieses Bild steht für mich für den Wunsch, diese Sowjetunion zu verlassen. In meinem Fall ist der Professor wahrscheinlich im zweiten Stock angekommen und nicht im Kosmos.

Die Personen im Roman leben in einem Leseland – überall wird gelesen, selbst die Limonadenverkäuferin liest, wenn sie nicht gerade Limonade verkauft. Da sehe ich im Übrigen eine Parallele zur DDR.

Man ist eingesperrt, hat aber den Drang in die Welt zu gehen. Maria Nikolajewna liest »Der Graf von Monte Christo«. Das ist für mich die gegenteilige Bewegung zum Professor, der durch die Decke in die Freiheit will. Im »Graf von Monte Christo« lässt sich der Gefangene Edmond Dantes in einen Leichensack einnähen und aus einer Festung ins offene Meer werfen. Der Weg in die Tiefe ist sein Weg in die Freiheit. Kunst und Literatur haben für eine Sehnsucht nach Wahrheit gestanden bei den Menschen. Wenn man in einem System lebt, das auf Misstrauen basiert, in dem man nur angelogen wird, besteht natürlich ein großer Wunsch, irgendeine Art von Wahrheit zu erlangen. Man muss sich ja als Mensch an irgendetwas abgleichen. Das hat sehr viel mit der Angst vor der eigenen Auflösung zu tun. Wenn man nur in der Lüge verharrt, gibt es keinen Wahrheitskern, an dem man sich abgleichen kann. Deshalb gab es auch diese Parallelgesellschaften. In der Sowjetunion sind einige unglaublich systemkritische Filme entstanden. Manchmal habe ich das Gefühl, dass die Filmindustrie damals freier war als heute.

Ich will Sie zum Schluss noch einmal zur Entstehung des Romans befragen. Einiges haben Sie schon gesagt, dass es eine Zusammenarbeit gibt, die sehr förderlich ist.

Es ist eine Art von Metamorphose. Es ist nicht so, dass ich eine Idee habe und dann zu recherchieren beginne. Ich lasse mich sehr von Bildender Kunst inspirieren. Ich weiß am Anfang nie genau, was ich eigentlich erzählen will. Das entwickelt sich im Laufe des Romans. Und manchmal ist es sogar so, dass ich erst nach einem Jahr – »Zukunftsmusik« ist jetzt ein Jahr abgeschlossen – begreife, was ich damit wollte. Intuition spielt eine große Rolle. Das heißt nicht, dass etwas über mich kommt oder die Muse mich küsst. Mich küsst leider gar keine Muse. Ich arbeite wahnsinnig diszipliniert. Ich setze mich hin und probiere aus. Wir lesen uns die Texte vor. Wir sprechen über mögliche Fortläufe der Geschichte. Dann gibt es die große Recherche. In der Bildenden Kunst, in Filmen und Texten. Das ist wie ein Anfüttern für den Winterschlaf. Man hat sich angefüttert, legt sich hin und fängt an zu träumen. Ich empfinde es jedes Mal als ein Wagnis. Und ich empfinde es auch jedes Mal als ein größeres Wagnis. Beim ersten Roman gibt es noch so eine gewisse Unschuld. Der Leistungsdruck, der Anspruch an sich selbst, wächst mit jedem Roman.

Gibt es auch den Druck, sich sprachlich nicht zu wiederholen?

Das ist eine gute Frage. Es gibt vermutlich einen Grundton, den alle Romane gemeinsam haben. Dann gibt es aber auch Abweichungen. Das liegt daran, dass ich mich mit mir selbst nicht langweilen möchte. Sprache und Ton müssen natürlich immer zum Thema passen. Dass meine Figuren in »Zukunftsmusik« teilweise in einer Art Tschechow-Ton miteinander sprechen, das ist ja nicht einfach so passiert. Mich hat natürlich interessiert, wie kommt diese etwas gehobene Tschechow-Sprache, die wahnsinnig aufgeladen ist, durch diese russische Literatur, in eine Kommunalka der 80er Jahre. Diese Reibung zwischen dem Ort und der Sprache fand ich interessant. Ein Rezensent hat geschrieben, dass durch diese Sprache diese kleinen schmutzigen Zimmer der Kommunalka im Kopf zu Sälen werden. Das fand ich ein sehr schönes Bild. Ich versuche immer, eine Sprache zu finden, die zu den Figuren des Romans passt.

Es wird ganz langweilig am Tisch gearbeitet und gehofft. Henning sagt immer: Wenn du eine Straße pflastern willst, nimm immer nur einen Stein in die Hand. Einen Stein nach dem anderen.

Zum Abschluss möchte ich noch einmal nach der Sprachskepsis fragen, die Sie in Ihrer Dankesrede erwähnt haben. Eine Sprachskepsis, die sich ergibt, wenn man aus einer anderen Sprache in die deutsche Sprache hineinwächst und die deutsche Sprache von außen betrachten kann.

Russisch ist meine Muttersprache, aber ich beherrsche die deutsche Sprache viel besser. Trotzdem ist die deutsche Sprache für mich keine Fremdsprache, sondern es ist eine fremde Sprache. Diese Differenzierung würde ich machen. Weil ich sowieso gern in die Sezierarbeit gehe, in alle möglichen Ecken, die ich wie durch eine Lupe betrachte, kann ich durch diesen etwas distanzierten Blick ganz andere Räume der Sprache ausleuchten. Ich finde das manchmal auch gut, dass ich emotional vielleicht viel weniger involviert bin. Insofern fällt es mir vielleicht manchmal auch leichter, mich in der Sprache immer wieder neu zu erfinden. Zum Beispiel kann ich wahnsinnig schnell Dialekte nachahmen. Die deutsche Sprache war für mich immer wie eine Knetmasse, die ich mir zu eigen mache, die ich mir einverleibe. Gleichzeitig weiß ich ganz genau, sie wird nie ganz meine. Aber für das Schreiben ist das natürlich wunderbar, weil es mich frei macht. Ich fühle mich der Sprache nicht emotional verpflichtet. Ich fühle mich in der deutschen Sprache viel viel freier. Obwohl ich immer wieder in Situationen komme, in denen ich merke, da ist etwas, was ich noch nie gehört habe. Es bleibt eine fremde Sprache, die für mich eine gute Freundin ist.

Es gibt auch den Gedanken: Einen Roman schreiben, heißt, die deutsche Sprache in die deutsche Sprache zu übersetzen.

Das gefällt mir. Das würde ich unterschreiben. Das Interessante und zugleich auch Tragische ist, dass ich manchmal das Gefühl habe, dass es weder die eine noch die andere Sprache ist. Wenn ich mit russischen Freunden oder der Familie zusammensitze und merke, wie mir die Worte fehlen. Dass ich das, was ich sagen will, eigentlich nicht sagen kann. Das sind dann komische Irritationen.

Liebe Katerina Poladjan, ich danke Ihnen für dieses Gespräch.

Biobibliographische Angaben

María Cecilia Barbetta

wurde 1972 in Buenos Aires geboren, wuchs auf in dem Einwandererviertel Ballester, in dem ihr Roman »Nachtleuchten« spielt, und besuchte dort die deutsche Schule. 1996 zog sie nach Berlin und blieb. Ihr erster Roman, »Änderungsschneiderei Los Milagros« (2008), wurde unter anderem mit dem Aspekte-Literaturpreis ausgezeichnet. María Cecilia Barbetta schreibt auf Deutsch. Ihr zweiter Roman über den Vorabend eines politischen Umsturzes, »Nachtleuchten« (2018), wurde mit dem Alfred-Döblin-Preis geehrt, dem Chamisso-Preis /Hellerau und stand auf der Shortlist für den Deutschen Buchpreis.

AUSZEICHNUNGEN (Auswahl):

Aspekte-Literaturpreis 2008; Adelbert-von-Chamisso-Förderpreis 2009; Bayern 2-Wortspiele-Preis 2009; Stipendium der Villa Aurora 2010; Stipendium der Villa Massimo 2013; Alfred-Döblin-Preis für das Romanmanuskript »Bloody Mary« 2017; Nominierung für den Deutschen Buchpreis (Shortlist) mit dem Roman »Nachtleuchten« 2018; Chamisso-Preis/Hellerau für den Roman »Nachtleuchten« 2018.

WERKE (Auswahl):

»Poetik des Neo-Phantastischen: Patrick Süskinds Roman *Das Parfum*«, Königshausen und Neumann, Würzburg 2002; »Änderungsschneiderei Los Milagros«, Roman, S. Fischer Verlag, Frankfurt am Main 2008; »Nachtleuchten«, Roman, S. Fischer Verlag, Frankfurt am Main 2018.

Marcel Beyer

geb. 1965 in Tailfingen, studierte von 1987 bis 1991 Germanistik, Anglistik und Allgemeine Literaturwissenschaften an der Universität Siegen; 1992 erlangte er dort den Magistergrad mit einer Arbeit über Friederike Mayröcker. Seit 1987 entstanden Performance-Arbeiten. Ab 1989 gab er an der Universität Siegen mit Karl Riha die Reihe »Vergessene Autoren der Moderne« heraus. 1990 bis 1993 arbeitete er als Lektor an der Literaturzeitschrift Konzepte mit. Von 1992 bis 1998 lieferte er Beiträge für die Musikzeitschrift Spex. Er ist Mitglied der Berliner Akademie der Künste, der Deutschen Akademie für Sprache und Dichtung und des PEN-Zentrums Deutschland. Seit 1996 lebt Marcel Beyer in Dresden.

AUSZEICHNUNGEN (Auswahl):

Ernst-Willner-Preis beim Ingeborg-Bachmann-Wettbewerb, 1991; Deutscher Kritikerpreis, 1995; Berliner Literaturpreis, 1996; Uwe-Johnson-Preis, 1997; Heinrich-Böll-Preis, 2001; Friedrich-Hölderlin-Preis Tübingen, 2003; Erich-Fried-Preis 2006; Joseph-Breitbach-Preis, 2008; Kleist-Preis, 2014; Oskar-Pastior-Preis, 2014; Bremer Literaturpreis, 2015; Düsseldorfer Literaturpreis, 2016; Büchner-Preis, 2016; Lessing-Preis des Freistaates Sachsen 2019; Kunstpreis der Landeshauptstadt Dresden 2019; Peter-Huchel-Preis 2021 für »Dämonenräumdienst«; Friedrich-Hölderlin-Preis der Stadt Bad Homburg 2021.

WERKE (Auswahl):

»Das Menschenfleisch« Roman. Suhrkamp, Frankfurt am Main 1991; »Flughunde« Roman. Suhrkamp, Frankfurt am Main 1995; »Falsches Futter« Gedichte. Suhrkamp, Frankfurt am Main 1997; »Spione« Roman. DuMont, Köln 2000; »Erdkunde« Gedichte. DuMont, Köln 2002; »Nonfiction« Essays. DuMont, Köln 2003; »Interzone. Lieder und Bilder« Opernlibretto 2004 (Komposition von Enno Poppe); »Kaltenburg« Roman. Suhrkamp, Frankfurt am Main 2008; »Arbeit Nahrung Wohnung. Bühnenmusik für vierzehn Herren« Opernlibretto 2008 (Komposition von Enno Poppe); »IQ. Testbatterie in 8 Akten« Opernlibretto 2012 (Komposition von Enno Poppe); »Putins Briefkasten. Acht Recherchen« Suhrkamp, Berlin 2012; »Graphit« Gedichte. Suhrkamp, Berlin 2014; »Karl May, Raum der Wahrheit« Opernlibretto 2014 (Komposition von Manos Tsangaris); »XX. Lichtenberg-Poetikvorlesungen (= Göttinger Sudelblätter)« Wallstein, Göttingen 2015; »Muskatblüt. Zwiesprachen – Eine Reihe des Lyrik Kabinetts München« Verlag Das Wunderhorn, Heidelberg 2016; »Sie nannten es Sprache« Aufsätze, Brueterich Press, Berlin 2016; »Das blindgeweinte Jahrhundert. Bild und Ton« Suhrkamp, Berlin 2017 ; »Dämonenräumdienst«, Gedichte, Suhrkamp, Berlin 2020.

Ann Cotten

geb. 1982, kam im Alter von fünf Jahren mit ihrer Familie nach Wien. Sie schloss ihr Germanistik-Studium 2006 mit einer Arbeit bei Wendelin Schmidt-Dengler über »die Listen der konkreten Poesie« ab, in der sie u. a. die »Eigendynamik der Liste als [...] Machtinstrument eines Systems« nachzuweisen versuchte. Nachdem sie auf Poetry Slams als Dichterin in Erscheinung getreten war und Gedichte sowie Prosa in Literaturzeitschriften und Anthologien veröffentlicht hatte, erschien 2007 ihr erster Gedichtband »Fremdwörterbuchsonette«. Cotten war Mitglied im »Forum der 13«

und trat auch als Literaturtheoretikerin in Erscheinung, die sich für die durch »Literatur vermittelte Erkenntnis [...] kognitiver Prozesse [...] in der Tradition experimenteller Poetiken« interessiert. Cotten lebt in Wien und Berlin.
AUSZEICHNUNGEN (Auswahl):
Reinhard-Priessnitz-Preis 2007; Clemens-Brentano-Preis 2008; Adelbert-von-Chamisso-Preis 2014; Wilhelm-Lehmann-Preis 2014; Klopstock-Preis 2015; Hugo-Ball-Preis 2017; Stipendium in der Villa Aurora 2018; Internationaler Literaturpreis – Haus der Kulturen der Welt 2020 (zusammen mit der Autorin Isabel Waidner, für die Übersetzung »Geile Deko«); Gert-Jonke-Preis 2021.
WERKE (Auswahl):
»Fremdwörterbuchsonette«, Gedichte, Suhrkamp, Frankfurt am Main 2007; »Nach der Welt. Die Listen der konkreten Poesie und ihre Folgen«, Klever Verlag, Wien 2008; »Florida-Räume«, Gedichte, Suhrkamp, Frankfurt am Main 2010; »Hauptwerk. Softsoftporn«, Gedichte, Verlag Peter Engstler, Ostheim/Röhn 2013; »Der schaudernde Fächer«, Erzählungen, Suhrkamp, Berlin 2013; »Verbannt!«, Versepos, mit Illustrationen der Autorin, Suhrkamp, Berlin 2016; »JIKIKETSUGAKI. Tsurezuregusa«, Verlag Peter Engstler, Ostheim/Röhn 2016; »Was geht«, Salzburger Stefan Zweig Poetikvorlesung; Sonderzahl, Wien 2018; »Lyophilia«, Suhrkamp, Berlin 2019.

Anne Dorn
geboren am 26. November 1925 in Wachau bei Dresden als zweites Kind des kaufmännischen Angestellten Max Schlegel und seiner Ehefrau Hedwig geb. Dornig. Besuch der Dorfschule und des Realgymnasiums, Lehre bei einer Dresdner Tageszeitung. Abendunterricht an der Kunstgewerbeakademie Dresden in Schriftgrafik, Zeichnen und malerischem Darstellen. 1944 als Pflichtjahrmädchen in Österreich. Nach Kriegsende in Herford als Kostümbildnerin im Neuen Theater Herford und am Lippischen Landestheater Detmold. Arbeit als Kostümbildnerin an verschiedenen Freilichtbühnen. Vier Kinder (1950, 51, 55, 59). 1969 nach der zweiten Scheidung alleinerziehend mit allen Kindern als freie Schriftstellerin nach Köln, wo sie heute noch lebt. Erste Veröffentlichung 1967. Aufenthalte in New York, Paris, Avignon, Amsterdam, Budapest, Rom, Prag, Warschau, Moskau und Krakau. Anne Dorn war Mitglied des P.E.N.-Zentrum Deutschland, des VS und der GEDOK. Anne Dorn ist 2017 gestorben.
AUSZEICHNUNGEN (Auswahl):
1973 Förderpreis der Stadt Köln; 1974 Deutscher Journalisten-Preis; 1978, 1979, 1997 Reisestipendien des Auswärtigen Amtes; 1985 Ehrengast Villa Massimo Rom; 1986, 2002 Arbeitsstipendien des Landes Nordrhein-Westfalen; 2007 Kester-Haeusler-Ehrengabe der Deutschen Schillerstiftung von 1859; 2008 und 2013 Arbeitsstipendien der Kunststiftung Nordrhein-Westfalen; außerdem: Stipendium Stuttgarter Schriftstellerhaus; Stipendium Künstlerdorf Schöppingen; Stipendium Atelierhaus Worpswede; Amsterdam-Stipendium; Stipendium der Konrad-Adenauer-Stiftung; Auszeichnung des Internationalen Bundes bildender Künstler (für den Film: »Mensch, Wohnung, Haus«); Auszeichnung des WDR-Fernsehens (für die literarische Gestaltung des Films »Ein Gedicht«); Reisestipendien des DAAD (Ungarn, Polen, Frankreich, USA).
WERKE (Auswahl) :
»hüben und drüben«, Roman, mit einem Vorwort von Lew Kopelew, Forum Verlag, Leipzig 1991; »Geschichten aus tausendundzwei Jahren«, Forum Verlag, Leipzig 1992 (Neuauflage. u. d. T.: »Geschichten aus tausendundzwei Jahren. Erinnerungen«, Rowohlt Verlag, Reinbek 1997); »rübergemacht«, Schauspiel, Hunzinger Verlag, Bad Homburg 1992 (Uraufführung Dezember 2005 in Köln); »Damals, als die Sonne schien«, Novelle, Hellerau Verlag, Dresden 1996; »Siehdichum«, Roman, Dittrich Verlag, Berlin 2007; »Spiegelungen«, Roman, Dittrich Verlag, Berlin 2010; »Wetterleuchten«, Gedichte, Reihe Neue Lyrik – Band 1. Kulturstiftung des Freistaates Sachsen. Hrsg. von Jayne-Ann Igel, Jan Kuhlbrodt und Ralph Lindner, Poetenladen Verlag, Leipzig 2011; »hüben und drüben«, Roman, mit einem Vorwort von Lew Kopelew, überarbeitete Fassung, Dittrich Verlag, Berlin 2013; »Jakobsleiter«, Gedichte, Einzelband, Poetenladen Verlag Leipzig, 2015.
Zahlreiche Arbeiten für Rundfunk und Fernsehen sowie Multimedia-Projekte.

Ulrike Draesner
geboren 1962 in München, studierte zwischen 1981 und 1989 Rechtswissenschaft, Anglistik, Germanistik und Philosophie in München und Oxford. In dieser Zeit wurde sie u.a. durch die Hochbegabtenstiftung Maximilianeum gefördert. 1992 Promotion in Germanistischer Mediävistik. 1989–1993 Wissenschaftliche Assistentin an der Ludwig-Maximilians-Universität München. Lebt seit 1996 als freie Autorin in Berlin. 1998 Poetikdozentur in Birmingham ; 2004, 2006, 2007, 2013 und 2014 Gastprofessuren am Deutschen Literaturinstitut Leipzig, 2008 und 2011 Gastprofessuren in Biel, 2010 Gastdozentur in Hildesheim, 2008, 2012 und 2013 Leiterin der Prosawerkstatt im LCB, 2005 Poetikdozentur Kiel, 2006 Bamberger Poetikdozentur, 2009 Poetikdozentur Wiesbaden, 2015 Writer in Residence Oxford University. Seit 2018 ist sie Professorin für Deutsche Literatur am Deutschen Literaturinstitut Leipzig und seit 2019 dessen Direktorin. Ulrike Draesner übersetzt aus dem Englischen und Französischen. Sie ist Mitglied im PEN-

Zentrum der Bundesrepublik Deutschland. 2010 wurde Ulrike Draesner in die Nordrhein-Westfälische Akademie der Wissenschaften und der Künste gewählt, 2019 wurde sie Mitglied der Berliner Akademie der Künste, 2021 Mitglied der Deutschen Akademie für Sprache und Dichtung. Im Frühjahr 2022 Max-Kade-Professorin am Dartmouth College in den USA.
AUSZEICHNUNGEN (Auswahl):
Nicolas-Born- Preis (2016); Frankfurter Poetikdozentur (2016 /2017); Gertrud-Kolmar-Preis (2019); Preis der Litera-Tour Nord (2020); Deutscher Preis für Nature Writing (2020); Preis der GEDOK (2020); Bayerischer Buchpreis für den Roman »Schwitters« 2020; Großer Preis des Deutschen Literaturfonds (2021). Ausführliche Angaben unter www.draesner.de.
WERKE (Auswahl):
»gedächtnisschleifen«, Gedichte, Suhrkamp, Frankfurt/M. 1995 [überarbeite Neuausgabe: Luchterhand, München 2008]; »Lichtpause«, Roman, Volk & Welt, Berlin 1998; »Reisen unter den Augenlidern«, Erzählungen, Ritter, Klagenfurt 1999; »Twin Spin. Sonette von Shakespeare«, Radikalübersetzungen, in: Ulrike Draesner / Barbara Kohler / Peter Waterhouse: »to change the subject«, Wallstein, Göttingen 2000; »für die nacht geheuerte zellen«, Gedichte, Luchterhand, München 2001; »Mitgift«, Roman, Luchterhand, München 2002; »Hot Dogs«, Erzählungen, Luchterhand, München 2004; »kugelblitz«, Gedichte, Luchterhand, München 2005; »Spiele«, Roman, Luchterhand, München 2005; »Zauber im Zoo. Vier Reden von Herkunft und Literatur«, Wallstein, Göttingen 2007; »Schöne Frauen lesen«, Essays, Luchterhand, München 2007; »berührte orte«, Gedichte, Luchterhand, München 2008; »Vorliebe«, Roman, Luchterhand, München 2010; »Richtig liegen. Geschichten in Paaren«, Erzählungen, Luchterhand, München 2011; »Heimliche Helden«, Essays, Luchterhand, München 2013; »Sieben Sprunge vom Rand der Welt«, Roman, Luchterhand, München 2014; »subsong«, Gedichte, Luchterhand, München 2014 ; »Hiddensee«, mare, Hamburg 2015, »Nibelungen, Heimsuchung«, Gedichte, Reclam, Stuttgart 2016; »Grammatik der Gespenster«, Frankfurter Poetikvorlesungen 2017, Reclam, Ditzingen 2018; »Kanalschwimmer«, Roman, mare, Hamburg 2019; »Schwitters«, Roman, Penguin Verlag, München 2020; »doggerland«, Langgedicht, Penguin, München 2021; »Die Verwandelten«, Roman, Penguin, München 2023.

Kurt Drawert

geboren 1956, wuchs in Borgsdorf und Hohen Neuendorf bei Berlin sowie ab 1967 in Dresden auf. Er absolvierte eine Ausbildung zum Facharbeiter für Elektronik und holte später auf einer Abendschule das Abitur nach. Er übte verschiedene Hilfstätigkeiten aus, u.a. in einer Bäckerei, bei der Post und als Hilfskraft in der Sächsischen Landesbibliothek Dresden. Von 1982 bis 1985 studierte Drawert am Literaturinstitut Johannes R. Becher in Leipzig, wo er ab 1985 auch seinen Wohnsitz hatte. Seit 1986 ist er als freier Schriftsteller tätig. 1993 zog er nach Osterholz-Scharmbeck bei Bremen. Es folgten Auslandsreisen, u.a. nach Australien, Brasilien und Russland. Seit 1996 lebt Drawert in Darmstadt, wo er seit 2004 das Zentrum für junge Literatur leitet. Kurt Drawert, der bis zu seinem Austritt 1996 dem P.E.N. - Zentrum Deutschland angehörte, ist Mitglied der Freien Akademie der Künste zu Leipzig. 2014 wählte ihn die Deutsche Akademie für Sprache und Dichtung zum Mitglied. Seit 2018 ist er Mitglied der Sächsischen Akademie der Künste.
WERKE (Auswahl):
LYRIK (zuletzt): »Der Körper meiner Zeit. Gedicht«, C. H. Beck, München 2016; PROSA (zuletzt): »Dresden. Die zweite Zeit«, Roman, C. H. Beck, München 2020; »Spiegelland. Ein deutscher Monolog«, Roman (1992), Neuauflage 2020 bei Verlag C. H. Beck; ESSAYS (zuletzt): »Was gewesen sein wird«, Verlag C. H. Beck, München 2015; »Die große Abwesenheit. Essays, Reden, Figuren der Literatur«, spector-books, Leipzig 2022; THEATERSTÜCKE (zuletzt) : »Das Gegenteil von gar nichts«; UA : Staatstheater Darmstadt 2009 ; HÖRSPIELE (zuletzt): »Nach Osten ans Ende der Welt«, Funkessay, Bayerischer Rundfunk 2000; HERAUSGABEN (zuletzt): »Das Eigene im Anderen. Istanbul. 20 Jahre Darmstädter Textwerkstatt«, Poetenladen Verlag, Leipzig 2018 ; »Die Signatur deiner Augen. Junge Lyrik aus Deutschland und der Türkei«, Luxbooks Verlag, Wiesbaden 2018; »Risse und Welt. 25 Jahre Darmstädter Textwerkstatt«, Frankfurt am Main, 2023.
AUSZEICHNUNGEN (Auswahl):
PREISE (zuletzt): 2017 Lessingpreis des Freistaates Sachsen; 2020 Georg-Christoph-Lichtenberg-Preis; 2021 Walter-Kempowski-Preis für biografische Literatur des Landes Niedersachsen.
STIPENDIEN (zuletzt): 2018 Dresdner Stadtschreiber; 2021 Stipendium der Villa Aurora, Santa Monica, USA.
(Ausführliche Angaben siehe Homepage kurtdrawert.de)

Zsuzsanna Gahse

wurde 1946 in Budapest geboren. Ihre Kindheit verbrachte sie in Ungarn, bis die Familie 1956 während der ungarischen Revolution nach Wien emigrierte. Ihre Gymnasialzeit verbrachte sie in Wien und Kassel. Danach lebte sie ein Vierteljahrhundert in Stuttgart. Seit 1966 publiziert sie literarische Arbeiten in Anthologien und Literaturzeitschriften.

Mittlerweile ist sie Autorin von etwa 30 Prosabänden. Zudem übersetzt sie seit vielen Jahren aus dem Ungarischen, unter anderem Bücher von Péter Esterházy und Péter Nádas. Nach zahlreichen Ortswechseln lebt Zsuzsanna Gahse heute in Müllheim/Thur in der Schweiz.
AUSZEICHNUNGEN (Auswahl):
Für ihr Werk erhielt sie unter anderem den Aspekte-Literaturpreis (1983), den Preis der Stadt Wiesbaden im Rahmen des Ingeborg-Bachmann-Wettbewerbs (1986), den Literaturpreis der Landeshauptstadt Stuttgart (1990), den Preis der Stadt Zug (»Zuger Stadtbeobachterin« 1993), den Tibor-Déry-Preis (1999), den Bodensee-Literaturpreis (2004) und den Adelbert-von-Chamisso-Preis (2006); den Johann-Heinrich-Voß-Preis für Übersetzung (2010), den Thurgauer Kulturpreis (2010). Im Sommersemester 2008 hatte Zsuzsanna Gahse die 7. Chamisso-Poetikdozentur in Dresden inne. 2011 wurde sie in die Akademie für Deutsche Sprache und Dichtung, Darmstadt, aufgenommen. 2016 writer in residence in Kremsander Donau, Österreich. Italo-Svevo-Preis (2017), Werner-Bergengruen-Preis (2017), Grand Prix Literatur der Schweizer Literaturpreise (2019).
BÜCHER (Auswahl):
»Zero«, Prosa, Paul List Verlag, München 1983; »Berganza«, Erzählung, Paul List Verlag, München 1984; »Abendgesellschaft«, Prosa, Piper Verlag, München 1986; »Stadt, Land, Fluß«, Geschichten, Paul List Verlag, München 1988; »Einfach eben Edenkoben«, Wieser Verlag, Klagenfurt 1990; »Hundertundein Stilleben«, Wieser Verlag, Klagenfurt 1991; »Essig und Öl«, Prosa, Europäische Verlagsanstalt, Hamburg 1992; »Passepartout«, Prosa, Wieser Verlag, Klagenfurt 1994; »Kellnerroman«, Europäische Verlagsanstalt, Hamburg 1996; »Wie geht es dem Text?«, Bamberger Poetikvorlesungen, Europäische Verlagsanstalt, Hamburg 1997; »Nichts ist wie oder Rosa kehrt nicht zurück«, Europäische Verlagsanstalt, Hamburg 1999. In der Wiener Edition Korrespondenzen sind erschienen: »durch und durch. Müllheim/Thur in drei Kapiteln« (2004), »Instabile Texte« (2005), »Oh, Roman« (2007), »Donauwürfel« (2010), »Südsudelbuch« (2012), »Die Erbschaft« (2013), »JAN, JANKA, SARA und ich« (2015), »Siebenundvierzig Geschwister« (2017), »Schon bald« (2019) und »Bergisch teils farblos« (2021). Außerdem: »Erzählinseln. Reden für Dresden«, Thelem Verlag, Dresden 2009, »Das Nichts in Venedig«, Martin Wallimann Verlag, Alpnach Dorf 2010 und »Andererseits«, Stefan-Zweig-Poetikvorlesungen, Sonderzahl, Wien 2020.

Franz Hodjak
wurde 1944 im siebenbürgisch-rumänischen Hermannstadt (Sibiu) geboren und studierte von 1965 bis 1970 in Klausenburg (Cluj) Germanistik und Rumänistik. Von 1970 bis zu seiner Ausreise nach Deutschland im Jahr 1992 war er Lektor der deutschsprachigen Abteilung des Dacia-Verlages in Klausenburg. Seit 1966 veröffentlichte er Gedichte in verschiedenen deutschsprachigen Periodika Rumäniens (Karpatenrundschau, Neue Literatur) und war bereits als Student Mitherausgeber der einflussreichen Kulturzeitschrift »Echinox«. Bis zur Ausreise sind in Rumänien sieben Gedicht- und drei Prosabände, drei Kinderbücher und ein Drama erschienen. 1992 ließ er sich in Usingen/Taunus nieder. Hodjak schreibt Lyrik und Prosa und übersetzt aus dem Rumänischen.
AUSZEICHNUNGEN (Auswahl):
1990 erhielt Franz Hodjak für seine Erzählung »Die Jacke« den Preis des Landes Kärnten beim Klagenfurter Ingeborg-Bachmann-Wettbewerb. Weitere Preise u.a. : Stadtschreiber-Stipendium der Stadt Mannheim (1982), Georg-Maurer-Preis der Stadt Leipzig (1990), Literatur-Förderpreis des BDI (1991), Ehrengabe zum Andreas-Gryphius-Preis (1991), Stadtschreiber in Minden (1995), Nikolaus-Lenau-Preis der Künstlergilde Esslingen (1995), Heinrich-Heine-Stipendium in Lüneburg (1997), Hermann-Hesse-Stipendium in Calw (1998), Stipendium der Konrad-Adenauer-Stiftung (1998), Künstlerstipendium in Schreyahn (2000), Stadtschreiber in Dresden (2002). Er erhielt zahlreiche Förderstipendien, zuletzt 2006 durch das Hessische Ministerium für Wissenschaft und Kunst und 2007 ein Stipendium im Herrenhaus Edenkoben. 2013 erhielt er den Kulturpreis der Siebenbürger Sachsen und 2015 den Literaturpreis der 3. Internationalen Buchmesse in Klausenburg (Cluj-Napoca).
BÜCHER (Auswahl ab 1990):
Im Suhrkamp Verlag Frankfurt/M. sind erschienen: »Siebenbürgische Sprechübung«, Gedichte (1990), »Zahltag«, Erzählungen (1991), »Franz, Geschichtensammler«, Monodrama (1992), »Landverlust«, Gedichte (1993), »Grenzsteine«, Roman (1995), »Ankunft Konjunktiv«, Gedichte (1997), »Der Sängerstreit«, Roman (2000), »Ein Koffer voll Sand«, Roman (2003); danach sind erschienen: »Links von Eden«, Gedichte, Unartig Verlag, Aschersleben 2004; »Was wäre schon ein Unglück ohne Worte«, Aphorismen, Notate, Edition Erata, Leipzig 2006; »Die Faszination eines Tages, den es nicht gibt«, Verlag Ralf Liebe, Weilerswist, 2009; »Der, der wir sein möchten, ist schon vergeben«, Aphorismen, Notate & ein Essay, Verlag litblockin, Fernwald 2013; »Der Gedanke, mich zu entführen, bot sich an«, Gedichte, mit Lithographien von Hubertus Giebe, Verlag SchumacherGebler, Dresden 2013; »Das Ende wird Nabucco heißen«, Erzählungen, Leipziger Literaturverlag, 2014; »Der, an den wir uns erinnern, waren wir nie«, Aphorismen, Verlag SchumacherGebler, Dresden 2017; »Was nie wieder kommt«, Gedichte, Stadtlichterpresse, Wenzendorf 2022; »Alles wurde privatisiert, selbst die Funklöcher und die Schatten in Platons Höhle«, Gedichte, SchumacherGebler, Dresden

2022; »Gedenkminute für verschollene Sprachen«, Gedichte, Leipziger Literaturverlag, Leipzig 2022; »Hin und nicht zurück«, Gedichte, Vorwerk 8, Berlin 2022.

Hendrik Jackson

geb. 1971 in Düsseldorf, wuchs in Münster auf. Er studierte Filmwissenschaft, Slawistik und Philosophie in Berlin, wo er als freier Autor und Übersetzer lebt. Neben seiner Arbeit als Lyriker, Essayist und Übersetzer (vor allem aus dem Russischen) ist er Herausgeber des Internetportals www.lyrikkritik.de. Außerdem veranstaltet er mit anderen Lyrikern die Literaturreihe Parlandopark.

AUSZEICHNUNGEN (Auswahl):

Heimrad-Bäcker-Preis 2020 (»neue texte«-Essay-Preis); 2013 und 2016: Arbeitsstipendium des Berliner Senats; 2008: Förderpreis zum Friedrich-Hölderlin-Preis der Stadt Bad Homburg; 2007: Förderpreis zum Hans-Erich-Nossack-Preis; 2005: Wolfgang-Weyrauch-Förderpreis beim Literarischen März in Darmstadt; 2004: Förderpreis für Literatur der GWK; 2002: Rolf-Dieter-Brinkmann-Stipendium der Stadt Köln.

WERKE (Auswahl) :

»Panikraum – 3 Erkundungen«, kookbooks, Berlin 2018; »Provintsiya – Buchrolle über Russlands Provinz«, gemeinsam dem Fotografen Heinrich Voelkel, round-not-square, Berlin 2017; »sein gelassen – Aufzeichnungen«, kookbooks, Berlin 2016; »Im Licht der Prophezeiungen«, kookbooks, Berlin 2012; »Im Innern der zerbrechenden Schale«, Poetik und Pastichen, kookbooks, Berlin 2007; »Dunkelströme«, Gedichte, kookbooks, Berlin 2006; »brausende Bulgen – 95 Thesen über die Flußwasser in der menschlichen Seele«, Edition per procura, Wien Lana 2004; »Einflüsterungen von seitlich«, Gedichte, Morpheo-Verlag, Berlin 2001. Übersetzungen: »Wiktor Iwaniv – The automic stories«, hochroth Verlag, Berlin 2015; »Dmitri Venevitinov – Flügel des Lebens. Gesammelte Werke«, Ripperger & Kremers 2016; »Alexej Parschtschikow – Erdöl«, Gedichte, kookbooks 2010; »Marina Zwetajewa – Poem vom Ende / Neujahrsbrief«, Edition per procura, Wien Lana 2002.

Viktor Kalinke

geb. 1970 in Jena, ist ein deutschsprachiger Schriftsteller, Übersetzer und Verleger. Kalinke studierte Psychologie und Mathematik in Dresden, Leipzig und Peking und promovierte an der Universität Leipzig. Er arbeitete in Kliniken und verschiedenen Gefängnissen Ostdeutschlands. 1998 gründete er zusammen mit der Graphikerin und Buchgestalterin Marion Quitz den Verlag Edition Erata, Leipziger Literaturverlag.

AUSZEICHNUNGEN (Auswahl):

Kreativitätspreis der Hans-Sauer-Stiftung 1995; Hanban-Stipendium an der Yunnan-Universität Kunming 2009.

WERKE (Auswahl):

In der Edition Erata / Leipziger Literaturverlag sind erschienen: »Indianer im karierten Hemd«, Gedichte, 1999 (mit Zeichnungen von Marion Quitz); »El Gancho Bravo – Tango-Etüden«, Erata Leipzig 2000 (mit Illustrationen von Caroline Thiele); »liberi terrestris«, Gedichte, 2000 (mit Fotografien von Katja Langer); »Die Kunst: den Ort zu finden«, 2000 (mit Zeichnungen von Britta Schulze); »Asche. Die Antworten des Tronje Wagenbrant«, Roman, 2001 (zuvor auch Buchlabor, Dresden 1996); »Herbst auf Sumatra. Poetischer Dialog mit Milos Crnjanski«, 2002 (mit Holzschnitten von Inka Grebner); »Wie ich Amerika entdeckte«, Gedichte und Kurzprosa, 2004 (mit Zeichnungen von Marion Quitz); »Gottes Fleisch. Band 1: Die Erfindung der Reinheit«, 2005; »Gottes Fleisch. Band 2: Die Verkettung von Ehe- und Sexualstrafrecht«, 2007; »Empörte Flut«, Roman, 2009; »Nichtstun als Handlungsmaxime«, Essay: Studien zu Laozi, Daodejing, Band 3, Leipzig 2011; »Welcher König hat hier gehaust«, Liebesgedichte (mit Aktzeichnungen von Hubertus Giebe), 2012; »nichts ist besser« Gedichte, (mit 25 Foto-Graphiken), 2021; Übersetzungen und Nachdichtungen (u.a.): »Zhuangzi«, Gesamttext und Materialien, 2018 (auch als »Zhuangzi. Das Buch der daoistischen Weisheit«, Reclam, Stuttgart 2019); »Studien zu Laozi, Daodejing«, Band 1: Text u. Übersetzung / Zeichenlexikon, Leipzig 1999 und 2000; »Studien zu Laozi, Daodejing«, Band 2: Anmerkungen und Kommentare, Leipzig 1999 und 2000; »Studien zu Laozi, Daodejing«, Band 3: Nichtstun als Handlungsmaxime (Essay), Leipzig 2011; »Studien zu Laozi, Daodejing«, Gesamtausgabe, Band 1–3, Leipzig 2011; »Laozi, Daodejing«, Gesamtausgabe und Materialien, Leipzig 2022.

Uwe Kolbe

wurde am 17. 10. 1957 in Berlin geboren; 1976 Abitur in Berlin-Pankow; anderthalb Jahre Grundwehrdienst bei der NVA; 1980 erscheint der erste Gedichtband »Hineingeboren« im Aufbau-Verlag; 1983 –1987 Mitherausgeber der Samisdat-Zeitschrift »Mikado«; 1986 und in späteren Jahren mehrmals Stipendiat der Stiftung Kulturaustausch in Amsterdam; 1987 Stipendium Stiftung Künstlerhaus Worpswede; 1988–1993 ansässig in Hamburg-Altona; im Herbst 1989 Poet in Residence an der University of Texas at Austin; 1992 Villa Massimo, Rom; 1993–1997 ansässig in Berlin-Prenzlauer Berg; 1997–2002 in Baden-Württemberg; 1997–2004 Leiter des Studio Literatur und Theater der Eberhard-

Karls-Universität Tübingen; 2002 –2013 ansässig in Berlin-Charlottenburg; 2007 und 2013 Max Kade Writer in Residence am Oberlin College, Oberlin, Ohio; 2010 Max Kade Writer in Residence am Allegheny College, Meadville, Pennsylvania; Stipendien als Stadtschreiber in Stade 2004, Rheinsberg 2005, Calw 2011, Otterndorf 2014, Dresden 2017; lebt seither dort. Neben eigenständigen Publikationen v.a. im S. Fischer Verlag Erstveröffentlichungen in der Grazer Zeitschrift »manuskripte« sowie im Berliner PARK.
AUSZEICHNUNGEN (Auswahl):
für das lyrische Werk: Förderpreis zum Friedrich-Hölderlin-Preis Bad Homburg 1987; Nicolas Born Preis 1988; Friedrich-Hölderlin-Preis Tübingen 1993; Reiner-Kunze-Preis 2015; Ehrengabe der »Deutschen Schillerstiftung von 1859« 2016; für Essay: Heinrich-Mann-Preis 2012; für das Gesamtwerk: Klopstockpreis für neue Literatur 2016; Dresdner Stadtschreiber 2017.
WERKE (Auswahl):
»Hineingeboren«, Gedichte, Aufbau Verlag, Berlin und Weimar 1980; »Abschiede und andere Liebesgedichte«, Aufbau Verlag, Berlin und Weimar 1981; »Bornholm II«, Gedichte, Aufbau Verlag, Berlin und Weimar 1986; »Mikado oder Der Kaiser ist nackt. Selbstverlegte Literatur in der DDR« (Herausgabe mit Lothar Trolle und Bernd Wagner), Luchterhand, Darmstadt 1988; »Vaterlandkanal. Ein Fahrtenbuch«, Suhrkamp, Frankfurt am Main 1990; »Nicht wirklich platonisch«, Suhrkamp, Frankfurt am Main 1994; »Die Situation«, Wallstein, Göttingen 1994; »Vineta«, Suhrkamp, Frankfurt am Main, 1998; »Renegatentermine. 30 Versuche die eigene Erfahrung zu behaupten«, Suhrkamp, Frankfurt am Main 1998; »Die Farben des Wassers«, Suhrkamp, Frankfurt am Main 2001; »Diese Frau. Liebesgedichte« (mit Farbholzschnitten von Hans Scheib), Insel, Frankfurt am Main 2007; »Heimliche Feste«, Suhrkamp, Frankfurt am Main 2008; »Vinetas Archive. Annäherungen an Gründe«, Essaysammlung, Wallstein Verlag, Göttingen 2011; »Lietzenlieder«, S. Fischer, Frankfurt am Main 2012; »Die Lüge«, Roman, S. Fischer, Frankfurt am Main 2014; »Gegenreden«, S. Fischer, Frankfurt am Main 2015; »Brecht. Rollenmodell eines Dichters«, Essay, S. Fischer, Frankfurt am Main 2016; »Psalmen«, S. Fischer, Frankfurt a. M. 2017; »Dämon und Muse. Temperamente der Poesie«, Münchner Reden zur Poesie, Lyrikkabinett München, 2017; »Die sichtbaren Dinge«, Gedichte (Reihe Neue Lyrik, Band 17, herausgegeben von Jayne-Ann Igel, Jan Kuhlbrodt und der Kulturstiftung des Freistaates Sachsen), poetenladenverlag, Leipzig 2019.
ÜBERSETZUNGEN (Auswahl):
Federico García Lorca: »In seinem Garten die Liebe Don Perlimplins mit Belisa« (1985); und »Yerma« (die Brache). (1986), beide beim Henschel-Verlag Kunst und Gesellschaft, Berlin; Yang Lian: »Aufzeichnungen eines glückseligen Dämons«, Gedichte und Reflexionen (mit einem Nachwort von Uwe Kolbe), Suhrkamp, Frankfurt am Main 2009; Lee Seong Bok: »Wie anders sind die Nächte«, Gedichte, Wallstein Verlag, Göttingen, 2011.

Francesco Micieli
wurde 1956 in Santa Sofia d'Epiro im süditalienischen Kalabrien geboren. Er war dort als Angehöriger einer albanischen Volks-und Sprachgruppe, den Arbëresh, ebenso Teil einer Minderheit wie in der Schweiz, wo er seit 1965 lebt. Während des Studiums (Germanistik und Romanistik, Bern, Cosenza und Florenz) verwebt er seine Kindheits- und Jugenderfahrungen zunehmend auch fiktional. Neben seiner Tätigkeit als Dozent an der Schule für Gestaltung in Bern und am Schweizerischen Literatur-Institut in Biel wirkt Micieli seit Jahren an verschiedenen deutschsprachigen Bühnen als Autor, Schauspieler und Regisseur sowie als Librettist. Seine Prosa changiert zwischen Lyrik, Erzählung und Monolog. Micieli ist Mitglied des Verbandes Autorinnen und Autoren der Schweiz, von 2007 bis 2010 war er dessen Präsident. Seit 2016 leitet er die Literaturkommission der Stadt Bern.
AUSZEICHNUNGEN (Auswahl):
1987 Förderpreis des Kantons Bern; 1989 Buchpreis der Stadt Bern; 1990 Werkpreis des Kantons Solothurn; 1996 Einzelwerkpreis der Schweizerischen Schillerstiftung; 2002 Förderpreis zum Adelbert-von-Chamisso-Preis; 2003 Werkpreis der UBS Kulturstiftung; 2009 Auszeichnung »Weiterschreiben« der Stadt Bern; 2011 Chamisso-Poetikdozentur Dresden; 2016 IFC-Poetik-Dozentur an den Universitäten Bayreuth und München; Chamisso-Preis/Hellerau 2020/2021 (gemeinsam mit Franco Bondi und Gino Chiellino).
WERKE (Auswahl) :
»Ich weiß nur, dass mein Vater große Hände hat. Tagebuch eines Kindes«, Salchli, Bern 1986; »Das Lachen der Schafe«, Salchli, Bern 1989; »Meine italienische Reise«, Zytglogge, Gümligen 1996; »Blues. Himmel. Ein Album«, Zytglogge, Gümligen 2000; »Am Strand ein Buch. Eine Erzählung«, X-time, Bern 2006; »Mein Vater geht jeden Tag vier Mal die Treppe hinauf und herunter«, Die Brotsuppe, Biel 2007; »Fantasmi. Auf-Zeichnungen & Postkarten an & für Urs Dickerhof«, Die Brotsuppe, Biel 2008; »Liebe im Klimawandel. Ein Protokoll«, Zytglogge, Oberhofen am Thunersee 2010; »Schwazzenbach. Schlaflos in Lützelflüh«, Erzählung, Zytglogge, Oberhofen am Thunersee 2012; »Der Agent der kleinen Dinge«, Zytglogge, Oberhofen am Thunersee 2014; »Der lachende Zahn meiner Großmutter«, Chamisso-Poetikdozentur, Thelem, Dresden 2015; »Hundert Tage mit meiner Großmutter«, Zytglogge, Basel 2016; »Kinderge-

dichte«, Verlag die brotsuppe, Biel 2018; »Vom Verschwinden der Cousine«, Zytglogge, Basel 2019; »Der Auftrag«, Gedichte, Die Brotsuppe, Biel 2021; »Das Kind und die Fotoschachtel«, Mäd Book Lyrik 8, Mäd Book Verlag, Basel 2021.

Uwe Nösner
wurde 1960 in Dresden geboren. Er hatte – nach kurzen Intermezzi als Bauarbeiter, Krankenpfleger und Totengräber – bei der Dresdner Tageszeitung DIE UNION den Beruf des Redakteurs von der Pieke auf erlernt und als Literaturredakteur der überregionalen Kulturseite deren geistig-kulturelles Niveau maßgeblich mit geprägt. Das von ihm initiierte und betreute lyrische Feuilleton war in seiner Art für Tageszeitungen in der DDR einmalig, da es zahlreichen Autoren, unter Umgehung staatlicher Zensur, Publikationsmöglichkeiten eröffnete. Herausragend war die von Uwe Nösner betreute Erstveröffentlichung der Tagebücher Victor Klemperers als Fortsetzungsserie (»Alltag einer Diktatur. Aus den Tagebüchern 1936 bis 1940«, in DIE UNION, ab Mai 1987, Fortsetzung ab November 1988), die dem Engagement des Aufbau-Verlages (und damit dem Welterfolg als Tagebuchbestseller) vorausgegangen war und dieses gleichwohl initiiert hatte. Uwe Nösner ist 2018 gestorben.
BÜCHER (Auswahl):
»Pergamon«, Gedichtzyklus (mit Federzeichnungen von Jürgen Dreißig), Privatdruck, Dresden 1989; »Geschichte der theosophischen Ideen. Eine Einführung«, Privatdruck, Dresden 1998; »Auf der schlaflosen Seite des Mondes«, Gedichte (mit Lithographien von Rainer Müller), Edition Meinel, Dresden 2001; »Die gekreuzigte Zeit«, Gedichte, Leipziger Literaturverlag, 2006; »Reise ans Ende des Traums«, Prosastücke (mit drei Graphikblättern von Hermann Naumann), Leipziger Literaturverlag 2007; »Die gescheiterte Reformation. Ein Zwischenruf«, Leipziger Literaturverlag 2015; »Geschichte der theosophischen Ideen. Wege zu den Quellen schöpferischer Religiosität« (mit neun Wortbildern und einer Bildtafel von Jürgen Dreißig), Leipziger Literaturverlag 2016.

Katerina Poladjan
wurde 1971 in Moskau geboren und lebt seit 1979 in Deutschland. Sie absolvierte ein Studium der Angewandten Kulturwissenschaften an der Leuphana Universität in Lüneburg und ein Studium der Darstellenden Kunst in München. Sie nahm 2015 bei den Tagen der deutschsprachigen Literatur in Klagenfurt teil, war für den Alfred-Döblin-Preis nominiert und erhielt Stipendien des Deutschen Literaturfonds, des Berliner Senats und der Robert Bosch Stiftung. 2016 war sie Stipendiatin der Kulturakademie Tarabya in Istanbul. 2021 wurde sie mit dem Nelly-Sachs-Preis der Stadt Dortmund ausgezeichnet. Auf ihr Prosadebüt »In einer Nacht, woanders« folgte »Vielleicht Marseille«, und gemeinsam mit Henning Fritsch schrieb sie den literarischen Reisebericht »Hinter Sibirien«. Im Juni 2019 erschien ihr dritter Roman »Hier sind Löwen« beim S. Fischer Verlag. Ihr vierter Roman »Zukunftsmusik« wurde mit dem Chamisso-Preis Hellerau 2022 und dem Rheingau Literaturpreis 2022 ausgezeichnet, war nominiert für den Preis der Leipziger Buchmesse und den Wilhelm-Raabe-Literaturpreis und stand auf Platz Eins der SWR-Bestenliste im April 2022.
BÜCHER:
»In einer Nacht, woanders«, Roman, Rowohlt, Reinbek bei Hamburg 2011; »Vielleicht Marseille«, Roman, Rowohlt, Reinbek bei Hamburg 2015; »Hinter Sibirien«, literarischer Reisebericht, Rowohlt, Reinbek bei Hamburg 2016; »Hier sind Löwen«, Roman, S. Fischer, Frankfurt am Main 2019; »Zukunftsmusik«, Roman, S. Fischer, Frankfurt am Main 2022.
AUSZEICHNUNGEN (Auswahl):
Stipendium der Neuen Gesellschaft für Literatur 2003; Grenzgänger-Stipendium der Robert Bosch Stiftung 2014; Alfred-Döblin-Stipendium 2014; Senatsstipendium der Stadt Berlin 2015; Nominierung für den Alfred-Döblin-Preis 2015; Shortlist für den European Union Prize for Literature 2016; Stipendium der Stiftung Preußische Seehandlung 2016; Residenzstipendium Kulturakademie Tarabya Istanbul 2016; Stipendium Deutscher Literaturfonds 2016/2017; Alfred-Döblin-Stipendium 2019; Nominierung von »Hier sind Löwen« für den Deutschen Buchpreis 2019 (Longlist); Stipendium Deutscher Literaturfonds 2020; Nelly-Sachs-Preis 2021; Nominierung von »Zukunftsmusik« für den Preis der Leipziger Buchmesse 2022; Chamisso-Preis Hellerau 2022; Rheingau-Literaturpreis 2022.

Andreas Reimann
wurde am 11. November 1946 als Sohn des Grafiker-Ehepaares Peter und Suse Reimann geboren. Er ist der Enkel des Dichters Hans Reimann (1889–1969). Nach der Flucht des Vaters 1953 nach West-Berlin und dem Suizid der Mutter 1954 kam er in ein Kinderheim. 1955 unaufgeklärter Tod des Vaters in West-Berlin. Von 1956 an lebte er bei seiner Großmutter Thea Reimann-Weide in Leipzig. 1957 erste lyrische Versuche (Vermarktung als »Wunderkind«). Von 1963 bis 1965 absolvierte Reimann eine Lehre als Schriftsetzer und begann 1965 ein Literaturstudium am Institut für Literatur »Johannes R. Becher« in Leipzig. Anfang 1966 wurde er im Zusammenhang mit seiner ablehnenden Haltung gegenüber der Kulturpolitik der SED nach dem 11. Plenum des ZK der SED exmatrikuliert. Im gleichen Jahr wurde er

zum Wehrdienst in der NVA eingezogen und nach einem Suizidversuch entlassen. Danach war er freier Schriftsteller und Verlagslektor. Nach Protest gegen die Zerschlagung des »Prager Frühlings« wurde er im Oktober 1968 verhaftet und wegen »staatsgefährdender Hetze« zu zwei Jahren Haft verurteilt. Nach seiner Entlassung im Oktober 1970 arbeitete er als Transportarbeiter, Brauereihilfsarbeiter und Lohnbuchhalter. In den 1970er Jahren erschienen zwei Gedichtbände von ihm, danach konnte er bis zur Wende 1989 nicht mehr veröffentlichen. Seit 1973 arbeitete Reimann mit Chanson-Interpreten (u.a. Stephan Krawczyk, Detelef Hörold, Hubertus Schmidt), der Rockgruppe Lift und verschiedenen Komponisten zusammen und gehörte zur Leipziger Liederszene und war Teilnehmer der DDR-offenen Chanson-Tage in Frankfurt/Oder (Kloster Michaelsstein). Ab dieser Zeit war er auch als Grafiker und Librettist tätig. Nach 1989 Presse- und Rundfunkarbeit. Seit 1993 zahlreiche Buch-Veröffentlichungen. 2015 wurde Andreas Reimann in das PEN-Zentrum Deutschland gewählt.
AUSZEICHNUNGEN (Auswahl):
1997 Förderpreis der Stadt Leipzig; 1999 Stipendium des Freistaates Sachsen; 1999 Adolph-Meijstrik-Ehrengabe der deutschen Schillerstiftung von 1859; 2000 Literaturstipendium der Stadt Leipzig; 2005 Brüder-Grimm-Preis der Stadt Hanau (zusammen mit Felicitas Hoppe); 2006 Stipendium des Deutschen Literaturfonds Darmstadt; 2007 Johann-Gottfried-Seume-Literaturpreis (für »... und Rotwein rauscht an meiner Seele Süden«); 2012 Rössing-Preis der Renate und Roger Rössing Stiftung (für »Bewohnbare Stadt«); 2015 Lyrikstipendium poet in residence des Vereins »Literarisches Dresden« in Dresden-Loschwitz; Poesiealbum-neu-Preis der Gesellschaft für zeitgenössische Lyrik 2018; Lessingpreis des Freistaates Sachsen 2023.
WERKE (Auswahl):
»Die Weisheit des Fleischs«, Gedichte, Mitteldeutscher Verlag, Halle 1976; »Das ganze halbe Leben«, Gedichte, Mitteldeutscher Verlag, Halle 1979; »Das Sonettarium«, Gedichte, Connewitzer Verlagsbuchhandlung, Leipzig 1995; »Vom haltbaren Jonas«, Lieder und Balladen und eine CD, Forum Verlag, Leipzig 1999; »Beschreiben und Bezeichnen. Aus der Chronik einer Leipziger Künstlerfamilie«, Stadt Leipzig, Der Oberbürgermeister, 1999; »Die männlichen Zeitalter«, Gedichte, Illustrationen und freie Grafik, Claudia Gehrke Konkursbuch, Tübingen 2001; »Zwischen den Untergängen«, Gesammelte Gedichte, Faber & Faber, Leipzig 2004; »Will an deinen Leib mich fügen – Liebesgedichte«, Connewitzer Verlagsbuchhandlung, Leipzig 2005; »... und Rotwein rauscht an meiner Seele Süden – Italien-Sonette«, Dr. Ziethen Verlag, Oschersleben 2006; »Der trojanische Pegasus – 150 ausgewählte Gedichte 1957–2006«, Mitteldeutscher Verlag, Halle 2006; »Bewohnbare Stadt – Leipzig-Gedichte«, Connewitzer Verlagsbuchhandlung, Leipzig 2009; »Gräber und drüber«, Gedichte, Connewitzer Verlagsbuchhandlung, Leipzig 2010; »Die Weisheit des Fleischs«, Gedichte. Band 2 der Werkausgabe, Connewitzer Verlagsbuchhandlung, Leipzig 2011; »grüner winter« (poet in residence, das lyrik-stipendium in dresden), Gedichte, edition buchhaus loschwitz, Dresden 2015; »Versammelte Chansons und Lieder«, Dr. Ziethen Verlag, Oschersleben 2016; »Poeten-Museum. Weimar-Gedichte«, mit Zeichnungen von Rainer Ilg, Quartus-Verlag, Bucha bei Jena 2016; »Kontradiktionen«, Gedichte 1964–66, und »Die neuen Leiden der jungen Lyrik«, Essay und Diskussion, Band 1 der Werkausgabe, Connewitzer Verlagsbuchhandlung, Leipzig 2016; »Das ganze halbe Leben«, Gedichte 1973–76, und »Die ersten fünfzig Lieder aus der Sammlung Hubertus Schmidt«, Band 3 der Werkausgabe, Connewitzer Verlagsbuchhandlung, Leipzig 2017; »Poesiealbum 336 Andreas Reimann«, Gedichte, Märkischer Verlag, Wilhelmshorst 2017; »Das große Sonettarium«, Sonette 1976-2019, Band 5 der Werkausgabe, Connewitzer Verlagsbuchhandlung, Leipzig 2019; »Der plunderhund im lande wunderbunt«, Lieder 1976–2021, Band 4 der Werkausgabe, Connewitzer Verlagsbuchhandlung, Leipzig 2021.

Jaroslav Rudiš
geb. 1972, ist ein tschechischer Romancier, Dramatiker und Drehbuchautor, der auch in deutscher Sprache schreibt. Er studierte zunächst in Liberec, Zürich und Prag Germanistik, Geschichte und Journalistik, bevor er durch ein Journalisten-Stipendium nach Berlin kam. In Berlin entstand sein Erstlingsroman »Der Himmel unter Berlin« (2002), für den Rudiš im Jahr 2002 den Jiří-Orten-Preis erhielt. Im September 2006 erschien sein zweiter Roman »Grandhotel«, der auch verfilmt wurde. 2007 erschien sein dritter Roman »Die Stille in Prag«, der von der tschechischen Kritik sehr positiv aufgenommen wurde. Rudiš arbeitet daneben intensiv im dramatischen Bereich; gemeinsam mit Petr Pýcha hat er mehrere Theaterstücke verfasst. In letzter Zeit schreibt Rudiš auch auf Deutsch; gemeinsam mit dem Leipziger Autor Martin Becker hat er das Hörspiel »Die Stille in Prag« verfasst, welches am 1. April 2008 beim WDR seine Erstsendung hatte. Außerdem schrieben beide Autoren an einem Libretto zu einer Oper über das Jahr 1968, welche ebenfalls 2008 in Prag und Berlin uraufgeführt wurde. Neben seiner schriftstellerischen Tätigkeit hat Rudiš durch die Comicfigur Alois Nebel, die er gemeinsam mit dem tschechischen Rocksänger und Zeichner Jaromír Švejdík entworfen hat, viel Popularität erfahren. Zusammen mit Jaromír Švejdík und seinem Verleger Joachim Dvořák hat Rudiš im Winter 2007 die Band The Bombers gegründet, deren erste CD in Tschechien erschienen ist. Heute tritt Rudiš mit der Kafka-Band auf, die u.a. Romane von Franz Kafka thematisiert. Ende 2007 wurde Rudiš gemeinsam mit Vertretern

aus Politik und Gesellschaft in die Reihe der dreißig wichtigsten Persönlichkeiten Tschechiens gewählt. Die Werke Rudiš' wurden ins Deutsche, Französische, Englische, Niederländische, Spanische, Polnische und Finnische übersetzt.
AUSZEICHNUNGEN (Auswahl):
2014 wurde Rudiš mit dem internationalen Usedomer Literaturpreis ausgezeichnet. 2018 erhielt er den Preis der Literaturhäuser und 2019 den Chamisso-Preis/Hellerau zugesprochen. Sein 2019 erschienener Roman »Winterbergs letzte Reise« wurde 2019 in der Kategorie »Belletristik« für den Preis der Leipziger Buchmesse nominiert. 2022 erhielt Rudiš den Karel-Čapek-Preis.
WERKE (Auswahl):
In der Übersetzung von Eva Profousová sind erschienen: »Der Himmel unter Berlin" (Rowohlt, 2004), »Grandhotel« (Luchterhand, 2008); »Die Stille in Prag« (Luchterhand, 2012); »Vom Ende des Punks in Helsinki« (Luchterhand, 2014); »Nationalstraße« (Luchterhand, 2016). Danach hat Rudiš folgende Bücher auf Deutsch verfasst: »Der Besuch von Herrn Horvath«, Erzählungen (Edition Thanhäuser, Ottensheim 2018); »Winterbergs letzte Reise«, Roman (Lucherhand, 2019); »Gebrauchsanweisung fürs Zugreisen« (Piper, 2021); »Durch den Nebel«, Salzburger Stefan-Zweig-Poetikvorlesungen (Sonderzahl, 2022).

Hans Joachim Schädlich
geboren am 8. Oktober 1935 in Reichenbach/Vogtland, studierte an der Humboldt-Universität Berlin und an der Karl-Marx-Universität Leipzig Germanistik und Linguistik. 1960 promovierte er mit einer Dissertation über die »Phonologie des Ostvogtländischen« zum Dr. phil. Von 1959 bis 1976 war er wissenschaftlicher Mitarbeiter der Akademie der Wissenschaften in Berlin-Ost. Ende der 60er begann er neben seiner beruflichen Tätigkeit mit dem Schreiben. Schädlichs Texte fanden wegen ihrer politischen Brisanz in der DDR keinen Verleger, der eine Veröffentlichung gewagt hätte. Nach Unterzeichnung einer Petition gegen die Zwangsausbürgerung von Wolf Biermann aus der DDR verlor er seine Arbeit an der Akademie der Wissenschaften Berlin-Ost und verdiente sich danach seinen Unterhalt als freiberuflicher Übersetzer. Nach dem Erscheinen seines Prosabandes »Versuchte Nähe« (1977) im Rowohlt Verlag wurde Schädlich in der DDR als »Staatsfeind« geächtet. Im Dezember 1977 übersiedelte er mit seiner Familie in die Bundesrepublik. Schädlich ist Mitglied der Deutschen Akademie für Sprache und Dichtung. Aus dem westdeutschen PEN trat er 1996 aus.
PREISE (Auswahl):
Rauriser Literaturpreis (1977); Marburger Literaturpreis (1986); Hamburger Literaturpreis für Kurzprosa (1988); Thomas-Dehler-Preis (1989); Berliner Literaturpreis der Stiftung Preußische Seehandlung (1992); Johannes-Bobrowski-Medaille (1992); Heinrich-Böll-Preis (1992); Hans-Sahl-Preis (1995); Kleist-Preis (1996); Schiller-Gedächtnis-Preis (1998); Lessingpreis des Freistaates Sachsen (2002); Hoffmann-von-Fallersleben-Preis für zeitkritische Literatur (2004); Samuel-Bogumil-Linde-Preis (2005), Großer Literaturpreis der Bayerischen Akademie der Schönen Künste (2007), Literaturpreis der Stadt Bremen (2007), Corine Internationaler Buchpreis (2010), Joseph-Breitbach-Preis (2011), Berliner Literaturpreis (2014), Bundesverdienstkreuz (2014), Erich-Loest-Preis (2019, inbesondere für „Felix und Felka").
BÜCHER (Auswahl):
Im Rowohlt Verlag, Reinbek bei Hamburg, sind erschienen: »Versuchte Nähe«, Prosa (1977); »Der Sprachabschneider«, Parabel (1980); »Tallhover«, Roman (1986); »Ostwestberlin«, Prosa (1987); »Schott«, Roman (1992); »Mal hören, was noch kommt / Jetzt, wo alles zu spät ist«, Erzählungen (1995); »Trivialroman«, Roman (1998); »Gib ihm Sprache. Leben und Tod des Dichters Äsop. Eine Nacherzählung« (1999); »Anders«, Roman (2003); »Der andere Blick«, Aufsätze, Reden, Gespräche (2005), »Vorbei«, Erzählungen (2007); »Kokoschkins Reise«, Roman (2010); »Sire, ich eile. Voltaire bei Friedrich II. Eine Novelle« (2012), »Narrenleben«, Roman (2015), »Felix und Felka«, Roman (2018), »Die Villa«, Roman (2020). 2015 erschien im Rowohlt-Verlag auch eine zehnbändige Werkausgabe von Hans Joachim Schädlich. Weiterhin sind erschienen: »Irgend etwas irgendwie«, zehn Texte, BrennGlas-Verlag, Assenheim 1984; »Mechanik«, Erzählung, BrennGlas-Verlag, Assenheim 1985; »Der Kuckuck und die Nachtigall«, Parabel, Wallstein-Verlag, Göttingen 1996; »Vertrauen und Verrat«, Essays, Wallstein-Verlag, Göttingen 1997; »Zwischen Schauplatz und Elfenbeinturm«, Essays, Wallstein-Verlag, Göttingen 2001; »Mechanik. Fritz« (herausgegeben und kommentiert von Theo Buck), Philipp Reclam jun., Stuttgart 2009 (RUB Nr. 18671); »Catt. Ein Fragment«, Verbrecherverlag, Berlin 2015. 2015 erschien im Böhlau Verlag eine von Theo Buck verfasste Werkbiographie unter dem Titel »Zwischen Wirklichkeit und Fiktion: Hans Joachim Schädlich«.

Raoul Schrott
wurde 1964 in Landeck/Tirol geboren, aufgewachsen ist er in Tunis, Zürich und Landeck/Tirol. Er studierte Literatur und Sprachwissenschaften in Norwich, Paris, Berlin und Innsbruck. Raoul Schrott hat sich als Romancier, Lyriker, Essayist, Herausgeber, Übersetzer, Komparatist und Poetologe einen Namen gemacht und gilt als einer der vielseitigsten deutschsprachigen Autoren. 1986/87 war er Sekretär des französischen Surrealisten Philippe Soupault. Als Disser-

tation legte er 1988 an der Universität Innsbruck die Arbeit »DADA 1921–1922« in Tirol vor. Von 1990 bis 1993 war er Lektor für Germanistik am Istituto Orientale in Neapel. 1996 habilitierte er sich am Institut für Komparatistik der Universität Innsbruck. Im Wintersemester 2008/2009 wurde Schrott auf die Samuel-Fischer-Gastprofessur für Literatur an der Freien Universität Berlin berufen. Schrott lebt in Österreich. 2012 hatte er die Tübinger Poetik-Dozentur zusammen mit Christoph Ransmayr an der Universität Tübingen inne. Seit 2002 ist er Mitglied der Deutschen Akademie für Sprache und Dichtung.

AUSZEICHNUNGEN (Auswahl):

Raoul Schrott hat zahlreiche Preise erhalten, u.a. Preis des Landes Kärnten beim Ingeborg-Bachmann-Wettbewerb (1994), Leonce-und-Lena-Preis (1995), Berliner Literaturpreis (1996), Peter-Huchel-Preis (1999), Mainzer Stadtschreiber (2004), Joseph-Breitbach-Preis (2004), Tiroler Landespreis für Kunst (2009), seit 2010 Projektförderung der Kulturstiftung des Bundes (Deutschland) für »Die erste Erde«.

BÜCHER (Auswahl):

Raoul Schrotts Werkverzeichnis umfasst zahlreiche Titel, u. a.: »Die Erfindung der Poesie. Gedichte aus den ersten viertausend Jahren«, Eichborn Verlag, Frankfurt a. Main 1997; »Dada 15/25«, Dokumentation, DuMont Literatur und Kunst Verlag, Köln 2005. Im Carl Hanser Verlag, München-Wien sind erschienen: »Tropen. Über das Erhabene« (1998); »Gilgamesh. Epos« (Nachdichtung und Neuübersetzung, 2001); »Tristan da Cunha oder die Hälfte der Erde«, Roman (2003); »Weißbuch«, Gedichte (2004); »Handbuch der Wolkenputzerei«, Essays (2005); »Homers Heimat. Der Kampf um Troja und seine realen Hintergründe« (2008); »Homer, Ilias« (Neuübersetzung, 2008); »Gehirn und Gedicht. Wie wir unsere Wirklichkeiten konstruieren« (gemeinsam mit Arthur Jacobs, 2011); »Das schweigende Kind«, Erzählung (2012); »Hesiod, Theogonie« (Neuübersetzung und Erläuterung, 2014); »Die Kunst an nichts zu glauben«, Gedichte (2015); »Erste Erde«, Epos (2016); »Politiken & Ideen« (2018); »Eine Geschichte des Windes oder Von dem deutschen Kanonier der erstmals die Welt umrundete und dann ein zweites und ein drittes Mal«, Roman (2019).

Ingo Schulze

geb. 1962 in Dresden, 1981 Abitur, danach 18 Monate Grundwehrdienst. Von 1983 bis 1988 Studium der Klassischen Philologie (Altgriechisch, Latein) und Germanistik in Jena. Von 1988 bis Anfang 1990 als Schauspieldramaturg am Landestheater Altenburg. Anfang 1990 bis Ende 1992 Gründung und Mitarbeit am »Altenburger Wochenblatt« und am »Anzeiger«. 1993 von Januar bis Juli in St. Petersburg, Gründung des ersten kostenlosen Anzeigenblattes »Priwet Peterburg«. Seit September 1993 in Berlin. Seit 2006 Mitglied der Akademie der Künste Berlin und der Deutschen Akademie für Sprache und Dichtung in Darmstadt; seit 2007 Mitglied der Sächsischen Akademie der Künste. 2010–2015 Direktor der Sektion Literatur der Akademie der Künste.

AUSZEICHNUNGEN (Auswahl):

1995 Förderpreis des Alfred-Döblin-Preises, Ernst-Willner-Preis, aspekte-Literaturpreis ; 1998 Berliner Literaturpreis mit Johannes-Bobrowski-Medaille ; 2001 Joseph Breitbach Literaturpreis ; 2006 Peter-Weiss-Preis; 2007 Stipendiat der Villa Massimo in Rom, Thüringer Literaturpreis, Preis der Leipziger Buchmesse ; 2008 Premio Grinzane Cavour und Samuel-Bogumil-Linde-Preis ; 2011 Stadtschreiber von Mainz ; 2012 Preis des »Freien Deutschen Autorenverbandes« ; 2013 Bertolt-Brecht-Preis der Stadt Augsburg und The Manhae Grand Price of Literature (Süd-Korea) ; 2017 Rheingau-Literaturpreis; 2019 Werner-Bergengruen-Preis; 2020 Bundesverdienstkreuz; 2021 Preis der Literaturhäuser; 2021 Kunstpreis der Landeshauptstadt Dresden; 2021/2022 Paderborner Gastdozentur (zusammen mit Frank Witzel); 2022 Metropolenschreiber Ruhrgebiet.

BÜCHER (Auswahl):

»33 Augenblicke des Glücks. Aus den abenteuerlichen Aufzeichnungen der Deutschen in Piter«, Berlin Verlag 1995; »Simple Storys. Ein Roman aus der ostdeutschen Provinz«, Berlin Verlag 1998; »Neue Leben. Die Jugend Enrico Türmers in Briefen und Prosa«, Berlin Verlag 2005; »Handy. Dreizehn Geschichten in alter Manier«, Berlin Verlag 2007; »Tausend Geschichten sind nicht genug. Leipziger Poetikvorlesung 2007«, Suhrkamp, Frankfurt am Main 2008; »Adam und Evelyn«, Berlin Verlag 2008; »Der Herr Augustin« (mit Julia Penndorf, Illustrationen), Bloomsbury-Kinderbuch, Berlin Verlag 2008; »Was wollen wir ? Essays, Reden, Skizzen«, Berlin Verlag 2009; »Eine Nacht bei Boris«, erschienen in der Reihe: Books to Go, Deutscher Taschenbuch Verlag, Berlin 2009; »Orangen und Engel. Italienische Skizzen“ (mit Matthias Hoch, Fotografien), Berlin Verlag 2010; »Unsere schönen neuen Kleider. Gegen eine marktkonforme Demokratie – für demokratiekonforme Märkte«, Hanser Verlag, München 2012; »Henkerslos. Ein Märchenbrevier« (zusammen mit Christine Traber. Mit Illustrationen von Sebastian Menschenmoser), Hanser Verlag, München 2013; »Peter Holtz. Sein glückliches Leben erzählt von ihm selbst«, S. Fischer, Frankfurt am Main 2017; »Die rechtschaffenen Mörder«, S. Fischer, Frankfurt am Main 2020; »Tasso im Irrenhaus«, Erzählungen, dtv, 2021; »Der Amerikaner, der den Kolumbus zuerst entdeckte«, Essays, S. Fischer, Frankfurt am Main 2022. HÖRSPIEL: »Das Deutschlandgerät«, Regie: Stefan Kanis, MDR 2014; »Augusto, der Richter«, Regie: Ulrich Lampen, MDR/BR 2016 (als Podcast/Download im BR Hörspiel Pool).

Personenverzeichnis

Adorno, Theodor W. 232 – 236
Aigner, Christoph Wilhelm 176
Altenbourg, Gerhard 261
Anderson, Sascha 238 244 253f.
Andrić, Ivo 260
Andropow, Juri W. 287f.
Apitz, Bruno 32
Ardenne, Manfred von 212
Arendt, Hannah 242
Aristoteles 79 83 89
Arlt, Roberto 156
Auden, Wystan Hugh 117
August der Starke 35
Bachmann, Ingeborg 62 232
Bächtold-Stäubli, Hanns 226
Baedeker, Karl 54
Balzac, Honoré de 85
Barbetta, María Cecilia 147 – 160
Barthes, Roland 163
Bartsch, Kurt 197
Becker, Jurek 188
Beckett, Samuel 135 235 270
Begley, Louis 228
Bellotto, Bernardo (gen. Canaletto) 270
Benjamin, Walter 166ff. 171 217 235
Benn, Gottfried 64 200 227
Berbereova, Nina 32
Berendse, Gerrit-Jan 245
Bernhard, Thomas 53 55 112 135 145 237 275
Besant, Annie 92
Beuys, Joseph 211f.
Beyer, Marcel 209 – 237 261 283
Bi Yän Lu 178
Bialkowski, Stanislaus 26
Bichsel, Peter 146 163
Bienert, Ida 73
Biermann, Wolf 197f. 201 240 – 246 249 251
Bismarck, Otto von 232
Bitzan, Rudolf 52
Blavatzky, Helena 92
Bloch, Ernst 33 88
Blum, Willi 32
Bobrowski, Johannes 198
Böhme, Jakob 88ff.
Böll, Heinrich 45 266
Bohley, Bärbel 244 250
Bonsels, Waldemar 26
Borchert, Wolfgang 148
Bourdieu, Pierre 271
Borges, Jorge Luis 148 156 255
Brandt, Willy 232
Brasch, Thomas 240 242 289
Braun, Gertrud 29f.
Braun, Michael 169 179
Braun, Volker 240 – 246 251
Bräunig, Werner 197
Bredel, Willi 29
Brecht, Bertolt 102 113 129 148 200 206 238 – 246
Breschnew, Leonid I. 287f.
Brombach, Charlotte 112
Buber, Martin 97 102 257f.
Bulgakow, Michail A. 289
Bunge, Hans 239
Bunin, Iwan 32
Byung-Chul Han 274f.
Calvino, Italo 266
Campe, Johann Heinrich 26
Camus, Albert 255
Canetti, Elias 167

Carpentier, Alejo 148
Carter, Jimmy 45
Celan, Paul 175
Ceauşescu, Nicolae 185-193
Cervantes, Miguel de 142
Châtelet, Émilie du 34
Chlebnikow, Welimir 171f. 180
Chodassewitsch, Wladislaw 32
Chopin, Frederik 287f.
Claus, Carl-Friedrich 261
Corino, Karl 194
Cornea, Doina 190
Cortázar, Julio 148 151f. 160
Cotten, Ann 110 – 129 175
Cummings, E. E. 228
Czechowski, Heinz 245
Czernin, Franz Josef 182
Czerwinska, Katarzyna 46
Dafydd ap Gwilym 77
Dante Alighieri 129 254 256
Danton, Georges 245
Dathe, Heinrich 216
Denevi, Marco 148
Derrida, Jacques 177 229
Descartes, René 117
Dietrich, Amalie 39
Dimitroff, Georgi 189
Dinescu, Mircea 189
Diogenes 76
Dirke, Bruno 46
Dittmann, Uta 85
Djagilewa, Yanka 290
Döblin, Alfred 102 267
Döring, Christian 47
Doderer, Heimito von 112
Donne, John 113
Dorn, Anne 38 – 47
Dominik, Hans 26
Dostojewski, Fjodor M. 85 282 289
Doyle, Arthur Conan 157
Draesner, Ulrike 8 – 25 62 – 73
Dratsch, Ivan F. 202
Drawert, Kurt 182 269 – 280
Dreißig, Jürgen 91
Drommer, Günter 250
Droste-Hülshoff, Annette von 62
Dulac, Edmund 39
Dumas, Alexandre (der Ältere) 293
Dunger, Hermann 26
Eck, Siegfried 210f. 216
Eich, Günter 111
Einstein, Albert 91 255
Eisenburger, Eduard 188
Eisenstein, Sergej 223f. 237 240
Eisler, Hanns 200 239f.
Eliot, Thomas Stearns 246
Endler, Adolf 244f. 249
Endo, Shusaku 113
Engstler, Peter 127
Enheduanna 76f.
Epiktet 169
Erasmus von Rotterdam 85f. 92
Erb, Elke 175 253f.
Eribon, Didier 271
Ernaux, Annie 271
Ernst Ferdinand (österr. Thronfolger) 56
Erras, Heinrich 30
Erwin, Thomas 251
Esterházy, Péter 132 143f.
Faber, Elmar 250
Fabre, Jean-Henri 62
Falb, Daniel 172 174 178
Falkner, Gerhard 115
Fellien, Mareile 115
Fenollosa, Ernest Francisco 129
Flaubert, Gustave 276f.

Flusser, Vilem 265
Fo, Dario 165
Fontane, Theodor 51 264
Foucault, Michel 280
Franck, Sebastian 88
Frege, Gottlob 117
Freisler, Roland 44
Freud, Siegmund 70
Friedrich II. (Preußen) 33ff.
Frings, Theodor 29
Frisch, Max 145 163 185 232 246
Fritsch, Henning 283 292 294
Fröhlich, Joseph 34 36ff.
Fuchs, Mäddel 222
Fühmann, Franz 198 238 241f. 245 251ff. 261
Gahse, Zsuzsanna 132 – 146
García Lorca, Federico 142 250
Garewicz, Jan 45f.
Geist, Peter 182 194 206f.
Gheorghiu-Dej, Gheorghe 189
Giles, Herbert 102
Gilgamesh-Epos 76 79 81ff.
Ginsberg, Allen 177
Glück, Renate 216
Goethe, Johann Wolfgang v. 91 103 137 148 200 206 281
Gombrowicz, Witold 234
Gomringer, Eugen 111
Gontscharow, Iwan A. 274 289
Gorbatschow, Michail S. 250 287
Gorki, Maxim 26 32
Grimm, Jacob und Wilhelm 147 217ff. 222 236
Grimmelshausen, H. J. C. v. 121
Grohmann, Will 73
Großmann, Karin 255
Grünbein, Durs 171
Grünberg, Karl 29
Günther, Anton 26
Günther, Jens-Uwe 205
Gundling, Jacob Paul von 36
Guttmann, Wilhelm Simon 76
Hamann, Johann Georg 172ff.
Hamilton, Richard 73
Hamm, Peter 198
Handke, Peter 168
Hanfeizi 99 107
Hartwig, Ina 238
Hašek, Jaroslav 48f.
Hausmann, Raoul 68
Havemann, Robert 107 249 251
Heaney, Seamus 223
Hearn, Lafcadio 125
Hedin, Sven 26
Hefter, Martina 178
Hegel, Georg Wilhelm Friedrich 113 118f. 121 189 244
Heidegger, Martin 102 177 179 233f.
Heidenreich, Elke 233f.
Heimberger, Bernd 194
Heine, Heinrich 200 206 222 239f.
Heintje (Hein Simons) 231 234 236
Heisig, James 127
Heißenbüttel, Helmut 142 144
Helmholtz, Hermann von 246
Hemingway, Ernest 49
Herbst, Alban Nikolai 180
Herbstritt, Georg 191
Herder, Johann Gottfried 173
Hermlin, Stephan 84 198 201 251
Hesiod 76 – 83 256
Hesse, Hermann 85 102 259f.
Hessel, Franz 217
Heym, Georg 76
Heym, Stefan 251

Heyn, Walter Thomas 205
Hilbig, Wolfgang 244 246f. 251
Hitchcock, Alfred 143
Hitler, Adolf 40 60 64 86
Hodjak, Franz 184 – 193
Hölderlin, Friedrich 39 85 143 175f. 179 200 207 239 245 254
Höpcke, Klaus 252
Hoffmann, E. T. A. 132 172 251f.
Homer 77 81f. 256f.
Horaz 225
Houdini, Harry 157
Humboldt, Alexander v. 91
Ignatius von Loyola 234
Isačenko, Alexander 30f.
Jabés, Edmond 160 165
Jackson, Hendrik 169 - 182
Jacobs, Arthur 78
Jandl, Ernst 111 229
Janka, Walter 44
Janosch 110
Jaspers, Karl 108
Jean Paul 174
Jewtuschenko, Jewgeni A. 289
Johst, Hanns 227
Julien, Stanislas 101
Jung, Carl Gustav 89 102
Jurjew, Oleg 166
Kabakow, Ilja 286
Kachold, Gabriele 253
Kafka, Franz 49 55 110 135 148 276
Kalinke, Viktor 93 – 109
Kant, Hermann 252
Kant, Immanuel 92 172f. 291
Karahasan, Dzevad 264
Kardinal Fleury 34
Kebelmann, Andreas 283
Kenko 125f.
Kennedy, A. L. 70
Kerenski, Alexander F. 31
Kertész, Imre 229
Kirsch, Rainer 197 245
Kirsch, Sarah 245
Kirsten, Wulf 219 225f.
Kittler, Friedrich 235ff.
Kleist, Heinrich v. 62 127 148 179
Klemperer, Victor 217 277
Klíma, Ivan 61
Kling, Thomas 172 218 – 222 225
Klopstock, Friedrich Gottlieb 39 207 244f.
Knopp, Guido 232ff
Kochanowski, Jerzy 46f.
König, Samuel 34
Kohl, Hannelore 188
Kohl, Helmut 188 230ff. 267
Kohout, Pavel 61
Kokoschkin, Fjodor 31
Kolbe, Uwe 238 – 258
Konfuzius 93 – 109
Konnert, Astrid 185
Kopelew, Lew 45
Kostka, Carl 52 58
Kovacic, Adam 45
Kraus, Karl 53
Kristeva, Julia 270
Krynicki, Ryszard 46
Kuczynski, Jürgen 248
Kühnel, Hans-Georg 260
Kundera, Milan 49 61
Kunert, Günter 188 197
Kunst, Thomas 180
Kurella, Alfred 240
Lacan, Jacques 271 273 275
Langanky, Ute 221
Lange-Müller, Katja 253

Laozi 93 – 109
Lattke, Fritz 26
Legge, James 102
Leibniz, Wilhelm Gottfried 34 100f. 103
Lem, Stanisław 123
Lenin, Wladimir I. 29 244
Leo, Annette 29
Lepke, Gerda 261
Lermontow, Michail J. 121f.
Lessing, Gotthold Ephraim 92
Lévi-Strauss, Claude 120
Levinas, Emmanuel 177
Li Si 99
Lichtenberg, Georg Christoph 70
Liezi 102f.
Ligeti, Györgi 134 144 247
Liu Xiaogan 95 109
Löffler, Sigrid 33
Löns, Hermann 26
López Rega, José 153
Lorenz, Konrad 209 211ff. 217
Lukács, Georg 44 240
Lukrez 257
Luther, Martin 84ff. 239f. 256f. 261
Magris, Claudio 143
Mair, Victor 98
Majakowski, Wladimir 240
Malinowski, Bronisław 117 120
Mallarmé, Stéphane 246
Man, Paul de 277
Mandelstam, Ossip 224
Mani (Religionsstifter) 90
Mann, Thomas 33 62 271
Markel, Michael 192
Markler, Michael 184f.
Maron, Monika 249 253
Marquardt, Tristan 219
Marschwitza, Hans 29
Marx, Karl 189 261 274
Matthäus (Apostel) 86
Matthies, Frank-Wolf 251
Maupertuis, Pierre Louis Moreau de 34f.
Maurer, Georg 196ff.
May, Karl 26 184 195
Mayröcker, Friederike 229
Meinel, Andreas 84
Meister Eckart 89ff.
Melanchthon, Philipp 86
Melville, Herman 122 259 273
Mendelssohn. Moses 92
Mengzi 98
Merkel, Angela 231
Merker, Paul 209 215
Merz, Jacqueline 221
Metz, Christian 181
Michaux, Henri 178 235
Micieli, Francesco 161 168
Mickel, Karl 240 244f.
Mierau, Fritz 237
Möller, Hans-Georg 102
Montaigne, Michel de 254
Motzan, Peter 184 192
Mozart, Wolfgang Amadeus 138
Mrożek, Sławomir 188
Müller, Heiner 240 242f.
Müller, Lothar 32
Müntzer, Thomas 176
Münzenberg, Willi 241
Mugica, Carlos 155
Musil, Robert 112
Muskatblut 219
Mussolini, Benito 227
Nabokov, Vladimir 165 265 268
Nádas, Péter 144
Nekrassow, Nikolai A. 289
Nemzow, Boris J. 291

Neumann, Gert 244
Niethammer, Lutz 32
Nietzsche, Friedrich 24 85 121f. 156 169 225 261 282
Nösner, Uwe 84 – 92
Novalis 89 91 175f. 252
Nowak, Helga M. 197
Opitz, Detlef 253
Ortega y Gasset, José 142 167
Orwell, George 169 241 251
Pabel, Hilmar 228
Palucca, Gret 73
Paracelsius 89f.
Parmenides 173 175f.
Pascal, Blaise 169
Pasternak, Boris L. 289
Pastior, Oskar 111 185 190
Paulus von Tarsus 87
Perec, Georges 112 122 135
Peres da Silva, Raul Bernardo 202
Péron, Evita 153 156 158
Péron, Isabel 153
Péron, Juan 153 156 158
Perrault, Charles 147
Petrarca, Francesco 254 256
Philler, Gunther 268
Picasso, Pablo 180
Pietraß, Richard 223
Pietsch, Egbert 50f.
Platen, August von 207
Platon 79 83 89f. 97 126 262
Plotin 88
Poe, Edgar Allan 173 246 257
Popp, Steffen 176
Poppe, Gerd 244
Pound, Ezra Loomis 112f. 129 173 227f. 234 246
Princip, Gavrilo 56
Properz 77
Prosch, Peter 36f.
Protzmann, Heiner 261
Proust, Marcel 145 152 168 216f. 271
Puig, Manuel 148
Putin, Wladimir W. 291
Pythagoras 119
Qin Shi Huangdi 94 99
Raabe, Wilhelm 264
Ramke, Dieter 205
Ranstädt, Claus von 36
Rathenow, Lutz 251
Rechel-Mertens, Eva 216
Reich, Wilhelm 89
Reich-Ranicki, Marcel 239
Reimann, Andreas 194 – 208
Reimann, Hans 199
Reimann, Peter 194ff. 199
Reimann-Weide, Thea 194ff.
Reinerová, Lenka 58
Reinhold, Albrecht 268
Remarque, Erich Maria 39 42
Reuchlin, Johannes 88
Riha, Karl 224
Rilke, Rainer Maria 85 145 171 226f. 230ff. 239 257
Rimbaud, Arthur 202 206 240 245f.
Rinck, Monika 169 179
Rohde, Joachim 26
Roosevelt, Theodore 227
Rosenzweig, Franz 257
Roth, Joseph 264 268
Rougemont, Denis de 256
Rudiš, Jaroslav 48 – 61
Rücker, Günter 253
Rückert, Rainer 36
Runge, Friedlieb Ferdinand 128
Rusch, Thomas 250

Sábbato, Ernesto 148 156
Sabolotzki, Nikolai 202
Sachs, Nelly 185
Santa-Jakabhazi, Reka 192
Sappho 128 176
Sarraute, Nathalie 135
Sartre, Jean Paul 189 277 279
Schädlich, Albert 26
Schädlich, Hans Joachim 25 – 37 44
Schelling, Friedrich 89
Schiller, Friedrich 39 78 126 148 194f.
Schinkel, Karl Friedrich 246
Schklowski, Wiktor 223 236f.
Schlesak, Dieter 185
Schlesinger, Klaus 244 252
Schlögel, Karl 286
Schlotmann, Ulrich 180
Schmerler, Max 26
Schmidkunz, Walter 26
Schmidt, Arno 168 224
Schmidt, Helmut 232
Schmidt, Hubertus 205
Schnabel, Johann Gottfried 121
Schönauer, Georg 26
Schomburgk, Hans 26
Schottlaender, Rudolf 217 261
Schrott, Raoul 76 – 83 172
Schubert, Franz 167
Schuhmacher, Stephan 98
Schulz, Max Walter 201f.
Schulze, Ingo 259 – 268
Schuster, Paul 185
Schwarz, Ernst 103f. 108
Schwitters, Bengt 67
Schwitters, Ernst 62 – 73
Schwitters, Helma 62 – 73
Schwitters, Kurt 62 – 73 223ff. 235
Scorsese, Martin 282
Seebald, W. G. 76
Seel, Daniela 179
Seghers, Anna 33
Sennett, Richard 134
Shakespeare, William 132 175 194
Sheldrake, Ruppert 91
Sheppard, Richard 76
Shikibu, Murasaki 115
Sielaff, Volker 179
Sielmann, Heinz 211f.
Silva, Arturo 110
Sima Qian 94 97
Simic, Charles 171
Škvorecký, Josef 49
Sloterdijk, Peter 17
Snowden, Edward 133
Sölle, Dorothee 45
Söllner, Werner 191
Solschenizyn, Alexander I. 243
Sokurow, Aleksander 171 177
Spengemann, Christof 64 71
Spiegelmann, Art 229
Spinoza, Baruch 92 255
Spurgeon, Charles Haddon 33 37
Stalin, Jossif W. 27 189 241 243
Stein, Gertrude 132 135 138
Steinbrück, Peer 231
Steineckert, Gisela 203
Steiner, Rudolf 89ff.
Steinitz, Renate 29
Steinitz, Wolfgang 28f.
Stevens, Wallace 113
Strauß, Franz Joseph 234
Strauß, Viktor von 101
Strauß-Kahn, Dominique 228
Stresemann, Erwin 215
Streubel, Manfred 84
Strittmatter, Eva 196

Strugatzki, Boris und Arkadi 119 123 288
Sturgeon, Donald 106
Tarkowskij, Andrei A. 170
Tarnopolsky, Daniel 157
Tauler, Johannes 176
Tawada, Yoko 181
Tellkamp, Uwe 209 261
Thomas, Edith (Wantee) 66 – 73
Tito, Josip Broz 189
Tolstoi, Lew N. 39 85
Tontsch, Brigitte 184f. 192
Trakl, Georg 239 245 252
Tretjakow, Sergej M. 240
Trolle, Lothar 249f.
Tschechow, Anton 171 289 292f.
Tschernenko, Konstantin U. 287f.
Turgenew, Iwan S. 289
Twain, Mark 184
Ulbricht, Walter 29 242
Ujvary, Liesl 113
Unseld, Siegfried 237
Upanischaden 88
Valentin, Karl 240
Valéry, Paul 10
Vergil 256f.
Verne, Jules 184
Villon, Francois 190 239f.
Vittorini, Elio 165
Vogt, Walter 160
Voltaire 33ff. 122
Wagner, Bernd 242 249f.
Wagner, Jan 171 219
Walcott, Derek 77
Wałęsa, Lech 249
Waley, Arthur 129
Walser, Robert 226f.
Walter, Otto F. 163
Walther von der Vogelweide 204
Wang Anshi 96
Wang Bi 95
Wang Tao 102
Waterhouse, Peter 172
Weber, Max 102
Weber, Peter 222
Wedekind, Frank 200
Wegener, Heinz 27
Wegner, Bettina 244 252f.
Weigel, Valentin 88
Weill, Kurt 200
Weinert, Erich 207
Weischedel, Wilhelm 169
Weiss, Peter 246
Werfel, Franz 283
Weyrauch, Wolfgang 198
Wezel, Johann Karl 121f.
Wieland, Christoph Martin 39
Wilhelm, Richard 93 102-108
Williams, William Carlos 110 113
Willnau, Carl 36
Witzel, Frank 266
Wolf, Christa 241 251 253 261
Wolf, Gerhard 194 201
Wolf, Konrad 253f.
Wolff, Kurt 198
Woolf, Virginia 62
Xunzi 98
Zacher, Peter 261
Zajc, Dane 175f. 180
Zhang Lu 95
Zhang Zhan 102
Zhuangzi 93 109
Zweifel, Stefan 234
Zweig, Stefan 85
Zweig, Stefan Jerzy 32
Zwetajewa, Marina 180
Zwingli, Huldrych 254

Danksagung

Den für diesen Band interviewten Autorinnen und Autoren möchte ich dafür danken, dass sie sich der Neugier des Lesenden so geduldig und bereitwillig ausgesetzt haben. Viktor Kalinke danke ich für die Realisierung des Bandes. Besonderer Dank gilt der Kulturstiftung des Freistaates Sachsen, deren Förderung das Buch erst ermöglicht hat. Der Zeitschrift für Literatur und Kunst OSTRAGEHEGE, Dresden, danke ich für die Genehmigung des erneuten Abdrucks der geführten Gespräche. Karin Sahre danke ich für die kritische Begleitung des Bandes.

Inhalt

Was ist eigentlich der eigene Ton? 5

Sagen, was weh tut ... 7

Sprechen und Schweigen 8
Gespräch mit Ulrike Draesner

Die Unvereinbarkeit von totalitärer Macht und freiem Geist 26
Gespräch mit Hans Joachim Schädlich

Sagen, was weh tut 38
Gespräch mit Anne Dorn

Zwei Reisende, traumatisiert von der großen und kleinen Geschichte 48
Gespräch mit Jaroslav Rudiš

Exil heißt, in eine Selbstübersetzung gezwungen zu werden 62
Gespräch mit Ulrike Draesner

Man muss sich nicht beeilen, ins Nirwana zu kommen ... 75

Theogonie, Ilias und Altes Testament fußen auf den gleichen Mythen 76
Gespräch mit Raoul Schrott

Für einen freien Geist ist Religion ein schöpferischer Prozess 84
Gespräch mit Uwe Nösner

»Ich sitze da und vergesse« 93
Gespräch mit Viktor Kalinke

Man muss sich nicht beeilen, ins Nirwana zu kommen 110
Gespräch mit Ann Cotten

Der Traum des Schriftsteller ist es, Sprache zu werden ... 131

Ein einzelnes Wort kann eine Geschichte sein 132
Gespräch mit Zsuzsanna Gahse

Wer liest, muss aufmerksam sein und bleiben 147
Gespräch mit María Cecilia Barbetta

Der Traum des Schriftstellers ist es, Sprache zu werden 161
Gespräch mit Francesco Micieli

Die Angst vor dem eigenen Verschwinden 169
Gespräch mit Hendrik Jackson

Das Durcheinander macht dich zum Schöpfer 183

Das Durcheinander macht dich zum Schöpfer 184
Gespräch mit Franz Hodjak

Aus dem Bewusstsein der Sterblichkeit seine Kraft ziehen 194
Gespräch mit Andreas Reimann

Sprache wird fremd, schon während wir leben 209
Gespräch mit Marcel Beyer

Damals hätte ich mir mehr Aufruhr in der Suppenschüssel gewünscht 238
Gespräch mit Uwe Kolbe

Eine Figur, die ihre Ambivalenz verliert, ist literarisch tot 259
Gespräch mit Ingo Schulze

»Nichts ist schlimmer, als Bescheid zu wissen« 269
Gespräch mit Kurt Drawert

Im Grunde genommen ist das, was nicht gesagt wird, das, was gesagt wird 281
Gespräch mit Katerina Poladjan

Biobibliographische Angaben 295

Axel Helbig

Annäherung an das Unsagbare. 33 Verführungen zur Literatur der Moderne - Essays

Leipziger Literaturverlag, Leipzig 2006, ISBN 3-934015-86-7

Axel Helbig

Der eigene Ton – Gespräche mit Dichtern, Bd. 1 und 2

Christoph Wilhelm Aigner, Artur Becker, Marcel Beyer, Ulrike Draesner, Kurt Drawert, Adolf Endler, Elke Erb, Catalin Dorian Florescu, Zsuzsanna Gahse, Peter Gehrisch, Dorothea Grünzweig, Norbert Gstrein, Andreas Hegewald, Franz Hodjak, Reinhard Jirgl, Oleg und Daniel Jurjew, Wulf Kirsten, Peter Moses-Krause, Hermann Naumann, Günter Kunert, Katja Lange-Müller, Christian Lehnert, Olga Martynova, Christoph Meckel, Herta Müller, Brigitte Oleschinski, Ilma Rakusa, Lenka Reinerová, Hans Joachim Schädlich, Kathrin Schmidt, Raoul Schrott, Arnold Stadler, Jan Wagner, Jens Wonneberger

Leipziger Literaturverlag, Leipzig 2007 und 2015, ISBN 978-3-86660-028-7 und 978-3-86660-189-5

Axel Helbig & Ulf Großmann (Hg.)

Skeptische Zärtlichkeit. Junge deutschsprachige Lyrik

29 Lagebesprechungen

Leipziger Literaturverlag, Leipzig 2009, ISBN 978-3-86660-077-5

Bestellungen:

Reihen im Leipziger Literaturverlag

- Neue Lyrik
- Neue Prosa
- Neue Szene
- Bibliothek OSTSÜDOST
- Bibliothek WESTNORDWEST
- Portugiesische Bibliothek
- Älteste Dichtung und Prosa
- Essay
- Graphik + Art
- Fotografie
- Dokumentation
- Die Stimme des Autors – Hörbuch
- Poesiefilm

Bibliographische Information: Die Deutsche Bibliothek
Die Deutsche Bibliothek verzeichnet dieses Buch in der deutschen Nationalbibliographie, detaillierte Angaben sind über http://dnb.ddb.de erhältlich

ISBN 978-3-86660-299-1

Wir danken herzlich für die Förderung dieses Buches:

Erste Auflage. Gesetzt aus der Garamond und der Futura.
Printed in the European Union.
Reihengestaltung: Viktor Kalinke.
Umschlagbild: *Mit Pferd unterwegs* von Elke Pollack, Mischtechnik, 2008.